MÉMOIRES DE GUERRE

DU MÊME AUTEUR CHEZ TALLANDIER

Mes jeunes années, coll. « Texto », 2007.
Réflexions et aventures, coll. « Texto », 2008.
Discours de guerre, coll. « Texto », 2009.
Mon voyage en Afrique, coll. « Texto », 2010.
Journal politique, 1936-1939, coll. « Texto », 2010.
Mémoires de guerre, 1941-1945, tome II, 2010 ; coll. « Texto », 2013.

WINSTON S. CHURCHILL

MÉMOIRES DE GUERRE

TOME I

1919 – Février 1941

Texte traduit, présenté et annoté par François Kersaudy

TEXTO
Le goût de l'histoire

Conseiller éditorial : Jean-Claude Zylberstein.

Titre original : *Memoirs of the Second World War.*
An Abridgement of the Six Volumes of the Second World War.
© The Estate of sir Winston S. Churchill.

Première édition en Grande-Bretagne par Cassell & Co Ltd., 1959.
© Pimlico edition, pour la présente édition en langue anglaise, 2002.

© Éditions Tallandier, 2009 pour la traduction
et l'édition en langue française, et 2013 pour la présente édition.
Cartographie © Florence Bonnaud/Éditions Tallandier, 2009.

2, rue Rotrou – 75 006 Paris
www.tallandier.com

Dans la guerre : Résolution
Dans la défaite : Intransigeance
Dans la victoire : Magnanimité
Dans la paix : Bonne volonté

Winston S. Churchill

AVERTISSEMENT

Mémoires de Guerre est une version abrégée par Denis Kelly des volumes suivants rédigés par sir Winston Churchill :
L'Orage approche (1919 – 10 mai 1940)
L'Heure tragique (1940)
La Grande Alliance (1941)
Le Tournant du destin (1942 – juillet 1943)
L'Étau se resserre (juillet 1943 – 6 juin 1944)
Triomphe et Tragédie (6 juin 1944 – 25 juillet 1945)

Des contraintes d'espace ont nécessité l'excision de nombreux passages de ces volumes, et il a fallu, pour respecter la chronologie et les proportions, remanier considérablement le reste du texte. Toutefois, en dehors d'un très petit nombre de phrases de liaison, cette version abrégée est entièrement écrite par sir Winston.

SOMMAIRE

Table des cartes 13
Avant-propos, par François Kersaudy 15
Préface 23

LIVRE I
LES ÉTAPES SUR LA VOIE DU DÉSASTRE
1919-10 mai 1940

Chapitre premier. LES FOLIES DES VAINQUEURS 29

Chapitre II. L'APOGÉE DE LA PAIX 47

Chapitre III. ADOLF HITLER 65

Chapitre IV. LES ANNÉES PERDUES 81

Chapitre V. LE CIEL S'OBSCURCIT 101

Chapitre VI. PERTE DE LA PARITÉ AÉRIENNE 117

Chapitre VII. PROVOCATION ET RIPOSTE 131

Chapitre VIII. LES SANCTIONS CONTRE L'ITALIE 145

Chapitre IX. HITLER FRAPPE 163

Chapitre X. ENTRE LA PAIX ET LA GUERRE 175

Chapitre XI. EDEN AU *FOREIGN OFFICE* – SA DÉMISSION 195

Chapitre XII. LE VIOL DE L'AUTRICHE 209

Chapitre XIII. LA TCHÉCOSLOVAQUIE 225

Chapitre XIV. LA TRAGÉDIE DE MUNICH 237

Chapitre XV. PRAGUE, L'ALBANIE ET LA GARANTIE À LA POLOGNE . . 251

Chapitre XVI. VEILLÉE D'ARMES 265

Chapitre XVII. LA DRÔLE DE GUERRE 285

Chapitre XVIII. LA TÂCHE DE L'AMIRAUTÉ 301

SOMMAIRE

Chapitre XIX. LE FRONT DE FRANCE 323
Chapitre XX. LA SCANDINAVIE – LA FINLANDE 335
Chapitre XXI. LA NORVÈGE. 353
Chapitre XXII. LA CHUTE DU GOUVERNEMENT 369

LIVRE DEUXIÈME
SEULS
10 mai 1940 – Février 1941

Chapitre premier. LE GOUVERNEMENT D'UNION NATIONALE. 383
Chapitre II. LA BATAILLE DE FRANCE 407
Chapitre III. LA MARCHE À LA MER. 429
Chapitre IV. LE SAUVETAGE DE DUNKERQUE. 445
Chapitre V. LA COURSE AUX DÉPOUILLES. 463
Chapitre VI. RETOUR EN FRANCE. 477
Chapitre VII. LA DÉFENSE DU TERRITOIRE ET LES PRÉPARATIFS
DE LA CONTRE-OFFENSIVE 491
Chapitre VIII. L'AGONIE DE LA FRANCE 507
Chapitre IX. L'AMIRAL DARLAN ET LA FLOTTE FRANÇAISE. ORAN . . . 527
Chapitre X. AUX ABOIS 541
Chapitre XI. L'OPÉRATION « SEELÖWE » 561
Chapitre XII. LA BATAILLE D'ANGLETERRE. 577
Chapitre XIII. « LONDRES PEUT ENCAISSER » 595
Chapitre XIV. LE PRÊT-BAIL. 617
Chapitre XV. LA VICTOIRE DU DÉSERT 629
Chapitre XVI. L'EXTENSION DE LA GUERRE 651

Index 663

TABLE DES CARTES

1. L'Europe en 1921 après les traités de paix 28
2. Les annexions d'Hitler 224
3. La poursuite du *Graf Spee* au large du Rio de la Plata 321
4. Schéma du front de l'Escaut et de la ligne Meuse-Anvers 332
5. Offensive russe contre la Finlande, décembre 1939 340
6. La campagne alliée en Norvège en 1940 361
7. Zone des opérations en mai 1940 382
8. La situation le soir du 18 mai 418
9. La situation le soir du 22 mai 427
10. La situation le 28 mai 439
11. Carte générale du Nord-Ouest de la France ... 475
12. Croquis du plan d'invasion allemand 562
13. Victoire du désert, décembre 1940-janvier 1941 . 645
14. L'offensive depuis Tobrouk 646

AVANT-PROPOS

En juin 1936, lors d'un débat particulièrement houleux aux Communes, le député Churchill lance au Premier ministre Stanley Baldwin : « L'histoire dira que vous avez eu tort dans cette affaire... Et si j'en suis certain, c'est parce que c'est moi qui l'écrirai ! » Dont acte. Une fois la guerre venue, personne en Grande-Bretagne ne doute sérieusement du fait que Winston Churchill s'en fera l'historien : on le sait aussi habile à manier la plume que le sabre et le pistolet, personne depuis 1895 n'a été capable de restreindre cet écrivain compulsif[1], chacun connaît sa fascination pour l'histoire, et au début des années vingt, il a déjà rédigé six prodigieux volumes sur la Grande Guerre, qu'Arthur James Balfour qualifiait perfidement de « brillante autobiographie de Winston déguisée en histoire de l'univers ». Dès le mois de septembre 1939, la perspective de le voir récidiver fait si peu de doute que le Premier ministre Chamberlain écrit à sa sœur Ida au sujet de son très remuant premier lord de l'Amirauté : « Il ne cesse de m'écrire des missives interminables ; étant donné que nous nous voyons chaque jour à la réunion du Cabinet de guerre, on pourrait estimer que ce n'est pas indispensable,

---

1. Il est déjà l'auteur de quatorze ouvrages avant la Seconde Guerre mondiale, allant d'un récit de la guerre des Boers en deux volumes à une vie de Marlborough en quatre volumes, en passant par une longue biographie de son père Randolph – sans parler des centaines d'articles publiés dans la presse pendant quatre décennies.

mais bien entendu, je me rends compte que ces lettres sont destinées à être un jour citées dans le livre qu'il écrira après la guerre[1]. » Et Churchill une fois devenu Premier ministre, les fonctionnaires du *Foreign Office* et du *War Office* qui reçoivent l'une de ses célèbres notes inquisitrices, exhortatrices et comminatoires s'écrient déjà : « Encore une pour les Mémoires ! »

Churchill a effectivement l'intention de se faire le chroniqueur de cette nouvelle guerre – pour peu qu'il y survive, ce dont il est loin d'être certain[2]. Mais les événements des six années suivantes prendront la tournure que l'on sait, les impératifs de la survie et de l'action repousseront la littérature à l'arrière-plan[3], et Winston Churchill sortira en grand vainqueur de ce conflit planétaire. Malgré cela, il sera presque aussitôt désavoué par les électeurs et chassé du pouvoir. Dès lors, avec la longue période de loisir forcé qui s'annonce, l'écriture va pouvoir reprendre ses droits…

A-t-on déjà vu un homme doté d'un si beau style entamer la narration de si grands événements après avoir occupé de si hautes fonctions ? Il y a Jules César, bien sûr, et le général de Gaulle, certainement[4]. En tant que mémorialistes, du reste, Churchill et de Gaulle ont bien des points communs : même compréhension intuitive du sens de

---

1. BUL, Chamberlain Archive, NC 18/1/1121, Neville Chamberlain to Ida, 17/9/39.

2. Au matin du 12 juin 1940, par exemple, il confie au général Ismay : « Vous et moi serons morts dans trois mois ! » La chose ne semble d'ailleurs pas le troubler outre mesure…

3. Mais non la conscience d'agir en permanence sous l'œil de l'histoire ; ainsi, alors que la bataille de France est pratiquement perdue le 14 juin 1940, il veut encore envoyer des renforts outre-Manche. À ses chefs d'état-major qui lui demandent si l'on ne pourrait pas retarder discrètement leur départ, Churchill répond : « Certainement pas ! L'Histoire nous jugerait très sévèrement si nous devions faire une telle chose… »

4. Le Général commence à rédiger ses *Mémoires* en 1953, au moment où Churchill a pratiquement achevé les siens.

l'histoire, même patriotisme intransigeant, même hauteur de vues, même maîtrise du style, même besoin de justifier leur action, même souci de faire œuvre d'historien, même accès privilégié aux archives de leur pays, même espérance d'un prochain retour au pouvoir…

Mais les ressemblances s'arrêtent là : si de Gaulle rédige en solitaire, Churchill, lui, travaille en équipe : ce sont ses « assistants » Hastings Ismay, Henry Pownall, Gordon Allen, William Deakin, Denis Kelly et sir Norman Brook[1] qui se chargent de la recherche, puis de la rédaction des grandes lignes de chaque chapitre, sur la base des documents d'archives et des souvenirs dictés à toute allure par le grand homme – qui entreprend ensuite de « churchilliser » l'ensemble. Son mode de rédaction est très peu orthodoxe : il travaille généralement depuis le fond de son lit, avec une perruche sur la tête, un chat sur les genoux et un caniche sur les pieds[2] ; les documents qui lui sont nécessaires s'entassent dans sa cave, souvent mélangés à ses cahiers d'écolier ou empilés jusqu'au plafond autour du poêle à mazout, le tout au grand effarement de son archiviste. On lui monte les liasses, il les rature, découpe ce qui l'intéresse, jette le reste… Et puis, à la différence du général de Gaulle, qui tient essentiellement au secret et ne lit certains passages qu'à de rares familiers, Churchill envoie ensuite tous ses chapitres aux « experts » pour commentaires et révision : vingt, trente, quarante généraux, ministres, parlementaires, diplomates, historiens, y compris bien sûr tous ses collègues, subordonnés et acolytes des temps de guerre :

---

1. Respectivement secrétaire de son cabinet militaire pendant la guerre, ancien chef adjoint de l'état-major impérial, commodore au quartier général des Opérations combinées, colonel et historien d'Oxford, jeune avocat fiscaliste et secrétaire du nouveau cabinet travailliste. Churchill les désigne collectivement sous l'appellation *the Syndicate* – le Consortium…

2. Mais il se lève à l'occasion pour aller écrire et peindre sur la Côte d'Azur ou à Marrakech – le tout aux frais de ses éditeurs, naturellement.

Cherwell, Morton, Macmillan, Beaverbrook, Smuts, Boothby, Eden, Duff Cooper, Bracken, Sandys, Colville, Lyttelton, Mountbatten, Camrose, Vian, Somerville, Halifax, Butler, Leathers, Rowan, Wavell, Alexander, Montgomery, Cunningham, Menzies, Fraser, Martin, Bridges, Hollis, Jacob, Cadogan, Paget, Sinclair, Alan Brooke, Freyberg, Harris, Portal, Attlee, Bevin et même Paul Reynaud... Ces *Mémoires de guerre*, c'est bien sûr du plus pur Churchill, mais c'est aussi une œuvre collective à plus d'un titre !

Ce n'est pas la fin du processus : chaque page est ensuite « censurée » par son épouse, ses amis, ses assistants, ses anciens collègues, le *Foreign Office*, le ministère de la Guerre, le MI 5, le roi, le gouvernement et le général Eisenhower... Conçoit-on un seul instant Charles de Gaulle acceptant une censure ? Et puis, il y a l'autocensure : en tant que chef de l'opposition conservatrice, Churchill est soucieux de ménager les caciques de son parti[1] et, en prévision de son retour aux affaires, il ne peut exposer franchement certains faits de guerre sans risquer de mécontenter les Américains, les Français, les Soviétiques, les Allemands, les Polonais, les Canadiens, les Chinois, les Australiens et les Yougoslaves. Pour ne froisser personne, les controverses sont donc estompées, les propos modérés, les désaccords gommés et les documents d'époque expurgés – en sus de quoi il faut respecter l'*Official Secrets Act*, qui interdit de mentionner l'existence d'*Ultra*[2] et de quelques autres lourds secrets de la guerre. Bref, sans être stérilisée, sa version du conflit sera quelque peu pasteurisée...

Enfin, il y a les considérations financières, d'importance primordiale chez cet homme aux goûts modestes qui se

---

1. À commencer par lord Halifax, dont le comportement au début de la guerre n'a pas été exactement héroïque.
2. L'opération de décryptage des transmissions de la machine à encoder allemande *Enigma* par les services spéciaux installés à Bletchley Park durant toute la guerre.

contente toujours de ce qu'il y a de mieux. En l'occurrence, après de longues négociations menées par lord Camrose et Emery Reves[1], les éditeurs, Cassell en Grande-Bretagne, Houghton-Mifflin et le magazine *Life* aux États-unis, lui consentent pour la rédaction de ses *Mémoires de guerre* des sommes colossales, atteignant au total 550 000 livres de l'époque[2] – étant entendu que tous les frais de l'auteur lui seront remboursés durant la période de rédaction, qu'il y aura cinq volumes au moins et qu'il sera payé en six annuités. Mais aux termes des divers contrats, l'édition américaine paraîtra plusieurs mois avant l'édition britannique, et toutes deux seront précédées de la publication des bonnes feuilles dans *Life*[3].

Le résultat ? *The Second World War* : sept années de labeur collectif, six volumes, trois mille pages. Une épopée narrée comme un conte, avec une documentation surabondante, des envolées lyriques, des clins d'œil au lecteur, des poèmes parfois, des citations de la Bible ou de Shakespeare souvent, des excursions aux quatre coins du monde en guerre[4], un humour omniprésent et surtout d'admirables phrases cadencées, où transparaît nettement l'influence de Gibbon et de Macaulay : « C'est ainsi que la malveillance des méchants se renforça de la faiblesse des vertueux » ; « Le lecteur de ces

---

1. De son vrai nom Imre Revesz, Emery Reves est un Hongrois naturalisé britannique, qui s'était chargé dès l'avant-guerre de vendre les droits étrangers des livres et articles de Churchill – une entreprise hautement rentable.

2. Soit très approximativement 40 millions de dollars d'aujourd'hui.

3. Deux faits qui laisseront le Général pantois : imagine-t-on les *Mémoires de guerre* de Charles de Gaulle paraissant d'abord en Suisse ou en Belgique ? Quant à la publication d'extraits dans les journaux, elle lui inspirera ce commentaire incrédule : « Est-ce que vous voyez Vauvenargues ou Saint-Simon se faire publier en pièces détachées dans les gazettes de Paris ? »

4. Mais qui ramènent toujours au Royaume-Uni en général, et à Winston Churchill en particulier…

lignes doit comprendre combien est opaque et déroutant le voile de l'inconnu » ; ou bien encore l'évocation de ces « heureuses et sereines altitudes où toutes questions sont réglées pour le plus grand bien du plus grand nombre, grâce au bon sens de la plupart et après consultation de tous ».

Dès le premier volume, paru en 1948 des deux côtés de l'Atlantique, le succès est immense – et bien compréhensible : trois ans seulement après la guerre, le lecteur découvre à la fois les coulisses du conflit, le processus de décision au sommet de l'État et des centaines de documents confidentiels auxquels il n'aurait normalement eu accès qu'une trentaine d'années plus tard. Et puis enfin, c'est la narration des exploits de l'un des trois plus grands hommes d'État du siècle, par l'un des trois plus grands écrivains anglais de l'époque... Jusqu'à la publication du sixième volume, paru en 1954, le succès ne se démentira pas, l'ensemble sera traduit en onze langues, publié intégralement dans quinze pays et partiellement dans vingt-cinq autres, et il atteindra des millions de lecteurs dans le monde entier. La publication en 1959 d'une version abrégée, sans l'appendice documentaire mais avec un épilogue couvrant la période 1945-1957[1], élargira encore considérablement le lectorat du grand homme. En outre, ses jugements, ses critiques, ses omissions, ses réflexions, ses conclusions et sa présentation des diverses phases du conflit s'imposeront – consciemment ou non – aux historiens pendant toutes les décennies suivantes. Ainsi que l'écrira en 1969 l'historien J. H. Plumb, de l'université de Cambridge : « L'historien Churchill est au cœur de toute historiographie de la Seconde Guerre mondiale, et il y restera toujours[2]. »

De fait, quelles que soient les quantités d'ouvrages critiques publiés depuis lors sur l'homme d'État comme sur

---

1. W. S. Churchill, *The Second World War and an Epilogue on the Years 1945 to 1957*, Cassell, Londres, 1959.
2. J. H. Plumb *in* A. J. P. Taylor et *al.*, *Churchill, Four faces and the Man*, Allen Lane, Londres, 1969, p. 149.

son œuvre d'historien, l'un et l'autre demeurent aujourd'hui comme des monuments inébranlables. « Nous sommes tous des vers », avait modestement confié le jeune Winston à une amie, « mais je crois que moi, je suis un ver luisant ! » Ses multiples actions d'éclat, immortalisées par une œuvre littéraire étincelante, expliquent clairement pourquoi il n'a pas fini de luire...

La version française de *The Second World War* est parue presque simultanément aux éditions Plon, sous le titre *Mémoires sur la Deuxième Guerre mondiale*. Cette simultanéité même a obligé l'éditeur à mobiliser rapidement de nombreux traducteurs, ce qui a donné entre 1948 et 1954 douze volumes de qualité très inégale. C'est ainsi que, dès la première page du premier tome, le récent conflit, que Churchill baptise en anglais *The Unnecessary War* (La Guerre superflue), devient en traduction française « La Guerre-qui-n'était-pas-obligatoire ». Quelques pages plus loin, on apprend que Neville Chamberlain « était confiant en soi à un degré très élevé. » De tels exemples sont légion[1] et peuvent faire oublier que *The Second World War* est une œuvre littéraire, au sens le plus noble du mot ; ils peuvent également expliquer l'étonnement toujours renouvelé des lecteurs français lorsqu'ils apprennent

---

1. Ailleurs, le sens souffre davantage encore que le style. La phrase : *President Wilson, wielding the authority of the United States* (le président Wilson, exerçant l'autorité des États-Unis), devient par exemple : « le président Wilson, exerçant aux États-Unis le pouvoir suprême », tandis que *enforce the treaties* (faire respecter les traités) est traduit par « renforcer les traités ». La quantité de contresens est également impressionnante ; ainsi, *The failure of their peoples to understand that no nation...* devient : « la conviction de leurs peuples qu'aucune nation... ». On atteint même le stade de la devinette pure et simple lorsque *to cut a figure* (se faire valoir) est traduit par « réduire un chiffre » tandis que *the generation in power* (la génération au pouvoir) devient « la génération en pleine forme ». Peut-être pour éviter toute jalousie – et sans doute par raison d'économie –, les *Mémoires de Guerre* du général de Gaulle ont été tout aussi maltraités en langue anglaise...

que Winston Churchill a été lauréat du prix Nobel de littérature… Du reste, la version française de ses *Mémoires de Guerre*, depuis longtemps épuisée, ne se trouve plus qu'à l'état de tomes dépareillés chez les bouquinistes.

La version abrégée, elle, n'a jamais été publiée en France, et c'est cette lacune que les éditions Tallandier ont entrepris de combler au moyen du présent ouvrage en deux volumes[1]. On y trouvera intégralement l'œuvre compacte telle qu'elle avait été mise au point en 1959, une traduction aussi fidèle que possible de l'original churchillien, ainsi que quelques commentaires destinés à corriger les omissions, exagérations, approximations et improvisations qui sont inévitables chez tout homme d'exception ayant entrepris de faire l'histoire et de l'écrire à la fois[2].

François KERSAUDY

---

1. À la différence du général de Gaulle, le prix Nobel de littérature Winston Churchill n'a jamais eu l'honneur d'être publié dans la Pléiade. Les éditions Tallandier ont commencé à y suppléer, en éditant ses œuvres les plus remarquables dans leur collection Texto : *Réflexions et Aventures*, *Mes jeunes années* et *Discours de guerre* – ce dernier ouvrage présentant l'intérêt supplémentaire d'être publié en édition bilingue [à paraître : *Mon voyage en Afrique* (2010)].

2. Dans le texte, les notes de Churchill sont indiquées par un astérisque, celles du commentateur par des chiffres.

PRÉFACE

Je considère les volumes qui suivent comme une continuation de l'histoire de la Grande Guerre, telle que je l'ai exposée dans *The World Crisis*, *The Eastern Front* et *The Aftermath*. Pris dans leur globalité, ils constituent la narration d'une nouvelle guerre de Trente Ans.

Comme dans mes œuvres précédentes, j'ai choisi de suivre ici, autant que possible, la méthode employée par Daniel Defoë dans ses *Mémoires d'un cavalier,* où l'auteur rattache l'exposé et la discussion de grands événements d'ordre militaire et politique au fil de l'expérience personnelle d'un individu. Je suis peut-être le seul homme qui ait vécu les deux plus effroyables cataclysmes jamais connus dans l'histoire à des postes ministériels de premier plan. Mais tandis que, lors de la Première Guerre mondiale, j'eus à remplir des fonctions qui, pour être lourdes de responsabilités, n'en étaient pas moins subordonnées, ce second conflit qui nous opposa pendant plus de cinq années à l'Allemagne me trouva à la tête du gouvernement de Sa Majesté. J'écris donc ces pages d'un point de vue différent et avec davantage d'autorité que dans mes ouvrages antérieurs. Je ne prétends pas faire œuvre d'historien, car cela incombera à une génération ultérieure, mais j'affirme avec confiance que cette contribution à l'histoire sera de quelque utilité pour l'avenir.

Ces trente années d'actions et d'intercessions représentent et expriment l'entreprise d'une vie, et j'accepte d'être jugé à leur aune. Je m'en suis tenu à la règle que je m'étais fixée de ne critiquer aucune mesure de nature militaire ou politique après l'événement, à moins d'avoir au préalable exprimé publiquement ou formellement une opinion ou un avertissement à son sujet. À la lueur des événements ultérieurs, j'ai même atténué l'aspérité de bien des querelles de l'époque. Ce n'est pas sans réticence que j'ai rendu compte des divergences qui m'ont opposé à tant d'hommes que j'aimais ou respectais ; mais il ne conviendrait pas de priver les générations futures des leçons du passé. Que nul ne s'autorise pourtant à mépriser les hommes honorables et bien intentionnés dont le rôle est évoqué dans ces pages, sans interroger sa conscience, sans évoquer la façon dont il a lui-même servi l'intérêt public, et sans tirer du passé les enseignements qui dicteront sa conduite à l'avenir.

Il ne faut pas croire que je m'attends à ce que tout le monde soit de mon avis, et moins encore que je me borne à écrire ce qui aura la faveur du public. J'apporte mon témoignage selon mes propres lumières. Le plus grand soin a été apporté à la vérification des faits ; mais la découverte de documents pris à l'ennemi, ou d'autres révélations, font constamment émerger de nouveaux faits susceptibles de donner à mes conclusions un nouvel aspect.

Un jour, le président Roosevelt me dit qu'il demandait publiquement des suggestions sur la façon dont il convenait d'appeler cette guerre. Je répondis aussitôt : « La Guerre superflue ». Car il n'y eut jamais de guerre plus facile à éviter que celle qui venait de ravager ce qui restait du monde après le conflit précédent. Et la tragédie humaine atteint son paroxysme lorsque, après les efforts et les sacrifices de centaines de millions d'hommes et la victoire de la cause des justes, nous n'avons encore trouvé ni la Paix ni la Sécurité, et nous demeurons en proie à des périls plus graves encore que ceux que nous avons surmontés. J'espère ardemment que ces méditations sur le passé nous montreront la voie à l'avenir, et qu'elles permettront à une nouvelle génération de réparer certaines erreurs des années révolues, en maîtrisant les redoutables inconnues de l'avenir conformément aux aspirations et à la gloire de l'humanité.

Winston S. CHURCHILL Chartwell, Westerham, Kent.
Mars 1948.

LIVRE I

LES ÉTAPES SUR LA VOIE DU DÉSASTRE

1919-10 mai 1940

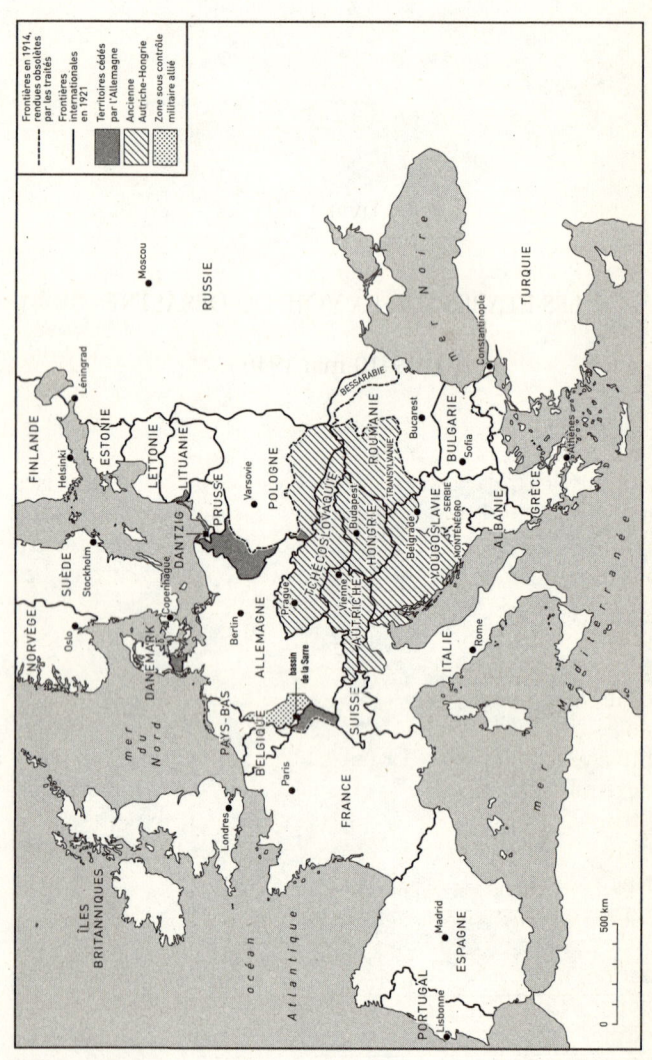

L'Europe en 1921 après les traités de paix

CHAPITRE PREMIER

LES FOLIES DES VAINQUEURS

1919-1929

Après la fin de la Grande Guerre de 1914, les hommes eurent la conviction profonde et l'espoir presque universel que la paix régnerait dans le monde. Cette aspiration de tous les peuples aurait pu être aisément satisfaite si l'on s'en était tenu à de justes principes, avec le secours du bon sens et de la sagesse. L'expression « la dernière des guerres » était sur toutes les lèvres, et des mesures avaient été prises pour qu'elle devienne réalité. Le président Wilson, fort, pensions-nous, de l'autorité des États-Unis, avait imposé à tous les esprits la conception d'une Société des Nations. Les armées alliées bordaient le Rhin, et leurs têtes de pont s'enfonçaient profondément dans une Allemagne vaincue, désarmée et affamée. À Paris, l'avenir faisait l'objet de débats et de disputes entre les chefs des puissances victorieuses. Ils avaient devant eux une carte de l'Europe qu'ils pouvaient redessiner presque à loisir. Après cinquante-deux mois d'angoisses et de périls, la coalition teutonique se trouvait à leur merci, et aucun de ses quatre membres ne pouvait leur opposer la moindre résistance. L'Allemagne, principale contrevenante et considérée par tous comme la première responsable de la catastrophe qui s'était abattue sur le monde, dépendait du bon vouloir de conquérants encore chancelants des épreuves endurées. De plus, cette guerre avait opposé, non des gouvernements, mais des peuples ; toute l'énergie vitale des plus grandes nations s'était déversée en furie et en carnage. Les chefs de guerre réunis à Paris au cours de l'été 1919 y avaient été portés par les courants les plus forts et les plus furieux qui aient jamais coulé dans l'histoire de l'humanité. L'époque des traités d'Utrecht et de Vienne était bien révolue, où des hommes d'État et des diplomates distingués, qu'ils soient vainqueurs ou vaincus, se réunissaient pour débattre courtoisement et refaire le monde sur des bases consensuelles, loin du vacarme de la démocratie. Les peuples, emportés par leurs souffrances et par l'inspiration d'enseignements de masse, se dressaient par millions pour exiger une vengeance exemplaire. Malheur aux dirigeants, désormais hissés au faîte vertigineux de la gloire, s'ils s'avisaient d'abandonner à la table de conférence ce que les soldats avaient gagné sur des centaines de champs de bataille ensanglantés.

La France, par l'effort qu'elle avait soutenu et par les pertes qu'elle avait subies, occupait de droit la première place. Près d'un million et demi de Français avaient péri en défendant la terre de France contre l'envahisseur. Cinq fois en cent ans, en 1814, 1815, 1870, 1914 et 1918, les tours de Notre-Dame avaient vu l'éclair et entendu le tonnerre des canons prussiens. Pendant quatre années d'horreur, treize provinces de France avaient connu la dure étreinte du régime militaire prussien. De vastes régions avaient été systématiquement dévastées par l'ennemi, ou pulvérisées lors du choc des armées. De Verdun à Toulon, il n'y avait guère de foyer ou de famille qui ne pleurât ses morts ou n'abritât ses mutilés. Pour ceux des Français – et il y en avait beaucoup dans les sphères gouvernementales – qui avaient combattu et souffert en 1870, il semblait presque miraculeux que la France eût pu sortir victorieuse du conflit infiniment plus effroyable qui venait de s'achever. Toute leur vie, ils avaient vécu dans la crainte de l'Empire allemand. Ils se souvenaient de la guerre préventive que Bismarck avait cherché à mener en 1875 ; ils avaient en mémoire les brutales menaces qui avaient chassé Delcassé de son poste ministériel en 1905 ; ils avaient tremblé lors de l'alerte de 1906 au Maroc, lors de l'affaire de Bosnie en 1908 et lors de la crise d'Agadir en 1911. Quand le Kaiser évoquait dans ses discours « la main de fer » et « l'armure resplendissante », on pouvait se contenter d'en rire en Angleterre et en Amérique ; mais dans les cœurs des Français, ces mots résonnaient comme le glas d'une horrible réalité. Pendant près de cinquante ans, ces hommes avaient vécu sous la terreur de la puissance militaire allemande. Et voici qu'au prix de leur sang, ils s'étaient libérés de la longue oppression. Nul doute que l'on allait enfin connaître la paix et la sécurité. Le peuple français poussait à l'unisson un cri passionné : « Plus jamais ça ! »

Mais l'avenir était lourd de sinistres présages. La population française n'atteignait pas les deux tiers de celle de l'Allemagne, et si la natalité demeurait stationnaire en deçà du Rhin, elle allait croissant au-delà. Dans une décennie ou moins, le contingent annuel des jeunes hommes atteignant l'âge du service militaire serait en Allemagne le double de celui de la France. Presque seule, l'Allemagne avait combattu le monde presque tout entier, et elle avait presque vaincu. Les mieux informés savaient bien qu'en plusieurs occasions, l'issue de la Grande Guerre avait été très incertaine, et ils n'ignoraient pas les accidents et les hasards qui avaient fait pencher le fléau fatidique. Quelles étaient les chances de voir à l'avenir les grands Alliés reparaître par millions sur les champs de bataille de la France ou de l'Est européen ? La Russie, dévastée et secouée de convulsions, était transformée au point d'en être méconnaissable. L'Italie pourrait bien une prochaine fois se trouver dans le camp adverse. Quant à la Grande-Bretagne et aux États-Unis, une mer et un océan les séparaient de l'Europe. L'empire britannique lui-même semblait uni par des liens que ses citoyens étaient seuls à pouvoir comprendre. Quel enchaînement de circonstances pourrait jamais ramener vers la France et les Flandres les redoutables Canadiens de la crête de Vimy, les glorieux Australiens de Villers-Bretonneux, les indomptables Néo-Zélandais des champs de Passchendaele criblés de trous d'obus, l'inébranlable corps indien qui avait tenu le front près d'Armentières pendant le cruel hiver de 1914 ? Quand la Grande-Bretagne, pacifique, indolente et antimilitariste, enverrait-elle à nouveau des armées de deux ou trois millions d'hommes fouler les plaines d'Artois et de Picardie ? Quand l'océan emporterait-il à nouveau deux millions de magnifiques combattants américains vers la Champagne et l'Argonne ? Ravagée, doublement décimée, mais maîtresse incontestée du moment, la nation française scrutait l'avenir avec une gratitude émerveillée et une crainte obsédante. Où était alors cette SÉCURITÉ, sans laquelle tout ce qui avait été gagné semblait vain, sans laquelle la vie elle-même était insupportable, fût-ce au milieu des réjouissances de la victoire ? L'exigence vitale était donc celle de la Sécurité à tout prix et par tous les moyens, si rudes ou même impitoyables qu'ils pussent être.

Le jour de l'armistice, les armées allemandes avaient en bon ordre regagné leur patrie. « Elles se sont bien battues, qu'elles gardent leurs armes », avait dit en soldat le maréchal Foch, ce généralissime des armées alliées au front fraîchement ceint des lauriers de la victoire. Mais il exigeait aussi que la frontière française s'établît désormais sur le Rhin. L'Allemagne pourrait être désarmée, son organisation militaire mise en pièces et ses forteresses démantelées ; elle pourrait être appauvrie, écrasée sous le poids d'indemnités de guerre démesurées, être en proie à des querelles intestines ; mais dans dix ou vingt ans, tout cela passerait. L'indestructible puissance « de toutes les tribus germaniques » émergerait une fois encore, et les feux mal éteints de la Prusse guerrière se rallumeraient pour brûler à nouveau. Mais le Rhin, le Rhin large, profond et rapide, une fois tenu et fortifié par l'armée française, constituerait une barrière et un bouclier à l'abri desquels la France pourrait vivre et respirer pour des générations à venir. Bien différents étaient les sentiments et les conceptions du monde anglo-saxon, dont l'aide avait empêché la France de succomber. Les clauses territoriales du traité de Versailles avaient laissé l'Allemagne pratiquement intacte ; elle demeurait en Europe le plus vaste bloc humain de race homogène. Quand le maréchal Foch apprit la signature du traité de paix de Versailles, il déclara avec une prescience singulière : « Ce n'est pas une paix. C'est un armistice de vingt ans. »

*
* *

Les clauses économiques du traité étaient si malveillantes et si aberrantes qu'elles en devenaient futiles. L'Allemagne était condamnée à payer en réparations des sommes fabuleuses. Ces diktats exprimaient la colère des vainqueurs et l'incapacité de leurs peuples à comprendre que jamais une nation ou un État vaincu ne pourrait payer un tribut assez lourd pour couvrir les frais d'une guerre moderne.

Les masses demeuraient dans l'ignorance des réalités économiques les plus élémentaires, et leurs chefs, ne pensant qu'aux élections, n'osaient pas les détromper. Les journaux, selon leur habitude, se faisaient l'écho fidèle ou amplifié des opinions dominantes. Peu de voix s'élevèrent pour expliquer que le paiement de réparations ne pouvait se faire qu'en services ou par le transport matériel de marchandises en chemin de fer à travers les frontières terrestres, ou bien en navires par la voie maritime ; ni pour faire remarquer que l'arrivée de ces marchandises dans les pays créanciers ne manquerait pas de bouleverser l'industrie locale, sauf dans des sociétés très primitives ou très rigoureusement contrôlées. En pratique, comme les Russes l'ont maintenant appris, la seule façon efficace de piller une nation vaincue est d'emporter toutes les richesses mobilières requises et de déporter une partie de sa population mâle pour la soumettre à un esclavage temporaire ou définitif. Mais les profits retirés de tels procédés sont sans rapport avec le coût d'une guerre. Personne en haut lieu n'eut assez de présence d'esprit, d'influence ou d'indépendance face à la déraison générale pour exposer aux électeurs ces vérités essentielles et brutales ; et s'il s'en était trouvé un, personne ne l'aurait cru. Les Alliés triomphants continuaient à prétendre qu'ils presseraient l'Allemagne « jusqu'à ce que les pépins craquent ». Tout cela eut une puissante influence sur la prospérité du monde et sur l'état d'esprit de la race allemande.

Dans les faits, pourtant, ces clauses ne furent jamais appliquées. Au contraire, tandis que les puissances alliées s'appropriaient environ un milliard de livres en actifs allemands, la Grande-Bretagne et les États-Unis en particulier prêtèrent à l'Allemagne quelques années plus tard des sommes supérieures à un milliard et demi de livres, lui permettant ainsi de se relever rapidement de ses ruines. Mais comme ces actes apparemment magnanimes s'accompagnaient toujours des vociférations de commande des populations aigries et malheureuses dans les pays victorieux, et des assurances répétées par leurs hommes d'État que l'Allemagne devait être contrainte de payer « jusqu'au dernier centime », il ne fallait attendre ni gratitude ni bonne volonté de la part des Allemands ; et de fait, il n'y en eut pas.

L'histoire dira l'insanité de telles transactions ; elles ont contribué à engendrer la malédiction de la guerre et la « tourmente économique », dont on reparlera. Tout cela constitue la triste histoire d'une idiotie aggravée, qui a coûté beaucoup d'efforts et de bonne volonté.

*
* *

La seconde tragédie capitale de cette époque fut le démembrement complet de l'Empire austro-hongrois par les traités de Saint-Germain et de Trianon. Pendant des siècles, cette vivante réincarnation du Saint Empire romain germanique avait apporté, dans le cadre d'une vie commune, des avantages du point de vue du commerce comme de la sécurité, à de nombreux peuples dont aucun n'avait alors la puissance ou la vitalité nécessaires pour résister isolément à la pression d'une Allemagne ou d'une Russie revigorées. Toutes ces races aspiraient à se détacher du système fédéral ou impérial, et il était considéré comme libéral de les y encourager. La balkanisation du Sud-Est européen avançait à grands pas, avec pour conséquence l'agrandissement relatif de la Prusse et du Reich allemand qui, bien que fatigué et marqué par la guerre, était intact et conservait une supériorité écrasante dans sa sphère d'action. Il n'est pas un de ces peuples ou une de ces provinces ayant constitué l'Empire des Habsbourg à qui l'indépendance n'ait apporté des affres que les poètes et théologiens de jadis réservaient aux damnés. La noble capitale de Vienne, foyer de tant de cultures et de traditions longuement défendues, carrefour de tant de routes, de cours d'eau et de voies ferrées, fut laissée entièrement en proie à la famine, comme un grand marché vide dans une région appauvrie et désertée de la plupart de ses habitants.

Les vainqueurs imposaient aux Allemands tous les idéaux patiemment entretenus de longue date par les nations libérales de l'Ouest. Ces mêmes Allemands furent soulagés du fardeau du service militaire obligatoire et de la nécessité de conserver des armements lourds. Ils furent pressés d'accepter les énormes prêts américains, bien qu'ils n'eussent aucun crédit. Une constitution démocratique, bénéficiant des plus récents perfectionnements, fut établie à Weimar. Les empereurs ayant été chassés, on élut des nullités. Sous cette fragile construction brûlaient les passions d'une puissante Allemagne, vaincue mais largement intacte. Les Américains, avec leurs préjugés contre la royauté, avaient clairement fait comprendre à l'Empire vaincu qu'il serait mieux traité par les Alliés comme république que comme monarchie. Une sage politique aurait consisté à couronner et à fortifier la république de Weimar d'un monarque constitutionnel, en la personne d'un petit-fils en bas âge du Kaiser, sous la tutelle d'un conseil de régence. Au lieu de quoi un vide béant s'ouvrit au sein de la vie nationale allemande. Tous les puissants éléments militaires et féodaux, qui auraient pu se rallier à une monarchie constitutionnelle et, par égard pour elle, auraient respecté et soutenu les nouveaux processus démocratiques et parlementaires, se trouvèrent un temps déstabilisés. La république de Weimar, en dépit de ses bénédictions et de ses accoutrements libéraux, était considérée comme ayant été imposée par l'ennemi ; elle ne pouvait mobiliser ni la fidélité ni l'imagination du peuple allemand. Pendant quelque temps, elle chercha à s'accrocher, comme par désespoir, au vieux maréchal Hindenburg. Après quoi de puissantes forces partirent à la dérive ; l'abîme s'ouvrit, et dans cet abîme s'avança après quelque temps un fou au génie féroce, dépositaire et incarnation des haines les plus virulentes qui jamais rongèrent des cœurs humains : le caporal Hitler.

*
* *

La France avait été saignée à blanc par la guerre. La génération qui, depuis 1870, avait rêvé d'une guerre de revanche venait de triompher, mais au prix d'un sacrifice mortel imposé aux forces vitales de son pays. C'était une France hagarde qui saluait l'aube de la victoire. Une crainte profonde de l'Allemagne s'emparait de la nation française au lendemain même de ses éclatants succès ; cette crainte avait poussé le maréchal Foch à exiger la frontière du Rhin pour assurer la sécurité de la France contre la menace de son bien plus grand voisin. Mais les hommes d'État britanniques et américains estimaient que l'absorption par la France de territoires peuplés d'Allemands était contraire aux Quatorze Points[1], au principe

---

1. C'étaient les buts de guerre des Alliés, proclamés en quatorze points dans un discours du président Wilson le 8 janvier 1918 : 1) renonciation à la diplomatie secrète. 2) liberté des mers. 3) abolition des barrières économiques. 4) réduction des armements. 5) réajustement équitable des possessions coloniales. Les huits points suivants

des nationalités et au droit des peuples à disposer d'eux-mêmes, sur lesquels devait se fonder le traité de paix. C'est pourquoi ils résistèrent à Foch et à la France. Ils se concilièrent Clemenceau en promettant premièrement une garantie conjointe des Anglais et des Américains pour la défense de la France, deuxièmement une zone démilitarisée, et troisièmement, le désarmement complet et définitif de l'Allemagne. Clemenceau accepta, en dépit des protestations de Foch et de ses propres intuitions. Le pacte de garantie fut donc signé par Wilson, Lloyd George et Clemenceau. Le Sénat des États-Unis refusa de ratifier le traité et répudia la signature du président Wilson. Et nous, qui nous étions si souvent rangés à ses avis et inclinés devant ses désirs lors de ces négociations visant à instaurer la paix, nous nous entendîmes dire sans trop de cérémonie que nous aurions dû être mieux informés de la Constitution américaine.

Dans la peur, la colère et le désarroi des Français, Clemenceau, personnage rude et dominateur à l'autorité mondialement reconnue et aux nombreuses relations en Grande-Bretagne comme aux États-Unis, fut aussitôt écarté de la scène politique. « L'ingratitude envers leurs grands hommes, a dit Plutarque, est la marque des peuples forts. » Il était imprudent pour la France de céder à ce penchant alors qu'elle était si gravement affaiblie ; on ne pouvait guère espérer de compensations dans la résurrection des intrigues partisanes et des perpétuels changements de gouvernements et de ministres si propres à la IIIe République, quelque profitables et divertissants qu'ils pussent être pour ceux qui y prenaient part.

Poincaré, la plus forte personnalité qui succéda à Clemenceau, tenta de constituer une Rhénanie indépendante sous la protection et le contrôle de la France ; mais cela ne pouvait réussir. Il n'hésita pas alors à tenter

---

concernaient les nouvelles frontières en Europe, et le quatorzième prévoyait la création d'une Société des Nations.

d'imposer à l'Allemagne le paiement des réparations en envahissant la Ruhr. Cette mesure contraignit assurément l'Allemagne au respect des traités, mais elle fut sévèrement condamnée par l'opinion publique britannique et américaine. La complète désorganisation financière et politique de l'Allemagne, jointe au paiement des réparations entre 1919 et 1923, provoqua l'effondrement rapide du mark. La rage engendrée outre-Rhin par l'occupation française de la Ruhr poussa les Allemands à imprimer imprudemment des masses de billets, pour enlever délibérément toute assise à leur monnaie. Aux derniers stades de l'inflation, 43 000 000 000 000 (quarante-trois mille milliards) de marks s'échangeaient contre une livre sterling. Les conséquences sociales et économiques de cette inflation furent funestes et d'une portée incalculable. Les classes moyennes, leur épargne anéantie, se rangèrent naturellement sous la bannière du national-socialisme. Toute la structure de l'industrie allemande fut bouleversée par la croissance endémique de trusts champignons. Tout le capital circulant du pays disparut. La dette nationale intérieure et la dette de l'industrie, sous forme de charges fixes et d'hypothèques, furent bien sûr liquidées ou répudiées simultanément. Mais cela ne compensait aucunement la perte du capital circulant. Tout cela conduisait directement à la politique d'emprunt à l'étranger sur une grande échelle par une nation en faillite, qui devait caractériser les années suivantes. Les souffrances et les rancœurs du peuple allemand avancèrent alors de concert, comme elles le font encore aujourd'hui.

Les dispositions britanniques à l'égard de l'Allemagne, si virulentes au départ, ne tardèrent pas à dériver en sens inverse avec une égale démesure. Un fossé se creusa entre Lloyd George et Poincaré, dont le caractère irascible entravait les politiques fermes et clairvoyantes. Les deux nations se séparèrent donc en pensée comme en action, et la sympathie, voire l'admiration, de la Grande-Bretagne pour l'Allemagne y trouva un puissant exutoire.

*
* *

La Société des Nations n'avait pas plus tôt été créée qu'elle reçut un coup presque mortel : les États-Unis abandonnèrent le rejeton du président Wilson. Le président lui-même, qui était prêt à entrer en lice pour défendre son idéal, fut frappé d'une attaque de paralysie alors même qu'il entamait sa campagne électorale ; il allait dès lors se traîner, invalide et impuissant, pendant une bonne part de deux années longues et cruciales, au terme desquelles son parti et sa politique furent balayés par la victoire républicaine aux élections présidentielles de 1920. De l'autre côté de l'Atlantique, au lendemain du succès des républicains, les conceptions isolationnistes l'emportèrent. On laisserait l'Europe cuire dans son jus, et elle devrait payer les dettes qu'elle avait légalement contractées. En même temps, on élevait des tarifs douaniers pour prévenir l'entrée des marchandises qui pouvaient seules permettre d'acquitter ces dettes. À la conférence de Washington de 1921, les États-Unis firent des propositions de grande ampleur en vue d'un désarmement naval, et les gouvernements britannique et américain se mirent avec entrain à couler leurs navires et à détruire leurs établissements militaires. On soutenait en effet, par le jeu d'une singulière logique, qu'il était immoral de désarmer les vaincus sans que les vainqueurs se dépouillent eux aussi de leurs armes. La réprobation anglo-américaine allait maintenant se tourner contre une France privée à la fois de sa frontière rhénane et de son traité de garantie. Il lui était reproché de maintenir, même sur une échelle très réduite, une armée recrutée par conscription universelle.

Les États-Unis firent comprendre à la Grande-Bretagne que la continuation de son alliance avec le Japon, dont ce dernier avait scrupuleusement respecté les clauses, serait préjudiciable aux relations anglo-américaines. On mit donc un terme à cette alliance. Sa dénonciation fit au

Japon une profonde impression ; on y vit une preuve du mépris que nourrissait le monde occidental à l'égard d'une puissance asiatique. Bien des liens furent ainsi rompus qui auraient pu par la suite s'avérer décisifs pour le maintien de la paix. Néanmoins, le Japon put trouver une consolation dans le fait que l'effondrement de l'Allemagne et de la Russie en avait fait pour un temps la troisième puissance navale du monde. Bien que l'accord naval de Washington prescrivît au Japon un ratio de grandes unités navales inférieur à celui affecté à la Grande-Bretagne et aux États-Unis (cinq - cinq - trois), ce quota correspondait bien à ses capacités de construction et à ses disponibilités financières, et cela pour bon nombre d'années ; aussi le Japon observa-t-il d'un œil attentif les deux plus grandes puissances maritimes, qui rivalisaient d'ardeur pour réduire leurs forces bien au-dessous des limites permises par leurs ressources et exigées par leurs responsabilités. Ainsi, en Asie comme en Europe, les Alliés victorieux avaient rapidement créé, au nom de la paix, les conditions propices à une nouvelle guerre.

Tandis que survenaient ces malencontreux événements, au milieu du caquetage incessant des pieuses platitudes qui s'échangeaient de part et d'autre de l'Atlantique, une nouvelle cause de conflit, plus terrible que l'impérialisme des tsars et des kaisers, se faisait jour en Europe. La guerre civile se terminait en Russie par la victoire complète de la révolution bolchevique. Si les armées soviétiques qui avançaient pour asservir la Pologne furent repoussées à la bataille de Varsovie, l'Allemagne et l'Italie manquèrent de succomber à la propagande et aux menées communistes, tandis que la Hongrie tomba bel et bien pour quelque temps sous le contrôle du dictateur communiste Bela Kun. Bien que le maréchal Foch fît observer sagement que « le bolchevisme n'avait jamais passé les frontières de la victoire », les fondations de la civilisation européenne tremblèrent en ces premières années de l'après-guerre. Le fascisme était l'ombre ou l'affreuse engeance du communisme. Tandis que le caporal Hitler se rendait utile aux milieux d'officiers allemands à Munich, en inspirant aux soldats et aux ouvriers une haine féroce des Juifs et des communistes qu'il rendait responsables de la défaite allemande, un autre aventurier, Benito Mussolini, introduisait en Italie une nouvelle forme de gouvernement qui, tout en prétendant sauver la nation italienne du fléau communiste, le hissait lui-même au sommet du pouvoir dictatorial. Tout comme le fascisme sortit du communisme, le nazisme fut engendré par le fascisme. Ainsi prirent naissance ces mouvements apparentés qui devaient bientôt plonger le monde dans un conflit plus effroyable encore que le précédent, dont personne ne peut dire qu'il s'est achevé avec leur destruction.

*
* *

La paix conservait toutefois une solide garantie de survie : l'Allemagne était désarmée ; toute son artillerie et toutes ses armes étaient détruites ; sa flotte s'était déjà sabordée à Scapa Flow ; sa puissante armée était dispersée. Aux termes du traité de Versailles, l'Allemagne, pour pouvoir maintenir l'ordre intérieur, n'était autorisée à garder qu'une armée professionnelle ne dépassant pas 100 000 hommes, avec de longues périodes de service, ce qui rendait impossible la constitution de réserves. Les contingents annuels de recrues ne recevaient plus désormais d'entraînement ; les cadres étaient dissous. On s'efforçait de réduire à l'insignifiance le corps des officiers. Aucune force militaire aérienne d'aucune sorte n'était autorisée. Les sous-marins étaient interdits et la flotte allemande était limitée à une poignée de navires jaugeant moins de 10 000 tonnes. La Russie des Soviets se voyait maintenue hors de l'Europe occidentale par un cordon sanitaire d'États violemment antibolcheviques qui s'étaient détachés de l'ancien Empire des tsars, après qu'il eut pris sa forme nouvelle et plus terrifiante. La Pologne et la Tchécoslovaquie relevaient la tête dans l'indépendance recouvrée et semblaient s'installer fermement au centre de l'Europe. La Hongrie s'était remise de l'expérience Bela Kun. L'armée française, qui se reposait sur ses lauriers, était de loin la plus grande puissance militaire en l'Europe, et l'on crut même pendant quelques années que l'aviation militaire française était également de première force.

Jusqu'en 1934, le pouvoir des vainqueurs resta incontesté en Europe, et même à travers le monde. En ces seize années, il n'y eut pas un seul moment où les trois alliés de la veille, ou même la Grande-Bretagne et la France jointes à leurs associés européens, n'auraient pas été en mesure, au nom de la Société des Nations et sous son égide morale et internationale, de contrôler, par un simple effort de volonté, la puissance militaire de l'Allemagne. Au lieu de quoi, jusqu'en 1931, les vainqueurs, et particulièrement les États-Unis, se sont efforcés d'extorquer à l'Allemagne des réparations annuelles, au prix de contrôles étrangers vexatoires ; et le fait que ces règlements n'aient pu s'effectuer qu'au moyen de prêts américains bien plus importants faisait ressortir l'absurdité de tels procédés. On n'en récoltait que de la rancune. Par contre, jusqu'en 1934, la stricte application des clauses du traité de Versailles relatives au désarmement aurait suffi à préserver indéfiniment, sans violence ni effusion de sang, la paix et la sécurité de l'humanité. Mais on négligea de le faire lorsque les infractions restaient mineures, et on n'osa pas le faire lorsqu'elles devinrent graves. Ainsi fut abandonnée l'ultime sauvegarde d'une paix durable. Les crimes des vaincus trouvent leur origine et leur explication – mais non, bien sûr, leur excuse – dans les folies des vainqueurs. Sans ces folies, il n'y aurait eu ni tentation ni occasion de commettre le crime.

*
* *

Je voudrais relater dans ces pages quelques-uns des incidents et des impressions qui forment dans mon esprit comme le prélude à la plus grande tragédie que l'humanité ait connue au cours de sa tumultueuse histoire. Et cette tragédie ne s'est pas seulement manifestée par les pertes en vies humaines et en richesses matérielles qui résultent fatalement de la guerre. Durant le premier conflit mondial, il y avait déjà eu d'effrayants massacres de soldats, et une grande partie des richesses accumulées par les nations s'y était consumée. Pourtant, en dehors des excès de la révolution russe, le tissu essentiel de la civilisation européenne demeurait intact à la fin de la lutte. Lorsque les canons se turent, les nations, par-delà leurs antagonismes, pouvaient encore se reconnaître en tant que personnalités marquées par la race et par l'histoire. Dans l'ensemble, les lois de la guerre avaient été respectées. Entre soldats qui s'étaient combattus subsistait un terrain d'entente professionnel. Vainqueurs et vaincus conservaient l'apparence d'États civilisés. Une paix solennelle avait été conclue qui, à l'exception de clauses financières impossibles à faire respecter, s'était conformée aux principes qui avaient de plus en plus gouverné au cours du XIXe siècle les relations entre peuples éclairés. Le règne de la loi avait été proclamé et une organisation mondiale créée pour nous préserver tous, et particulièrement l'Europe, d'un bouleversement renouvelé.

Au cours de la Seconde Guerre mondiale, tous les liens unissant les hommes devaient être rompus. Sous la domination hitlérienne qu'ils se laissèrent imposer, les Allemands commirent des crimes dépassant en ampleur et en iniquité tous ceux qui ont assombri l'histoire de l'humanité. Le massacre de masse, par des procédés systématiques, de six ou sept millions d'hommes, de femmes et d'enfants, perpétré dans les camps de la mort allemands, dépasse en horreur les boucheries brutales et expéditives de Gengis Khan, qui s'en trouvent réduites à des proportions insignifiantes. L'extermination délibérée de populations entières fut planifiée et exécutée par l'Allemagne comme par la Russie au cours de la guerre à l'Est. La pratique hideuse du bombardement aérien des villes ouvertes, inaugurée par les

Allemands, fut reprise avec vingt fois plus de force par des Alliés dont la puissance ne cessait de croître – et atteignit son paroxysme dans l'emploi des bombes atomiques qui rasèrent Hiroshima et Nagasaki.

Nous sommes enfin sortis d'un chaos de ruines matérielles et morales qui n'a jamais obscurci l'imagination des siècles précédents. Après tout ce que nous avons souffert et tout ce que nous avons accompli, nous nous trouvons encore confrontés à des problèmes et des périls qui, loin d'être moins graves, sont plus redoutables encore que ceux auxquels nous avons échappé de si peu.

Ayant vécu et agi à cette époque, je me propose de montrer avec quelle facilité aurait pu être évitée la tragédie de la Seconde Guerre mondiale; comment la malveillance des méchants se renforça de la faiblesse des vertueux; à quel point les structures et les pratiques des États démocratiques qui ne sont pas unis en de plus vastes organismes sont privées de ces éléments de persistance et de convictions qui peuvent seuls garantir la sécurité à la masse des humbles; comment, même lorsque le salut national est en jeu, aucune politique n'est jamais poursuivie, ne serait-ce que dix ou quinze ans d'affilée. Nous verrons ensuite comment les conseils de prudence et de retenue peuvent devenir les premières causes de périls mortels; comment les demi-mesures nées du désir de sécurité et de tranquillité peuvent mener au cœur même du désastre. Nous verrons combien il est nécessaire que de nombreux États avancent en commun sur une large voie d'action internationale, d'année en année, quels que soient les flux et les reflux des politiques nationales…

Il n'était pas difficile de maintenir trente années durant le désarmement de l'Allemagne comme l'armement suffisant de ses vainqueurs, et dans l'intervalle, même si une réconciliation avec l'Allemagne s'avérait impossible, de bâtir toujours plus solidement une véritable Société des Nations, capable de garantir que les traités seraient respectés ou ne seraient modifiés qu'à l'issue de débats et d'accords. Quand trois ou quatre gouvernements puissants, agissant ensemble, ont demandé à leurs peuples les plus effroyables sacrifices, quand ces peuples les ont librement consentis pour la cause commune et que les buts tant désirés ont été atteints, il aurait semblé raisonnable de maintenir cette action concertée, pour qu'au moins soient préservés les fruits essentiels de la victoire. Mais la puissance, la civilisation, l'expérience, la culture et la science des vainqueurs furent incapables de satisfaire à cette modeste exigence. Ces vainqueurs vécurent d'expédients, au jour le jour, d'une élection à l'autre, jusqu'au moment où, à peine vingt ans plus tard, fut donné le signal tant redouté de la Seconde Guerre mondiale ; et il nous faut écrire au sujet des fils de ceux qui avaient si bien et si fidèlement combattu et péri :

> Épaule contre épaule, douloureusement, côte à côte,
> Ils s'éloignaient à pas lents des vastes plaines lumineuses de la vie*.

---

* Siegfried SASSOON.

Chapitre II

L'APOGÉE DE LA PAIX

(1922-1931)

L'année 1922 vit apparaître en Grande-Bretagne un nouveau chef politique. M. Stanley Baldwin était resté inconnu ou inaperçu pendant le conflit mondial, et n'avait joué qu'un rôle modeste dans les affaires intérieures. Sous-secrétaire d'État aux Finances durant la guerre, il était maintenant président du *Board of Trade.* Il devint la force dominante de la politique britannique depuis octobre 1922, date à laquelle il évinça M. Lloyd George, jusqu'en mai 1937, lorsque, comblé d'honneurs et entouré de l'estime générale, il abandonna sa charge pour la retraite digne et silencieuse de sa propriété du Worcestershire. Mes rapports avec cet homme d'État forment une partie bien définie du récit que j'ai entrepris. Nos divergences furent parfois sérieuses, mais pendant toutes les années où j'ai été en relations avec lui, je ne me rappelle pas une seule entrevue ou une occasion quelconque qui m'aient laissé une impression désagréable; et j'ai toujours eu l'impression qu'il était possible de lui parler en toute bonne foi, d'homme à homme, avec toutes les chances d'être compris.

Au début de 1923, il devint Premier ministre. Ce fut le début d'une période de quatorze années que l'on peut bien appeler : « le régime Baldwin-MacDonald ». M. Ramsay MacDonald était le chef du parti socialiste. Ces deux hommes d'État gouvernèrent le pays, d'abord en alternance, puis dans un esprit de fraternité politique. Entre eux, qui représentaient en théorie des partis opposés, des doctrines contraires et des intérêts antagonistes, se révéla en pratique une parenté de conceptions, de tempérament et de méthodes telle qu'il n'en a jamais existé entre deux Premiers ministres depuis que cette charge a été reconnue par la Constitution. Assez curieusement, les sympathies de chacun s'étendaient assez loin dans le domaine de l'autre : Ramsay MacDonald éprouvait beaucoup des sentiments du vieux tory ; Stanley Baldwin, mis à part les opinions enracinées d'industriel protectionniste qui étaient les siennes, se montrait un plus authentique partisan du socialisme modéré que beaucoup de travaillistes.

En 1924, il y eut de nouvelles élections générales. Les conservateurs revinrent au pouvoir avec une majorité de 222 voix sur tous les autres partis réunis*. Je fus moi-même élu à Epping avec une majorité de 10 000 voix, mais comme « constitutionaliste », ne voulant pas à cette époque adopter l'étiquette de « conservateur ». J'avais entretenu, dans l'intervalle, des relations amicales avec M. Baldwin ; mais je ne pensais pas qu'il se maintiendrait assez longtemps pour devenir Premier ministre. Au lendemain de sa victoire électorale, je n'avais aucune idée de ses sentiments à mon endroit. Je fus surpris, et le parti conservateur stupéfait, lorsqu'il me demanda de devenir chancelier de l'Échiquier, charge qu'avait autrefois exercée mon père. Un an plus tard, avec l'approbation de mes électeurs et sans qu'aucune pression se fût exercée sur moi, je rentrai officiellement dans les rangs du parti conservateur et du Carlton Club, que j'avais quittés vingt ans plus tôt.

Pendant près de cinq ans, je vécus à côté de M. Baldwin au 11, Downing Street, et presque chaque matin, en traversant la résidence du Premier ministre pour aller à la Trésorerie, j'entrais dans la salle du conseil pour bavarder avec lui quelques minutes. Étant l'un de ses principaux collaborateurs, je partageais dans une certaine mesure avec lui la responsabilité de tout ce qui se passait à cette époque. Les

---

* Conservateurs : 413 ; libéraux : 40 ; travaillistes : 151.

cinq années de cette législature furent marquées par une amélioration considérable de la situation intérieure. Le gouvernement faisait preuve de calme et de compétence, et le redressement du pays s'effectuait progressivement, d'année en année. Nous n'obtînmes aucun de ces succès sensationnels ou polémiques que l'on peut exploiter sur les tribunes électorales, mais d'un point de vue économique et financier, la masse de la population était manifestement plus prospère et l'état de la nation comme du monde plus satisfaisant à la fin de notre mandat qu'à son début. Voilà un résultat modeste, mais incontestable [1].

C'est toutefois en Europe que le gouvernement se distingua.

*
* *

En Allemagne, Hindenburg allait maintenant accéder au pouvoir. Friedrich Ebert était mort à la fin de février 1925 ; longtemps chef du parti social-démocrate allemand de l'avant-guerre, il était devenu après la défaite le premier président de la République allemande. Il fallait à présent élire un nouveau président. Les Allemands étaient habitués de longue date à un despotisme paternel, tempéré par de longues traditions de liberté de parole et d'opposition parlementaire. La défaite leur avait apporté dans son triste cortège des institutions démocratiques et des libertés poussées à l'extrême. Mais la nation était sortie déchirée et désorientée de toutes les épreuves qu'elle avait traversées. Une multitude de partis et de groupes politiques se disputait la préséance et les places. Au milieu de cette agitation, on éprouva le vif désir de se tourner vers le vieux maréchal

---

1. Ce brevet d'autosatisfaction n'est que très partiellement justifié : Churchill passe entièrement sous silence sa décision de rattacher la livre à l'étalon-or, la grande grève de 1926 qui découlait en partie de cette malheureuse initiative, et le fait qu'il y avait à la fin de son mandat un million de chômeurs en Grande-Bretagne.

von Hindenburg, qui vivait dans une retraite pleine de dignité. Hindenburg restait fidèle à l'empereur en exil, et il aurait souhaité une restauration de la monarchie impériale « sur le modèle anglais ». C'était évidemment la solution la plus sensée, sinon la plus propre à satisfaire aux goûts du jour. Lorsqu'on supplia Hindenburg de se présenter à la présidence de la république instaurée par la Constitution de Weimar, il fut profondément troublé. « Qu'on me laisse en paix ! » répétait-il sans cesse.

La pression ne se relâchait pas, mais seul le grand amiral von Tirpitz réussit à le persuader d'abandonner ses scrupules et ses penchants pour répondre à l'appel du Devoir, auquel il ne s'était jamais dérobé dans le passé. Les adversaires de Hindenburg étaient Marx, le candidat du Centre catholique, et le communiste Thälmann. Le dimanche 25 avril, toute l'Allemagne vota, et les résultats furent inattendus. Les deux premiers candidats se suivaient de près : Hindenburg, 14 655 766 ; Marx, 13 751 615 ; Thälmann, 1 931 151. Hindenburg, qui dominait ses rivaux du haut de sa gloire, de sa répugnance à l'égard du pouvoir et de son désintéressement, ne fut élu qu'avec une majorité de moins d'un million de voix, et n'obtint pas la majorité absolue. Il réprimanda son fils Oskar, qui l'avait réveillé à 7 heures pour lui annoncer l'événement : « Pourquoi m'as-tu éveillé une heure plus tôt que d'ordinaire ? La nouvelle aurait été tout aussi vraie à 8 heures », grogna-t-il avant de se rendormir jusqu'à l'heure habituelle de son lever.

En France, on vit d'abord dans l'élection de Hindenburg un renouveau de l'éternel défi allemand. L'Angleterre prit mieux la chose. Comme j'avais toujours souhaité que l'Allemagne recouvre son honneur et sa fierté, et que disparaissent toutes les rancœurs de la guerre, je ne fus nullement affligé par la nouvelle : « C'est un vieil homme plein de bon sens, » me dit Lloyd George quand nous nous rencontrâmes. Et ce fut le cas aussi longtemps que Hindenburg conserva toutes ses facultés. Même quelques-uns de ses adversaires les plus acharnés furent forcés d'en convenir : « Mieux vaut un zéro qu'un Néron[1]. » Cependant, le maréchal avait soixante-dix-sept ans et son mandat était de sept ans ; peu de gens s'attendaient à ce qu'il fût réélu. Il fit de son mieux pour rester impartial à l'égard des différents partis, et l'on peut dire avec certitude que cette présidence assura à l'Allemagne une puissance et un bien-être raisonnables, sans qu'elle constituât de menace pour ses voisins.

*
* *

Dans l'intervalle, en février 1925, le gouvernement allemand proposa un pacte aux termes duquel les puissances qui s'intéressaient au problème rhénan, et plus spécialement l'Angleterre, la France, l'Italie et l'Allemagne, s'engageraient solennellement et pour une longue période à ne recourir à la guerre contre aucun des autres États contractants ; et cet engagement serait souscrit par-devant le gouvernement des États-Unis, jouant ici le rôle de garant. En outre, l'Allemagne se déclarait prête à accepter le principe d'un pacte garantissant le *statu quo* territorial de la Rhénanie. C'était là un événement remarquable. Les Dominions britanniques n'étaient pas enthousiasmés par la perspective d'un pacte occidental ; le général Smuts était désireux d'empêcher toute convention de caractère régional, les Canadiens se montraient tièdes, et seule la Nouvelle-Zélande était prête à accepter sans discussion le point de vue britannique. Nous persévérâmes néanmoins. À mes yeux, le but suprême à atteindre avant tout était de mettre fin au conflit millénaire qui opposait la France à l'Allemagne ; si nous réussissions seulement à lier les intérêts économiques, sociaux et moraux des Gaulois et des Teutons assez étroitement pour supprimer tout prétexte à de nouvelles querelles, et si nous parvenions à étouffer les

---

[1]. En anglais : *Better a Zero than a Nero*. La remarque fut faite par Théodore Lessing (assassiné par les nazis en septembre 1933).

vieux antagonismes en instaurant les conditions d'une véritable solidarité économique, l'Europe pourrait se relever. Il me semblait que l'intérêt suprême de la Grande-Bretagne en Europe était de voir s'apaiser la rivalité franco-allemande, et que nous n'avions pas d'intérêts comparables ou contraires à celui-là. Aujourd'hui encore, mon opinion sur ce point demeure la même.

En août, la France, en plein accord avec la Grande-Bretagne, répondit officiellement à l'Allemagne. Avant toutes choses, celle-ci devait entrer sans réserves dans la Société des Nations. Le gouvernement allemand accepta cette stipulation, ce qui signifiait que les clauses des traités restaient en vigueur à moins et jusqu'à ce qu'elles fussent modifiées d'un commun accord ; d'autre part, aucun engagement n'avait été obtenu par l'Allemagne concernant une réduction des armements alliés. En Allemagne, les nationalistes faisaient une ardente campagne, réclamaient la suppression dans le traité de paix de la clause qui lui attribuait la responsabilité de la guerre, demandaient la possibilité de remettre en question la souveraineté française sur l'Alsace-Lorraine, et exigeaient l'évacuation immédiate de Cologne par les troupes alliées ; mais le gouvernement allemand ne formula pas ces nouvelles revendications, qui n'auraient pu donner lieu à aucune concession de la part des Alliés.

Sur ces bases, la conférence de Locarno fut ouverte officiellement le 4 octobre. Les délégués de la Grande-Bretagne, de la France, de l'Allemagne, de la Belgique et de l'Italie se réunirent sur les bords de ce lac aux eaux tranquilles et conclurent d'abord un pacte de garantie mutuelle entre les cinq puissances ; ensuite, des traités d'arbitrage entre l'Allemagne et la France, l'Allemagne et la Belgique, l'Allemagne et la Pologne, l'Allemagne et la Tchécoslovaquie ; troisièmement, des accords spéciaux entre la France et la Pologne et la France et la Tchécoslovaquie, aux termes desquels la France prenait l'engagement de porter secours à ces pays dans l'hypothèse où une rupture du pacte occidental aurait entraîné une agression militaire. Ainsi les démocraties de l'Europe occidentale tombèrent-elles d'accord pour maintenir en toutes circonstances la paix entre elles, et pour s'unir contre toute puissance qui violerait le traité en agressant une nation amie. Comme dans le cas de la France et de l'Allemagne, la Grande-Bretagne s'obligeait solennellement à porter secours à celui des deux États qui viendrait à être victime d'une agression non provoquée de la part de l'autre. Engagement militaire d'une portée considérable, qui fut accepté par le Parlement et chaleureusement approuvé par le pays. C'est en vain qu'on chercherait dans les annales de l'histoire l'équivalent de tels engagements.

On n'aborda pas le problème du désarmement en France et en Grande-Bretagne, et on ne précisa pas jusqu'où devait être poussé ce désarmement. En tant que chancelier de l'Échiquier, j'avais été très tôt impliqué dans ces affaires. Mon propre point de vue quant à cette garantie bilatérale était que, si la France restait armée tandis que l'Allemagne était désarmée, l'Allemagne ne pourrait pas attaquer sa voisine ; d'autre part, il était sûr que la France n'attaquerait jamais l'Allemagne, si cela devait amener automatiquement la Grande-Bretagne à devenir l'alliée de l'Allemagne. Notre proposition devait sembler dangereuse, du moins en théorie, puisqu'elle nous engageait à nous ranger aux côtés de l'un ou de l'autre des belligérants dans l'hypothèse d'une guerre franco-allemande, mais une semblable catastrophe apparaissait comme peu probable ; et c'était encore le meilleur moyen de l'éviter. Aussi ai-je toujours été également opposé à un désarmement de la France et à un réarmement de l'Allemagne, à cause de l'accroissement de péril que cela aurait représenté immédiatement pour l'Angleterre. Par ailleurs, la Grande-Bretagne et la Société des Nations, dont l'Allemagne devenait membre en vertu du pacte qu'elle signait, assuraient au peuple allemand une protection effective. Il se créait ainsi un équilibre dans lequel la Grande-Bretagne, dont le principal intérêt était de voir cesser la lutte entre l'Allemagne et la France, jouait dans une très large mesure le rôle de conciliateur et d'arbitre. On espérait que cet équilibre pourrait durer au moins vingt ans, pendant lesquels les Alliés auraient réduit progressivement et naturellement leurs armements sous l'influence d'une paix prolongée, d'une confiance croissante et de difficultés budgétaires. Il était évident que le danger renaîtrait du jour où l'Allemagne deviendrait à peu près aussi forte que la France, et qu'il s'aggraverait si la puissance allemande dépassait la puissance française. Mais les clauses d'un traité solennellement signé semblaient exclure pareilles hypothèses.

Le pacte de Locarno ne concernait que la paix de l'Europe occidentale, et l'on souhaitait que pût être conclu par la suite ce qu'on appelait un « Locarno oriental ». Nous aurions été très heureux de pouvoir prévenir la menace éventuelle d'une guerre entre l'Allemagne et la Russie, en faisant preuve du même esprit et en usant des mêmes moyens que lorsque nous avions conjuré le danger d'un conflit entre la France et l'Allemagne. Toutefois, même l'Allemagne de Stresemann refusait d'abandonner toutes revendications concernant les frontières orientales, ou d'accepter le statut territorial de la Pologne, de Dantzig, du Corridor et de la Haute-Silésie. La Russie soviétique restait isolée et ruminait son dépit derrière le *cordon sanitaire*[1] des États antibolcheviques. En dépit d'efforts ininterrompus de notre part, on n'arriva à aucun résultat en Europe orientale. Personnellement, je ne fus jamais opposé à la possibilité de donner plus ample satisfaction à l'Allemagne quant au tracé de sa frontière orientale ; mais l'occasion ne s'en présenta pas pendant ces brèves années d'espoir.

*
* *

La conclusion du traité qui sortit de la conférence de Locarno à la fin de 1925 fut accueillie par des transports d'enthousiasme. M. Baldwin fut le premier à signer le docu-

---

1. En français dans le texte.

ment au *Foreign Office*. Le ministre des Affaires étrangères, n'ayant pas de résidence officielle, me demanda de mettre à sa disposition ma salle à manger du n° 11 Downing Street, pour le déjeuner intime auquel Herr Stresemann[1] était convié. L'atmosphère fut très amicale, et nous pensions tous qu'un magnifique avenir attendait l'Europe si les grandes nations s'unissaient véritablement et se sentaient enfin en sécurité. Après l'approbation cordiale que le Parlement donna à ce mémorable traité, M. Austen Chamberlain reçut l'ordre de la Jarretière et le prix Nobel de la paix. Le succès obtenu par le ministre marquait le point culminant du redressement européen, et il inaugurait une période de paix et de redressement qui dura trois ans. Bien que les vieux antagonismes ne fussent qu'assoupis et que l'on perçût déjà les roulements du tambour qui allait de nouveau appeler les citoyens aux armes, nous étions fondés à espérer que le terrain si solidement gagné ouvrirait la voie à de nouvelles avancées.

En 1929, l'Europe jouissait d'une tranquillité qu'elle n'avait pas connue depuis vingt ans et qu'elle ne connaîtrait plus avant vingt ans encore. Des sentiments amicaux se faisaient jour à l'égard de l'Allemagne après la conclusion de notre traité de Locarno et l'évacuation anticipée de la Rhénanie par l'armée française et les contingents alliés. Cette nouvelle Allemagne entra dans une Société des Nations toujours tronquée. L'économie allemande renaissait rapidement, sous l'influence bénéfique des prêts qui lui avaient été consentis par l'Amérique et la Grande-Bretagne ; les nouveaux paquebots transatlantiques du Reich gagnaient le Ruban bleu ; son commerce prenait un essor prodigieux et sa prospérité intérieure était florissante. La France, avec son système d'alliances, semblait elle aussi être en sécurité au sein de l'Europe. Les clauses du traité de Versailles portant sur le désarmement n'étaient pas ouvertement violées. La marine allemande était inexistante. L'aviation du Reich, interdite par le traité, n'était pas

---

1. Le ministre allemand des Affaires étrangères.

encore née. Il y avait en Allemagne de nombreux courants d'opinions fortement opposés, ne fût-ce que par prudence, à l'idée d'une guerre, et le haut commandement allemand ne pouvait imaginer que les Alliés l'autoriseraient jamais à réarmer. Mais la perspective de ce que j'ai appelé plus tard « la tempête économique » s'ouvrait devant nous ; seuls quelques milieux financiers étaient au courant des prodromes de la crise, et ils restaient muets d'effarement devant ce qui s'annonçait.

*
* *

Les élections générales de mai 1929 montrèrent que « l'oscillation naturelle au pendule politique » et le besoin normal de changement agissaient puissamment sur l'esprit des électeurs britanniques. Dans la nouvelle Chambre, les socialistes n'avaient qu'une petite majorité sur les conservateurs, mais M. Baldwin présenta au roi sa démission. Nous nous rendîmes tous à Windsor en train spécial pour remettre nos portefeuilles ; et le 7 juin 1929, M. Ramsay MacDonald devint pour la seconde fois Premier ministre, prenant la direction d'un gouvernement minoritaire dont le sort dépendait du vote des libéraux.

Le Premier ministre socialiste désirait voir son nouveau gouvernement travailliste se signaler par l'octroi de larges concessions à l'Égypte, par un changement constitutionnel de grande envergure aux Indes et par un renouveau de l'effort entrepris en faveur du désarmement dans le monde, ou du moins en Grande-Bretagne. Avec un tel programme, il pouvait compter sur l'appui des libéraux pour rassembler autour de lui une majorité parlementaire. C'est à cette époque que surgirent mes premiers différends avec M. Baldwin, à la suite desquels les relations de travail que j'avais entretenues avec lui depuis qu'il m'avait nommé chancelier de l'Échiquier cinq ans plus tôt s'altérèrent notablement. Bien entendu, nous restions personnellement en bonnes relations, mais nous sentions que nos vues divergeaient. Je pensais que l'opposition conservatrice devait tenir tête énergiquement au gouvernement travailliste sur toutes les questions nationales et impériales d'importance, qu'elle devait s'identifier à la grandeur britannique comme aux temps de lord Beaconsfield et de lord Salisbury, et qu'elle ne devait pas reculer devant les polémiques, même si elle ne recueillait pas le soutien immédiat de la nation. Autant que je pouvais m'en rendre compte, M. Baldwin estimait pour sa part que les temps étaient révolus où l'on pouvait affirmer hautement la grandeur impériale britannique, et que l'espoir du parti conservateur résidait d'une part dans un arrangement amiable avec les forces libérales et travaillistes, et d'autre part dans d'habiles manœuvres pour détourner de ces partis de puissants mouvements d'opinion et de larges fractions de leurs électeurs. Il y réussit sans nul doute ; c'était le plus grand chef de parti que les conservateurs aient jamais eu. À leur tête, il avait affronté cinq élections générales, et il en avait remporté trois.

C'est au sujet des Indes que nous rompîmes définitivement. Le Premier ministre, fortement soutenu et même aiguillonné par le vice-roi conservateur lord Irwin, devenu par la suite lord Halifax, voulait hâter l'application de son plan d'autonomie pour l'Inde. Une conférence se tint à Londres, dont le retentissement fut extraordinaire. M. Gandhi, récemment libéré après un internement confortable, en fut la personnalité la plus marquante. Il n'est pas nécessaire de rapporter ici tous les détails de la controverse qui occupa les sessions de 1929 et de 1930 à la Chambre des communes. C'est de la mise en liberté de M. Gandhi – destinée à lui permettre de représenter le parti nationaliste hindou à la conférence de Londres – que date ma rupture avec M. Baldwin. Ce dernier, en effet, semblait très satisfait de la tournure des événements ; il se sentait en parfait accord avec le Premier ministre et le vice-roi, et entraînait indiscutablement derrière lui l'opposition conservatrice. J'étais certain que nous finirions ainsi par perdre l'Inde, et que d'incalculables désastres s'abattraient sur les populations indiennes. Je démissionnai donc peu après du *Shadow Cabinet*[1] en raison de cette affaire, mais j'assurai M. Baldwin que je le soutiendrais par tous les moyens dont je disposais face au gouvernement socialiste à la Chambre des communes, et que je ferais de mon mieux pour contribuer à leur défaite lors des élections générales.

*
* *

Le troisième quart de l'année 1929 s'acheva sur la promesse et les apparences d'une prospérité croissante, particulièrement aux États-Unis. Il régnait un optimisme extraordinaire qui favorisait une spéculation effrénée. On écrivit des livres pour prouver que la crise économique était un phénomène dont on s'était rendu maître grâce au développement de l'organisation commerciale et du progrès scientifique. « Les cycles économiques tels que nous les avons connus sont révolus et bien révolus », déclarait en septembre le président de la Bourse de New York. Mais, en octobre 1929, une violente tempête s'abattit brusquement sur Wall Street. L'intervention des groupes financiers les plus puissants ne réussit pas à arrêter une avalanche de ventes dues à l'affolement général. Un groupe formé des banques les plus importantes constitua une réserve d'un milliard de dollars pour essayer de maintenir et de stabiliser le marché, mais tout fut en vain.

L'ensemble de la richesse que représentaient les valeurs fiduciaires accumulées au cours des années précédentes s'évanouit. La prospérité de millions de foyers américains s'était édifiée sur la gigantesque structure d'un crédit surgonflé qui se révélait soudain illusoire. La spéculation sur les titres s'était étendue à la nation tout entière, encouragée

---

1. « Cabinet fantôme », composé des chefs de l'opposition – parlementaires et ministrables –, qui « suit » le Conseil des ministres « comme une ombre ».

par les prêts que même les banques les plus célèbres consentaient aisément ; il s'était développé en outre un vaste système d'achat à tempérament de maisons, de mobilier, de voitures et d'innombrables autres articles d'usage courant et de confort domestique. Tout cela s'écroula d'un coup ; la formidable machine de production des États-Unis se trouva désorganisée et paralysée. La veille encore, on se posait la question pressante de savoir où stationneraient les automobiles avec lesquelles des milliers d'ouvriers et d'artisans commençaient à se rendre au travail ; à présent, le monde entier, après avoir traversé une période d'intense activité, après avoir fabriqué tout ce qui était imaginable en vue d'améliorer le confort de millions d'individus, passait par les affres de la baisse des salaires et du chômage croissant. Le système bancaire américain était beaucoup moins concentré et moins solidement établi que son équivalent britannique. Vingt mille banques locales suspendirent leurs paiements. Les instruments d'échange de biens et services entre les individus s'effondrèrent, et la débâcle de Wall Street frappa par contrecoup les foyers les plus modestes comme les plus opulents.

Il serait pourtant inexact de déduire de ce désastre que la perspective enchanteresse d'une prospérité croissante et d'un confort à la portée d'un nombre de gens toujours croissant, qui avait enthousiasmé la population des États-Unis, ne reposait que sur l'illusion et sur un délire de spéculation. On n'avait vu jusqu'alors dans aucune société humaine un aussi prodigieux développement de la production, de la répartition et des échanges commerciaux de toutes catégories. Les avantages que les hommes peuvent accumuler au profit de la communauté en mettant en œuvre toute leur activité et toute leur habileté sont en fait illimités. La passion du lucre et l'abus de méthodes artificielles, qui outrepassaient même les plus grands résultats acquis, finirent par causer la faillite et la chute de cette splendide réalisation humaine. De 1929 à 1932, l'effondrement du marché entraîna une implacable chute des prix, qui détermina une baisse de la production suivie d'un chômage généralisé.

Les conséquences de cette désorganisation économique s'étendirent au monde entier. Le chômage et la baisse de la production amenèrent une réduction générale du commerce. Des restrictions douanières furent partout imposées, afin de protéger les marchés intérieurs. La crise universelle entraîna des difficultés monétaires extrêmes et paralysa le crédit à l'intérieur de chaque pays. La ruine et le chômage se généralisèrent d'une extrémité à l'autre du globe. Le gouvernement de M. MacDonald, malgré toutes ses promesses, vit croître sans cesse en 1930 et 1931 le nombre des chômeurs, qui passa d'un million à près de trois millions. On disait qu'aux États-Unis, dix millions de gens étaient sans travail. L'ensemble du système bancaire de la grande république sombrait dans le chaos et l'effondrement temporaire. Il en résulta des catastrophes en Allemagne et dans d'autres nations d'Europe. Toutefois, personne ne mourut de faim dans les pays de langue anglaise.

Il est toujours difficile, pour un gouvernement ou un parti qui pose en principe la nécessité de détruire le capital, de maintenir la confiance et le crédit qui jouent un rôle si important dans l'économie hautement artificielle d'une île telle que la Grande-Bretagne. Le gouvernement de M. MacDonald était absolument incapable de faire face aux problèmes qui l'assaillaient. Il ne pouvait imposer au parti la discipline indispensable, ni faire preuve de la fermeté nécessaire pour au moins équilibrer le budget. Un gouvernement minoritaire et privé de la confiance des milieux financiers ne pouvait survivre dans de telles conditions.

L'échec du parti travailliste face à la crise, la chute soudaine du crédit britannique sur le plan financier et la débâcle du parti libéral causée par son funeste jeu de bascule à l'intérieur de la Chambre amenèrent la constitution d'un gouvernement de coalition nationale. Il semblait que seul un gouvernement ralliant tous les partis pût venir à bout de la crise. À la faveur d'une forte émotion patriotique, M. MacDonald et le chancelier de l'Échiquier essayèrent d'entraîner la masse du parti travailliste dans cette combinaison politique. M. Baldwin, toujours disposé à abandonner aux autres les charges officielles pourvu qu'il possédât le pouvoir effectif, était disposé à participer à ce gouvernement sous la direction de M. MacDonald. Cette attitude, bien que respectable, ne tenait pas compte des réalités. M. Lloyd George se remettait encore d'une opération qui était grave au vu de son âge; ce fut donc sir John Simon qui entraîna le gros des forces libérales dans la nouvelle formation qui regroupait tous les partis.

Je ne fus pas invité à faire partie de ce gouvernement de coalition nationale, car sur le plan politique, j'avais rompu avec M. Baldwin à propos de la question indienne; d'autre part, j'étais opposé à la politique du gouvernement travailliste de M. MacDonald. Comme beaucoup d'autres, j'avais senti le besoin d'une coalition nationale, mais le fait d'en être écarté ne me causa ni surprise ni affliction. Pendant la durée de la crise, je continuai même à séjourner à Cannes et à y peindre. J'ignore ce qu'eût été mon attitude si l'on m'avait demandé de faire partie du cabinet; il est bien inutile de s'interroger sur des tentations douteuses qui ne se sont jamais présentées. À coup sûr, au cours de l'été précédent, j'avais parlé à M. MacDonald d'un gouvernement d'union nationale et il avait paru intéressé par mes suggestions. Mais ma position sur l'échiquier politique demeurait étrange; j'avais déjà derrière moi quinze années d'expérience ministérielle et j'étais à présent occupé à écrire ma *Vie de Marlborough*. Pour ceux qui sont engagés dans le tourbillon et le brouhaha de la vie publique, les drames politiques sont sur le moment d'un intérêt passionnant; mais je puis affirmer que je n'ai jamais ressenti aucun dépit, à plus forte raison aucune peine, de m'être vu aussi totalement écarté à un moment de crise nationale. Il y avait toutefois un inconvénient : depuis 1905, j'avais toujours occupé à la Chambre l'un ou l'autre des bancs du premier rang, et j'avais ainsi l'avantage, lorsque je prenais la parole, de pouvoir placer mes notes devant moi sur mon pupitre[1], afin de faire croire avec plus ou moins de succès que j'improvisais. Il me fallait maintenant chercher péniblement une place en contrebas du passage central. J'étais désormais obligé, chaque fois que je parlais, de tenir mes notes à la main et, au cours du débat, de tenter ma chance comme n'importe quel ancien ministre connu. De temps à autre, on me donnait tout de même la parole.

La formation d'un nouveau gouvernement ne mit pas fin à la crise financière, et à mon retour en Angleterre, je trouvai le pays troublé par l'approche d'élections générales devenues inévitables. Le verdict des électeurs fut digne de la nation britannique. Un gouvernement d'union nationale avait été formé par M. Ramsay MacDonald, fondateur du parti travailliste-socialiste ; il proposait au peuple un programme de grande austérité et de durs sacrifices. C'était une première version du « sang, du labeur, de la sueur et des larmes », sans l'aiguillon ou les nécessités de la guerre et du péril mortel[2]. La plus stricte économie devait être pratiquée. Tous les salaires, traitements et revenus seraient réduits. On demandait à la masse de voter en faveur d'un régime d'abnégation. Elle répondit comme elle le fait toujours lorsqu'elle se trouve dans des dispositions héroïques. Bien que, quoi qu'il en dise, le gouvernement eût abandonné l'étalon-or, et que M. Baldwin fût obligé de suspendre pour de bon les paiements de la dette américaine qu'il avait lui-même imposés au ministère Bonar Law en 1923, la confiance et le crédit furent rétablis. Le nouveau gouvernement recueillit une écrasante majorité. M. MacDonald, Premier ministre en exercice, ne fut soutenu que par sept ou huit membres de son propre parti ; mais c'est à peine si une centaine de députés travaillistes, devenus ses

---

1. Seuls sont équipés de pupitres les deux premiers rangs, qui se font face et dont l'un est réservé au gouvernement, l'autre à l'opposition.
2. Allusion à son célèbre discours de 1940.

adversaires après avoir été jadis ses partisans, furent réélus au Parlement. Sa santé et ses facultés déclinaient rapidement, et ce fut dans un état de décrépitude croissante qu'il présida, pendant près de quatre années fatidiques, aux destinées de la Grande-Bretagne. Et très bientôt, durant ces quatre années, survint Hitler.

Chapitre III

ADOLF HITLER

En octobre 1918, lors d'une attaque britannique près de Comines, dans le nord de la France, un caporal allemand avait été rendu temporairement aveugle par du gaz moutarde. Alors qu'il était alité dans un hôpital de Poméranie, la défaite et la révolution balayaient l'Allemagne. Fils d'un obscur fonctionnaire autrichien des douanes, il avait nourri dans sa jeunesse le rêve de devenir un grand artiste. N'ayant pu entrer à l'Académie des beaux-arts de Vienne, il connut la pauvreté dans cette capitale, puis à Munich. Travaillant parfois comme peintre en bâtiment et souvent comme tâcheron[1], il connut les privations et conçut une rancune amère, bien que secrète, pour ce monde qui lui avait refusé le succès. Pourtant, ces malheurs ne le conduisirent pas dans les rangs communistes; par un louable retournement, il n'en nourrit que davantage un sentiment de loyauté raciale et une admiration aussi fervente que mystique à l'égard de l'Allemagne et du peuple allemand. Lorsqu'éclata la guerre, il prit les armes avec allégresse et servit quatre ans dans un régiment bavarois, sur le front occidental. Tels furent les débuts d'Adolf Hitler.

---

1. Comme beaucoup de Britanniques de son époque, Churchill, apprenant qu'Hitler avait été peintre, en concluait qu'il devait s'agir d'un peintre en bâtiment; l'idée d'un peintre en cartes postales ne l'avait pas effleuré. La carrière de tâcheron du Führer est également une pure fiction : de toute sa vie, Hitler n'a jamais accompli le moindre travail physique...

Alors qu'il reposait aveugle et impotent sur son lit d'hôpital durant l'hiver de 1918, son échec personnel semblait se confondre avec le désastre du peuple allemand tout entier. Le choc de la défaite, l'effondrement de l'ordre établi et le triomphe des Français firent subir à cet homme du rang convalescent une véritable agonie morale, qui consuma son être et déchaîna en lui des forces spirituelles prodigieuses et démesurées, propres à mener l'humanité à son salut ou à sa perte. La défaite allemande lui paraissait inexplicable par des causes ordinaires; quelque monstrueuse et gigantesque trahison avait dû se produire. Solitaire et renfermé, l'obscur soldat s'absorba dans la recherche des causes possibles de la catastrophe, à la seule lumière de sa maigre expérience personnelle. À Vienne, autrefois, il s'était mêlé à des groupes de nationalistes allemands extrémistes, et c'est là qu'il avait entendu des histoires d'activités funestes et de travail de sape menés par une autre race, ennemie et exploiteuse du monde nordique : les Juifs. Sa rage patriotique vint s'ajouter à ses sentiments d'envie à l'égard des riches, pour fusionner en une haine incoercible.

Lorsqu'enfin ce patient anonyme put quitter l'hôpital, toujours vêtu de cet uniforme qu'il portait avec un orgueil presque enfantin, quelles scènes s'offrirent à sa vue recouvrée ! Les convulsions nées de la défaite sont toujours effroyables. Autour de lui, dans une atmosphère de désespoir et de frénésie, se détachait en une lueur sinistre le visage de la révolution rouge. Dans les rues de Munich, des voitures blindées passaient en trombe, distribuant à l'envi des tracts ou des balles aux passants en fuite. Ses propres camarades portaient des brassards rouges provocateurs sur leurs uniformes, et lançaient des slogans furieux contre tout ce qu'il aimait au monde. Soudain, comme dans un rêve, tout s'éclaira : l'Allemagne avait été poignardée dans le dos et abattue par les Juifs, par les profiteurs et les intrigants de l'arrière, par les bolcheviks maudits et leur conspiration internationale d'intellectuels juifs. Le devoir lui apparut alors avec une lumineuse clarté : sauver l'Allemagne de ces fléaux, venger ses affronts et conduire la race des seigneurs vers sa destinée.

Les officiers de son régiment, profondément alarmés par l'humeur factieuse et révolutionnaire de leurs hommes, furent tout heureux d'en trouver au moins un qui semblait au fait de la question. Le caporal Hitler souhaitant rester mobilisé, on l'employa comme « officier d'éducation politique », ce qui lui permit de glaner des renseignements sur les menées subversives et séditieuses. Bientôt, l'officier de la Sûreté qui l'employait lui ordonna d'assister aux réunions des partis politiques locaux de toutes tendances. Un soir de septembre 1919, le caporal se rendit à une réunion du parti des Travailleurs allemands dans une brasserie de Munich, et là, pour la première fois, il entendit des discours qui s'accordaient avec ses convictions secrètes contre les Juifs, les spéculateurs et les « criminels de novembre » qui avaient précipité l'Allemagne dans l'abîme. Le 16 septembre, il adhéra à ce parti, et peu après, en accord avec son travail militaire, il entreprit de s'en faire le propagandiste. En février 1920 se tint à Munich la première réunion de masse du parti des Travailleurs allemands ; ce fut Hitler lui-même qui domina les débats, et il définit en vingt-cinq points le programme du parti. C'était devenu un homme politique ; sa campagne pour le salut de la nation était lancée. Il fut démobilisé en avril, et toute sa vie fut dès lors consacrée à l'expansion du parti. Au milieu de l'année suivante, il avait évincé les dirigeants du début, et par sa passion comme par son génie, il imposa sa propre direction aux adhérents envoûtés. Il était déjà le « Führer ». On acheta un journal qui périclitait, le *Völkischer Beobachter*, pour en faire l'organe du parti.

Les communistes ne tardèrent pas à reconnaître leur ennemi ; ils essayèrent de disperser les réunions d'Hitler, qui organisa vers la fin de 1921 les premières unités de troupes d'assaut. Jusqu'alors, toute cette activité était restée confinée à des milieux restreints en Bavière. Mais au milieu des tribulations que connaissait l'Allemagne en ces premières années d'après-guerre, beaucoup aux quatre coins du Reich se mirent à prêter l'oreille au nouvel évangile. En 1923, la violente colère soulevée dans toute l'Allemagne par l'occupation française de la Ruhr amena une grande vague d'adhérents au parti, désormais appelé « parti national-socialiste ». L'effondrement du mark sapa dans ses fondements la classe moyenne allemande, dont beaucoup de membres désespérés furent recrutés par le nouveau parti et trouvèrent un exutoire à leurs malheurs dans la haine, la vengeance et la ferveur patriotique.

Dès le début, Hitler avait clairement marqué que le chemin du pouvoir passait par l'agression et la violence contre une république de Weimar née dans la honte de la défaite. Dès novembre 1923, le « Führer » avait regroupé autour de lui des hommes résolus, dont les principaux étaient Göring, Hess, Rosenberg et Röhm. Ces hommes d'action jugèrent le moment venu de tenter de s'emparer du pouvoir dans l'État de Bavière. Le général von Ludendorff, chef d'état-major de l'armée allemande pendant l'essentiel de la Grande Guerre, prêta le prestige militaire de son nom à l'aventure et marcha avec les putschistes. Avant la guerre, on disait souvent : « En Allemagne il n'y aura pas de révolution, parce que toutes les révolutions y sont formellement interdites. » En l'occurrence, les autorités locales de Munich firent revivre ce précepte ; les troupes de police ouvrirent le feu, en évitant soigneusement d'atteindre le général, qui marcha droit dans leurs rangs et y fut reçu avec respect. Une vingtaine de manifestants environ furent tués, Hitler se jeta à terre, puis s'enfuit avec quelques autres meneurs. En avril 1924, il fut condamné à quatre ans d'emprisonnement.

L'ordre avait certes été maintenu par les autorités et un tribunal allemand avait prononcé une condamnation, mais beaucoup de gens dans tout le pays eurent le sentiment que les autorités du Reich frappaient ainsi la chair de leur chair, faisant par là le jeu de l'étranger aux dépens des plus fidèles enfants de l'Allemagne. La peine d'Hitler fut ramenée de quatre ans à treize mois de prison, qu'il passa dans la forteresse de Landsberg. Ces mois de captivité lui permirent d'achever dans ses grandes lignes la rédaction de *Mein Kampf*, un traité exposant sa philosophie politique et dédié aux morts du récent putsch. Lorsque Hitler finit par accéder au pouvoir, aucun livre ne mérita d'être plus soigneusement étudié par les dirigeants politiques et militaires des nations alliées. Tout y était : le programme de la résurrection allemande, la technique de propagande du parti, le plan pour combattre le marxisme, le concept d'un État national-socialiste, la place dominante dans le monde qui revenait de droit à l'Allemagne. C'était le nouveau coran de la foi et de la guerre : ampoulé, verbeux, informe, mais chargé d'un lourd message.

La thèse principale de *Mein Kampf* était simple : l'homme est un animal guerrier ; dès lors, la nation, communauté de guerriers, est une unité combattante. Tout organisme vivant qui cesse de lutter pour son existence est condamné à disparaître ; tout pays, toute race qui cesse le combat est également condamné. La valeur guerrière d'une race dépend de sa pureté ; il est donc nécessaire de la débarrasser de toutes les souillures étrangères. La race juive, du fait de son universalité, est nécessairement pacifiste et internationaliste. Or, le pacifisme est le plus mortel des péchés, puisqu'il entraîne la reddition de la race dans son combat pour l'existence. Le premier devoir de tout pays est donc d'inculquer à ses masses le nationalisme. L'éducation doit viser en dernier ressort à faire de tout Allemand un être convertible en soldat avec un minimum de formation. Les plus grands bouleversements de l'histoire auraient été inconcevables sans la force d'entraînement des passions fanatiques et exacerbées, alors que les vertus bourgeoises de paix et d'ordre n'auraient rien permis d'accomplir. Le monde évolue aujourd'hui vers de tels bouleversements, et le nouvel État allemand doit veiller à ce que sa race soit prête pour les ultimes et suprêmes événements d'ici-bas. La politique étrangère peut être sans scrupule. La tâche de la diplomatie n'est pas de permettre à une nation de faire naufrage héroïquement, mais de veiller à sa prospérité et à sa survie... L'Angleterre et l'Italie sont les deux seules alliées possibles de l'Allemagne. Tant que l'Allemagne ne se défendra pas elle-même, personne ne la défendra. Elle ne peut recouvrer ses provinces perdues que par la force des armes, non par de solennelles invocations à la Providence ou par une pieuse confiance en la Société des Nations. L'Allemagne ne doit pas refaire l'erreur de combattre tous ses ennemis à la fois. Ainsi, il serait insensé d'attaquer la France pour des raisons purement sentimentales. Ce dont l'Allemagne a besoin, c'est d'une expansion territoriale en Europe. La politique coloniale allemande d'avant-guerre était une erreur ; elle doit être abandonnée. C'est aux dépens de la Russie et surtout des États baltes que l'Allemagne doit chercher à s'étendre. Aucune alliance avec la Russie n'est admissible, et faire la guerre à l'Occident de concert avec la Russie serait criminel, car le but des Soviétiques est de faire triompher le judaïsme international. Tels étaient les « piliers de granit » de la politique d'Hitler.

La lutte incessante et l'ascension progressive d'Adolf Hitler en tant que figure nationale ne retinrent guère l'attention des vainqueurs, obnubilés et harcelés qu'ils étaient par leurs propres problèmes et leurs luttes de partis. Nombre d'années passèrent avant que le national-socialisme ou, comme on vint à l'appeler, le « nazisme », gagnât une emprise assez forte sur les masses allemandes, sur l'armée, sur les corps de l'État et sur les industriels terrifiés avec quelque raison par le communisme, pour devenir un si puissant facteur de la vie politique allemande que le monde entier devait le prendre en considération. Lorsque Hitler fut relâché à la fin de 1924, il déclara qu'il lui faudrait cinq ans pour réorganiser son mouvement.

*

* *

L'une des clauses démocratiques de la Constitution de Weimar prévoyait des élections au Reichstag tous les quatre ans. Grâce à cet article, on espérait faire en sorte que les masses allemandes puissent exercer un contrôle total et régulier sur leur parlement. En pratique, bien sûr, cela leur valut simplement de vivre dans un état de fièvre politique perpétuelle et d'incessantes campagnes électorales. Les progrès d'Hitler et de sa doctrine se résument ainsi avec précision : en 1928, il n'avait que 12 sièges au Reichstag ; en 1930, il en obtint 107 ; en 1932, 230. À ce stade, tout l'édifice allemand était déjà pénétré par les organismes et la discipline du parti national-socialiste, et les Juifs étaient déjà victimes de mesures d'intimidation de toutes sortes, ainsi que d'insultes et de brutalités effrénées.

Il n'est pas nécessaire de suivre année par année le développement complexe et redoutable de ce mouvement, avec ses hauts et ses bas, ses passions et ses infamies. Pendant quelque temps, la faible lueur de Locarno éclaira la scène politique, et les dépenses effectuées grâce aux prêts considérables de l'Amérique donnèrent l'impression d'un retour de la prospérité. Le maréchal Hindenburg présidait l'État et Stresemann était son ministre des Affaires étrangères. La majorité du peuple allemand, stable et respectable, viscéralement attachée à l'autorité massive et majestueuse, lui resta fidèle jusqu'à son dernier souffle. Pourtant, d'autres facteurs puissants s'exerçaient activement dans cette nation bouleversée, à laquelle la république de Weimar n'offrait ni le sentiment de sécurité, ni les satisfactions de la gloire ou de la revanche.

Sous le vernis du gouvernement républicain et des institutions démocratiques, imposés par les vainqueurs et entachés par la défaite, le pouvoir politique réel et l'armature permanente de la nation étaient, dans ces années d'après-guerre, aux mains de l'état-major de la Reichswehr.

Ce furent les généraux qui firent et défirent les présidents et les cabinets ministériels. Ils avaient trouvé en Hindenburg un symbole de leur puissance et un agent de leurs volontés, mais en 1930, le maréchal avait quatre-vingt-trois ans. Dès lors, son caractère et ses forces mentales déclinèrent régulièrement ; il devint de plus en plus partial, arbitraire et sénile. Pendant la guerre, on avait fait une immense statue de bois à son effigie, dans laquelle les patriotes pouvaient, moyennant paiement, enfoncer un clou en signe d'admiration. Cela illustre bien ce qu'il était effectivement devenu : « Le Titan de bois ». Depuis quelque temps déjà, les généraux s'étaient rendu compte qu'il faudrait trouver un successeur satisfaisant au vieux maréchal, mais ils furent pris de vitesse dans leur quête de l'homme nouveau par la croissance et la puissance considérables du mouvement national-socialiste. Après l'échec du putsch de Munich en 1923, Hitler avait formulé un programme de stricte légalité dans le cadre de la république de Weimar. Mais à la même époque, il encourageait et organisait le développement des formations militaires et paramilitaires du parti nazi. Après des débuts très modestes, les SA, sections d'assaut ou « chemises brunes », avec leur petit noyau de troupes d'élite, les SS, se développèrent tellement en nombre et en vigueur que la Reichswehr s'inquiéta vivement de leur activité et de leur force potentielle.

À la tête des sections d'assaut se trouvait un soldat de fortune, Ernest Röhm, camarade de combat et ami intime d'Hitler pendant toutes les années de lutte. Chef d'état-major des SA, Röhm était un homme d'un courage et d'une compétence éprouvés, mais il était dominé par l'ambition personnelle et sexuellement perverti. Ses vices n'empêchèrent pas Hitler de collaborer avec lui sur le dur et dangereux chemin qui menait au pouvoir. En examinant très soigneusement les courants qui traversaient la nation, la Reichswehr en conclut avec beaucoup de réticence qu'en tant que caste militaire et institution opposée au mouvement nazi, elle ne pourrait plus garder le contrôle de l'Allemagne.

Les deux factions étaient également résolues à relever l'Allemagne et à venger sa défaite. Mais alors que la Reichswehr représentait l'ordre établi de l'empire du Kaiser, les classes de féodaux, d'aristocrates, de propriétaires terriens et de gens aisés, les SA étaient devenus dans une grande mesure un mouvement révolutionnaire agité par les rancœurs des éléments subversifs et les désespoirs d'hommes ruinés. Ils ne se distinguaient guère plus des bolcheviks que le pôle Nord ne se distingue du pôle Sud[1].

Pour la Reichswehr, on ne ferait que disloquer la nation vaincue en se querellant avec le parti nazi. En 1931 et 1932, les chefs de l'armée décidèrent donc, pour leur propre salut et celui du pays, qu'il fallait joindre leurs forces à celles de ces adversaires qu'ils combattaient pourtant sur le plan intérieur, avec toute la rigueur et toute la sévérité de l'esprit allemand. Quant à Hitler, décidé à se servir de n'importe quel bélier pour enfoncer les portes du pouvoir, il ne perdait jamais de vue son objectif : devenir le chef suprême de l'Allemagne puissante et brillante qui avait suscité son admiration et sa loyauté de jeune homme. Ainsi, les conditions d'une alliance entre la Reichswehr et lui se trouvaient réunies. Les chefs de l'armée avaient compris peu à peu que la force du parti nazi était telle qu'Hitler était le seul successeur possible à Hindenburg en tant que chef de la nation allemande. Hitler, lui, savait que son programme de redressement national exigeait une alliance avec l'élite qui contrôlait la Reichswehr. Le marché fut conclu et les chefs militaires commencèrent à persuader Hindenburg de voir en Hitler le futur chancelier du Reich. En acceptant de limiter les activités des chemises brunes, de les subordonner à l'état-major de la Reichswehr et même, si cela devenait inévitable, de les dissoudre, Hitler obtenait l'allégeance des forces qui contrôlaient l'Allemagne, l'ascendant sur le

---

[1]. Churchill s'imagine manifestement que les deux pôles sont identiques...

pouvoir exécutif et une sorte de droit de succession à la tête de l'État allemand. Le caporal avait fait du chemin.

Il y avait cependant une autre difficulté, d'ordre intérieur celle-là. L'état-major général de l'armée était la clef de toute combinaison tendant à regrouper les forces politiques allemandes, mais plusieurs mains cherchaient à s'emparer de cette clef. À l'époque, le général Kurt von Schleicher exerçait sur le cours des événements une influence aussi discrète que décisive à l'occasion. Il était le mentor politique de ces milieux militaires réservés mais potentiellement dominateurs. Toutes les factions en présence entretenaient une certaine méfiance à l'égard de cet agent politique habile, informé de beaucoup de choses qui ne figuraient pas dans les manuels d'état-major et restaient généralement ignorées des soldats. Schleicher était depuis longtemps convaincu de l'importance du mouvement nazi, de la nécessité de l'endiguer et de le contrôler ; mais il comprenait aussi que cette terrible poussée populaire, avec son armée privée de « SA » qui ne cessait de croître, était une arme qui, entre les mains de camarades de l'état-major capables de l'utiliser, pourrait rétablir la grandeur de l'Allemagne et peut-être même assurer la sienne. C'est dans cette intention qu'au cours de l'année 1931, Schleicher commença à comploter secrètement avec Röhm. On voyait donc se dessiner un mouvement double et de grande ampleur : d'une part, l'état-major général s'entendait avec Hitler, et d'autre part, au sein même de cet état-major, Schleicher tramait son complot personnel avec Röhm, principal lieutenant et rival potentiel d'Hitler. Les rapports de Schleicher avec les éléments révolutionnaires du parti nazi, et principalement avec Röhm, se prolongèrent jusqu'au jour où Hitler fit exécuter à la fois Röhm et Schleicher trois ans plus tard[1],

---

1. Ce complot réunissant Röhm et Schleicher après 1931 est purement imaginaire : les deux hommes étaient en mauvais termes et avaient des intérêts entièrement divergents. Churchill semble avoir été

ce qui ne manqua pas de simplifier la situation politique, ainsi que celle des survivants.

*
* *

Dans l'intervalle, l'Allemagne avait été frappée à son tour par la tempête économique. Les banques américaines, qui devaient faire face à des engagements financiers de plus en plus lourds aux États-Unis, refusèrent d'augmenter encore le montant des prêts imprudemment consentis à l'Allemagne dans un passé récent. Ceci provoqua de nombreuses fermetures d'usine et la ruine soudaine de bien des entreprises dont dépendait le relèvement pacifique de l'Allemagne. Le nombre des chômeurs atteignit 2 300 000 pendant l'hiver de 1930. Les Alliés proposèrent avec bienveillance un allégement substantiel du montant des réparations. Le ministre des Affaires étrangères Stresemann, qui était mourant, remporta un ultime succès en obtenant un accord pour l'évacuation totale de la Rhénanie par les armées alliées, bien avant la date fixée par le traité.

Mais dans l'ensemble, les masses allemandes se désintéressaient des remarquables concessions faites par les vainqueurs. Si elles avaient été consenties plus tôt ou dans des circonstances plus favorables, elles auraient été saluées comme d'importantes étapes sur le chemin de la réconciliation et du retour à une paix véritable. Mais à présent, c'était la peur du chômage qui obsédait les masses. Les classes moyennes avaient déjà été ruinées et poussées à la violence par l'effondrement du mark. La position de Stresemann en politique intérieure devenait chaque jour plus précaire du fait des tensions économiques internationales, et les assauts redoublés des nazis d'Hitler et de cer-

---

égaré par la progande nazie, qui avait fait courir ce bruit après la Nuit des longs couteaux, afin de justifier l'assassinat de Schleicher. Il se peut aussi que Churchill ait confondu avec les contacts – très réels ceux-là – entre Schleicher et Gregor Strasser à la fin de 1932.

tains magnats capitalistes finirent par causer sa chute[1]. Le 28 mars 1930, Brüning, chef du parti du Centre catholique, devint chancelier du Reich. Brüning était un catholique de Westphalie et un patriote qui s'efforçait de recréer l'Allemagne d'autrefois, sous des apparences démocratiques modernes. Il continua à appliquer le plan de préparation industrielle à la guerre et dut aussi lutter pour obtenir la stabilité financière au milieu d'un chaos toujours croissant. Son programme d'économies, de réduction du nombre des fonctionnaires et de baisse des traitements était impopulaire. La haine déferlait en vagues toujours plus féroces. Avec l'appui du président Hindenburg, Brüning procéda à la dissolution d'un Reichstag hostile, et les élections de 1930 lui apportèrent une majorité parlementaire. Il tenta alors une dernière fois de rassembler ce qui subsistait de l'ancienne Allemagne, afin d'endiguer la violence renaissante du nationalisme avili. Mais il lui fallait pour réussir obtenir d'abord la réélection d'Hindenburg à la présidence. Le chancelier Brüning eut recours à une solution nouvelle, mais qui tombait sous le sens ; pour lui, la paix, la sécurité et la grandeur de l'Allemagne ne pouvaient plus être assurées que par la restauration d'un empereur. Pourrait-il persuader le vieux maréchal Hindenburg, au lendemain de sa réélection éventuelle, de se considérer durant son dernier mandat comme le régent d'une monarchie dont la restauration s'effectuerait après son décès ? Une semblable procédure, si elle avait été menée à bien, aurait comblé le vide au sommet de la nation dans lequel Hitler tentait manifestement de s'engouffrer. En toute hypothèse, c'était ce qu'il fallait faire. Mais comment Brüning pourrait-il amener l'Allemagne à l'accepter ?

Les milieux conservateurs qui se laissaient entraîner vers Hitler auraient pu en être détournés par la restauration

---

[1]. Il y a là une confusion : le ministre des Affaires étrangères Stresemann est mort en octobre 1929. La chute en question est celle du chancelier Hermann Müller.

de l'empereur Guillaume ; mais ni les sociaux-démocrates ni les syndicats ne supportaient l'idée d'un retour du vieux Kaiser ou du Kronprinz. D'ailleurs, Brüning n'avait pas l'intention de fonder un second Reich, mais une monarchie constitutionnelle sur le modèle anglais. Il espérait que l'un des fils du Kronprinz ferait un candidat convenable.

C'est en novembre 1931 qu'il confia ses projets à Hindenburg, dont tout dépendait. La réaction du vieux maréchal fut véhémente et singulière, traduisant à la fois la surprise et l'hostilité ; il déclara qu'il se considérait seulement comme le mandataire du Kaiser, et que toute autre solution constituait une insulte à son honneur de soldat. L'institution monarchique, à laquelle il était attaché, ne permettait pas de faire son choix parmi les princes héritiers, et il n'était pas question de violer le principe de légitimité. Toutefois, puisque l'Allemagne ne voulait toujours pas d'un retour du Kaiser, il ne restait plus que lui-même. C'était son dernier mot, et il n'accepterait aucun compromis ! « J'y suis, j'y reste[1]. » Brüning discuta passionnément et peut-être un peu trop longuement avec le vieux soldat. Mais le chancelier avait de bons arguments : si Hindenburg rejetait cette solution monarchique, si peu orthodoxe qu'elle fût, une dictature révolutionnaire nazie était inévitable. En fin de compte, il n'y eut pas d'accord ; mais que Brüning parvînt ou non à persuader Hindenburg, il n'en demeurait pas moins impératif de le faire réélire président, ne fût-ce que pour prévenir un effondrement politique immédiat de l'État allemand. Cette première étape du plan d'action de Brüning fut un succès : en mars 1932, au second tour de l'élection présidentielle, Hindenburg l'emporta sur ses deux rivaux, Hitler et le communiste Thälmann. Après cela, il s'agissait d'aborder le problème économique de l'Allemagne et celui de ses rapports avec l'Europe. La conférence du désarmement siégeant à Genève, Hitler mena avec

---

1. En français dans le texte.

succès une campagne retentissante contre l'humiliation de l'Allemagne par le traité de Versailles.

Après de longues méditations, Brüning conçut un plan hardi de révision du traité, et en avril 1932, il se rendit lui-même à Genève. Contre toute attente, il y fut favorablement accueilli. Au cours des conversations qu'il eut successivement avec MM. MacDonald, Stimson et Norman Davis, un accord parut possible ; il reposait sur le principe extraordinaire de « l'égalité des armements » entre la France et l'Allemagne. En vérité, il est surprenant, comme le montreront les chapitres ultérieurs, qu'il se soit trouvé des gens sensés pour imaginer que la paix pût être bâtie sur de telles fondations. Si les vainqueurs cédaient sur ce point capital, Brüning était tiré d'affaire, et l'étape suivante – raisonnable celle-là – aurait été l'abolition des réparations au profit du redressement européen. Ce règlement aurait constitué pour Brüning un triomphe personnel.

Norman Davis, l'ambassadeur extraordinaire américain, téléphona au président du Conseil français Tardieu pour l'inviter à faire immédiatement le voyage de Paris à Genève. Malheureusement pour Brüning, Tardieu venait de recevoir d'autres nouvelles : Schleicher, qui s'était affairé à Berlin, venait de déconseiller à l'ambassadeur de France de négocier avec Brüning, parce que sa chute était imminente. Il n'est pas impossible que Tardieu se soit également inquiété de la position militaire de la France dans l'hypothèse d'une « parité des armements ». Toujours est-il que Tardieu ne vint pas à Genève, et le 1er mai, Brüning rentra à Berlin. Le fait d'y arriver les mains vides en un pareil moment lui fut fatal. La menace d'un effondrement économique de l'Allemagne exigeait des mesures radicales et même désespérées ; mais le gouvernement impopulaire de M. Brüning n'était pas assez fort pour les prendre. Le chancelier continua à se débattre pendant tout le mois de mai, et dans l'intervalle, Tardieu fut remplacé par Herriot dans le kaléidoscope de la politique parlementaire française.

Le nouveau président du Conseil français se déclara disposé à discuter des formules sur lesquelles on était tombé d'accord au cours des conversations de Genève. L'ambassadeur des États-Unis à Berlin reçut pour instructions d'inviter le chancelier allemand à se rendre sans délai à Genève. Son message parvint à Brüning dans les premières heures de la journée du 30 mai. Mais entre-temps, l'influence de Schleicher avait prévalu ; Hindenburg s'était laissé persuader de congédier le chancelier. Dans le courant de cette même matinée, après réception de l'invitation américaine si pleine d'espoir et d'imprudence, Brüning apprit que son sort était scellé ; vers midi, il démissionna, afin d'éviter d'être congédié dans les formes. Ainsi finit le dernier gouvernement de l'Allemagne d'après-guerre qui aurait pu faire bénéficier le peuple allemand d'une Constitution stable et civilisée, ouvrant la voie à des rapports pacifiques avec les pays voisins. Les offres que les Alliés avaient faites à Brüning l'auraient assurément sauvé, s'il n'y avait eu les intrigues de Schleicher et les atermoiements de Tardieu. Ces offres devraient désormais être discutées avec un autre régime et un autre homme.

Chapitre IV

LES ANNÉES PERDUES

(1931-1933)

Le gouvernement issu des élections de 1931 fut en apparence l'un des plus forts et en fait l'un des plus faibles de toute l'histoire britannique. Le Premier ministre, M. Ramsay MacDonald, s'était séparé de ce parti socialiste qui était l'œuvre de sa vie, ce qui avait provoqué une grande amertume de part et d'autre. Dès lors, il fut un chef maussade et indolent à la tête d'un gouvernement qui, théoriquement d'union nationale, était en fait très majoritairement conservateur. M. Baldwin, préférant la réalité du pouvoir à ses apparences, régnait tranquillement à l'arrière-plan. Le *Foreign Office* était dirigé par sir John Simon, un des chefs du parti libéral ; la responsabilité des affaires intérieures incombait à M. Neville Chamberlain, qui devait bientôt devenir chancelier de l'Échiquier. Le parti travailliste, accusé d'avoir échoué face à la crise financière et fort malmené aux élections, était dirigé par un pacifiste acharné, M. George Lansbury. Pendant près de cinq années que dura ce gouvernement, de janvier 1931 à novembre 1935, l'ensemble de la situation sur le continent européen se trouva bouleversé.

*
* *

Pendant ce temps, toute l'Allemagne était en mouvement et de grands événements se dessinaient. Papen, qui avait succédé à Brüning en tant que chancelier, et Schleicher, le général politicien, avaient jusqu'alors essayé de gouverner l'Allemagne par l'adresse et par l'intrigue. Mais les temps n'étaient plus à ces procédés-là. Papen comptait gouverner en s'appuyant sur l'entourage du président Hindenburg et sur le groupe ultranationaliste au Reichstag. Le 20 juillet, il prit une mesure décisive : le gouvernement socialiste de Prusse fut expulsé de force. Mais Schleicher, le rival de Papen, était avide de pouvoir ; il comptait pour y parvenir sur les forces occultes et sinistres qui faisaient irruption dans la politique allemande sous le couvert du nom et de la puissance croissante d'Hitler. Il espérait faire du mouvement hitlérien le serviteur docile de la Reichswehr, et ainsi se rendre maître de l'un comme de l'autre. Les contacts entre Schleicher et Röhm, le chef des sections d'assaut nazies, entamés en 1931, débouchèrent sur des relations plus étroites entre Schleicher et Hitler. Les deux hommes ne semblaient séparés du pouvoir que par le seul Papen, et par la confiance que lui témoignait Hindenburg.

En août 1932, Hitler se rendit à Berlin à l'invitation personnelle du président. Le moment paraissait venu de faire un pas en avant. Le Führer, avec 13 millions d'électeurs derrière lui, devait pouvoir revendiquer une part importante du pouvoir. Sa situation était alors à peu près celle de Mussolini à la veille de la marche sur Rome. Mais Papen n'avait que faire de l'histoire italienne récente. Fort de l'appui d'Hindenburg, il n'avait aucune intention de démissionner. Le vieux maréchal rencontra Hitler et n'en fut pas impressionné. « Cet homme-là, chancelier ? J'en ferai un receveur des postes, pour qu'il puisse lécher des timbres à mon effigie. » Dans l'entourage du président, Hitler n'avait pas la même influence que ses concurrents...

Dans le pays, la masse des électeurs était inquiète et désorientée. En novembre 1932, pour la cinquième fois de l'année, il y eut des élections générales en Allemagne. Les nazis perdirent du terrain et leur représentation parlementaire tomba de 230 à 196, les sièges perdus allant aux communistes. Le pouvoir de négociation d'Hitler s'en trouvait réduit. Peut-être Schleicher pourrait-il se passer de lui, après tout. Le prestige du général s'accrut parmi les conseillers d'Hindenburg. Le 17 novembre, Papen démissionna et Schleicher lui succéda, mais le nouveau chancelier devait se révéler moins habile à exercer le pouvoir au sommet qu'à tirer les ficelles en coulisse. Il s'était fait trop d'ennemis. Hitler, Papen et les nationalistes se coalisaient désormais contre lui ; quant aux communistes, ils combattaient à la fois les nazis dans la rue et le gouvernement par la grève, contribuant ainsi à l'empêcher de gouverner. Papen fit alors jouer son influence personnelle auprès d'Hindenburg ; la meilleure solution ne serait-elle pas après tout de se concilier Hitler en l'accablant de toutes les responsabilités et de tous les fardeaux du pouvoir ? Hindenburg finit par consentir avec réticence, et Adolf Hitler devint chancelier du Reich le 30 janvier 1933.

La poigne du maître s'abattit bientôt sur tous ceux qui résistaient à l'Ordre nouveau ou s'apprêtaient à le faire. Le 2 février, toutes les réunions ou manifestations du parti communiste allemand furent interdites, et l'on commença à saisir les dépôts d'armes clandestins des communistes dans toute l'Allemagne. La crise atteignit son apogée au soir du 27 février 1933, lorsque le bâtiment du Reichstag s'embrasa. Les chemises brunes et noires furent mobilisées, de même que toutes les formations auxiliaires. On procéda dans la nuit à quatre mille arrestations, dont celle des membres du Comité central du parti communiste. L'exécution de toutes ces mesures fut confiée à Göring, devenu ministre de l'Intérieur de Prusse. Elles formèrent le prélude aux élections qui allaient suivre et assurèrent la défaite des communistes, les plus redoutables adversaires du nouveau régime. L'organisation de la campagne électorale fut l'œuvre de Goebbels, qui ne manquait ni d'habileté ni de zèle.

Mais il y avait encore en Allemagne bien des forces réticentes, obstinées ou résolument hostiles à l'hitlérisme. Les communistes, renforcés de ceux qui, dans leur perplexité et leur détresse, avaient voté pour eux, obtinrent 81 sièges, les socialistes 118, les nationalistes de Papen et

Hugenberg 52. 33 sièges furent alloués à des petits groupes du centre droit. Les nazis eurent 17 300 000 voix et remportèrent 288 sièges. Ces résultats permirent à Hitler et à ses alliés nationalistes de prendre le contrôle du Reichstag. C'est ainsi, et ainsi seulement, qu'Hitler obtint coûte que coûte du peuple allemand une majorité de 37 sièges, les autres partis réunis en ayant 251. Dans les conditions normales de fonctionnement d'un parlement civilisé, une minorité aussi importante n'eût pas manqué d'avoir une forte influence et de jouer un grand rôle dans l'État. Mais dans la nouvelle Allemagne nazie, les minorités allaient bientôt se rendre compte qu'elles n'avaient aucun droit.

Le 21 mars 1933, Hitler ouvrit dans l'église de la Garnison de Potsdam, tout près de la tombe de Frédéric le Grand, la première séance du Reichstag de ce troisième Reich. Dans la nef de l'église avaient pris place les représentants de la Reichswehr, symbole de la continuité de la puissance germanique, ainsi que les officiers supérieurs des SA et des SS, figures nouvelles de l'Allemagne renaissante. Le 24 mars, la majorité du Reichstag, intimidant ou terrorisant tous les opposants, confirma par 441 voix contre 94 l'octroi au chancelier Hitler de pouvoirs spéciaux pour une durée de quatre ans. Lorsque les résultats furent proclamés, Hitler se tourna vers les bancs socialistes et s'écria : « Et maintenant, je n'ai plus besoin de vous. »

Dans l'euphorie de l'élection, les colonnes exaltées du parti national-socialiste défilèrent devant leur chef et lui rendirent l'hommage païen d'une retraite aux flambeaux à travers les rues de Berlin. C'était l'aboutissement d'une lutte prolongée et difficile à comprendre pour des étrangers, surtout ceux qui n'avaient pas connu les affres de la défaite. Adolf Hitler était enfin arrivé, mais il n'était pas seul... Il avait appelé des profondeurs de la défaite les forces obscures et sauvages qui sommeillaient dans la race la plus nombreuse, la plus zélée, la plus implacable, la plus contradictoire et la plus infortunée de toute l'Europe. Il avait fait surgir l'effroyable idole d'un Moloch dévorant dont il était à la fois le prêtre et l'incarnation. Je ne décrirai pas la brutalité et la malveillance inconcevables qui avaient permis d'édifier ce système de haine et de tyrannie et qui allaient bientôt le perfectionner à l'extrême. Il me suffira de présenter au lecteur ce fait nouveau et terrible qui venait d'éclater aux yeux d'un monde encore inconscient : L'ALLEMAGNE EST AUX MAINS D'HITLER ET L'ALLEMAGNE RÉARME.

*
* *

Tandis que l'Allemagne était en proie à ces funestes évolutions, le gouvernement MacDonald-Baldwin crut devoir appliquer pour quelque temps les sévères réductions que la crise financière avait imposées à nos armements déjà modestes ; il restait obstinément aveugle et sourd devant les symptômes inquiétants qui se manifestaient en Europe. Dans un effort impétueux pour obtenir des vainqueurs un désarmement égal à celui imposé aux vaincus par le traité de Versailles, M. MacDonald et ses collègues libéraux et conservateurs avancèrent toute une série de propositions devant la Société des Nations, ainsi que par toutes les autres voies qui leur étaient ouvertes. La France, bien que sa vie politique fût en perpétuelle fluctuation et marquée par des agitations sans grande portée, se cramponnait à son armée, colonne vertébrale de son existence et de ses alliances. Cette attitude lui valut les remontrances de la Grande-Bretagne comme celles des États-Unis. L'opinion du public et de la presse n'était nullement fondée sur des réalités, mais le courant à remonter était bien fort.

Le gouvernement allemand était enhardi par le comportement des Britanniques ; il l'attribuait à la faiblesse fondamentale et à la décadence consubstantielle que la démocratie et le système parlementaire imposaient même à une race nordique. Animé par toute l'énergie du mouvement d'Hitler, il prit une attitude arrogante : dès juillet 1932, sa délégation avait quitté la conférence du désarmement. L'y faire revenir était devenu l'objectif principal des Alliés victorieux ; en novembre, les Français, poussés avec insistance et sans relâche par les Britanniques, proposèrent ce qui fut baptisé sans grande justification « le plan Herriot ». Il prévoyait essentiellement une transformation de toutes les forces de défense européennes en armées de service court et d'effectifs limités, avec égalité de statut mais pas nécessairement de puissance. En fait comme en principe, l'égalité de statut débouchait inévitablement sur l'acceptation d'une égalité de puissance. Voilà qui permit aux gouvernements alliés d'offrir à l'Allemagne « l'égalité des droits dans le cadre d'un système qui assurerait la sécurité de toutes les nations ». Moyennant quelques sauvegardes illusoires, les Français en furent réduits à accepter cette formule dépourvue de sens. Sur quoi les Allemands consentirent à reprendre leur place à la conférence du désarmement, ce qui fut salué comme une grande victoire pour la paix.

Porté par une vague de popularité, le gouvernement de Sa Majesté déposa le 16 mars 1933 ce qui fut appelé « le plan MacDonald », du nom de son auteur et inspirateur. Il partait de la conception française des armées à temps de service court – huit mois en l'occurrence – et fixait ensuite les effectifs précis alloués à chaque pays. L'armée française de temps de paix devrait les réduire de 500 000 à 200 000 hommes, et les Allemands augmenter leurs propres effectifs pour atteindre la parité. À cette époque, les forces armées allemandes, bien que privées des masses de réserves entraînées que peuvent seuls fournir des contingents annuels de conscrits, disposaient sans doute déjà de l'équivalent de plus d'un million d'ardents volontaires, partiellement équipés et armés de nouveaux types d'armements du dernier modèle, issus d'usines convertibles et partiellement converties.

Le résultat fut inattendu. Hitler, désormais chancelier et maître de toute l'Allemagne, se sentit en position de force ; c'est qu'il avait donné l'ordre dès son accession au pouvoir d'accélérer hardiment l'effort d'armement sur une échelle nationale, tant dans les camps d'entraînement que dans les usines. Il ne prit même pas la peine d'accepter les offres irréalistes qui lui étaient faites avec tant d'insistance. Dans un geste de dédain, il ordonna à son gouvernement de quitter la conférence de désarmement et la Société des Nations.

Il serait malaisé de trouver une attitude comparable à la déraison du gouvernement britannique et à la faiblesse du gouvernement français, qui n'en reflétaient pas moins l'opinion de leurs parlements au cours de cette période calamiteuse. Quant aux États-Unis, ils ne peuvent échapper davantage à la censure de l'histoire ; accaparés par leurs propres affaires, par les multiples intérêts, activités et incidents d'une société libre, ils se contentaient d'ouvrir des yeux ébahis face aux grands changements survenus en Europe, en s'imaginant qu'ils ne les concernaient en rien. Le vaste corps des officiers de carrière américains, extrêmement compétent et parfaitement entraîné, avait bien sa propre opinion sur les événements, mais elle était sans effet notable sur une politique étrangère américaine aussi distante qu'insouciante de l'avenir. Si les États-Unis avaient exercé leur influence, ils auraient peut-être poussé à l'action les hommes politiques français et britanniques. La Société des Nations, certes battue en brèche, n'en restait pas moins une auguste institution, capable de riposter à la menace militaire hitlérienne au moyen des sanctions du droit international. Mais face aux tensions, les Américains se contentèrent de hausser les épaules, de sorte que quelques années plus tard, ils durent engager tout le sang et les richesses du Nouveau Monde pour se préserver eux-mêmes d'un péril mortel.

Sept ans plus tard, lorsqu'à Tours, j'assistai à l'agonie de la France, j'avais encore tout cela en mémoire, et c'est pourquoi, même quand furent avancées des propositions de paix séparée, je me bornai à prononcer des paroles de réconfort et d'encouragement – dont je me réjouis de voir qu'elles ont porté leurs fruits[1].

---

1. Churchill entend par là qu'ayant gardé le souvenir du peu de soutien que les Français avaient reçu de la part de leurs alliés pendant

*
* *

Au début de 1931, j'avais prévu de faire une longue tournée de conférences aux États-Unis, et me rendis donc à New York. Dans cette ville, je fus victime d'un accident grave qui faillit me coûter la vie. Le 13 décembre, comme j'allais rendre visite à M. Bernard Baruch, je descendis de ma voiture du mauvais côté et traversai la 5ᵉ Avenue sans penser qu'en Amérique, les voitures roulent à droite, et sans prendre garde aux feux rouges, alors inconnus en Angleterre. Il y eut une collision fracassante. Pendant deux mois, je ne fus qu'une ruine, mais à Nassau, aux Bahamas, je repris assez de force pour pouvoir me traîner. C'est dans cet état que j'entrepris une tournée de quarante conférences à travers les États-Unis, en restant allongé sur le dos toute la journée dans un compartiment de chemin de fer, pour m'adresser le soir à un public nombreux. Tout compte fait, je crois que ce fut la période la plus dure de mon existence. Pendant toute l'année qui suivit, je me sentis bien faible, mais avec le temps, je retrouvai mes forces.

Les années qui s'écoulèrent entre 1931 et 1935 furent pour moi fort agréables, si je fais abstraction de l'inquiétude que j'éprouvais quant aux affaires publiques. Je gagnais ma vie en dictant des articles qui avaient une large diffusion, non seulement en Grande-Bretagne et aux États-Unis, mais aussi, dans les journaux les plus réputés de seize pays européens, avant que l'ombre d'Hitler vînt s'étendre sur eux. En fait, je vivais de ma plume au jour le jour. J'écrivis à la suite les quatre volumes de la *Vie de Marlborough*, tout en réfléchissant constamment à la situation européenne et au réarmement de l'Allemagne. Je vivais principalement à Chartwell, où je ne manquais pas de distractions. Je construisis de mes mains la plus grande

---

l'entre-deux-guerres, il n'avait pu s'indigner en 1940 du fait qu'ils aient été tentés d'abandonner le combat.

partie de deux cottages et les longs murs d'un potager ; j'édifiai aussi toutes sortes de rocailles et de jeux d'eau, de même qu'une grande piscine, dont l'eau filtrée jusqu'à la limpidité pouvait être chauffée, afin de suppléer à notre capricieux soleil. Ainsi, du matin jusqu'à minuit, je ne connaissais pas un moment d'ennui et, entouré d'une famille heureuse, je jouissais paisiblement des charmes de la vie domestique.

Durant ces années, je vis très souvent Frederick Lindemann, professeur de philosophie expérimentale à l'université d'Oxford. Nous étions déjà de vieux amis ; ma première rencontre avec lui datait de la fin de la guerre précédente, où il s'était distingué en faisant aux commandes d'un avion nombre d'expériences réservées jusque-là aux pilotes audacieux, afin de surmonter les périls presque invariablement mortels de la chute en vrille. Nous nous étions beaucoup rapprochés à partir de 1932, et il venait bien souvent d'Oxford en voiture pour passer quelque temps avec moi à Chartwell[1]. C'est là que nous eûmes bien des discussions jusqu'aux petites heures sur les dangers qui semblaient s'accumuler autour de nous. Lindemann, ou « le prof », comme l'appelaient ses amis, devint mon principal conseiller sur tous les aspects scientifiques de la guerre moderne, et notamment de la défense aérienne, ainsi que sur les questions nécessitant toutes sortes de statistiques. Cette association aussi agréable que profitable devait se poursuivre pendant toute la guerre.

Desmond Morton fut un autre de mes proches amis. Lorsqu'en 1917, le maréchal Haig appela à son état-major de nombreux jeunes officiers venant directement du front, Desmond lui fut recommandé comme étant la fine fleur des artilleurs. À sa *Military Cross*, il ajoutait la distinction unique d'avoir reçu une balle dans le cœur, qu'il conser-

---

[1]. Lindemann était végétarien, abstinent et non fumeur, mais au nom de l'amitié, Churchill lui pardonnait même ces trois péchés capitaux.

vera sans dommage pendant toute sa vie. Je conçus une grande estime et une profonde amitié pour ce brillant et vaillant officier, et lorsqu'en 1919, je devins ministre de la Guerre et de l'Air, je le nommai à une position clé dans les services de renseignements, qu'il occupa pendant bien des années. C'était un de mes voisins, car il n'habitait qu'à un kilomètre et demi environ de Chartwell ; il obtint du Premier ministre MacDonald la permission de me parler en toute liberté et de me tenir bien informé. Il devint, et continua d'être pendant la guerre, l'un de mes conseillers les plus intimes jusqu'à la victoire finale.

Je m'étais aussi lié d'amitié avec Ralph Wigram, qui était alors l'étoile montante du *Foreign Office* et se trouvait au centre de toutes les affaires importantes. Il avait atteint dans ce ministère un rang qui lui permettait d'exprimer une opinion autorisée sur la politique qui était menée, tout en lui laissant une large initiative personnelle dans ses contacts officiels et officieux. C'était un homme charmant et courageux, dont l'existence était dominée par des convictions fondées sur une connaissance et une étude approfondies. Il voyait aussi clairement que moi, mais avec davantage de lumières, le terrible péril qui fondait sur nous, et cela nous rapprochait. Nous nous rencontrions souvent dans sa petite maison de North Street, et il venait aussi séjourner à Chartwell en compagnie de son épouse. Comme d'autres hauts fonctionnaires, il me parlait en toute confiance. Grâce à ces contacts, je pus me forger une opinion de plus en plus précise sur le mouvement hitlérien.

Ce fut une chose très précieuse pour moi, et sans doute aussi pour le pays, que d'avoir eu pendant tant d'années l'occasion de mener des conversations précises et approfondies dans ce cercle très restreint. Mais de mon côté, je recueillais et fournissais également bien des renseignements de source étrangère. J'eus des contacts confidentiels avec plusieurs ministres français et avec leurs chefs de gouvernement successifs. M. Ian Colvin, correspondant à Berlin du *News Chronicle*, était fort informé de la politique allemande et avait établi des contacts hautement confidentiels avec quelques généraux allemands haut placés, ainsi qu'avec des personnalités indépendantes, hommes de valeur et de caractère, qui prévoyaient qu'Hitler mènerait leur pays à la ruine. Plusieurs visiteurs allemands vinrent me trouver pour me confier l'amère détresse qui était la leur ; la plupart d'entre eux devaient être exécutés par Hitler pendant la guerre. Enfin, grâce à d'autres sources, je fus à même de vérifier et de fournir des renseignements sur l'ensemble de notre défense aérienne. C'est ainsi que j'en vins à être aussi bien informé que plus d'un ministre de la Couronne. Ces faits que je recueillais à toutes les sources, notamment grâce à des informateurs étrangers, je les rapportais au gouvernement de temps à autre. C'est que mes relations personnelles avec les ministres et beaucoup de leurs hauts fonctionnaires demeuraient étroites et confiantes ; en dépit des fréquentes critiques que je leur adressais, nous conservions entre nous un esprit de camaraderie. Par la suite, ils m'informèrent officiellement de la plupart des renseignements techniques les plus secrets dont ils disposaient. D'ailleurs, du fait de ma longue carrière ministérielle, j'étais déjà en possession de certains des plus importants secrets d'État. Tout cela me permit d'acquérir et de conserver des convictions indépendamment de ce qui se trouvait imprimé dans les journaux, encore que ceux-ci fournissaient plus d'un renseignement intéressant à qui savait lire entre les lignes.

Que le lecteur me pardonne à présent une digression personnelle dans une veine plus légère.

Pendant l'été de 1932, afin de me documenter sur la vie de Marlborough, je visitai ses anciens champs de bataille aux Pays-Bas et en Allemagne. Notre expédition familiale, qui comprenait le « prof », refit lors d'un agréable voyage le parcours suivi par Marlborough lors de sa célèbre marche de 1705 entre la Hollande et le Danube, avec passage du Rhin à Coblence. Alors que nous cheminions dans ces magnifiques contrées, en traversant tant de villes anciennes et célèbres, je posais naturellement des questions au sujet du mouvement hitlérien, et je sentis que chaque Allemand s'en souciait au plus haut degré. Je sentais régner une atmosphère hitlérienne. Après une journée passée sur le champ de bataille de Blenheim, je gagnai Munich en voiture et y demeurai près d'une semaine.

À l'hôtel Regina, un monsieur se présenta à quelques-uns de mes compagnons. Il s'appelait Herr Hanfstaengl et parlait abondamment du « Führer », dont il semblait être l'intime. Ce garçon paraissant aussi enjoué que loquace, et parlant en outre excellemment l'anglais, je l'invitai à dîner. Il nous fit un tableau des plus intéressants de l'activité et des opinions d'Hitler, dont il parlait comme sous l'effet d'un charme. Il avait probablement reçu mission d'entrer en contact avec moi, et de toute évidence, il était très désireux de plaire. Après le dîner, il se mit au piano, pour jouer et chanter beaucoup d'airs avec un tel talent que nous passâmes une excellente soirée. Il semblait connaître tous les airs anglais que j'aimais. C'était un homme des plus divertissants, et à l'époque, comme on sait, un favori du Führer. Il me dit que je devrais le rencontrer, et que rien ne serait plus facile à organiser ; Hitler venait chaque jour à l'hôtel vers 5 heures, et il serait vraiment très heureux de me voir.

Je n'avais alors aucun préjugé d'ordre national contre Hitler. Je connaissais mal sa doctrine et sa carrière, et pas du tout son caractère. J'admire les hommes qui prennent la défense de leur pays dans la défaite, même si je suis de l'autre bord. Il avait parfaitement le droit d'être un Allemand patriote, et j'ai toujours désiré voir l'Angleterre, la France et l'Allemagne unies par des liens d'amitié. Pourtant, au cours de ma conversation avec Hanfstaengl, j'en vins à lui demander : « Pourquoi votre chef est-il si violent envers les Juifs ? Je conçois parfaitement qu'on soit monté contre les Juifs qui ont commis des méfaits ou se dressent contre le pays, et je comprends qu'on leur résiste s'ils essaient d'accaparer le pouvoir dans un domaine quelconque, mais à quoi bon combattre un homme du seul fait de sa naissance ? Comment peut-on être tenu pour responsable de sa naissance ? » Sans doute rapporta-t-il ces propos à Hitler, car le lendemain, vers midi, il vint me trouver avec un air plutôt grave, et me dit que le rendez-vous qu'il m'avait fixé avec Hitler ne pourrait avoir lieu, parce que le Führer ne viendrait pas à l'hôtel cet après-midi-là. Ce fut là ma dernière rencontre avec « Putzi » – car tel était son surnom –, bien que nous ayons encore passé plusieurs jours à l'hôtel[1]. C'est ainsi qu'Hitler perdit son unique chance de me rencontrer. Plus tard, lorsqu'il fut devenu tout-puissant, je reçus plusieurs invitations de sa part, que je déclinai toutes, car il s'était passé bien des choses dans l'intervalle.

---

1. En fait, Churchill n'a saisi que les apparences de l'affaire ; c'est que sa rencontre avec Ernst *Putzi* Hanfstaengl ne devait absolument rien au hasard : le fils de Churchill, Randolph, jeune journaliste en quête d'un article sensationnel, avait pris contact de longue date avec Hanfstaengl, responsable des relations du parti national-socialiste avec la presse étrangère, pour qu'il organise une rencontre entre Hitler et Churchill. Hanfstaengl, qui espérait saisir cette occasion pour élargir quelque peu les vues étroites du Führer, avait donné rendez-vous aux voyageurs britanniques à l'hôtel où descendait habituellement Hitler (le Continental, et non le Regina), après quoi il s'était mis en devoir de persuader le Führer de rejoindre l'illustre visiteur à l'heure du dîner. Hitler, craignant de se retrouver en état d'infériorité lors d'un entretien qu'il ne pourrait contrôler, s'était montré des plus réticents, mais avait accepté du bout des lèvres de les rejoindre à l'heure du café. Ce soir-là, Hanfstaengl, par ailleurs virtuose du piano, s'était donc efforcé de distraire les hôtes britanniques en attendant l'apparition du Führer. Celui-ci ne se montrant toujours pas, Hanfstaengl, parti téléphoner, avait croisé dans le lobby de l'hôtel un Hitler en train de quitter subrepticement les lieux. Mortifié, Hanfstaengl était retourné au salon pour terminer la soirée avec Churchill, qui l'avait effectivement interrogé sur les premiers débordements antisémites du Führer, et lui avait également demandé : « Que pense votre chef d'une alliance entre votre pays, la France et l'Angleterre ? » Il faut se souvenir que tout cela se passe en 1932...

*
* *

Pendant toute cette période, les États-Unis restaient gravement préoccupés par leurs affaires intérieures et leurs problèmes économiques. L'Europe et le lointain Japon observaient avec attention l'accroissement de la puissance militaire allemande. Les Scandinaves, les États de la Petite Entente – Tchécoslovaquie, Yougoslavie, Roumanie – et certains pays balkaniques exprimaient une inquiétude croissante. Il en était de même pour la France, où l'on avait reçu d'amples informations sur Hitler et les préparatifs allemands. J'appris que l'on avait dressé tout un catalogue des énormes et redoutables violations de traités commises par l'Allemagne, mais quand je demandai à mes amis français pourquoi ils n'en saisissaient pas la Société des Nations et pourquoi l'Allemagne n'était pas invitée, voire sommée, d'expliquer sa conduite et de préciser exactement ses activités, ils me répondirent que le gouvernement britannique désapprouverait des mesures aussi alarmantes. Ainsi, tandis que M. MacDonald, appuyé de toute l'autorité de M. Baldwin, prêchait à la France le désarmement et l'appliquait aux Anglais, les Allemands avaient loisir d'avancer à pas de géant, et le jour était proche où ils pourraient agir ouvertement.

Pour rendre justice au parti conservateur, il me faut mentionner qu'à partir de 1932, à chaque congrès de l'Union nationale des associations conservatrices, on adopta presque à l'unanimité des résolutions en faveur d'un renforcement immédiat de nos armements, pour faire face à l'accroissement de la menace étrangère. Mais à cette époque, la Chambre des communes était si bien contrôlée par les chefs de file de la majorité, et les trois partis du gouvernement ainsi que l'opposition travailliste étaient si gravement affectés de léthargie et de cécité, que les avertissements de leurs partisans dans l'opinion n'avaient pas plus d'effets sur eux que les signes des temps ou les preuves fournies par les services secrets. Nous étions dans une de ces terribles époques, qui reviennent périodiquement dans notre histoire, où la noble nation britannique semble abandonner sa grandeur, perdre toute fermeté dans ses desseins et reculer devant le péril extérieur, en bredouillant de pieuses platitudes tandis que l'ennemi fourbit ses armes.

Ces années noires virent les chefs responsables des divers partis politiques adopter les sentiments les plus vils, ou du moins les laisser s'exprimer sans élever la moindre protestation. En 1932, à l'instigation d'un certain M. Joad, les étudiants de l'Union d'Oxford adoptèrent cette résolution qui demeurera à tout jamais honteuse : « Nous ne nous battrons en aucun cas pour le Roi et la Patrie. » On pouvait bien se moquer en Angleterre d'un pareil incident, mais en Allemagne, en Russie, en Italie et au Japon, l'idée d'une Grande-Bretagne décadente et dégénérée prenait solidement racine et influençait bien des calculs. Les garçons écervelés qui adoptèrent cette résolution étaient loin de se douter qu'ils allaient bientôt vaincre ou mourir glorieusement pendant la guerre, et constituer ainsi la plus belle génération jamais engendrée par l'Angleterre. Leurs aînés, ne pouvant se racheter au combat, avaient moins d'excuses.

*
* *

Tandis que s'accomplissait cette effrayante transformation des rapports de forces militaires entre vainqueurs et vaincus, le manque total d'unité d'action entre les nations pacifiques se manifestait également en Extrême-Orient. Cette histoire représente la contrepartie des désastreux événements d'Europe et procède de la même paralysie de pensée et d'action qui sévissait parmi les dirigeants des anciens et futurs Alliés.

La tempête économique de 1929 à 1931 n'avait pas moins atteint le Japon que le reste du monde. Depuis 1914, sa population était passée de 50 à 70 millions, et le nombre de ses usines métallurgiques de 50 à 148. Le coût de la vie avait régulièrement augmenté. La production de riz stagnait et son importation était coûteuse. Le besoin de matières premières et de marchés extérieurs était criant. Au fil des années, la Grande-Bretagne et quarante autres nations violemment atteintes par la crise se virent contraintes d'imposer des tarifs restrictifs à ces marchandises japonaises produites dans des conditions de travail sans rapport avec celles de l'Europe ou de l'Amérique. La Chine était ainsi plus que jamais le principal marché d'exportation japonais pour les cotonnades et autres produits manufacturés, de même que sa source presque unique de charbon et de fer. Contrôler de plus en plus étroitement la Chine devint donc l'objet principal de la politique japonaise.

En septembre 1931, sous prétexte de désordres locaux, les Japonais occupèrent Moukden et la zone du chemin de fer mandchourien. En janvier 1932, ils demandèrent la dissolution de toutes les associations chinoises de caractère antijaponais. Le gouvernement chinois ayant refusé, les Japonais débarquèrent le 28 janvier au nord de la concession internationale de Shanghai. Les Chinois résistèrent courageusement et tinrent bon pendant plus d'un mois, sans avions, sans canons antichars et sans aucune arme moderne. À la fin de février, ayant subi de lourdes pertes, ils furent contraints d'abandonner leurs forts de la baie de Wu-song et prirent position à environ 20 kilomètres à l'intérieur des terres. Au début de 1932, les Japonais créèrent l'État fantoche du Mandchoukouo. Un an plus tard, ils lui annexèrent la province chinoise du Jehol, et en mars 1933, les troupes japonaises, avançant profondément dans des régions sans défenses, atteignirent la grande muraille de Chine. Cette politique d'agression allait de pair avec l'essor de la puissance japonaise en Extrême-Orient et avec le nouveau rang qu'elle occupait dans l'ordre naval.

Dès le premier coup de feu, l'agression commise envers la Chine souleva la plus vive hostilité aux États-Unis, mais l'isolationnisme américain était une politique à double tranchant. Si les États-Unis avaient été membres de la Société des Nations, nul doute qu'ils auraient pu pousser l'Assemblée à une action collective contre le Japon, dont ils auraient été les principaux mandataires. Le gouvernement britannique, lui, ne manifesta aucun désir d'agir seul avec les États-Unis ; il ne souhaitait pas non plus s'opposer davantage au Japon qu'il n'y était obligé par la charte de la SDN. Dans certains milieux au Royaume-Uni, on regrettait la perte de l'alliance japonaise, qui entraînait l'affaiblissement de la position britannique et de ses intérêts séculaires en Extrême-Orient, si anciens et si rentables. On ne peut guère blâmer le gouvernement de Sa Majesté, alors gravement touché par la crise financière et absorbé par des difficultés croissantes en Europe, s'il ne chercha pas à jouer un rôle dominant en Extrême-Orient aux côtés des États-Unis, sans être assuré d'un soutien équivalent de l'Amérique dans les affaires européennes.

Cependant, la Chine était membre de la SDN et, bien qu'elle ne lui eût pas versé sa contribution financière, elle en appela à l'Assemblée pour demander simplement justice. Le 30 septembre 1931, la SDN invita le Japon à retirer ses troupes de Mandchourie, et en décembre, on nomma une commission pour enquêter sur place. La Société des Nations confia la présidence de cet organisme au comte de Lytton, digne descendant d'une illustre famille ; il avait été pendant de longues années gouverneur du Bengale et vice-roi des Indes par intérim, aussi possédait-il une grande expérience des affaires d'Extrême-Orient. Le rapport de la commission, qui fut adopté à l'unanimité de ses membres, était un document remarquable, et il sert encore de base à toute étude sérieuse du conflit sino-japonais. Il exposait avec soin les tenants et les aboutissants de l'affaire de Mandchourie, et ses conclusions étaient simples : le Mandchoukouo était une création artificielle de l'état-major japonais, qui ne correspondait en rien aux aspirations des populations. Le rapport de lord Lytton et de ses collègues n'analysait pas seulement la situation, il formulait aussi des propositions concrètes en vue d'une solution internationale : la proclamation de l'autonomie mandchoue. Sous l'égide de la Société des Nations, la Mandchourie continuerait à faire partie de la Chine, et l'on établirait entre la Chine et le Japon un traité d'ensemble pour régler leurs intérêts respectifs. Le fait que la SDN ne put donner suite à ces propositions n'enlève rien à la valeur du rapport Lytton. En février 1933, la Société des Nations se déclara hors d'état de reconnaître le Mandchoukouo. Bien qu'aucune sanction ne fût prise ni aucune action engagée contre le Japon, celui-ci se retira de la Société des Nations le 27 mars 1933. L'Allemagne et le Japon avaient été ennemis durant la Grande Guerre, mais, à présent, ils se considéraient dans un tout autre esprit. Il était désormais évident que l'autorité morale de la SDN ne s'appuyait sur aucune force matérielle, au moment où l'on avait le plus besoin de sa force et de son action.

*
* *

L'histoire doit juger comme hautement blâmable la conduite pendant ces années fatales du gouvernement britannique national majoritairement conservateur, mais aussi celles du parti socialiste travailliste et du parti libéral, que ce soit à l'intérieur ou à l'extérieur du gouvernement : on se complaisait en douces platitudes ; on refusait d'affronter les désagréables réalités ; on recherchait la popularité et les succès électoraux au mépris des intérêts fondamentaux de l'État ; on aimait la paix d'un amour sincère, mais on nourrissait l'illusion lamentable que l'amour pouvait être le seul fondement de la paix. À cela s'ajoutait un manque de vigueur intellectuelle chez les deux chefs de la coalition gouvernementale, M. Baldwin étant affecté d'une ignorance marquée des réalités de l'Europe, doublée d'une aversion pour ses problèmes[1] ; il y avait aussi le pacifisme profond et

---

1. Le désintérêt de Stanley Baldwin pour la politique étrangère était

outrancier qui dominait à l'époque le parti socialiste travailliste ; l'amour extrême des libéraux pour tout ce qui était sentiment affranchi des réalités ; l'impuissance de M. Lloyd George à parachever son œuvre, lui qui avait été si grand chef de guerre... Et tout cela était approuvé par des majorités écrasantes dans les deux Chambres du Parlement. L'ensemble formait un tableau de fatuité et d'irresponsabilité qui, bien qu'exempt de malice, ne l'était pas de culpabilité. Même sans intention malveillante, tout cela a largement contribué à déchaîner sur le monde les horreurs et les misères dont nous pouvons déjà dire à ce stade qu'elles sont sans parallèle dans l'histoire de l'humanité.

---

effectivement légendaire. Lorsqu'elle était évoquée en conseil de cabinet, Baldwin fermait les yeux avec ostentation et disait : « Quand vous en aurez terminé avec ça, vous me réveillerez ! » Et lorsque, au début de 1936, Anthony Eden devient ministre des Affaires étrangères, Stanley Baldwin lui dit simplement : « J'espère au moins que vous n'allez pas m'ennuyer avec la politique extérieure pendant les trois prochains mois ! »

Chapitre V

LE CIEL S'OBSCURCIT

(1934)

L'accession d'Hitler à la Chancellerie en 1933 n'avait suscité à Rome aucun enthousiasme. Le nazisme y était considéré comme une version primitive et brutale du fascisme. Les visées de la plus grande Allemagne sur l'Autriche et l'Europe centrale y étaient bien connues. Mussolini prévoyait que jamais les intérêts de l'Italie et ceux de la nouvelle Allemagne ne coïncideraient dans ces régions ; la preuve ne s'en fit pas attendre.

L'un des espoirs les plus chers d'Hitler était l'annexion de l'Autriche par l'Allemagne. Dès la première page de *Mein Kampf*, on trouve cette phrase : « L'Autriche allemande doit revenir à la mère patrie commune. » Du jour où il prit le pouvoir en janvier 1933, le gouvernement nazi jeta son dévolu sur Vienne. Hitler ne pouvait pas alors se permettre d'engager la lutte contre Mussolini, dont les intérêts en Autriche avaient été si hautement proclamés. Même dans ses tentatives d'infiltration et ses activités souterraines, l'Allemagne, encore militairement faible, devait procéder avec prudence. Néanmoins, la pression sur l'Autriche commença dès les premiers mois de la prise de pouvoir d'Hitler ; le gouvernement autrichien se voyait sans cesse pressé d'introduire des membres du parti nazi autrichien dans le cabinet de Dollfuss comme aux postes clés de l'administration. Les nazis d'Autriche étaient entraînés dans une légion spéciale organisée en Bavière. Des attentats à la bombe sur les voies ferrées et dans les centres touristiques, ainsi que des tracts que des avions allemands déversaient sur Salzbourg et Innsbruck, troublaient la vie normale de la République. Le chancelier autrichien Dollfuss était aussi exposé aux pressions des socialistes à l'intérieur qu'aux desseins allemands contre l'indépendance autrichienne à l'extérieur. Et ce n'était pas la seule menace qui pesait sur l'État autrichien ; imitant l'exemple néfaste de leurs voisins allemands, les socialistes autrichiens avaient constitué leur propre armée, pour passer outre aux résultats des élections. Ces deux dangers hantèrent Dollfuss pendant toute l'année 1933. Il ne pouvait se tourner pour trouver un appui que vers l'Italie fasciste, dont il avait déjà reçu des assurances de soutien. En août 1933, Dollfuss rencontra Mussolini à Riccione ; ils conclurent une étroite entente personnelle et politique. Dollfuss, pensant que l'Italie l'appuierait, se sentit assez fort pour agir contre les premiers de ses adversaires : les socialistes autrichiens.

En janvier 1934, à titre d'avertissement envers l'Allemagne, Souvitch, principal conseiller de Mussolini pour les Affaires extérieures, se rendit à Vienne et déclara que l'Italie était officiellement en faveur de l'indépendance autrichienne. Trois semaines plus tard, le gouvernement autrichien entra en action contre les organisations socialistes de Vienne. La Heimwehr, sous le commandement d'un membre du parti de Dollfuss, le major Fey, reçut l'ordre de désarmer la milice équivalente et tout aussi illégale des socialistes autrichiens. Cette dernière résista énergiquement, et le 12 février, des combats de rues se déclenchèrent dans la capitale. En quelques heures, les troupes socialistes furent brisées. Non seulement cet événement rapprocha encore Dollfuss de l'Italie, mais encore il le renforça en prévision de l'étape suivante de son action contre la pénétration et le complot nazis. En revanche, bien des socialistes et des communistes vaincus passèrent dans le camp nazi par dépit ; en Autriche comme en Allemagne, la querelle entre catholiques et socialistes favorisa les nazis.

*
* *

Jusqu'au milieu de l'année 1934, le gouvernement de Sa Majesté restait largement maître des événements, sans risque de guerre. Il pouvait à n'importe quel moment, en accord avec la France et par l'intermédiaire de la Société des Nations, exercer une pression irrésistible sur le mouvement national-socialiste d'Hitler, qui divisait profondément l'Allemagne. Il n'y aurait eu aucune effusion de sang. Mais cette phase touchait à sa fin ; une Allemagne réarmée et contrôlée par les nazis s'apprêtait à sauter le pas. Et cependant, si incroyable que cela puisse paraître, M. MacDonald, fort de toute la puissance politique de M. Baldwin, continua encore longtemps pendant cette année décisive à travailler au désarmement de la France. Il y eut bien à cette époque une pâle esquisse d'unité européenne contre la menace allemande ; le 17 février 1934, les gouvernements anglais, français et italien firent une déclaration commune sur le maintien de l'indépendance autrichienne, et un mois plus tard, l'Italie, la Hongrie et l'Autriche signaient les accords connus sous le nom de « Protocoles de Rome », qui prévoyaient une consultation mutuelle dans le cas où l'une des trois nations se trouverait menacée. Mais Hitler ne cessait de se renforcer, et en mai et juin, les activités subversives des nazis augmentèrent sur tout le territoire autrichien. Dollfuss envoya sans tarder à Souvitch des rapports sur ces actes terroristes, avec une note dans laquelle il déplorait leurs effets déprimants sur le commerce et le tourisme autrichiens.

C'est avec ce dossier en mains que Mussolini se rendit à Venise le 14 juin, afin d'y rencontrer Hitler pour la première fois. Le chancelier allemand descendit de son avion en imperméable marron et en chapeau mou pour se trouver face à un déploiement d'uniformes fascistes rutilants, avec à leur tête un Duce aussi resplendissant qu'imposant. À la vue de son hôte, Mussolini murmura à son aide de camp : *Non mi piace* (Il ne me plaît pas). Cette curieuse rencontre se limita à un échange de vues très général, au cours duquel chacun vanta longuement les vertus de la dictature de type allemand et italien. Mussolini ne savait visiblement que penser de la personnalité et du langage de son visiteur. Il résuma ses impressions par ces mots : « Un moine bavard. » Il put toutefois soutirer à Hitler quelques promesses de desserrer la pression allemande sur Dollfuss. Après l'entrevue, Ciano, le gendre de Mussolini, déclara aux journalistes : « Vous voyez. Il ne se passera plus rien. »

Pourtant, le relâchement des activités allemandes qui suivit n'était pas dû à l'intercession de Mussolini, mais aux problèmes d'Hitler sur le plan intérieur.

*
* *

L'accession des nazis au pouvoir avait provoqué de graves divergences entre le Führer et beaucoup de ceux qui l'avaient soutenu. Sous le commandement de Röhm, les SA se présentaient toujours davantage comme l'élément le plus révolutionnaire du parti. Certains hauts responsables du parti, comme Gregor Strasser, ardent champion de la révolution sociale, craignaient qu'Hitler, une fois installé au pouvoir, ne fût circonvenu par la hiérarchie existante : la Reichswehr, la banque et la grande industrie. Il n'aurait pas été le premier chef révolutionnaire à repousser du pied l'échelle qui lui avait permis d'atteindre les sommets du pouvoir. Pour la troupe des SA (des « chemises brunes »), le triomphe de janvier 1933 devait comporter la liberté de piller non seulement les biens des Juifs et des profiteurs, mais aussi ceux des classes aisées de la société. Bientôt se répandit dans certains cercles du parti la rumeur d'une grande trahison de leur dirigeant. Le chef d'état-major Röhm tira énergiquement parti de cette impulsion. En janvier 1933, les SA comptaient 400 000 hommes ; dès le printemps de 1934, ils en avaient recruté et embrigadé près de trois millions[1]. Dans ses nouvelles fonctions, Hitler se sentait mal à l'aise devant le développement de cette machine colossale qui, bien que professant une fervente loyauté à son égard et lui étant dans l'ensemble très profondément attachée, commençait à échapper à son contrôle direct. Jusqu'alors, il avait eu son armée privée. Désormais, il était à la tête de l'armée de la nation. Il n'avait pas l'intention de choisir ; il les voulait toutes les deux, avec la possibilité, si nécessaire, d'utiliser l'une pour maîtriser l'autre. Il lui fallait donc s'occuper de Röhm. « Je suis décidé, déclara-t-il alors aux chefs des SA, à réprimer sévèrement toute tentative de renverser l'ordre existant. Je m'opposerai avec l'énergie la plus farouche à une seconde vague révolutionnaire, car elle déboucherait fatalement sur le chaos. Quiconque se dressera contre les pouvoirs constitués de l'État sera sévèrement puni, quel que soit son rang. »

En dépit de ses soupçons, Hitler avait peine à croire à l'infidélité de son camarade du putsch de Munich qui, depuis sept ans, était le chef d'état-major des chemises brunes[2]. Lorsque le parti fut officiellement intégré dans l'État en décembre 1933, Röhm devint membre du gouvernement allemand. Une des conséquences directes de cette union fut la fusion des chemises brunes et de la Reichswehr[3]. Les progrès rapides du réarmement national firent passer le statut et le contrôle de toutes les forces armées allemandes au premier plan des préoccupations politiques. En février 1934, M. Eden arriva à Berlin et, au cours des entretiens, Hitler consentit sous certaines réser-

---

1. Deux millions serait plus près du compte, ce qui est déjà considérable si l'on considère que la Reichswehr est limitée à cent mille hommes. Mais à la différence des SA, elle possède un armement lourd.
2. Depuis trois ans et demi en réalité. Röhm a pris la tête des SA à la fin de 1930.
3. C'est là une vision churchillienne. Cette fusion ne s'est jamais produite.

ves à garantir le caractère non militaire des SA. Röhm, qui se trouvait déjà en désaccord permanent avec le chef d'état-major de l'armée, le général von Blomberg[1], craignit dès lors que l'armée du parti, qu'il avait mis tant d'années à mettre sur pied, ne fût sacrifiée ; et bien qu'on l'eût mis en garde contre les conséquences de sa conduite, il lança le 18 avril un défi très manifeste :

> « Notre révolution n'est pas une révolution nationale mais une révolution nationale-socialiste. Nous mettrions même volontiers l'accent sur le mot socialiste. Il n'est pas d'autre rempart contre la réaction que nos groupes d'assaut, car ils incarnent totalement l'idée révolutionnaire. Depuis le premier jour, le militant en chemise brune a prêté serment à la voie révolutionnaire, et il ne s'en écartera pas d'un cheveu tant que notre but final ne sera pas atteint. »

À cette occasion, il omit le *Heil Hitler !* qui concluait invariablement les harangues des chemises brunes.

Pendant les mois d'avril et mai, Blomberg ne cessa de se plaindre à Hitler des insolences et des manigances de la SA. Le Führer avait à choisir entre les généraux qui le détestaient et les truands en chemises brunes auxquels il devait tant ; il choisit les généraux. Au début de juin, lors d'une conversation de cinq heures, Hitler fit un dernier effort pour se concilier Röhm et conclure un accord avec lui. Mais aucun compromis n'était possible avec ce fanatique anormal, dévoré d'ambition. Un gouffre infranchissable séparait la plus grande Allemagne mystique et hiérarchisée dont rêvait Hitler de la république prolétarienne de l'armée du peuple, désirée par Röhm.

Parmi les chemises brunes s'était constituée une petite élite, très entraînée, qui portait l'uniforme noir. C'étaient les SS, qu'on appela plus tard les chemises noires. Ces unités étaient chargées de la protection personnelle du Führer,

---

[1]. Von Blomberg n'est pas chef d'état-major de l'armée, mais ministre de la Reichswehr.

ainsi que des missions spéciales et secrètes. Leur chef était Heinrich Himmler, un ancien éleveur de poules qui n'avait pas réussi. Prévoyant la rupture imminente entre Hitler et l'armée d'une part, et les chemises brunes de Röhm d'autre part, Himmler prit soin d'amener les SS dans le camp d'Hitler. D'un autre côté, Röhm était soutenu par des membres très influents du parti qui, tel Gregor Strasser, voyaient abandonnés leurs féroces projets de révolution sociale. La Reichswehr aussi avait ses rebelles. L'ex-chancelier von Schleicher n'avait jamais pardonné sa disgrâce de janvier 1933 et le refus des chefs de l'armée de le choisir comme successeur d'Hindenburg. Le conflit entre Röhm et Hitler lui parut une bonne occasion. Il eut même l'imprudence de laisser entendre à l'ambassadeur de France à Berlin que la chute d'Hitler était proche. Il recommençait ce qu'il avait fait contre Brüning ; mais les circonstances étaient autrement périlleuses.

On discutera encore longtemps en Allemagne pour savoir si Hitler fut forcé de prendre les devants par l'imminence d'un complot de Röhm, ou si les généraux et lui, redoutant ce qui pourrait arriver, décidèrent de procéder à une liquidation radicale pendant qu'ils en avaient les moyens. Il était manifestement de l'intérêt d'Hitler et du clan vainqueur de prouver l'existence d'un complot. Mais il est peu probable que Röhm et les chemises brunes soient allés aussi loin. Ils en étaient au stade du mouvement menaçant plutôt qu'à celui du complot, mais ils pouvaient à tout instant passer de l'un à l'autre. Quoi qu'il en soit, deux faits sont certains : ils rassemblaient leurs forces, et ils furent devancés.

Les événements se précipitèrent. Le 25 juin, la Reichswehr fut consignée dans ses casernes, tandis que des munitions étaient distribuées aux chemises noires. En face, les chemises brunes reçurent l'ordre de se tenir prêtes et Röhm, avec l'autorisation d'Hitler, convoqua pour le 30 juin à Wiessee, dans la région des lacs bavarois, une réunion de tous les principaux chefs des SA. Le 29, on avertissait Hitler d'un grave danger. Il prit l'avion pour Godesberg où il fut rejoint par Goebbels, qui lui apportait la nouvelle alarmante de l'imminence d'une mutinerie à Berlin. Selon Goebbels, l'aide de camp de Röhm, Karl Ernst, avait reçu l'ordre de tenter un soulèvement. C'est peu vraisemblable; en fait, Ernst se trouvait à Brême, où il s'apprêtait à embarquer pour son voyage de noces.

Que cette information fût vraie ou fausse, Hitler se décida sur-le-champ. Il donna l'ordre à Göring de s'assurer de Berlin et prit lui-même l'avion pour Munich, décidé à arrêter personnellement ses principaux adversaires. Dans ce qui était devenu une question de vie ou de mort, Hitler révéla son effrayante personnalité; assis près du pilote, il resta absorbé dans de sombres pensées pendant toute la durée du voyage. L'avion atterrit sur un champ d'aviation des environs de Munich le 30 juin à 4 heures du matin. Hitler était accompagné de Goebbels et d'une douzaine de ses gardes du corps. Il se fit conduire à la Maison Brune de la ville, où il convoqua les chefs locaux des SA, qu'il fit arrêter. À 6 heures, toujours en compagnie de Goebbels et de sa petite escorte, il roula vers Wiessee.

Röhm, qui était souffrant en cet été de 1934, y faisait alors une cure. À 7 heures, le cortège des voitures du Führer s'arrêta devant le chalet de Röhm. Seul et sans armes, Hitler monta l'escalier et pénétra dans la chambre de Röhm. On ne saura jamais ce qui se passa entre les deux hommes; Röhm, pris entièrement par surprise, fut arrêté sans incident, de même que les membres de son état-major. La petite troupe reprit alors la route de Munich avec ses prisonniers. Elle rencontra bientôt une colonne de camions pleins de chemises brunes armées qui venaient acclamer Röhm à la conférence de Wiessee, prévue pour midi. Hitler descendit de voiture, demanda le commandant et, très sûr de son autorité, lui intima l'ordre de faire rebrousser chemin à ses hommes. Il fut obéi sur-le-champ. Si Hitler était arrivé une heure plus tard ou les autres une heure plus tôt, de grands événements s'en seraient trouvés modifiés.

Dès l'arrivée à Munich, Röhm et son entourage furent internés dans la prison où, dix ans plus tôt, Hitler et lui-même avaient été incarcérés ensemble. Les exécutions commencèrent cet après-midi-là, un revolver fut déposé dans la cellule de Röhm, mais comme il refusait de s'exécuter, la porte s'ouvrit au bout de quelques minutes et il fut criblé de balles[1]. Jusqu'au soir, les exécutions se succédèrent dans Munich à de brefs intervalles. La tension nerveuse des huit soldats du peloton d'exécution était telle qu'ils devaient être remplacés de temps à autres ; mais pendant plusieurs heures, les salves se firent entendre toutes les dix minutes environ.

Pendant ce temps, à Berlin, Göring, sur ordre d'Hitler, suivit la même procédure. Mais dans la capitale les exécutions allèrent au-delà de la hiérarchie des SA : Schleicher et sa femme, qui s'était jetée devant lui, furent abattus dans leur maison ; Gregor Strasser fut arrêté et mis à mort ; le secrétaire particulier de Papen et ses collaborateurs directs furent également exécutés, mais pour une raison inconnue, von Papen lui-même fut épargné[2]. Dans la caserne berlinoise de Lichterfelde, Karl Ernst, ramené de Brême, fut conduit au supplice ; et là, comme à Munich, les salves des pelotons d'exécution crépitèrent toute la journée. Au cours de ces vingt-quatre heures à travers l'Allemagne, nombreux furent ceux, étrangers au complot de Röhm, qui disparurent victimes de vengeances personnelles et parfois de très vieux règlements de compte. Les estimations du nombre de personnes ainsi « liquidées » varient de 5 à 7 000[3]. Tard dans l'après-midi de cette journée, Hitler reprit l'avion pour Berlin. Il était temps de mettre fin au

---

1. Cette scène s'est en fait déroulée le lendemain 1er juillet, Hitler ayant décidé dans un premier temps de gracier son vieux compagnon.

2. La raison n'est pas inconnue : Göring s'y était opposé, estimant que la liquidation du vice-chancelier et protégé d'Hindenburg discréditerait les nazis aux yeux du président et du monde.

3. En fait, les estimations les plus hautes vont de 15 000 à 23 000, soit deux à trois fois le chiffre officiel.

massacre, qui ne cessait de s'étendre. Ce même soir, un certain nombre de SS, qui, par excès de zèle, avaient fusillé un peu trop de prisonniers, furent eux-mêmes conduits au poteau d'exécution. Le 1ᵉʳ juillet, vers 1 heure du matin, les armes se turent. À la fin de l'après-midi, Hitler se présenta au balcon de la chancellerie et fut acclamé par les Berlinois, dont beaucoup pensaient qu'il avait lui-même succombé. Il avait l'air hagard selon certains, triomphant selon d'autres. Les deux versions étaient peut-être exactes. Par son action prompte et impitoyable, il avait assuré sa position et sans doute sauvé sa vie. Cette « Nuit des longs couteaux », comme on l'appela, avait préservé l'unité de l'Allemagne national-socialiste, pour lui permettre de porter sa malédiction à travers le monde.

Ce massacre, bien qu'explicable par les forces hideuses qui étaient alors à l'œuvre, montrait clairement que rien n'arrêterait le nouveau maître de l'Allemagne, et que celle-ci n'avait plus rien d'un État civilisé. Une dictature fondée sur la terreur et ruisselant de sang avait défié le monde. Un antisémitisme féroce faisait rage, et les camps de concentration étaient déjà pleins d'éléments suspects ou hostiles au régime. Je fus profondément affecté par ces événements, et tout le processus de réarmement allemand, dont les preuves étaient accablantes, m'apparut sous un jour sinistre et impitoyable.

*
* *

Le début du mois de juillet de 1934 fut marqué par un va-et-vient incessant sur les chemins de montagne reliant la Bavière à l'Autriche. À la fin du même mois, la police frontalière autrichienne arrêtait un courrier allemand porteur de documents et de clés de codes indiquant que l'élaboration d'un plan de révolte détaillée était déjà très avancée. L'organisateur du *coup d'État*[1] devait être Anton von

---

1. En français dans le texte.

Rintelen, alors ambassadeur d'Autriche en Italie. Dollfuss et ses ministres ne réagirent que lentement à ces avertissements d'une crise imminente et aux signes avant-coureurs d'une révolte devenus perceptibles dans les premières heures du 25 juillet. Ce matin-là, les nazis de Vienne furent mobilisés, et peu avant une heure de l'après-midi, un détachement de rebelles armés pénétra dans la chancellerie. Dollfuss, atteint de deux balles de revolver, se vida lentement de son sang. Un autre groupe de nazis s'empara de la station de radio et annonça la démission du gouvernement de Dollfuss, ainsi que la prise du pouvoir par Rintelen.

Mais les autres membres du cabinet de Dollfuss réagirent avec fermeté et énergie. Le président Miklas donna la consigne formelle de rétablir l'ordre à tout prix. Le Dr Schuschnigg[1] prit en mains l'administration. La majorité de l'armée et de la police se rallia au gouvernement et assiégea les bâtiments de la chancellerie où Dollfuss agonisait, entouré de quelques rebelles. La révolte avait éclaté en même temps en province, et des groupes de la légion autrichienne de Bavière traversaient la frontière. À ce stade, Mussolini avait été informé; il télégraphia aussitôt pour promettre son soutien à l'indépendance autrichienne. Prenant l'avion pour Venise tout exprès, le Duce y accueillit la veuve de Dollfuss et lui prodigua toutes les marques de sympathie. Dans le même temps, trois divisions italiennes étaient dirigées sur le col du Brenner. Sur quoi Hitler, connaissant ses limites, recula; l'ambassadeur d'Allemagne à Vienne et d'autres fonctionnaires allemands compromis dans l'insurrection furent rappelés ou obligés de démissionner. La tentative avait échoué; une plus longue préparation était nécessaire. Von Papen, épargné lors des massacres de juin, fut nommé ambassadeur à Vienne, avec ordre d'agir par des moyens plus subtils.

C'est au milieu de ces tragédies et de ces tribulations que mourut le vieux maréchal Hindenburg. Depuis

---

1. Ministre de la justice.

quelques mois, il était presque complètement sénile, et donc plus que jamais l'instrument de la Reichswehr. Hitler devint chef de l'État allemand, tout en conservant son titre de chancelier ; il était désormais le maître souverain de l'Allemagne. Son accord avec la Reichswehr avait été scellé et mis en œuvre par la sanglante épuration de juin. Les chemises brunes, réduites à l'obéissance, réaffirmaient leur fidélité au Führer. Tous les ennemis et rivaux possibles avaient été extirpés de leurs rangs. Dès lors, les SA perdirent toute influence et devinrent une sorte de service d'ordre pour les occasions cérémonielles. Les chemises noires, par contre, multipliées et renforcées par des privilèges et une discipline accrue, devinrent, sous les ordres de Himmler, une garde prétorienne affectée à la personne du Führer, un contrepoids aux chefs de l'armée et à la caste militaire, ainsi qu'une force armée politique destinée à appuyer par des moyens militaires considérables la police secrète, ou Gestapo, alors en pleine expansion. Il ne restait plus qu'à donner à ces pouvoirs la sanction formelle d'un plébiscite organisé pour asseoir totalement et parfaitement la dictature d'Hitler.

*
* *

Les événements d'Autriche rapprochèrent la France de l'Italie, et le choc provoqué par l'assassinat de Dollfuss entraîna des contacts d'états-majors. Le danger qui menaçait l'indépendance autrichienne détermina une révision des relations franco-italiennes concernant l'équilibre des forces en Méditerranée et en Afrique du Nord, ainsi que les positions respectives des deux pays en Europe du sud-est. Pourtant, Mussolini tenait non seulement à sauvegarder la position de son pays en Europe contre la menace latente de l'Allemagne, mais aussi à garantir son avenir impérial en Afrique. Avoir des rapports étroits avec la France et la Grande-Bretagne contre l'Allemagne serait utile, mais se trouver en opposition avec ces deux puissances en Méditerranée comme en Afrique pouvait devenir inévitable. Le Duce se demandait si le besoin de sécurité commun à l'Italie, à la France et à la Grande-Bretagne n'inciterait pas ces deux dernières à accepter le programme impérialiste de l'Italie en Afrique. De toute façon, c'était là une voie apparemment attrayante qui s'ouvrait devant la politique italienne.

En France, où M. Doumergue était maintenant président du Conseil et M. Barthou ministre des Affaires étrangères, on tenait depuis longtemps à conclure un accord en bonne et due forme sur les mesures de sécurité à l'Est. Mais la réticence de la Grande-Bretagne à prendre des engagements au-delà du Rhin, le refus par l'Allemagne de tout engagement contraignant avec la Pologne et la Tchécoslovaquie, les craintes de la Petite Entente quant aux desseins de la Russie et la méfiance de la Russie envers les pays capitalistes occidentaux se liguèrent tous pour contrecarrer ce projet. Cependant, dès septembre 1934, Louis Barthou décida d'aller de l'avant. À l'origine, son plan consistait à proposer un pacte oriental regroupant l'Allemagne, la Russie, la Pologne, la Tchécoslovaquie et les États baltes, sur la base d'une garantie donnée par la France aux frontières européennes de la Russie et d'une garantie russe des frontières orientales de l'Allemagne. L'Allemagne et la Pologne s'opposèrent l'une et l'autre à ce pacte oriental, mais Barthou réussit à faire entrer la Russie à la Société des Nations le 18 septembre 1934. C'était un pas important. Le représentant du gouvernement soviétique, Litvinov, connaissant toutes les arcanes de la politique étrangère, s'adapta rapidement à l'atmosphère de la Société des Nations, et il en adopta le langage idéaliste avec un tel succès qu'il devint rapidement l'une des figures les plus remarquées de l'assemblée.

Dans sa recherche d'alliés contre l'Allemagne nouvelle que l'on avait laissée se relever, il était naturel que la France se tournât vers la Russie et tentât de recréer l'équilibre des forces existant avant la guerre. Mais en octobre, un drame se produisit : le roi Alexandre de Yougoslavie avait été invité à venir à Paris en visite officielle. Il débarqua à Marseille, où l'attendait M. Barthou qui l'emmena en voiture, en compagnie du général Georges, à travers les rues pavoisées et fleuries de la ville, sous les vivats de la foule des Marseillais. Une fois de plus, un odieux complot, tramé dans les milieux interlopes de Serbie et de Croatie, allait ensanglanter la scène européenne. Comme à Sarajevo en 1914, on avait trouvé des tueurs prêts à donner leur vie. Les mesures de sécurité prises par la police française étaient très imparfaites. Un homme s'élança de la foule en liesse, grimpa sur le marchepied de la voiture et déchargea son pistolet automatique sur le roi et les autres occupants, qui furent tous atteints. Le meurtrier fut aussitôt jeté à terre et abattu par les gardes républicains à cheval derrière lesquels il s'était glissé. Une scène d'effroyable confusion suivit. Le roi Alexandre expira presque aussitôt ; le général Georges et M. Barthou descendirent de voiture, couverts de sang. Le général était trop faible pour marcher, mais il reçut rapidement les soins d'un médecin. Le ministre s'égara dans la foule et ne reçut de soins que vingt minutes plus tard, en ayant déjà perdu beaucoup de sang ; âgé de soixante-douze ans, il mourut en quelques heures. C'était un rude coup porté à la politique étrangère de la France qui, sous les auspices de M. Barthou, commençait à prendre une tournure cohérente. Pierre Laval lui succéda au Quai d'Orsay.

La honte de son destin et de sa conduite ultérieure ne doit pas faire oublier ce qu'il y avait en Pierre Laval de force et de compétence. Il voyait clair et loin. Persuadé que la France devait à tout prix éviter la guerre, il espérait y parvenir à en s'entendant avec les dictateurs allemand et italien, contre le régime desquels il n'éprouvait aucun parti pris. Il n'avait pas confiance en la Russie soviétique, et, en dépit de quelques protestations d'amitié, il n'aimait pas la Grande-Bretagne, dont l'alliance lui paraissait sans valeur. Il faut avouer qu'à cette époque, elle n'avait pas grand prestige en France. Le premier objectif de Laval était de parvenir à une entente concrète avec l'Italie, pour laquelle il jugeait le moment propice. Le danger allemand obsédait le gouvernement français, qui était prêt à de sérieuses concessions pour se concilier l'Italie ; en janvier 1935, M. Laval se rendit donc à Rome, où il signa une série d'accords destinés à écarter les principaux obstacles séparant les deux pays. Les gouvernements français et italien s'entendirent pour dénoncer l'illégalité du réarmement allemand. Ils convinrent de se consulter dans l'éventualité de nouvelles menaces contre l'indépendance autrichienne. Dans le domaine colonial, la France s'engagea à faire des concessions administratives concernant le statut des Italiens en Tunisie, et céda à l'Italie certains territoires en bordure de la Libye et de la Somalie, en même temps que 20 % des actions du chemin de fer de Djibouti à Addis-Abeba. Ces conversations devaient servir de base à des négociations plus officielles entre la France, l'Italie et la Grande-Bretagne, en vue de créer un front commun contre la menace grandissante de l'Allemagne. Mais au cours des mois suivants, l'agression italienne en Abyssinie vint compromettre tous ces projets.

En décembre 1934, il y eut une confrontation entre soldats italiens et éthiopiens aux puits de Oual-Oual, aux confins de l'Abyssinie et de la Somalie italienne. L'Italie se servit de ce prétexte pour présenter une dernière fois au monde ses revendications sur le royaume d'Éthiopie ; c'est ainsi que le sort de l'Abyssinie vint contrecarrer la recherche des moyens de contenir l'Allemagne en Europe.

Chapitre VI

PERTE DE LA PARITÉ AÉRIENNE

(1934-1935)

L'état-major général allemand ne croyait pas que la formation et le développement d'une armée allemande plus importante que celle de la France, convenablement équipée et pourvue d'arsenaux, fussent possible avant 1943. La flotte allemande, à l'exception des sous-marins, ne pouvait être reconstruite avant douze ou quinze ans, et cela au détriment d'autres projets de construction. Mais en raison de la découverte malheureuse par une civilisation immature du moteur à explosion et de l'art de voler, on avait vu apparaître une arme nouvelle, susceptible de transformer beaucoup plus rapidement le rapport des forces militaires entre nations rivales. Pour peu qu'elle eût accès au trésor toujours plus riche du savoir humain et des progrès de la science, une grande nation qui se consacrerait vraiment à la tâche pouvait en quatre ou cinq ans créer une force aérienne puissante et peut-être dominante. Bien entendu, des recherches et des travaux préparatoires pouvaient raccourcir cette période.

C'est ainsi que, comme pour l'armée, la reconstitution d'une aviation allemande fut longuement et minutieusement préparée, dans le plus grand secret. Dès 1923, il avait été décidé que l'aviation future ferait partie intégrante de la machine de guerre allemande. L'état-major se contenta d'abord de mettre en place, à l'intérieur de l'« armée sans forces aériennes », le squelette d'une aviation parfaitement articulée, qui ne pouvait être décelé de l'extérieur, ou qui du moins ne le fut pas au cours des premières années. De tous les instruments de guerre, la puissance aérienne est la plus difficile à évaluer, ou même à définir en termes précis. Il est malaisé d'établir, et plus encore de préciser, dans quelle mesure les usines et les terrains d'entraînement de l'aviation civile ont acquis une valeur et une importance militaires à un moment donné. Les possibilités de dissimulation, de camouflage et de contournement des traités sont nombreuses et variées. L'aviation, et l'aviation seule, offrait à Hitler un raccourci pour rattraper puis devancer la France et l'Angleterre dans ce domaine militaire. Mais qu'allaient faire la France et la Grande-Bretagne ?

Il était évident dès l'automne de 1933 que la Grande-Bretagne ne réussirait pas par ses conseils, et moins encore par son exemple, à faire admettre le désarmement. Le pacifisme du parti travailliste et du parti libéral ne fut même pas ébranlé par le grave événement que fut le départ de l'Allemagne de la Société des Nations. Au nom de la paix, ces deux partis continuaient à prêcher le désarmement anglais, et quiconque exprimait son désaccord était traité de « belliciste » et de « paniquard ». Ils semblaient remporter l'adhésion du peuple, qui ne comprenait rien à ce qui se tramait. Le 25 octobre, aux élections partielles de la circonscription d'East Fulham, une vague de pacifisme donna un gain de près de 9 000 voix aux socialistes, alors que les conservateurs en perdaient plus de 10 000. Le candidat élu, M. Wilmot, déclara après le scrutin : « Le peuple britannique exige… que notre gouvernement donne l'exemple au monde en adoptant immédiatement une politique de désarmement général. » Et M. Lansbury, alors chef du parti travailliste, affirma que toutes les nations « devaient désarmer au même niveau que l'Allemagne, comme préliminaire au désarmement total ».

M. Baldwin fut profondément impressionné par cette élection et, trois ans plus tard, il devait y faire allusion dans un discours mémorable. En novembre eurent lieu les élections au Reichstag, où aucune autre candidature que celles approuvées par Hitler n'était tolérée, et les nazis obtinrent 95 % des voix.

On aurait tort, en jugeant la politique du gouvernement, de ne pas tenir compte de ce désir passionné de paix qui animait la grande masse du peuple britannique, peu et mal informé, et qui paraissait vouer à l'extinction politique tout homme ou tout parti assez audacieux pour défendre une conception différente. Cela n'excuse pas pour autant les hommes politiques qui manquent à leur devoir. Il est bien préférable pour les partis ou les hommes politiques d'être renversés, plutôt que de mettre la vie de la nation en péril. De surcroît, notre histoire n'offre pas d'exemples d'un gouvernement qui se soit vu refuser par le Parlement et par le peuple les mesures nécessaires à la défense. Néanmoins, ceux qui firent peur au gouvernement timoré de MM. MacDonald et Baldwin au point de l'écarter du droit chemin devraient avoir la décence de se taire.

Les crédits accordés à l'aviation en mars 1934 ne dépassaient pas 20 millions de livres et prévoyaient quatre nouvelles escadrilles, faisant ainsi passer nos forces de première ligne de 850 à 890 appareils. Pour la première année, les coûts prévus étaient de 130 000 livres.

Voici ce que je déclarai alors à la Chambre des communes :

> « On estime que nous occupons, au mieux, le cinquième rang des puissances aériennes. Nous sommes deux fois moins forts que la France, notre plus proche voisine. L'Allemagne s'arme rapidement et personne ne pourra l'arrêter. Cela semble tout à fait clair. Personne ne propose une guerre préventive pour empêcher l'Allemagne de violer le traité de Versailles. Elle va s'armer ; elle le fait ; elle l'a déjà fait. Nous avons encore le temps de prendre les mesures nécessaires, mais il nous les faut. Il nous faut des mesures qui nous assurent la parité des forces. Aucune nation qui joue le rôle que nous jouons et que nous aspirons à jouer dans le monde n'a le droit de se mettre dans une situation où elle risque de faire l'objet d'un chantage. »

Je fis appel à M. Baldwin, puisqu'il avait les moyens d'agir ; avec le pouvoir venait la responsabilité. M. Baldwin déclara en réponse :

> « Si tous nos efforts pour arriver à un accord restent vains et si nous sommes dans l'impossibilité d'obtenir cette égalité dans les domaines que j'ai mentionnés, alors tout gouvernement de ce pays, un gouvernement national plus qu'un autre et le mien en particulier, veillera à ce qu'en termes de puissance aérienne, notre pays ne soit plus mis en position d'infériorité par rapport à tout pays situé à portée de frappe de nos côtes. »

C'était là un engagement solennel et catégorique, pris à une époque où une action vigoureuse sur une grande échelle aurait presque certainement permis de le tenir. Mais quand, le 20 juillet 1934, le gouvernement présenta un programme bien tardif et bien insuffisant visant à renforcer la *Royal Air Force* de 41 escadrilles, soit environ 820 appareils* – un *programme échelonné sur cinq ans* –, le parti travailliste, appuyé par les libéraux, lui opposa une motion de censure à la Chambre des communes. M. Attlee déclara en leur nom : « Nous contestons la nécessité d'un réarmement aérien… Nous refusons d'admettre qu'un renforcement de la force aérienne britannique puisse contribuer à la paix du monde, et nous rejetons en bloc toute prétention à la parité. » Le parti libéral soutint cette motion de censure, et son chef, sir Herbert Samuel, déclara : « Quelle est la situation au regard de l'Allemagne ? Rien de ce que nous avons vu et entendu jusqu'à présent ne laisse supposer que notre aviation soit hors d'état de faire face à tout péril venant de ce côté à l'heure actuelle. »

Lorsqu'on se souvient que ces propos étaient tenus après mûre réflexion par des chefs de partis responsables, on mesure mieux le danger qui menaçait notre patrie. À

---

* Réserves comprises.

cette époque, moyennant des efforts véhéments, nous aurions pu préserver une force aérienne propre à garantir notre liberté d'action. Si la Grande-Bretagne et la France avaient chacune maintenu la parité quantitative avec l'Allemagne, elles auraient été ensemble deux fois plus fortes, et l'entreprise guerrière d'Hitler s'en serait trouvée étouffée dans l'œuf, sans la moindre effusion de sang. Après, il était trop tard. On ne saurait douter de la sincérité des chefs des partis socialiste et libéral ; mais ils s'étaient entièrement fourvoyés, et ils en portent leur part de responsabilité devant l'histoire. C'est pourquoi il est étonnant que le parti socialiste se soit efforcé après coup de se prévaloir d'un don de prévoyance supérieur, tout en accusant ses adversaires d'avoir été hors d'état d'assurer la sécurité nationale.

J'eus alors pour une fois le privilège de pouvoir inciter au réarmement en tant que défenseur du gouvernement. Aussi fus-je écouté par le parti conservateur avec une bienveillance inhabituelle :

> « Je ne crois pas qu'il y ait jamais eu gouvernement plus pacifiste. Voici un Premier ministre, M. Ramsey MacDonald, qui, pendant la guerre, a témoigné de la façon la plus extrême et la plus courageuse, de ses convictions et des sacrifices qu'il était prêt à consentir pour ce qu'il pensait être la cause du pacifisme. Le lord président du Conseil est surtout connu du public par son habitude de répéter la prière : « Donnez-nous la paix pour notre époque. » On aurait pu supposer que, lorsque de tels ministres déclarent qu'ils estiment de leur devoir de réclamer une petite augmentation des moyens dont ils disposent pour garantir la sécurité publique, l'opposition en tiendrait compte et y verrait la preuve de la réalité du danger dont ils cherchent à nous protéger. Nous sommes une proie riche et tentante. Aucun pays n'est aussi vulnérable que le nôtre et aucun pays ne ferait un meilleur butin… *Avec notre énorme métropole, la plus grande cible du monde, telle une énorme vache à lait grasse et coûteuse, attachée comme un appât pour les bêtes de proie,* nous nous trouvons dans une

situation sans précédent dans notre histoire et sans équivalent dans le monde actuel.

Souvenons-nous de ceci : notre faiblesse n'engage pas que nous ; elle met aussi en péril la stabilité de l'Europe. »

Je poursuivis en faisant valoir que l'Allemagne était déjà sur le point d'atteindre la parité aérienne avec la Grande-Bretagne :

« J'affirme en premier lieu que l'Allemagne a déjà, en violation des clauses du traité, créé *une force aérienne militaire qui atteint près des deux tiers de la puissance de notre force aérienne défensive actuelle.* Telle est la première assertion que je soumets à l'attention du gouvernement. La deuxième est que l'Allemagne est en train d'augmenter rapidement cette force aérienne en recourant, non seulement aux sommes considérables qui figurent dans ses prévisions budgétaires, mais également à des souscriptions publiques – qui ne sont très souvent que des souscriptions forcées – et que ce processus est en cours dans toute l'Allemagne. *À la fin de 1935, l'aviation allemande sera presque égale en nombre et en efficacité à notre force aérienne défensive du moment, même si les propositions actuelles du gouvernement sont adoptées.*

Ma troisième assertion est que, si l'Allemagne poursuit son expansion et si nous-mêmes nous en tenons au plan prévu, alors, à un moment donné de 1936, l'Allemagne sera certainement et considérablement plus forte dans les airs que la Grande-Bretagne. Quatrièmement, et c'est ce qui m'inquiète, lorsqu'elle aura pris cette avance, nous ne serons peut-être jamais à même de la dépasser. *Si le gouvernement est obligé de reconnaître, à n'importe quel moment au cours des quatre prochaines années, que l'aviation d'Hitler est plus forte que la nôtre, il lui sera reproché, à juste titre me semble-t-il, d'avoir failli au premier de ses devoirs envers la nation.* »

Bien entendu, la motion de censure du parti travailliste fut repoussée à une forte majorité, et je ne doute pas que si l'on avait fait appel à la nation en lui permettant de juger en connaissance de cause, elle aurait également soutenu les mesures nécessaires à la sécurité nationale.

PERTE DE LA PARITÉ AÉRIENNE

*
* *

On ne peut pas raconter cette histoire sans évoquer les étapes que nous parcourûmes sur le long chemin qui nous mena de la sécurité jusqu'aux portes mêmes de la mort. En rétrospective, je m'étonne de la longueur du délai qui nous fut accordé. La Grande-Bretagne aurait pu, en 1933, ou même en 1934, créer une puissance aérienne qui aurait imposé des limites aux ambitions d'Hitler, ou aurait peut-être permis aux chefs militaires allemands de restreindre ses actes de violence. Plus de cinq longues années devaient s'écouler avant que nous fussions acculés à l'épreuve suprême. Si nous avions alors agi avec une prudence raisonnable et une salutaire énergie, nous ne l'aurions peut-être jamais connue. Appuyées sur une force aérienne supérieure, la Grande-Bretagne et la France auraient pu, en toute sécurité, invoquer l'appui de la Société des Nations, et tous les États d'Europe se seraient rassemblés derrière elles. Pour la première fois, la Société des Nations aurait eu un bras armé.

Le 28 novembre 1934, à l'ouverture de la session d'hiver, je proposai, au nom de quelques amis, un amendement à la déclaration du gouvernement[1], précisant que la « puissance de notre défense nationale, et en particulier de notre défense aérienne, n'est plus en mesure d'assurer la paix, la sécurité et la liberté des fidèles sujets de Sa Majesté ». La Chambre était pleine à craquer et très attentive. Ayant usé de tous les arguments qui soulignaient le grave danger pesant sur nous-mêmes et sur le monde, j'en vins à citer des faits précis :

« J'affirme en premier lieu que l'Allemagne possède déjà actuellement une force aérienne militaire [...] qui approche

---

1. L'amendement était déposé par M. Churchill, sir Robert Horne, M. Amery, le capitaine F. E. Guert, lord Winterton et M. Boothby.

rapidement de la parité avec la nôtre. Deuxièmement, [...] que l'année prochaine à pareille époque, l'aviation militaire allemande sera au moins aussi forte, et peut-être plus forte, que la nôtre. Troisièmement, [...] qu'à la fin de 1936, soit un an plus tard et d'ici deux ans, la puissance de l'aviation militaire allemande sera près de 50 % supérieure à la nôtre, et presque le double en 1937. »

M. Baldwin, qui me succéda à la tribune, aborda franchement le sujet et, se fondant sur les données des experts de son ministère de l'Air, me contredit entièrement :

« Il n'est pas exact que l'Allemagne approche rapidement de la parité avec nous. [...] L'Allemagne s'est lancée activement dans la production aéronautique, mais sa puissance réelle n'atteint pas 50 % de la nôtre en Europe aujourd'hui. Quant à ce qu'il en sera d'ici un an, [...] *bien loin que l'aviation allemande soit au moins aussi forte, et probablement plus forte que la nôtre, nous estimons que nous disposerons encore, en Europe seulement, d'une marge de près de 50 %.* Il m'est impossible de prévoir au-delà de deux ans. M. Churchill parle de ce qui peut arriver en 1937. Les recherches que j'ai pu faire me permettent de croire que ses chiffres sont considérablement exagérés[1]. »

Cette affirmation péremptoire, venant du Premier ministre de fait, rassura la plupart des inquiets et désarma bon nombre de critiques. Tout le monde était heureux d'apprendre que mes affirmations précises avaient été contredites par une autorité incontestable. Je n'étais nulle-

---

1. De fait, les informateurs de Churchill sont influencés dans une certaine mesure par la propagande du ministre de l'Air et chef de la *Luftwaffe* Hermann Göring ; en outre, il y aura toujours une certaine confusion entre aviation totale et aviation de première ligne, de même qu'entre aviation militaire et aviation civile à usage militaire potentiel. Enfin, Churchill, aussi préoccupé par la faiblesse évidente de l'aviation britannique que par la force supposée de l'aviation allemande, se sent obligé de forcer le trait pour faire une plus grosse impression aux Communes.

ment convaincu ; j'avais l'impression que ses conseillers cachaient la vérité à M. Baldwin, et qu'en tout cas, il ignorait les faits.

L'hiver se passa sans incident, et ce n'est qu'au printemps que j'eus l'occasion de soulever à nouveau la question. Avant de le faire, j'en informai pleinement et précisément M. Baldwin. Le 19 mars 1935, lorsque le budget de l'aviation fut discuté à la Chambre, je renouvelai ma déclaration de novembre et contestai formellement à nouveau les assurances qu'il avait données. Le vice-ministre de l'Air fit une réponse pleine d'assurance. Néanmoins, à la fin du mois de mars, le secrétaire d'État aux Affaires étrangères et M. Eden allèrent rendre visite à Hitler en Allemagne, et lors d'une importante conversation, rendue publique, Hitler en personne leur déclara que l'aviation allemande avait atteint la parité avec l'aviation britannique[1]. Le gouvernement l'annonça le 3 avril. Au début de mai, dans un article publié par son propre journal, *The Newsletter*, le Premier ministre soulignait le danger du réarmement allemand en des termes très voisins de ceux que j'avais si souvent utilisés moi-même depuis 1932. Il y employait le terme significatif d'« embuscade », révélant ainsi l'angoisse qui l'étreignait. Nous étions, en effet, tombés dans une embuscade. C'est M. MacDonald en personne qui ouvrit le débat ; ayant fait état de l'intention manifestée par les Allemands de construire une marine plus puissante que celle que leur accordait le traité de Versailles, ainsi qu'une flotte sous-marine en violation dudit traité, il admit qu'Hitler prétendait avoir atteint la parité avec la Grande-Bretagne en matière d'aviation militaire :

---

[1]. C'est à l'évidence un mensonge destiné à intimider les Britanniques : d'une part, Hitler ne peut connaître les effectifs réels des forces aériennes britanniques à cette époque ; d'autre part, sa *Luftwaffe*, qui vient à peine d'être reconstituée, ne compte en 1935 que 1 823 appareils, dont la moitié sont des avions d'entraînement et beaucoup sont des biplans déjà obsolètes.

« Quel que soit le sens exact qu'il faille donner à cette phrase sur le plan de la puissance aérienne, elle établit sans contestation possible que l'aviation allemande s'est développée très au-delà des estimations que nous étions en mesure de donner à la Chambre l'an passé. C'est là un fait grave, que le gouvernement et le ministère de l'Air ont immédiatement relevé. »

Lorsque vint mon tour de parole, je déclarai :

« Même à présent, nous ne prenons toujours pas les mesures correspondant vraiment à nos besoins. Le gouvernement a proposé cet accroissement de son programme aérien. Il lui faudra faire face à l'orage. Il sera l'objet de toutes sortes d'attaques déloyales. Ses mobiles seront déformés. Il sera calomnié et accusé de bellicisme. Des voix nombreuses, puissantes et extrêmement influentes dans ce pays vont l'attaquer de toutes les façons. Il sera assailli quoi qu'il fasse. Dans ces conditions, pourquoi ne pas lutter pour obtenir les moyens d'assurer réellement notre sécurité ? Pourquoi ne pas exiger un réarmement aérien adéquat ? Car alors, si sévère que soit la critique et si stridentes les injures qui lui seront adressées, le gouvernement de Sa Majesté aura du moins la satisfaction de savoir que dans cette question, qui engage au premier chef la responsabilité de tout gouvernement, il a fait son devoir. »

Bien que la Chambre m'ait écouté avec la plus grande attention, j'éprouvai un sentiment de désespoir. Quoi de plus douloureux que d'être si totalement et si justement convaincu dans une question de vie ou de mort pour son pays, et d'être impuissant à faire entendre cet avertissement au Parlement et à la nation, à les faire s'incliner devant l'évidence et prendre les mesures nécessaires ?

Ce n'est que le 22 mai 1935 que M. Baldwin fit son célèbre aveu public. Je ne peux faire autrement que le citer :

« En premier lieu, pour ce qui est des chiffres de l'aviation allemande que j'ai indiqués en novembre, je n'ai rien appris depuis qui me donne à penser qu'ils étaient faux. À l'époque, je les croyais justes. *Mais c'est dans mes prévisions que j'ai fait erreur, et mon erreur fut totale. De ce point de vue, je me suis complètement trompé. Nous nous sommes laissés entièrement abuser sur ce point...*

Je voudrais répéter ici qu'à mon avis, il n'y a rien dans ce que nous faisons qui puisse justifier un quelconque affolement. Mais je tiens à dire expressément, avec tout ce que je sais de la situation, que je ne resterais pas une seconde de plus dans un gouvernement qui accepterait des mesures moins résolues que celles que nous acceptons aujourd'hui. Je considère comme étant de mon devoir de relever les nombreux articles et discours où l'on a blâmé le ministère de l'Air comme s'il était responsable d'avoir mis sur pied un programme prétendument insuffisant, de n'être pas allé plus rapidement de l'avant, et de bien d'autres choses encore. Je ne peux que répéter que, si responsabilité il y a – et nous ne nous dérobons nullement aux critiques –, elle n'est celle d'aucun ministre en particulier, mais celle du gouvernement tout entier ; nous sommes tous responsables et nous sommes tous à blâmer. »

J'espérais que cet abominable aveu ferait date, et qu'à tout le moins, on constituerait une commission parlementaire comprenant des représentants de tous les partis, afin d'élaborer un rapport sur la situation réelle et les exigences de notre sécurité. Mais telle ne fut pas la réaction de la Chambre des communes. L'opposition travailliste et libérale, qui avait neuf mois auparavant présenté ou voté une motion de censure contre le gouvernement en réponse aux mesures bien modestes qu'il avait prises, demeura faible et indécise. Elle avait l'intention de faire des « armements conservateurs » son cheval de bataille pour les élections. Ni les porte-parole des travaillistes ni ceux des libéraux ne s'attendaient aux révélations et à l'aveu de M. Baldwin, et ils ne tentèrent pas d'adapter leurs discours à cet événement de première importance. Rien, dans leurs discours, n'avait le moindre rapport avec la situation alarmante dont ils reconnaissaient l'existence, ni avec les faits bien plus graves dont nous savons aujourd'hui qu'ils la sous-tendaient.

De son côté, la majorité gouvernementale parut subjuguée par la franchise de M. Baldwin. L'erreur totale qu'il reconnaissait avoir commise, malgré toutes ses sources d'information, sur une question d'intérêt vital dont il avait la responsabilité, lui fut pardonnée en raison de la sincérité de son aveu et de la netteté avec laquelle il acceptait les critiques. Ce ministre qui n'hésitait pas à dire qu'il s'était trompé souleva même une étrange vague d'enthousiasme. En fait, beaucoup de députés conservateurs semblaient m'en vouloir d'avoir mis le chef en qui ils avaient confiance dans une situation délicate, dont il ne s'était tiré que grâce à son courage et à son honnêteté naturels. Mais malheureusement, il n'en avait pas tiré le pays.

Un désastre de grande ampleur s'était abattu sur nous; Hitler avait déjà atteint la parité avec la Grande-Bretagne. Dès lors, il ne lui restait plus qu'à pousser au maximum le travail de ses usines et de ses centres d'entraînement, non seulement pour conserver sa supériorité aérienne, mais encore pour l'accroître régulièrement. Désormais, les menaces inconnues et incommensurables que faisaient peser sur Londres les attaques aériennes allaient constituer un facteur constant et déterminant de toutes nos décisions. De plus, nous ne pourrions jamais rattraper notre retard; en tout cas, le gouvernement n'y parvint jamais. Il faut lui rendre hommage, ainsi qu'au ministère de l'Air, pour la grande efficacité de la *Royal Air Force*. Mais son engagement de maintenir la parité aérienne était irrémédiablement rompu. Sans doute, dans l'immédiat, le développement de l'aviation allemande ne se poursuivit-il pas au même rythme que pendant la période où les nazis s'assurèrent la parité. Il est certain que ces derniers avaient fait un suprême effort pour parvenir d'un seul coup à cette position maîtresse, et pour l'exploiter sur le plan diplomatique. Hitler en fit le fondement de la série d'actes d'agression dont il avait dressé le plan, et qui devaient désormais se succéder rapidement. Le gouvernement anglais fit des efforts vraiment considérables au cours des quatre années qui suivirent. Les prototypes de ces chasseurs Hurricane et Spitfire promis à la célébrité firent leurs premiers vols en novembre 1935 et en mars 1936 respectivement. Leur production en série fut immédiatement ordonnée, et ils sortirent en nombre des usines juste à temps. En matière de construction aéronautique, nous nous distinguions sans conteste par la qualité ; mais la quantité était désormais hors de portée. Lorsque la guerre éclata, nous avions moitié moins d'avions que les Allemands.

Chapitre VII

PROVOCATION ET RIPOSTE

(1935)

Les années de travaux de sape, de préparatifs secrets ou camouflés, étaient maintenant révolues. Hitler se sentit enfin assez fort pour lancer son premier défi public. Le 9 mars 1935, on annonça officiellement la constitution d'une aviation militaire allemande, et le 16, on déclara que le service national obligatoire était désormais introduit dans l'armée. Les lois nécessaires furent promptement promulguées, des mesures ayant déjà été prises par anticipation. Le gouvernement français, bien informé de ce qui se préparait, avait annoncé quelques heures plus tôt en ce jour mémorable qu'il portait à deux années la durée de son service militaire. La mesure allemande constituait une infraction formelle et publique aux traités de paix, qui formaient l'assise de la Société des Nations. Tant que les violations avaient consisté à biaiser ou à ne pas appeler les choses par leur nom, les puissances victorieuses, hantées par leurs idées pacifistes et préoccupées par leurs problèmes intérieurs, avaient pu aisément éluder l'obligation de reconnaître que le traité de paix était violé ou répudié. Mais cette fois, le problème se posait avec une brutale acuité. Presque simultanément le gouvernement éthiopien en appelait à la SDN des menaçantes exigences de l'Italie. Aussi, quand le 24 mars, sur invitation d'Hitler, sir John Simon se rendit à Berlin avec M. Eden, lord du Sceau privé, le gouvernement français estima-t-il le moment mal choisi. Pour sa part, il n'avait plus à réduire les effectifs de l'armée comme M. MacDonald l'en pressait un an auparavant, mais à augmenter la durée du service militaire obligatoire d'un à deux ans. C'était là une lourde tâche au vu de l'état d'esprit de l'opinion à l'époque. Les socialistes comme les communistes avaient voté contre la mesure. Lorsque M. Léon Blum avait déclaré : « Les ouvriers se dresseront pour résister à l'agression hitlérienne », Thorez avait répliqué, parmi les applaudissements de sa faction inféodée aux Soviets : « Nous ne tolérerons pas que les classes ouvrières soient entraînées dans une prétendue guerre de défense de la démocratie contre le fascisme. »

Les États-Unis s'étaient détournés de l'Europe, se bornant à lui souhaiter bonne chance et bien convaincus qu'ils n'auraient plus jamais à s'en soucier. Mais en dépit de leurs désaccords, la France, la Grande-Bretagne et aussi, décidément, l'Italie se sentaient tenues d'agir contre cette violation caractérisée des traités par Hitler. Sous les auspices de la Société des Nations, une conférence des principaux ex-alliés fut donc convoquée à Stresa, où l'on débattit de toutes ces questions.

Chacun s'accorda pour déclarer intolérable cette violation flagrante de traités solennels pour lesquels des millions d'hommes avaient donné leur vie. Mais dès le début, les représentants de la Grande-Bretagne déclarèrent sans ambages qu'ils ne pouvaient envisager la possibilité de sanctions dans le cas de violation des traités. Cela obligeait naturellement la conférence à se contenter de discours. On adopta à l'unanimité une résolution aux termes de laquelle les violations unilatérales des traités étaient jugées inadmissibles, et le conseil exécutif de la Société des Nations fut invité à se prononcer sur cette situation. Le second jour de la conférence, Mussolini appuya énergiquement cette résolution, et se prononça sans réserve contre l'agression d'une puissance par une autre. La déclaration finale fut ainsi rédigée :

> « Les trois puissances, dont le but est d'assurer collectivement le maintien de la paix dans le cadre de la Société des Nations, sont en complet accord pour s'opposer, par tous les

moyens dont elles disposent, à toute violation unilatérale des traités susceptible de mettre en péril la paix de l'Europe. Elles agiront dans ce sens en collaboration étroite et cordiale. »

Le dictateur italien, dans son discours, avait mis l'accent sur les mots *paix de l'Europe*, et il avait nettement marqué une pause après « Europe ». Cette insistance sur l'Europe avait tout de suite frappé les représentants du *Foreign Office* britannique. Ils dressaient l'oreille et en déduisaient que si Mussolini se rangeait du côté français et anglais pour empêcher l'Allemagne de réarmer, il se réservait le droit d'agir à son gré contre l'Abyssinie. Devait-on soulever cette question ? Des discussions à ce sujet se tinrent cette nuit-là entre les responsables du *Foreign Office*. Chacun souhaitait si ardemment l'appui de Mussolini dans l'affaire allemande que l'on ne jugea pas alors à propos d'essayer de le détourner de l'Abyssinie, ce qui n'aurait évidemment pas manqué de lui déplaire. La question ne fut donc pas évoquée, on passa outre, et Mussolini pensa, non sans raison, que les Alliés, ayant approuvé sa déclaration, lui laisseraient les mains libres en Abyssinie. Les Français restèrent muets sur ce point, et la conférence prit fin.

Du 15 au 17 avril, comme prévu, le conseil de la Société des Nations examina l'accusation portée contre les Allemands d'avoir violé le traité de Versailles en décrétant le service militaire obligatoire. Les puissances représentées au conseil étaient : la république Argentine, l'Australie, la Grande-Bretagne, le Chili, la Tchécoslovaquie, le Danemark, la France, l'Allemagne, l'Italie, le Mexique, la Pologne, le Portugal, l'Espagne, la Turquie et l'URSS. Toutes votèrent en faveur du principe qu'aucune action unilatérale ne devait porter atteinte aux traités, et elles renvoyèrent la question à l'Assemblée plénière de la SDN. Simultanément, les ministres des Affaires étrangères des trois pays scandinaves, Suède, Norvège et Danemark, que la question de l'équilibre naval dans la Baltique préoccupait gravement, se réunirent aussi pour exprimer leur adhésion. Au total, dix-neuf pays avaient protesté formellement. Mais combien inefficaces s'avéraient tous ces votes, qu'aucune puissance, ou aucun groupe de puissances, n'était disposé à appuyer par le recours à la FORCE, même en dernier ressort !

*
* *

Laval ne semblait pas disposé à aborder les Russes avec la même résolution que Barthou. Mais une nécessité urgente s'imposait alors en France : il paraissait avant tout indispensable à ceux qui avaient à cœur le sort du pays de réaliser l'unanimité de l'opinion en faveur du service militaire de deux ans, qui n'avait été adopté en mars qu'à une faible majorité. Seuls les Soviétiques pouvaient donner la permission de suivre le gouvernement à l'importante fraction de la population française qui leur était toute dévouée. En outre, les Français dans leur ensemble désiraient voir revivre l'ancienne alliance de 1895, ou quelque chose d'approchant. Le 2 mai 1935, le gouvernement français apposait sa signature au bas d'un pacte franco-soviétique. C'était un document nébuleux, garantissant pour cinq ans une assistance mutuelle en cas d'agression.

Pour obtenir des résultats tangibles sur le plan de la politique française, M. Laval partit alors pour une visite de trois jours à Moscou, où il fut accueilli par Staline. On engagea de longues discussions, dont voici un passage encore inédit. Staline et Molotov désiraient naturellement connaître avant tout l'importance des effectifs de l'armée française sur le front occidental : combien de divisions ? Quelle durée du service ? Quand ces questions eurent été élucidées, Laval demanda : « Ne pourriez-vous faire quelque chose en faveur de la religion et des catholiques en Russie ? Cela m'aiderait tellement auprès du pape ! » « Oh ! oh ! fit Staline, le pape ! Combien de divisions ? » On ne m'a pas rapporté la réponse de Laval, mais il n'a pu manquer de mentionner un certain nombre de légions qui n'étaient pas toujours visibles dans les défilés. Laval n'avait jamais eu l'intention de lier la France par aucun de ces engagements précis que les Soviétiques ont coutume de réclamer. Il n'en obtint pas moins le 15 mai une déclaration publique de Staline approuvant la politique de défense nationale suivie par la France, aux fins de porter son armée au niveau des exigences de sa sécurité. Ce mot d'ordre une fois donné, les communistes opérèrent une volte-face immédiate et appuyèrent bruyamment le programme de défense et le service de deux ans. Comme facteur de stabilité européenne, pourtant, le pacte franco-soviétique, qui n'engageait aucune des deux parties en cas d'agression allemande, n'offrait que des avantages limités. Une alliance véritable avec la Russie n'avait pas été conclue. De plus, au cours de son voyage de retour, le ministre français des Affaires étrangères s'arrêta à Cracovie pour assister aux funérailles du maréchal Pilsudski ; il y rencontra Göring, avec lequel il eut une conversation très cordiale. Ce qu'il lui confia sur sa méfiance à l'égard des Soviétiques et son aversion pour eux fut dûment rapporté à Moscou par les soins des Allemands.

*
* *

La santé et les facultés de M. MacDonald avaient tellement décliné qu'il lui devenait impossible de rester Premier ministre. Du fait de sa politique, de son comportement pendant la guerre et de ses convictions socialistes, il n'avait jamais été populaire auprès des conservateurs, qui nourrissaient à son égard de vieilles préventions, teintées de pitié au cours des dernières années. Aucun homme n'était davantage haï, et avec plus de raison, par le parti travailliste qu'il avait tant contribué à créer, mais avait ensuite détruit lors de ce qui était considéré comme sa perfidie. Dans l'énorme majorité qui soutenait le gouvernement, il ne comptait que sept membres de son parti. La politique de désarmement, à laquelle il avait personnellement consacré les plus grands efforts, se révélait maintenant comme un désastreux échec. Lors des élections générales qui n'allaient guère tarder, il ne pouvait plus jouer de rôle utile. Dans ces conditions, personne ne fut surpris d'apprendre le 7 juin que M. Baldwin et lui avaient échangé leurs portefeuilles et que M. Baldwin redevenait Premier ministre pour la troisième fois. Le *Foreign Office* changeait également de titulaire. Le projet de loi sur la constitution de l'Inde avait été le couronnement de la carrière de sir Samuel Hoare, qui pouvait dès lors se consacrer à un domaine plus important dans l'immédiat. Depuis quelque temps déjà, la politique étrangère de sir John Simon était en butte à de très vives attaques de la part de conservateurs influents et très proches du gouvernement. Sir John Simon passa donc à l'Intérieur qu'il connaissait bien, et sir Samuel Hoare devint ministre des Affaires étrangères.

En même temps, M. Baldwin adopta un nouvel expédient ; il nomma M. Eden ministre pour la Société des Nations. Depuis près de dix ans, Eden se consacrait à l'étude des affaires étrangères. Ayant quitté Eton à dix-huit ans pour participer à la Grande Guerre, il avait servi avec distinction au sein du 60e fusiliers, connu beaucoup des batailles les plus sanglantes, et terminé la guerre avec le grade de commandant et la *military cross*. Au *Foreign Office*, il avait le même rang que le ministre, plein accès aux dépêches et une autorité directe sur les fonctionnaires. Nul doute que M. Baldwin ait cherché aussi à se concilier le fort courant d'opinion favorable à la Société des Nations, en montrant l'importance qu'il attachait à la SDN et à la conduite de nos affaires à Genève. Quand, un mois plus tard environ, j'eus l'occasion de donner mon avis sur ce que j'appelai « le nouveau système de deux ministres de rang égal aux Affaires étrangères », j'attirai l'attention sur ses inconvénients évidents.

Les choses en étaient là, lorsque le gouvernement britannique prit une mesure des plus surprenantes. L'Amirauté était au moins en partie à l'origine de cette initiative. Il est toujours dangereux pour des soldats, des marins ou des aviateurs de se mêler de politique. Ils entrent ainsi dans un domaine où les valeurs sont tout à fait différentes de celles qui leur sont familières. Ils suivaient, bien entendu, les tendances ou même les directives du premier lord et du cabinet, seuls responsables en dernier ressort. Mais il soufflait alors un vent très favorable à l'Amirauté. Des conversations étaient depuis quelque temps engagées entre les amirautés britannique et allemande, au sujet des proportions à observer entre les deux flottes. Le traité de Versailles interdisait aux Allemands la construction de plus de 4 cuirassés d'escadre, déplaçant 10 000 tonnes chacun, en plus de 6 croiseurs légers n'excédant pas 6 000 tonnes. L'Amirauté britannique venait de découvrir que les deux derniers cuirassés de poche en construction, le *Scharnhorst* et le *Gneisenau*, étaient d'un tonnage supérieur à celui autorisé par le traité, et d'un modèle entièrement différent. En fait, ils se révélèrent être des croiseurs de bataille légers de 26 000 tonnes et des navires de course hors série qui devaient jouer un rôle important durant la Seconde Guerre mondiale.

Devant cette violation impudente et frauduleuse du traité de paix, soigneusement préméditée et amorcée au moins deux ans auparavant (en 1933), l'Amirauté jugea opportun de négocier un accord naval anglo-allemand. Le gouvernement de Sa Majesté le fit sans consulter son alliée la France, et sans en informer la Société des Nations. Au moment précis où il en appelait lui-même à la Société des Nations et sollicitait le soutien de ses membres pour protester contre la violation par Hitler des clauses militaires du traité, il s'employait par un accord particulier à en rendre caduques les clauses navales.

La clause principale de cet accord était l'engagement pris par l'Allemagne de ne pas porter sa flotte à plus du tiers de la flotte britannique. Cet engagement séduisait grandement l'Amirauté, qui se référait aux jours d'avant la Grande Guerre où elle se contentait d'un rapport de 16 à 10. Enchantée de cette perspective, en prenant les engagements de l'Allemagne pour argent comptant, l'Amirauté lui concéda ensuite le droit de construire des sous-marins, ce que le traité de paix lui interdisait formellement. L'Allemagne pourrait construire des sous-marins dans la proportion de 60 % des forces sous-marines britanniques, et même de 100 %, si elle estimait se trouver dans des circonstances exceptionnelles. Naturellement, les Allemands s'engageaient à ne jamais utiliser leurs sous-marins contre des navires de commerce. À quoi serviraient-ils, alors ? Car, si les autres clauses de l'accord étaient observées, ils ne pourraient emporter la décision sur mer, qui appartenait aux navires de surface.

La limitation de la flotte allemande à un tiers de la flotte britannique permettait à l'Allemagne d'exécuter un programme de construction destiné à faire travailler ses chantiers à plein rendement pour dix ans au moins. Il n'y avait donc plus en pratique la moindre limitation ou restriction imposée à l'expansion navale allemande. L'Allemagne pouvait construire aussi vite qu'elle en était matériellement capable. Le contingent de navires qui lui était attribué par le plan britannique était en fait si généreux qu'elle ne put l'utiliser, en partie sans doute parce qu'il lui fallait répartir ses ressources en blindage entre la marine et les chars. Nous savons aujourd'hui qu'Hitler avait informé l'amiral Raeder que la guerre contre l'Angleterre avait peu de chances d'éclater avant 1944-1945. Le développement de la marine allemande était donc prévu selon un programme à long terme. Ce n'est que pour les sous-marins que les Allemands atteignirent les limites extrêmes concédées par l'accord. Dès qu'ils furent à même de dépasser la proportion de 60 %, ils invoquèrent la clause les autorisant à atteindre 100 % ; et cinquante-sept sous-marins étaient effectivement construits au début de la guerre.

Pour la conception de nouveaux cuirassés, l'Allemagne jouissait de l'avantage supplémentaire de n'avoir été partie ni à l'accord naval de Washington, ni à la conférence de Londres. Elle mit immédiatement en chantier le *Bismarck* et le *Tirpitz* et, tandis que la Grande-Bretagne, la France et les États-Unis étaient tous astreints à la limite des 35 000 tonnes, les plans de ces deux grands navires prévoyaient un déplacement de 45 000 tonnes, ce qui en faisait certainement, une fois achevés, les plus puissants navires à flot du monde.

Cet accord donnait aussi à l'époque un grand avantage diplomatique à Hitler, car il divisait les Alliés, dont l'un se montrait disposé à tolérer les violations du traité de Versailles, en permettant à l'Allemagne de retrouver l'entière liberté de réarmer que sanctionnait son accord avec la Grande-Bretagne. La nouvelle de cet accord porta un nouveau coup à la Société des Nations ; la France, en effet, avait tout lieu de se plaindre du fait que l'autorisation accordée pour la construction de sous-marins allemands affectait ses intérêts vitaux ; Mussolini vit dans cet épisode la preuve que la Grande-Bretagne n'agissait pas loyalement à l'égard de ses alliés, et il pensa que ce pays, pourvu que ses propres intérêts navals soient sauvegardés, était prêt à toutes les concessions pour se concilier l'Allemagne, quel que soit le tort ainsi causé aux puissances amies, menacées par l'accroissement des forces de terre allemandes. Ce qui apparaissait comme une politique britannique égoïste et cynique l'encouragea à hâter la mise en œuvre de ses plans de guerre contre l'Abyssinie. Les puissances scandinaves, qui, à peine quinze jours plus tôt, avaient courageusement appuyé les protestations émises contre l'introduction par Hitler du service militaire obligatoire, découvraient à présent que la Grande-Bretagne avait consenti en coulisse à ce que la marine allemande, tout en ne représentant que le tiers de la marine britannique, devînt dans ces limites maîtresse de la Baltique.

Certains ministres anglais firent grand cas de l'offre faite par l'Allemagne de coopérer avec nous pour supprimer les sous-marins. Étant donné que la condition préalable en était l'accord simultané de tous les autres pays, et qu'il était bien connu qu'il n'y avait pas la moindre chance d'obtenir cet accord, les Allemands ne risquaient vraiment rien en faisant cette proposition. Il en allait de même pour le consentement des Allemands à restreindre l'utilisation des sous-marins, afin de retirer à la course sous-marine son caractère inhumain. Comment supposer que les Allemands, possesseurs d'une grande flotte sous-marine et voyant leurs femmes et leurs enfants affamés par un blocus britannique, renonceraient au plein usage de cette arme ? Je qualifiai cette idée de « comble de la crédulité ».

Loin de constituer un pas vers le désarmement, cet accord, s'il avait été appliqué pendant nombre d'années, aurait inévitablement conduit à une accélération de la construction des navires de guerre dans le monde entier. La marine française, en dehors de ses vaisseaux les plus récents, aurait eu besoin de renouveler ses bâtiments, ce qui aurait eu des répercussions en Italie. Quant à nous, il était évident que nous aurions dû renouveler notre flotte sur une très grande échelle pour conserver notre supériorité de trois à un en navires modernes. Il se peut que notre Amirauté ait pensé que, la flotte allemande équivalant en quantité au tiers de la flotte britannique, la puissance de cette dernière serait trois fois celle de la flotte allemande. Cela aurait peut-être pu ouvrir la voie à une reconstruction raisonnable de notre marine, telle qu'elle aurait dû s'effectuer depuis longtemps. Mais où étaient nos hommes d'État ?

L'accord fut présenté au Parlement par le premier lord de l'Amirauté le 21 juin 1935. Je le condamnai à la première occasion, car il autorisait en fait l'Allemagne à construire sans limites durant les cinq ou six années à venir.

*
* *

Dans l'intervalle, le défi fondamental au traité de Versailles sur le plan militaire fut l'instauration de la conscription le 16 mars 1935. Mais les mesures prises pour développer et réorganiser l'armée allemande ne présentent pas un intérêt uniquement technique. Le nom de *Wehr-*

macht remplaça celui de *Reichswehr*. L'armée était placée sous l'autorité suprême du Führer. Chaque soldat devait prêter serment, non plus à la constitution comme auparavant, mais à la personne même d'Adolf Hitler. Le ministère de la Guerre était placé directement sous les ordres du Führer. Une nouvelle formation s'instaurait, la division blindée, ou « division de Panzer », dont trois devaient bientôt se constituer. Des dispositions détaillées furent également prises concernant l'engagement de la jeunesse allemande. Après avoir débuté dans les rangs de la Jeunesse hitlérienne, les adolescents allemands entraient à dix-huit ans comme volontaires dans les SA pour une durée de deux ans. Une loi du 26 juin 1935 astreignait tout Allemand atteignant vingt ans au service obligatoire dans les bataillons du travail ou *Arbeitsdienst*. Pendant six mois, le jeune homme devait servir son pays en construisant des routes et des casernes ou en asséchant des marécages, de façon à devenir apte, physiquement et moralement, au devoir suprême du citoyen allemand : le service armé. Dans les bataillons du travail, on s'attachait surtout à faire disparaître les différences de classe et à promouvoir l'unité sociale du peuple allemand. Dans l'armée, on mettait l'accent sur la discipline et sur l'unité territoriale de la nation.

Alors commença la tâche gigantesque d'entraîner les nouveaux corps et d'assurer l'expansion des cadres. Le 15 octobre 1935, toujours en violation du traité de Versailles, l'École militaire d'état-major fut solennellement rouverte par Hitler, accompagné des chefs des trois armes. C'était là le couronnement de la pyramide dont la base était déjà constituée par les innombrables formations des bataillons du travail. Le 7 novembre 1935, une première classe, née en 1914, fut appelée sous les drapeaux, soit 596 000 jeunes gens à former au métier des armes. Ainsi, l'armée était portée d'un seul coup, sur le papier du moins, à près de 700 000 hommes.

On se rendait bien compte du fait qu'après le premier appel de la classe 1914, le nombre des recrues, en Allemagne comme en France, irait en diminuant au cours des années suivantes, en raison du déclin des naissances durant la Grande Guerre. Aussi, en août 1936, la durée du service actif en Allemagne fut-elle portée à deux ans. La classe 1915 compta 464 000 hommes et, avec la classe 1914 retenue sous les drapeaux un an de plus, le nombre des Allemands subissant une formation en règle s'éleva à 1 511 000 hommes en 1936. Pour la même année, les effectifs de l'armée française, réserves non comprises, étaient de 623 000 hommes, dont 407 000 seulement servant en métropole.

Les chiffres suivants, que les experts pouvaient prévoir à l'avance avec quelque précision, sont éloquents :

TABLEAU COMPARATIF EN ALLEMAGNE ET EN FRANCE DES CLASSES NÉES DE 1914 À 1920 ET APPELÉES DE 1934 À 1940

Classe	Allemands	Français
–	–	–
1914	596 000 hommes	279 000 hommes
1915	464 000 –	184 000 –
1916	351 000 –	165 000 –
1917	314 000 –	171 000 –
1918	326 000 –	197 000 –
1919	485 000 –	218 000 –
1920	636 000 –	360 000 –
TOTAL	3 172 000 hommes	1 574 000 hommes

Les années qui suivirent firent de ces chiffres des réalités, mais dans l'intervalle, ils ne constituaient que des ombres menaçantes. Tout ce qui fut fait jusqu'en 1935 demeura très au-dessous des moyens et des possibilités de l'armée française, avec ses vastes réserves, sans parler de ses nombreux et puissants alliés. Même à cette époque, on aurait pu endiguer le cours des événements moyennant une décision énergique à l'initiative de la SDN, qui aurait été aisément obtenue. Il aurait été possible de citer l'Allemagne à la barre de Genève, de l'inviter à fournir des explications complètes et de permettre à des commissions d'investigation interalliées d'examiner l'état de ses armements et des formations militaires créées en violation du traité de Versailles. En cas de refus, les têtes de pont sur le Rhin auraient pu être occupées jusqu'à exécution des obligations du traité, sans que l'Allemagne pût opposer une résistance efficace et sans grand danger d'une effusion de sang. Ainsi, la Seconde Guerre mondiale aurait été au moins indéfiniment retardée. Beaucoup de ces faits et de leurs conséquences probables étaient bien connus des états-majors français et anglais, ainsi que de leurs gouvernements dans une moindre mesure. Le gouvernement français, en perpétuel état d'instabilité, se laissait séduire par les jeux de la politique partisane, tandis que le gouvernement britannique aboutissait aux mêmes errements par le processus inverse d'un accord unanime pour ne pas faire de vagues. Tous deux étaient également incapables d'une action nette et décisive, que le traité et la simple prudence auraient pourtant amplement justifiée.

Chapitre VIII

LES SANCTIONS CONTRE L'ITALIE

(1935)

La paix mondiale reçut alors un second coup des plus violents : la perte par la Grande-Bretagne de la parité aérienne fut suivie du passage de l'Italie dans le camp allemand. Ces deux événements réunis permirent à Hitler de poursuivre la réalisation de ses projets funestes et mûrement prémédités. Nous avons vu combien Mussolini avait aidé à maintenir l'indépendance de l'Autriche, avec tout ce que cela impliquait pour le centre et le sud-est de l'Europe. Il allait maintenant passer dans le camp adverse. L'Allemagne nazie ne serait plus seule ; l'un des principaux alliés de la Grande Guerre devait bientôt la rejoindre. J'étais accablé par ce brusque déséquilibre de la sécurité nationale.

Les desseins de Mussolini à l'égard de l'Abyssinie ne s'accordaient plus avec l'éthique du vingtième siècle ; ils appartenaient à ces sombres époques de l'histoire où les Blancs croyaient avoir le droit d'attaquer victorieusement tous les hommes de couleur pour les asservir grâce à la supériorité de leur force et de leurs armes. Dans notre siècle de lumières, où se sont perpétrés des crimes et des actes de cruauté qui auraient même horrifié les sauvages des temps anciens – ou qu'ils auraient été du moins incapables de commettre –, nous jugions une telle conduite à la fois désuète et répréhensible. De plus, l'Abyssinie était membre de la Société des Nations. Par une curieuse contradiction, c'était l'Italie qui avait imposé son admission en 1923, et l'Angleterre qui s'y était opposée. Les Britanniques pensaient alors que la nature du gouvernement éthiopien et les conditions de vie dans ce pays sauvage, où régnaient la tyrannie, l'esclavage et les guerres tribales, n'étaient pas compatibles avec la qualité de membre de la SDN. Mais les Italiens avaient eu gain de cause, et l'Abyssinie était devenue membre de la Société des Nations, avec toutes les garanties et tous les droits inhérents à cette qualité. On allait donc voir ce que donnait à l'épreuve ce système de gouvernement mondial sur lequel reposaient les espoirs de tous les hommes de bonne volonté.

Le dictateur italien n'était pas poussé par le seul désir d'acquérir de nouveaux territoires. Sa puissance et sa sécurité reposaient sur son prestige. Tous les Italiens avaient gardé un souvenir cuisant de la défaite humiliante subie quarante ans plus tôt à Adoua, et ils n'oubliaient pas avec quelles railleries on avait appris dans le monde qu'une armée italienne avait été non seulement détruite ou capturée, mais encore honteusement mutilée[1]. Ils avaient vu comment l'Angleterre, après de nombreuses années, avait vengé les défaites de Khartoum et de Majouba. Prouver sa virilité en vengeant Adoua était presque aussi important pour les Italiens que le retour de l'Alsace-Lorraine pour les Français. Pour Mussolini, il ne semblait pas y avoir de moyen plus aisé et moins risqué de consolider son pouvoir – ou de renforcer le prestige de l'Italie en Europe – que d'effacer la tache d'antan en ajoutant l'Abyssinie au tout récent empire colonial italien. Tous ces calculs étaient aussi malveillants qu'erronés, mais ils méritent d'être rapportés, car il faut toujours s'efforcer de comprendre le point de vue des autres nations.

Je répugnais beaucoup à voir l'Italie s'éloigner de nous, et même passer dans le camp ennemi, alors que je sentais approcher à grands pas l'effroyable conflit qui devait nous opposer à une Allemagne nazie en plein réarmement. Il

---

1. Allusion à une pratique ancestrale des guerriers éthiopiens, qui avaient privé les captifs italiens de leurs parties nobles pour en faire des trophées.

n'était pas douteux que si l'on ne réagissait pas à ce stade devant un acte d'agression commis par un membre de la SDN contre un autre membre, cette passivité finirait par causer la ruine de l'organisme qui pouvait seul unir les forces capables de contenir la puissance renaissante et la terrible menace hitlériennes. On pouvait sans doute tirer plus de la majesté justicière de la SDN que des forces que l'Italie pourrait jamais donner, retenir ou déplacer. C'est pourquoi, si la Société des Nations décidait de regrouper tous ses membres en une seule force pour mettre un frein à la politique de Mussolini, notre devoir impérieux était d'y prendre part et d'y jouer loyalement notre rôle. Il ne semblait cependant pas que la Grande-Bretagne fût tenue de prendre la tête du mouvement ; elle avait le devoir de considérer sa faiblesse due à la perte de la parité aérienne, ainsi que la situation militaire de la France face au réarmement de l'Allemagne. Une chose au moins était sûre : les demi-mesures ne serviraient de rien à la Société des Nations, et nuiraient à l'Angleterre si elle prenait la tête du mouvement. Si nous estimions juste et nécessaire à l'ordre et au bien de l'Europe d'entamer une querelle mortelle avec l'Italie de Mussolini, il nous fallait le renverser. La chute du plus faible des deux dictateurs était susceptible d'amener l'union et d'entretenir l'action de toutes les forces encore écrasantes qui nous permettaient de refréner le plus grand des dictateurs, et de prévenir ainsi une seconde guerre contre l'Allemagne.

Ces réflexions d'ordre général forment un prélude au récit qui va suivre.

*
* *

Depuis la conférence de Stresa, on pouvait clairement discerner les préparatifs de Mussolini en vue de la conquête de l'Abyssinie. L'opinion britannique ne pouvait être qu'hostile à ce projet d'agression. Ceux d'entre nous qui voyaient dans l'Allemagne d'Hitler un danger non seulement pour la paix, mais aussi pour la survie de l'Europe, s'effrayaient de voir passer d'un camp à l'autre une grande puissance comme l'Italie – puisqu'elle était considérée ainsi à l'époque. Je me souviens que lors d'un dîner auquel assistaient sir Robert Vansittart et M. Duff Cooper, qui n'était alors que sous-secrétaire d'État, chacun avait prévu avec lucidité les conséquences de ce bouleversement dans l'équilibre des forces européennes. Quelques-uns d'entre nous formèrent le projet de se rendre auprès de Mussolini pour lui expliquer les inévitables effets que produirait son attitude en Grande-Bretagne. Ce projet n'alla pas plus loin, et il n'aurait sans doute rien donné. Comme Hitler, Mussolini considérait l'Angleterre comme une vieille dame amorphe et effrayée, qui se contenterait au pire de fanfaronner, et se trouvait de toute façon dans l'incapacité de faire la guerre. Lord Lloyd, qui entretenait des relations amicales avec Mussolini, avait noté combien le dictateur avait été frappé par la motion Joad, votée par les étudiants d'Oxford qui refusaient de « combattre pour le Roi et pour la Patrie ».

En août, le ministre des Affaires étrangères m'invita, ainsi que les chefs de l'opposition, à lui rendre visite séparément au *Foreign Office*, et le gouvernement rendit publique la nouvelle de ces entretiens. Sir Samuel Hoare me parla des inquiétudes croissantes que lui inspiraient les préparatifs d'agression de l'Italie contre l'Abyssinie, et il me demanda dans quelle mesure j'étais prêt à m'opposer à ces plans. Avant de répondre, voulant en savoir davantage sur les relations internes et personnelles existant dans ce *Foreign Office* à deux têtes, je m'enquis des vues d'Eden sur la question. « Je vais le faire venir, » me répondit Hoare, et quelques minutes plus tard, Antony nous rejoignit, souriant et d'excellente humeur. Notre conversation s'engagea facilement. Je déclarai qu'à mon sens, le ministre des Affaires étrangères *pouvait légitimement pousser l'action de la Société des Nations contre l'Italie aussi loin qu'il pourrait entraîner la France*. Mais il ne fallait pas, ajoutai-je, exercer une pression quelconque sur la France, en raison de la convention militaire qui la liait à l'Italie et des inquiétudes que lui causaient ses voisins allemands ; du reste, j'étais convaincu qu'au vu des circonstances, la France n'irait pas bien loin. Plus généralement, je conseillai vivement aux ministres de ne pas essayer de prendre la tête du mouvement ou de trop s'avancer. Ces conseils de prudence m'étaient bien sûr dictés par ma crainte de l'Allemagne, et aussi par l'état auquel se trouvaient réduits nos moyens de défense.

À mesure qu'avançait l'été de 1935, les mouvements des transports de troupes italiens par le canal de Suez se poursuivaient sans arrêt ; des stocks de ravitaillement et des forces considérables étaient massés le long de la frontière orientale de l'Abyssinie. Tout à coup, il se produisit un événement qui me parut extraordinaire après les entretiens que j'avais eus au *Foreign Office*. Le 24 août, le cabinet décida et déclara que la Grande-Bretagne s'acquitterait des obligations qu'elle avait contractées aux termes des traités et du pacte de la Société des Nations. Ministre chargé des affaires de la SDN, de rang presque égal à celui du ministre des Affaires étrangères, M. Eden se trouvait déjà depuis quelques semaines à Genève, où il avait fait approuver par l'Assemblée un projet de « sanctions » contre l'Italie, au cas où elle envahirait l'Abyssinie. Les fonctions très particulières qu'il exerçait l'incitaient à mettre l'accent sur le seul problème de l'Abyssinie, avec tant d'insistance que les autres affaires s'en trouvaient quelque peu éclipsées. L'application de « sanctions » devait priver l'Italie de toute aide financière et de tout approvisionnement commercial, pour en faire par contre bénéficier l'Abyssinie. Pour une nation comme l'Italie, si dépendante pour son matériel de guerre d'importations sans entraves, c'était effectivement un redoutable facteur de dissuasion. Le zèle et l'adresse de M. Eden, ainsi que les principes qu'il invoquait, s'imposèrent à l'Assemblée. Le 11 septembre, le ministre des Affaires étrangères, sir Samuel Hoare, arrivait à son tour à Genève et s'adressait en ces termes à la Société des Nations :

« Je tiens tout d'abord à réaffirmer l'attachement du gouvernement que je représente à la Société des Nations, et l'intérêt que porte le peuple britannique à la sécurité collective… Les principes du pacte, et plus particulièrement la volonté de faire respecter le Droit dans les affaires internationales, font aujourd'hui partie de notre conscience nationale… Ce n'est pas à une cause particulière, mais bien aux seuls principes de la Société des Nations, que la nation britannique a manifesté son adhésion. Toute autre interprétation sous-estime notre loyauté et insulte notre sincérité. Conformément à ses obligations précises et explicites, la Société des Nations – et mon pays avec elle – exige que le pacte soit respecté dans son intégrité, et qu'une résistance ferme et collective soit opposée à tous les actes d'agression non provoquée. »

Malgré mes inquiétudes au sujet de l'Allemagne et mon peu de considération pour la manière dont nos affaires étaient conduites, je me rappelle mon émotion en lisant ce discours sous le soleil de la Riviera. Il réveilla toutes les nations et résonna à travers tous les États-Unis. Il fit l'union de tous ceux qui, en Grande-Bretagne, étaient partisans d'une alliance inébranlable du droit et de la force. Voilà au moins une politique ! Si l'orateur s'était seulement rendu compte du formidable pouvoir dont il disposait à ce moment, il aurait certes pu, pendant un temps, mener le monde.

Ces paroles tiraient leur force du fait qu'elles étaient soutenues par la présence effective de la flotte britannique, comme bien des causes qui s'étaient révélées autrefois essentielles au progrès et à la liberté de l'humanité. Pour la première et la dernière fois, la Société des Nations semblait disposer d'un bras séculier. Voilà enfin la force de police internationale que tous les moyens de pression et de persuasion diplomatiques et économiques pouvaient utiliser en dernier ressort. Le lendemain 12 septembre, lorsque les croiseurs de bataille *Hood* et *Renown*, accompagnés de la seconde escadre de croiseurs et d'une flottille de destroyers, arrivèrent à Gibraltar, chacun pensait que la Grande-Bretagne joindrait les actes à la parole. L'opinion publique anglaise, dans son écrasante majorité, approuva immédiatement la politique comme l'action. On se persuada spontanément, et non sans raison, que ni la déclaration de sir Samuel Hoare, ni les mouvements de la flotte en Méditerranée ne se seraient effectués sans que l'Amirauté eût fait soigneusement le compte de la flotte, ou des flottes, nécessaires en Méditerranée pour assurer l'exécution de nos engagements.

À la fin de septembre, j'eus à prononcer un discours au City Carlton Club, institution conservatrice dont l'influence n'était pas négligeable. Je tentai de glisser dans ce discours un avertissement à Mussolini, dont il eut, je crois, connaissance. Mais en octobre, sans se laisser dissuader par les mouvements tardifs de la flotte britannique, Mussolini lança les armées italiennes à l'assaut de l'Abyssinie. Le 10 octobre, à la suite d'un vote de cinquante États souverains contre un, l'assemblée de la Société des Nations résolut de prendre des sanctions collectives contre l'Italie, et un comité des dix-huit fut constitué pour s'efforcer de parvenir à une solution pacifique. Ainsi mis au pied du mur, Mussolini fit une déclaration nette et fort habile ; au lieu de dire : « L'Italie répondra aux sanctions par la guerre », il déclara que « l'Italie répondrait aux sanctions par la discipline, la frugalité et les sacrifices ». Mais en même temps, il proclama qu'*il ne tolérerait aucune sanction susceptible d'entraver l'invasion de l'Abyssinie*. Il ajouta qu'il ferait la guerre à toute nation qui lui barrerait la route. « Cinquante nations ! », s'exclama-t-il. « Cinquante nations dirigées par une seule ! » Telle était la situation dans les semaines qui précédèrent la dissolution du Parlement et la tenue des élections générales en Grande-Bretagne.

*
* *

L'effusion de sang en Abyssinie, la haine du fascisme et l'appel aux sanctions lancé par la Société des Nations provoquèrent une crise violente au sein du parti travailliste britannique. Les syndicalistes, et en premier lieu M. Ernest Bevin, n'étaient nullement pacifistes par tempérament. Nos solides ouvriers souhaitaient ardemment combattre le dictateur italien, lui imposer des sanctions décisives, et voir employer la flotte britannique en cas de besoin. Des propos durs et violents furent tenus dans la fièvre des réunions électorales. M. Bevin alla même jusqu'à dire un jour qu'« il était las de voir la conscience de George Lansbury promenée en charrette de conférence en conférence ». Beaucoup de députés du parti travailliste partageaient l'opinion des syndicalistes. À un niveau beaucoup plus élevé, tous les dirigeants de la *League of Nations Union* se sentaient solidaires de la Société des Nations. Tels étaient donc les principes pour lesquels des humanitaires chevronnés étaient prêts à mourir, et donc prêts à tuer. Le 8 octobre, Lansbury abandonna la présidence du groupe parlementaire travailliste et le major Attlee, qui s'était distingué pendant la guerre, prit sa succession.

Mais ce réveil national ne s'accordait pas avec les vues et les intentions de M. Baldwin. Il me fallut attendre plusieurs mois après les élections pour comprendre les principes sur lesquels reposaient les « sanctions ». Le Premier ministre avait déclaré que les sanctions signifiaient la guerre ; en second lieu, il était résolu à éviter la guerre ; enfin, c'était à lui de décider des sanctions. Il était évidemment difficile de concilier ces trois éléments. Sous la direction de la Grande-Bretagne et la pression de Laval, la commission de la Société des Nations chargée de mettre au point les sanctions évita toutes celles qui étaient susceptibles de déclencher une guerre. Un imposant programme fut arrêté, et l'accès de l'Italie fut interdit à un grand nombre de marchandises, dont certaines constituaient du matériel de guerre. Mais le pétrole, indispensable à la campagne en Abyssinie, continua à entrer librement en Italie, parce qu'il était entendu qu'interrompre sa livraison entraînerait la guerre. Sur ce point, l'attitude des États-Unis, non-membre de la Société des Nations et principal fournisseur de pétrole du monde, fut bienveillante mais incertaine ; de plus, priver l'Italie de pétrole revenait à en priver également l'Allemagne. Les exportations d'aluminium vers l'Italie furent strictement interdites ; mais l'aluminium était presque le seul métal que l'Italie produise en quantités supérieures à ses besoins. Au nom de la justice internationale, un veto absolu frappa les importations italiennes de ferraille et de minerai de fer ; mais comme l'industrie italienne n'en faisait qu'une très petite consommation, et que les roulements à billes et les gueuses de fonte étaient exemptés, l'Italie ne souffrit pas de cette interdiction. Ainsi, les mesures proclamées avec tant d'éclat n'étaient pas de véritables sanctions propres à paralyser l'agresseur ; c'est qu'en fait, bien qu'onéreuses, elles stimulaient l'esprit guerrier des Italiens. On eût dit que la SDN volait au secours de l'Abyssinie en décrétant qu'il ne fallait rien faire pour gêner les envahisseurs italiens. Le public anglais ignorait ces faits au moment des élections ; il soutenait ardemment la politique de sanctions, et y voyait le seul moyen de mettre un terme à l'agression italienne contre l'Abyssinie.

Le gouvernement de Sa Majesté avait encore moins l'intention d'utiliser la flotte. On racontait toutes sortes d'histoires sur les escadrilles-suicide de bombardiers italiens prêtes à fondre sur les ponts de nos navires pour les faire voler en éclats. La flotte britannique, qui mouillait à Alexandrie, venait d'être renforcée. Elle aurait pu, par une simple démonstration de force, faire rebrousser chemin aux transports italiens empruntant le canal de Suez ; mais il lui aurait fallu ensuite livrer bataille à la marine italienne. On nous dit qu'elle était hors d'état de se mesurer à un tel adversaire. Dès le début, j'avais posé la question, mais on m'avait rassuré. Certes, nos navires de ligne étaient vieux, et il apparaissait maintenant que nous n'avions pas de protection aérienne et très peu de munitions antiaériennes. On apprit toutefois que l'amiral-commandant en chef s'était indigné qu'on lui eût fait dire qu'il n'était pas assez fort pour livrer bataille. De tout cela, il ressortait que le gouvernement de Sa Majesté aurait bien dû, avant de prendre sa décision initiale de s'opposer à l'agression italienne, examiner soigneusement les moyens dont il disposait et s'armer d'une certaine résolution.

Il n'est pas douteux, d'après ce que nous savons aujourd'hui, qu'une décision hardie aurait permis de couper les communications italiennes avec l'Éthiopie, et que nous l'aurions emporté dans toute bataille navale subséquente. Je n'avais jamais été partisan d'une action isolée de la Grande-Bretagne, mais nous nous étions tellement avancés que le fait de reculer constituait une faute grave. Au surplus, Mussolini n'aurait jamais osé affronter un gouvernement britannique résolu. Il avait pratiquement le monde entier contre lui, et il aurait dû aventurer son régime dans une guerre solitaire contre la Grande-Bretagne, dont l'épreuve initiale et décisive aurait été une bataille navale en Méditerranée. Avec quels moyens l'Italie aurait-elle mené cette guerre ? Elle avait certes un modeste avantage au niveau des croiseurs légers modernes, mais sa flotte ne représentait que le quart de la nôtre. Son armée tant vantée de millions de conscrits[1] ne pouvait intervenir. Sa force aérienne était quantitativement et qualitativement très inférieure à la nôtre, pourtant bien modeste en quantité et en qualité ; elle aurait été instantanément soumise au blocus, et les armées italiennes en Abyssinie se seraient bientôt trouvées à court de munitions. L'Allemagne ne pouvait encore l'aider efficacement. Si jamais l'occasion se présenta de porter un coup décisif, avec le minimum de risques, en faveur d'une cause généreuse, ce fut bien à ce moment-là.

---

1. Allusion aux « huit millions de baïonnettes » dont ne cessait de se prévaloir le Duce. En réalité, ses forces étaient bien plus réduites – et leur moral était aussi déficient que leur équipement.

Le fait que le courage des membres du gouvernement britannique ne s'élevât pas à la hauteur des circonstances ne peut trouver son excuse que dans un amour sincère de la paix. En fait, cette faiblesse contribua à nous précipiter dans une guerre infiniment plus terrible. Le bluff de Mussolini avait atteint son objectif, et un important spectateur en tira des conclusions lourdes de conséquences. Hitler avait décidé depuis longtemps de faire la guerre pour l'expansion de l'Allemagne; il acquit à présent des convictions sur la dégénérescence britannique qui ne devaient évoluer que trop tard pour la paix et trop tard pour lui. Au Japon aussi, il y avait des observateurs pensifs.

*
* *

En Grande-Bretagne, on voyait avancer deux processus opposés : les campagnes menées pour faire l'unité nationale sur le problème brûlant de l'heure, et les conflits d'intérêts des partis, inséparables des élections générales. Cette situation favorisait grandement M. Baldwin et ses partisans. « La Société des Nations restera, comme par le passé, la clef de voûte de la politique étrangère britannique », proclamait le manifeste électoral du gouvernement. « Prévenir la guerre et faire régner la paix dans le monde doivent demeurer les deux intérêts vitaux du peuple britannique; la Société des Nations est l'instrument conçu à cet effet, sur lequel nous comptons pour atteindre ces objectifs. Nous continuerons donc à faire tout ce qui est en notre pouvoir pour défendre la Charte, pour maintenir et accroître l'efficacité de la Société des Nations. Face au malheureux conflit qui oppose aujourd'hui l'Italie à l'Abyssinie, *il n'y aura aucun flottement dans la politique que nous avons suivie jusqu'à présent.* »

De son côté, le parti travailliste était très divisé; sa majorité était pacifiste, mais la campagne active de M. Bevin ralliait beaucoup de partisans dans le pays. Les chefs officiels du parti crurent alors satisfaire les masses en préconisant simultanément deux politiques opposées. D'une part, ils réclamaient à grands cris une action décisive contre le dictateur italien, et de l'autre, ils dénonçaient la politique de réarmement. Ainsi, M. Attlee déclarait le 22 octobre devant la Chambre des communes : « Nous voulons des sanctions effectives, et qui soient appliquées. Nous sommes partisans des sanctions économiques. Nous soutenons la SDN. » Mais un peu plus tard, dans le même discours, il disait ceci : « Nous ne sommes pas certains que l'accumulation des armements soit un facteur de sécurité. Nous ne pensons pas qu'il existe actuellement quelque chose qui s'appelle la défense nationale. Nous croyons qu'il est nécessaire de progresser dans la voie du désarmement et non dans celle de l'accumulation des armements. » Aucun parti ne peut d'ordinaire s'enorgueillir des positions qu'il a dû prendre en période électorale. Le Premier ministre lui-même était sans doute conscient du soutien grandissant dont bénéficiait la politique étrangère du gouvernement ; mais il était résolu à ne se laisser entraîner dans une guerre sous aucun prétexte. Jugeant les événements de l'extérieur, je pensai qu'il voulait s'assurer le maximum de soutien et s'en servir pour amorcer le réarmement anglais sur une échelle limitée.

Au cours des élections générales, le Premier ministre parla en termes énergiques de la nécessité de réarmer, et son principal discours fut consacré à l'état défectueux de notre marine. Cependant, ayant obtenu satisfaction sur tous les points de son programme de sanctions et de réarmement, il s'employa à rassurer les pacifistes professionnels et à calmer les craintes qu'ils avaient éprouvées en entendant son discours sur le budget de la marine. Le 1er octobre, six semaines avant le scrutin, il déclara devant la « Société pour la Paix » au Guildhall : « Je vous donne ma parole qu'il n'y aura pas d'armement sur une grande échelle. » Si l'on considère que le gouvernement était informé de la cadence accélérée des préparatifs allemands, c'était là une promesse singulière. On s'assurait ainsi à la fois le vote de ceux qui souhaitaient voir la nation se prémunir contre les menaces futures et le vote de ceux qui croyaient que l'on pouvait sauver la paix en chantant ses vertus. Le résultat des élections fut un triomphe pour M. Baldwin ; les électeurs lui accordèrent une majorité de 247 sièges sur tous les autres partis réunis. Après cinq années de pouvoir, il atteignait une position personnelle qu'aucun Premier ministre n'avait connue depuis la fin de la Grande Guerre. Tous ceux qui s'étaient opposés à lui, que ce soit au sujet de l'Inde ou des lacunes de notre défense, furent convaincus par ce renouveau de confiance, obtenu grâce à ses adroites et heureuses tactiques en politique intérieure, ainsi qu'à l'estime ressentie par tant de gens pour sa personne. C'est ainsi que le gouvernement le plus désastreux de notre histoire vit toutes ses œuvres et toutes ses défaillances acclamées par la nation. Il y avait pourtant une note à payer, et il fallut à la nouvelle Chambre près de dix ans pour la régler.

Le bruit avait couru avec insistance que j'allais entrer dans le gouvernement comme premier lord de l'Amirauté. Mais dès que fut connue l'ampleur de sa victoire, M. Baldwin s'empressa de faire annoncer par le bureau central du parti qu'il n'avait pas l'intention de me prendre dans son équipe. Mon exclusion suscita dans la presse bien des railleries, mais on comprendra aujourd'hui quelle chance fut la mienne. Au-dessus de moi battaient des ailes invisibles. Et puis, j'avais d'agréables consolations ; sans attendre l'ouverture du Parlement, je pris ma boîte de peinture et partis pour des cieux plus cléments.

*
* *

Le triomphe de M. Baldwin eut des suites assez fâcheuses, qui me contraignent à bouleverser quelque peu la chronologie. Son ministre des Affaires étrangères, sir Samuel Hoare, s'arrêtant à Paris avant de passer des vacances bien méritées à patiner en Suisse, eut un entretien avec M. Laval, qui était encore au Quai d'Orsay. Il en résulta le pacte Hoare-Laval du 9 décembre 1935. Il n'est pas sans intérêt d'examiner les dessous de cet événement qui fit tant de bruit.

L'idée d'une Grande-Bretagne qui prenait la tête de la Société des Nations pour s'opposer à l'invasion fasciste de l'Abyssinie avait enthousiasmé le pays. Mais les élections une fois passées et les ministres pourvus d'une majorité propre à leur assurer pendant cinq ans la direction de l'État, il restait quelques fâcheuses conséquences à examiner. Tout le mal venait des paroles prononcées par M. Baldwin : « Il n'y aura pas de guerre. » « Il n'y aura pas de réarmement sur une grande échelle. » Ce remarquable chef de parti, qui l'avait emporté aux élections sur la promesse que l'Angleterre prendrait la tête du monde contre les agresseurs, était intimement convaincu qu'il nous fallait maintenir la paix à n'importe quel prix.

Et voilà que du *Foreign Office* vint à présent une très puissante initiative. Sir Robert Vansittart n'avait jamais perdu de vue un seul instant le péril hitlérien, et nous étions tous deux en parfait accord sur ce point. Or, la politique anglaise venait de contraindre Mussolini à changer de camp. L'Allemagne n'était plus seule. Au lieu d'être à trois contre une, les quatre grandes puissances occidentales étaient désormais à deux contre deux. Cette aggravation marquée de la situation augmentait l'inquiétude en France. Le gouvernement français avait déjà conclu un accord avec l'Italie en janvier, et une convention militaire avait suivi. On avait calculé que cela permettrait de libérer dix-huit divisions françaises, pour les transférer à la frontière du Rhin. Au cours des négociations, M. Laval avait certainement fait comprendre à Mussolini que la France ne s'embarrasserait pas de ce qui pouvait se produire en Abyssinie. Les ministres français étaient en droit d'adresser bien des reproches à leurs homologues britanniques. D'abord, pendant des années, l'Angleterre s'était efforcée d'obtenir une réduction de l'armée française, seule force sur laquelle la France pût vraiment compter. Ensuite, les Anglais avaient mené le jeu lorsqu'il s'était agi d'entraîner la Société des Nations contre Mussolini ; ils venaient même de remporter une élection sur ce thème, et en démocratie, c'était là une chose importante. Enfin, nous avions conclu des accords navals censés nous être très favorables et assurer notre prépondérance sur les mers, sauf en matière de guerre sous-marine.

Et maintenant, en décembre 1935, voici qu'apparaissaient toute une suite d'événements nouveaux. Le bruit courait que Mussolini, très affecté par les sanctions et gravement menacé par « les cinquante nations dirigées par une seule », accepterait volontiers un compromis sur l'Abyssinie. Ne serait-il pas possible de faire la paix en donnant à l'Italie ce qu'elle avait si agressivement exigé et en laissant à l'Abyssinie les quatre cinquièmes de son empire ? Vansittart, qui se trouvait à Paris en même temps que notre ministre des Affaires étrangères, fut ainsi entraîné dans l'affaire. Il ne faut pas se méprendre sur ses intentions, car il ne cessait de penser à la menace allemande et, pour faire face à ce danger majeur, il voulait voir l'Angleterre et la France atteindre le sommet de leur puissance, avec derrière elles une Italie amicale plutôt qu'hostile.

Mais de temps à autre, la nation britannique est prise d'une fièvre de croisade. Plus que tout autre pays au monde, elle est prête, en de rares occasions, à se battre pour une cause ou pour un idéal, uniquement parce qu'elle est persuadée en son âme et conscience qu'elle ne retirera du conflit aucun avantage matériel. En résistant à Mussolini comme ils l'avaient fait à Genève, Baldwin et ses ministres avaient grandement stimulé les passions en Grande-Bretagne. Ils s'étaient tellement avancés que leur seule chance de salut devant l'histoire était d'aller jusqu'au bout. À moins d'être résolus à joindre le geste à la parole, ils auraient mieux fait de rester en dehors de toute l'affaire, à l'exemple des États-Unis, de laisser aller les choses et de voir ce qui arriverait. Une telle politique pouvait se défendre, mais ce n'était pas celle qu'ils avaient adoptée. Ils avaient lancé un appel à des millions d'hommes, et ceux-ci, désarmés et jusque-là indifférents, avaient répondu par une grande clameur dominant toutes les autres : « Oui, nous marcherons contre les forces du mal, et nous marcherons tout de suite. Donnez-nous des armes ! »

La nouvelle Chambre des communes était une assemblée pleine d'ardeur ; elle en aurait bien besoin, au vu de la tâche qui serait la sienne durant les dix années à venir. Les oreilles lui tintaient encore des dernières élections, lorsqu'elle éprouva un choc terrible en apprenant qu'un compromis sur l'Abyssinie avait été conclu entre sir Samuel Hoare et M. Laval. La crise qui s'ensuivit faillit briser la carrière politique de M. Baldwin. Le Parlement et la nation en tremblèrent jusque dans leurs fondations. Presque du jour au lendemain, M. Baldwin tomba depuis les hauteurs où il trônait en dirigeant acclamé jusqu'aux abîmes où l'accablèrent l'ironie et le mépris. Pendant toutes ces journées, sa position à la Chambre fut pitoyable. Il n'avait jamais compris pourquoi le bon peuple se préoccupait de ces ennuyeux problèmes de politique étrangère ; il avait une majorité conservatrice et la paix. Que demandait-il de plus ? Pourtant, le vieux pilote ressentit et mesura toute la force de l'orage.

Le 9 décembre, le cabinet avait approuvé le plan Hoare-Laval, qui prévoyait le partage de l'Abyssinie entre l'Italie et l'empereur Haïlé Sélassié ; le 13, le texte complet de ces propositions fut présenté à Genève ; le 18, le cabinet les abandonna, entraînant ainsi la démission de sir Samuel Hoare.

La crise passa. À son retour de Genève, M. Eden fut appelé par le Premier ministre au 10, Downing Street, pour examiner la situation créée par la démission de sir Samuel Hoare. M. Eden suggéra immédiatement le nom de sir Austen Chamberlain pour prendre les rênes du *Foreign Office*, ajoutant qu'en cas de besoin, il était prêt à servir sous ses ordres à n'importe quel poste. M. Baldwin répondit qu'il avait déjà envisagé cette solution, et qu'il avait personnellement informé sir Austen Chamberlain qu'il ne se sentait pas en mesure de lui offrir les Affaires étrangères. La santé de sir Austen en était peut-être la cause. Le 22 décembre, M. Eden devint donc ministre des Affaires étrangères.

Mon épouse et moi passions cette semaine exaltante à Barcelone. Plusieurs de mes amis me conseillèrent de ne pas rentrer ; ils me disaient que je ne me ferais que du tort en me mêlant à ce violent conflit. Notre confortable hôtel à Barcelone était le rendez-vous de la gauche espagnole. Dans l'excellent restaurant où nous prenions nos repas, il y avait toujours plusieurs groupes de jeunes gens aux visages ardents, tout de noir vêtus, qui discutaient les yeux brillants de cette politique espagnole à laquelle un million de leurs compatriotes allaient bientôt sacrifier leurs vies. Avec le recul, il me semble que j'aurais dû rentrer. J'aurais peut-être apporté un élément de décision et d'unité aux groupements antigouvernementaux qui aurait permis de mettre fin au régime de Baldwin ; peut-être même un gouvernement dirigé par sir Austen Chamberlain aurait-il pu se constituer. Pourtant, mes amis me criaient : « Vous ferez mieux de vous tenir à l'écart. Votre retour serait considéré comme un défi personnel lancé au gouvernement. » Je n'appréciais guère ce conseil, qui n'était certainement pas flatteur ; mais j'acceptai l'idée que je ne pouvais rien faire de bon, et, restant à Barcelone, je continuai à barbouiller des toiles au grand soleil. Frederick Lindemann vint ensuite me rejoindre, et nous fîmes ensemble une croisière le long des côtes orientales de l'Espagne sur un beau vapeur, pour débarquer enfin à Tanger. Je trouvai là lord Rothermere au milieu d'un agréable cercle d'amis. Il m'apprit que M. Lloyd George se trouvait à Marrakech, où le temps était splendide. Nous y allâmes tous en voiture. Je m'attardai donc dans ce délicieux Maroc, plantant çà et là mon chevalet, et ne rentrai que lorsque j'appris la mort subite du roi George V le 20 janvier 1936.

LES ÉTAPES SUR LA VOIE DU DÉSASTRE

*
* *

L'effondrement de la résistance éthiopienne et l'annexion de la totalité du pays par l'Italie eurent des effets néfastes sur l'opinion publique allemande. Même ceux qui n'approuvaient pas la politique et les actes de Mussolini ne purent s'empêcher d'admirer la manière rapide, efficace et impitoyable avec laquelle cette campagne semblait avoir été menée. On s'accordait généralement à penser que l'Angleterre était sortie profondément affaiblie de cette épreuve. Elle s'était acquis la haine tenace de l'Italie, elle avait définitivement détruit le front de Stresa, et la perte de son prestige aux yeux du monde formait un vivant contraste avec la force et la réputation grandissantes de la nouvelle Allemagne. L'un de nos représentants en Bavière écrivait ceci : « Je suis frappé par les nuances de mépris qui s'attachent dans beaucoup de milieux aux propos concernant la Grande-Bretagne... Il est à craindre que l'Allemagne ne se montre singulièrement plus exigeante lorsqu'il s'agira de négocier un accord sur l'Europe occidentale ou un règlement plus général encore des questions européennes et extra-européennes. »

Tout cela n'était que trop vrai. Le gouvernement de Sa Majesté s'était imprudemment avancé en tant que champion d'une grande cause d'intérêt mondial ; il avait mené cinquante nations à force de discours exaltés. Mais une fois confronté aux brutales réalités du moment, M. Baldwin avait fait machine arrière. La politique du gouvernement avait été conçue depuis longtemps pour donner satisfaction à de puissants mouvements d'opinion en Grande-Bretagne plutôt que pour s'adapter aux évolutions de la situation européenne. En s'aliénant l'Italie, il avait bouleversé l'équilibre européen, sans que l'Abyssinie y gagnât rien ; il avait entraîné la Société des Nations dans un fiasco complet, qui était gravement nuisible, sinon fatal, à son existence en tant qu'institution.

Chapitre IX

HITLER FRAPPE

(1936)

Quand je revins en Angleterre à la fin de janvier 1936, je me rendis compte qu'une atmosphère nouvelle y régnait. La conquête de l'Éthiopie par Mussolini et les méthodes brutales employées à cet effet, le choc causé par les négociations Laval-Hoare, la déconfiture de la Société des Nations, l'effondrement manifeste de la « sécurité collective », tout cela avait modifié l'attitude des partis travailliste et libéral, mais aussi celle d'une grande partie de l'opinion aussi dilettante que bien intentionnée. Tous ces gens commençaient à envisager la possibilité d'une guerre contre la tyrannie fasciste ou nazie. La grande masse des hommes épris de paix, et même beaucoup de ceux qui se vantaient jusqu'alors d'être pacifistes, ne considéraient plus l'usage de la force comme une atteinte au droit, mais comme un instrument décisif. Mais pour être en accord avec leurs principes, la force ne pouvait être utilisée qu'à l'initiative et sous l'autorité de la Société des Nations. Bien que les deux partis de l'opposition aient continué à combattre tous les projets de réarmement, il y avait place désormais pour un très grand degré de consensus, et si le gouvernement de Sa Majesté s'était montré à la hauteur des circonstances, il aurait entraîné l'adhésion du pays tout entier à la prise dans l'urgence des mesures de préparation qui s'imposaient.

Mais le gouvernement s'en tint à sa politique de modération, de demi-mesures et d'apaisement. J'étais étonné qu'il n'essayât pas de mettre à profit le consensus croissant qui animait à présent la nation. S'il l'avait fait, il aurait énormément renforcé sa position, et acquis ainsi les moyens nécessaires pour consolider celle du pays. Mais telles n'étaient pas les conceptions de M. Baldwin. Il vieillissait rapidement, s'appuyait confortablement sur la solide majorité issue des élections, et gardait le parti conservateur bien en mains.

*
* *

À partir du moment où l'Allemagne hitlérienne avait pu réarmer sans intervention active des Alliés ou des anciennes puissances associées, une Seconde Guerre mondiale devenait pratiquement certaine. Plus l'épreuve de force décisive était repoussée, plus nos chances allaient diminuer, d'abord d'arrêter Hitler sans conflit majeur, puis d'être victorieux à l'issue de terribles épreuves. À l'été de 1935, l'Allemagne avait rétabli le service militaire obligatoire au mépris des traités ; la Grande-Bretagne l'avait toléré et, par un accord séparé, admis la reconstruction de la flotte allemande et d'une force de sous-marins égale à la nôtre. L'Allemagne nazie avait secrètement et illégalement reconstitué son aviation militaire, qu'elle se vantait ouvertement au printemps de 1935 d'avoir porté à parité avec la nôtre. Après une longue période de préparatifs clandestins, elle produisait depuis deux ans des armements à un rythme accéléré. La Grande-Bretagne, l'Europe entière et l'Amérique qu'on croyait alors si lointaine voyaient se dresser devant elles la puissance organisée et l'esprit belliqueux de soixante-dix millions d'hommes, représentant la race la plus implacable de l'Europe, qui aspirait à recouvrer sa gloire d'antan et qui, si elle venait à faiblir, serait impitoyablement poussée en avant par un régime de parti socialo-militaire.

Il était peut-être encore temps d'imposer la sécurité collective, basée sur une détermination proclamée par tous les membres intéressés à faire respecter par la force les décisions de la Société des Nations. Les démocraties et leurs États satellites étaient encore, réellement et potentiellement, beaucoup plus puissants que les dictatures, mais leur position par rapport à celle de leurs adversaires était moitié moins forte qu'un an auparavant. De nobles intentions jugulées par l'inertie et la timidité ne peuvent rien contre une malfaisance résolue et bien armée. Un sincère amour de la paix ne peut servir d'excuse pour précipiter des centaines de millions de pauvres gens dans une guerre totale. Les clameurs d'assemblées faibles et bien intentionnées ont tôt fait de se taire, et leurs votes cessent vite de compter. Mais le funeste destin poursuit sa marche.

Au cours de l'année 1935, l'Allemagne avait repoussé et saboté les efforts des puissances occidentales pour négocier un Locarno de l'Est. Le nouveau Reich se présentait à l'époque comme un rempart contre le bolchevisme, et affirmait donc ne pouvoir envisager une collaboration avec les Soviétiques. Hitler déclara à l'ambassadeur de Pologne à Berlin le 18 décembre qu'il était « absolument opposé à toute collaboration de l'Occident avec la Russie ». C'est dans cet état d'esprit qu'il chercha à entraver et à saper les tentatives françaises de négocier directement un accord avec Moscou. Le pacte franco-soviétique, signé en mai 1935, n'avait été ratifié par aucune des deux parties. Ce fut un des objectifs principaux de la diplomatie allemande que d'empêcher cette ratification. Laval fut averti par Berlin que si elle s'effectuait, cela compromettrait tout espoir d'un rapprochement ultérieur entre la France et l'Allemagne. Dès lors, Laval manifesta une réticence marquée à poursuivre, mais cela ne changea rien aux événements.

Le 27 février, la Chambre des députés française ratifia le pacte, et le lendemain, l'ambassadeur de France à Berlin reçut pour instruction de prendre contact avec le gouvernement allemand, afin de s'informer des bases sur lesquelles pourraient s'ouvrir des négociations en vue d'un accord franco-allemand. En réponse, Hitler demanda quelques jours de réflexion. Le 7 mars, à 10 heures du matin, Herr von Neurath, le ministre des Affaires étrangères allemand, convoqua les ambassadeurs anglais, français, italien et belge à la Wilhelmstrasse pour leur faire part de sa proposition :

un pacte de vingt-cinq ans, la démilitarisation des deux rives de la frontière du Rhin, une limitation des forces aériennes, et des pactes de non-agression à négocier avec les voisins de l'est et de l'ouest.

L'établissement d'une zone démilitarisée en Rhénanie avait été imposé par les articles 42, 43 et 44 du traité de Versailles. Ces articles interdisaient à l'Allemagne de détenir ou de construire des fortifications sur la rive gauche du Rhin, et dans une bande de 50 kilomètres sur la rive droite. L'Allemagne ne devait pas non plus avoir de forces militaires dans cette zone, y procéder à des manœuvres militaires ou y conserver des installations pouvant servir à une mobilisation. Ces dispositions avaient été complétées par le traité de Locarno, librement négocié par les deux parties. Les puissances signataires de ce traité garantissaient individuellement et collectivement l'intégrité de la frontière germano-belge et de la frontière germano-française. Aux termes de l'article 2 de ce traité, l'Allemagne, la France et la Belgique s'engageaient à ne jamais s'envahir ou s'attaquer à travers ces frontières. Si cependant les articles 42 ou 43 du traité de Versailles étaient violés, cela constituerait « un acte d'agression non provoquée », et les cosignataires concernés seraient requis de prendre des mesures immédiates en cas de concentration de forces armées dans la zone démilitarisée. L'affaire devait être immédiatement portée devant la Société des Nations qui, après avoir établi la réalité de cette violation, devrait signifier aux puissances signataires qu'elles étaient tenues d'apporter toute assistance militaire à la partie lésée.

Ce même jour du 7 mars 1936 à midi, deux heures après avoir proposé son pacte de vingt-cinq ans, Hitler annonça au Reichstag son intention de réoccuper la Rhénanie, et au même moment, les colonnes allemandes, franchissant les limites de la zone démilitarisée, faisaient leur entrée dans les principales villes rhénanes. La foule les reçut pourtant avec un enthousiasme tempéré par la crainte d'une intervention alliée. En même temps, afin de dérouter l'opinion publique anglaise et américaine, Hitler déclarait que cette occupation était purement symbolique. L'ambassadeur d'Allemagne à Londres remit à M. Eden des propositions identiques à celles que Neurath avait remises le matin même à Berlin aux ambassadeurs des autres pays signataires du pacte de Locarno. Cela rassura tous ceux qui, de chaque côté de l'Atlantique, avaient envie de se laisser abuser. M. Eden fit à l'ambassadeur une réponse sévère. Nous savons naturellement aujourd'hui que ces propositions conciliantes faisaient partie du plan d'Hitler, en servant de couverture à l'acte de violence qu'il venait de perpétrer. Le succès de ce dernier était essentiel à son prestige, ainsi qu'à l'étape suivante de son programme.

Ce n'était pas seulement la violation d'une obligation imposée par la force des armes pendant la guerre, ou celle du traité de Locarno signé librement en pleine paix ; c'était aussi la mise à profit de l'évacuation amicale par les Alliés de la Rhénanie plusieurs années avant l'échéance prévue. Cette nouvelle fit sensation dans le monde entier. Le gouvernement français de M. Sarraut, dans lequel M. Flandin était ministre des Affaires étrangères, se dressa en un courroux vociférant et lança un appel à tous ses alliés, ainsi qu'à la SDN. Par-dessus tout, elle était en droit de compter sur la Grande-Bretagne, puisque nous avions garanti sa frontière contre toute agression germanique, et avions fait pression sur elle en faveur d'une évacuation anticipée de la Rhénanie. Or, on était en présence d'une violation caractérisée, non seulement du traité de paix, mais aussi du traité de Locarno, et toutes les puissances intéressées étaient liées par leurs engagements.

En France, MM. Sarraut et Flandin furent tentés de décréter immédiatement la mobilisation générale. S'ils avaient été à la hauteur de leur tâche, ils l'auraient fait et auraient ainsi obligé tous les autres pays à les suivre. Mais ils paraissaient incapables d'agir sans le concours de la Grande-Bretagne. C'est une explication, mais non une excuse. L'affaire était vitale pour la France, et n'importe quel gouvernement français digne de ce nom aurait dû se décider en fonction des obligations du traité. Plus d'une fois durant ces années fluctuantes, les ministres de gouvernements français éphémères ne furent que trop heureux de trouver une excuse à leur propre pacifisme dans celui de la Grande-Bretagne. Quoi qu'il en soit, ils ne reçurent de la part des Britanniques aucun encouragement à résister à l'agression germanique. Au contraire, s'ils hésitèrent à agir, leurs alliés anglais n'hésitèrent pas à leur déconseiller toute action. La journée du dimanche se passa en fiévreux entretiens téléphoniques entre Londres et Paris. Le gouvernement de Sa Majesté exhorta les Français à attendre, afin que les deux pays pussent agir conjointement et après mûre délibération. La voie royale pour battre en retraite !

Les réponses officieuses de Londres étaient décourageantes. M. Lloyd George se hâta de dire : « À mon avis, le plus grand crime de Herr Hitler n'a pas été de violer un traité, car il y a eu provocation. » Il ajouta qu'il « espérait que nous garderions notre sang-froid ». La provocation à laquelle il faisait allusion était probablement l'incapacité des Alliés à désarmer davantage. Lord Snowden, socialiste, s'absorba dans le pacte allemand de non-agression, et déclara que si les précédentes propositions de paix d'Hitler avaient été ignorées, les peuples ne permettraient pas que cette dernière offre fût également négligée. De telles élucubrations reflétaient sans doute l'opinion dévoyée du peuple anglais à l'époque, mais elles n'honorent pas leurs auteurs. Le cabinet britannique, cherchant la ligne de moindre résistance, estima que la meilleure échappatoire était encore de pousser la France à lancer un nouvel appel à la Société des Nations.

La France elle-même était très divisée. Dans l'ensemble, c'étaient les politiciens qui voulaient mobiliser l'armée et envoyer un ultimatum à Hitler, tandis que les généraux, comme leurs homologues allemands, conseillaient le calme, la patience et l'attente. Nous connaissons maintenant les désaccords qui s'exprimaient à l'époque entre Hitler et le haut commandement allemand. Si le gouvernement français avait mobilisé son armée, qui comprenait près de 100 divisions, ainsi que son aviation (encore considérée à l'époque – bien à tort – comme la plus forte d'Europe), il est certain qu'Hitler aurait été contraint à l'évacuation par son propre état-major, et le coup ainsi porté à ses prétentions aurait pu être fatal à son autorité. Il faut se rappeler que la France à elle seule était suffisamment forte à l'époque pour chasser les Allemands de Rhénanie. Au lieu de quoi le gouvernement français, sous la pression de l'Angleterre, se déchargea de son fardeau sur la Société des Nations, déjà affaiblie et découragée par le fiasco des sanctions et par l'accord naval anglo-allemand de l'année précédente.

Le lundi 9 mars, M. Eden vint à Paris, accompagné de lord Halifax et de Ralph Wigram. La première idée avait été de convoquer une réunion de la SDN à Paris. Mais ensuite, sur l'initiative d'Eden, Wigram alla voir Flandin pour lui proposer de se rendre à Londres, où se tiendrait la réunion de la Ligue, ce qui permettrait d'obtenir un appui efficace de la Grande-Bretagne. La mission répugnait à ce loyal fonctionnaire. De retour à Londres le 11 mars, il vint immédiatement me voir et me raconta toute l'histoire. Flandin lui-même arriva assez tard le même soir, et le mardi matin 12 mars vers 8 h 30, il me rendit visite dans mon appartement de Morpeth Mansions ; il me dit qu'il avait l'intention d'exiger du gouvernement britannique la mobilisation simultanée des forces terrestres, aériennes et navales des deux pays, et qu'il avait reçu des assurances de soutien de toutes les nations de la « Petite Entente », ainsi que d'autres États. Il ne faisait aucun doute que la supériorité militaire appartenait encore aux Alliés de la dernière guerre. Il leur suffisait d'agir pour l'emporter. Bien que nous ne sachions pas ce qui se passait alors entre Hitler et ses généraux, il était évident que la force était de notre côté.

M. Chamberlain était à cette époque, en tant que chancelier de l'Échiquier, le membre le plus influent du cabinet. M. Keith Feiling, son distingué biographe, cite cet extrait de son journal : « Le 12 mars, parlé avec Flandin. Ai insisté sur le fait que l'opinion publique ne nous suivrait pas dans la voie des sanctions, quelles qu'elles soient. D'après lui, si nous constituons un front solide, l'Allemagne reculera, sans qu'il soit nécessaire de recourir à la guerre. Nous ne pouvons considérer cela comme une prédiction fiable, s'agissant des réactions d'un dictateur fou. » Lorsque Flandin réclama au moins un boycott économique, Chamberlain répondit en suggérant la création d'une force internationale pendant les négociations, il accepta le principe d'un pacte d'assistance mutuelle, et déclara que si, en abandonnant une colonie, on pouvait obtenir une paix prolongée, il était disposé à examiner cette solution.

Pendant ce temps, la majorité de la presse britannique, emmenée par le *Times* et le *Daily Herald*, exprimait sa confiance dans la sincérité des offres d'Hitler et de son pacte de non-agression. Austen Chamberlain, dans un discours à Cambridge, soutenait le contraire. Wigram estima qu'il lui appartenait de faire rencontrer à Flandin toutes les personnalités du monde des affaires, de la presse et du gouvernement qu'il pourrait joindre, y compris lord Lothian. Flandin tint à tous ceux qu'il vit chez les Wigram les propos suivants : « Le monde entier, et en particulier les petits pays, a aujourd'hui les yeux tournés vers l'Angleterre. Si elle se décide à agir, elle peut prendre la tête de l'Europe. Ayez une politique ferme, le monde entier vous suivra, et ainsi vous éviterez la guerre. C'est votre dernière chance. Si vous n'arrêtez pas l'Allemagne maintenant, tout est fini. La France ne pourra plus garantir la Tchécoslovaquie, car cela deviendra géographiquement impossible. Si vous ne faites pas respecter le traité de Locarno, il ne vous restera plus qu'à attendre le réarmement de l'Allemagne, contre lequel la France ne peut rien. Si vous n'arrêtez pas l'Allemagne par la force aujourd'hui, la guerre est inévitable, même si vous vous entendez provisoirement avec elle. Quant à moi, je ne crois pas à une amitié possible entre la France et l'Allemagne. Une tension régnera toujours entre les deux pays.

Néanmoins, si vous lâchez Locarno, je changerai de politique, car il n'y aura rien d'autre à faire. » C'étaient là des mots courageux, mais des actes auraient eu un tout autre retentissement.

La contribution de lord Lothian aux débats se résuma à cette phrase : « Après tout, ils ne font que se réinstaller dans leur antichambre. » C'était là un fidèle reflet de l'opinion britannique.

*
* *

Quand j'appris que les choses prenaient une tournure aussi défavorable, et après en avoir conféré avec Wigram, je conseillai à M. Flandin de demander avant son départ une entrevue à M. Baldwin. La rencontre eut lieu à Downing Street, où le Premier ministre reçut M. Flandin avec la plus grande courtoisie. M. Baldwin lui expliqua que, s'il était peu au courant des affaires étrangères, il était capable d'interpréter exactement les sentiments du peuple britannique ; et ce que voulait ce peuple, c'était la paix. M. Flandin répliqua que le seul moyen d'assurer la paix était d'arrêter l'agression hitlérienne tant que c'était encore possible. La France ne souhaitait nullement entraîner la Grande-Bretagne dans une guerre ; elle ne demandait aucune aide matérielle, et exécuterait elle-même ce qui ne devait être qu'une simple opération de police, car d'après ses informations, les troupes allemandes en Rhénanie avaient reçu l'ordre de se retirer face à une opposition armée. Flandin affirme avoir dit que tout ce que la France demandait à son alliée, c'était de lui laisser carte blanche. Ce n'est certainement pas vrai. Comment la Grande-Bretagne aurait-elle pu empêcher la France d'engager une action à laquelle le traité de Locarno l'autorisait légalement ? Le Premier ministre britannique répéta que son pays ne pouvait accepter le risque d'une guerre. Il demanda ce que le gouvernement français avait décidé de faire ; aucune réponse précise ne lui fut donnée. D'après M. Flandin, M. Baldwin aurait dit alors : « Vous avez peut-être raison ; mais s'il y a *seulement une chance sur cent* pour que votre opération de police débouche sur une guerre, je n'ai pas le droit d'engager l'Angleterre. » Puis, après un instant, il ajouta : « L'Angleterre n'est pas en état de faire la guerre. » Cela n'est pas confirmé. Mais M. Flandin rentra en France convaincu, premièrement, que son pays divisé ne pouvait retrouver son unité d'action qu'en présence d'une Angleterre fermement résolue ; et deuxièmement que, loin de voir cet espoir se réaliser, il ne fallait attendre aucune initiative hardie de la part de la Grande-Bretagne. Il s'empressa alors d'en tirer la conclusion funeste et parfaitement erronée que la seule solution pour la France consistait en un arrangement avec une Allemagne toujours plus agressive.

Malgré tout, étant donné ce que je savais de l'attitude de Flandin pendant ces journées dramatiques, je considérai de mon devoir, quels qu'aient été ses errements ultérieurs, de venir à son secours dans la mesure de mes moyens quelques années plus tard. J'usai de mon pouvoir au cours de l'hiver de 1943-1944 pour le protéger, lorsqu'il fut arrêté en Algérie par les services du général de Gaulle. À cette fin, je fis appel au président Roosevelt et reçus de lui un appui efficace. Quand, après la guerre, Flandin passa en jugement, mon fils Randolph, qui l'avait bien connu au cours de la campagne d'Afrique, fut cité comme témoin, et je me plais à penser que sa déposition, ainsi que la lettre que j'écrivis pour servir à la défense de Flandin, ne furent pas sans influence sur le verdict d'acquittement qui fut prononcé par le tribunal. La faiblesse n'est pas de la trahison, quoique ses effets puissent être également désastreux. Rien cependant ne peut atténuer la responsabilité initiale du gouvernement français ; Clemenceau ou Poincaré n'auraient pas laissé le choix à M. Baldwin.

L'inaction de la France et de la Grande-Bretagne devant la violation des traités de Versailles et de Locarno que constituait l'entrée des troupes hitlériennes en Rhénanie fut un coup mortel pour Wigram. « Après le départ de la délégation française », m'écrivit son épouse, « Ralph rentra, il s'assit dans un coin de la pièce où il ne s'était encore jamais assis, et me dit : "La guerre est maintenant *inévitable*, et ce sera la plus terrible des guerres. Je ne crois pas que je la verrai, mais toi, tu la verras. Prépare-toi dès maintenant à voir des bombes tomber sur notre petite maison*." J'étais effrayée de ce que j'entendais, mais il continua : "Tout mon travail de tant d'années a été inutile. Je ne suis bon à rien. Je n'ai pas réussi à faire comprendre aux gens ce qui est en jeu. Je suppose que c'est au-dessus de mes moyens. Je n'ai pas été capable de leur faire comprendre. Winston, lui, a toujours, toujours compris. Il est fort et il ira jusqu'au bout." »

Mon ami ne parut jamais se remettre de ce choc. Il avait pris les choses trop à cœur. Après tout, on peut toujours continuer à faire ce qu'on croit être son devoir, et courir des risques de plus en plus grands jusqu'à ce qu'on soit mis hors de combat. L'intelligence profonde de Wigram réagit par trop sur sa nature sensible. Sa mort prématurée en décembre 1936 fut une perte irréparable pour le *Foreign Office*, et elle ne manqua pas de contribuer au lamentable déclin qui s'ensuivit[1].

*
* *

Quand Hitler revit ses généraux après la récupération réussie de la Rhénanie, il put leur démontrer à quel point leurs craintes avaient été vaines, et leur prouver combien son jugement, ou plutôt son « intuition », était supérieur à celui de simples militaires. Les généraux s'inclinèrent. En bons Allemands, ils étaient heureux de voir leur pays gagner si rapidement du terrain en Europe, et les ennemis d'hier se montrer aussi divisés que timorés. À l'évidence,

---

* Elle fut effectivement atteinte lors des bombardements.
1. La mort de Ralph Wigram à 46 ans est restée mystérieuse. Il était certes atteint de poliomyélite, mais il s'est probablement suicidé.

cet épisode rehaussa suffisamment le prestige et l'autorité d'Hitler dans les cercles dirigeants allemands pour le pousser à de plus grandes entreprises. Mais il déclara à la face du monde : « Toutes les ambitions territoriales de l'Allemagne sont maintenant satisfaites. »

La France s'enfonça dans une incohérence dominée par la peur de la guerre et le soulagement de l'avoir évitée. L'Anglais ingénu fut rassuré par une presse ingénue qui lui soufflait : « Après tout, les Allemands n'ont fait que rentrer chez eux. Que dirions-nous si, par exemple, le Yorkshire nous avait été interdit pendant dix ou quinze ans ? » Il ne se trouva personne pour remarquer que les bases de départ allemandes pour une invasion de la France avaient été avancées de plus de 150 kilomètres. Nul ne se préoccupait du fait que, pour les puissances de la « Petite Entente » et de l'Europe, la preuve était faite que la France ne combattrait pas, et que l'Angleterre la retiendrait même si elle s'avisait de le faire. Cet épisode affermissait le pouvoir d'Hitler sur le Reich, et confondait d'une manière humiliante pour leur honneur comme pour leur patriotisme les généraux qui avaient cherché à le retenir jusqu'alors.

CHAPITRE X

ENTRE LA PAIX ET LA GUERRE

(1936-1937)

Deux années entières s'écoulèrent entre l'occupation de la Rhénanie par Hitler en mars 1936 et le viol de l'Autriche en mars 1938. L'intervalle fut plus long que je ne l'avais pensé. Durant cette période, l'Allemagne ne perdit pas de temps. En Rhénanie, l'édification du « Mur de l'ouest » progressait à grands pas, et une immense ligne de défenses permanentes ou semi-permanentes s'allongeait de jour en jour. L'armée allemande, désormais méthodiquement organisée sur la base du service obligatoire et renforcée d'ardents volontaires, devenait plus forte de mois en mois, tant par le nombre que par la qualité et l'entraînement de ses formations. L'aviation allemande conservait et même accentuait régulièrement son avance sur la Grande-Bretagne. Les usines d'armements travaillaient à plein rendement ; les machines tournaient, les marteaux battaient nuit et jour en Allemagne, faisant de toute son industrie un vaste arsenal et de toute sa population une machine de guerre disciplinée. Au cours de l'automne de 1936, Hitler inaugura un plan quadriennal destiné à réorganiser l'économie allemande en vue d'une plus grande autarcie dans l'éventualité d'une guerre. Au dehors, il obtint cette « solide alliance » dont il avait souligné dans *Mein Kampf* la nécessité pour la politique étrangère de l'Allemagne. Il s'entendit avec Mussolini et l'axe Rome-Berlin fut créé.

Jusqu'au milieu de 1936, la politique d'agression et de violation des traités menée par Hitler avait reposé, non pas sur la puissance de l'Allemagne, mais sur la désunion et la pusillanimité de la France et de l'Angleterre, ainsi que sur l'isolationnisme des États-Unis. Toutes ses premières initiatives avaient été des coups de dés, lors desquels il savait ne pouvoir affronter aucune opposition sérieuse. La réoccupation de la Rhénanie, avec sa fortification ultérieure, fut la plus audacieuse de ses relances. Elle avait brillamment réussi, car ses adversaires étaient trop irrésolus pour le forcer à abattre ses cartes. Mais lors du coup suivant, en 1938, Hitler n'avait plus à bluffer ; sa nouvelle agression s'appuyait sur une force réelle et sans doute supérieure. Lorsque les gouvernements français et anglais se rendirent compte de la terrible transformation qui s'était opérée, il était trop tard.

*
* *

À la fin de juillet 1936, la déliquescence croissante du régime parlementaire en Espagne et la puissance des mouvements favorables à une révolution communiste ou anarchiste déclenchèrent une révolte militaire préparée de longue date. Il est stipulé dans la doctrine et le manuel d'instruction du parti communiste, conçus par Lénine en personne, que les communistes doivent soutenir tous les mouvements de gauche et favoriser l'accès au pouvoir de gouvernements constitutionnels faibles, radicaux ou socialistes ; après quoi ils doivent les saper, arracher le pouvoir absolu de leurs mains défaillantes et fonder l'État marxiste. En fait, l'Espagne en était à l'époque de la période Kerenski en Russie, avec cette différence que les forces de l'Espagne n'avaient pas été brisées par une guerre étrangère ; l'armée y conservait une certaine cohésion. Parallèlement au complot communiste, une vaste contre-intrigue militaire se préparait en secret. Aucun des deux clans ne pouvait à bon droit se prévaloir de la légalité, et les Espagnols de toutes classes étaient tenus de songer d'abord à la survie de l'Espagne.

Beaucoup des garanties normales des sociétés civilisées avaient été supprimées depuis que les communistes s'étaient infiltrés dans le gouvernement parlementaire déliquescent qui occupait le pouvoir. Des deux côtés, on en venait au meurtre, et le communisme était devenu un tel fléau qu'il pouvait se permettre d'arrêter ses adversaires politiques en pleine rue ou de les tirer du lit pour les abattre. Un grand nombre de ces assassinats avait déjà été perpétré dans Madrid et aux alentours. Le point culminant fut atteint avec le meurtre du señor Sotelo, chef du parti conservateur, qui correspondait quelque peu à ce que représentait sir Edward Carson[1] dans la vie politique britannique d'avant 1914. Ce crime fut pour les généraux de l'armée le signal de l'action. Un mois plus tôt, le général Franco avait écrit une lettre au ministre de la Guerre, l'informant sans ambages qu'au cas où le gouvernement espagnol se révélerait incapable de garantir le simple respect des lois dans la vie publique, l'armée serait forcée d'intervenir. L'Espagne avait connu dans son histoire nombre de *pronunciamientos* militaires. Lorsque le général Franco brandit l'étendard de la révolte, l'armée le suivit, y compris la troupe. L'Église, à l'exception notable des dominicains, et presque tous les éléments de la droite et du centre se rallièrent à lui, et il s'empara immédiatement de plusieurs provinces importantes. Les marins espagnols massacrèrent leurs officiers et rejoignirent ce qui devint bientôt la faction communiste. Après l'effondrement du gouvernement civilisé, la secte communiste s'empara du pouvoir et agit conformément à sa méthode ; ce fut alors le début d'une cruelle guerre civile[2]. Les communistes massa-

---

1. Sir Edward Carson (1853-1935), chef très radical des unionistes irlandais et ennemi déclaré du *Home Rule*.
2. Cette réduction de la guerre d'Espagne à un affrontement entre nationalistes et communistes est hautement fantaisiste : le gouvernement républicain du socialiste Largo Caballero était en fait une coalition très hétéroclite de centristes, de socialistes, de républicains de gauche,

crèrent de sang-froid quantité de leurs adversaires politiques et de citoyens aisés. Les forces franquistes leur firent chèrement payer ces crimes. Tous ces Espagnols marchaient à la mort avec une sérénité remarquable, et beaucoup tombèrent des deux côtés. Les cadets défendirent leur École militaire de l'Alcazar de Tolède avec la plus grande ténacité, et les troupes de Franco, se frayant un passage depuis le sud en laissant dans chaque village communiste traversé la marque sanglante de leur vengeance, finirent par les délivrer. Cet épisode mérite de retenir l'attention des historiens.

Dans cette querelle, je restai neutre. Bien entendu, je n'étais pas favorable aux communistes. Comment l'aurais-je pu, alors que si j'avais été espagnol, ils m'auraient massacré, moi, ma famille et mes amis ? J'étais toutefois convaincu qu'avec tout ce qu'il avait déjà sur les bras, le gouvernement avait raison de ne pas se mêler des affaires d'Espagne. La France proposa un plan de non-intervention, aux termes duquel on laisserait les deux factions vider leur querelle sans aide étrangère. Les gouvernements britannique, allemand, italien et russe lui donnèrent leur adhésion. En conséquence, le gouvernement espagnol, qui se trouvait désormais aux mains des plus fanatiques révolutionnaires, fut même privé du droit d'acheter les armes commandées avec l'or qu'il possédait. Il eût été plus raisonnable de suivre la procédure normale en reconnaissant le statut de belligérant aux deux parties, ainsi qu'il fut fait lors de la guerre de Sécession américaine de 1860-1865. Au lieu de quoi la politique de non-

---

d'anarchistes, de syndicalistes, d'autonomistes, de communistes, de trotskistes et d'autres marxistes de diverses persuasions. Si le minuscule parti communiste prit au cours de la guerre civile une influence considérable – du fait de l'aide soviétique, de l'infiltration de l'OGPU et de l'accession au pouvoir en mai 1937 du socialiste procommuniste Juan Negrin –, il ne contrôla jamais entièrement le gouvernement, et fut même écrasé à Madrid par les généraux républicains Casado et Miaja en mars 1939.

intervention fut adoptée et formellement acceptée par toutes les grandes puissances. Cette convention fut strictement observée par la Grande-Bretagne; mais l'Italie et l'Allemagne d'une part, la Russie soviétique de l'autre, ne cessèrent de violer leurs engagements et jetèrent leurs forces dans la lutte. L'Allemagne en particulier utilisa son aviation pour commettre, à titre expérimental, des atrocités comme le bombardement de la petite ville sans défense de Guernica.

Le gouvernement de M. Léon Blum, qui avait succédé au cabinet Sarraut le 4 juin, faisait l'objet de pressions des députés communistes de sa majorité pour qu'il fournît du matériel de guerre au gouvernement espagnol. Le ministre de l'Air, M. Cot, sans trop se préoccuper de la faiblesse de l'aviation française, livrait secrètement des avions et du matériel aux armées républicaines. Je m'inquiétai de telles initiatives, et le 31 juillet 1936, j'écrivis la lettre suivante à M. Corbin, l'ambassadeur de France à Londres :

> « L'une des plus grandes difficultés que je rencontre, lorsque j'essaie de m'en tenir à notre vieille ligne de conduite, vient de cette déclaration des Allemands que tous les pays anticommunistes doivent faire front commun. Je suis sûr que si la France envoyait des avions à l'actuel gouvernement de Madrid, et si les Allemands et les Italiens intervenaient dans l'autre sens, c'est avec l'Allemagne et l'Italie que seraient en sympathie les forces dominantes de notre pays, et c'est de la France qu'elles s'éloigneraient. J'espère que vous ne m'en voudrez pas de vous écrire cela, ce que je fais naturellement à titre strictement personnel. Je n'aime pas entendre les gens d'ici parler d'un front commun de l'Angleterre avec l'Allemagne et l'Italie contre le communisme européen. C'est trop simple pour n'être pas suspect.
>
> Je suis convaincu qu'une neutralité absolument inflexible, qui ne pourrait être violée sans que cela provoque les plus violentes protestations, constitue actuellement la seule solution correcte et sûre. En cas d'impasse, il se pourrait que la Société des Nations soit un jour amenée à intervenir, afin de mettre un terme aux atrocités. Mais même cela est très douteux. »

Dans la guerre, comme dans la politique étrangère et dans bien d'autres domaines, la meilleure méthode consiste à choisir parmi de nombreuses solutions attrayantes ou déplaisantes celle qui va droit à l'essentiel. La doctrine militaire américaine avait forgé le terme d'« objectif stratégique principal ». Lorsque nos officiers l'entendirent pour la première fois, cela les fit rire, mais par la suite, ils en reconnurent la sagesse et l'adoptèrent. À l'évidence, cette règle devrait s'imposer, et toutes les autres grandes affaires lui être subordonnées. Le refus d'adhérer à ce simple principe n'engendre que confusion et légèreté dans l'action, en aggravant presque toujours les choses par la suite.

Quant à moi, je n'ai pas eu de mal à m'y conformer, bien avant de l'avoir entendu énoncer. Mon esprit était hanté par cette redoutable Allemagne, dont j'avais observé et senti l'efficacité pendant les années 1914-1918 et que je voyais soudain retrouver toute sa puissance guerrière, alors que les Alliés, qui avaient survécu de justesse, assistaient au processus bouche bée, oisifs et hébétés. Je continuai donc, par tous les moyens et en toutes circonstances, à user de mon influence à la Chambre des communes et auprès de certains ministres pour faire accélérer nos préparatifs militaires, et enrôler alliés et associés en vue de ce qui allait bientôt redevenir la cause commune.

Un de mes amis, qui exerçait de hautes fonctions confidentielles pour le compte du gouvernement, vint à Chartwell nager dans ma piscine, un jour où le soleil brillait et où l'eau était tiède. Nous ne parlâmes que de l'imminence de la guerre, que mon ami ne croyait pas inéluctable. Au moment de nous séparer, il se retourna et me dit spontanément : « Les Allemands consacrent chaque année un milliard de livres sterling à l'armement. » J'estimai que le Parlement et le public anglais devaient être mis au courant de ces faits. J'entrepris donc d'étudier les finances allemandes. L'Allemagne publiait encore ses budgets tous les ans, mais de leurs masses de chiffres, il était très difficile de déduire ce qui se passait réellement. En avril 1936, je décidai pourtant de faire procéder pour mon compte personnel à des recherches par deux voies distinctes. La première fut confiée à deux réfugiés allemands, hommes de grand talent et de volonté inflexible. La présentation des budgets allemands, la valeur du mark, etc., n'avaient aucun secret pour eux. En même temps, je demandai à un de mes amis, sir Henry Strakosh, s'il pouvait découvrir ce qu'il en était exactement. Strakosh dirigeait une entreprise appelée « Union Corporation », qui disposait de vastes ressources et d'un personnel aussi compétent que dévoué. Pendant plusieurs semaines, les experts de cette société de la City consacrèrent toutes les forces de leur intelligence à examiner le problème des finances allemandes. Leur rapport, précis et circonstancié, aboutit à la conclusion que les dépenses de guerre allemandes atteignaient certainement quelque mille millions de livres par an. Au même moment, les réfugiés allemands, par une série de déductions entièrement différentes, arrivèrent indépendamment à la même conclusion. Un milliard de livres sterling chaque année, et au cours de la livre en 1936 !

J'étais donc en possession de deux rapports émanant de sources distinctes, sur lesquels je pouvais m'appuyer pour faire une déclaration publique. À la veille d'un débat à la Chambre des communes, j'abordai donc dans le *lobby* M. Neville Chamberlain, qui était encore à l'époque chancelier de l'Échiquier, et lui dis : « Demain, je vous demanderai s'il est vrai que les Allemands consacrent chaque année un milliard de livres sterling à leurs préparatifs de guerre, et je vous prierai de me répondre par une confirmation ou par un démenti. » Chamberlain me répondit : « Je ne peux le nier, et si vous posez la question, je le confirmerai. »

Pour couvrir mes sources secrètes d'information et aussi pour n'être pas accusé d'exagération, je substituai au chiffre d'un milliard celui de 800 millions, et M. Chamberlain admit à la Chambre que mon évaluation n'était « pas excessive ».

Je cherchai par différents moyens à mettre en avant l'état comparatif des armements anglais et allemands. Je demandai un débat en séance secrète ; il me fut refusé : « cela effraierait les gens sans raison », me répondit-on. Je ne fus guère soutenu. Les séances secrètes sont mal vues par la presse. Alors, le 20 juillet 1936, je demandai au Premier ministre s'il accepterait de recevoir une délégation de conseillers privés et de quelques autres personnes, qui lui exposeraient les faits tels qu'ils en avaient connaissance. Lord Salisbury demanda qu'une délégation semblable de la Chambre des lords fût également reçue. Notre proposition fut acceptée. J'eus beau solliciter personnellement le concours de M. Attlee et de sir Archibald Sinclair, le parti travailliste et le parti libéral refusèrent de se faire représenter. Nous fûmes donc reçus le 28 juillet à la Chambre des communes, dans le bureau du Premier ministre, par M. Baldwin, lord Halifax et sir Thomas Inskip, un avocat de talent qui avait l'avantage d'être peu connu, de ne rien connaître aux questions militaires, et que M. Baldwin avait nommé ministre de la coordination de la Défense. J'étais accompagné d'une délégation de notables du parti conservateur et des non-inscrits. Sir Austen Chamberlain nous présenta.

C'était un événement d'importance ; je ne vois rien de comparable dans ce qui m'a été donné d'observer de la vie publique anglaise. Ce groupe de personnalités éminentes, sans ambition personnelle, mais dont l'existence avait été consacrée tout entière aux affaires publiques, représentait une partie de l'opinion conservatrice que l'on pouvait difficilement négliger. Si les chefs de l'opposition travailliste et libérale nous avaient accompagnés, cela aurait pu créer une situation politique suffisamment tendue pour imposer des mesures d'urgence. Les entretiens occupèrent trois ou quatre heures pendant deux jours de suite. J'ai toujours dit que M. Baldwin savait écouter ; en l'occurrence, il parut certes nous prêter un maximum d'attention et d'intérêt. Il était entouré de plusieurs personnes appartenant aux services du Comité de la défense impériale. Le premier jour, j'ouvris les débats par une déclaration d'une heure et quart, qui se concluait ainsi :

> « Premièrement, nous nous trouvons confrontés au plus grand danger et à la plus grande urgence de notre histoire. Deuxièmement, nous ne pouvons espérer résoudre notre problème qu'en liaison avec la République française. L'union de la flotte britannique et de l'armée française, avec leurs forces aériennes combinées, opérant à partir de bases situées immédiatement derrière les frontières française et belge – et avec tout ce que représentent l'Angleterre et la France –, constitue une force de dissuasion qui assurera peut-être notre salut. De toute façon, c'est notre meilleure chance. Pour en venir aux détails, nous devons écarter tous les obstacles au développement de notre propre force. Certes, il nous est impossible de parer à tous les dangers éventuels. Mais nous devons nous concentrer sur ce qui est vital et prendre notre parti des coups que nous recevrons par ailleurs. Pour en venir à des propositions encore plus précises, je demande que le développement de notre puissance aérienne prenne la priorité absolue sur toute autre considération. Nous devons à tout prix amener les meilleurs de nos jeunes gens à piloter des avions. Peu importent les incitations ; il nous faut recruter de toutes parts et par tous les moyens. Nous devons accélérer et simplifier notre production aéronautique, la développer au maximum et ne pas hésiter à passer des contrats avec les États-Unis et d'autres pays pour obtenir les plus grandes quantités possibles de matériel d'aviation et d'équipements de toutes sortes. Nous sommes en danger comme nous ne l'avons jamais été jusqu'ici – non, pas même au paroxysme de l'offensive sous-marine de 1917. Cette pensée me hante : *les mois s'écoulent rapidement. Si nous tardons trop à réparer notre défense, il se peut qu'une puissance supérieure à la nôtre nous interdise d'achever notre tâche.* »

L'absence du chancelier de l'Échiquier fut pour nous une grande déception. Il était évident que la santé de

M. Baldwin déclinait et qu'il allait bientôt se décharger de ses fonctions. Le nom de son successeur ne faisait aucun doute. Malheureusement, M. Neville Chamberlain avait pris des vacances bien méritées, et il n'eut pas l'occasion d'être mis directement en présence des faits exposés par des membres du parti conservateur, comprenant son frère et tant de ses amis personnels les plus intimes.

Les ministres portèrent à nos impressionnantes remontrances le plus grand intérêt, mais ce n'est qu'après les vacances parlementaires, le 23 novembre 1936, que nous fûmes invités par M. Baldwin à entendre une déclaration plus mûrement réfléchie sur l'ensemble de la question. Sir Thomas Inskip nous fit un exposé sincère et pertinent, au cours duquel il ne nous cacha pas la fâcheuse situation qui était la nôtre. Mais en substance, son exposé tendait à démontrer que nos estimations, et particulièrement les miennes, envisageaient les perspectives sous un jour trop pessimiste. De grands efforts étaient accomplis (ce qui était vrai) pour regagner le terrain perdu ; mais rien ne justifiait l'adoption par le gouvernement de mesures d'urgence qui auraient inévitablement pour effet de bouleverser toute la vie industrielle du pays, susciteraient une inquiétude générale et révéleraient toutes déficiences existantes. Mais il nous assura qu'à cela près, on faisait tout ce qui était possible. Austin Chamberlain exprima notre impression générale, qui était que nos craintes subsistaient et que nous n'étions nullement satisfaits. Sur ce, nous nous retirâmes.

*
* *

Durant toute l'année 1936, l'inquiétude de la nation et du Parlement ne cessa de croître, et elle se concentrait principalement sur notre défense antiaérienne. Le 12 novembre, lors du débat qui suivit le discours du Trône, je reprochai sévèrement à M. Baldwin d'avoir manqué à sa promesse que « tout gouvernement de ce pays, un gouvernement national plus qu'un autre et le mien en particulier, veillera à ce qu'en termes de puissance aérienne, notre pays ne soit plus en position d'infériorité par rapport à tout pays situé à portée de frappe de nos côtes ». Je lui dis : « Le gouvernement n'arrive pas à se décider, ou alors il ne peut amener le Premier ministre à se décider. Le voilà donc qui poursuit sa démarche singulière, décidé seulement à être indécis, résolu à l'irrésolution, solidement partisan de la fluidité, puissamment ancré dans son impuissance. C'est ainsi que nous préparons de nouveaux mois, de nouvelles années – précieux, vitaux peut-être pour la grandeur du pays – que les locustes vont dévorer[1]. »

M. Baldwin me répondit par un discours mémorable :

> « J'aimerais rappeler à la Chambre que, non seulement une fois, mais de nombreuses fois, dans mes discours en différents lieux, lorsque je défendais de toutes mes forces les principes démocratiques, j'ai précisé qu'*une démocratie est toujours en retard de deux ans sur le dictateur*. Je crois que cela est vrai. Le cas présent le prouve. J'ai présenté mes vues personnelles à la Chambre tout entière avec une effrayante franchise. On se souviendra qu'à l'époque, la conférence du désarmement siégeait à Genève. On se souviendra aussi qu'alors [1931-1932] régnaient dans ce pays des sentiments sans doute plus pacifistes qu'à aucune autre époque depuis la Grande Guerre. On se souviendra que *les élections de Fulham à l'automne de 1933 se jouèrent uniquement sur la question du pacifisme, et que le gouvernement national perdit le siège par 7 000 voix...* Ma position en tant que chef d'un grand parti n'était pas des plus confortables. Quelles chances y avait-il, me demandai-je, – alors que le sentiment qui s'était exprimé à Fulham était commun à tout le pays – qu'en un an ou deux, ce sentiment évoluât suffisamment pour que ce pays se prononçât en faveur du réarmement ?

---

1. Le ministre de la coordination de la Défense, sir Thomas Inskip, amateur en matière de défense mais grand spécialiste de la Bible, avait déclaré en séance le 11 novembre : « Nul ne peut rattraper le temps qu'ont dévoré les locustes. »

Supposez que je me sois tourné vers le pays pour lui dire que l'Allemagne réarmait et que nous devions réarmer à notre tour, quelqu'un pense-t-il que notre démocratie pacifique se serait ralliée à mon appel en un tel moment? *Je ne vois rien qui eût pu amener plus sûrement ma défaite aux élections.* »

Ce discours était en effet d'une effrayante franchise; il éclairait en toute vérité et jusqu'à l'indécence les motifs de M. Baldwin[1]. Qu'un Premier ministre avouât n'avoir pas accompli son devoir sur le plan de la sécurité nationale par crainte de perdre une élection, c'était un fait sans précédent dans notre histoire parlementaire. M. Baldwin n'était certes pas mû par un désir abject de garder son poste. En 1936, il était même sincèrement désireux de démissionner. Sa politique lui était dictée par la crainte de voir les socialistes arriver au pouvoir et en faire encore moins que son propre gouvernement. De fait, les déclarations et les votes des socialistes contre les mesures de défense étaient de notoriété publique. Mais cela ne justifiait pas tout, et ne rendait pas justice à l'esprit du peuple britannique. Le succès qu'avait valu l'année précédente à M. Baldwin le candide aveu de son erreur au sujet de la parité aérienne ne se renouvela pas en l'occurrence; la Chambre fut choquée. En fait, l'impression produite fut si pénible qu'elle eût pu être fatale à M. Baldwin – dont en outre la santé déclinait au même moment – si l'imprévisible n'était survenu.

À cette époque se produisaient de grands rapprochements de citoyens et de citoyennes de tous les partis, qui voyaient les périls de l'avenir et étaient fermement partisans

---

1. Certes, mais pour mieux soigner ses effets, Churchill a coupé la suite du discours, dans lequel Baldwin précise justement que ce qui était impossible en 1933 est devenu possible lors des élections de 1935 – où Baldwin a effectivement fait campagne en faveur du réarmement. L'art de Churchill est de laisser entendre que les problèmes de 1933 restent valables deux ans plus tard, lorsque Baldwin est seul au pouvoir. Les très grands hommes ont parfois recours à de très petites ruses.

de mesures pratiques pour préserver notre sécurité et la cause de la liberté, également menacées par les poussées totalitaires et par la suffisance de notre gouvernement. Le plan que nous proposions prévoyait un réarmement aussi vaste et rapide que possible, combiné à une reconnaissance et à une utilisation complètes de l'autorité de la Société des Nations. Je définis cette politique : « Des armes et le Pacte ». La prestation de M. Baldwin aux Communes n'avait suscité que dédain parmi nous. Cette campagne devait atteindre son point culminant lors d'une réunion à l'Albert Hall. Le 3 décembre, nous y rassemblâmes un grand nombre de personnalités politiques des différents partis : solides *tories* de la droite, profondément convaincus du péril couru par la nation ; dirigeants de l'Union la Société des Nations ; délégués de beaucoup de grands syndicats, avec à leur tête mon vieil adversaire de la grève générale, sir Walter Citrine ; enfin le parti libéral et son chef, sir Archibald Sinclair. Nous avions le sentiment que nos prises de position inspiraient le respect, et même qu'elles allaient s'imposer. C'est à ce moment que la volonté passionnée du roi d'épouser la femme qu'il aimait rejeta tout le reste au second plan ; la crise de l'abdication allait s'ouvrir.

Avant que j'aie pu répondre au vote de remerciements qui suit d'ordinaire le discours du Trône, quelqu'un lança un *God save the King* qui déclencha des acclamations prolongées. Sous l'impulsion du moment, je fis alors connaître mon point de vue :

> « Un autre grave souci plane ce soir sur nos esprits. Dans quelques instants, nous allons chanter le *God save the King*. Je le chanterai avec plus de cœur et de ferveur que je ne l'ai jamais chanté de ma vie. J'espère qu'aucune décision irrévocable ne sera prise à la hâte, que le temps et l'opinion publique pourront jouer leur rôle, et qu'un personnage exceptionnel et particulièrement chéri de la nation ne se verra pas séparé incontinent d'un peuple qu'il aime si profondément. J'espère que le Parlement aura l'occasion d'exer-

cer ses fonctions lors de l'examen de ces hautes questions constitutionnelles. Je forme le vœu que notre roi soit guidé par les avis exprimés pour la première fois par la nation et l'empire britanniques, et que notre peuple, à son tour, ne se montrera pas dénué de compréhension généreuse à l'endroit de l'actuel occupant du trône. »

Il serait hors de notre propos d'exposer la brève mais très violente controverse qui s'ensuivit[1]. Je connaissais le roi Édouard VIII depuis son enfance, et en 1910, comme ministre de l'Intérieur, j'avais lu devant une magnifique assemblée la proclamation qui le faisait prince de Galles au château de Carnavon. Je me sentais moralement tenu au plus haut niveau de loyauté envers sa personne. Quoique durant l'été, j'eusse été pleinement averti de ce qui se préparait, je n'intervins en aucune manière, ni je ne communiquai à aucun moment avec lui. Néanmoins, dans sa détresse, il demanda lui-même au Premier ministre l'autorisation de me consulter.

M. Baldwin lui donna son consentement dans les formes et, lorsqu'on m'en eût averti, je me rendis auprès du roi, à Fort Belvédère. Je restai en contact avec lui jusqu'à son abdication, et je fis l'impossible pour obtenir du roi comme du public qu'ils fissent preuve de patience sans rien précipiter. Je ne l'ai jamais regretté – au reste, je ne pouvais agir autrement.

---

1. Hors de propos et assez délicat pour l'auteur, qui n'explique pas le contexte de son intervention. C'est que Churchill était arrivé au milieu de la séance – « plein d'émotion et de cognac », dira lord Boothby –, et il avait rejoint son siège au moment où Baldwin était précisément en train de déclarer que quelques jours de délai avaient été donnés au roi pour lui permettre de se décider. Churchill, qui n'écoutait pas, avait tenu à interrompre l'orateur pour lui poser une question à laquelle il venait de répondre – d'où « la violente controverse qui s'ensuivit », les protestations des députés et les réprimandes du *speaker*, qui l'avaient finalement forcé à se taire. Le registre parlementaire mettra naturellement tout cela en forme, et atténuera quelque peu la violence des échanges.

Le Premier ministre s'était révélé en cette occasion un connaisseur averti du sentiment national britannique ; il percevait et exprimait manifestement le vœu profond de la nation. L'habile et preste manière dont il régla la question de l'abdication le porta en quinze jours des abîmes jusqu'au pinacle. À diverses reprises, je me sentis complètement seul devant une Chambre des communes déchaînée. Lorsque je suis dans le feu de l'action, les manifestations d'hostilité ne m'affectent guère, mais là, en plusieurs occasions, il me fut presque physiquement impossible de me faire entendre. Tous les éléments que j'avais rassemblés sous la bannière : « Des armes et le Pacte » – et dont je me considérais comme l'animateur – s'écartèrent de moi ou se dispersèrent[1] ; j'étais moi-même si discrédité dans l'opinion publique que pratiquement tout le monde était convaincu que ma carrière politique était enfin terminée. Comme il est étrange que cette même Chambre, qui m'avait témoigné tant d'hostilité, devait par la suite écouter mes directives et me soutenir au travers des longues années d'adversité, jusqu'à la victoire finale sur tous nos ennemis ! Mais quelle preuve aussi que la seule méthode sage et sûre consiste à agir de jour en jour en accord avec les décrets de sa conscience !

De l'abdication d'un roi, nous passâmes au couronnement d'un autre, et jusqu'à la fin de mai 1937, le cérémonial du serment national et solennel d'allégeance, ainsi que la considération de la loyauté envers le nouveau souverain en métropole comme dans l'empire, occupèrent tous les esprits. Du coup, les affaires extérieures et l'état de nos défenses perdirent tout intérêt aux yeux du public. Notre île

---

[1]. On ne prendra pas nécessairement pour argent comptant cette surprenante relation de cause à effet entre les positions prises par Churchill lors de la crise d'abdication et l'effondrement de sa campagne en faveur d'un réarmement accéléré. En réalité, cet effondrement est dû bien davantage au relâchement très marqué des tensions anglo-allemandes entre la fin de 1936 et le printemps de 1938.

eût fort bien pu se trouver à dix mille milles de l'Europe. Qu'on me permette cependant de rappeler que le 18 mai 1937, au lendemain du couronnement, je reçus une lettre rédigée de la propre main du nouveau souverain :

> The Royal Lodge,
> The Great Park,
> Windsor,
> Berkshire.
>
> 18 mai 37.
> Mon cher Monsieur Churchill,
>
> Je vous écris pour vous remercier de votre très aimable lettre[1]. Je sais combien vous avez été dévoué à mon cher frère et combien vous l'êtes encore, et je suis touché au-delà de toute expression par la sympathie et la compréhension que vous avez manifestées devant les problèmes si délicats qui se sont posés depuis qu'il nous a quittés en décembre. Je me rends pleinement compte des grandes responsabilités et des charges qui m'incombent en tant que roi, et c'est pour moi un très vif encouragement que de recevoir les bons vœux d'un de nos grands hommes d'État, qui a si fidèlement servi son pays. Je ne puis qu'espérer que les bonnes dispositions et les aspirations qui animent aujourd'hui le pays et l'empire constitueront un exemple salutaire pour les autres nations du monde.
> Croyez-moi
> Vôtre très sincèrement,
> GEORGE R. I.

Ce geste magnanime envers un homme dont l'influence à ce moment était réduite à néant restera pour toujours un épisode béni de mon existence.

*
* *

---

1. Comme tous les autres députés, Churchill avait adressé des vœux respectueux au roi George VI à la veille de son couronnement.

Le 28 mai 1937, après le couronnement du roi George VI, M. Baldwin quitta ses fonctions. Un titre de comte et la Jarretière vinrent récompenser dignement ses longs états de service. Il abandonna la vaste autorité qu'il avait acquise et soigneusement préservée, mais qu'il avait utilisée le moins possible. Un halo de gratitude et d'estime générale entoura son départ. Le choix de son successeur ne faisait aucun doute ; comme chancelier de l'Échiquier, M. Neville Chamberlain avait assumé depuis cinq ans les principales charges du gouvernement, et c'était de tous les ministres le plus capable et le plus énergique, avec un nom illustre de surcroît[1]. Le « cheval de somme de nos grandes affaires » : ainsi l'avais-je défini à Birmingham un an auparavant, en reprenant le mot de Shakespeare, et il avait pris cela comme un compliment. Je ne m'attendais pas à ce qu'il souhaitât travailler avec moi, et du reste, il n'aurait pas été avisé de le faire à l'époque. Ses idées différaient beaucoup des miennes quant à la manière de traiter les principaux problèmes de l'heure. Mais je saluai l'accession au pouvoir de cette personnalité alerte, compétente et entreprenante. Nos relations continuèrent d'être distantes, spontanées et courtoises, en public comme en privé.

Je me permets à présent d'établir une comparaison entre ces deux Premiers ministres, Baldwin et Chamberlain, que je connaissais depuis longtemps et sous les ordres desquels j'avais servi ou devais servir par la suite. Stanley Baldwin était le plus sage et le plus compréhensif des deux, mais il était dépourvu de qualités pratiques d'exécution. Il se désintéressait largement des affaires étrangères et militaires. Il connaissait mal l'Europe, et n'aimait pas ce qu'il en connaissait. Il avait une connaissance approfondie de la politique des partis

---

1. Il était le fils de Joseph Chamberlain, ancien maire de Birmingham, ministre du Commerce et des Colonies au tournant du siècle, ardent défenseur de l'unionisme, de l'impérialisme et du protectionnisme.

en Grande-Bretagne, et il incarnait dans l'ensemble certaines des forces de notre peuple insulaire, ainsi que bon nombre de ses faiblesses. Il avait participé à cinq batailles électorales majeures comme chef du parti conservateur, et il en avait gagné trois. Il avait le génie de laisser venir les événements et de demeurer imperturbable sous les critiques. Il était passé maître dans l'art de laisser le temps travailler pour lui, et de saisir l'occasion au vol quand elle se présentait. Il me rappelait sir Robert Walpole, tel que l'histoire nous le présente, avec bien sûr la corruption du XVIIIe siècle en moins; et il domina la scène politique britannique presque aussi longtemps que lui.

Neville Chamberlain, lui, était vif, sérieux, entêté et des plus assuré. À la différence de Baldwin, il s'estimait capable d'embrasser la totalité des questions européennes et même mondiales. À la place d'une intuition vague, mais non moins profonde, nous nous trouvions désormais en présence d'une compétence étroite et tranchante, s'exerçant dans les limites d'un système politique préconstruit. Comme chancelier de l'Échiquier et comme Premier ministre, il contrôla étroitement et strictement les dépenses militaires. Il fut durant toute cette période l'adversaire magistral de toutes les mesures d'urgence. Il s'était fait une opinion bien tranchée sur les personnalités politiques du moment chez nous comme à l'étranger, et il se sentait capable de traiter avec toutes. L'espoir suprême de sa vie était d'entrer dans l'histoire comme un grand pacificateur, et pour y parvenir, il était prêt à se battre jusqu'au bout contre les faits, en courant les plus grands risques pour lui-même comme pour son pays. Malheureusement, il dut faire face à des marées dont il ne pouvait mesurer la force, et se trouva confronté à des ouragans qu'il ne chercha pas à fuir, mais auxquels il ne pouvait tenir tête. Durant les dernières années d'avant-guerre, il m'aurait été plus facile de collaborer avec Baldwin, tel que je le connaissais, qu'avec Chamberlain; mais ni l'un ni l'autre n'avait le moindre désir de travailler avec moi, sinon en dernier ressort.

*
* *

Un jour de 1937, je rencontrai von Ribbentrop, l'ambassadeur d'Allemagne à Londres. Dans l'un de mes éditoriaux bimensuels, j'avais signalé que le contenu d'un de ses discours avait été dénaturé. Je l'avais naturellement rencontré plusieurs fois lors de réceptions. À présent, il me conviait à un entretien. Il me reçut dans le vaste salon du premier étage de l'ambassade d'Allemagne. Notre conversation dura plus de deux heures. Ribbentrop fut des plus courtois, et nous fîmes un tour d'horizon de la situation européenne, tant sur le plan des armements que sur celui de la politique. Il me dit pour l'essentiel que l'Allemagne recherchait l'amitié de l'Angleterre (sur le continent, on nous appelle encore souvent l'Angleterre) ; il m'expliqua qu'il aurait pu être ministre des Affaires étrangères, mais qu'il avait demandé à Hitler de le laisser venir à Londres, afin d'y plaider à fond la cause d'une entente, voire d'une alliance anglo-allemande. L'Allemagne garantirait la grandeur et l'intégrité de l'empire britannique. Elle pourrait réclamer la restitution des colonies allemandes, mais ce n'était évidemment pas capital. Ce qu'elle demandait, c'était que la Grande-Bretagne lui laissât les mains libres dans l'est de l'Europe. Il lui fallait son *Lebensraum*, un espace vital pour sa population croissante. En conséquence, la Pologne et le couloir de Dantzig devaient être absorbés ; la Russie blanche et l'Ukraine étaient indispensables à l'avenir d'un Reich allemand de quelque 70 millions d'âmes. Rien de moins ne pouvait suffire. Tout ce que l'on demandait au *Commonwealth* britannique et à l'empire, c'était de ne pas s'interposer. Une grande carte ornait un des murs, et l'ambassadeur m'y conduisit à plusieurs reprises pour illustrer ses dires.

Ayant entendu tout cela, j'exprimai immédiatement ma conviction que le gouvernement britannique n'accepterait pas de laisser le champ libre à l'Allemagne en Europe de l'Est. Nous étions certes en mauvais termes avec la Russie soviétique, et nous détestions le communisme autant qu'Hitler, mais il pouvait être assuré que même si la France était sauvegardée, la Grande-Bretagne ne se désintéresserait jamais du sort du continent au point de permettre à l'Allemagne d'étendre sa domination à l'Europe centrale et orientale. Nous nous tenions devant la carte lorsque je lui dis cela ; Ribbentrop s'en détourna brusquement, puis me dit : « Dans ce cas, la guerre est inévitable. Il n'y a pas d'autre issue. Le Führer est décidé. Rien ne l'arrêtera, et rien ne nous arrêtera. » Nous retournâmes alors nous asseoir. Je n'étais qu'un simple député, mais j'avais une certaine notoriété, et je crus devoir dire ce qui suit à l'ambassadeur d'Allemagne. En fait, je me souviens bien des termes que j'employai : « Lorsque vous parlez de guerre, et ce serait certainement une guerre générale, il ne vous faut pas sous-estimer l'Angleterre. C'est un curieux pays, dont peu d'étrangers parviennent à comprendre la mentalité. Ne le jugez pas d'après l'attitude de son gouvernement actuel. Qu'une grande cause s'offre à son peuple, et vous verrez de combien d'actions inattendues seront capables ce même gouvernement et la nation britannique ! » Et je répétai : « Ne sous-estimez pas l'Angleterre ! Elle est très habile. Si vous nous plongez dans une nouvelle Grande Guerre, elle dressera le monde entier contre vous, comme la dernière fois. » À ces mots, l'ambassadeur se leva avec emportement et dit : « Ah ! L'Angleterre est peut-être très habile, mais cette fois, elle ne réussira pas à dresser le monde entier contre l'Allemagne. » Nous passâmes à des sujets moins épineux, et il ne se produisit plus rien d'intéressant. Toutefois, l'incident m'est resté en mémoire, et comme je l'avais rapporté en son temps au *Foreign Office*, il me paraît judicieux de le consigner ici.

Lorsque les vainqueurs le firent passer en jugement, Ribbentrop, qui jouait sa tête, présenta une version déformée de cette conversation, et demanda que l'on me cite comme témoin. Si j'avais été convoqué, je n'aurais rien dit d'autre que ce que j'ai rapporté ici.

Chapitre XI

EDEN AU *FOREIGN OFFICE* – SA DÉMISSION

Le ministre des Affaires étrangères occupe une situation à part au sein du cabinet britannique. Ses hautes fonctions et les responsabilités qui en découlent lui valent d'être traité avec de grands égards, mais son activité est généralement soumise au contrôle incessant, sinon de l'ensemble du cabinet, au moins de ses principaux membres. Il a l'obligation de les tenir informés. La coutume veut qu'il communique habituellement à ses collègues toutes ses dépêches et les rapports de nos ambassades, ainsi que les procès-verbaux de ses entretiens avec les ambassadeurs étrangers et autres personnalités importantes. Ce fut du moins le cas au cours de ma carrière ministérielle. Naturellement, ce contrôle est exercé surtout par le Premier ministre, à qui incombent, soit à titre personnel, soit par l'intermédiaire de son cabinet, la responsabilité et le pouvoir de diriger notre politique étrangère dans ses grandes lignes. Pour lui au moins, il ne doit pas y avoir de secrets. Un ministre des Affaires étrangères ne peut remplir sa tâche sans le soutien permanent de son chef. Pour que tout fonctionne bien, il doit exister entre eux un accord sur les principes fondamentaux, mais aussi une harmonie de vues et même une certaine similitude de tempérament. C'est d'autant plus important lorsque le Premier ministre lui-même s'intéresse de près aux affaires étrangères.

Eden était ministre des Affaires étrangères dans le cabinet de M. Baldwin qui, à part son désir bien connu de maintenir la paix et de vivre tranquille, ne prenait aucune part active à la politique étrangère. M. Chamberlain, au contraire, cherchait à exercer une étroite autorité sur de nombreuses divisions du ministère. Il avait des idées très arrêtées en matière de politique étrangère, et il affirma dès le début son droit incontesté de les exprimer devant les ambassadeurs étrangers. Son accession à la tête du gouvernement impliquait donc un changement subtil mais perceptible dans la situation du ministre des Affaires étrangères. À cela vinrent s'ajouter des divergences de principes et d'opinion profondes, bien que latentes. Le Premier ministre désirait forger de bonnes relations avec les deux dictateurs européens, et il était persuadé que le meilleur moyen d'y parvenir était de se montrer conciliant et d'éviter tout ce qui était susceptible de leur déplaire. Eden, par contre, s'était fait une réputation à Genève en ralliant les nations européennes contre l'un de ces dictateurs et, s'il n'en avait tenu qu'à lui, peut-être aurait-il poussé l'application des sanctions jusqu'au seuil de la guerre, voire même au-delà. C'était un fervent adepte de l'Entente franco-britannique, et il désirait entretenir des relations plus étroites avec la Russie des Soviets. Il avait conscience du péril hitlérien et le redoutait ; il s'inquiétait de la faiblesse de nos armements et de ses répercussions sur la politique étrangère. On pourrait presque dire qu'il n'y avait guère de différence entre son point de vue et le mien, si ce n'est bien sûr qu'il était aux affaires et que je ne l'étais pas. Il m'apparut en tout cas dès le début que des difficultés ne manqueraient pas de surgir entre les deux principales personnalités du gouvernement, à mesure que la situation mondiale s'aggraverait.

En outre, le Premier ministre avait en lord Halifax un collègue qui semblait partager ses vues en matière de politique étrangère avec beaucoup de sympathie et de conviction. Mes relations anciennes et étroites avec Edward Halifax dataient de 1922, lorsqu'il était devenu mon sous-secrétaire d'État au ministère des Dominions et Colonies dans le cabinet de Lloyd George. Nos désaccords politiques

– même lorsqu'ils étaient aussi graves et aussi prolongés que ceux qui s'étaient élevés entre nous au sujet de sa politique en tant que vice-roi des Indes – n'avaient jamais affecté nos relations personnelles. Je croyais le connaître fort bien, et j'étais sûr qu'un gouffre nous séparait ; je sentais aussi que ce gouffre, ou un autre du même genre, s'ouvrait entre lui et Anthony Eden. Tout compte fait, M. Chamberlain se serait montré plus avisé en prenant lord Halifax pour ministre des Affaires étrangères lorsqu'il avait formé son gouvernement. Eden aurait été beaucoup mieux placé au *War Office* ou à l'Amirauté, tandis que M. Chamberlain aurait ainsi eu au *Foreign Office* un homme à lui, partageant ses affinités. Entre l'été et la fin de 1937, les divergences, tant dans les méthodes que dans les buts, s'aggravèrent entre le Premier ministre et son ministre des Affaires étrangères. La succession d'événements qui amena la démission de M. Eden en février 1938 suivit son cours logique.

Les premiers points de friction apparurent au sujet de nos relations avec l'Allemagne et l'Italie. M. Chamberlain était décidé à faire une cour assidue aux deux dictateurs ; en juillet 1937, il convia à Downing Street le comte Grandi, ambassadeur d'Italie. M. Eden eut connaissance de cet entretien, mais il n'y assista pas. M. Chamberlain forma le vœu de voir s'améliorer les relations anglo-italiennes. Le comte Grandi lui laissa entendre qu'il serait peut-être bon, à titre de démarche préalable, d'adresser un appel personnel à Mussolini. Au cours même de l'entretien, M. Chamberlain se mit à rédiger une lettre en ce sens ; elle fut expédiée sans qu'on en référât au ministre des Affaires étrangères, qui se trouvait alors au *Foreign Office*, à quelques pas de là. Cette lettre n'eut aucun résultat tangible, et du fait de l'intervention italienne croissante en Espagne, nos relations avec l'Italie ne cessèrent d'empirer.

M. Chamberlain était persuadé d'avoir reçu la mission particulière et personnelle d'établir des relations amicales avec les dictateurs allemand et italien, et il se faisait fort d'y parvenir. À Mussolini, il désirait accorder la reconnaissance de la conquête de l'Abyssinie, prélude à un règlement général des différends ; à Hitler, il était disposé à offrir des concessions au sujet des colonies. En même temps, il n'était pas enclin à envisager de manière ostentatoire l'accroissement des armements britanniques et la nécessité d'une collaboration militaire et politique étroite avec la France. M. Eden, lui, était convaincu que tout accord avec l'Italie devrait s'inscrire dans un règlement général des affaires méditerranéennes, y compris celle d'Espagne, et devrait être conclu en étroite collaboration avec la France. Pour négocier un tel règlement, notre reconnaissance de la position italienne en Abyssinie constituerait sans nul doute une importante monnaie d'échange. Aux yeux du ministre des Affaires étrangères, il semblait imprudent d'y renoncer dès les préliminaires et de paraître impatient d'entamer des pourparlers.

Au cours de l'automne 1937, ces désaccords s'accentuèrent encore. M. Chamberlain considérait que le *Foreign Office* faisait obstacle à ses tentatives d'entamer les pourparlers avec l'Allemagne comme avec l'Italie, et M. Eden trouvait que son chef montrait un empressement excessif à aborder les dictateurs, surtout à une époque où la Grande-Bretagne était si mal armée. En fait, il existait entre eux une profonde divergence de vues, tant pratique que psychologique.

*
* *

En dépit de mes désaccords avec le gouvernement, j'avais la plus grande sympathie pour son ministre des Affaires étrangères, qui m'apparaissait comme la personnalité la plus résolue et la plus courageuse de toutes. Certes, en qualité de chef de cabinet, et plus tard de sous-secrétaire d'État au *Foreign Office*, il avait dû s'accommoder de bien des choses que j'avais alors attaquées et que je condamne toujours, mais j'étais certain qu'il avait le cœur bien placé et qu'il connaissait son affaire à fond. De son côté, il se fit une règle de m'inviter aux réceptions du *Foreign Office*, et nous correspondions en toute confiance. Bien entendu, il n'y avait là rien d'incorrect, M. Eden s'en tenant à la tradition bien établie selon laquelle le ministre des Affaires étrangères reste en contact avec les principales personnalités politiques du moment et s'entretient avec elles de tous les grands problèmes internationaux.

À l'automne de 1937, Eden et moi, par des voies quelque peu différentes, en étions arrivés à des conclusions identiques concernant la nécessité de s'opposer à toute intervention active de l'Axe dans la guerre civile espagnole. Je l'appuyais toujours au Parlement lorsqu'il prenait des initiatives énergiques, même d'ampleur très limitée. Je connaissais bien les difficultés qu'il rencontrait auprès de certains de ses collègues du cabinet comme auprès de son chef, et je savais qu'il agirait plus hardiment s'il n'était pas bridé. Bientôt éclata en Méditerranée une crise qu'il affronta avec autant de fermeté que d'habileté, et dont le dénouement fit honneur pour un temps à notre politique : un certain nombre de navires marchands avaient été coulés par de prétendus sous-marins espagnols ; en réalité, ils étaient sans nul doute italiens plutôt qu'espagnols. C'était là un acte de piraterie pure et simple, qui poussa à l'action tous ceux qui en eurent connaissance. Une conférence des puissances méditerranéennes fut convoquée à Nyon pour le 10 septembre ; le ministre des Affaires étrangères s'y rendit, en compagnie de Vansittart et de lord Chatfield, premier lord de la Mer[1]. La conférence de Nyon fut brève et couronnée de succès ; on y décida la création de patrouilles anti-sous-marines anglaises et françaises, munies d'ordres sans équivoque quant au sort à réserver aux sous-marins qu'elles

---

1. Dans la traduction originale de 1948, *First Sea Lord* était devenu « premier lord de l'Amirauté », ce qui équivaut à peu près à traduire « chef de l'état-major naval » par « ministre de la Marine »...

pourraient rencontrer. L'Italie donna son accord, et les attentats cessèrent aussitôt.

La conférence de Nyon ne fut qu'un incident, mais elle démontre combien une démarche conjointe de la Grande-Bretagne et de la France, exprimée avec conviction et sans exclure le recours à la force, aurait pu avoir d'influence sur les dispositions d'esprit et la politique des dictateurs. On ne saurait assurer qu'une telle politique aurait permis d'éviter la guerre, mais elle aurait pu aisément la retarder. Il est certain en tout cas que l'« apaisement », sous toutes ses formes, ne faisait qu'encourager les dictateurs à l'agression et leur valait un prestige accru auprès de leurs peuples, tandis que le moindre signe d'une contre-offensive résolue des démocraties occidentales amenait aussitôt une détente. Telle fut du moins la règle durant toute l'année 1937. Après cela, l'état des lieux et le cours des événements devaient changer la donne.

Au cours du mois de novembre, Eden s'inquiéta de plus en plus de la lenteur de notre réarmement. Le 11, il eut une entrevue avec le Premier ministre, auquel il tenta de faire partager ses craintes, mais au bout d'un moment, M. Neville Chamberlain refusa de l'écouter et lui conseilla « de rentrer chez lui et de prendre de l'aspirine ». À partir de février 1938, le ministre des Affaires étrangères se rendit compte qu'il était presque isolé au sein du cabinet. Le Premier ministre avait de puissants alliés contre Eden et ses conceptions ; tout un groupe de ministres importants considérait la politique du *Foreign Office* comme dangereuse et même provocatrice. Par contre, plusieurs jeunes ministres se montraient tout disposés à entrer dans les vues de M. Eden, et par la suite, certains d'entre eux se plaignirent de ce qu'il ne les eût pas mis dans sa confidence. C'est qu'il n'avait jamais envisagé de former un clan contre son chef. Les chefs d'état-major ne pouvaient lui être d'aucun secours. En fait, ils conseillaient la prudence et insistaient sur les dangers de la situation. Ils répugnaient à un rapprochement trop étroit avec la France, de peur de contracter des engagements qu'ils seraient hors d'état de remplir. Ils se faisaient une piètre opinion de la puissance militaire russe telle qu'elle leur apparaissait après les purges de Staline. Ils jugeaient nécessaire d'envisager nos problèmes comme si nous avions trois ennemis – l'Allemagne, l'Italie et le Japon – susceptibles de nous attaquer tous à la fois, et peu d'alliés pour nous venir en aide. Nous pouvions demander des bases aériennes en France, mais nous étions incapables d'y envoyer une armée au début des hostilités. Même cette modeste suggestion se heurta à une violente opposition au sein du cabinet.

Pourtant, la rupture effective se produisit à propos d'une affaire nouvelle et bien distincte. Le soir du 11 janvier 1938, M. Summer Welles, sous-secrétaire d'État américain aux Affaires étrangères, rendit visite à notre ambassadeur à Washington. Il était porteur d'un message confidentiel du président Roosevelt à M. Chamberlain. Le président était profondément inquiet de voir se dégrader la situation internationale et proposait de prendre l'initiative d'inviter à Washington les représentants de certains gouvernements, afin d'évoquer les causes profondes des divergences actuelles. Mais avant de faire cette démarche, il désirait consulter le gouvernement britannique pour connaître son opinion sur ce projet, et il stipulait qu'aucun autre gouvernement ne devait être informé de la nature ni même de l'existence de cette proposition. Il demandait une réponse à son message le 17 janvier au plus tard, et faisait savoir que c'était seulement si sa suggestion obtenait « l'approbation cordiale et le soutien sincère du gouvernement de Sa Majesté » qu'il pressentirait les gouvernements français, allemand et italien. C'était là une démarche considérable et d'une portée incommensurable.

En transmettant à Londres ce message ultra-secret, notre ambassadeur, sir Ronald Lindsay, se prononça instamment en faveur de son acceptation. Le *Foreign Office* reçut la dépêche de Washington le 12 janvier et en fit parvenir des copies le soir même au Premier ministre, qui se trouvait à la campagne. Le lendemain matin, M. Chamberlain revint à

Londres, et sur ses instructions, une réponse fut envoyée au message du président. M. Eden passait alors de courtes vacances dans le midi de la France. M. Chamberlain avait fait répondre qu'il appréciait la confiance que lui témoignait le président Roosevelt en le consultant ainsi sur son projet de réduire les tensions en Europe, mais qu'il préférait exposer ses propres efforts pour parvenir à un accord avec l'Allemagne et l'Italie – surtout avec cette dernière : « Pour sa part, le gouvernement de Sa Majesté serait disposé, si possible sous l'égide de la Société des Nations, à reconnaître *de jure* l'occupation italienne en Abyssinie, au cas où de son côté, le gouvernement italien était prêt à donner des preuves de son désir de contribuer à restaurer la confiance et à rétablir des relations amicales. » Le Premier ministre, continuait le document, mentionnait ces faits afin que le président pût juger si sa proposition ne viendrait pas contrarier les efforts britanniques. Dans ces conditions, ne serait-il pas plus sage d'ajourner la mise à exécution du projet américain ?

Cette réponse causa au président Roosevelt une certaine déception. Il fit savoir qu'il répondrait par lettre à M. Chamberlain le 17 janvier. Au soir du 15, le ministre des Affaires étrangères regagna l'Angleterre. Il avait été incité à rentrer, non par son chef, qui était satisfait d'agir sans lui, mais par ses dévoués collaborateurs du *Foreign Office*. Le vigilant Alexander Cadogan l'attendait sur le quai de Douvres. M. Eden, qui avait travaillé longtemps et assidûment à l'amélioration des relations anglo-américaines, se montra profondément troublé. Il fit parvenir aussitôt une dépêche à sir Ronald Lindsay, pour tâcher de minimiser les effets de la réponse glaciale de M. Chamberlain. La lettre du président parvint à Londres au matin du 18 janvier ; M. Roosevelt écrivait qu'il consentait à ajourner ses propositions, eu égard au fait que le gouvernement britannique envisageait des négociations directes, tout en ajoutant qu'il était extrêmement inquiet d'apprendre que le gouvernement de Sa Majesté pourrait reconnaître la souveraineté italienne sur l'Abyssinie. Il considérait que cela aurait un effet des plus nuisibles sur la politique japonaise en Extrême-Orient comme sur l'opinion publique américaine. M. Cordell Hull, en remettant cette lettre à l'ambassadeur de Grande-Bretagne à Washington, s'exprima en termes encore plus catégoriques ; il déclara qu'une telle reconnaissance « provoquerait un sentiment de dégoût, ranimerait et multiplierait chez les Américains la crainte des politiques d'abandon, et serait présentée comme un marché de dupes conclu en Europe au détriment des intérêts extrême-orientaux qui touchaient de très près l'Amérique ».

La lettre du président fut examinée lors d'une série de réunions du comité des Affaires étrangères du cabinet. M. Eden réussit à obtenir une importante modification de la position initiale ; la plupart des ministres le crurent satisfait, et il ne leur indiqua pas clairement qu'il n'en était rien. À la suite de ces discussions, deux messages furent adressés à Washington au soir du 21 janvier. Il y était dit en substance que le Premier ministre accueillait chaleureusement l'initiative du président, mais ne tenait pas à encourir la responsabilité d'un échec au cas où les propositions américaines seraient mal reçues. M. Chamberlain tenait à souligner que nous n'acceptions pas sans réserves la procédure suggérée par le président, qui ne manquerait pas d'irriter à la fois les deux dictateurs et le Japon. En outre, il semblait au gouvernement de Sa Majesté que le président n'avait pas compris pleinement notre point de vue au sujet de la reconnaissance *de jure*. Le second message était en fait une explication de notre position sur cette question : nous n'étions disposés à accorder cette reconnaissance que si elle s'insérait dans le cadre d'un règlement général avec l'Italie.

L'ambassadeur de Grande-Bretagne rendit compte de l'entretien qu'il avait eu avec M. Sumner Welles au moment de remettre ces messages au président le 22 janvier. M. Welles lui avait dit que « le président considérait la reconnaissance comme une pilule désagréable que nous allions devoir tous deux avaler, et il désirait que nous l'avalions ensemble ».

C'est ainsi que fut repoussée par M. Chamberlain la proposition du président Roosevelt d'user de l'influence américaine pour réunir les principales puissances européennes en vue de discuter des possibilités d'un accord global – avec l'amorce d'un engagement de la force considérable des États-Unis.

*
* *

Il était évident qu'une démission du ministre des Affaires étrangères ne pouvait être motivée par la fin de non-recevoir qu'avait opposée M. Chamberlain aux ouvertures du président. De fait, M. Roosevelt courait de gros risques en politique intérieure lorsqu'il faisait délibérément intervenir les États-Unis sur un théâtre européen qui ne cessait de s'assombrir. Toutes les forces isolationnistes se seraient dressées contre le président si le moindre détail de ces échanges avait été révélé. D'un autre côté, nul événement n'était plus susceptible de retarder, ou même d'empêcher la guerre, que l'entrée des États-Unis dans ce cercle européen des haines et des craintes. Pour la Grande-Bretagne, c'était presque une question de vie ou de mort. Nul ne peut mesurer rétrospectivement les effets qu'une telle intervention aurait pu avoir sur le cours des événements en Autriche et ensuite à Munich. Il nous faut considérer que ce refus – car c'en fut un – nous fit perdre une dernière chance bien ténue de sauver le monde de la tyrannie autrement que par la guerre. Que M. Chamberlain, avec ses vues limitées et son manque d'expérience de la politique européenne, ait eu la suffisance de refuser la main tendue depuis l'autre rive de l'Atlantique, voilà qui laisse aujourd'hui encore confondu. L'épisode révèle chez cet homme intègre, compétent et désireux de bien faire, qui avait en charge les destinées du pays et de tous ceux qui en dépendaient, un manque consternant de sens des proportions et même d'instinct de conservation. On ne parvient même pas aujourd'hui à reconstituer l'état d'esprit qui rendit possibles de telles initiatives.

Sans doute est-ce avec une moindre confiance en l'avenir que M. Eden se rendit à Paris le 25 janvier pour s'entretenir avec les autorités françaises. Tout reposait maintenant sur le succès de nos ouvertures à l'Italie, dont nous avions tant souligné l'importance dans nos réponses au président Roosevelt. Les ministres français insistèrent auprès de M. Eden sur la nécessité d'inclure l'Espagne dans un règlement général avec l'Italie ; il ne demandait pas mieux. Le 10 février, le Premier ministre et le ministre des Affaires étrangères rencontrèrent le comte Grandi, qui leur déclara que l'Italie était en principe disposée à entamer des pourparlers.

Le 15 février, on apprit que le chancelier Schuschnigg avait accédé aux exigences allemandes en faisant entrer dans le cabinet autrichien le principal agent des nazis, Seyss-Inquart, nommé ministre de l'Intérieur et chef de la police autrichienne. Ce grave événement ne suffit pas à éviter la crise personnelle qui opposa M. Chamberlain et M. Eden. Le 18 février, le Premier ministre et le ministre des Affaires étrangères revirent le comte Grandi, et ce fut la dernière affaire qu'ils traitèrent ensemble. L'ambassadeur refusa toute discussion sur la position italienne vis-à-vis de l'Autriche ou sur le plan britannique de retrait d'Espagne des volontaires ou soi-disant volontaires – en réalité cinq divisions de l'armée régulière italienne. Grandi demandait cependant l'ouverture à Rome de conversations d'ordre général ; le Premier ministre y tenait, mais le ministre des Affaires étrangères y était résolument hostile.

Il y eut force pourparlers et réunions du cabinet, à l'issue desquelles M. Eden présenta brièvement sa démission, au motif qu'il était opposé à la tenue de pourparlers avec l'Italie à ce stade et dans ces conditions. Tous ses collègues en furent surpris ; ils ne s'étaient pas rendu compte du fait que les divergences de vues entre le ministre des Affaires étrangères et le Premier ministre avaient atteint le point de rupture. Évidemment, la question de la démission de M. Eden soulevait des problèmes plus vastes et d'ordre plus général. Cependant, tous les ministres s'étaient engagés sur le fond de la controverse. Pendant le reste de cette longue journée, on s'efforça de persuader le ministre des Affaires étrangères de revenir sur sa décision. M. Chamberlain fut impressionné par le désarroi des membres du cabinet : « Voyant combien mes collègues s'étaient montrés déconcertés, je proposai d'ajourner la séance jusqu'au lendemain. » Mais Eden ne vit pas l'intérêt de continuer à rechercher une formule de compromis, et le 20 février, vers minuit, il confirma sa démission. « À mon avis, c'est tout à son honneur » nota le Premier ministre. Lord Halifax fut aussitôt nommé ministre des Affaires étrangères à sa place.

*
* *

Le bruit s'était naturellement répandu qu'il existait de graves dissensions au sein du cabinet, mais les raisons en demeuraient obscures. J'en avais entendu parler, mais j'avais soigneusement évité d'entrer en contact avec M. Eden. J'espérais qu'il ne démissionnerait en aucun cas sans faire connaître ses vues au préalable et sans donner à ses nombreux amis au Parlement l'occasion de porter l'affaire sur la place publique. Mais à cette époque, le gouvernement était si puissant et distant que la lutte se déroula au sein du conclave ministériel, et principalement entre les deux hommes.

Tard dans la nuit du 20 février, alors que je veillais dans ma pièce familière de Chartwell (ainsi que je le fais souvent aujourd'hui), un appel téléphonique m'informa de la démission d'Eden. Je dois avouer que mon courage s'évanouit et que l'espace d'un instant, les sombres flots du désespoir vinrent me submerger. Au cours d'une longue vie, j'ai éprouvé bien des vicissitudes. Pendant toute la guerre qui allait bientôt éclater, et même lors de ses périodes les plus sombres, je n'eus jamais de mal à dormir. Au cours de la crise de 1940, alors que tant de responsabilités pesaient sur moi, et pendant les moments difficiles et tourmentés des cinq années qui suivirent, j'ai toujours pu m'affaler sur mon lit et m'endormir une fois ma tâche accomplie – en restant prêt à répondre, bien sûr, à tout appel urgent. Je dormais profondément et me réveillais reposé, sans autre sentiment que le désir de m'attaquer à tout ce que m'apporteraient les dépêches du matin. Mais cette nuit du 20 février 1938, et cette nuit-là seulement, le sommeil s'obstinait à me fuir. De minuit jusqu'à l'aube, je demeurai éveillé dans mon lit, en proie aux affres du chagrin et de la crainte. Eden m'était apparu comme un personnage jeune et robuste, qui tenait tête résolument aux assauts des grandes vagues sinistres et perfides de l'irrésolution et du renoncement, des faux calculs et des molles impulsions. La façon dont j'aurais conduit les affaires aurait différé de la sienne à bien des égards, mais il me paraissait à cet instant incarner l'espoir de salut de la nation britannique, de cette grande et vieille race qui avait tant fait pour l'humanité et avait encore tant à lui donner. Et voilà qu'il était parti. Je regardai la lumière du jour se glisser lentement à travers les fenêtres, et c'est alors que se présenta à mon esprit la vision de la Mort.

Chapitre XII

LE VIOL DE L'AUTRICHE

(Février 1938)

Généralement, au cours des temps modernes, les États vaincus à la guerre ont conservé leur structure, leur identité et le secret de leurs archives. Mais cette fois, la guerre s'étant terminée par un écrasement total, nous sommes en pleine possession de toute l'histoire intérieure de nos ennemis. Il nous est donc possible de vérifier avec quelque exactitude nos propres renseignements et les résultats de nos actions. En juillet 1936, Hitler avait chargé son état-major de préparer un plan d'occupation de l'Autriche, à mettre en œuvre le moment voulu. Cette opération était baptisée « plan Otto ». Le 5 novembre 1937, il exposa ses desseins aux chefs de ses forces armées. Il fallait à l'Allemagne un plus grand « espace vital », qui pouvait se trouver le plus commodément en Europe orientale, en Pologne, en Russie blanche et en Ukraine. Ceci impliquerait une guerre de grande envergure, et incidemment l'extermination des populations habitant ces territoires[1]. L'Allemagne aurait à compter avec ses deux « abominables ennemis », l'Angle-

---

1. Pour ce compte rendu, Churchill s'appuie manifestement sur le mémorandum établi à l'époque par le colonel Hossbach. Mais il est clair d'après ce document que le Führer n'a mentionné à aucun moment l'extermination des populations habitant les territoires de l'Est, qui ne concernait pas ses chefs militaires et aurait été de nature à les indisposer. Par ailleurs, Hitler s'en tenait invariablement à son principe maintes fois exposé : « Ne dire aux responsables que ce qu'ils doivent savoir, et au moment où ils doivent le savoir. »

terre et la France, pour qui « un colosse allemand au centre de l'Europe serait intolérable ». Pour profiter de l'avantage qu'elle s'était acquis dans la production d'armements et de la ferveur patriotique suscitée et incarnée par le parti nazi, l'Allemagne devait donc saisir la première occasion favorable d'entrer en guerre et de régler leur compte à ses deux adversaires déclarés, avant qu'ils ne soient prêts à combattre.

Neurath, Fritsch et même Blomberg, tous trois influencés par les opinions du ministère des Affaires étrangères, de l'état-major et du corps des officiers, s'alarmèrent de cette politique. Les risques à courir leur paraissaient trop élevés. Ils reconnaissaient que l'audace du Führer leur avait assuré une supériorité très nette sur les Alliés dans tous les secteurs du réarmement. L'armée se développait de mois en mois. La décadence intérieure de la France et le manque de résolution en Grande-Bretagne étaient des facteurs favorables qui ne manqueraient pas de produire leur plein effet. Qu'importait une année ou deux, alors que tout se présentait si bien ? Il leur fallait du temps pour mettre au point la machine de guerre, et un discours conciliant prononcé de temps à autre par le Führer suffirait à entretenir les jacasseries de ces démocraties futiles et dégénérées. Mais Hitler n'en était pas certain. Son génie lui soufflait que la victoire ne serait pas obtenue à coup sûr. Il lui fallait courir des risques. Il s'agissait de faire le saut. Ses succès l'avaient exalté ; d'abord le réarmement, puis la conscription, ensuite la Rhénanie, enfin l'adhésion de l'Italie mussolinienne. Attendre que tout soit au point, c'était sans doute courir le risque d'arriver trop tard. Il est très facile aux historiens, comme à tous ceux qui n'ont pas à vivre et agir au jour le jour, d'affirmer qu'Hitler aurait tenu le sort du monde entre ses mains s'il avait laissé sa force croître encore une ou deux années avant de frapper. Mais ce n'est pas sûr ; la vie humaine, comme celle des États, ne comporte aucune certitude. Hitler était pressé et résolu à faire la guerre pendant qu'il était encore dans la fleur de l'âge.

Blomberg, dont la position au sein du corps des officiers s'était trouvée affaiblie par un mariage inadapté[1], fut limogé en premier. Après quoi, le 4 février 1938, Hitler congédia Fritsch[2] et prit personnellement le commandement des forces armées. Pour autant qu'un seul être humain – si doué et si puissant soit-il, si terribles que soient les sanctions qu'il est en mesure d'infliger – puisse exercer effectivement son autorité sur d'aussi vastes sphères, le Führer assuma le commandement direct, non seulement de la politique de l'État, mais encore de l'appareil militaire. Il paraissait à ce moment doté d'une puissance comparable à celle de Napoléon après Austerlitz et Iéna, sans bien sûr la gloire d'avoir gagné de grandes batailles en dirigeant personnellement les opérations à dos de cheval ; mais dans les domaines diplomatique et politique, il n'en avait pas moins remporté des triomphes que son entourage et ses partisans savaient n'être dus qu'à lui, à son jugement et à son audace.

*
* *

Outre sa résolution, si nettement exprimée dans *Mein Kampf*, de rassembler dans le Reich toutes les races teutoniques, Hitler avait encore deux raisons de vouloir absorber la République autrichienne. Cette opération ouvrait du même coup à l'Allemagne la porte de la Tchécoslovaquie et les portails plus spacieux des Balkans. Depuis l'assassinat du chancelier Dollfuss en juillet 1934 par la section autrichienne du parti nazi, le travail de subversion du gouvernement indépendant de l'Autriche par l'argent, l'intrigue et la force n'avait jamais cessé. Le mouvement nazi en Autriche

---
1. En clair, le vieux maréchal von Blomberg s'était remarié avec une prostituée – qui ne lui avait pas été présentée par hasard.
2. Le général baron Werner von Fritsch, commandant en chef de l'armée de terre, avait dû démissionner après avoir été faussement accusé d'homosexualité. Il s'agissait naturellement de l'empêcher de succéder à von Blomberg en tant que ministre de la guerre.

s'amplifiait à chaque succès qu'Hitler remportait ailleurs, que ce soit en Allemagne même ou contre les Alliés. Il avait fallu progresser pas à pas. Officiellement, von Papen était chargé d'entretenir les relations les plus cordiales avec le gouvernement autrichien, et d'en obtenir la reconnaissance officielle du parti nazi autrichien en tant que groupement légal. À cette époque, l'attitude de Mussolini avait imposé une certaine réserve. Après l'assassinat du Dr Dollfuss, le dictateur italien s'était rendu en avion à Venise pour accueillir et réconforter la veuve du chancelier, réfugiée dans cette ville, et des forces italiennes considérables avaient été concentrées sur la frontière méridionale de l'Autriche. Mais à l'aube de 1938, des changements décisifs s'étaient produits dans les groupements de forces européennes. La ligne Siegfried dressait devant la France une barrière grandissante d'acier et de ciment, exigeant, semblait-il, un sacrifice énorme en vies françaises pour être percée. L'accès depuis l'ouest était verrouillé. Mussolini avait été poussé dans l'orbite de l'Allemagne par des sanctions tellement inefficaces qu'elles l'avaient irrité sans l'affaiblir ; il aurait pu méditer avec délices le célèbre axiome de Machiavel : « Les hommes vengent les injures bénignes, mais non les graves. » Par-dessus tout, les démocraties avaient paru donner la preuve répétée qu'elles s'inclineraient devant la violence tant qu'elles ne seraient pas elles-mêmes directement assaillies. Von Papen manœuvrait habilement au sein des cercles politiques autrichiens, et beaucoup de notables avaient cédé à sa pression ou à ses intrigues. L'industrie du tourisme, si importante pour Vienne, était entravée par l'incertitude qui régnait ; à l'arrière-plan, l'activité terroriste et les attentats à la bombe ébranlaient l'existence précaire de la République autrichienne.

L'heure paraissait venue de mettre la main sur la politique autrichienne, en faisant entrer dans le cabinet de Vienne des chefs du parti nazi autrichien, récemment légalisé. Le 12 février 1938, huit jours après avoir endossé le commandement suprême, Hitler avait convoqué le chancelier Schuschnigg à Berchtesgaden. Celui-ci avait obéi, et s'était fait accompagner par son ministre des Affaires étrangères, Guido Schmidt. Nous connaissons aujourd'hui le compte rendu de Schuschnigg, qui inclut le dialogue suivant*: Hitler avait mentionné les ouvrages fortifiés de la frontière autrichienne ; ceux-ci offraient tout juste la résistance nécessaire pour justifier l'opération militaire destinée à en avoir raison, soulevant ainsi les questions capitales de la guerre et de la paix.

> « HITLER. – Il me suffit de donner un ordre, et du jour au lendemain, tous ces ridicules épouvantails frontaliers disparaîtront. Vous ne pensez pas sérieusement que vous pourriez me retarder une demi-heure ? Qui sait ? Peut-être serai-je à Vienne du jour au lendemain, comme un orage de printemps. Alors, vous pourrez vraiment voir quelque chose. Je voudrais bien épargner cette épreuve aux Autrichiens ; elle coûtera de nombreuses victimes. *Après les troupes, il y aura les SA et la Légion !* Personne ne pourra retenir leur vengeance, pas même moi. Tenez-vous à faire de l'Autriche une nouvelle Espagne ? Je voudrais bien éviter tout cela si possible.
>
> SCHUSCHNIGG. – Je vais réunir les renseignements nécessaires et mettre fin à toute construction d'ouvrages défensifs sur la frontière allemande. Bien sûr, je me rends compte que vous pouvez faire entrer vos troupes en Autriche ; mais, Monsieur le chancelier, que nous le voulions ou non, cela conduirait à une effusion de sang. Nous ne sommes pas seuls au monde. Cela déclenchera probablement la guerre.
>
> HITLER. – C'est très facile à dire en ce moment où nous sommes confortablement assis dans des fauteuils, mais derrière tout cela, il y a beaucoup de souffrances et de sang ! Voulez-vous en prendre la responsabilité, Monsieur Schuschnigg ? Ne croyez pas que quiconque au monde m'empêchera d'exécuter mes décisions ! L'Italie ? Je n'ai aucun différend avec Mussolini. Je suis dans les meilleurs termes avec l'Italie. L'Angleterre ? L'Angleterre ne lèvera

---

* SCHUSCHNIGG, *Ein Requiem in Rotweiss-Rot*, pp. 37 et s.

pas le petit doigt pour l'Autriche... Et la France ? Eh bien ! il y a deux ans, lorsque nous sommes entrés en Rhénanie avec une poignée de bataillons – à ce moment-là, oui, j'ai beaucoup risqué. Si la France avait marché à ce moment-là, nous aurions été forcés de nous retirer... Mais pour la France, il est maintenant trop tard ! »

La première entrevue eut lieu à 11 heures du matin. Après un déjeuner officiel, les Autrichiens furent convoqués dans une petite pièce où ils se trouvèrent en face de Ribbentrop et de von Papen, porteurs d'un ultimatum écrit. Les conditions ne permettaient aucune discussion, elles comprenaient la nomination du nazi autrichien Seyss-Inquart au poste de ministre de la Sûreté dans le cabinet autrichien, une amnistie générale des nazis autrichiens détenus, et l'incorporation officielle du parti nazi autrichien dans le Front patriotique parrainé par le gouvernement.

Plus tard, Hitler reçut le chancelier Schuschnigg : « Je vous le répète, c'est votre toute dernière chance. Il faut que dans trois jours, cet accord soit exécuté. » Dans le journal du général Jodl, on peut lire ceci : « Von Schuschnigg et Guido Schmidt sont de nouveau soumis à la plus forte pression militaire et politique. À 11 heures du soir, Schuschnigg signe le protocole*. » Dans le traîneau qui les ramenait vers Salzbourg sur les routes couvertes de neige, von Papen dit à Schuschnigg : « Oui, voilà comment il peut être, le Führer ; vous en avez maintenant fait vous-même l'expérience. Mais la prochaine fois que vous viendrez, vous passerez de bien meilleurs moments. Le Führer sait être vraiment charmant**. »

Le drame alla jusqu'à son terme. Mussolini envoya à Schuschnigg une note verbale pour lui dire qu'il considérait l'attitude de l'Autriche à Berchtesgaden comme légitime et adroite à la fois. Il l'assurait en même temps de l'inaltérable

---

* *Nuremberg Documents* (H. M. *Stationery Office*). Part. I, p. 249.
** SCHUSCHNIGG, *op. cit.*, pp. 51. 2.

sympathie de l'Italie à l'égard de la question autrichienne, et de son amitié personnelle. Le 24 février, le chancelier autrichien lui-même prit la parole devant son Parlement ; il se félicita de l'arrangement conclu avec l'Allemagne, tout en affirmant, avec quelque rudesse, que jamais l'Autriche ne consentirait à aller au-delà des stipulations de cet accord. Le 3 mars, par l'intermédiaire de l'attaché militaire autrichien à Rome, il adressa à Mussolini un message confidentiel pour lui faire connaître son intention de renforcer la situation politique en Autriche au moyen d'un plébiscite. Vingt-quatre heures plus tard, il reçut le rapport de l'attaché militaire autrichien à Rome sur son entretien avec Mussolini. Le Duce avait fait montre d'optimisme ; la situation allait s'améliorer. Une détente imminente entre Rome et Londres allait assurer un allégement de la pression alors existante. Quant au plébiscite, Mussolini formulait un avertissement : *E un errore* (C'est une faute). « Si le résultat est satisfaisant, on dira qu'il n'est pas sincère. S'il est mauvais, la position du gouvernement autrichien deviendra intolérable. Et s'il est indécis, il n'aura aucune valeur. » Mais Schuschnigg était résolu ; le 9 mars, il annonça officiellement qu'un plébiscite se tiendrait sur tout le territoire de l'Autriche le dimanche suivant, 13 mars.

Tout d'abord il ne se passa rien ; Seyss-Inquart parut accepter l'idée sans faire de difficultés. Mais le 11 mars, à 5 h 30 du matin, Schuschnigg fut appelé au téléphone par la préfecture de police de Vienne. On lui apprit que « la frontière allemande à Salzbourg est fermée depuis une heure. Les douaniers allemands ont été retirés et les communications ferroviaires sont coupées ». Le message suivant à l'adresse du chancelier autrichien émanait de son consul général à Munich ; il annonçait que le corps d'armée allemand de cette ville avait été mobilisé. Destination probable : l'Autriche !

Plus tard dans la matinée, Seyss-Inquart vint annoncer au chancelier que Göring avait dit au téléphone que le plébiscite devait être annulé sur l'heure. Si dans ce délai, Göring n'avait reçu aucune réponse, il considérerait que

Seyss-Inquart avait été empêché de téléphoner, et il prendrait des mesures en conséquence. Après avoir été informé par des fonctionnaires responsables qu'il ne pouvait pas entièrement compter sur la police et sur l'armée, Schuschnigg avisa Seyss-Inquart que le plébiscite serait ajourné. Un quart d'heure plus tard, Seyss-Inquart revint avec une réponse de Göring griffonnée sur un bloc-notes :

> « La situation ne peut être sauvée que si le chancelier démissionne immédiatement et si, dans un délai de deux heures, le Dr Seyss-Inquart est nommé chancelier. Si rien n'est fait dans le délai imparti, l'invasion de l'Autriche par l'armée allemande s'ensuivra*. »

Schuschnigg se rendit chez le président Miklas pour lui remettre sa démission. Tandis qu'il se trouvait dans le bureau du président, on lui apporta un message déchiffré du gouvernement italien l'informant qu'il ne pouvait lui donner aucun conseil. Le vieux président s'obstinait : « Ainsi, en cette heure critique, on me laisse seul ! » Il refusa obstinément de nommer un chancelier nazi. Il était résolu à forcer les Allemands à commettre un acte de violence scandaleux. Mais ils y étaient tout disposés. Le lendemain, Hitler donnait aux forces armées allemandes ses ordres en vue de l'occupation militaire de l'Autriche. Le « plan Otto » si longuement étudié, si mûrement préparé, entrait en application. À Vienne, pendant une longue journée mouvementée, le président Miklas tint tête à Seyss-Inquart et aux chefs nazis autrichiens. La conversation téléphonique entre Hitler et le prince Philippe de Hesse, son envoyé spécial auprès du Duce[1], a été citée au cours d'une déposition à Nuremberg, et elle n'est pas sans intérêt :

HESSE. – Je reviens à l'instant du palazzo Venezia. Le Duce a tout accepté de la façon la plus amicale. Il vous envoie ses

---

* SCHUSCHNIGG, *op. cit.*, pp. 66-72.
1. Le prince Philippe de Hesse-Cassel était l'époux de la princesse Mafalda, fille du roi d'Italie.

salutations. Il avait été mis au courant par l'Autriche ; von Schuschnigg lui avait communiqué les nouvelles. Il avait alors répondu que l'intervention italienne serait totalement impossible ; ce serait du bluff et ce n'était pas faisable. On lui a donc fait savoir [à Schuschnigg] que les choses avaient malheureusement été arrangées ainsi et qu'elles ne pouvaient plus être changées. Après quoi Mussolini a dit que le sort de l'Autriche ne lui importerait pas.

HITLER. – Alors veuillez dire à Mussolini que je n'oublierai jamais son attitude.

HESSE. – Bien.

HITLER. – Jamais, jamais, jamais, quoi qu'il arrive !... Je suis toujours prêt à conclure avec lui un tout autre accord.

HESSE. – Oui, je lui ai dit cela aussi.

HITLER. – Dès que l'affaire autrichienne sera réglée, je serai prêt à l'accompagner à travers toutes les épreuves. Rien d'autre ne compte.

HESSE. – Bien, mon Führer.

HITLER. – Écoutez-moi, je conclurai n'importe quel accord... Je ne redoute plus la terrible situation militaire dans laquelle nous nous serions trouvés impliqués. Vous pouvez lui dire que je le remercie de tout cœur. Jamais, jamais je n'oublierai cela !

HESSE. – Oui, mon Führer.

HITLER. – Je ne l'oublierai jamais, quoi qu'il arrive ! S'il a jamais besoin d'une aide quelconque, ou s'il se trouve en danger, il peut être certain que je serai à ses côtés, quoi qu'il arrive, même si le monde entier devait se dresser contre lui.

HESSE. – Oui, mon Führer*.

De fait, Hitler devait tenir parole en faisant libérer Mussolini de la prison où l'avait enfermé le gouvernement provisoire italien en septembre 1943.

*
* *

---

* SCHUSCHNIGG, *op. cit.*, pp. 102-103 et *Nuremberg Documents*, Part. I, pp. 258-259.

Une entrée triomphale à Vienne avait toujours été le rêve du caporal autrichien. Le parti nazi viennois avait prévu d'organiser une retraite aux flambeaux dans la nuit du samedi 12 mars pour accueillir le conquérant. Mais personne ne vint. Trois Bavarois abasourdis, qui appartenaient aux services de ravitaillement et étaient arrivés en chemin de fer pour préparer le cantonnement de l'armée d'invasion, furent donc portés en triomphe dans les rues. La cause de ce contretemps s'ébruita lentement. La machine de guerre allemande avait tant bien que mal traversé la frontière pour s'arrêter près de Linz. Malgré des conditions atmosphériques et des routes parfaites, la majorité des chars était tombée en panne ; des défauts étaient apparus dans l'artillerie lourde motorisée ; la route de Linz à Vienne était bloquée par des véhicules lourds immobilisés. Le général von Reichenau, commandant du 4ᵉ groupe d'armées et grand favori d'Hitler, fut tenu pour responsable de ce fiasco, qui révélait au monde l'état d'impréparation de l'armée allemande à cette étape de sa reconstitution.

Hitler lui-même, traversant Linz en auto, fut témoin de l'embouteillage et eut un accès de fureur. Les chars légers furent dégagés de ce chaos et parvinrent à Vienne tant bien que mal le dimanche matin à l'aube. Les véhicules blindés et l'artillerie lourde motorisée furent chargés sur des plates-formes de chemins de fer, et c'est ainsi seulement qu'ils purent arriver à temps pour la cérémonie. On connaît les photos d'Hitler traversant Vienne au milieu de foules délirantes ou terrifiées. Mais cet instant de gloire mystique avait un arrière-plan agité ; en fait, le Führer était fou de rage au spectacle des insuffisances manifestes de sa machine de guerre. Il tança vertement ses généraux, qui ripostèrent. Ils lui rappelèrent son refus d'écouter Fritsch, qui l'avait averti que l'Allemagne était hors d'état de prendre le risque d'un conflit majeur. Les apparences furent néanmoins sauvées ; les cérémonies officielles et les parades militaires eurent lieu. Dans la journée du dimanche, après que les troupes allemandes et les nazis autrichiens en grand nombre eurent pris possession de Vienne, Hitler annonça la dissolution de la République autrichienne et l'annexion de son territoire à celui du Reich allemand.

*
* *

À cette date, Herr von Ribbentrop était sur le point de quitter Londres pour prendre ses fonctions de ministre des Affaires étrangères du Reich. M. Chamberlain donna un déjeuner d'adieux en son honneur au 10 Downing Street. Nous nous y rendîmes, mon épouse et moi, à l'invitation du Premier ministre. Il y avait environ seize convives. Ma femme était assise à côté de sir Alexander Cadogan, près d'une extrémité de la table. Vers le milieu du repas, un envoyé du *Foreign Office* remit une enveloppe à sir Alexander. Il l'ouvrit et s'absorba dans la lecture du contenu. Puis il se leva, se dirigea vers le Premier ministre et lui donna la lettre. Bien que l'attitude de Cadogan n'eût rien laissé deviner d'anormal, je ne pus m'empêcher de remarquer la préoccupation évidente du Premier ministre. Bientôt, Cadogan reprit sa place en conservant la lettre. On m'informa plus tard de sa teneur : elle annonçait l'invasion de l'Autriche par Hitler et l'avance rapide sur Vienne des forces motorisées allemandes. Le repas se poursuivit sans la moindre interruption, mais aussitôt après, sur un signe de son époux, Mme Chamberlain se leva en disant : « Allons *tous* prendre le café au salon. » Nous passâmes donc au salon, et j'eus alors l'impression très nette, partagée sans doute par quelques autres, que M. et Mme Chamberlain souhaitaient en finir au plus vite. Une sorte de nervosité diffuse gagnait la compagnie, et chacun s'apprêtait à prendre congé des invités d'honneur.

Pourtant, Herr von Ribbentrop et son épouse ne paraissaient nullement se rendre compte de cette atmosphère.

Au contraire, ils s'attardèrent pendant près d'une demi-heure, entamant avec leur hôte et leur hôtesse une conversation animée. À un moment donné, je me trouvai en présence de Frau von Ribbentrop et lui dis en manière d'adieux : « J'espère que l'Allemagne et l'Angleterre conserveront leur amitié. » « Prenez garde de ne pas la compromettre », me répondit-elle aimablement. Je suis certain qu'ils étaient tous deux parfaitement au courant de ce qui s'était passé, mais qu'ils jugeaient habile de tenir le Premier ministre éloigné de son travail et de son téléphone. Finalement, M. Chamberlain dit à l'ambassadeur du Reich : « Je suis désolé, mais il faut que j'aille m'occuper d'affaires urgentes. » Et sans plus de façons, il quitta la pièce. Les Ribbentrop s'attardèrent encore, si bien que la plupart d'entre nous s'excusèrent et partirent. Je suppose qu'ils finirent par en faire autant. C'est la dernière fois que j'ai vu Herr von Ribbentrop avant qu'il ne soit pendu.

C'étaient à présent les Russes qui donnaient l'alerte ; le 18 mars, ils proposèrent une conférence pour examiner la situation. Ils voulaient discuter, ne serait-ce qu'en termes généraux, des moyens de mettre en œuvre le pacte franco-soviétique dans le cadre de la Société des Nations, en cas de grave menace contre la paix de la part de l'Allemagne. Cette proposition fut accueillie sans enthousiasme à Londres comme à Paris. Le gouvernement français était en proie à d'autres préoccupations : des grèves dures avaient éclaté dans les usines d'aviation ; les armées de Franco pénétraient profondément dans le territoire de l'Espagne communiste. Chamberlain, lui, était à la fois sceptique et déprimé ; il était en désaccord profond avec mon analyse des dangers qui nous guettaient, comme avec les moyens que je proposais pour y faire face. Je m'étais prononcé en faveur d'un projet d'alliance entre la Russie, l'Angleterre et la France, seul espoir à mes yeux de contenir la ruée nazie.

D'après M. Feiling, le Premier ministre se confia dans une lettre adressée à sa sœur le 20 mars :

« Ce projet de « grande alliance », comme l'appelle Winston, m'était venu à l'esprit bien avant qu'il en fasse mention... J'en avais parlé à Halifax, et nous l'avions soumis aux chefs d'état-major et aux experts du *Foreign Office*. C'est une idée très séduisante ; en fait, elle n'a pratiquement que des avantages, jusqu'à ce que l'on se mette à en envisager la réalisation. À partir de ce moment-là, le charme s'évanouit. Il suffit de jeter un regard sur la carte pour constater que rien de ce que la France ou nous-mêmes pourrions entreprendre ne préserverait la Tchécoslovaquie d'une invasion par les Allemands, s'ils voulaient la déclencher. J'ai donc abandonné toute idée d'offrir des garanties à la Tchécoslovaquie, ou à la France en ce qui concerne ses obligations envers ce pays*. »

C'était là du moins une décision, mais elle était fondée sur de mauvais arguments. Dans les guerres modernes opposant de grandes nations ou des groupes de nations, ce n'est pas seulement par des efforts locaux que l'on peut défendre telle ou telle zone ; c'est tout l'équilibre du front de guerre qui se trouve impliqué. Voilà qui est encore plus vrai de la politique avant le déclenchement des hostilités, alors qu'elles peuvent encore être évitées. « Les chefs d'état-major et les experts du *Foreign Office* » n'avaient sans doute pas fait un très gros effort intellectuel avant d'informer le Premier ministre que la flotte britannique et l'armée française ne pouvaient se déployer sur le front des monts de Bohême pour s'interposer entre la république tchécoslovaque et les envahisseurs hitlériens. C'était effectivement évident, à ne regarder que la carte. Mais la certitude que le franchissement de la frontière de Bohême entraînerait une conflagration générale en Europe aurait fort bien pu, même à cette date, empêcher ou retarder un nouvel assaut de la part d'Hitler. Combien le raisonnement intime et pondéré de M. Chamberlain paraît erroné lorsqu'on se reporte à la garantie qu'il devait donner à la Pologne *moins d'une année plus tard*, après que toute la valeur stratégique

---

* Feiling, *op. cit.*, pp. 347-348.

de la Tchécoslovaquie eut été sacrifiée, et que le pouvoir et le prestige d'Hitler eurent presque doublé !

*
* *

Le lecteur est invité maintenant à regarder vers l'ouest, en direction de l'île d'Émeraude. *It's a long way to Tipperary*, mais il est parfois indispensable de s'y rendre. Entre l'occupation brutale de l'Autriche et le moment où Hitler révéla ses desseins sur la Tchécoslovaquie, un malheur d'une nature toute différente s'abattit sur nous.

Depuis le début de 1938, des négociations avaient eu lieu entre le gouvernement anglais et celui de l'Irlande du Sud, présidé par M. de Valera. Le 25 avril, un accord fut signé par lequel, entre autres, la Grande-Bretagne renonçait à tous droits d'occuper à des fins navales Queenstown et Berehaven, deux ports de l'Irlande du Sud, ainsi que la base de Lough Swilly. Les deux ports méridionaux constituaient un élément essentiel de la défense navale de notre approvisionnement en vivres. Lorsqu'en 1922, alors que j'étais ministre des Colonies et des Dominions, j'avais eu à m'occuper des détails du statut de l'Irlande élaboré par le cabinet, j'avais prié l'amiral Beatty de venir au *Colonial Office* expliquer à Michael Collins l'importance de ces ports pour l'ensemble du système d'approvisionnement de la Grande-Bretagne. Collins fut immédiatement convaincu. « Bien sûr qu'il vous faut ces ports », avait-il dit, « ils sont vitaux pour vous. » Les choses furent ainsi réglées, et tout se passa sans incident au cours des seize années suivantes. Les raisons qui faisaient de Queenstown et de Berehaven des ports nécessaires à notre sécurité sont faciles à comprendre : pendant la première Grande Guerre, ils avaient servi au ravitaillement en combustible de nos flottilles de destroyers affectées à la chasse aux sous-marins allemands dans l'Atlantique, ainsi qu'à la protection des convois dès leur entrée dans les eaux resserrées de la côte ouest ; Lough Swilly était également utile pour protéger les abords de la Clyde et de la Mersey. L'abandon de ces ports et de cette base signifiait que nos flottilles devraient partir de Lamlash au nord, et de Pembroke Dock ou de Falmouth au sud, réduisant ainsi de plus de 400 milles dans chaque sens leur rayon d'action et la protection qu'elles pouvaient assurer.

Il me paraissait incroyable que les chefs d'état-major aient pu consentir à abandonner cet élément capital de notre sécurité et, jusqu'au dernier moment, je crus que nous avions du moins sauvegardé notre droit d'occuper ces ports irlandais en cas de guerre. Pourtant, M. de Valera annonça devant le *Dail*[1] que la cession n'était accompagnée d'aucune clause restrictive. On m'assura par la suite que M. de Valera avait été surpris de la facilité avec laquelle le gouvernement britannique avait accédé à sa demande. Il ne l'avait fait figurer parmi ses propositions qu'à titre de monnaie d'échange, qu'il était prêt à abandonner une fois les autres problèmes réglés à sa satisfaction.

Lord Chatfield a consacré un chapitre de son ouvrage[*] à expliquer sa position et celle des autres chefs d'état-major ; il devrait être lu par toutes personnes voulant approfondir la question. Pour ma part, je reste convaincu que l'abandon sans contrepartie de notre droit d'utiliser les ports irlandais en cas de guerre constituait une grave atteinte à l'existence et à la sécurité nationale de la Grande-Bretagne. Il est difficile d'imaginer plus grande impéritie – surtout en un pareil moment. Il est vrai qu'en définitive, nous avons survécu sans l'aide de ces ports ; il est vrai aussi que, si nous n'avions pu nous en passer, nous les aurions repris de force plutôt que périr par la famine. Mais cela n'excuse rien ; maints navires et maintes vies devaient bientôt être sacrifiés du fait de ce flagrant exemple d'apaisement à courte vue.

---

1. Le *Dail Éireann*, la chambre basse du Parlement irlandais.
* Lord CHATFIELD, *It might happen again*, chap. XVIII.

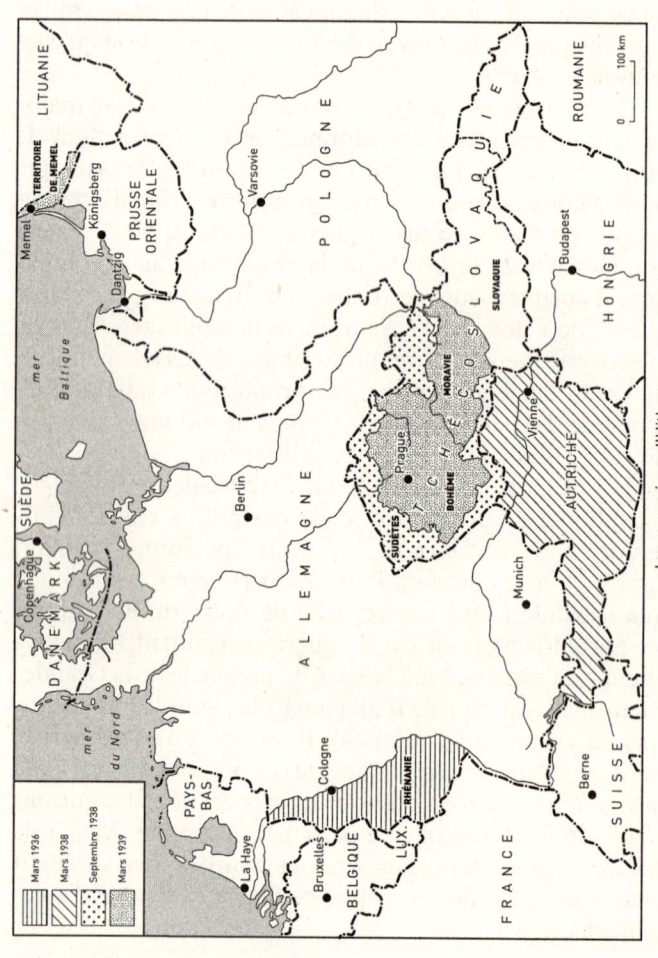

Les annexions d'Hitler

Chapitre XIII

LA TCHÉCOSLOVAQUIE

Alors que l'invasion de l'Autriche battait son plein, Hitler avait dit au général von Halder[1], qui l'accompagnait en voiture : « Voilà qui sera fort incommode pour les Tchèques ! » Halder avait tout de suite saisi la portée de cette remarque, qui lui paraissait éclairer l'avenir. Elle lui révélait les intentions d'Hitler, en même temps que son ignorance militaire. « Il était pratiquement impossible, devait plus tard expliquer Halder, à l'armée allemande d'attaquer la Tchécoslovaquie par le sud. La seule ligne de chemin de fer utilisable passait par Linz, elle était entièrement découverte, et tout effet de surprise était exclu. » Mais la conception politico-stratégique fondamentale d'Hitler était juste. Le mur occidental continuait à s'édifier et, même s'il était loin d'être achevé, il évoquait déjà pour l'armée française les effroyables souvenirs de la Somme et de Passchendaele. Hitler était convaincu que ni la France ni la Grande-Bretagne ne se battraient.

Le jour où les armées allemandes pénétraient en Autriche, on nous rapporta que Göring avait donné au ministre tchèque à Berlin l'assurance formelle que le Reich n'avait *aucune mauvaise intention à l'égard de la Tchécoslovaquie*. De son côté, le président du Conseil français, M. Blum, avait déclaré solennellement au ministre tchèque à Paris le 14 mars que la France tiendrait scrupu-

---

1. Le général Franz Halder. Churchill anoblit systématiquement la plupart des généraux allemands.

leusement ses engagements envers la Tchécoslovaquie. Ces protestations diplomatiques ne pouvaient cacher la sinistre réalité. Toute la situation stratégique sur le continent s'en trouvait modifiée. L'Allemagne pouvait à présent concentrer sa propagande et son armée sur les confins occidentaux de la Tchécoslovaquie, dont les provinces frontalières étaient ethniquement allemandes et comprenaient un parti national-socialiste actif, agressif et impatient de jouer le rôle de cinquième colonne en cas de conflit.

*
* *

Dans l'espoir d'exercer sur l'Allemagne un effet dissuasif, le gouvernement britannique, conformément à la résolution prise par M. Chamberlain, rechercha les bases d'un accord avec l'Italie en Méditerranée. Ceci renforcerait la position de la France et permettrait aux Français comme aux Anglais de reporter leur attention sur les événements d'Europe centrale. Mussolini, apaisé dans une certaine mesure par la chute d'Eden et conscient de sa forte position dans ce marchandage, ne découragea pas la repentance britannique. Le 16 avril 1938 fut signé un accord anglo-italien qui laissait en fait à l'Italie les mains libres en Abyssinie et en Espagne, en échange de la promesse impondérable d'une bonne volonté italienne en Europe centrale. Le *Foreign Office* était sceptique quant à la valeur de cette transaction. Le biographe de M. Chamberlain nous dit que celui-ci écrivit à l'époque dans une lettre privée : « Vous auriez dû voir le projet qui m'avait été soumis par le *Foreign Office* ; il y avait de quoi geler un ours polaire*. »

Quant à moi, je partageais la méfiance du *Foreign Office*.

Hitler suivait l'évolution des événements avec attention. Pour lui aussi, l'alignement définitif de l'Italie en cas de crise européenne avait beaucoup d'importance. Lors d'une

---

* Feiling, *op. cit.*, p. 350.

conférence à laquelle il avait convié ses chefs d'état-major à la fin d'avril, il envisagea les moyens propres à hâter les choses. Mussolini désirait obtenir toute liberté d'action en Abyssinie. En dépit du consentement que venait de lui accorder le gouvernement britannique, il n'était pas exclu que le Duce pourrait un jour avoir besoin de l'appui allemand dans cette aventure, auquel cas il devait accepter un coup de force allemand contre la Tchécoslovaquie. Le moment était venu de faire aboutir l'affaire, et dans le règlement du problème tchécoslovaque, l'Italie se trouverait entraînée du côté de l'Allemagne. Les déclarations des hommes d'État britannique et français furent naturellement étudiées à Berlin. L'intention exprimée par les représentants de ces deux puissances occidentales de convaincre les Tchèques de se montrer raisonnables dans l'intérêt de la paix européenne y fut enregistrée avec satisfaction. Le parti nazi des Sudètes, dirigé par Henlein, se mit à formuler ses revendications d'autonomie pour les régions bordant la frontière allemande. Les ministres de Grande-Bretagne et de France à Prague rendirent visite peu après au ministre tchèque des Affaires étrangères pour « exprimer l'espoir que le gouvernement tchèque irait le plus loin possible afin d'obtenir un règlement de la question ».

Pendant le mois de mai, les Allemands de Tchécoslovaquie reçurent l'ordre de faire monter l'agitation. Des élections municipales devaient se tenir à bref délai, et le gouvernement allemand organisa en prévision de cet événement une guerre des nerfs savamment orchestrée ; des rumeurs persistantes de mouvements de troupes allemandes en direction de la frontière tchèque circulaient déjà. Les démentis allemands ne rassurèrent pas les Tchèques qui, dans la nuit du 20 au 21 mai, décrétèrent la mobilisation partielle de leur armée.

Depuis quelque temps, Hitler avait acquis la conviction que ni la France ni la Grande-Bretagne ne se battraient pour la Tchécoslovaquie. Le 28 mai 1938, il réunit ses principaux conseillers et donna l'ordre de préparer l'attaque.

Pourtant, les conseillers militaires d'Hitler n'étaient pas unanimes à partager la confiance absolue qui était la sienne; la prépondérance militaire alliée étant encore considérable, sauf dans les airs, les généraux allemands n'arrivaient pas à se persuader que la France et l'Angleterre s'inclineraient devant le défi du Führer. Pour briser l'armée tchèque et percer ou tourner la forteresse de Bohême, il faudrait pratiquement trente-cinq divisions, et l'état-major allemand avertit Hitler que l'armée tchèque devait être considérée comme permanente, avec un armement et un équipement modernes. D'autre part, les fortifications du mur de l'Ouest ou ligne Siegfried existaient bien à l'état d'ouvrages de campagne, mais elles étaient loin d'être achevées. Or, l'attaque de la Tchécoslovaquie ne laisserait que cinq divisions d'active et huit de réserve pour la défense de toute la frontière occidentale allemande contre une armée française capable de mobiliser cent divisions. Les généraux étaient atterrés à l'idée de courir pareil risque, alors qu'en attendant quelques années de plus, l'armée allemande aurait de nouveau l'ascendant. Bien que l'instinct politique du Führer se soit trouvé justifié par le pacifisme et la faiblesse des Alliés lors du rétablissement de la conscription, de l'occupation de la Rhénanie et de l'invasion de l'Autriche, le haut commandement allemand ne parvenait pas à croire que le bluff d'Hitler réussirait une quatrième fois. Il semblait en effet insensé de supposer que de grandes nations victorieuses, fortes d'une supériorité militaire évidente, abandonneraient une fois encore le chemin du devoir et de l'honneur, qui était aussi celui de la prudence et du bon sens. Enfin, il y avait la Russie et ses affinités slaves avec la Tchécoslovaquie: à ce stade, son attitude envers l'Allemagne restait lourde de menaces.

Les relations officielles entre la Russie et la Tchécoslovaquie, ainsi que les relations personnelles des dirigeants soviétiques avec le président Beneš, étaient celles d'une étroite et solide amitié. L'origine en remontait d'abord à une certaine parenté de races, et aussi à certains événements relativement récents qui méritent une brève digression. Lorsque le président Beneš me rendit visite à Marrakech en janvier 1944, il me raconta l'histoire suivante : en 1935, Hitler lui avait offert de s'engager à respecter en toutes circonstances l'intégrité de la Tchécoslovaquie, en échange d'une garantie que cette dernière resterait neutre en cas de guerre franco-allemande. Lorsque Beneš fit état du traité qui l'obligeait à se tenir aux côtés de la France en pareil cas, l'ambassadeur d'Allemagne répondit qu'il n'était pas nécessaire de dénoncer ce traité ; il suffirait d'y manquer le moment voulu, en s'abstenant de mobiliser ou d'agir. La petite république ne pouvait s'offrir le luxe de s'indigner à l'énoncé d'une pareille suggestion ; elle redoutait déjà beaucoup l'Allemagne, d'autant que celle-ci pouvait à tout moment soulever et envenimer la question des Allemands des Sudètes, mettant ainsi les Tchèques dans un embarras extrême et un péril grandissant. C'est pourquoi ils laissèrent passer l'affaire sans commentaires ni engagements, et les choses en restèrent là pendant plus d'une année. À l'automne de 1936, le président Beneš reçut un message d'une haute personnalité militaire allemande l'informant que, s'il voulait bénéficier de l'offre du Führer, il lui fallait se presser, car il allait bientôt se produire en Russie des événements qui permettraient à l'Allemagne de se passer de l'aide des Tchèques.

Tandis que Beneš méditait sur le sens de cette allusion inquiétante, il apprit que le gouvernement allemand communiquait avec d'importantes personnalités en Russie par le canal de l'ambassade soviétique à Prague. Cela faisait partie de ce que l'on a appelé la conspiration des militaires et de la vieille garde communiste pour renverser Staline et introduire en Russie un nouveau régime ayant une politique pro-allemande. Le président Beneš informa Staline sans délai de tous les renseignements qu'il put réunir*. Il

---

* Il y a quelque raison de croire que les informations de Beneš avaient été préalablement communiquées à la police tchèque par la

s'ensuivit en Russie soviétique une purge impitoyable – mais peut-être pas inutile – des milieux politiques et militaires, ainsi qu'une série de procès à partir de janvier 1937, dans lesquels le procureur Vychinsky joua un rôle si magistral[1].

Bien qu'il soit hautement improbable que la vieille garde communiste ait eu partie liée avec les chefs militaires, ou *vice versa*, les deux clans étaient certainement jaloux de Staline, qui les avait chassés du pouvoir. Peut-être fut-il alors commode de se débarrasser en même temps des uns et des autres, conformément aux normes en vigueur dans les États totalitaires. Zinoviev, Boukharine et d'autres chefs historiques de la révolution furent donc fusillés, de même que le maréchal Toukhatchevski, qui avait représenté l'Union soviétique au couronnement du roi George VI, et beaucoup d'autres officiers supérieurs de l'armée. La liquidation ne toucha pas moins de 5 000 fonctionnaires et officiers au-dessus du grade de capitaine. L'armée russe fut purgée de ses éléments pro-allemands et sa valeur militaire en souffrit cruellement. Le gouvernement soviétique était désormais fortement prévenu contre l'Allemagne. Staline se sentait personnellement redevable envers le président Beneš[2], et le gouvernement soviétique souhaitait vivement lui venir en aide, ainsi qu'à son pays menacé par le péril nazi. Bien entendu, Hitler comprenait parfaitement la situation, mais je doute qu'il en ait été de même pour les gouvernements britannique et français. M. Chamberlain et

---

Guépéou, qui désirait les voir atteindre Staline par une source étrangère amicale. Cela n'enlève rien, toutefois, au service que Beneš rendit à Staline, et peut donc être négligé.

1. Cette purge « peut-être pas inutile » et ce procureur Vychinsky au « rôle si magistral » sont manifestement destinés à éviter de déplaire à Staline – un impératif primordial à la date de rédaction de ce chapitre.

2. Churchill prête ici au dictateur géorgien de nobles sentiments qui lui sont entièrement étrangers. À Kamenev, qui lui demandait un jour s'il savait ce qu'était la reconnaissance, Staline avait répondu : « Oui, camarade Kamenev, je le sais parfaitement : c'est une maladie de chien ! »

les états-majors britannique et français considéraient surtout l'épuration de 1937 comme un démantèlement interne de l'armée russe, et elle leur donnait l'image d'une Union soviétique déchirée par des haines et des vengeances féroces. C'était peut-être une opinion exagérée, car un système de gouvernement fondé sur la terreur peut très bien se trouver renforcé par une démonstration aussi radicale qu'impitoyable. Mais le fait saillant de ce récit, c'est l'étroite association de la Russie et de la Tchécoslovaquie en général, et de Staline et Beneš en particulier.

Cependant, ni les dissensions intérieures en Allemagne ni les liens qui unissaient Staline et Beneš n'étaient connus du monde extérieur, ou appréciés à leur juste valeur par les ministres français et britanniques. Tout inachevée qu'elle fût, la ligne Siegfried apparaissait comme un redoutable élément de dissuasion ; la force exacte et la valeur combative de la nouvelle armée allemande ne pouvaient être mesurées avec précision, et l'on s'en exagérait certainement l'importance ; on redoutait aussi les dangers incalculables auxquels les attaques aériennes exposeraient les villes sans défenses ; et par-dessus tout, les démocraties gardaient au cœur la haine de la guerre.

M. Daladier, devenu président du Conseil, renouvela néanmoins le 12 juin la garantie donnée par son prédécesseur le 14 mars, et il présenta les engagements de la France envers la Tchécoslovaquie comme « sacrés et irrévocables ». Cette déclaration si importante réduit à néant toutes les arguties selon lesquelles le traité de Locarno, signé treize ans plus tôt, aurait implicitement négligé l'Est européen, dans l'attente d'un Locarno oriental. Il ne peut y avoir aucun doute au regard de l'histoire que le traité franco-tchèque de 1924 était parfaitement valable, en fait comme en droit – et que cela fut réaffirmé par tous les chefs de gouvernement au cours des diverses péripéties de 1938.

Sur cette question, cependant, Hitler restait convaincu que seule son évaluation de la situation était la bonne, et le 18 juin, il donna ses ordres définitifs pour l'attaque de la

Tchécoslovaquie, tout en cherchant à calmer l'inquiétude de ses généraux. À Keitel, il déclara : « Je ne déciderai d'engager l'action contre la Tchécoslovaquie qu'une fois fermement convaincu que la France ne marchera pas et que, par conséquent, l'Angleterre n'interviendra pas – tout comme cela s'est passé lors de la réoccupation de la zone démilitarisée et de l'entrée de nos troupes en Autriche. »*

Le 26 juillet 1938, Chamberlain annonça au Parlement que lord Runciman se rendrait en mission à Prague dans l'intention de rechercher sur place une solution, au moyen de transactions entre le gouvernement tchèque et M. Henlein. Le lendemain, les Tchèques publièrent un projet de statut des minorités nationales, qui devait servir de base aux négociations. Le même jour, lord Halifax déclara au Parlement : « Je ne crois pas qu'il y ait aujourd'hui en Europe un seul pays gouverné par des hommes qui désirent la guerre. » Lord Runciman arriva à Prague le 3 août, et entama une série de discussions interminables et compliquées avec les diverses parties intéressées. Au bout de quinze jours, les négociations furent rompues, et dès lors, les événements se précipitèrent.

Le 27 août, Ribbentrop, devenu ministre des Affaires étrangères, fit part à son gouvernement de la visite de l'ambassadeur d'Italie à Berlin. Celui-ci « avait reçu de Mussolini de nouvelles instructions écrites, demandant que l'Allemagne fît faire savoir en temps utile la date probable de son action contre la Tchécoslovaquie ». Mussolini demandait à être aussi prévenu afin « de pouvoir prendre en temps voulu les mesures nécessaires sur la frontière française ».

*
* *

L'anxiété alla croissant pendant tout le mois d'août.

Dans l'après-midi du 2 septembre, je reçus un message de l'ambassadeur soviétique, m'informant qu'il aimerait

---

* *Nuremberg Documents*, Part. II, p. 10.

venir me voir immédiatement à Chartwell pour une affaire urgente. Depuis quelque temps, j'étais personnellement en relations amicales avec M. Maisky, qui voyait aussi très souvent mon fils Randolph. Je reçus donc l'ambassadeur qui, après quelques préliminaires, me conta explicitement et en détail les faits que je rapporte ci-dessous. Avant qu'il ne fût allé bien loin dans son exposé, je me rendis compte qu'il me faisait cette communication à moi, simple particulier, parce que le gouvernement soviétique préférait cette voie à celle d'une offre faite directement au *Foreign Office*, qui aurait pu essuyer un refus. On attendait manifestement de moi que je rende compte au gouvernement de Sa Majesté de ce qui m'était communiqué. L'ambassadeur ne me le dit pas explicitement, mais cela pouvait se déduire du fait que l'on ne me demandait pas le secret. L'affaire me frappant d'emblée comme étant de la première importance, je pris soin de ne m'engager en aucune façon et d'éviter toute parole pouvant prêter à controverse, afin de ne pas indisposer Halifax et Chamberlain lorsqu'ils en prendraient connaissance. Voici en substance ce qu'il me déclara :

> L'ambassadeur de France à Moscou étant en congé, son chargé d'affaires s'était rendu auprès de M. Litvinov pour lui demander, au nom de son gouvernement, quelle aide la Russie pourrait fournir à la Tchécoslovaquie en cas d'attaque allemande, compte tenu en particulier des difficultés pouvant découler de la neutralité de la Pologne et de la Roumanie. Litvinov lui répondit d'abord que l'Union soviétique était résolue à remplir ses obligations. Il reconnaissait les difficultés créées par l'attitude de la Pologne et de la Roumanie, mais estimait que dans le cas de la Roumanie, elles n'étaient pas insurmontables. Si, par exemple, la Ligue déclarait que la Tchécoslovaquie était victime d'une agression de la part de l'Allemagne, cela inciterait probablement la Roumanie à permettre aux forces terrestres et aériennes russes de traverser son territoire. Même si la décision du conseil de la Ligue n'était pas unanime, M. Litvinov pensait qu'il suffirait d'une décision prise à la majorité des votants, et que la Roumanie

s'y associerait probablement. M. Litvinov proposa donc que le Conseil de la SDN fût saisi de l'affaire en vertu de l'article 11, au motif qu'il existait une menace de guerre nécessitant une consultation entre ses membres. Il ajouta que le plus tôt serait le mieux, car le temps pourrait venir à manquer. Des pourparlers devraient immédiatement s'engager au niveau des états-majors russes, français et tchèques, afin de déterminer les moyens de fournir l'assistance nécessaire. Il préconisa également des consultations entre les puissances pacifiques au sujet des meilleurs moyens de préserver la paix, pouvant éventuellement déboucher sur une déclaration commune de la France, de la Russie et de la Grande-Bretagne. M. Litvinov pensait que les États-Unis appuieraient moralement une telle déclaration.

Ainsi parla M. Maisky. Je répondis qu'il me paraissait improbable que le gouvernement britannique envisage de nouvelles démarches, à moins d'une rupture des négociations entre Henlein et Beneš qu'on ne puisse en aucune manière imputer au gouvernement tchécoslovaque. Nous devions éviter d'irriter Hitler, s'il inclinait vraiment à une solution pacifique.

J'envoyai le compte rendu de tout ceci à lord Halifax dès que je l'eus dicté. Il me répondit le 5 septembre sur un ton réservé qu'il ne voyait pas, pour l'heure, l'utilité d'une démarche telle que celle envisagée au titre de l'article 11, mais qu'il garderait cette proposition à l'esprit. « Pour l'instant, je pense comme vous que nous devrons examiner la situation en fonction du rapport que Henlein a ramené de Berchtesgaden. » Il ajoutait que la situation restait très inquiétante.

*
* *

Dans son éditorial du 7 septembre, le *Times* écrivait ceci :

« Si les Allemands des Sudètes demandent à présent au gouvernement tchèque plus que celui-ci n'est disposé à leur accorder aux termes de ses dernières propositions, on ne peut qu'en déduire que les Allemands veulent obtenir davantage qu'une simple amélioration de situation pour ceux qui ne se sentent pas à l'aise au sein de la république tchécoslovaque. Dans ce cas, le gouvernement tchécoslovaque aurait peut-être intérêt à prendre en compte le projet, caressé dans certains milieux, qui consiste à donner plus d'homogénéité à la Tchécoslovaquie par la cession à une nation voisine d'une bande de territoire dont les habitants lui sont ethniquement apparentés. »

Cela impliquait naturellement l'abandon de toute la ligne fortifiée des monts de Bohême. Bien que le gouvernement britannique ait fait savoir aussitôt que cet article du *Times* ne reflétait pas ses vues, l'opinion publique étrangère, notamment en France, était loin d'être rassurée. M. Bonnet, alors ministre des Affaires étrangères, assure que le 10 septembre 1938, il a posé la question suivante à sir Eric Phipps, notre ambassadeur à Paris : « Demain, Hitler pourrait attaquer la Tchécoslovaquie. Dans ce cas, la France mobilisera immédiatement. Elle se retournera vers vous pour vous dire : Nous marchons : marchez-vous avec nous ? Quelle sera la réponse de la Grande-Bretagne ? »

Le 12, sir Eric Phipps reçut la réponse suivante, envoyée par lord Halifax avec l'approbation du cabinet :

« Je ne méconnais naturellement pas l'importance pour le gouvernement français d'obtenir une réponse nette à cette question. Mais comme vous l'avez vous-même indiqué à Bonnet, une pareille question, si simple en apparence, ne peut être isolée des circonstances dans lesquelles elle se poserait, et ces circonstances sont à ce stade purement hypothétiques.

De plus, il est impossible au gouvernement de Sa Majesté de ne tenir compte que de son seul point de vue à l'égard du problème, car toute décision, toute mesure prise par nous, engagerait en fait les Dominions. Or, les gouvernements des Dominions répugneraient certainement à voir leur position fixée de manière quelconque, avant que ne se produisent des événements dont ils voudraient juger par eux-mêmes.

Aussi, pour autant qu'il m'est possible de fournir une réponse dès à présent à la question de M. Bonnet, je dirais que, bien que le gouvernement de Sa Majesté ne puisse jamais permettre que soit menacée la sécurité de la France, il est hors d'état de préciser le caractère ou la date de son action future, dans des circonstances qui sont impossibles à prévoir aujourd'hui*. »

Faisant état de la déclaration suivant laquelle « le gouvernement de Sa Majesté ne permettrait jamais que soit menacée la sécurité de la France », les Français demandèrent quelle aide ils pourraient attendre si elle l'était effectivement. D'après Bonnet, Londres répondit : « Pendant les six premiers mois de la guerre, deux divisions non motorisées et 150 avions. » Si M. Bonnet cherchait une excuse pour abandonner les Tchèques à leur sort, il faut reconnaître qu'il l'avait trouvée.

Le même jour du 12 septembre, lors d'un congrès du parti à Nuremberg, Hitler attaqua violemment les Tchèques, et ceux-ci répliquèrent le jour suivant par la proclamation de la loi martiale dans certains districts de la république. Le 14 septembre, les négociations avec Henlein furent définitivement rompues, et le 15, le chef des Sudètes s'enfuit en Allemagne.

La crise avait atteint son point culminant.

---

* *Cf.* Georges BONNET, *De Washington au Quai d'Orsay*, pp. 360-361.

Chapitre XIV

LA TRAGÉDIE DE MUNICH

Sur la crise qui s'est achevée à Munich par le sacrifice de la Tchécoslovaquie, bien des livres ont été écrits et bien d'autres le seront encore. Nous ne donnerons ici que certains faits saillants, afin d'établir l'enchaînement global des événements. Le 21 septembre, devant l'assemblée de la SDN, Litvinov donna un avertissement officiel :

« La Tchécoslovaquie subit actuellement l'ingérence d'un État voisin qui menace publiquement et bruyamment de l'attaquer. L'une des nations européennes les plus anciennes, les plus cultivées, les plus travailleuses, et dont l'indépendance a été acquise après des siècles d'oppression, peut avoir, aujourd'hui ou demain, à reprendre les armes pour la sauvegarder.

Lorsque, quelques jours avant mon départ pour Genève, le gouvernement français s'est enquis pour la première fois de notre attitude en cas d'agression contre la Tchécoslovaquie, je lui ai donné, au nom de mon gouvernement, cette réponse parfaitement claire et sans équivoque :

"Nous avons l'intention de remplir nos obligations aux termes du pacte, et d'apporter aux côtés de la France notre aide à la Tchécoslovaquie, par tous les moyens dont nous disposons. Notre ministère de la Guerre est prêt dès maintenant à participer à une conférence avec des représentants des ministères de la Guerre français et tchécoslovaque pour discuter des mesures appropriées."

Il y a deux jours seulement que le gouvernement tchèque a demandé officiellement à mon gouvernement si, conformément au pacte d'assistance soviéto-tchèque, l'Union soviétique était disposée à apporter à la Tchécoslovaquie une aide efficace et immédiate, au cas où la France, fidèle à ses engagements, lui apporterait une aide similaire. À cela, mon gouvernement a répondu nettement par l'affirmative. »

Cette déclaration publique et sans restrictions de l'une des plus grandes puissances en cause n'a joué aucun rôle dans les négociations de M. Chamberlain, ou dans la façon dont la France a géré la crise.

L'offre soviétique fut purement et simplement ignorée. Les Russes ne furent pas associés au front anti-hitlérien, et on les traita avec une indifférence – pour ne pas dire un dédain – qui laissa son empreinte dans l'esprit de Staline. Les événements suivirent leur cours comme si la Russie soviétique n'existait pas. Nous devions bientôt le payer très cher.

Au soir du 26 septembre, dans son discours de Berlin, Hitler mentionna l'Angleterre et la France en termes conciliants, mais il lança une attaque aussi grossière que brutale contre Beneš et les Tchèques. Il déclara catégoriquement que les Tchèques devaient évacuer les Sudètes, mais qu'une fois cette question réglée, il se désintéresserait de la Tchécoslovaquie. « C'est ma dernière revendication territoriale en Europe. »

Vers 8 heures du soir, M. Leeper, alors chef du département de presse du *Foreign Office*, présenta au ministre des Affaires étrangères un communiqué dont voici le passage essentiel :

> « Si, en dépit des efforts accomplis par le Premier ministre britannique, une attaque allemande est lancée contre la Tchécoslovaquie, il en résultera immédiatement pour la France l'obligation de venir au secours de celle-ci, et la Grande-Bretagne *ainsi que la Russie* se tiendront certainement aux côtés de la France. »

Ce texte fut approuvé par lord Halifax et aussitôt rendu public.

L'heure du conflit semblait arrivée, et les forces adverses étaient en ordre de bataille. Les Tchèques avaient un million et demi d'hommes en armes derrière la ligne fortifiée la plus solide d'Europe, équipée par une industrie puissante et hautement organisée. L'armée française était en partie mobilisée, et, bien qu'à contrecœur, les ministres français étaient disposés à honorer leurs engagements envers la Tchécoslovaquie. Le 28 septembre, à 11 h 20 du matin, l'Amirauté lança l'ordre de mobilisation de la flotte britannique.

Une lutte interne et incessante était déjà engagée entre le Führer et ses conseillers militaires. La crise paraissait comporter tous les éléments que redoutaient les généraux allemands. Trente à quarante divisions tchèques étaient déployées sur les frontières orientales de l'Allemagne, et le poids de l'armée française, évalué à presque huit contre un, commençait à se faire lourdement sentir sur le mur de l'Ouest. Si la Russie prenait part aux hostilités, elle pourrait opérer à partir des aérodromes tchèques, et les armées soviétiques seraient en mesure de se frayer un passage à travers la Pologne ou la Roumanie.

Certains généraux allemands avaient ourdi un complot pour arrêter Hitler et « immuniser l'Allemagne contre ce fou furieux ». D'autres déclaraient que le moral de la population allemande ne résisterait pas à une guerre européenne, à laquelle les forces armées allemandes n'étaient pas encore préparées.

L'amiral Raeder, chef de la marine de guerre allemande, adressa un appel véhément au Führer, qui prit tout son sens lorsqu'on apprit quelques heures plus tard la mobilisation de la flotte britannique. Alors, Hitler hésita. À 2 heures du matin, la radio allemande démentait officiellement que l'Allemagne eût l'intention de mobiliser le 29, et dans la même matinée, à 11 h 45, la presse britannique recevait de l'agence officielle de presse allemande une déclaration similaire. Pour cet homme solitaire qui possédait une stupéfiante force de volonté, la tension nerveuse à ce moment précis dut être des plus sévères. Il s'était manifestement avancé jusqu'au bord même d'une conflagration générale. Pouvait-il sauter le pas face à une opinion publique défavorable et aux avertissements solennels des chefs de son armée, de sa marine et de son aviation ? Pouvait-il, d'autre part, se permettre une reculade après avoir vécu si longtemps sur son prestige ?

Mais M. Chamberlain était également actif, et il contrôlait désormais pleinement la politique étrangère. Lord Halifax suivait l'orientation de son chef, en dépit des doutes grandissants qui lui étaient inspirés par l'atmosphère régnant au sein de son ministère ; le cabinet lui-même, bien que profondément troublé, se montrait obéissant ; la majorité à la Chambre des communes était habilement encadrée par ses chefs de file. Un homme et un seul dirigeait nos affaires. Il ne reculait ni devant ses responsabilités, ni devant les efforts personnels qu'elles exigeaient. Le 14 septembre, de sa propre initiative, il avait télégraphié à Hitler pour lui proposer d'aller le rencontrer. Trois fois en tout, le Premier ministre de Sa Majesté s'envola pour l'Allemagne, lui et lord Runcinam étant persuadés que seule la cession des Sudètes pouvait dissuader Hitler d'envahir la Tchécoslovaquie. La troisième fois, ce fut Munich, en présence de MM. Daladier et Mussolini.

Les Russes n'avaient pas été invités, et les Tchèques eux-mêmes ne furent pas admis aux réunions. Leur gouvernement fut informé en quelques mots secs, dans la soirée du 28, qu'une conférence des représentants des quatre puissances européennes se tiendrait le lendemain. Les « quatre grands » se mirent rapidement d'accord. Les conversations commencèrent à midi et durèrent jusqu'à 2 heures du matin. Un mémorandum fut rédigé et signé le 30 septembre, également à 2 heures du matin ; il acceptait pour l'essentiel les exigences allemandes. L'évacuation des Sudètes aurait lieu en cinq étapes à compter du 1er octobre, et devrait être achevée dans les dix jours. Une commission internationale fixerait le tracé définitif des frontières.

Le document fut présenté aux délégués tchèques. Ils s'inclinèrent, tout en déclarant qu'ils « souhaitaient protester solennellement à la face du monde contre une décision qui leur avait été imposée ». Le président Beneš démissionna, au motif que « sa présence pourrait désormais constituer un obstacle aux évolutions auxquelles devra s'adapter le nouvel État ». Il quitta donc la Tchécoslovaquie pour se réfugier en Angleterre. Le démembrement de son pays se poursuivit. Les Allemands n'étaient pas les seuls vautours à dépecer la carcasse ; le gouvernement polonais lança un ultimatum de 24 heures aux Tchèques, pour les sommer de leur livrer sans délai le district frontalier de Teschen. Il était impossible de se soustraire à cette dure exigence. Les Hongrois à leur tour firent connaître leurs revendications.

*
* *

Tandis que les quatre hommes d'État attendaient que les experts eussent rédigé le texte définitif, le Premier ministre demanda à Hitler s'il accepterait d'avoir avec lui un entretien particulier. Hitler « s'empressa d'acquiescer* ». Les deux hommes d'État se retrouvèrent donc dans l'appartement munichois d'Hitler au matin du 30 septembre ; ils étaient seuls avec l'interprète. Chamberlain présenta un projet de déclaration proclamant que « la question des relations anglo-allemandes est d'une importance primordiale pour nos deux pays comme pour l'Europe » et que « nous considérons l'accord signé la nuit dernière, ainsi que l'accord naval anglo-allemand, comme des symboles

---

* Feiling, *op. cit.*, p. 376

du désir de nos deux peuples de ne plus jamais se faire la guerre ».

Hitler lut cette note et la signa sans hésiter.

Chamberlain rentra en Angleterre. À Heston, où il atterrit, il agita la déclaration commune qu'il avait fait signer à Hitler, et il la lut aux notables et à la foule venus l'accueillir. En quittant l'aéroport, alors que sa voiture se frayait un chemin à travers les multitudes qui l'acclamaient, il dit à Halifax, assis à ses côtés : « Dans trois mois, il n'en restera rien. » Mais depuis les fenêtres de Downing Street, il brandit à nouveau sa feuille de papier et prononça ces paroles : « C'est la seconde fois dans notre histoire qu'est ramenée d'Allemagne jusqu'à Downing Street la paix dans l'honneur. Je crois que c'est la paix pour notre époque*. »

Les conceptions d'Hitler s'étaient trouvées une fois de plus entièrement justifiées. L'état-major allemand en resta confondu. Une fois de plus, après tout, le Führer avait eu raison. Tout seul, avec son génie et son intuition, il avait exactement pesé toutes les données militaires et politiques. Une fois encore, comme en Rhénanie, l'autorité du Führer avait triomphé de l'obstination des chefs militaires. Tous ces généraux étaient des patriotes ; ils aspiraient à voir la mère patrie reconquérir son rang dans le monde. Ils se vouaient nuit et jour à la recherche de tous les moyens de renforcer leur armée. Ils ressentirent donc douloureusement le fait de s'être montrés si peu à la hauteur de l'événement, et dans bien des cas, leur antipathie et leur méfiance à l'égard d'Hitler se mua en admiration pour ses dons éminents et sa chance miraculeuse. Il y avait certainement là une étoile à suivre, un guide auquel obéir. C'est ainsi qu'Hitler devint finalement le maître incontesté de l'Allemagne, et vit s'ouvrir devant lui la voie de ses grands desseins. Les conspirateurs se tinrent cois et ne furent pas trahis par leurs frères d'armes.

---

* Feiling, *op. cit.*, p. 381.

Il n'est pas facile aujourd'hui, alors que nous avons tous traversé d'intenses épreuves physiques et morales, de dépeindre à une autre génération les passions qui se déchaînèrent en Angleterre à l'occasion des accords de Munich. Dans les milieux conservateurs, des familles et des amis intimes se trouvèrent divisés à un point que je n'avais jamais connu. Des hommes et des femmes, qu'unissaient depuis longtemps la solidarité de parti, les rapports mondains et les liens de parenté, se toisaient désormais avec mépris et colère. La question ne pouvait être réglée par les foules en liesse qui avaient accueilli M. Chamberlain à l'aéroport et bloqué les accès à Downing Street, ni par les efforts surhumains des chefs de file et des militants. Nous qui n'étions qu'une minorité à l'époque, négligions les sarcasmes et les regards menaçants des partisans du gouvernement. Le cabinet était ébranlé jusque dans ses fondations, mais ce qui était fait était fait, et il tint bon. Un seul ministre se désolidarisa : le premier lord de l'Amirauté, M. Duff Cooper, se démit de ses hautes fonctions, dans lesquelles il s'était honoré en mobilisant la flotte. Au moment où M. Chamberlain régnait en maître sur l'opinion publique, il alla se frayer un chemin à travers la foule en délire pour exprimer son désaccord complet avec celui qui la guidait.

Dès l'ouverture des débats sur Munich qui devaient durer trois jours, il prononça son discours de démission. Ce fut là un des incidents les plus saisissants de notre vie parlementaire. Parlant avec aisance et sans une note pendant quarante minutes, il tint sous le charme la majorité de son parti qui lui était hostile. Pour les travaillistes et pour les libéraux, qui étaient violemment opposés au gouvernement, il était aisé de l'applaudir ; mais au sein du parti conservateur se jouait une lutte déchirante.

Ce long débat ne fut pas indigne de l'émotion qu'il suscitait et des questions qu'il soulevait. Je me souviens fort bien que quand je déclarai : « Nous avons essuyé une défaite complète et sans mélange », la tempête de protestations qui se déchaîna me contraignit à m'arrêter un instant avant de poursuivre mon intervention. Beaucoup de gens éprouvaient une admiration sincère pour les efforts persévérants et stoïques de M. Chamberlain en faveur de la paix, ainsi que pour la manière dont il avait payé de sa personne. Il est impossible de ne pas noter dans ce récit la longue suite de faux calculs, de jugements erronés sur les hommes et sur les faits qui motiva ses décisions, mais la noblesse des mobiles qui inspiraient M. Chamberlain n'a jamais été contestée, et la ligne de conduite qu'il avait adoptée exigeait un courage moral à toute épreuve. À ces vertus, je rendis hommage deux ans plus tard dans le discours que je prononçai après sa mort.

Il y avait un argument sérieux et précis que le gouvernement pouvait invoquer, bien qu'il ne fût pas à son honneur : nul ne pouvait nier que nous étions effroyablement mal préparés à faire la guerre. Qui s'était davantage évertué à le prouver que moi et mes amis ? La Grande-Bretagne s'était laissé largement dépasser par l'Allemagne dans le domaine de l'aviation ; tous nos points vulnérables demeuraient sans protection ; c'est à peine si l'on aurait trouvé cent canons antiaériens pour la défense de la plus vaste cité et de la plus importante agglomération du monde – encore étaient-ils pour la plupart entre les mains d'hommes dépourvus d'entraînement. Si Hitler était honnête et si l'on avait vraiment obtenu une paix durable, alors Chamberlain avait eu raison. Si, par malheur, Chamberlain avait été dupé, nous avions tout au moins gagné un répit pour nous permettre de réparer nos plus graves omissions. Ces considérations, jointes au soulagement et à la joie générale éprouvés à l'idée que les horreurs de la guerre étaient momentanément évitées, suscitaient l'approbation loyale de la masse des partisans du gouvernement. La Chambre approuva la politique du gouvernement de Sa Majesté « grâce à laquelle la guerre avait été évitée lors de la récente crise » par 366 voix contre 144. Les trente ou quarante conservateurs dissidents ne purent marquer leur désapprobation qu'en s'abstenant. C'est ce que nous fîmes, solennellement et unanimement.

Le 1er novembre, le Docteur Hácha, une nullité, fut élu président des restes de la Tchécoslovaquie. Un nouveau gouvernement entra en fonction à Prague : « La situation en Europe et dans le monde en général, déclara le ministre des Affaires étrangères de ce pitoyable gouvernement, n'est pas de nature à laisser espérer une période de calme dans un proche avenir. » Tel était aussi l'avis d'Hitler. L'Allemagne procéda à un partage en règle des dépouilles au début de novembre. La Pologne put occuper en toute tranquillité la lande de Teschen ; la Slovaquie, avancée comme un pion par l'Allemagne, obtint une autonomie précaire ; la Hongrie reçut un morceau de chair aux dépens de la Slovaquie. Lorsque ces conséquences de Munich furent évoquées à la Chambre des communes, M. Chamberlain expliqua que l'offre franco-britannique de garantie internationale, qui avait été donnée à la Tchécoslovaquie après le pacte de Munich, ne concernait pas les frontières existantes de cet État, mais se rapportait uniquement à l'éventualité d'une agression non provoquée. « En ce moment, dit-il avec un grand détachement, nous assistons à la rectification des frontières fixées par le traité de Versailles. Je ne sais si ceux qui sont responsables du tracé de ces frontières ont cru qu'elles demeureraient fixées à jamais. J'en doute fort. Sans doute pensaient-ils que, de temps à autre, il faudrait réajuster ces frontières. Je crois que j'ai assez parlé de la Tchécoslovaquie… » Il devait pourtant avoir une nouvelle occasion d'en parler.

*
* *

Qui, d'Hitler ou des Alliés, a le mieux profité de l'année qui suivit Munich pour augmenter sa puissance militaire ? C'est une question fort controversée. Nombre de gens en

Grande-Bretagne, connaissant notre dénuement, furent bien soulagés de voir, mois après mois, nos forces aériennes se développer et les avions du type Hurricane et Spitfire commencer à sortir. Le nombre des escadrilles formées augmentait et les canons antiaériens se multipliaient, le rythme général de la préparation industrielle à la guerre allait aussi en s'accélérant. Mais ces améliorations, si précieuses qu'elles aient pu paraître, étaient insignifiantes comparées à la puissante progression de l'armement allemand. Comme on l'a expliqué, la production d'armements au niveau national est une tâche qui demande quatre années. La première année ne donne rien, la seconde très peu, la troisième beaucoup et la quatrième une avalanche. L'Allemagne hitlérienne, à cette époque, en était déjà à sa troisième ou quatrième année de préparation intense, et ce, dans une ambiance de contrainte et d'enthousiasme très proche d'un climat de guerre. La Grande-Bretagne, elle, avait travaillé sans plan d'urgence, à un rythme plus faible et sur une échelle bien plus réduite. En 1938-1939, l'ensemble des dépenses militaires britanniques atteignait 304 millions de livres*, tandis que celles de l'Allemagne étaient d'au moins 1 500 millions de livres. Il est probable qu'au cours de l'année précédant l'ouverture des hostilités, l'Allemagne fabriqua au moins le double, peut-être même le triple des armements de la Grande-Bretagne et de la France réunies, et que ses grandes usines de chars atteignirent durant la même période leur pleine capacité de rendement. Elle s'armait donc à une cadence bien supérieure à la nôtre.

L'asservissement de la Tchécoslovaquie priva les Alliés d'une armée tchèque comprenant 21 divisions d'active et 15 ou 16 divisions de réserve déjà mobilisées, et aussi de leur ligne de montagne fortifiée qui avaient exigé à l'époque de Munich le déploiement de 30 divisions, soit l'essentiel des

---

* 1937-1938 : 234 millions de livres.
1938-1939 : 304 millions de livres.
1939-1940 : 367 millions de livres.

effectifs de l'armée allemande motorisée et entièrement entraînée. D'après les généraux Halder et Jodl, il n'était resté à l'ouest, au moment des accords de Munich, que 13 divisions allemandes, dont cinq seulement composées de troupes de première ligne ; du fait de la chute de la Tchécoslovaquie, nous avions certainement subi une perte équivalant à environ 35 divisions. De plus, les usines Skoda changèrent de camp à notre détriment ; or, c'était le second plus grand arsenal de l'Europe centrale, dont la production entre août 1938 et septembre 1939 égalait presque à elle seule le rendement de l'ensemble des usines d'armement britanniques de l'époque. Alors que toute l'Allemagne travaillait à un rythme intensif qui était pratiquement celui d'un temps de guerre, les ouvriers français avaient obtenu dès 1936 la semaine de quarante heures si longtemps désirée.

Le changement qui se produisit dans la puissance relative des armées française et allemande fut encore plus désastreux. À partir de 1938, l'armée allemande voyait augmenter de mois en mois ses effectifs, ses formations et ses réserves, mais aussi sa qualité et son efficacité. Sa supériorité en matière d'entraînement comme de capacité générale allait de pair avec un équipement sans cesse croissant. L'armée française ne pouvait prétendre à rien de semblable ; elle était surclassée dans tous les domaines. En 1935, la France, sans l'aide de ses anciens alliés, aurait pu envahir et réoccuper l'Allemagne, pratiquement sans livrer de combat majeur. En 1936, son écrasante supériorité ne faisait toujours aucun doute. Nous savons maintenant, d'après les révélations allemandes, qu'il en était encore de même en 1938, et c'est la conscience de sa propre faiblesse qui incita le haut commandement allemand à faire tout son possible pour détourner chaque fois Hitler d'entreprendre les coups de force, toujours couronnés de succès, qui vinrent rehausser son prestige. Au cours de l'année qui suivit Munich, l'armée allemande, bien qu'encore inférieure à l'armée française du point de vue des réserves entraînées, approchait de son efficacité maximum. Recrutée dans une population deux fois plus nombreuse que celle de la France, il ne lui faudrait que peu de temps pour devenir la plus forte à tous égards. Au niveau du moral, les Allemands avaient également l'avantage. L'abandon d'un allié, surtout par crainte de la guerre, sape toujours le moral d'une armée. L'impression d'être obligé de céder déprime à la fois les officiers et les hommes. Tandis que du côté allemand, l'assurance, les succès et le sentiment d'une puissance croissante enflammaient les instincts belliqueux de la race, l'aveu de faiblesse décourageait en France les militaires de tous rangs.

*
* *

Il y avait pourtant un domaine d'importance vitale dans lequel nous commencions à dépasser l'Allemagne et à améliorer nos positions. En 1938, le remplacement des chasseurs biplans comme les *Gladiators* par des modèles avancés pour l'époque, Hurricane et plus tard Spitfire, ne faisait que commencer. En septembre 1938, nous n'avions que 5 escadrilles rééquipées en Hurricanes. De plus, on avait laissé s'amoindrir les réserves et les stocks de pièces détachées pour les modèles plus anciens, puisqu'ils allaient bientôt être hors d'usage. Les Allemands étaient bien plus avancés que nous pour le rééquipement de leurs escadrilles de chasseurs modernes. Ils possédaient déjà bon nombre de Me. 109, en face desquels nos vieux appareils auraient fait triste figure. Tout au long de l'année 1939, notre position s'améliora à mesure que de nouvelles escadrilles étaient rééquipées. En juillet de cette année-là, nous possédions 26 escadrilles de chasseurs modernes armés de 8 mitrailleuses, bien que nous n'ayons eu que peu de temps pour les munir de toutes les réserves et pièces de rechange nécessaires. Dès juillet 1940, au moment de la bataille d'Angleterre, nous disposions en moyenne de 47 escadrilles de chasseurs modernes[1].

---

1. « En moyenne », car les escadrilles ne sont pas toutes opérationnelles au même moment.

En fait, les Allemands avaient pratiquement atteint le maximum de leur expansion aérienne, en qualité comme en quantité, avant le début de la guerre. Notre effort était en retard de près de deux ans sur le leur. Entre 1939 et 1940, ils ne renforcèrent leurs effectifs que de 20 %, alors que notre augmentation en chasseurs modernes fut de 80 %. En 1938, nous étions en réalité d'une insuffisance déplorable au point de vue de la qualité, et bien que dès 1939, nous ayons dans une certaine mesure comblé la différence, nous étions encore relativement en plus mauvaise posture qu'en 1940, lorsque survint la grande épreuve.

En 1938, il aurait pu y avoir des raids aériens sur Londres contre lesquels nous étions lamentablement démunis. Par contre, il n'y avait aucune possibilité de bataille aérienne décisive au-dessus de l'Angleterre tant que les Allemands n'occupaient pas la France et les Pays-Bas, obtenant ainsi des bases aériennes à courte distance de nos rivages. Faute de ces bases, ils n'auraient pu faire escorter leurs bombardiers par l'aviation de chasse de cette époque. Or, l'armée allemande était hors d'état de battre les Français en 1938 ou en 1939.

L'énorme production des chars qui permit aux Allemands de rompre le front français ne vit le jour qu'en 1940 ; aussi, en face d'une supériorité française à l'Ouest et d'une Pologne invaincue à l'Est, les Allemands n'auraient-ils certainement pas été en mesure de concentrer toutes leurs forces aériennes contre l'Angleterre, ainsi qu'ils purent le faire après que la France eut été contrainte de se rendre. Dans ces hypothèses, je ne fais entrer en ligne de compte ni l'attitude de la Russie, ni la résistance qu'aurait pu opposer la Tchécoslovaquie. Pour toutes ces raisons, le répit d'une année soi-disant « gagné » grâce à Munich laissa la France et l'Angleterre face à l'Allemagne hitlérienne dans une position bien plus précaire qu'au moment de la crise de Munich.

*
* *

Enfin, il y a le fait consternant qu'au cours de la seule année 1938, Hitler avait annexé au Reich et soumis à sa domination absolue 6 750 000 Autrichiens et 3 500 000 Sudètes, soit un total de plus de 10 millions de sujets, ouvriers et soldats. Oui, vraiment, le fléau de la terrible balance avait penché de son côté.

Chapitre XV

PRAGUE, L'ALBANIE
ET LA GARANTIE À LA POLOGNE

Après que l'impression de soulagement produite par les accords de Munich se fut atténuée, M. Chamberlain et son gouvernement se trouvèrent en présence d'un cruel dilemme. Le Premier ministre avait dit : « Je crois que c'est la paix pour notre époque. » Mais la majorité de ses collègues désirait utiliser cette « époque » pour réarmer aussi rapidement que possible. C'est alors que le cabinet se trouva divisé. Les sentiments d'inquiétude suscités par la crise de Munich et la révélation flagrante de nos lacunes, surtout en matière de DCA, justifiaient un réarmement à outrance. Ceci ne manqua pas d'être vivement critiqué par le gouvernement allemand et par sa presse aux ordres. Mais le sentiment de la nation britannique ne faisait aucun doute ; tout en se réjouissant d'avoir été délivré de la guerre par le Premier ministre et en acclamant à tout rompre les formules pacifistes, le pays éprouvait le besoin aigu d'être armé. Tous les services des trois armes avaient des revendications à présenter et signalaient les insuffisances inquiétantes révélées par la crise. Le cabinet trouva un compromis acceptable : on poursuivrait tous les préparatifs d'armement possibles, sans gêner le commerce du pays et sans indisposer les Allemands et les Italiens par des mesures de grande envergure.

M. Chamberlain persistait à croire qu'il lui suffirait de nouer des contacts personnels avec les dictateurs pour améliorer sensiblement la situation mondiale. Il ne se doutait guère que leurs décisions étaient déjà prises. Plein d'optimisme, il offrit de se rendre en Italie avec lord

Halifax en janvier. Après quelque délai, il reçut une invitation, et la rencontre eut lieu le 11 janvier 1939. On ne peut s'empêcher de rougir en lisant dans le *Journal* de Ciano les remarques qu'échangèrent en coulisse les Italiens sur notre pays et ses représentants. « La visite, écrit Ciano, est essentiellement tenue dans les tons mineurs... Le contact n'a pas encore été pris. Que nous sommes éloignés de ces gens ! Un autre monde. Le Duce et moi en parlions après le dîner. "Ces hommes n'ont plus, disait-il, l'étoffe de Francis Drake et autres aventuriers magnifiques qui créèrent l'Empire. Ceux-ci sont les descendants fatigués d'une longue lignée de générations riches." »
« Les Anglais, note également Ciano, ne veulent pas se battre : ils cherchent à reculer le plus lentement possible, mais ils ne veulent pas se battre... Les entretiens avec les Anglais sont terminés ; rien n'a été fait. Je téléphone à Ribbentrop pour lui dire que la visite n'a été qu'un "flirt" sans conséquences... Perth[1] a envoyé, pour que nous en prenions connaissance, le résumé du discours que Chamberlain prononcera à la Chambre des communes, pour le cas où nous aurions des modifications à proposer. Le Duce l'a approuvé et il a fait ce commentaire : "Je crois que c'est la première fois que le chef du gouvernement britannique soumet à un gouvernement étranger les épreuves d'un de ses discours. Mauvais signe pour eux*." Ce furent pourtant Ciano et Mussolini qui finirent par connaître un destin funeste.

Entre-temps, ce même mois de janvier 1939, Ribbentrop était à Varsovie, afin de poursuivre l'offensive diplomatique contre la Pologne. L'encerclement de la Pologne devait suivre l'absorption de la Tchécoslovaquie. La première étape de cette opération consistait à couper la Pologne de la mer en proclamant la souveraineté allemande sur Dantzig et en prolongeant le contrôle allemand

---

1. Lord James Eric Perth, ambassadeur de Grande-Bretagne à Rome.
* Galeazzo Ciano, *Journal politique*, tome I, p. 20-21 ; 27.

de la Baltique jusqu'au port lituanien de Memel, d'importance vitale. Le gouvernement polonais offrait une vigoureuse résistance à cette pression, et pendant un temps, Hitler se contenta d'observer et d'attendre la saison favorable à une entrée en campagne.

Au cours de la seconde semaine de mars, des rumeurs firent état de mouvements de troupes en Allemagne et en Autriche, particulièrement dans la région Vienne-Salzbourg. On rapportait que quarante divisions allemandes étaient sur le pied de guerre. Confiants dans le soutien de l'Allemagne, les Slovaques s'apprêtaient à se séparer de la république tchécoslovaque. Le colonel Beck, ministre polonais des Affaires étrangères, rassuré de voir la tempête teutonne souffler dans une autre direction, déclara publiquement à Varsovie que la Pologne approuvait entièrement les aspirations slovaques. Le dirigeant slovaque, Monseigneur Tiso, fut reçu à Berlin par Hitler avec les honneurs dus à un premier ministre. Le 12 mars, interrogé au Parlement sur la garantie de la frontière tchécoslovaque, M. Chamberlain rappela que cette garantie ne devait jouer qu'en cas d'agression non provoquée ; or, aucun acte de ce genre ne s'était encore produit. M. Chamberlain n'avait plus longtemps à attendre.

*
* *

Pendant ces journées de mars, un vent d'optimisme pervers soufflait dans les milieux politiques anglais. Malgré les tensions croissantes dans une Tchécoslovaquie soumise, de l'intérieur comme de l'extérieur, à une intense pression allemande, les ministres et les journaux, animés de l'esprit des accords de Munich, gardaient confiance dans la politique qu'ils avaient imposée à la nation. Le 10 mars, le ministre de l'Intérieur faisait part à ses électeurs des espoirs qu'il plaçait en un plan de paix de cinq ans qui devait un jour créer un « nouvel âge d'or ». On en était encore à discuter avec l'Allemagne des termes d'un traité commercial. Le célèbre périodique *Punch* publia un dessin montrant John Bull s'éveillant d'un cauchemar avec un soupir de soulagement, tandis que toutes les rumeurs funestes, les chimères et les soupçons de la nuit s'enfuyaient par la fenêtre. Le jour même où ce dessin était publié, Hitler lançait son ultimatum au gouvernement tchèque vacillant et dépouillé par les accords de Munich de sa frontière fortifiée. Les troupes allemandes entrèrent dans Prague et prirent le contrôle absolu d'un État tchèque qui n'offrit aucune résistance. Je me souviens que je me trouvais avec M. Eden dans le fumoir de la Chambre des communes lorsqu'arrivèrent les éditions du soir qui rapportaient ces événements. Même ceux qui, comme nous, ne se faisaient aucune illusion et ne s'étaient jamais gênés pour le dire, furent surpris par la soudaineté et la brutalité de cette agression. Il nous semblait incroyable que le gouvernement de Sa Majesté, avec tous les renseignements secrets dont il disposait, ait pu se tromper à ce point. Le 14 mars vit la dissolution et l'asservissement de la république tchécoslovaque. Les Slovaques proclamèrent officiellement leur indépendance ; les troupes hongroises, appuyées en sous-main par la Pologne, pénétrèrent en Ukraine subcarpatique, province orientale de la Tchécoslovaquie, revendiquée par la Hongrie. Hitler, arrivé à Prague, proclama le protectorat allemand sur la Tchécoslovaquie, ainsi incorporée au Reich.

Le 15, M. Chamberlain fut contraint de dire à la Chambre des communes : « L'occupation de la Bohême par les forces armées allemandes a commencé ce matin à 6 heures. Le peuple tchèque a reçu de son gouvernement l'ordre de ne pas résister ! » Il s'employa ensuite à démontrer que selon lui, la garantie qu'il avait donnée à la Tchécoslovaquie n'était plus valable : « Les Slovaques ont officiellement proclamé leur indépendance. Cette proclamation met fin, par une rupture intérieure, à l'État dont nous garantissions les frontières. Le gouvernement de Sa Majesté n'est donc plus tenu à cette obligation. »

Cela semblait catégorique. « Je regrette bien sûr amèrement ce qui vient de se produire, conclut le Premier ministre, mais ne nous laissons pas pour autant détourner de notre route. N'oublions pas que l'esprit de tous les peuples du monde reste tourné vers les espoirs de paix. »

M. Chamberlain devait parler deux jours plus tard à Birmingham. J'étais convaincu qu'il accepterait de bonne grâce ce qui venait de se passer. Je fus d'autant plus surpris par sa réaction. Il s'était imaginé qu'il avait pénétré le caractère d'Hitler et avait trouvé le moyen de déterminer avec sagacité les limites des entreprises allemandes. Il était convaincu que Munich avait été une véritable communion spirituelle et qu'avec Mussolini et Hitler, il avait sauvé le monde des abominations de la guerre. Subitement, comme dans une explosion, toute sa confiance et toutes les conséquences de ses actes et de ses discours volèrent en éclats. Bien qu'il fût responsable de graves fautes de jugement, qu'il se fût trompé et eût imposé ses erreurs à ses ministres serviles comme à la malheureuse opinion publique britannique, il n'hésita pas à faire volte-face du jour au lendemain. Si Chamberlain n'avait pas réussi à comprendre Hitler, ce dernier avait totalement sous-estimé le caractère du Premier ministre britannique. Il s'était figuré que son allure si peu militaire et son amour passionné pour la paix expliquaient entièrement sa personnalité, et il voyait dans le parapluie son symbole. Il n'avait pas vu que Neville Chamberlain avait un fond très coriace, et qu'il n'aimait pas être abusé.

Le discours de Birmingham marqua un changement de ton. Il reprocha à Hitler sa violation flagrante des accords de Munich. Il rappela toutes les assurances que lui avait données Hitler : « C'est la dernière revendication territoriale que j'aie à faire valoir en Europe. » « Je me désintéresserai de l'État tchèque et je peux le garantir. Nous ne voulons plus de Tchèques chez nous. » « Je suis persuadé, poursuivit le Premier ministre, que la grande majorité du peuple britannique, après Munich, partageait mon désir sincère de voir cette politique se poursuivre ; mais aujourd'hui, je partage sa déception, son indignation devant ces espérances si cruellement brisées. Comment les événements de cette semaine pourraient-ils se concilier avec les assurances que je viens de vous lire ? Cette agression contre un petit État est-elle la dernière, ou sera-t-elle suivie d'une autre ? Ne s'agit-il pas plutôt d'une nouvelle étape en vue de dominer le monde par la force ? »

On peut difficilement imaginer un plus grand contraste avec l'état d'esprit et la politique exprimés deux jours plus tôt par le Premier ministre devant la Chambre des communes. Entre-temps, il avait dû vivre des moments d'intense débat intérieur. Au surplus, le revirement de Chamberlain ne se limitait pas à des mots. Sur la liste d'Hitler, le « petit État » suivant était la Pologne. Si l'on songe à la gravité des décisions à prendre et au nombre des parties à consulter, cette période dut être bien active. Moins de quinze jours plus tard, le 31 mars, le Premier ministre déclarait devant le Parlement :

> « Dans l'éventualité d'une action qui menacerait nettement l'indépendance de la Pologne et à laquelle le gouvernement polonais déciderait, pour des raisons vitales, de résister avec toutes ses forces nationales, le gouvernement de Sa Majesté se considérerait comme tenu d'apporter immédiatement au gouvernement polonais toute l'aide en son pouvoir. Le gouvernement de Sa Majesté a donné au gouvernement polonais des assurances à cet effet.
>
> J'ajoute que je suis autorisé par le gouvernement français à affirmer que sa position dans cette affaire rejoint celle du gouvernement de Sa Majesté... Et ensuite, les Dominions ont été tenus pleinement informés. »

Ce n'était plus l'heure de récriminer sur le passé. La garantie à la Pologne reçut le soutien de tous les chefs des partis et des groupes de la Chambre des communes. « Avec l'aide de Dieu, nous ne pouvons agir autrement », ai-je déclaré à ce moment. Au point où nous en étions, cette action s'imposait. Mais à toute personne bien informée, il apparaissait que cela déboucherait très probablement sur une guerre de grande ampleur, dans laquelle nous serions entraînés.

*
* *

Dans cette triste narration des erreurs de jugement commises par des hommes capables et bien intentionnés, nous atteignons à présent le point culminant. Le fait que nous en soyons tous arrivés là expose les responsables, si honorables qu'aient été leurs mobiles, à la réprobation de l'histoire. Regardons derrière nous et voyons ce que nous avons successivement accepté ou abandonné : le désarmement de l'Allemagne par traité solennel et le réarmement de l'Allemagne en violation de ce même traité solennel ; l'abandon de la supériorité aérienne et même de la parité ; la réoccupation de la Rhénanie par la force et la construction de la ligne Siegfried ; la création de l'axe Rome-Berlin ; l'absorption et la digestion de l'Autriche par le Reich ; l'abandon et le dépeçage de la Tchécoslovaquie par les accords de Munich ; la ligne de fortifications tchèque aux mains des Allemands ; la production d'armements du puissant arsenal de Skoda au service des armées allemandes ; le dédain avec lequel furent reçues, d'une part, les propositions du président Roosevelt pour stabiliser ou faire évoluer la situation européenne et, d'autre part, l'évidente disposition de la Russie soviétique à se joindre aux puissances occidentales et à marcher à fond avec elles pour sauver la Tchécoslovaquie ; enfin, la renonciation à 35 divisions tchèques qui auraient pu faire front à l'armée allemande encore mal préparée, alors que la Grande-Bretagne ne pouvait envoyer que deux divisions pour renforcer le front de France... Le vent avait tout emporté.

Et maintenant que chacun de ces appuis et de ces avantages a été gaspillé et rejeté, la Grande-Bretagne, tenant la France par la main, s'avance pour offrir de garantir l'intégrité de la Pologne – cette même Pologne qui, avec un appétit de hyène, avait participé six mois plus tôt à peine au partage, au pillage et à la destruction de la Tchécoslovaquie. Combattre pour la Tchécoslovaquie en 1938, cela avait un sens lorsque l'armée allemande pouvait aligner à peine une demi-douzaine de divisions entraînées sur le front occidental, tandis que la France, avec près de 60 ou 70 divisions, était en mesure de franchir rapidement le Rhin ou d'occuper la Ruhr. Mais une telle entreprise avait été jugée déraisonnable, téméraire, indigne de la pensée et de la morale modernes. Et voici qu'à présent, les deux démocraties occidentales se déclaraient enfin prêtes à mettre en jeu leur existence pour sauver l'intégrité territoriale de la Pologne. On fouillera jusqu'aux moindres recoins ce tableau des crimes, des folies et des misères du genre humain qu'on appelle l'histoire, sans qu'il soit possible d'y trouver un parallèle à ce revirement soudain et complet, par lequel une politique de facilité et d'apaisement propitiatoire vieille de cinq ou six ans se trouva transformée presque du jour au lendemain en une sorte d'empressement à accepter une guerre manifestement imminente, dans des conditions bien pires et sur une bien plus vaste échelle.

Au surplus, pouvions-nous protéger la Pologne et rendre notre garantie effective ? Uniquement en déclarant la guerre à l'Allemagne, en attaquant un mur de l'Ouest[1] plus solide et une armée allemande plus puissante que ceux devant lesquels nous avions reculé en septembre 1938. Pas à pas, nous nous étions rapprochés de la catastrophe. Depuis l'époque de la facilité jusqu'à celle où les choses s'étaient aggravées, on pouvait dresser le catalogue de nos abandons devant la puissance toujours plus grande de l'Allemagne. Mais cette fois, l'Angleterre et la France avaient fini par refuser de se soumettre. Enfin une décision, prise au plus mauvais moment, pour les moins bonnes

---

1. Il s'agit du *Westwall* ou ligne Siegfried, un ensemble de fortifications allemandes s'étendant du Luxembourg à la frontière suisse.

raisons, et qui devait sûrement provoquer le massacre de dizaines de millions d'hommes. La cause du droit se trouvait délibérément et maladroitement contrainte à une lutte mortelle, après qu'eurent été si imprudemment gaspillés ses atouts et ses avantages. Pourtant, si vous ne voulez pas prendre les armes pour une juste cause lorsque vous pouvez aisément vaincre sans effusion de sang, si vous refusez encore de combattre quand la victoire est certaine et peu coûteuse, alors vous risquez d'avoir à lutter avec toutes les chances contre vous et un faible espoir de survie. Mais ce peut être encore pire : vous pouvez être forcé de livrer bataille sans espoir de vaincre, parce qu'il vaut mieux périr que vivre en esclave.

L'attitude honteuse des Polonais au moment de la liquidation de l'État tchécoslovaque leur avait rapporté Teschen. Ils n'allaient pas tarder à en payer le prix ; le 21 mars, quand Ribbentrop reçut M. Lipski, ambassadeur de Pologne à Berlin, il lui parla sur un ton beaucoup plus dur qu'auparavant. L'occupation de la Bohême et la création d'une Slovaquie satellite avaient amené les armées allemandes jusqu'aux frontières méridionales de la Pologne. L'ambassadeur expliqua que le Polonais moyen ne pouvait comprendre pourquoi le Reich avait assumé la protection de la Slovaquie, car cette initiative était dirigée contre la Pologne. Il s'enquit également des récents entretiens de Ribbentrop avec le ministre des Affaires étrangères de Lituanie. Avaient-ils porté sur Memel ? Deux jours plus tard, le 23 mars, il reçut la réponse : les troupes allemandes occupaient Memel.

Les moyens d'organiser une résistance quelconque à l'Allemagne en Europe centrale étaient maintenant presque épuisés ; la Hongrie se trouvait dans le camp allemand ; la Pologne s'était désintéressée du sort des Tchèques et n'était pas disposée à collaborer intimement avec la Roumanie ; ni la Roumanie ni la Pologne n'accepteraient de livrer le passage sur leur territoire en cas d'intervention russe contre l'Allemagne. Et pourtant, la clef d'une grande alliance était dans une entente avec la Russie. Le 19 mars, le gouvernement russe soviétique, profondément affecté par les événements et bien que tenu à l'écart pendant la crise de Munich, proposa la réunion d'une conférence à six. Sur cette question aussi, M. Chamberlain avait des vues très arrêtées ; voici ce qu'il écrivait le 26 mars dans sa correspondance privée :

« J'avoue que la Russie m'inspire la plus profonde méfiance. Je ne la crois en aucune façon capable de soutenir une offensive efficace, même si elle en avait le désir. Je me méfie également de ses mobiles, qui me semblent n'avoir que très peu de rapports avec notre idéal de liberté, et consister seulement dans le désir de prendre tous les autres au collet. De plus, elle inspire haine et méfiance à beaucoup de petits États comme la Pologne, la Roumanie et la Finlande*. »

La proposition soviétique d'une conférence à six fut donc reçue fraîchement et avorta.

Les chances d'arracher l'Italie à l'Axe, qui avaient tenu tant de place dans les calculs de la politique britannique, s'évanouissaient également. Le 26 mars, Mussolini, lors d'un violent discours, exposa les revendications italiennes envers la France en Méditerranée. À l'aube du 7 avril 1939, les forces italiennes débarquèrent en Albanie et, après une brève échauffourée, s'emparèrent du pays. Tout comme la Tchécoslovaquie devait constituer une base pour l'agression de la Pologne, l'Albanie servirait de tremplin à l'Italie pour attaquer la Grèce et neutraliser la Yougoslavie. Le gouvernement britannique s'était déjà engagé à défendre la paix dans le nord-est de l'Europe. Qu'allait-il faire devant la menace qui se précisait dans le sud-est ? La flotte britannique de Méditerranée, qui aurait pu contrer l'agression italienne, avait reçu l'ordre de se disperser. Le vaisseau de la paix faisait eau de toutes parts. Le 15 avril 1939, après la proclamation du protectorat allemand sur la Bohême et la

---

* Feiling, *op. cit.*, p. 403.

Moravie, Göring rencontra Mussolini et Ciano à Rome afin de leur exposer les progrès des préparatifs de guerre allemands. Ce même jour, le président Roosevelt envoya des messages personnels à Hitler et à Mussolini pour leur demander de s'engager à ne lancer aucune nouvelle agression pendant dix « ou même vingt-cinq ans, si nous pouvons voir aussi loin ». Le Duce refusa tout d'abord de lire ce message, puis déclara : « C'est une conséquence de la paralysie infantile ! » Il ne se doutait guère qu'il était destiné à souffrir un jour de maux plus sérieux.

*
* *

Le 27 avril, le Premier ministre prit la grave décision de présenter un projet de loi instituant la conscription, bien qu'il se fût souvent engagé à ne pas recourir à cette mesure. C'est à M. Hore-Belisha, ministre de la Guerre, que revient le mérite d'avoir provoqué ce réveil tardif ; il aurait certainement joué sa carrière politique sur cette carte, et plusieurs de ses entretiens à ce sujet avec son chef prirent un tour redoutable. Je le vis à plusieurs occasions durant cette épreuve, où il n'était jamais sûr de conserver son poste jusqu'au lendemain.

Certes, l'instauration du service militaire obligatoire à ce stade ne nous donnait pas une armée. Seuls les hommes de vingt ans étaient appelés ; il fallait encore les entraîner et, après cela, les armer. Mais c'était un geste symbolique de la plus haute importance pour la France, pour la Pologne, et pour toutes les nations auxquelles nous avions prodigué nos garanties. Au cours du débat qui suivit, l'opposition manqua à son devoir. Le parti travailliste et le parti libéral reculèrent l'un et l'autre devant le vieux préjugé profondément enraciné qui avait toujours existé en Angleterre contre le service militaire obligatoire, et leurs chefs trouvèrent des motifs de s'y opposer. Tous deux étaient navrés de l'attitude que la situation de leurs partis les obligeait à prendre, mais tous deux s'y résignèrent, en invoquant quantités de raisons. L'affaire divisa les partis, et les conservateurs firent passer leur projet par 380 voix contre 143. Dans le discours que je prononçai, je fis de mon mieux pour persuader l'opposition de soutenir cette mesure indispensable, mais ce fut en vain. Je comprenais pleinement les difficultés de l'opposition, surtout devant un gouvernement composé d'adversaires politiques. Je me dois de rapporter ces faits, parce qu'ils enlèvent au parti libéral et au parti travailliste tout droit de condamner la politique du gouvernement de l'époque. Ils n'avaient donné alors que trop clairement leur mesure face aux événements ; ils devaient se montrer plus avisés par la suite.

En mars, je me joignis à M. Eden et à une trentaine de conservateurs pour déposer une résolution appelant à la création d'un gouvernement d'union nationale. Pendant l'été, l'opinion publique se montra de plus en plus favorable à cette idée, ou du moins à celle de l'entrée dans le cabinet de M. Eden et de moi-même. Sir Stafford Cripps, qui occupait une position indépendante, se montrait très inquiet des dangers que courait la nation. Il me rendit visite, ainsi qu'aux divers ministres, pour nous supplier de former ce qu'il appelait « un gouvernement unanime ». Je ne pouvais rien faire, mais M. Stanley, président du *Board of Trade*, avait été profondément ému par cette démarche ; il écrivit au Premier ministre pour mettre son portefeuille à sa disposition, si cela devait permettre un remaniement gouvernemental. Le Premier ministre se contenta d'accuser réception dans les formes.

À mesure que passaient les semaines, presque tous les journaux, emmenés par le *Daily Telegraph* et soutenus par le *Manchester Guardian*, se faisaient l'écho de ce mouvement d'opinion. J'étais surpris d'en voir partout chaque jour l'expression obstinée et inlassable. Des milliers d'énormes affiches s'étalaient pendant des semaines sur les panneaux municipaux : « Churchill doit revenir. » Devant la Chambre des communes, des équipes de jeunes volontaires faisaient les cent pas en arborant des placards rédigés dans les mêmes termes. Je n'avais pris aucune part à cette agitation, mais je serais certainement entré au gouvernement si j'y avais été invité. Pourtant, ma chance veillait toujours, et tout le reste s'ensuivit logiquement, naturellement et tragiquement.

Chapitre XVI

VEILLÉE D'ARMES

Nous voici arrivés au moment où toutes les relations ont été rompues entre la Grande-Bretagne et l'Allemagne. Bien sûr, nous savons aujourd'hui qu'il n'y eut jamais de véritables relations entre nos deux pays après l'arrivée d'Hitler au pouvoir. Ce dernier espérait simplement influencer ou intimider la Grande-Bretagne pour qu'elle lui laissât les mains libres en Europe orientale, tandis que M. Chamberlain nourrissait l'espoir d'apaiser le dictateur, de le ramener à de meilleurs sentiments et d'en faire un converti. Cependant, les dernières illusions du gouvernement britannique avaient fini par se dissiper, le cabinet s'était enfin convaincu que l'Allemagne nazie voulait la guerre, et le Premier ministre avait offert des garanties et contractait des alliances partout où la voie lui était encore ouverte, sans se soucier de savoir si nous étions en mesure d'apporter une aide efficace aux pays intéressés. À la garantie accordée à la Pologne vinrent s'ajouter celles données à la Roumanie et à la Grèce, et celles-ci furent complétées par une alliance avec la Turquie.

Il nous faut maintenant revenir à l'affligeant morceau de papier que M. Chamberlain avait fait signer par Hitler à Munich, et qu'il avait brandi triomphalement devant la foule en descendant d'avion à Heston. Ce faisant, le Premier ministre avait évoqué les deux liens qui existaient selon lui entre sa personne et Hitler et entre la Grande-Bretagne et l'Allemagne, à savoir les accords de Munich et le traité naval anglo-allemand. L'asservissement de la

Tchécoslovaquie avait rendu les premiers caducs; et voilà que le 28 avril, Hitler balayait le second. Il dénonçait également le traité de non-agression germano-polonais, en invoquant comme motif immédiat la garantie donnée par l'Angleterre à la Pologne.

*
* *

Le gouvernement britannique dut examiner d'urgence les conséquences pratiques des garanties données à la Pologne et à la Roumanie. Aucune de ces deux garanties n'avait la moindre valeur militaire sans la conclusion d'un accord général avec la Russie. C'est donc dans ce dessein que des conversations furent enfin entamées à Moscou le 15 avril entre l'ambassadeur de Grande-Bretagne et M. Litvinov. Étant donné la façon dont le gouvernement soviétique avait été traité jusqu'alors, il n'y avait pas grand-chose à attendre de lui. Cependant, le 16 avril, les Soviétiques firent une proposition officielle, dont le texte ne fut pas publié, tendant à la création d'un front uni d'assistance mutuelle entre la Grande-Bretagne, la France et l'URSS. Ces trois puissances, avec si possible l'adjonction de la Pologne, devaient en outre accorder leur garantie à ceux des États d'Europe centrale et orientale qui étaient à la merci d'une agression allemande. L'obstacle à la conclusion d'un tel accord, c'était la terreur qu'éprouvaient ces pays limitrophes de recevoir un secours soviétique sous la forme d'unités de l'Armée rouge traversant leurs territoires pour les défendre contre les Allemands, et de se voir par la même occasion incorporés au système soviéto-communiste, dont ils étaient les adversaires acharnés. La Pologne, la Roumanie, la Finlande et les trois États baltes ne savaient pas si s'était l'agression allemande ou le secours russe qu'ils redoutaient davantage. C'est ce cruel dilemme qui paralysait la politique anglaise et française.

Pourtant, il n'est pas douteux, même rétrospectivement, que la Grande-Bretagne et la France auraient dû accepter la proposition russe et proclamer la Triple-Alliance. Quant aux méthodes à employer pour la rendre effective en cas de guerre, elles auraient été réglées entre alliés luttant contre l'ennemi commun. Dans de telles circonstances, il règne un état d'esprit bien différent. En temps de guerre, les alliés sont disposés à se faire de grandes concessions ; la bataille fait rage sur le front et tous les moyens sont bons, même ceux auxquels on répugnerait en temps de paix. Au sein d'une grande alliance comme celle qui aurait pu se constituer, il n'aurait pas été facile à l'un des alliés de pénétrer sur le territoire d'un autre allié sans y avoir été invité.

Mais M. Chamberlain et le *Foreign Office* restèrent perplexes devant cette énigme du sphinx. Quand les événements vont aussi vite et se succèdent en si grand nombre, il est sage de procéder par étapes. L'alliance de la Grande-Bretagne, de la France et de la Russie aurait sérieusement inquiété l'Allemagne en 1939, et nul ne peut affirmer que la guerre n'aurait pu être évitée même à ce stade. Les Alliés auraient pu affronter l'étape suivante avec des forces supérieures et reprendre l'initiative grâce à leur diplomatie. Hitler ne pouvait se permettre, ni de se lancer dans cette guerre sur deux fronts qu'il avait si violemment dénoncée, ni de subir un échec. C'est grand dommage de ne pas l'avoir mis dans cette position embarrassante, qui aurait bien pu lui coûter la vie. Les hommes d'État ne sont pas seulement appelés à régler des questions faciles ; celles-ci se règlent souvent d'elles-mêmes. C'est quand le balancier oscille et que les enjeux sont noyés dans la brume que se présente l'occasion de prendre des décisions propres à sauver le monde. Nous étant mis dans une fâcheuse posture en 1939, nous devions à toute force saisir l'occasion plus large qui s'offrait à nous. Si, par exemple, M. Chamberlain, ayant reçu la propositon russe, avait répondu : « Oui, unissons tous trois nos forces pour tordre le cou à Hitler », ou quelque chose de ce genre, Staline aurait compris et le cours de l'histoire aurait peut-être été changé, sinon en mieux, du moins pas en pire.

Au lieu de cela, il y eut un long silence, tandis que se préparaient des demi-mesures et de judicieux compromis. Ce retard fut fatal à Litvinov. On considéra comme un échec sa dernière tentative d'obtenir des puissances occidentales une décision bien tranchée. Notre crédit était très bas. La sécurité de la Russie exigeait une politique étrangère entièrement différente, et il fallait un homme nouveau pour la représenter. Le 3 mai, un communiqué officiel de Moscou annonça que M. Litvinov avait été relevé de ses fonctions de commissaire du peuple aux Affaires étrangères à sa demande, et que ces fonctions seraient exercées dorénavant par le Premier ministre, M. Molotov. Litvinov, ce Juif éminent en butte à l'animosité des Allemands, fut mis à l'écart comme un outil hors d'usage, et sans lui permettre de s'expliquer, on l'expédia sans cérémonie loin de la scène du monde, où il connut l'obscurité, le dénuement et la surveillance policière. Molotov, peu connu hors de Russie, devint commissaire du peuple aux Affaires étrangères, en étroite liaison avec Staline. Sans être engagé par aucune déclaration antérieure, sans être imprégné de l'atmosphère de la Société des Nations, il pouvait librement suivre les voies que paraîtrait exiger la sécurité de la Russie. En fait, il n'y en avait qu'une seule dans laquelle il semblait enclin à s'engager, lui qui avait toujours été partisan d'un accord avec Hitler. Le gouvernement soviétique était convaincu, du fait de Munich et de bien d'autres choses, que ni la Grande-Bretagne ni la France ne se battraient avant d'avoir été attaquées, et qu'alors elles ne pourraient pas faire grand-chose. L'orage approchait et allait éclater ; la Russie devait veiller à ses intérêts.

Ce revirement brutal et anormal de la politique russe constituait l'une de ces métamorphoses dont sont seuls capables les États totalitaires. À peine deux ans auparavant, les chefs de l'armée russe et plusieurs milliers de ses officiers les plus distingués avaient été massacrés en raison de ces mêmes tendances qui devenaient maintenant acceptables pour la poignée d'hommes inquiets qui régnaient au Kremlin. Le progermanisme avait été une hérésie et une trahison ; voilà que du jour au lendemain, il devenait la politique de l'État, et malheur à quiconque oserait le contester, et souvent même à qui ne prendrait pas le virage assez vite !

Pour la tâche qui se présentait, nul n'était plus apte ou mieux qualifié que le nouveau commissaire du peuple aux Affaires étrangères.

*
* *

Le personnage à qui Staline venait de confier les rênes de la politique étrangère soviétique mérite une description qui échappait à l'époque aux gouvernements britannique et français. Viatcheslav Molotov était un homme d'une habileté peu commune et d'une dureté impitoyable. Il avait survécu aux dangers et aux épreuves effroyables qui furent le lot de tous les chefs bolcheviks durant les années de la révolution triomphante. Il avait vécu et prospéré dans une société où des intrigues multiformes se doublaient de la menace permanente d'une liquidation personnelle. Sa tête en boulet de canon, sa moustache noire, son regard perspicace, son visage de marbre, son habileté verbale, son imperturbabilité étaient autant de manifestations appropriées à ses qualités comme à ses capacités. Il était suprêmement qualifié pour être l'agent et l'instrument de la politique d'un régime imprévisible. Je ne l'ai jamais rencontré que sur un pied d'égalité, dans des conférences où il laissait parfois percer une note d'humour, ou bien à des banquets où il portait aimablement une longue suite de toasts convenus et dépourvus de sens. Je n'ai jamais vu un être humain représenter plus parfaitement la conception moderne du robot. Mais avec tout cela, il y avait en lui un diplomate apparemment raisonnable et bien policé. Ce qu'était son attitude envers ses subordonnés, je ne saurais le dire. Comment il s'est comporté à l'égard de l'ambassadeur du Japon au cours des années qui suivirent la conférence de Téhéran, où Staline avait promis d'attaquer le Japon une fois l'armée allemande battue, on peut le déduire des comptes rendus de leurs conversations. Des entretiens délicats, approfondis, épineux furent menés les uns après les autres avec une pondération parfaite, une résolution impénétrable et une correction pleine d'affabilité. Jamais la moindre fissure, jamais d'éclat inutile. Le sourire de Molotov, semblable à un hiver sibérien, ses paroles soigneusement mesurées et souvent pleines de sagesse, ses façons courtoises, contribuaient à faire de lui le parfait agent de la politique soviétique dans un monde implacable.

La correspondance avec lui sur des sujets controversés était toujours inutile et, si l'on insistait, elle s'achevait par des mensonges et des insultes dont le présent ouvrage nous offrira bientôt quelques exemples. Une seule fois, je l'ai vu manifester une réaction naturelle et humaine. C'était au printemps de 1942, lorsqu'il atterrit en Angleterre à son retour des États-Unis. Nous venions de signer le traité anglo-soviétique, et il se préparait à entamer le dangereux voyage de retour. À la porte du jardin de Downing Street, que nous utilisions pour éviter les regards indiscrets, je lui saisis le bras et nous nous regardâmes dans les yeux. Tout à coup, il parut profondément ému ; l'homme était apparu derrière la statue. Il répondit à mon geste par un geste semblable. Nos mains s'étreignirent en silence. Mais alors, nous étions tous unis dans une lutte à la vie, à la mort. Il avait toujours vécu dans une atmosphère de chaos et de ruine, soit qu'il en fût lui-même menacé, soit que d'autres y fussent plongés par ses soins. La mécanique soviétique avait trouvé en Molotov un représentant qualifié et typique à bien des égards, invariablement fidèle au parti et à la discipline communistes. Comme je suis heureux, au crépuscule de mes jours, de n'avoir pas eu à endurer les tensions qu'il a dû connaître ! Mieux vaudrait n'être jamais né. Pour ce qui est de la conduite des Affaires étrangères,

Mazarin, Talleyrand et Metternich pourraient l'accueillir parmi eux, si tant est qu'il existe un autre monde auquel les bolcheviks s'autorisent l'accès.

À partir du moment où Molotov devint commissaire du peuple aux Affaires étrangères, il mena une politique d'accord avec l'Allemagne au détriment de la Pologne. Les négociations anglo-russes traînèrent en longueur, et le 19 mai, l'ensemble de la question fut évoqué à la Chambre des communes. Les débats, aussi courts que sérieux, se limitèrent pour l'essentiel aux chefs de partis et aux anciens ministres de quelque importance. MM. Lloyd George, Eden et moi-même représentâmes au gouvernement le caractère vital d'un accord avec la Russie qui soit le plus large et le plus équitable possible. Le Premier ministre nous répondit en révélant pour la première fois son point de vue au sujet de la proposition soviétique. À l'évidence, il l'accueillait fraîchement, et même avec dédain. Il paraissait faire preuve du même manque de mesure que celui dont nous avions été témoins l'année précédente, lorsqu'il avait repoussé les propositions de Roosevelt. Attlee, Sinclair et Eden exposèrent dans l'ensemble l'imminence du danger et l'importance d'une alliance russe. Il ne faisait guère de doute qu'il était déjà trop tard ; nos efforts s'étaient heurtés à un obstacle apparemment insurmontable.

L'été s'avançait, les préparatifs de guerre se poursuivaient d'un bout à l'autre de l'Europe, et l'attitude des diplomates, les discours des hommes politiques et les vœux de l'humanité comptaient chaque jour un peu moins. Les mouvements des armées allemandes semblaient présager un règlement par la force du conflit avec la Pologne au sujet de Dantzig, prélude à une attaque contre la Pologne elle-même. Le 10 juin, M. Chamberlain exprima ses craintes devant le Parlement et réaffirma son intention de soutenir la Pologne au cas où son indépendance serait menacée. Avec une certaine indifférence à l'égard des réalités, le gouvernement belge, très influencé par le roi, fit savoir le 23 juin qu'il était opposé à des conversations d'état-major avec l'Angleterre et la France, et que la Belgique entendait conserver une stricte neutralité. Du fait de la tournure des événements, les liens entre l'Angleterre et la France se resserrèrent et l'union se fit plus étroite à l'intérieur même de notre pays. Les allées et venues entre Paris et Londres se multiplièrent pendant le mois de juillet. Les commémorations du 14 juillet fournirent l'occasion de manifestations d'amitié franco-britanniques. Je fus invité par le gouvernement français à assister à ce brillant spectacle.

Comme je quittais Le Bourget après la revue, le général Gamelin me proposa de venir inspecter les lignes de défense françaises : « Vous n'avez jamais vu le secteur du Rhin, me dit-il, venez donc en août, nous vous montrerons tout. » Des dispositions furent prises en conséquence et le 15 août, le général Spears et moi-même fûmes accueillis par son ami intime, le général Georges, commandant en chef des armées françaises et *successeur éventuel*[1] du généralissime. Je fus enchanté de faire la connaissance de cet officier fort aimable et hautement compétent ; nous passâmes dix jours avec lui à étudier les questions militaires et à prendre contact avec Gamelin, qui inspectait également certains secteurs de cette partie du front.

Partis du sommet de l'angle que forment le Rhin et la frontière à la hauteur de Lauterbourg, nous parcourûmes tout le secteur jusqu'à la frontière suisse. En Angleterre, comme en 1914, les gens insouciants profitaient de leurs vacances et jouaient avec leurs enfants sur les plages. Mais ici, le long du Rhin, les choses se présentaient sous une lumière bien différente. Tous les ponts de bateaux avaient été supprimés de l'une à l'autre rive ; les ponts permanents étaient fortement gardés et minés. Nuit et jour, des officiers de confiance y demeuraient postés, prêts au premier ordre à appuyer sur les commandes qui les feraient sauter. Le grand fleuve, gonflé par la fonte des neiges alpines, rou-

---

1. En français dans le texte.

lait des flots maussades et tourmentés. Aux avant-postes, les sentinelles françaises étaient tapies dans leurs tranchées-abris au milieu des broussailles. Par groupes de deux ou trois, nous pûmes aller jusqu'au bord de l'eau, mais on nous dit qu'il ne fallait rien montrer qui pût ressembler à une cible. Sur l'autre rive, à presque 300 m de distance, on apercevait çà et là dans les buissons les silhouettes des Allemands qui travaillaient plutôt tranquillement à leurs défenses, munis de pics et de pelles. À Strasbourg, dans le quartier situé au bord du fleuve, la population avait déjà été évacuée. Là, je demeurai un certain temps sur le pont et je vis une ou deux autos le franchir. À chacune des extrémités, l'examen des passeports et des identités paraissait interminable. Ici, le poste allemand n'était guère à plus de 100 m du poste français. Il n'y avait entre eux aucune communication. Et pourtant, l'Europe était en paix; il n'y avait aucun conflit entre l'Allemagne et la France. Le Rhin coulait, avec des remous et des tourbillons, à la vitesse de 10 ou 11 kilomètres à l'heure. Un ou deux canoës remplis de jeunes gens passaient rapidement au fil de l'eau. Je ne devais pas revoir le Rhin avant plus de cinq ans, lorsque je le traversai dans une petite embarcation avec le maréchal Montgomery. Mais c'était près de Wesel, beaucoup plus au nord.

Le plus frappant dans ce que j'avais appris au cours de ma visite, c'était que mes hôtes français au plus haut niveau avaient entièrement adopté le principe de la défensive, qui s'était également imposé à moi de façon irrésistible. En parlant à tous ces officiers français hautement qualifiés, on avait l'impression que les Allemands étaient les plus forts et que la France n'avait plus désormais l'élan vital nécessaire pour monter une grande offensive. Elle lutterait pour son existence, *voilà tout*[1]! Il y avait les forts de la ligne Siegfried, avec la puissance de feu accrue des armes modernes. Jusqu'au plus profond de moi-même, j'avais gardé moi aussi

---

1. En français dans le texte.

l'horreur des offensives de la Somme et de Passchendaele. Les Allemands étaient certes beaucoup plus forts qu'à l'époque de Munich. Nous ignorions alors les inquiétudes profondes qui tenaillaient leur haut commandement; nous en étions arrivés à un tel état matériel et moral qu'aucun responsable – et je n'avais jusqu'alors aucune responsabilité – n'aurait pu agir sur la base de la présomption (justifiée) que seules 42 divisions allemandes mal équipées et mal entraînées gardaient toute la longueur du front depuis la mer du Nord jusqu'à la Suisse. Il n'y en avait que treize à l'époque de Munich.

*
* *

Au cours de ces ultimes semaines, je redoutais que le gouvernement de Sa Majesté, en dépit des garanties accordées, reculât devant la perspective de faire la guerre si l'Allemagne attaquait la Pologne. Il est hors de doute qu'à ce stade, M. Chamberlain était résolu à sauter le pas, si dur que ce fût pour lui. Mais je ne le connaissais pas alors comme je devais le connaître un an plus tard; je craignais qu'Hitler eût recours à un bluff impliquant quelque nouvelle entreprise ou arme secrète, susceptible de leurrer ou de déconcerter un cabinet surmené. De temps à autre, le professeur Lindemann m'avait parlé de l'énergie atomique; je le priai donc de me faire savoir où en étaient les choses dans ce domaine, et à la suite de notre conversation, j'adressai la lettre suivante au ministre de l'Air Kingsley Wood, avec qui j'étais en relations assez étroites:

> « Il y a quelques semaines, un journal du dimanche a publié une information sensationnelle selon laquelle une immense quantité d'énergie pourrait être libérée à partir de l'uranium, par le processus récemment découvert de la réaction en chaîne, qui se produit quand ce type particulier d'atomes est désagrégé par les neutrons. À première vue, cela semblerait présager la naissance de nouveaux explosifs ayant

un exceptionnel pouvoir dévastateur. *C'est pourquoi il est essentiel de bien comprendre qu'il n'y a aucun danger de voir cette découverte (quels que soient par ailleurs son intérêt scientifique et peut-être, ultérieurement, son importance pratique) produire des résultats susceptibles d'être mis en œuvre sur une vaste échelle avant plusieurs années.*

Il y a lieu de croire que lorsque les tensions internationales se feront aiguës, des bruits seront délibérément répandus concernant l'adaptation de ce procédé aux fins de produire quelque terrifiant explosif secret, capable de raser Londres. Il n'est pas douteux que des tentatives seront faites par la cinquième colonne pour nous amener, au moyen de cette menace, à accepter une nouvelle abdication. C'est pourquoi il est impératif d'exposer la vérité des faits.

[...] la crainte que cette découverte ait fourni aux nazis un explosif nouveau, secret et d'une puissance terrifiante pour anéantir leurs ennemis est évidemment dénuée de tout fondement. Sans doute répandra-t-on à mots couverts des bruits sinistres, sans doute des rumeurs seront-elles propagées avec insistance pour tenter de semer l'épouvante, mais il faut espérer que nul ne s'y laissera prendre. »

Cette prédiction était d'une remarquable justesse. Mais ce ne furent pas les Allemands qui trouvèrent la voie. Ils firent même fausse route, puisqu'ils avaient pratiquement abandonné les recherches sur la bombe atomique pour poursuivre la réalisation de fusées ou d'avions sans pilote, au moment où le président Roosevelt et moi-même prenions des décisions et parvenions à des accords mémorables en vue de la fabrication de bombes atomiques sur une vaste échelle, ce dont nous reparlerons en temps voulu.

*
* *

« Prévenez Chamberlain, avait dit Mussolini à l'ambassadeur de Grande-Bretagne le 7 juillet, que si la Grande-Bretagne est prête à se battre pour défendre la Pologne, l'Italie prendra les armes aux côtés de son alliée l'Allemagne. » Mais en coulisse, il adoptait la position inverse. À cette époque, son seul véritable objectif était de consolider ses intérêts en Méditerranée et en Afrique du Nord, de recueillir les fruits de son intervention en Espagne et de digérer sa conquête de l'Albanie. Il ne tenait guère à être entraîné dans une conflagration européenne pour permettre à l'Allemagne de conquérir la Pologne. En dépit de ses vantardises officielles, il connaissait mieux que quiconque la fragilité militaire et politique de l'Italie. Il voulait bien parler de guerre pour 1942, si l'Allemagne consentait à lui fournir les armements nécessaires ; mais pour 1939, non !

Tandis que la pression sur la Pologne s'accentuait au cours de l'été, Mussolini songea à rejouer le rôle de médiateur qu'il avait tenu à Munich, et il proposa la réunion d'une conférence mondiale de la paix. Hitler rejeta sèchement de telles idées. En août, il fit comprendre à Ciano qu'il avait l'intention de régler ses comptes avec la Pologne, qu'il serait obligé de combattre également l'Angleterre et la France, et qu'il voulait voir l'Italie entrer en lice. Il dit : « Si l'Angleterre maintient sur son sol les troupes nécessaires, elle pourra tout au plus envoyer en France deux divisions d'infanterie et une division blindée. En outre elle pourra fournir quelques escadrilles de bombardement, mais pratiquement pas de chasseurs, car les forces aériennes allemandes attaqueront immédiatement l'Angleterre, qui aura un besoin urgent de ses chasseurs pour se défendre. » Au sujet de la France, il déclara qu'après la destruction de la Pologne – qui prendrait peu de temps –, l'Allemagne serait en mesure de masser des centaines de divisions le long du mur de l'Ouest, contraignant ainsi la France à concentrer sur la ligne Maginot toutes ses forces venues des colonies, de la frontière italienne et d'ailleurs, pour les engager dans une lutte à mort. Après ces entretiens, Ciano s'en retourna, fort soucieux, rendre compte à son maître ; il le trouva encore plus convaincu que les démocraties se battraient et plus décidé que jamais à rester en dehors du combat.

Les gouvernements de la Grande-Bretagne et de la France firent un nouvel effort pour parvenir à un accord avec les Soviétiques. On décida de dépêcher un envoyé spécial à Moscou. M. Eden, qui avait eu d'utiles contacts avec Staline quelques années plus tôt, proposa ses services, mais le Premier ministre déclina cette offre généreuse. Le 12 juin, on confia plutôt cette importante mission à M. Strang, fonctionnaire capable, mais sans renom particulier en dehors du *Foreign Office*. Ce fut là une autre erreur ; l'envoi d'une personnalité aussi subalterne fut considéré comme une véritable offense. Il est peu probable que M. Strang ait pu pénétrer bien avant la carapace de la hiérarchie soviétique. Quoi qu'il en soit, tout venait maintenant trop tard. Il s'était passé bien des choses depuis que M. Maisky avait été envoyé à Chartwell pour me rendre visite en août 1938 ; il y avait eu Munich. Hitler avait disposé d'une année de plus pour mettre au point son armée. Ses fabriques d'armements, renforcées des usines Skoda, tournaient à plein. La Tchécoslovaquie était très importante aux yeux des Soviétiques, mais elle avait disparu. Beneš était en exil. Un *gauleiter* allemand gouvernait à Prague.

Par contre, la Pologne présentait de longue date à la Russie une série de problèmes politiques et stratégiques de nature entièrement différente. La dernière prise de contact entre la Russie et la Pologne remontait à la bataille de Varsovie en 1920, lorsque l'invasion des armées bolcheviques commandées par Kamenev avait été repoussée par Pilsudski[1], grâce aux conseils du général Weygand et de la

---

1. Churchill semble avoir du mal à se décider : dans la version de 1948, le commandant des armées bolcheviques était plutôt l'enseigne Krylenko. En fait, ce n'était ni l'un ni l'autre, mais plutôt un certain Mikhaïl Toukhatchevski, promis à un grand avenir et à une fin brutale.

mission britannique dirigée par lord d'Abernon*; après cela, les envahisseurs avaient été pourchassés avec une furie vengeresse et sanguinaire. Pendant toutes ces années, la Pologne avait été à la pointe de l'antibolchevisme: d'une part, elle faisait cause commune avec les États baltes antisoviétiques; d'autre part, au moment de Munich, elle avait participé au dépeçage de la Tchécoslovaquie. Le gouvernement soviétique était certain que la Pologne le haïssait, et aussi qu'elle n'était pas en mesure de résister à une attaque allemande. Mais il était aussi parfaitement conscient des dangers qu'il courait, et de la nécessité de gagner du temps pour réparer les ravages qui avaient décimé son haut état-major. Dans ces conditions, la mission de M. Strang ne s'annonçait guère sous des auspices favorables.

Les négociations achoppaient sur la répugnance de la Pologne et des États baltes à être sauvés des griffes de l'Allemagne par les Soviétiques, et sur ce point, elles ne faisaient aucun progrès. Tout le long du mois de juillet, les discussions se poursuivirent par à-coups, et en fin de compte, le gouvernement soviétique proposa de reprendre les pourparlers sur le plan militaire avec des délégués français et britanniques. Le 10 août, le gouvernement de Londres dépêcha donc à Moscou l'amiral Drax, à la tête d'une mission. Ces officiers n'étaient pas munis de pouvoirs pour négocier. La mission française était menée par le général Doumenc. Le maréchal Vorochilov représentait la Russie. Nous savons aujourd'hui qu'au même moment, le gouvernement soviétique donnait son accord à l'envoi d'un négociateur allemand à Moscou. La conférence militaire ne tarda pas à échouer sur le refus opposé par la Pologne et la Roumanie d'autoriser le transit des troupes russes. L'attitude polonaise était celle-ci: «Avec les Allemands, nous risquons de perdre notre liberté; avec les Russes, notre âme[1].»

---

* Pilsudski avait vaincu *en ignorant* les conseils du général Weygand et de la mission britannique...

1. Cité par Paul REYNAUD, *op. cit.*, I, p. 587.

C'est au Kremlin, aux premières heures d'une matinée d'août 1942, que Staline me fit comprendre l'une des raisons de l'attitude soviétique : « Nous avions l'impression, me dit Staline, que les gouvernements britannique et français n'étaient pas décidés à entrer en guerre si la Pologne était attaquée, mais qu'ils espéraient que l'alignement diplomatique de la Grande-Bretagne, de la France et de la Russie retiendrait Hitler. Nous étions sûrs, nous, qu'il n'en serait rien. » Staline me dit encore qu'il avait demandé : « Combien de divisions la France alignera-t-elle contre l'Allemagne au jour de la mobilisation ? – Environ cent, lui fut-il répondu. Puis il demanda : – Et combien l'Angleterre en enverra-t-elle ? – Deux, et deux autres encore par la suite, lui répliqua-t-on. – Ah ! deux, et deux autres encore par la suite. Savez-vous combien de divisions nous aurons à mettre sur le front russe si nous faisons la guerre à l'Allemagne ? (Il y eut une pause.) Ce sont plus de trois cents. » Je n'ai jamais su avec qui cette conversation s'était tenue, ni à quelle date. Mais il faut avouer que l'argumentation du Kremlin était solide et qu'elle plaçait M. Strang, du *Foreign Office*, dans une situation difficile.

Dans l'intérêt de leurs négociations, Staline et Molotov jugèrent nécessaire de dissimuler leurs véritables intentions jusqu'au dernier moment. Molotov et ses subordonnés firent montre d'un remarquable talent dans la duplicité au cours de leurs entretiens avec l'une et l'autre partie. Au soir du 19 août, Staline annonça au Politburo son intention de signer un pacte avec l'Allemagne. Le 22 août, les missions alliées ne purent rencontrer le maréchal Vorochilov avant le soir. Ribbentrop arriva à Moscou le lendemain. Aux termes d'un accord secret, l'Allemagne se déclarait politiquement désintéressée de la Lettonie, de l'Estonie et de la Finlande, mais considérait la Lituanie comme faisant partie de sa sphère d'influence. Une ligne de démarcation était fixée pour le partage de la Pologne. Le pacte de non-agression et le protocole secret furent signés assez tard dans la nuit du 23 août.

Quels que soient les faits sereinement rapportés dans ce chapitre, il reste que seuls des régimes de despotisme totalitaire comme ceux de ces deux pays pouvaient supporter la réprobation qu'inspirait un acte aussi anormal. On se demande qui, d'Hitler ou de Staline, l'avait le plus en horreur. Tous deux se rendaient compte du fait qu'il ne pouvait s'agir que d'un expédient temporaire. Il existait entre les deux empires et les deux systèmes un antagonisme mortel. Sans doute Staline songeait-il qu'Hitler serait pour la Russie un ennemi moins redoutable après une année de guerre avec les pays occidentaux. Hitler, lui, continuait d'employer sa tactique : « Un ennemi à la fois. » Le fait que semblable accord ait pu être conclu marque le point culminant de la faillite de la politique étrangère suivie depuis plusieurs années par l'Angleterre et par la France.

Du côté soviétique, il faut reconnaître que c'était une nécessité vitale de maintenir les armées allemandes sur des bases de départ aussi éloignées à l'ouest que possible, afin de donner aux Russes davantage de temps pour concentrer leurs forces venues de toutes les parties de leur immense empire. Les désastres qui s'étaient abattus sur leur armée en 1914 demeuraient gravés dans leur mémoire. À l'époque, ils s'étaient lancés à l'assaut des Allemands alors que leur mobilisation n'était encore que partielle. Mais à présent, leurs frontières passaient beaucoup plus loin à l'est que lors de la guerre précédente. Il leur fallait occuper les États baltes et une grande partie de la Pologne par la force ou par la ruse, avant d'être eux-mêmes attaqués. Pour être cynique, leur politique n'en était pas moins hautement réaliste.

Les termes du pacte valent toujours la peine d'être cités :

« Les hautes parties contractantes s'engagent à s'abstenir de tout acte de violence, de toute mesure d'agression et de toute attaque l'une contre l'autre, que ce soit individuellement ou en association avec d'autres puissances. »

Ce traité avait une validité de dix ans et, faute d'avoir été dénoncé par l'une ou l'autre partie un an avant son expiration, il serait automatiquement prorogé pour cinq ans. Il y eut beaucoup de réjouissances et l'on porta bien des toasts autour de la table de conférence. Staline proposa spontanément un toast en l'honneur du Führer, en prononçant ces mots : « Je sais combien la nation allemande aime son Führer, c'est pourquoi je voudrais boire à sa santé. » La morale de cette histoire est d'une extrême simplicité : « L'honnêteté reste la meilleure politique. » On en verra plusieurs exemples tout au long de ces pages. C'est ainsi que des hommes et des dirigeants retors se retrouvèrent pris à leurs propres intrigues. Nous en avons ici un exemple éclatant : vingt-deux mois seulement devaient s'écouler avant que Staline et la nation russe dans ses multitudes n'aient à payer un effroyable tribut. Un gouvernement sans scrupules semble parfois en retirer bien des avantages et une grande liberté d'action. Mais « tous les comptes seront soldés à la fin du jour, et plus encore à la fin des jours ». La sinistre nouvelle fit dans le monde l'effet d'une bombe. Quelles qu'avaient pu être alors les émotions ressenties par le cabinet britannique, la peur n'en faisait pas partie. Il déclara sans tarder qu'« un tel événement n'affecterait en rien ses obligations, et qu'il restait décidé à les remplir ».

Il prit aussitôt des mesures de précaution. Des ordres furent donnés pour que les garnisons des positions clés des défenses côtières et antiaériennes regagnent leurs postes, et pour que soit assurée la protection des points vulnérables. On envoya des télégrammes aux gouvernements des Dominions et aux Colonies pour les mettre en garde. Toutes les permissions furent supprimées dans les forces armées. L'Amirauté adressa des consignes de sécurité à la Marine marchande, et l'on prit encore bien d'autres mesures. Le 25 août, le gouvernement britannique rendit public un traité solennel avec la Pologne, qui confirmait les garanties déjà données. On espérait ainsi que des négociations directes entre l'Allemagne et la Pologne auraient les meilleures chances d'aboutir puisque, si elles venaient à échouer, la Grande-Bretagne soutiendrait la Pologne. En fait, Hitler reporta au 1er septembre le jour J d'abord fixé au 25 août, et il entama des pourparlers directs avec la Pologne, comme le souhaitait Chamberlain[1]. Toutefois, son but n'était pas de parvenir à un accord avec la Pologne, mais de fournir au gouvernement de Sa Majesté toutes les occasions possibles de se dérober à la garantie donnée. L'intention du gouvernement britannique, comme celle du Parlement et de la nation, était tout autre. Les habitants des îles Britanniques sont des gens bien curieux : ils détestent les exercices militaires et n'ont pas été envahis depuis près de mille ans, mais quand un danger les menace, leur sang-froid augmente à mesure que le péril grandit ; quand le danger est imminent, ils sont farouchement résolus ; quand il est mortel, ils deviennent intrépides. Grâce à quoi ils ont plus d'une fois échappé de très peu à l'anéantissement.

En recevant à ce stade une lettre de Mussolini, Hitler sut, s'il ne l'avait déjà deviné, qu'il ne pourrait compter sur l'intervention armée de l'Italie en cas de guerre. Toute tentative de dernière minute faite par Mussolini pour reprendre le rôle qu'il avait joué à Munich fut écartée. Il semble que ce fut de source anglaise plutôt que de source allemande que le Duce apprit les dernières initiatives ; Ciano relate dans son *Journal*, à la date du 27 août : « Les Anglais nous communiquent le texte des propositions faites par les Allemands à Londres, que nous ignorions absolument[*]. » Mussolini n'avait désormais qu'à obtenir l'assentiment d'Hitler à la neutralité de l'Italie – ce qui lui fut accordé.

Le 31 août, Hitler émit sa « Directive n° 1 pour la conduite de la guerre » :

---

[1]. C'est la vision churchilienne de l'histoire. En réalité, il n'y a eu *aucune* négociation directe entre l'Allemagne et la Pologne du 25 août au Ier septembre, date du déclenchement des hostilités.

[*] G. CIANO, *Journal politique, op. cit.*, p. 139.

« 1° Maintenant qu'ont été épuisées toutes les ressources de la politique en vue de régler par des moyens pacifiques la situation à la frontière de l'est, qui est intolérable pour l'Allemagne, j'ai décidé de résoudre la question par la force ;

2° L'attaque contre la Pologne doit être menée conformément au dispositif du *Fall Weiss* (Plan blanc) [...]. Date de l'attaque : 1er septembre 1939. Heure de l'attaque : 04 h-45 (ajouté au crayon rouge) ;

3° À l'ouest, il importe que la responsabilité de l'ouverture des hostilités incombe sans équivoque à l'Angleterre et à la France. Au début, des opérations purement locales devront répondre à des violations de frontières insignifiantes*. »

*
* *

À mon retour du front rhénan, je passai quelques journées ensoleillées chez Mme Balsan, dans le vieux château où le roi Henri de Navarre coucha la veille de la bataille d'Ivry. L'atmosphère était lourde d'appréhension, et même la lumière de cette ravissante vallée de l'Eure semblait dépouillée de son tendre éclat. Dans cet état d'incertitude, je trouvai bien difficile de me mettre à peindre. Le 26 août, je décidai de rentrer en Angleterre, où je pourrais du moins savoir ce qui se passait. Je dis à ma femme que je l'avertirais en temps voulu. En passant par Paris, j'invitai à déjeuner le général Georges. Il me fournit tous les chiffres des effectifs de l'armée française et de l'armée allemande, en classant les divisions selon leur qualité. Je fus si impressionné par le résultat que, pour la première fois, je lui dis : « Mais vous dominez la situation ! » À quoi il répondit : « Les Allemands ont une très forte armée, et on ne nous permettra jamais de frapper les premiers. S'ils attaquent, votre pays et le mien feront leur devoir. »

Le soir même, je couchais à Chartwell, où j'avais prié le général Ironside de venir me rejoindre le lendemain. Il

---

* *Nuremberg Documents*, Part. II, p. 172.

arrivait de Pologne, et me donna sur l'armée polonaise les renseignements les plus favorables. Il avait assisté à un exercice d'attaque mené par une division, sous un barrage d'artillerie réel, ce qui avait provoqué quelques pertes. Le moral des Polonais était élevé. Ironside passa trois jours avec moi, et nous nous efforçâmes de jauger les incertitudes de l'avenir. C'est à ce même moment que j'achevai de construire les murs de brique de la cuisine du cottage, dont je poursuivais la construction depuis un an, dans l'intention d'en faire à l'avenir notre maison de famille. Ma femme, prévenue par moi, regagna l'Angleterre le 30 août, en passant par Dunkerque.

On savait qu'il se trouvait en Angleterre à cette époque 20 000 Allemands qui appartenaient à des organisations nazies. Si l'on s'en rapportait aux procédés employés par eux dans d'autres pays amis, l'ouverture des hostilités pouvait fort bien être précédée d'une dramatique série de sabotages et d'assassinats. Je ne bénéficiais à l'époque d'aucune protection officielle et ne désirais pas en demander ; mais il m'apparut que ma notoriété était suffisante pour justifier quelques précautions. J'étais suffisamment renseigné pour être certain qu'Hitler me considérait comme un ennemi. Mon ancien détective de *Scotland Yard*, l'inspecteur Thompson, était à la retraite. Je lui dis de venir et d'apporter son revolver. Je sortis mes propres armes, qui étaient bonnes. Pendant que l'un de nous dormait, l'autre veillait. Ainsi donc, ce n'eût pas été une petite affaire de nous abattre. Dès ce moment, je savais qu'en cas de guerre – et qui pouvait douter qu'elle éclaterait ? – une lourde charge allait m'incomber.

Chapitre XVII

LA DRÔLE DE GUERRE

La Pologne fut attaquée par l'Allemagne à l'aube du 1ᵉʳ septembre. Au cours de la matinée, notre mobilisation générale était décrétée, et le Premier ministre m'invita à lui rendre visite au 10, Downing Street dans l'après-midi. Ne voyant aucun espoir d'éviter la guerre avec l'Allemagne, il avait, me dit-il, l'intention de constituer pour la mener un cabinet de guerre restreint, composé de ministres d'État sans portefeuille. Il croyait savoir que le parti travailliste se refuserait à participer à ce cabinet d'union nationale, mais il espérait pouvoir compter sur les libéraux. Il m'invita à faire partie du Cabinet de guerre. J'acceptai sa proposition sans faire de commentaire, sur quoi nous nous entretînmes longuement des hommes à pressentir et des mesures à prendre.

Je fus surpris de n'avoir aucune nouvelle de M. Chamberlain pendant toute la journée du 2 septembre, alors que la crise battait son plein. Il me paraissait probable qu'un effort de dernière heure était tenté pour sauver la paix, ce qui devait s'avérer exact. Cependant, quand le Parlement se réunit dans la soirée, il y eut un débat bref mais très violent, au cours duquel la déclaration temporisatrice du Premier ministre fut mal reçue par la Chambre. Lorsque M. Greenwood se leva pour prendre la parole au nom de l'opposition travailliste, M. Amery lui cria depuis les bancs conservateurs : « Parlez pour l'Angleterre ! », ce qui fut salué de vives acclamations. L'assemblée était manifestement d'humeur belliqueuse. Je la trouvai même plus résolue et plus unie que lors de la séance similaire du 3 août 1914, à laquelle j'avais également assisté.

J'appris par la suite que le 1er septembre à 9 h 30, un ultimatum britannique avait été adressé à l'Allemagne, et qu'il avait été suivi le 3 septembre à 9 heures d'un second et dernier ultimatum. Le 3 septembre, la radio annonça dans son premier bulletin d'information de la matinée que le Premier ministre prononcerait une allocution radiodiffusée à 11 h 15.

Lors de celle-ci, M. Chamberlain nous informa que nous étions déjà en état de guerre, et il avait à peine cessé de parler que nous entendîmes un bruit étrange, ce bruit prolongé et plaintif qui devait plus tard nous devenir familier. Ma femme entra dans la pièce ; les événements semblaient l'avoir stimulée et elle commenta en termes favorables la promptitude et l'exactitude des Allemands. Nous montâmes sur la terrasse de la maison pour voir ce qui se passait. De tous côtés autour de nous, dans la claire et froide lumière de septembre, se dressaient les toits et les clochers de Londres, au-dessus desquels on pouvait déjà voir monter une quarantaine de ballons cylindriques. Cette marque de précaution de la part du gouvernement recueillit notre approbation, et comme le délai d'un quart d'heure annoncé était maintenant écoulé, nous nous dirigeâmes vers l'abri qui nous était assigné, armés d'une bouteille de cognac et d'autres remontants thérapeutiques appropriés.

Notre abri n'était éloigné que d'une centaine de mètres ; ce n'était qu'un sous-sol ouvert, sans la moindre protection de sacs de sable, et les occupants d'une demi-douzaine d'immeubles s'y trouvaient déjà rassemblés. Tout le monde était gai et plein d'entrain, comme le sont toujours les Anglais au moment d'affronter l'inconnu. Tandis que je contemplais depuis l'entrée la rue déserte et le réduit surpeuplé du sous-sol, je voyais en imagination des scènes de ruines et de carnage, le sol ébranlé par d'énormes explosions, des immeubles s'écroulant dans des nuages de poussière, des voitures de pompiers et des ambulances fonçant à travers la fumée, sous le vrombissement des avions ennemis. Car enfin, ne nous avait-on pas tous prévenus du caractère terrifiant que revêtiraient les raids aériens ? Le ministère de l'Air, naturellement soucieux de se faire valoir, avait fortement exagéré leur puissance ; les pacifistes, eux, s'étaient efforcés de jouer sur les craintes du public, et ceux d'entre nous qui avaient fait pression pendant si longtemps en faveur du réarmement et d'une aviation renforcée se satisfaisaient de les voir jouer le rôle d'aiguillons, sans accepter toutefois leurs sinistres prédictions. Je savais que dans les premiers jours de la guerre, plus de 250 000 lits avaient été préparés sur ordre du gouvernement pour les victimes des raids aériens. Là, du moins, le danger n'avait pas été sous-estimé. Nous allions maintenant connaître l'épreuve des faits.

Au bout de dix minutes, les sirènes firent entendre à nouveau leur gémissement. Je me demandais si ce n'était pas une répétition du signal précédent, mais un homme accourut dans la rue en criant : « Fin de l'alerte ! » Tous regagnèrent donc leur domicile pour vaquer à leurs occupations. La mienne était de me rendre à la Chambre des communes, où la séance débuta à midi comme prévu ; on procéda sans se presser aux formalités d'usage, on récita une courte et imposante prière ; je reçus une note du Premier ministre me demandant de passer à son bureau dès la fin des débats. En écoutant les orateurs depuis mon banc, j'éprouvai tout à coup une parfaite sensation de calme, après les émotions et les agitations intenses des derniers jours. Une grande sérénité me gagna et je me sentis emporté vers des hauteurs d'où je dominais le cours humain des choses et toutes préoccupations personnelles. Je ne voyais que la gloire de la vieille Angleterre, de cette Angleterre si ardemment attachée à la cause de la paix, si mal préparée, mais prête malgré tout à répondre sans peur à l'appel de l'honneur. Cela faisait vibrer tout mon être, et paraissait élever nos destinées jusqu'à des sphères infiniment éloignées des sensations physiques et des contingences terrestres. Je tentai de communiquer un peu de cet état d'esprit à l'Assemblée lorsque je pris la parole, non sans rencontrer quelque écho.

M. Chamberlain me déclara qu'il était désormais en mesure de m'offrir le portefeuille de la Marine, en même temps qu'un siège au Cabinet de guerre. J'en fus très heureux car, même si je n'avais pas soulevé la question, je préférais naturellement remplir une tâche déterminée plutôt que de superviser fiévreusement le travail des autres, ce qui peut fort bien être le lot d'un ministre sans portefeuille, quelle que soit son influence. Il est plus facile de donner des ordres que des conseils, et plus agréable d'avoir le droit d'agir, même dans un domaine limité, que d'avoir le privilège de parler de tout et de rien. Si le Premier ministre m'avait donné d'emblée le choix entre le Cabinet de guerre et l'Amirauté, j'aurais naturellement choisi l'Amirauté. Or, voilà que j'allais avoir les deux !

On n'avait pas fixé la date à laquelle je serais officiellement nommé par le roi, et en fait, je ne rendis hommage au souverain que le 5[1]. Mais les premières heures d'une guerre peuvent être d'une importance vitale lorsqu'il s'agit de la Marine. C'est pourquoi je fis savoir à l'Amirauté que j'entrerais en fonction sur-le-champ et que j'arriverais à 18 heures. Sur quoi le Conseil de l'Amirauté eut l'obligeance d'envoyer ce signal à la flotte : « Winston est de retour. » C'est ainsi que je revins à ce bureau que j'avais quitté la mort dans l'âme presque exactement un quart de siècle plus tôt, lorsque la démission de lord Fisher m'avait contraint à quitter mon poste de premier lord de l'Amirauté, en ruinant définitivement l'important projet de forcer les Dardanelles. Je retrouvai mon vieux fauteuil, et à quelques dizaines de centimètres derrière moi se trouvait

---

1. Il s'agit de la traditionnelle cérémonie du baisemain, au cours de laquelle les nouveaux ministres font acte d'allégeance au roi avant de commencer à exercer leurs fonctions.

encore la boîte en bois que j'avais fait faire en 1911 pour y ranger les cartes ; elle contenait encore celle de la mer du Nord, sur laquelle j'avais fait enregistrer quotidiennement par le service des renseignements de la Marine les mouvements et les positions de la flotte allemande de haute mer, afin que l'attention fût concentrée sur l'objectif suprême. Bien plus d'un quart de siècle avait passé depuis 1911, et voilà que le même péril mortel nous menaçait, venant de la même nation. Une fois encore, pour défendre les droits d'un État faible, outragé et victime d'une agression injustifiée, nous devions tirer l'épée ; une fois encore il nous fallait lutter pour la vie et pour l'honneur, contre toute la puissance et la furie de cette race germanique vaillante, disciplinée et impitoyable. Encore une fois ! Eh bien soit.

Le premier lord de la mer vint me voir sans délai[1]. J'avais un peu connu Dudley Pound lors de mon précédent séjour à l'Amirauté ; c'était un des officiers d'état-major qui avaient la confiance de lord Fisher. J'avais fortement condamné au Parlement la façon dont il avait disposé la flotte de Méditerranée lorsqu'il la commandait en 1939, au moment de l'attaque italienne contre l'Albanie. Et voilà qu'à présent, nous nous retrouvions en collègues, et que de l'intimité de nos relations et de notre accord complet allait dépendre le bon fonctionnement de cette vaste machine qu'est l'Amirauté. Nous nous regardions avec amabilité et non sans réserves. Mais depuis les tout premiers jours, notre amitié et notre confiance réciproques ne firent que croître et embellir. J'appréciais et respectais en lui les hautes qualités du marin et de l'homme. À mesure que la guerre, avec ses alternances de revers et de succès, faisait pleuvoir sur nous ses coups retentissants, nous devînmes des camarades et des amis toujours plus proches. Et lorsque Dudley

---

1. Le premier lord de la mer, un amiral, exerce les fonctions de chef de l'état-major de la Marine et dirige les opérations navales, sous l'autorité du premier lord de l'Amirauté, ministre de la Marine de guerre.

Pound mourut quatre ans plus tard, au moment de la victoire sur l'Italie, je le pleurai d'autant plus que je mesurais tout ce que la Marine et la nation venaient de perdre.

*
* *

Le lecteur saura peut-être que j'avais une connaissance étendue de toutes les questions touchant l'Amirauté et la *Royal Navy*. Les quatre années de 1911 à 1915, pendant lesquelles j'avais été chargé de préparer la flotte à la guerre et d'assumer la direction de l'Amirauté au cours des dix premiers mois cruciaux des hostilités, avaient été la période la plus exaltante de ma vie. J'avais amassé une immense quantité de renseignements détaillés et appris beaucoup de choses sur la flotte et la guerre navale ; dans l'intervalle, j'avais beaucoup étudié et beaucoup écrit sur les questions navales. Je les avais fréquemment évoquées à la Chambre des communes. J'étais toujours resté en contact étroit avec l'Amirauté, et bien que comptant au cours des années trente parmi ses principaux critiques, j'avais été tenu informé de beaucoup de ses secrets. Les quatre années pendant lesquelles j'avais participé aux travaux du Comité des recherches sur la défense antiaérienne m'avaient permis de m'initier aux tout derniers perfectionnements de ce radar qui était à présent pour la Marine d'une importance capitale. En juin 1938, lord Chatfield, alors premier lord de l'Amirauté, m'avait fait visiter lui-même l'école anti-sous-marine de Portland, et nous avions suivi, à bord de torpilleurs, un exercice de détection de sous-marins à l'aide de l'asdic. Mon intimité avec feu l'amiral Henderson, *Controller*[1] de la flotte jusqu'en 1938, et les entretiens que le premier lord de l'époque m'avait incité à avoir avec lord Chatfield au sujet des plans de nouveaux cuirassés et croiseurs m'avaient donné une vue d'ensemble de ce qu'étaient les

---

1. Troisième lord de la mer, contrôleur général plus spécialement chargé du matériel.

constructions navales modernes. Bien entendu, grâce aux rapports officiels, j'étais informé de la force, de la composition et de la structure actuelle et future de notre flotte, ainsi que de celles des flottes allemande, italienne et japonaise.

Une des premières mesures que je pris en assumant la direction de l'Amirauté et en entrant dans le Cabinet de guerre fut de me constituer un service statistique personnel. J'eus recours pour cela au professeur Lindemann, mon ami et confident de longue date. Ensemble, nous nous étions déjà fait une idée de toute cette affaire. J'installai donc Lindemann à l'Amirauté avec une demi-douzaine de statisticiens et d'économistes sur qui l'on pouvait compter pour ne s'occuper que des réalités. Ce groupe d'hommes très compétents, qui avait accès à toutes les sources officielles d'information, fut en mesure, sous la direction de Lindemann, de me fournir constamment des tableaux et des diagrammes qui illustraient l'ensemble des événements de guerre à mesure qu'ils parvenaient à notre connaissance. Avec une inlassable obstination, ces hommes examinèrent et analysèrent tous les documents communiqués au Cabinet de guerre, et ils menèrent également toutes les enquêtes que je tenais à faire personnellement.

À cette époque, le gouvernement ne possédait aucun service général de statistiques. Chaque ministère présentait les chiffres et les données à sa façon. Le ministère de l'Air comptait d'une manière, le ministère de la Guerre d'une autre. Le ministère de l'Armement et le *Board of Trade* employaient pour une même chose deux langages différents. Cela pouvait entraîner des malentendus et des pertes de temps chaque fois qu'une question venait en discussion au sein du cabinet. Mais pour ma part, j'avais dès le début mes sources d'information sûres et régulières, dont chaque élément se rattachait intimement aux autres. Bien qu'elles fussent partielles au début, ces informations m'aidèrent puissamment à me faire une idée exacte et intelligible des innombrables faits et chiffres qui se déversaient sur nous.

La situation navale de 1914 ne se répétait nullement. À

l'époque, nous étions entrés en guerre avec une proportion de seize grandes unités contre dix à l'ennemi, et deux fois plus de croiseurs que lui. En 1914, nous avions mobilisé huit escadres de bataille de huit cuirassés, pourvues chacune d'une escadre de croiseurs et d'une flottille, sans compter les nombreuses forces de croiseurs indépendantes. Malgré tout, j'envisageais avec confiance le résultat d'un combat général où nous nous présentions avec une flotte moindre qu'en 1914, mais tout de même redoutable. Cette fois-ci, la flotte allemande venait à peine de commencer à se reconstituer, et était même hors d'état de former une ligne de bataille. Ses deux grands cuirassés, le *Bismarck* et le *Tirpitz*, qui dépassaient vraisemblablement le tonnage permis par les traités, ne seraient pas terminés avant au moins un an. Les croiseurs de bataille légers, le *Scharnhorst* et le *Gneisenau*, avaient été lancés en 1938, et leur tonnage était passé de 10 000 à 26 000 tonnes, en violation des conventions. De plus, l'Allemagne disposait de trois « cuirassés de poche » de 10 000 tonnes, l'*Admiral Graf Spee*, l'*Admiral Scheer,* et le *Deutschland,* ainsi que de deux croiseurs rapides de 10 000 tonnes armés de canons de 8 pouces, de six croiseurs légers et d'une soixantaine de torpilleurs et de bâtiments de plus faible tonnage. Ainsi, leurs navires de surface ne pouvaient prétendre nous disputer la maîtrise des mers. Il ne faisait aucun doute que la flotte britannique avait sur la marine germanique une supériorité écrasante en puissance comme en nombre, et rien ne permettait de supposer que la technique, l'entraînement et l'habileté des équipages puissent être pris en défaut. La flotte avait conservé un haut degré de préparation conforme à ses traditions, avec cette réserve qu'elle manquait de croiseurs et de destroyers. Elle devait moins affronter un ennemi que remplir des missions aussi considérables qu'innombrables.

L'Italie n'avait pas déclaré la guerre, et il apparaissait déjà que Mussolini attendait de voir la tournure que prendraient les événements. Devant cette incertitude, il nous parut plus prudent de faire passer nos navires par Le Cap jusqu'à ce que l'ensemble de notre dispositif ait été mis en place; en plus de notre supériorité navale sur l'Italie et l'Allemagne réunies, nous avions l'appui de la puissante flotte française qui, grâce à la compétence remarquable et à l'administration prolongée de l'amiral Darlan, avait atteint une force et une efficacité sans précédent depuis la monarchie. Si l'Italie devenait notre ennemie, notre premier champ de bataille devait être la Méditerranée. À moins que cela ne fût temporairement utile, j'étais entièrement opposé à tout plan consistant à abandonner le centre de la Méditerranée pour n'en garder que les issues. Nos seules forces, même sans l'aide de la Marine française et de ses ports fortifiés, suffisaient à chasser les navires italiens de Méditerranée et à nous en assurer la maîtrise absolue en l'espace de deux mois, et peut-être même moins.

*
* *

La presse, avec le *Times* en tête, était favorable au principe d'un Cabinet de guerre ne comprenant pas plus de cinq ou six ministres sans portefeuille. Ainsi seulement, soutenait-on, il serait possible d'avoir des vues amples et concertées sur la politique de guerre, et particulièrement sur ses grandes lignes. En bref, on jugeait que l'idéal était d'avoir « cinq hommes n'ayant rien d'autre à faire que de mener la guerre ». Il y a cependant beaucoup d'objections pratiques à une telle méthode. Des hommes d'État indépendants, si grande que soit leur autorité nominale, se trouvent dans une situation d'infériorité marquée lorsqu'ils traitent avec les titulaires de hauts ministères d'importance vitale. Cela est particulièrement vrai de ceux des forces armées. Les membres du Cabinet de guerre ne peuvent pas prendre de responsabilité directe dans la conduite des opérations au jour le jour. Ils peuvent prendre des décisions essentielles, ils peuvent donner des conseils en termes généraux avant l'événement, formuler des critiques après coup, mais ils ne sont pas de taille à affronter un premier lord de l'Amirauté, un ministre de la Guerre ou de l'Aviation qui, connaissant une affaire dans tous ses détails et soutenus par leurs experts, portent tout le poids de l'action. Unis, il y a peu de choses qu'ils ne puissent régler, mais généralement, ils ont des divergences d'opinion. Les débats et les controverses sont interminables, tandis que le torrent de la guerre suit inexorablement son cours. Les membres du Cabinet de guerre eux-mêmes hésiteraient naturellement à contester les décisions d'un ministre responsable, en possession de tous les faits et de tous les chiffres. Ils ont des scrupules à alourdir la charge de ceux qui exercent réellement le pouvoir. C'est pourquoi ils ont de plus en plus tendance à se muer en contrôleurs ou commentateurs abstraits, qui lisent quotidiennement une énorme quantité de documents, mais ne voient pas toujours comment user de leur savoir sans faire plus de mal que de bien. Souvent, ils ne peuvent guère faire beaucoup plus qu'arbitrer ou trouver des compromis lors des querelles interministérielles. Il faut donc que le ministre des Affaires étrangères et les trois ministres des forces armées soient membres de plein droit de l'instance suprême. D'habitude, quelques-uns au moins des « cinq grands » sont choisis pour leur influence politique plutôt que pour leurs connaissances ou leurs compétences en matière d'opérations militaires. Par conséquent, le nombre de membres commence à dépasser de beaucoup le cercle restreint envisagé à l'origine. Bien entendu, si le Premier ministre lui-même devient ministre de la Défense, cela réduit le nombre des membres. Personnellement, lorsque j'étais au pouvoir, je n'aimais pas être entouré de ministres sans responsabilités ; je préférais avoir affaire à des dirigeants d'organismes actifs plutôt qu'à des conseillers. Tout le monde doit faire sa journée de travail et être responsable d'une tâche définie ; ainsi, personne ne fait de difficultés pour le plaisir ou pour se faire valoir.

Le Cabinet de guerre, tel que M. Chamberlain l'avait conçu à l'origine, fut presque immédiatement élargi par la force des circonstances, et il comprit lord Halifax, ministre des Affaires étrangères, sir Samuel Hoare, lord du Sceau privé, sir John Simon, chancelier de l'Échiquier, lord Chatfield, ministre de la Coordination de la Défense, enfin lord Hankey, ministre sans portefeuille. À ceux-ci furent ajoutés les trois ministres des forces armées, M. Hore-Belisha, ministre de la Guerre, sir Kingsley Wood, ministre de l'Air, et moi-même. En outre, il était nécessaire que le ministre des Dominions, M. Eden, et sir John Henderson, en sa qualité de ministre de l'Intérieur, fussent présents en toutes occasions, bien que n'étant pas réellement membres du Cabinet de guerre. Ainsi donc, nous étions onze en tout.

Tous les ministres, à l'exception de moi-même, siégeaient au gouvernement depuis bien des années ou avaient eu quelque responsabilité dans la situation à laquelle nous étions à présent confrontés sur le double terrain diplomatique et militaire. M. Eden avait donné sa démission de ministre des Affaires étrangères en février 1938. Quant à moi, je n'avais plus accepté de poste officiel depuis près de onze ans ; je n'avais donc aucune part de responsabilité dans ce qui s'était passé, ni dans le manque de préparation devenu maintenant si évident. Au contraire, je n'avais cessé depuis six ou sept ans de prophétiser les malheurs qui étaient à présent devenus largement réalité. Ainsi, fort de la puissance d'organisation de cette Marine à laquelle incombait à ce stade la tâche exclusive du combat, je n'avais aucun sentiment d'infériorité. Si j'en avais eu, du reste, il aurait été bientôt dissipé par la courtoisie et la loyauté du Premier ministre comme de ses collègues. Tous ces hommes, je les connaissais fort bien. Nous avions pour la plupart fait partie pendant cinq ans du gouvernement Baldwin et nous étions naturellement restés en contact plus ou moins amical au cours des épisodes successifs de la vie parlementaire. Toutefois, sir John Simon et moi représentions une génération politique plus ancienne. J'avais servi dans divers gouvernements pendant quinze ans, et lui presque aussi longtemps, avant qu'aucun des autres n'occupe des fonctions publiques. J'avais été à la tête de l'Amirauté et du ministère de l'Armement durant les épreuves de la Première Guerre mondiale. Bien que le Premier ministre fût mon aîné de quelques années, j'étais presque le seul animal antédiluvien. On aurait très bien pu m'en faire grief en temps de crise, lorsqu'il est naturel et populaire de faire appel à des hommes jeunes et à des idées nouvelles. Je voyais donc bien qu'il me faudrait faire un maximum d'efforts pour me maintenir à la hauteur de la génération au pouvoir et des jeunes géants qui pouvaient surgir à chaque instant. Je comptais pour cela sur mes connaissances comme sur tout le zèle et l'énergie mentale dont j'étais capable.

Dans ce dessein, j'eus recours à une méthode qui s'était imposée à moi quand j'étais à l'Amirauté en 1914 et 1915, et dont j'avais découvert qu'elle augmentait considérablement ma puissance de travail quotidienne. Je me couchais toujours pendant au moins une heure dès que possible dans l'après-midi, et j'exploitais à fond mon heureuse aptitude à m'endormir presque aussitôt d'un profond sommeil. Cette habitude me permettait d'accomplir en un jour le travail d'un jour et demi. La nature n'a pas créé l'être humain pour qu'il travaille de 8 heures du matin jusqu'à minuit sans connaître la bénédiction de ce moment d'oubli qui, même s'il ne dure que vingt minutes, suffit à renouveler toutes ses forces vitales. Je regrettais d'avoir à me coucher comme un enfant chaque après-midi, mais j'en étais récompensé par la possibilité de travailler jusqu'à 2 heures du matin ou même plus tard – parfois beaucoup plus tard – pour recommencer le lendemain entre 8 et 9 heures. J'ai gardé cette habitude pendant toute la guerre, et je la recommande aux autres chaque fois qu'il leur faudra demander pour un temps prolongé le maximum de rendement à l'organisme humain[1]. L'amiral Pound, premier lord de la mer, adopta ma technique dès qu'il l'eut comprise, à cette

---

1. Churchill ne s'est jamais rendu compte du fait que ses ministres et ses chefs d'état-major, ne pouvant s'offrir un tel luxe, se trouvaient

différence près qu'au lieu de se coucher réellement, il s'assoupissait dans son fauteuil. Il allait même plus loin, en s'endormant pendant les réunions du cabinet ; mais un seul mot au sujet de la Marine suffisait à le réveiller pour de bon. Rien n'échappait à son oreille vigilante et à son esprit perspicace.

*
* *

Pendant ce temps, autour de notre table du Cabinet de guerre, nous assistions à la destruction foudroyante et inexorable d'un État faible par un État fort, conformément à la méthode et aux desseins longuement mûris d'Hitler. Plus de 1 500 avions modernes avaient été lancés contre la Pologne, et l'armée d'invasion comprenait 56 divisions, dont toutes les neuf divisions blindées et motorisées. En nombre comme en matériel, l'armée polonaise était hors d'état de faire face à l'assaillant. De plus, les troupes avaient été positionnées en dépit du bon sens tout le long des frontières, et il n'y avait pas de réserves au centre. Tout en adoptant une attitude fière et hautaine face aux ambitions allemandes, les Polonais, craignant d'être accusés de provocation, n'avaient pas mobilisé à temps pour affronter les concentrations de troupes qui les cernaient. Trente divisions, soit seulement les deux tiers de leur armée d'active, étaient prêtes ou presque prêtes à recevoir le premier choc. La rapidité de l'attaque et l'intervention foudroyante de l'aviation allemande empêchèrent le reste de monter en ligne avant l'effondrement du front, et ils ne purent qu'être engloutis dans le désastre final. Ainsi, les Polonais, répartis sur un long périmètre et sans appui sur leurs arrières, se trouvaient confrontés à des forces presque deux fois supérieures en nombre. Mais il ne s'agissait pas seulement d'infériorité numérique : ils étaient aussi nettement sur-

---

bien souvent mobilisés sans interruption de jour comme de nuit, ce qui avait pour effet de les user prématurément.

classés en matière d'artillerie, et n'avaient qu'une seule brigade blindée à opposer aux neuf divisions de Panzers, comme on les appelait déjà. Leurs douze brigades de cavalerie chargèrent vaillamment les masses de chars et de véhicules blindés, mais leurs épées et leurs lances ne pouvaient leur faire grand mal. Leurs 900 avions de première ligne, dont la moitié peut-être était de type moderne, furent pris par surprise, et beaucoup d'entre eux devaient être détruits avant même d'avoir pu décoller. En deux jours, l'aviation polonaise était pratiquement anéantie ; en une semaine, les armées allemandes s'étaient enfoncées profondément en territoire polonais. Pourtant, la résistance était courageuse mais vaine, et au bout de quinze jours, une armée polonaise comprenant environ deux millions d'hommes avait cessé d'exister en tant que force organisée.

Ce fut alors le tour des Soviétiques. Ce qu'ils appellent maintenant la « démocratie » entra en action. Le 17 septembre, les armées russes se précipitèrent à travers la frontière orientale de la Pologne, qui n'était pratiquement pas défendue, et avancèrent vers l'ouest, sur un large front. Le 18, ils rencontrèrent leurs comparses allemands à Brest-Litovsk où, durant la guerre précédente, les bolcheviks, rompant les engagements solennels envers leurs alliés occidentaux, avaient conclu une paix séparée avec l'Allemagne du Kaiser, en s'inclinant devant ses conditions draconiennes. À présent, c'était avec l'Allemagne d'Hitler que les communistes russes échangeaient sourires et poignées de mains dans Brest-Litovsk. L'effondrement de la Pologne et son complet asservissement se poursuivaient à un rythme accéléré. La résistance de Varsovie, qui fut en grande partie l'œuvre de ses citoyens, se révéla aussi magnifique que désespérée. La ville fut bombardée pendant bien des jours par l'aviation, et aussi par l'artillerie lourde, dont une grande partie avait été prélevée sur un front occidental resté inactif, et acheminée par les grandes autostrades traversant l'Allemagne d'ouest en est. Enfin, la radio de Varsovie cessa de jouer l'hymne national polonais, et Hitler entra dans la ville en ruines. Ainsi, en un mois, tout était terminé, et une nation de 35 millions d'habitants tombait entre les griffes impitoyables d'hommes qui ne cherchaient pas seulement à conquérir, mais encore à asservir et même à exterminer des multitudes. Nous venions d'assister à un parfait exemple de la *Blitzkrieg* moderne : intervention parfaite de l'armée et de l'aviation sur le champ de bataille ; bombardement intensif de toutes les communications et de toutes les villes pouvant constituer un objectif valable ; armement d'une cinquième colonne en vue de l'action directe ; usage massif d'espions et de parachutistes ; par-dessus tout, coups de boutoir irrésistibles de grandes masses de blindés. Les Polonais ne devaient pas être les derniers à subir cette épreuve.

Chapitre XVIII

LA TÂCHE DE L'AMIRAUTÉ

La ruée hitlérienne sur la Pologne et la déclaration de guerre à l'Allemagne par la France et l'Angleterre furent suivies d'une pause prolongée et accablante, qui provoqua l'étonnement du monde entier. M. Chamberlain, dans une lettre personnelle citée dans sa biographie, donna à cette période le nom de « guerre crépusculaire* ». Cette expression m'a paru si juste et si imagée que je l'ai prise comme titre pour qualifier cette période. Pendant plusieurs mois, les armées françaises n'attaquèrent pas l'Allemagne. Les armées des deux pays, une fois leur mobilisation achevée, restèrent face à face, l'arme au pied, tout le long de la frontière. Il n'y eut pas d'attaques aériennes contre l'Angleterre, excepté quelques vols de reconnaissance, et pas davantage de raids sur la France. Le gouvernement français nous demanda d'agir de même vis-à-vis de l'Allemagne, pour éviter tout bombardement de représailles contre son industrie, qui n'était pas protégée. Nous nous contentâmes donc de larguer des tracts destinés à faire appel au sens moral des Allemands. Cette curieuse phase de la guerre aérienne et terrestre provoquait la stupeur générale ; la France et la Grande-Bretagne demeuraient impassibles, tandis que tout le poids de la machine de guerre germanique écrasait et asservissait la Pologne. Hitler aurait eu tort de s'en plaindre.

La guerre sur mer, elle, prit dès la première heure toute son intensité, et c'est pourquoi l'Amirauté se retrouva au

---

* K. Feiling, *op. cit.*, p. 424.

centre des événements. Le 3 septembre, nos bâtiments naviguaient comme à l'habitude sur toutes les mers du monde lorsque soudain, ils furent attaqués par des sous-marins ennemis soigneusement prépositionnés, particulièrement à l'ouest des côtes anglaises. Ce soir-là, à 21 heures, l'*Athenia,* un paquebot de 13 500 tonnes qui voguait vers l'ouest, fut torpillé et sombra, emportant avec lui 112 passagers, dont 25 citoyens américains. En quelques heures, cet acte de piraterie fut connu du monde entier. Le gouvernement allemand, désireux d'éviter tout malentendu aux États-Unis, fit immédiatement publier un communiqué selon lequel j'avais moi-même fait placer une bombe à bord du navire, pour que son naufrage compromît les relations entre les deux pays. Ce mensonge trouva une audience favorable dans certains milieux qui nous étaient hostiles*. Le 5 et le 6 septembre, le *Bosnia*, le *Royal Sceptre* et le *Rio Claro* furent coulés au large des côtes espagnoles ; tous trois étaient des vaisseaux importants.

Des plans avaient été établis par l'Amirauté, prévoyant la multiplication de notre flotte anti-sous-marine. En particulier, des préparatifs avaient été faits afin d'équiper en asdics 86 des chalutiers les plus grands et les plus rapides. La conversion de la plupart d'entre eux était déjà très avancée. Un programme de guerre pour la construction de destroyers grands et petits, de croiseurs et de bâtiments auxiliaires était prêt jusqu'au dernier détail ; il fut automatiquement appliqué dès la déclaration de guerre. Le conflit précédent avait démontré l'avantage suprême du système des convois[1], et nous l'adoptâmes sans délai dans l'Atlan-

---

* *Nuremberg Documents, op. cit*, Part. II, pp. 267 et s.

1. Churchill omet de préciser qu'il était alors hostile à l'instauration du système des convois, considéré comme étant le fruit d'une « conception navale défensive et pusillanime ». Après de très lourdes pertes dues aux attaques des sous-marins, ce système sera tout de même généralisé en 1917 sur ordre de Lloyd George, conseillé en l'occurrence par le secrétaire du cabinet de guerre Maurice Hankey.

tique nord. Avant la fin du mois de septembre, des convois transatlantiques réguliers partaient de la Tamise et de Liverpool, et revenaient de Halifax, Gibraltar et Freetown. Ayant la mission vitale d'approvisionner notre île et de développer notre puissance de guerre, nous n'en étions que plus affectés par la perte des ports d'Irlande du Sud ; elle limitait sérieusement le rayon d'action de nos destroyers déjà trop peu nombreux.

*
* *

Après la mise en place du système des convois, il restait à résoudre cet autre problème crucial qu'était l'aménagement d'une base sûre pour la flotte. Lors d'une guerre avec l'Allemagne, Scapa Flow constitue le seul véritable point d'appui stratégique permettant à la Marine britannique de contrôler les débouchés de la mer du Nord et d'imposer le blocus.

J'avais donc le devoir de m'y rendre au plus tôt. Ayant été dispensé d'assister à nos réunions de cabinet quotidiennes, je partis pour Wick avec un petit état-major personnel au soir du 14 septembre. L'essentiel des deux jours suivants fut passé à inspecter le port et ses entrées, avec leurs barrages de surface et leurs filets. On m'assura qu'ils étaient aussi efficaces que durant la dernière guerre, et que d'importants travaux d'amélioration étaient en cours ou prévus. À bord du *Nelson*, le navire amiral du commandant en chef sir Charles Forbes, je discutai avec lui et ses principaux officiers de la question de Scapa et de l'ensemble du problème naval. Le reste de la flotte était dissimulé dans le Loch Ewe, où l'amiral m'amena à bord du *Nelson* le 17 septembre.

L'étroite entrée du Loch était fermée par plusieurs lignes de filets avertisseurs, et de nombreux chalutiers asdic armés de grenades sous-marines, ainsi que des vedettes garde-côtes, patrouillaient activement. De chaque côté se dressaient dans toute leur splendeur les collines pourpres de l'Écosse. Mes pensées me ramenaient un quart de siècle en arrière, à cet autre mois de septembre où j'avais rendu visite pour la dernière fois à sir John Jellicoe et à ses officiers dans cette même baie ; je les avais trouvés avec leurs longues lignes de cuirassés et de croiseurs à l'ancre, en proie aux mêmes incertitudes qui nous hantaient à présent. La plupart des commandants et amiraux de cette époque étaient morts ou depuis longtemps retraités. Les officiers supérieurs que l'on me présentait maintenant, alors que je visitais les différents bâtiments, avaient été de jeunes lieutenants ou même des *midships* à cette époque lointaine. Avant la guerre précédente, j'avais eu trois ans pour m'y préparer, pendant lesquels j'avais pu connaître la plupart des officiers supérieurs de la Marine et approuver leur nomination ; mais maintenant, je ne trouvais devant moi que des visages nouveaux. La parfaite discipline, la tenue irréprochable, le cérémonial traditionnel, rien n'avait changé ; mais une génération entièrement différente avait revêtu l'uniforme et occupait les postes. Seuls les bâtiments avaient pour la plupart été mis en service du temps où j'étais en fonction ; aucun d'entre eux n'était neuf. J'avais l'étrange impression de revenir à une incarnation précédente et d'être le seul à avoir survécu dans un poste occupé si longtemps auparavant. Mais non ; les dangers avaient survécu eux aussi. Ils émanaient de sous les ondes, combien plus graves aujourd'hui qu'hier, et venant de sous-marins combien plus puissants ! Ils provenaient aussi des airs, et cette fois, le risque n'était plus seulement d'être repéré, mais aussi de subir des attaques violentes et peut-être dévastatrices.

Personne, me semblait-il, n'avait jamais fait par deux fois le même terrible parcours ; personne n'avait éprouvé comme moi depuis le sommet les dangers et les responsabilités, ou bien, pour entrer dans le détail, personne n'avait ressenti comme moi la façon dont sont traités les premiers lords de l'Amirauté lorsque les grandes unités sont coulées et les choses tournent mal. Si nous devions revivre la même expérience une seconde fois, aurai-je à endurer de nouveau les affres du renvoi ? Fisher, Wilson, Battenberg, Jellicoe, Beatty, Pakenham, Sturdee, tous avaient disparu.

> Je me sens comme celui
> Qui parcourt, solitaire,
> Une salle de banquet déserte,
> Dont les lumières se sont enfuies
> Dont les guirlandes sont mortes,
> Et que tous ont quittée, sauf lui*...

Et que dire de l'épreuve immense, de l'épreuve suprême dans laquelle nous étions à nouveau irrévocablement plongés ? La Pologne agonisait, tandis qu'en France ne brillait plus qu'un pâle reflet de l'ardeur guerrière d'autrefois ; le colosse russe n'était plus un allié, pas même un neutre et pouvait devenir un ennemi ; l'Italie n'était pas une amie ; le Japon n'était pas un allié ; l'Amérique s'engagerait-elle à nouveau ? L'empire britannique demeurait certes intact et admirablement uni, mais il n'était pas prêt. Nous gardions la maîtrise des mers, mais dans cette nouvelle arme mortelle qu'était l'aviation, nous étions lamentablement surpassés en nombre. Somme toute, le paysage paraissait sombre à souhait.

Nous rejoignîmes notre train à Inverness et voyageâmes tout l'après-midi et toute la nuit pour rentrer à Londres. À notre arrivée en gare d'Euston, le lendemain matin, je fus surpris de voir le premier lord de la mer. Sa mine était grave : « J'ai une mauvaise nouvelle à vous annoncer, premier lord, me dit-il. Le *Courageous* a été coulé hier soir dans la passe de Bristol. » C'était un de nos plus anciens porte-avions, mais il nous était très nécessaire à ce stade. Je remerciai l'amiral d'être venu me porter la nouvelle en personne, et lui dis : « Nous ne pouvons espérer mener une guerre comme celle-ci sans que des accidents de ce genre

---

* Tomas MOORE, *Ost in the stilly night*.

se produisent de temps en temps. J'en ai déjà vu beaucoup de semblables. » Après quoi je partis prendre un bain et me préparer au labeur d'une nouvelle journée.

*
* *

Vers la fin du mois de septembre, nous n'avions guère de raisons d'être mécontents des premiers résultats de la guerre sur mer. Je pouvais garder le sentiment d'avoir effectivement pris en mains le grand ministère qui m'était si familier et que j'aimais en connaissance de cause. Je savais désormais ce qui était disponible et ce qui allait le devenir. Je connaissais l'emplacement de chaque chose. J'avais visité les principaux ports militaires et rencontré tous les commandants en chef. D'après les lettres patentes qui forment la charte du ministère : « Le premier lord est responsable devant la Couronne et le Parlement de tout ce qui se passe à l'Amirauté », et je me sentais certes prêt à assumer cette tâche dans le fond comme dans la forme.

Nous avions assuré la transition immense, délicate et dangereuse de l'état de paix à l'état de guerre. Contrairement à des accords internationaux en bonne et due forme, des sous-marins avaient attaqué sans discrimination les vaisseaux assurant le commerce mondial, et au cours des premières semaines, nous avions dû en payer le prix. Mais le système des convois fonctionnait maintenant à plein, et les navires marchands quittaient nos ports chaque jour par douzaines, armés chacun d'un canon servi par un petit groupe de canonniers exercés. Les chalutiers équipés d'asdics et les autres petits bateaux pourvus de grenades sous-marines, tous bien préparés par l'Amirauté avant la déclaration de guerre, entraient en service chaque jour plus nombreux. Nous étions tous certains que la première attaque des sous-marins contre la flotte de commerce britannique avait été brisée, et que la menace était de mieux en mieux maîtrisée. Il était évident que les Allemands allaient construire des sous-marins par centaines, et bien des coques étaient sûrement déjà sur cales à divers stades de construction. Dans douze mois peut-être, dans dix-huit mois certainement, nous pouvions nous attendre à voir la guerre sous-marine commencer pour de bon. Mais nous espérions qu'alors, nos nouvelles flottilles d'unités anti-sous-marines, qui bénéficiaient d'une priorité absolue, seraient disponibles en masse pour prendre l'ascendant sur l'adversaire.

Pendant ce temps, le transport de notre corps expéditionnaire vers la France se poursuivait sans à-coups, et le blocus de l'Allemagne s'effectuait selon des méthodes semblables à celles de la dernière guerre. Outre-mer, nos croiseurs traquaient les bâtiments ennemis, tout en assurant la protection de notre flotte contre les navires de course. La navigation allemande était paralysée, et 325 navires ennemis environ, totalisant près de 750 000 tonneaux, étaient immobilisés dans des ports étrangers.

Nos alliés aussi jouaient leur rôle. Les Français prenaient une part importante au contrôle de la Méditerranée. Dans leurs eaux territoriales et dans la baie de Biscaye, ils participaient à la lutte contre les sous-marins, et au milieu de l'Atlantique, une puissante force navale basée à Dakar était intégrée au dispositif allié contre les *raiders* de surface. Ce même mois, le 11 septembre, je reçus une lettre personnelle du président Roosevelt qui me fit grand plaisir. Je ne l'avais rencontré qu'une fois pendant la guerre précédente ; c'était au cours d'un dîner à Gray's Inn, et j'avais été frappé par sa magnifique prestance, toute en force et en jeunesse. Nous n'avions pu cette fois-là échanger que des politesses[1].

---

1. La vérité est sensiblement différente : lors de ce dîner londonien au début de 1919, Churchill, alors ministre de la Guerre et de l'Air, avait abondamment discouru comme à son habitude, sans remarquer le jeune secrétaire adjoint à la Marine Franklin Roosevelt, qui en avait été mortifié. Churchill devait même aggraver son cas en écrivant à Roosevelt en 1941 combien il se réjouissait de le rencontrer « pour la

« C'est parce que nous avons occupé tous deux des postes semblables durant la Grande Guerre, écrivait-il le 11 septembre, que je tiens à ce que vous sachiez combien je suis heureux de vous voir de retour à l'Amirauté. Je comprends bien que des facteurs nouveaux viennent aggraver les difficultés qui sont les vôtres, mais les données essentielles du problème ne sont pas très différentes de ce qu'elles étaient alors. Croyez bien, vous et le Premier ministre, que je serais heureux qu'à tout moment, vous m'informiez personnellement de tout ce que vous jugerez bon que je sache. Vous pourrez toujours m'envoyer des lettres cachetées par la voie de votre valise diplomatique ou de la nôtre. »

Je répondis promptement à M. Roosevelt, en signant ma lettre : « Une personnalité navale ». Ainsi débuta entre nous cette longue et mémorable correspondance qui devait compter près de mille messages et durer jusqu'à la mort du président cinq ans et demi plus tard.

*
* *

En octobre, un événement se produisit soudain qui atteignit l'Amirauté en un point hautement vulnérable.

Dans la nuit du 17 octobre 1914, la présence d'un sous-marin allemand avait été signalée *à l'intérieur de Scapa Flow*, ce qui avait amené la grande flotte à prendre la mer. Cette alerte-là était prématurée, mais un quart de siècle après, presque jour pour jour, elle devint réalité. Le 14 octobre 1939 à 1 h 30 du matin, un sous-marin allemand, bravant les marées et les courants, pénétra nos défenses et coula le cuirassé *Royal Oak* qui était à l'ancre. Sur la première salve, une seule torpille atteignit la proue et provoqua une explosion assourdie. Il était si incroyable

---

première fois ». À l'évidence, la « magnifique prestance » du jeune Roosevelt n'avait pas vraiment frappé Churchill en 1919, et ce passage de ses Mémoires peut être mis sur le compte de la licence poétique.

pour l'amiral et le capitaine du navire qu'une torpille pût les atteindre dans l'abri de Scapa Flow, qu'ils attribuèrent l'explosion à quelque cause interne. Vingt minutes s'écoulèrent avant que le sous-marin, car c'en était un, eût rechargé ses tubes et tiré une seconde salve. Trois ou quatre torpilles, frappant coup sur coup, déchirèrent la coque. En dix minutes, le navire chavira et coula. La plupart des hommes étaient à leurs postes de combat, mais la rapidité avec laquelle le vaisseau se retourna empêcha pratiquement tous ceux qui se trouvaient sous les ponts de s'échapper.

Cet épisode, qui doit être considéré comme un fait d'armes de la part du capitaine Prien, commandant le sous-marin allemand, frappa de consternation l'opinion publique. Il aurait fort bien pu être fatal pour la carrière politique de tout ministre responsable des mesures défensives avant la guerre. Étant nouveau venu, j'étais à l'abri de tels reproches au cours des premiers mois, et du reste, l'opposition n'essaya pas d'exploiter ce désastre. Je promis d'effectuer une enquête des plus rigoureuses. Ces événements montraient à quel point il était nécessaire d'améliorer les défenses de Scapa Flow contre toute forme d'attaque avant de l'utiliser. Près de six mois s'écoulèrent avant que nous pussions profiter des éminents avantages qu'elle présentait.

Un nouveau et redoutable danger ne tarda pas à menacer notre existence même. Au cours des mois de septembre et octobre, près d'une douzaine de navires marchands furent coulés à l'entrée de nos ports, bien que ceux-ci eussent été dûment dragués. L'Amirauté soupçonna immédiatement que des mines magnétiques avaient été employées. Ce type de mine n'était pas une nouveauté pour nous ; nous avions même commencé à en utiliser sur une petite échelle à la fin de la guerre précédente, mais les terribles ravages que pouvaient provoquer de grosses mines de fond, mouillées à grande profondeur par des navires ou des avions, n'avaient pas été sérieusement envisagés. Sans un spécimen de la mine, il était impossible d'y trouver la riposte. Les pertes infligées par des mines, principalement aux Alliés et aux neutres, s'élevaient en septembre et octobre à 56 000 tonnes, ce qui poussa Hitler à faire de sombres allusions à sa nouvelle « arme secrète » imparable. Un soir, alors que j'étais à Chartwell, l'amiral Pound se présenta en proie à une grave inquiétude ; six navires venaient d'être coulés à l'entrée de la Tamise. Chaque jour, des centaines de bateaux entraient et sortaient des ports britanniques, et notre survie dépendait de leur liberté de mouvement. Les experts d'Hitler lui avaient sans doute affirmé que cette forme d'attaque consommerait notre ruine ; mais par bonheur, elle débuta sur une petite échelle, avec des stocks et une capacité de fabrication limités.

La chance nous favorisa aussi plus directement ; le 22 novembre, entre 21 et 22 heures, on observa un avion allemand qui larguait en mer, près de Shoeburyness, une grande masse attachée à un parachute. À cet endroit, la côte est entourée de vastes étendues de boue qui se découvrent lorsque la mer se retire. Il nous apparut d'emblée que, quel que fût l'objet, il pourrait être examiné et peut-être être récupéré à marée basse. L'occasion était trop belle ! Le même soir avant minuit, deux officiers hautement qualifiés, les lieutenants de vaisseau Ouvry et Lewis, du *Vernon*, le bâtiment de la Marine où l'on met au point des armes sous-marines, furent convoqués à l'Amirauté, où le premier lord de la mer et moi-même les interrogeâmes sur la façon dont ils comptaient opérer. À 1 h 30 du matin, ils se rendirent en voiture à Southend pour entreprendre la tâche dangereuse de la récupération. Le 23 avant l'aube, dans l'obscurité complète et avec la seule aide d'un fanal, ils découvrirent la mine à environ 500 m en deçà de la ligne de marée haute. Mais comme la mer remontait, ils ne purent que l'examiner et effectuer les préparatifs nécessaires pour s'y attaquer après la marée.

L'opération décisive commença au début de l'après-midi, alors qu'on venait de découvrir qu'une deuxième mine reposait dans la vase près de la première. Ouvry, aidé du premier maître Baldwin, s'attaqua à la première, tandis que ses camarades, Lewis et le gabier breveté Vearncombe, attendaient à distance convenable, prêts à intervenir en cas d'accident. Après chacune des opérations convenues, Ouvry envoyait des signaux à Lewis, afin que le résultat de ses observations pût être utilisé lorsque la deuxième mine serait démontée. Finalement, les quatre hommes durent unir leurs efforts pour venir à bout de la première, mais leur adresse et leur dévouement furent amplement récompensés. Le soir même, Ouvry et ses camarades vinrent annoncer à l'Amirauté que la mine avait été récupérée intacte et qu'elle était en route pour Portsmouth, où l'on procéderait à son examen détaillé. Je les reçus avec enthousiasme ; une centaine d'officiers et de responsables réunis dans la plus grande salle de l'Amirauté écoutèrent passionnément le récit de leur exploit, en étant profondément conscients de tout ce qui était en jeu.

Toutes les ressources et toute la science de la Marine furent dès lors mises à contribution ; et peu après, les essais et les expériences commencèrent à donner des résultats. Nos efforts portèrent dans toutes les directions à la fois ; nous conçûmes d'abord des moyens actifs pour agir contre la mine elle-même, en la draguant ou en la faisant exploser ; en second lieu, des moyens passifs permettant à tous les navires de se protéger contre les mines qui pourraient se trouver sur des voies maritimes non ou mal draguées. Pour ce deuxième cas, on avait mis au point un système très efficace de « démagnétisation » des navires : il consistait à les entourer d'un câble électrique. On appela ce système le *degaussing*, et on l'appliqua immédiatement à tous les types de navires. Nous n'en continuions pas moins à subir des pertes sévères ; le 21 novembre, le nouveau croiseur *Belfast* heurtait une mine dans le Firth of Forth, et le 4 décembre, le cuirassé *Nelson* en touchait une autre en entrant dans le Loch Ewe. Mais les deux bâtiments purent gagner un port militaire par leurs propres moyens. Il est surprenant que les services secrets allemands n'aient pas réussi à percer à jour les mesures de sécurité que nous avions prises pour dissimuler les dégâts subis par le *Nelson*, avant qu'il ne fût réparé et de nouveau en service. Et pourtant, dès le début, des milliers de personnes en Angleterre étaient nécessairement au courant des faits.

L'expérience nous fit bientôt découvrir des méthodes de *degaussing* nouvelles et plus simples ; l'effet de ce succès sur le moral fut considérable, mais c'est sur le travail loyal, courageux et opiniâtre des dragueurs de mines et sur l'habileté et la patience de nos techniciens, qui conçurent et fournirent l'équipement utilisé, que nous comptions surtout pour contrer les efforts de l'ennemi. À partir de ce moment, et en dépit de nombreuses périodes d'anxiété, nous pûmes toujours maîtriser la menace des mines, et le danger finit par s'estomper.

Il convient de méditer sur cet aspect de la guerre navale. En l'occurrence, nous dûmes consacrer une part substantielle de notre effort de guerre à combattre les mines. Il fallut opérer sur le matériel et les sommes consacrés à d'autres secteurs des prélèvements considérables, et plusieurs milliers d'hommes risquèrent leur vie nuit et jour sur les seuls dragueurs de mines. C'est en juin 1944 que le chiffre le plus élevé fut atteint, avec près de 60 000 hommes affectés à cette tâche. Rien ne tempérait l'ardeur des membres de la marine marchande, dont le moral s'élevait avec les complications meurtrières de l'attaque par mines et les mesures efficaces que nous prenions pour y parer. Leur labeur et leur courage indomptable furent notre salut. Dans le domaine plus vaste des opérations navales, nous n'avions pas encore été sérieusement inquiétées. Cela n'allait pas tarder, et je conclurai mon récit de la guerre sur mer en 1939 par une description de deux engagements majeurs avec des *raiders* de surface allemands.

*

* *

Notre ligne de blocus longue et ténue au nord des Orcades, formée en grande partie de croiseurs auxiliaires soutenus ici et là par des bâtiments de guerre, était à tout moment susceptible d'être soudainement attaquée par des bâtiments de ligne allemands, en particulier par les deux croiseurs de bataille les plus rapides et les plus puissants : le *Scharnhorst* et le *Gneisenau*. Nous ne pouvions l'empêcher. Notre seul espoir était d'obliger les assaillants à livrer un combat décisif.

Tard dans l'après-midi du 23 novembre, le croiseur auxiliaire *Rawalpîndi*, patrouillant entre l'Islande et les Féroé, aperçut un bâtiment de guerre ennemi qui approchait rapidement. Il prit cet inconnu pour le cuirassé de poche *Deutschland* et signala sa présence en conséquence. Son commandant, le capitaine Kennedy, ne pouvait se faire aucune illusion sur le résultat d'un engagement de ce genre. Son bateau n'était qu'un paquebot armé en croiseur auxiliaire, avec une bordée de quatre vieux canons de 6 pouces, alors que son adversaire présumé disposait de six canons de 11 pouces, en plus d'un puissant armement secondaire. Kennedy prit néanmoins le risque, résolu à défendre son bateau jusqu'au bout. L'ennemi ouvrit le feu à dix kilomètres environ, et le *Rawalpîndi* riposta. Un combat aussi inégal ne pouvait durer longtemps, mais il se prolongea jusqu'au moment où le *Rawalpîndi*, tous ses canons mis hors de combat, ne fut plus qu'une épave en feu. Il coula peu après la tombée de la nuit, entraînant avec lui son capitaine et 270 membres de son vaillant équipage.

En réalité, ce n'était pas le *Deutschland*, mais les croiseurs de bataille *Scharnhorst* et *Gneisenau* qui étaient intervenus. Ces deux navires avaient quitté l'Allemagne deux jours plus tôt pour attaquer nos convois dans l'Atlantique, mais, ayant rencontré et coulé le *Rawalpîndi* et craignant d'avoir été repérés, ils renoncèrent à poursuivre leur mission et rentrèrent immédiatement en Allemagne. Ainsi, la lutte héroïque du *Rawalpîndi* n'avait pas été vaine. Le croiseur *Newcastle*, patrouillant à proximité, aperçut les éclairs des départs de feux et, répondant immédiatement au premier signal du *Rawalpîndi*, arriva sur les lieux en même temps que le croiseur *Delhi*, alors que le navire en flammes flottait encore. Il se lança à la poursuite de l'ennemi, et à 18 h 15, il distingua dans le crépuscule et sous une pluie battante deux navires, dont un qu'il reconnut comme étant un croiseur de bataille. Mais la nuit lui fit perdre le contact et l'ennemi parvint à s'échapper.

L'espoir d'amener ces deux unités allemandes essentielles à livrer bataille était partagé par tous, et le commandant en chef prit aussitôt la mer avec toute sa flotte. Le 25 novembre, quatorze croiseurs britanniques sillonnaient la mer du Nord avec la coopération des destroyers comme des sous-marins, et la flotte de combat en appui. Mais la chance n'était pas avec nous ; on ne trouva rien, et on ne découvrit aucun indice d'un mouvement de l'ennemi vers l'ouest. En dépit du très mauvais temps, ces recherches ardues se poursuivirent sept jours durant, et nous finîmes par apprendre que le *Scharnhorst* et le *Gneisenau* étaient rentrés sans encombre dans la Baltique. On sait maintenant qu'ils avaient traversé notre ligne de croiseurs, qui patrouillait près des côtes norvégiennes, au matin du 26 novembre. Le temps était couvert et les adversaires ne s'étaient pas vus. Le radar aurait permis le contact, mais il n'était pas encore en service. L'opinion se montra critique à l'égard de l'Amirauté. Nous ne pouvions lui faire comprendre ce qu'était l'immensité des mers et l'intensité des efforts que devait fournir la Marine en tant d'endroits différents. Après plus de deux mois de guerre et plusieurs pertes sérieuses, nous ne pouvions rien inscrire à notre actif. Pas plus que nous ne pouvions répondre à la question : « Que fait donc la Marine ? »

L'attaque de notre marine marchande par des *raiders* de surface aurait été encore plus redoutable si elle avait pu être soutenue. Les trois cuirassés de poche allemands autorisés par le traité de Versailles avaient été soigneusement conçus pour servir à la destruction de la navigation marchande. Leurs six canons de 11 pouces, leur blindage et leur vitesse de 26 nœuds avaient été inclus de main de maître dans des bâtiments n'excédant pas un déplacement de 10 000 tonnes. Aucun croiseur britannique ne les égalait. Les croiseurs allemands armés de canons de 8 pouces étaient plus modernes que les nôtres, et leur emploi dans la guerre de course aurait constitué un redoutable danger. En outre, l'ennemi pouvait utiliser de faux navires de commerce fortement armés. Nous avions encore le souvenir très net des pertes infligées en 1914 par l'*Emden* et le *Königsberg*, et de l'obligation qui avait été la nôtre d'employer simultanément au moins trente bâtiments de guerre et navires marchands armés pour en venir à bout.

Avant même le début de cette nouvelle guerre, des rumeurs et des rapports indiquaient qu'un ou plusieurs cuirassés de poche avaient déjà quitté l'Allemagne. La *Home Fleet* les rechercha, mais ne trouva rien. Nous savons maintenant que le *Deutschland* et le *Graf Spee* avaient appareillé entre le 21 et le 24 août, qu'ils avaient déjà traversé la zone dangereuse et voguaient librement sur les océans avant que notre blocus et nos patrouilles septentrionales eussent été mis en place. Le 3 septembre, le *Deutschland*, ayant franchi le détroit du Danemark, était à l'affût près du Groenland. Le *Graf Spee* avait traversé la route maritime de l'Atlantique nord sans être aperçu, et se trouvait déjà bien au sud des Açores. L'un comme l'autre était accompagné d'un bâtiment auxiliaire chargé de le ravitailler en vivres et combustible. Tous deux restèrent d'abord inactifs, perdus dans l'immensité des mers. S'ils n'attaquaient pas, ils ne feraient aucune prise ; mais tant qu'ils n'attaquaient pas, ils ne couraient aucun risque.

Le 30 septembre, le *Graf Spee* coulait au large de Pernambouc le paquebot britannique *Clement* de 5 000 tonnes, naviguant isolément. La nouvelle électrisa l'Amirauté. C'était le signal que nous attendions. Plusieurs groupes de chasse furent immédiatement constitués, comprenant tous nos porte-avions disponibles, appuyés de cuirassés, de croiseurs de bataille et de croiseurs. Chaque groupe de deux unités ou plus était considéré comme capable de rattraper et de détruire un cuirassé de poche.

Au cours des mois qui suivirent, la recherche des deux bâtiments de course conduisit à la formation de neuf groupes de chasse comprenant vingt-trois puissantes unités. Opérant à partir de bases largement dispersées dans l'Atlantique et l'océan Indien, les groupes de chasse pouvaient surveiller les principales zones empruntées par notre navigation. Pour attaquer nos navires de commerce, l'ennemi devait se mettre à portée d'au moins l'un d'entre eux.

Le *Deutschland*, qui devait harceler notre ligne de communication vitale passant par l'Atlantique nord-ouest, interpréta ses instructions avec la plus grande circonspection. À aucun moment, durant les deux mois et demi qu'il croisa dans les parages, il ne s'approcha d'un convoi. Le soin avec lequel il évita délibérément les forces navales britanniques l'empêcha de faire plus de deux victimes, dont l'une était un petit bâtiment norvégien. Un troisième bateau, le *City of Flint*, battant pavillon des États-Unis et transportant une cargaison à destination de la Grande-Bretagne, fut capturé, mais les Allemands, l'ayant conduit dans un port norvégien, lui rendirent finalement la liberté. Au début de novembre, le *Deutschland* regagna furtivement l'Allemagne en repassant par les eaux arctiques. La seule présence de ce puissant vaisseau sur notre principale route maritime n'en avait pas moins imposé un grave surmenage à nos navires d'escorte et à nos groupes de chasse dans l'Atlantique nord, ce qui était le but de l'ennemi. En fait, nous aurions préféré qu'il intervînt activement plutôt que de faire peser sur nous une vague menace.

Le *Graf Spee*, plus audacieux et plus imaginatif, concentra bientôt sur lui toute l'attention dans l'Atlantique sud. Sa tactique consistait à faire une courte apparition à un certain endroit et à fondre sur sa victime, pour disparaître à nouveau dans le dédale des solitudes océanes. Après une deuxième saillie plus au sud sur la route du Cap, au cours de laquelle il ne coula qu'un seul bateau, il ne se manifesta plus pendant près d'un mois, durant lequel nos groupes de chasse le cherchèrent partout, et particulièrement dans l'océan Indien. En fait, c'était bien sa destination : le 15 novembre, il coula un petit pétrolier britannique dans le canal de Mozambique, entre Madagascar et le continent africain. Ayant ainsi attiré à dessein l'attention sur lui dans l'océan Indien pour amener la chasse dans cette direction, son capitaine – Langsdorff, un homme de haute valeur – fit rapidement demi-tour et, passant largement au sud du Cap, il pénétra de nouveau dans l'Atlantique. Cette manœuvre n'était pas imprévue ; mais nos plans pour l'intercepter furent déjoués par la vitesse avec laquelle il se retira. En fait, l'Amirauté ne savait pas vraiment si elle avait affaire à un *raider* ou à deux, et elle faisait porter les efforts à la fois sur l'océan Indien et sur l'Atlantique. Nous pensions également que le *Spee* pouvait être le *Scheer*, qui était du même type. La disproportion entre les forces de l'ennemi et les contre-mesures que nous étions obligés de prendre était humiliante. Cela me rappelait les semaines d'angoisse que nous avions passées avant les opérations de Coronel, et ensuite avant celles des îles Falkland en décembre 1914 ; à l'époque, nous devions nous préparer à recevoir, en huit points différents du Pacifique et de l'Atlantique sud, l'*Amiral von Spee* avec la première édition du *Scharnhorst* et du *Gneisenau*. Un quart de siècle s'était écoulé, mais l'incertitude restait la même. Ce fut avec un véritable soulagement que nous apprîmes que le *Spee* avait reparu sur la route Le Cap-Freetown, où il avait coulé deux navires le 2 décembre, et un autre le 7.

*
* *

Depuis le début de la guerre, le commodore Harwood avait pour mission expresse de protéger la navigation britannique au large du Río de la Plata et de Rio de Janeiro. Il était convaincu que tôt ou tard, le *Spee* se dirigerait vers la

Plata, où les plus belles proies s'offraient à lui. Harwood avait soigneusement mis au point la tactique qu'il comptait adopter en cas d'affrontements. Réunis, ses deux croiseurs armés de canons de 8 pouces, le *Cumberland* et l'*Exeter*, ainsi que ses deux croiseurs armés de canons de 6 pouces, l'*Ajax* et l'*Achilles* – ce dernier étant un navire néozélandais –, étaient en mesure non seulement de rejoindre l'ennemi, mais encore de l'écraser. Cependant, du fait des nécessités du ravitaillement en combustible et des réparations, il était peu probable que tous les quatre fussent présents au jour de la bataille, et dans ce cas, l'issue pouvait en être douteuse. Ayant appris que le *Doric Star* avait été coulé le 2 décembre, Harwood devina juste ; bien que le *Spee* fût à plus de 3 000 milles de là, il présuma que le navire allemand se dirigerait vers le Río de la Plata. La chance et l'habileté aidant, il estima que le *Spee* pouvait arriver le 13, et donna l'ordre à toutes ses forces disponibles de se rassembler dans ce secteur le 12 décembre. Hélas ! le *Cumberland* était en réparation dans les Falklands ; mais dans la matinée du 13, l'*Exeter*, l'*Ajax* et l'*Achilles* se trouvaient réunis au point de convergence des routes maritimes, au large de l'estuaire du fleuve. À 6 h 14 du matin, on aperçut effectivement de la fumée à l'horizon, vers l'est. La confrontation si longtemps attendue allait enfin se produire.

Harwood, à bord de l'*Ajax*, disposant ses forces pour attaquer le cuirassé de poche depuis des directions très différentes pour désorienter le tir de l'ennemi, avança de toute la vitesse de sa petite escadre. Le capitaine Langsdorff, pensant de prime abord n'avoir affaire qu'à un croiseur léger et à deux destroyers, fonça lui aussi à toute vapeur ; mais il se rendit compte peu après de la qualité de ses adversaires, et comprit qu'un combat à mort était imminent. Les deux forces convergeaient maintenant à près de 50 milles à l'heure. Langsdorff n'avait qu'une minute pour se décider ; la bonne manœuvre aurait consisté à virer de bord sans délai pour tenir ses assaillants aussi longtemps que possible sous le feu de ses canons de 11 pouces, d'une portée et d'une puissance supérieures à celles des Britanniques. Il aurait très bien pu mettre l'un d'entre eux hors de combat avant même qu'il fût en mesure d'ouvrir le feu sur lui. Mais Langsdorff décida au contraire de garder le cap et de se diriger droit sur l'*Exeter*. L'engagement commença donc presque simultanément de part et d'autre.

La tactique du commodore Harwood se révéla payante ; les salves tirées par les canons de 8 pouces de l'*Exeter* touchèrent le *Spee* dès la première phase du combat, cependant que les croiseurs armés de canons de 6 pouces tiraient également de toutes leurs pièces, et non sans efficacité. L'*Exeter* reçut bientôt un obus qui dévasta la tourelle B, détruisit tous les appareils de transmission de la passerelle, tua ou blessa presque tous ceux qui s'y trouvaient, et désempara momentanément le vaisseau. Mais à ce stade, le *Spee* ne pouvait plus négliger les croiseurs armés de canons de 6 pouces, et il tourna ses plus grosses pièces contre eux, accordant ainsi un répit à l'*Exeter* dans une phase critique de la bataille. Le cuirassé allemand, bombardé de trois côtés, jugea l'attaque britannique trop dangereuse et fit bientôt demi-tour en s'abritant derrière un écran de fumée, afin de se diriger vers le Río de la Plata. Langsdorff aurait mieux fait de prendre cette décision plus tôt.

Ayant exécuté cette manœuvre, le *Spee* s'attaqua de nouveau à l'*Exeter*, durement touché par les obus de 11 pouces, et dont tous les canons de proue étaient hors de combat. Un incendie faisait rage par le travers, et il donnait fortement de la bande. Le capitaine Bell, qui avait échappé à l'explosion sur la passerelle, réunit deux ou trois officiers autour de lui au poste de direction de tir arrière, et maintint son navire en action avec la seule tourelle qui lui restât, jusqu'au moment où, à 7 h 30, le manque de pression la mit également hors service. Il ne pouvait plus rien faire. À 7 h 30, l'*Exeter* vira de bord pour aller effectuer les réparations nécessaires, et ne prit plus aucune part à la lutte.

L'*Ajax* et l'*Achilles*, ayant déjà entamé la poursuite, continuaient le combat avec le plus grand courage. Le *Spee* dirigea sur eux le feu de toutes ses pièces lourdes. À 7 h 25, les deux tourelles arrière de l'*Ajax* étaient détruites, et l'*Achilles* avait également subi des dégâts. Ces deux croiseurs légers ne pouvaient rivaliser avec l'ennemi. Constatant que ses munitions s'épuisaient, Harwood, sur l'*Ajax*, décida de rompre le combat jusqu'à la tombée du jour, où il aurait plus de chances d'utiliser avec efficacité son armement léger, et peut-être ses torpilles. Il s'éloigna donc à l'abri d'un écran de fumée, et l'ennemi ne le poursuivit pas. Ce combat acharné avait duré une heure et vingt minutes. Tout le reste de la journée, le *Spee* poursuivit sa route vers Montevideo, obstinément talonné par les croiseurs britanniques, avec lesquels il échangeait quelques salves par intermittence. Peu après minuit, le *Spee* pénétra dans le port de Montevideo et y jeta l'ancre pour réparer ses avaries, prendre des provisions, débarquer ses blessés, transborder des membres de l'équipage sur un cargo allemand et faire son rapport au Führer. L'*Ajax* et l'*Achilles* restèrent au large, résolus à engager une poursuite à mort s'il tentait une sortie. Entre-temps, dans la nuit du 14, le *Cumberland*, arrivé à toute vapeur des Falklands, prenait la place de l'*Exeter* complètement paralysé. La venue de ce croiseur armé de canons de 8 pouces rétablissait à peu près l'équilibre dans une situation incertaine.

Le 16 décembre, le capitaine Langsdorff câblait à l'Amirauté allemande que toute tentative de sortie était vouée à l'échec : « Demande instructions sur point de savoir si navire doit être sabordé, malgré profondeur insuffisante de l'estuaire du Río de la Plata, ou si internement préférable. »

À une conférence présidée par le Führer en présence de Raeder et Jodl, il fut décidé d'envoyer la réponse suivante : « Tenter par tous les moyens prolonger séjour dans les eaux neutres... Forcer le passage jusqu'à Buenos Aires si possible. Pas d'internement en Uruguay. En cas de sabordage, tenter de détruire complètement le navire. »

Au cours de l'après-midi du 17, le *Spee* transborda donc plus de sept cents hommes, avec leur bagage et leurs

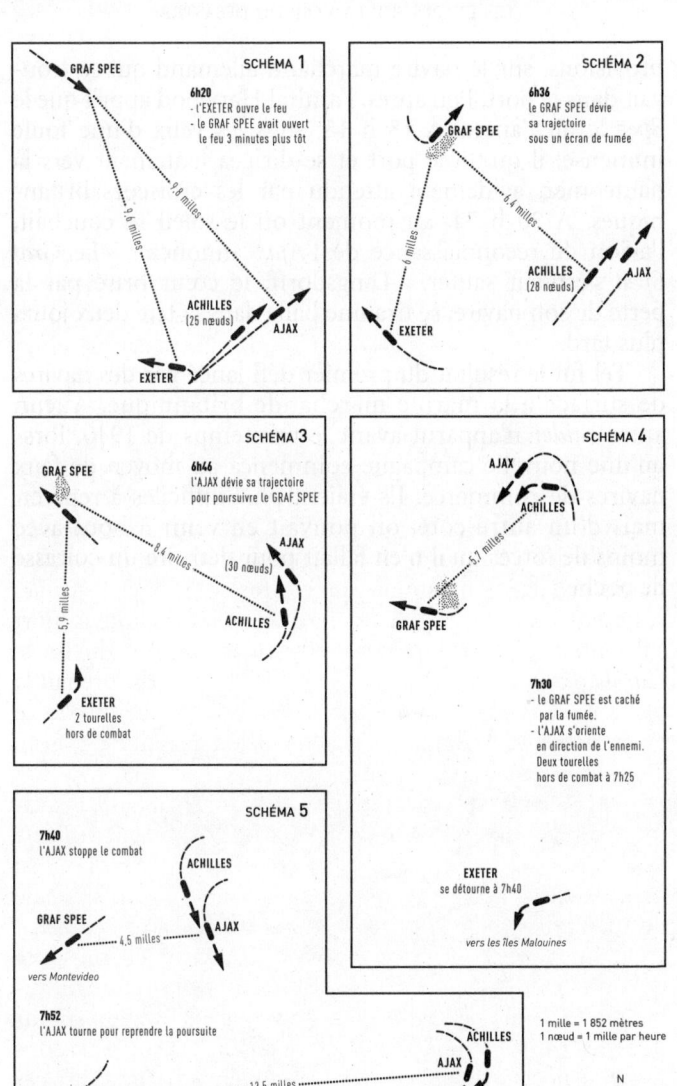

La poursuite du *Graf Spee* au large du Rio de la Plata

provisions, sur le navire marchand allemand qui se trouvait dans le port. Peu après, l'amiral Harwood apprit que le *Spee* levait l'ancre. À 18 h 15, sous les yeux d'une foule immense, il quitta le port et se dirigea lentement vers la haute mer, avidement attendu par les croiseurs britanniques. À 20 h 54, au moment où le soleil se couchait, l'avion de reconnaissance de l'*Ajax* annonça : « Le *Graf Spee* s'est fait sauter. » Langsdorff, le cœur brisé par la perte de son navire, se tira une balle dans la tête deux jours plus tard.

Tel fut le résultat du premier défi lancé par des navires de surface à la marine marchande britannique. Aucun autre *raider* n'apparut avant le printemps de 1940, lorsqu'une nouvelle campagne commença au moyen de faux navires de commerce. Ils étaient plus difficiles à repérer, mais d'un autre côté, on pouvait en venir à bout avec moins de forces qu'il n'en fallait pour détruire un cuirassé de poche.

Chapitre XIX

LE FRONT DE FRANCE

Dès l'ouverture des hostilités, notre corps expéditionnaire, la *British Expeditionary Force* ou BEF, se mit sans tarder en mouvement vers la France. À la mi-octobre, quatre divisions britanniques constituant deux corps d'armée de première ligne avaient déjà pris position le long de la frontière franco-belge. En mars 1939, six autres divisions les avaient rejointes, ce qui porta le nombre total des divisions à dix. À mesure que leurs effectifs augmentaient, nos troupes occupaient une part croissante du front. Naturellement, nous n'étions nulle part en contact avec l'ennemi.

Lorsque le corps expéditionnaire britannique atteignit les positions qui lui étaient assignées, il y trouva un fossé antichar artificiel pratiquement achevé le long de la ligne de front ; tous les 1 000 mètres environ se trouvait une grande casemate, très visible, qui permettait aux mitrailleuses et aux canons antichars de prendre le fossé en enfilade. Il y avait également un réseau continu de fils de fer barbelés. Pendant cette période étrange de l'automne et de l'hiver de 1939, une bonne partie de la tâche de nos troupes consista à améliorer les ouvrages de défense des Français et à établir une sorte de ligne Siegfried. En dépit du gel, nos préparatifs avancèrent rapidement. Les photographies aériennes nous montraient la rapidité avec laquelle les Allemands étendaient leur propre ligne Siegfried au nord de la Moselle. Malgré les nombreux avantages que leur assuraient les ressources du pays et la conscription des travailleurs, nous semblions progresser au même rythme qu'eux. De vastes bases furent construites, on améliora les routes et on posa plus de 150 kilomètres de voies ferrées à grand écartement. Près de cinquante nouveaux aéroports ou terrains d'atterrissage secondaires furent aménagés ou améliorés. Derrière notre front, d'immenses réserves d'équipements et de munitions s'accumulèrent dans les dépôts. Dix jours d'approvisionnement se trouvaient rassemblés entre la Seine et la Somme, *et l'équivalent de sept jours supplémentaires au nord de la Somme.* C'est cette dernière provision qui devait sauver l'armée après la percée allemande. Du fait de la paix qui continuait à régner, de nombreux ports au nord du Havre furent progressivement utilisés, et nous finîmes par faire usage de treize ports au total.

En 1914, l'esprit de l'armée et de la nation françaises, religieusement entretenu de père en fils depuis 1870, était résolument offensif. On tenait alors pour dogme que la puissance numériquement la plus faible ne pouvait faire face à l'invasion que par une contre-offensive générale, non seulement stratégique, mais aussi tactique. C'était à présent une France très différente de celle qui s'était ruée sur son ennemi héréditaire en août 1914. L'esprit de revanche avait accompli sa mission et s'était consumé dans la victoire. Les chefs qui l'avaient entretenu étaient morts depuis longtemps. La France avait subi l'effroyable épreuve de voir massacrer un million et demi de ses fils. Pour la grande majorité des Français, l'idée d'offensive était liée au souvenir des premiers échecs de l'offensive française de 1914, à celui du général Nivelle en 1917, aux longues agonies de la Somme et de Passchendaele et surtout à la conviction que la puissance de feu des armes modernes avait des effets dévastateurs pour l'assaillant. Ni en France ni en Grande-Bretagne, on n'avait réellement compris toutes les conséquences de ce fait nouveau que constituait l'apparition de véhicules blindés capables de résister au feu de l'artillerie et de parcourir plus de 150 kilomètres par jour. Un livre publié quelques années auparavant par un certain commandant de Gaulle exposait lumineusement cette question, mais il n'avait trouvé aucun écho[1]. Le vieux maréchal Pétain, dont l'autorité s'exerçait au Conseil supérieur de la guerre, avait profondément influencé les conceptions militaires de la France en fermant la porte aux idées nouvelles, et notamment en s'élevant contre l'emploi d'armes curieusement qualifiées d'« offensives ».

On a souvent condamné la politique de la ligne Maginot *a posteriori*. Elle a certainement engendré une mentalité défensive ; pourtant, lorsqu'il s'agit de protéger une frontière s'étendant sur des centaines de kilomètres, il est toujours sage d'en barrer le plus possible au moyen de fortifications, afin d'immobiliser un minimum d'effectifs et de « canaliser » une éventuelle invasion. Si la ligne Maginot avait été convenablement insérée dans le plan de guerre français, elle aurait été pour la France d'une valeur inestimable. On pouvait l'envisager comme une longue succession de précieuses bases de départ et surtout comme un moyen d'interdire à l'ennemi de vastes secteurs du front, permettant le rassemblement des réserves générales, de la « masse de manœuvre ». Étant donné la disproportion existant entre la population de la France et celle de l'Allemagne, la ligne Maginot constituait une mesure sage et prudente. En vérité, il est extraordinaire qu'elle n'ait pas été prolongée au moins le long de la Meuse. Elle aurait pu alors servir de bouclier sûr, à l'abri duquel la France aurait joué librement de sa lourde épée, effilée et offensive. Mais le maréchal Pétain s'était opposé à cette extension ; il sou-

---

[1]. Pas même chez Churchill, du reste... Au début de la Grande Guerre, il avait pourtant été l'inventeur des premiers tanks (surnommés par le *War Office* « *Winston's follies* »), dont il avait fait construire des prototypes par les chantiers navals du royaume. Mais entre les deux guerres, il s'en était quelque peu désintéressé, et n'avait pas pris connaissance des écrits de Fuller, Liddell Hart, Étienne et de Gaulle sur l'emploi en masse des unités blindées.

tenait avec force que l'on pouvait exclure l'hypothèse d'une invasion par les Ardennes, en raison de la nature du terrain. On exclut donc cette éventualité. Lorsque je visitai Metz en 1937, le général Giraud m'expliqua comment on envisageait l'utilisation de la ligne Maginot dans une stratégie offensive. Mais ces conceptions ne furent pas appliquées, et non seulement la ligne absorba un très grand nombre de techniciens et de soldats très entraînés, mais encore elle eut un effet déprimant sur la stratégie militaire du commandement et la vigilance du pays.

On estimait à juste titre que l'arme aérienne, par sa nouveauté, constituait un facteur révolutionnaire dans toutes les opérations. Étant donné le nombre relativement peu élevé d'appareils dont disposait chaque adversaire à l'époque, on s'exagérait même ses effets, et on considérait en général qu'elle favoriserait principalement la défensive, en entravant les concentrations et les communications des grandes armées une fois lancées à l'attaque. Le haut commandement français jugeait que même la période de mobilisation serait des plus critiques, en raison de la destruction possible des nœuds ferroviaires, bien que le nombre d'avions allemands, comme d'avions alliés du reste, fût beaucoup trop faible pour accomplir une telle tâche. Ces idées exprimées par les chefs de l'armée de l'air étaient exactes en principe, et elles se trouvèrent justifiées durant les dernières années de la guerre, lorsque l'arme aérienne fut multipliée par dix ou par vingt. Au début des hostilités, elles étaient prématurées.

*
* *

En Grande-Bretagne, on a coutume de dire en plaisantant que le *War Office* prépare toujours la dernière guerre. Mais c'est probablement vrai pour d'autres administrations et d'autres pays, et c'était certainement le cas de l'armée française. Personnellement, j'étais également persuadé de la supériorité de la défensive, à condition qu'elle fût conduite d'une manière énergique. Je n'avais ni les responsabilités ni les renseignements nécessaires pour réviser mes conceptions à cet égard. Je savais que le carnage de la guerre précédente avait profondément marqué l'âme du peuple français. On avait laissé aux Allemands le temps de construire la ligne Siegfried. Comment ne pas reculer d'épouvante à l'idée de précipiter ce qui restait d'hommes en France contre ce mur de feu et de béton ! J'ai décrit une méthode à longue échéance (appelée *Cultivator* n° 6) au moyen de laquelle je pensais, à l'époque, qu'on pouvait braver la puissance de feu des ouvrages défensifs. Toutefois, dans les premiers mois de la Seconde Guerre mondiale, je partageais l'opinion générale au sujet de la défensive, et j'étais convaincu que des obstacles antichars et des canons de campagne, habilement disposés et suffisamment pourvus de munitions, pouvaient déjouer ou briser l'action des chars, sauf dans l'obscurité ou le brouillard, qu'il soit naturel ou artificiel.

Dans les problèmes que le Tout-Puissant pose à ses humbles serviteurs, il est très rare que les choses se passent deux fois de la même manière, et, lorsqu'elles semblent le faire, il existe toujours quelque variante interdisant toute généralisation abusive. L'esprit humain, sauf lorsqu'il est guidé par un extraordinaire génie, ne peut s'écarter des préjugés ayant accompagné son développement. Et pourtant, après huit mois d'inactivité de part et d'autre, nous allions voir Hitler déclencher soudain une vaste offensive avec des avant-gardes de véhicules à l'épreuve des obus ou lourdement blindés, brisant toutes les défenses et réduisant presque à l'impuissance l'artillerie sur le champ de bataille pour la première fois depuis des siècles. Nous allions également voir l'augmentation de la puissance de feu rendre les batailles elles-mêmes moins sanglantes, dans la mesure où le terrain pourrait être défendu par des effectifs très réduits, exposant ainsi beaucoup moins d'hommes au feu ennemi.

Quoi qu'il en soit, ce n'est sans doute qu'à la fin de la troisième semaine de septembre au plus tôt que les Français auraient pu monter une grande attaque. Mais à ce moment, la campagne de Pologne avait pris fin. Dès le milieu du mois d'octobre, les Allemands avaient soixante-dix divisions sur le front occidental. La supériorité numérique passagère des Français à l'ouest était en train de disparaître. Une offensive française, lancée depuis les frontières de l'est, aurait dégarni leur front du nord, d'importance bien plus cruciale. Même si les armées françaises avaient remporté un succès initial, il leur aurait été extrêmement difficile de maintenir leurs gains à l'est au bout d'un mois, et elles se seraient trouvées exposées à toute la violence d'une contre-attaque allemande dans le nord.

Telle est la réponse à la question : « Pourquoi avoir attendu passivement que la Pologne fût détruite ? » En réalité, cette bataille avait déjà été perdue quelques années plus tôt ; en 1938, on avait de bonnes chances de l'emporter alors que la Tchécoslovaquie existait encore ; en 1936, on ne se serait heurté à aucune opposition efficace ; en 1933, un simple rescrit de Genève aurait amené la soumission sans effusion de sang. On ne saurait faire retomber tout le blâme sur le seul général Gamelin parce qu'en 1939, il ne voulut pas courir des risques qui avaient si considérablement augmenté depuis les crises précédentes, face auxquelles avaient reculé les gouvernements français et britannique.

*
* *

Quelles étaient alors les probabilités d'une offensive des Allemands contre la France ? Trois voies leur étaient naturellement ouvertes : en premier lieu, l'invasion par la Suisse, qui leur permettait de tourner le flanc sud de la ligne Maginot, mais présentait de nombreuses difficultés d'ordre géographique et stratégique. En second lieu, une invasion de la France par la frontière franco-allemande. Cela semblait peu probable, l'armée allemande n'étant pas considérée comme suffisamment équipée ou armée pour mener une attaque en force contre la ligne Maginot. En troisième lieu enfin, une invasion de la France en passant par la Hollande et la Belgique, qui permettrait de tourner la ligne Maginot et d'éviter les pertes qu'entraînerait probablement une attaque frontale contre des fortifications permanentes. Nous ne pouvions songer à avancer aussi loin que les Pays-Bas pour contrer une offensive, mais les Alliés avaient intérêt à l'endiguer en Belgique si possible, et à cette époque, il y avait deux lignes jusqu'auxquelles les Alliés pouvaient se porter s'ils décidaient de venir au secours de ce pays, ou qu'ils pouvaient occuper rapidement en suivant un plan soigneusement préparé, pour peu qu'ils y fussent invités. La première de ces lignes était celle de la Scheldt ; elle était proche de la frontière, et son occupation pouvait se faire sans grand risque. Au pire, on pouvait sans dommage en faire un « faux front » ; au mieux elle pourrait être renforcée en fonction des événements. La seconde ligne nécessitait davantage de hardiesse ; elle suivait la Meuse en passant par Givet, Dinant, Namur, Louvain et Anvers. Si cette ligne avancée était saisie par les Alliés et tenue au prix de durs combats, l'aile droite de l'invasion allemande serait largement contenue, et si leurs armées devaient avoir le dessous, ce serait un remarquable prélude à l'irruption dans la Ruhr, centre vital de la production d'armement allemande, aux fins de s'en assurer le contrôle. « D'après ce que nous savons, écrivaient les chefs d'état-major, les Français estiment qu'à condition que les Belges se maintiennent sur la Meuse, les armées française et britannique devraient occuper la ligne Givet-Namur, les corps expéditionnaires britanniques opérant sur la gauche[1]. Nous estimons qu'il ne serait pas avisé d'adopter un tel plan, à moins de procéder à une concertation suffisamment tôt avant le déclenchement de l'avance allemande... À moins de changements dans l'attitude actuelle de la Belgique et de la possibilité d'établir des plans en vue d'une

---

1. Cette manœuvre était connue sous le nom de « Plan D »

occupation anticipée de la ligne Givet-Namur (appelée également ligne Meuse-Anvers), nous sommes fermement d'avis qu'il faudrait faire face à l'avance allemande sur des positions préparées à la frontière française. »

Le Conseil suprême allié se réunit à Paris le 17 novembre. M. Chamberlain se fit accompagner de lord Halifax, de lord Chatfield et de sir Kingsley Wood. La décision suivante fut prise : « Étant donné l'importance de maintenir les troupes allemandes aussi loin à l'est que possible, *il est essentiel de s'efforcer par tous les moyens de tenir la ligne Meuse-Anvers, dans l'éventualité d'une invasion de la Belgique par les Allemands.* » À cette réunion, M. Chamberlain et M. Daladier insistèrent sur l'importance qu'ils attachaient à cette résolution, qui fut dès lors à la base de toutes les initiatives. C'est donc dans ces conditions que nous passâmes l'hiver et attendîmes le printemps. Ni les états-majors français et britannique, ni les gouvernements des deux pays ne prirent de nouvelles décisions d'ordre stratégique au cours des six mois qui s'écoulèrent avant l'attaque allemande.

Pendant l'hiver et le printemps, le corps expéditionnaire britannique se prépara très activement, en fortifiant ses lignes et en se tenant prêt à l'offensive comme à la défensive. Des officiers supérieurs aux simples soldats, tous travaillaient avec ardeur, et s'ils firent bonne figure le moment venu, ce fut principalement parce qu'ils n'avaient pas perdu leur temps pendant l'hiver. À la fin de la « drôle de guerre », l'armée britannique s'était considérablement améliorée. Ses effectifs avaient également augmenté. Mais une terrible lacune mettait en cause toute notre préparation d'avant-guerre ; c'était l'absence de toute division cuirassée dans le corps expéditionnaire britannique. La Grande-Bretagne, berceau du char d'assaut sous toutes ses formes, avait à ce point négligé cette arme entre les deux guerres que, huit mois après l'ouverture des hostilités, notre armée, petite mais solide, ne disposa à l'heure de l'épreuve que de la première brigade de chars, comprenant dix-sept chars légers et cent chars dits « d'infanterie ». Vingt-trois seulement de ces derniers étaient pourvus du canon de deux livres, les autres n'ayant que des mitrailleuses. Il y avait également sept régiments de cavalerie et de territoriaux, équipés de véhicules d'infanterie et de chars légers, que l'on était en train de convertir en deux brigades cuirassées légères.

Sur le front français, la situation avait évolué de manière moins satisfaisante. Une grande armée nationale formée de conscrits reflète fidèlement la mentalité du peuple, surtout lorsqu'elle est cantonnée sur le territoire même du pays et en contact étroit avec ses habitants. On ne peut pas dire que la France ait envisagé la guerre avec beaucoup d'enthousiasme, ou même de confiance, en 1939-1940. Dix années d'une politique intérieure agitée avaient engendré la désunion et le mécontentement. De nombreux éléments s'étaient tournés vers le fascisme en réaction à la montée du communisme, et ils prêtaient une oreille complaisante à l'habile propagande de Goebbels, en la faisant circuler ensuite sous forme de rumeurs et de commérages. C'est ainsi que s'accomplissait également dans l'armée le travail de désagrégation du communisme comme du fascisme ; les longs mois d'attente hivernale donnèrent à ces propos empoisonnés le temps et l'occasion d'infecter l'organisme.

De très nombreux facteurs contribuent à donner un bon moral à une armée, mais l'un des plus importants, c'est l'emploi des hommes à des travaux utiles et intéressants[1]. L'oisiveté est mère de tous les dangers. Pendant tout l'hiver, il y avait bien des tâches à accomplir ; l'entraînement exigeait une attention constante ; les installations défensives étaient loin d'être satisfaisantes ou achevées ; la ligne Maginot elle-même manquait de bien des ouvrages

---

1. Churchill parle ici d'expérience. Au cours de l'hiver 1915-1916, alors qu'il servait comme lieutenant-colonel sur le front des Flandres, il avait obtenu de remarquables résultats en organisant le travail et les loisirs des hommes de son bataillon.

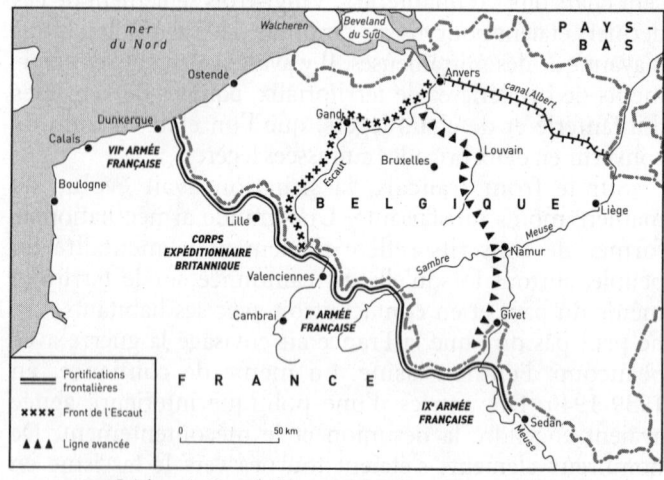

Schéma du front de l'Escaut et de la ligne Meuse-Anvers

de campagne supplémentaires; les exercices sont nécessaires au maintien d'une bonne forme physique. Or, les personnalités qui visitaient le front français étaient souvent frappées par l'atmosphère de calme insouciance qui y régnait, par l'apparente médiocrité des travaux que l'on y exécutait, ainsi que par l'absence de toute activité visible. Les routes désertes en arrière de la ligne de front offraient un contraste frappant avec les allées et venues continuelles sur des kilomètres en arrière du secteur britannique.

Il est hors de doute que l'on a laissé se dégrader la qualité de l'armée française au cours de l'hiver, et que cette armée se serait mieux battue à l'automne qu'au printemps. Elle devait bientôt être assommée par la rapidité et la violence de l'attaque allemande. Ce n'est que lors des dernières phases de cette brève campagne que le soldat français retrouva toutes ses qualités militaires, en défendant son pays contre l'ennemi héréditaire. Mais alors, il était trop tard.

Le 10 janvier, les inquiétudes que l'on nourrissait au sujet du front occidental trouvèrent confirmation. Un commandant d'état-major allemand de la 7ᵉ division aérienne avait reçu l'ordre de transporter des documents au quartier général de Cologne ; ayant manqué son train, il décida de prendre l'avion, mais son appareil se perdit et fit un atterrissage forcé en Belgique, où les troupes belges l'arrêtèrent et saisirent ses documents, qu'il tentait désespérément de détruire. Il y avait là le plan complet et authentique de l'invasion de la Belgique, de la Hollande et de la France, tel que l'avait conçu Hitler. On me mit au courant de tout cela à l'époque, et il me parut incroyable que les Belges n'établissent pas un plan pour nous inviter à pénétrer chez eux ; mais ils n'en firent rien. Dans les trois pays intéressés, on prétendit qu'il s'agissait probablement d'un coup monté, mais cela paraissait invraisemblable. Pourquoi les Allemands auraient-ils essayé de faire croire aux Belges qu'ils allaient les attaquer dans un proche avenir ? Cela ne pouvait qu'inciter les Belges à faire précisément la dernière chose que voulaient les Allemands, à savoir un plan pour permettre aux armées française et britannique d'avancer un beau jour secrètement et rapidement. Je croyais donc à l'imminence de l'attaque.

Nous lançâmes un appel à la Belgique, mais le rois de Belges et son état-major se contentèrent d'attendre, dans l'espoir que tout s'arrangerait. En dépit de tous les documents du commandant allemand, ni les Alliés ni les États menacés ne prirent la moindre disposition supplémentaire. En revanche, ainsi que nous le savons maintenant, Hitler convoqua Göring et, apprenant que les documents saisis étaient en fait les plans complets de l'invasion, il ordonna d'en dresser de nouveaux, après avoir donné libre cours à sa colère.

Bien sûr, si Français et Britanniques avaient mené au cours des cinq années précédentes une politique courageuse et résolue, dans le cadre du respect des traités et avec l'approbation de la SDN, la Belgique aurait pu se montrer solidaire de ses alliés traditionnels et permettre la constitution d'un front commun. Une telle alliance, convenablement organisée, aurait édifié un bouclier tout le long de la frontière belge et jusqu'à la mer, afin de prévenir ce terrible mouvement tournant qui avait failli provoquer notre perte en 1914. Au pire, la Belgique n'aurait pu connaître plus tragique destin que celui qui devait finalement s'abattre sur elle. Mais si l'on songe au désintérêt des États-Unis pour les affaires européennes ; à la campagne de M. Ramsay MacDonald en faveur du désarmement de la France ; aux rejets et aux humiliations répétés que nous avions acceptés lors des diverses violations par les Allemands des clauses de désarmement du traité ; à notre passivité lors de la réoccupation de la Rhénanie ; à notre acceptation de l'Anschluss ; au pacte de Munich et à l'acquiescement devant l'occupation allemande de Prague – si l'on considère tout cela, alors aucune personnalité ayant exercé durant ces années une responsabilité politique en Grande-Bretagne ou en France n'a le droit de condamner la Belgique. En un temps d'hésitations et d'apaisement, les Belges s'accrochèrent à leur neutralité, en se berçant de l'illusion qu'ils pourraient contenir l'envahisseur allemand le long de leurs frontières fortifiées assez longtemps pour permettre aux armées britanniques et françaises de venir à leur secours.

Chapitre XX

LA SCANDINAVIE – LA FINLANDE

La péninsule qui s'étend sur une longueur de 1 700 kilomètres, depuis l'entrée de la Baltique jusqu'au cercle polaire arctique, avait une importance stratégique considérable. Les montagnes de Norvège se prolongent dans l'océan par une frange continue de petites îles. Entre ces îles et la côte, il existe dans les eaux territoriales un corridor au moyen duquel l'Allemagne pouvait communiquer avec les mers extérieures, au grave détriment de notre blocus. L'industrie de guerre allemande dépendait en grande partie du minerai de fer qui provenait en été du port suédois de Luleå, situé au fond du golfe de Botnie, et en hiver, lorsque le golfe était gelé, de Narvik, sur la côte occidentale de Norvège. Respecter le « corridor » revenait à laisser se poursuivre tout ce trafic sous le paravent de la neutralité, au mépris de notre supériorité navale. L'état-major général de l'Amirauté s'inquiétait beaucoup de voir cet important avantage offert à l'Allemagne, et à la première occasion, je soulevai la question en conseil de Cabinet.

Au départ, ma thèse reçut un accueil favorable. Le danger avait profondément impressionné tous mes collègues ; mais le strict respect de la neutralité des petits États était une ligne de conduite à laquelle nous étions tous attachés. En septembre, à l'invitation de mes collègues et après que l'Amirauté eut minutieusement étudié l'ensemble du problème, je rédigeai pour le Cabinet un document sur cette question et sur celle de l'affrètement du tonnage neutre, qui y était liée. Cette fois encore, l'utilité du projet fut reconnue par tous, mais je ne parvins pas à emporter la décision. Les arguments du *Foreign Office* sur la neutralité étaient sérieux, et je ne pus en venir à bout. Je continuai, comme on le verra, à défendre ma thèse par tous les moyens et en toutes occasions. Mais pour que fût adoptée la décision que je sollicitais en septembre 1939, il fallut attendre le mois d'avril 1940, et à ce moment, il était déjà trop tard.

Nous savons à présent que presque simultanément, les Allemands portaient leurs regards dans la même direction. Le 3 octobre, l'amiral Raeder, chef de l'état-major naval, rédigea à l'intention d'Hitler un mémorandum intitulé : « Acquisition de bases en Norvège. » Il demandait « que le Führer fût informé au plus tôt de l'avis de l'état-major de la Marine sur la possibilité d'étendre la base opérationnelle vers le nord. Il s'agit de déterminer s'il est possible d'acquérir des bases en Norvège, sous la pression conjuguée de la Russie et de l'Allemagne, en vue d'améliorer notre situation stratégique et tactique ». Il établit en conséquence une série de notes qu'il présenta à Hitler le 10 octobre. « Dans ces notes, écrira-t-il, j'insistai sur les inconvénients qu'aurait pour nous l'occupation de la Norvège par les Britanniques : contrôle des accès à la Baltique, débordement de nos opérations navales et de nos attaques aériennes sur la Grande-Bretagne, fin de notre pression sur la Suède. Je fis également ressortir les avantages que nous retirerions de l'occupation de la côte norvégienne : débouché vers l'Atlantique Nord, impossibilité pour les Britanniques d'établir un barrage de mines comme en 1917-1918... »

Rosenberg, expert du parti nazi en matière de politique extérieure et chef d'un service spécial chargé de la propagande dans les pays étrangers, partageait l'avis de l'amiral. Il rêvait de « convertir la Scandinavie à l'idée d'une communauté nordique comprenant les peuples du Nord et placée sous la direction naturelle de l'Allemagne ». Au début de 1939, il pensa avoir découvert un instrument utile à cet effet dans le parti nationaliste extrémiste de Norvège, dont le chef était un ancien ministre de la Guerre norvégien du nom de Vidkun Quisling. Des contacts furent établis et l'activité de Quisling se trouva liée aux projets de l'état-major de la Marine allemande, par l'intermédiaire de l'organisation Rosenberg et de l'attaché naval allemand à Oslo. Quisling et son adjoint Hagelin vinrent à Berlin le 14 décembre, et Raeder les conduisit auprès d'Hitler, avec qui ils s'entretinrent d'un coup de force politique en Norvège. Quisling avait établi un plan détaillé. Hitler, soucieux de tenir ses desseins secrets, affecta une certaine répugnance à accroître ses engagements, et déclara qu'il préférerait une Scandinavie neutre. Néanmoins, selon Raeder, ce fut précisément ce jour-là qu'il donna l'ordre au commandement suprême de préparer une opération en Norvège. De tout cela, bien sûr, nous ne savions rien.

*
* *

Entre-temps, la péninsule scandinave était devenue le théâtre d'un conflit inattendu, qui émut fortement l'opinion en Grande-Bretagne comme en France, et exerça une puissante influence sur les discussions au sujet de la Norvège.

Les « pactes d'assistance mutuelle » conclus par Staline avec l'Estonie, la Lettonie et la Lituanie avaient déjà entraîné l'occupation et la ruine de ces pays, tandis que l'armée et l'aviation soviétiques bloquaient désormais toutes les approches de l'URSS depuis l'ouest, du moins par la Baltique. Il ne restait que l'accès par la Finlande.

Au début d'octobre, M. Paasikivi, l'un des hommes d'État finlandais qui avaient signé la paix de 1921 avec l'URSS, se rendit à Moscou. Les exigences soviétiques étaient considérables : recul de la frontière finlandaise sur l'isthme de Carélie loin vers l'ouest, afin que Leningrad fût hors de portée d'une artillerie ennemie ; cession de certaines îles finlandaises dans le golfe de Finlande ; cession à bail du seul port finlandais libre de glace dans l'océan Arctique, Petsamo. Enfin et surtout, la cession à bail du port de Hangö, à l'entrée du golfe de Finlande, dont les Russes voulaient faire une base navale et aérienne. Les Finlandais étaient disposés à faire des concessions sur tous les points, excepté le dernier. Si les clés du golfe de Finlande devaient passer aux mains des Russes, la sécurité nationale et stratégique de la Finlande serait à leurs yeux définitivement compromise. Les négociations furent rompues le 13 novembre, et le gouvernement finlandais commença à mobiliser ses forces armées. Le 28 novembre, Molotov dénonça le pacte de non-agression russo-finlandais ; deux jours plus tard, les Russes attaquaient en huit points la frontière finlandaise longue de 1 700 kilomètres, et au matin du même jour, l'aviation rouge bombardait la capitale, Helsinki.

Le poids principal de l'attaque russe porta d'abord sur les défenses frontalières finlandaises de l'isthme de Carélie. Elles comprenaient une zone fortifiée établie en profondeur sur une trentaine de kilomètres du sud au nord, à travers une région forestière recouverte d'une épaisse couche de neige. On l'appelait la « ligne Mannerheim », du nom du commandant en chef finlandais qui avait sauvé son pays du joug bolchevique en 1917. À l'indignation que souleva en Grande-Bretagne, en France, et particulièrement aux États-Unis, l'attaque non provoquée menée par l'énorme puissance soviétique contre un petit pays courageux et une nation hautement civilisée, succéda bientôt un sentiment d'étonnement et de soulagement. Les premières semaines de la lutte n'apportèrent aucun succès aux troupes soviétiques. L'armée finlandaise, dont les effectifs ne comprenaient au total que 200 000 hommes environ, combattit vaillamment. Les chars russes furent audacieusement contrés avec un nouveau type de grenade à main, que l'on baptisa bientôt « cocktail Molotov ».

Le gouvernement soviétique avait probablement escompté une victoire facile. Les premiers raids sur Helsinki, bien que limités, étaient destinés à répandre la terreur. Les troupes employées initialement, quoique très supérieures en nombre, étaient inférieures en qualité et mal entraînées. Les attaques aériennes et l'invasion de leur territoire galvanisaient les Finlandais, qui se dressèrent comme un seul homme contre l'agresseur et combattirent avec la plus ferme résolution et la plus grande habileté. Il est vrai que la division russe qui mena l'attaque contre Petsamo éprouva peu de difficultés à rejeter les 700 Finlandais qui tenaient ce secteur. Mais l'attaque contre la partie centrale de la Finlande s'avéra désastreuse pour les envahisseurs. Le terrain y est presque entièrement couvert de forêts de pins, légèrement ondulé et recouvert à l'époque de trente centimètres de neige. Le froid était intense. Les Finlandais étaient bien équipés de skis et de vêtements chauds, dont les Russes étaient dépourvus. En outre, les Finlandais se révélèrent des combattants pleins d'initiative et d'allant, parfaitement entraînés aux reconnaissances et aux combats en forêt. Les Russes comptaient en vain sur leur nombre et leur armement plus lourd. Sur toute la longueur de ce front, les postes frontières des Finlandais se retirèrent lentement le long des routes, suivis par les colonnes russes. Lorsque celles-ci eurent avancé d'une cinquantaine de kilomètres, elles furent prises à partie. Contenues vers l'avant par les lignes de défense forestières des Finlandais, subissant jour et nuit de violents assauts sur leurs flancs, avec des lignes de communications coupées derrière elles, ces colonnes furent taillées en pièces ou, dans le meilleur des cas, contraintes à se retirer avec de lourdes pertes. À la fin du mois de décembre, tout le plan russe consistant à percer la partie centrale de la Finlande avait fait long feu.

Pendant ce temps, les assauts contre la ligne Mannerheim sur l'isthme de Carélie n'avaient pas plus de succès. Au début de décembre, une série d'attaques en masse fut lancée par près de douze divisions et se poursuivit pendant tout le mois. À la fin de l'année, les échecs subis sur toute la longueur du front convainquirent le gouvernement soviétique qu'il avait gravement sous-estimé l'ennemi. Il décida

Offensive russe contre la Finlande, décembre 1939

alors de fournir un effort d'envergure. Cela exigeait des préparatifs sur une grande échelle et, à partir de la fin de l'année, les combats cessèrent sur l'ensemble du front, laissant pour l'heure les Finlandais victorieux de leurs puissants assaillants. Cet événement surprenant fut accueilli avec une égale satisfaction dans tous les pays, belligérants ou neutres. C'était une bien mauvaise publicité pour l'armée soviétique. Dans les milieux britanniques, nombreux étaient ceux qui se félicitaient que nous n'eussions fait aucun effort pour amener les Soviétiques dans notre camp, et s'enorgueillissaient de leur perspicacité. On en conclut trop hâtivement que l'armée russe avait été anéantie par l'épuration, et on y vit la preuve de l'état de décomposition inhérent au système de gouvernement et à la société soviétiques. Ce préjugé n'était pas limité à l'Angleterre ; il n'est pas douteux que Hitler et ses généraux méditaient profondément les révélations de l'affaire finlandaise, et qu'elle exerça une puissante influence sur l'esprit du Führer.

Tout le ressentiment éprouvé à l'encontre du gouvernement soviétique lors du pacte Ribbentrop-Molotov prit une vigueur nouvelle à la vue de cet acte de violence et d'agression. Il s'y mêlait du mépris pour l'incapacité des troupes soviétiques et de l'enthousiasme pour le courage des Finlandais. Bien que la guerre mondiale fût déjà en cours, le désir était vif d'aider les Finlandais par la fourniture d'avions et d'autre précieux matériel de guerre, ainsi que par l'envoi de volontaires venus de Grande-Bretagne, des États-Unis, et plus encore de France. Pour parvenir en Finlande, une seule voie s'ouvrait aux fournitures d'armements comme aux volontaires : le port minéralier de Narvik, avec sa voie ferrée le reliant aux mines de fer suédoises à travers les montagnes, prit ainsi une nouvelle importance sentimentale, sinon stratégique. Son utilisation éventuelle pour le ravitaillement des armées finlandaises mettait en cause la neutralité de la Norvège comme celle de la Suède. Ces deux États, craignant également l'Allemagne et la Russie, n'avaient d'autre souci que de se tenir à l'écart des guerres qui les encerclaient et menaçaient de les engloutir ; la neutralité leur apparaissait comme l'unique chance de survie. Mais alors que le gouvernement britannique avait naturellement répugné à commettre même une violation formelle des eaux territoriales norvégiennes en mouillant des mines dans le « corridor » pour combattre l'Allemagne, il céda à un sentiment généreux sans rapport direct avec nos opérations militaires, en présentant une exigence beaucoup plus grave à la Norvège et à la Suède : le libre passage des hommes et du ravitaillement destinés à la Finlande.

J'éprouvais la plus ardente sympathie pour les Finlandais, et je soutenais toutes les propositions faites pour leur venir en aide ; je me félicitais de ce nouveau vent favorable qui soufflait soudain ; j'y voyais le moyen de nous assurer un avantage stratégique essentiel en coupant le ravitaillement vital de l'Allemagne en minerai de fer. Si Narvik était appelé à devenir une sorte de base alliée pour aider les Finlandais, il serait certainement facile d'empêcher les navires allemands de charger le minerai dans le port et de se diriger tranquillement vers l'Allemagne par le « corridor ». Une fois que nous aurions passé outre aux protestations norvégiennes et suédoises, pour une raison ou pour une autre, nous pourrions faire d'une pierre deux coups. Le 16 décembre, je renouvelai donc mes efforts pour que l'on acceptât de mouiller des mines dans le « corridor », une opération simple et n'entraînant aucune effusion de sang.

Le Cabinet examina mon mémorandum le 22 décembre, et je plaidai de mon mieux en faveur de cette cause. Mais je ne pus obtenir une décision de passer à l'action. On pouvait élever par la voie diplomatique une protestation auprès du gouvernement norvégien concernant l'utilisation abusive de ses eaux territoriales par l'Allemagne, et les chefs d'état-major furent chargés d'« examiner les conséquences militaires de tout engagement sur le sol scandinave ». On les autorisa à « établir un plan de débarquement à Narvik pour venir en aide à la Finlande, ainsi que pour faire face à une éventuelle occupation par l'Allemagne de la Norvège méridionale » ; mais aucun ordre d'exécution ne put être transmis à l'Amirauté. Dans un document que je fis distribuer le 21 décembre, je résumai les rapports du service de renseignements faisant état de possibles desseins russes à l'encontre de la Norvège. On pensait que les Soviétiques avaient concentré trois divisions à Mourmansk, en prévision d'une opération de débarquement. « Il se pourrait, dis-je en conclusion, que cette région devienne bientôt un théâtre d'opérations. » Cela ne s'avéra que trop vrai, mais la menace vint d'une autre direction.

*
* *

Je me préoccupais depuis longtemps de la capture de l'*Altmark*, le navire auxiliaire du *Graf Spee*. Ce vaisseau servait également de prison flottante pour les équipages de nos bâtiments de commerce qui avaient été coulés. Par des prisonniers britanniques que le capitaine Langsdorff avait libérés conformément au droit international dans le port de Montevideo, nous avions appris que près de trois cents membres de la marine marchande britannique se trouvaient à bord de l'*Altmark*. Ce bateau s'était caché dans l'Atlantique Sud pendant près de deux mois ; puis, espérant que les recherches s'étaient relâchées, son capitaine tenta de revenir en Allemagne. La chance et les conditions climatiques le favorisèrent ; ce ne fut pas avant le 14 février, alors qu'il était passé entre l'Islande et les Féroé, que notre aviation repéra le navire dans les eaux territoriales norvégiennes.

Le communiqué de l'Amirauté disait textuellement : « Certains des bâtiments de Sa Majesté convenablement positionnés ont été mis en mouvement. » Une flottille de destroyers commandée par le capitaine Philip Vian, à bord du *Cossack*, intercepta l'*Altmark*, mais ne le prit pas immédiatement à partie. Le navire allemand se réfugia dans le fjord de Jössing, un étroit goulet long de deux kilomètres environ et bordé de hautes falaises enneigées. Deux destroyers britanniques reçurent l'ordre de l'aborder pour le visiter. À l'entrée du fjord, deux canonnières norvégiennes vinrent à leur rencontre et les informèrent que le bateau n'était pas armé, qu'il avait été examiné la veille et qu'il avait reçu l'autorisation de poursuivre sa route vers l'Allemagne, en passant par les eaux territoriales norvégiennes. Sur quoi nos destroyers se retirèrent.

Lorsque cette nouvelle parvint à l'Amirauté, j'intervins sans délai et, avec l'accord du ministre des Affaires étrangères, je donnai l'ordre à nos unités de pénétrer dans le fjord. Vian fit le reste. Ce soir-là, sur le *Cossack* dont les projecteurs étaient allumés, il pénétra dans le fjord encombré de glaçons ; il se rendit d'abord sur la canonnière norvégienne *Kjell* et demanda que l'*Altmark* fût conduit à Bergen sous une escorte mixte, pour y être soumis à une visite, conformément au droit international. Le capitaine norvégien répéta que l'*Altmark* avait été visité deux fois, qu'il n'était pas armé et qu'aucun prisonnier britannique n'y avait été découvert. Vian déclara alors qu'il allait aborder le navire allemand, et il invita l'officier norvégien à l'accompagner – une proposition qui fut finalement déclinée.

Entre-temps, l'*Altmark* avait appareillé, mais il s'échoua en tentant d'éperonner le *Cossack*. Ce dernier parvint à se mettre bord à bord, et une compagnie d'arraisonnement passa sur l'*Altmark*, après l'avoir arrimé par des grappins. Un corps-à-corps acharné s'ensuivit, au cours duquel quatre Allemands furent tués et cinq blessés ; une partie de l'équipage gagna la terre ferme et le reste se rendit. Les recherches commencèrent pour retrouver les prisonniers britanniques. On les découvrit bientôt par centaines, enfermés dans les cales, dans les soutes à provisions, et même dans une cave à mazout vide. C'est alors que retentit le cri : « Voilà la marine ! » Les portes furent défoncées et les captifs se précipitèrent sur le pont. En tout, 299 prisonniers furent libérés et transbordés sur nos destroyers. On constata également que l'*Altmark* avait deux canons anti-aériens et quatre mitrailleuses et que, bien qu'il eût été accosté deux fois par les Norvégiens, il n'avait pas été visité. Les canonnières norvégiennes se contentèrent d'observer les opérations sans intervenir. À minuit, Vian avait quitté le fjord et se dirigeait vers le Forth.

L'amiral Pound et moi étions demeurés dans la salle des opérations de l'Amirauté, en proie à une certaine inquiétude. J'avais assurément forcé la main au *Foreign Office*, et j'étais pleinement conscient de la gravité des mesures prises au regard du droit international. Mais ce qui importait à l'opinion comme au Cabinet, c'était de savoir si des prisonniers britanniques avaient été découverts à bord. Nous fûmes heureux d'apprendre à 3 heures du matin que 300 d'entre eux avaient été trouvés et sauvés ; c'était l'essentiel.

Ainsi que nous l'avons vu, la décision d'Hitler d'envahir la Norvège avait été prise le 14 décembre et les travaux d'état-major étaient en cours, sous la direction de Keitel. L'incident de l'*Altmark* servit certes d'aiguillon[1]. C'est sur la suggestion de Keitel que le 20 février, Hitler appela d'urgence à Berlin le général von Falkenhorst, qui commandait alors un corps d'armée à Coblence. Falkenhorst avait pris part à la campagne allemande de Finlande en 1918[2] ; c'est ce sujet qu'aborda le Führer dès le début de l'entretien. L'après-midi du même jour, Falkenhorst fut appelé de nouveau à la chancellerie pour discuter avec Hitler, Keitel et Jodl des plans d'opération détaillés de l'expédition de Norvège, dont le commandement venait de lui être confié. La question de la priorité était d'une suprême importance. Hitler s'engagerait-il en Norvège avant ou après l'exécution du « plan jaune » – l'attaque de la France ? Le 1er mars, il prit sa décision : la Norvège passerait en premier. Le Führer réunit ses chefs militaires dans l'après-midi du 16 mars, et le jour J fut provisoirement fixé au 9 avril.

*
* *

Dans l'intervalle, les Soviétiques avaient fait porter sur la Finlande leur effort principal. Ils s'acharnaient à percer

---

1. C'est une litote. En fait, les plans établis sous la direction de l'OKW entre décembre 1939 et février 1940 étaient purement prophylactiques, et Hitler n'envisageait aucunement de les mettre en œuvre avant son attaque à l'Ouest. L'affaire de l'*Altmark*, en faisant redouter au Führer des opérations alliées contre la côte nord de l'Allemagne à partir de la Scandinavie, va entièrement bouleverser ses priorités stratégiques.

2. Il avait été le chef d'état-major du général von der Goltz lors du débarquement d'un corps expéditionnaire allemand en Finlande, pour aider le général Mannerheim à en chasser les Rouges.

la ligne Mannerheim avant la fonte des neiges. Hélas ! cette année-là, le printemps et la débâcle, sur lesquels comptaient des Finlandais durement éprouvés, survinrent avec six semaines de retard. La grande offensive de l'Armée rouge sur l'isthme, qui devait durer quarante-deux jours, s'ouvrit le 1er février, appuyée par un sévère bombardement aérien des dépôts de ravitaillement et des nœuds ferroviaires en arrière du front. Dix jours de pilonnage massif par l'artillerie soviétique, dont les pièces étaient disposées roue contre roue, précédèrent le principal assaut d'infanterie. Après quinze jours de combat, la ligne fut percée. Les attaques aériennes sur les positions clés, le fort et la base de Viipuri, redoublèrent d'intensité. Vers la fin du mois, le système défensif de la ligne Mannerheim avait été désorganisé, et les Russes étaient en mesure de concentrer leurs efforts sur le golfe de Viipuri. Les troupes finlandaises étaient épuisées et à court de munitions.

Le respectable souci de correction qui nous avait privés de toute possibilité d'initiative stratégique fit également obstacle à toute menace efficace pour faire parvenir des munitions aux Finlandais. En France, en revanche, c'était un sentiment plus chaleureux et plus profond qui prédominait, fortement entretenu par M. Daladier. Le 2 mars, sans avoir consulté le gouvernement britannique, il donna son accord pour l'envoi en Finlande de cinquante mille volontaires et de cent avions de bombardement. Nous ne pouvions évidemment pas agir sur une telle échelle, et à la lumière des documents saisis en Belgique sur le commandant allemand, ainsi que des rapports constants de notre service de renseignements faisant état du renforcement continu des troupes allemandes sur le front occidental, cet effort dépassait les limites de la prudence. La décision fut cependant prise d'envoyer cinquante bombardiers britanniques. Le 12 mars, le Cabinet décidait de reprendre les plans qui prévoyaient des débarquements de troupes à Narvik et à Trondheim, suivis d'autres à Stavanger et à Bergen, dans le cadre de cette aide élargie à la Finlande où nous avions été entraînés par la France. Ces plans devaient être prêts pour exécution à la date du 20 mars, bien que les autorisations de la Norvège et de la Suède n'eussent pas encore été obtenues. Entre-temps, le 7 mars, M. Paasikivi était retourné à Moscou, cette fois pour discuter des termes d'un armistice. Le 12, les conditions soviétiques étaient acceptées par les Finlandais. Tous nos plans de débarquement furent à nouveau abandonnés, et les effectifs déjà rassemblés se dispersèrent dans une certaine mesure. Les deux divisions jusque-là maintenues en Angleterre reçurent alors l'autorisation de se rendre en France, et nos effectifs disponibles pour des opérations en Norvège se trouvèrent réduits à onze bataillons.

*
* *

L'effondrement militaire de la Finlande eut d'autres répercussions. Le 18 mars, Hitler rencontra Mussolini au Brenner. Le Führer prit soin de donner à son hôte italien l'impression que l'Allemagne n'avait aucune intention de lancer une offensive terrestre sur le front occidental. Le 19, M. Chamberlain s'adressa à la Chambre des communes. En réponse aux critiques qui se multipliaient, il fit l'historique détaillé de l'aide britannique à la Finlande. Il souligna à juste titre que notre principale préoccupation avait été de respecter la neutralité de la Norvège et de la Suède, et défendit aussi la politique de son gouvernement, qui avait refusé de se laisser entraîner inconsidérément dans des tentatives de secours aux Finlandais ayant peu de chances de succès. La défaite de la Finlande fut fatale au cabinet Daladier ; son chef avaient pris des mesures énergiques bien que tardives, et il avait personnellement accordé une importance exagérée à ce problème entre beaucoup d'autres. Le 21 mars, un nouveau cabinet fut formé sous la présidence de M. Reynaud, qui s'était engagé à conduire la guerre avec une vigueur accrue.

Mes relations avec M. Reynaud étaient très différentes de celles que j'entretenais avec M. Daladier. Reynaud, Mandel et moi-même avions éprouvé ensemble les mêmes émotions au moment de Munich, tandis que Daladier s'était trouvé dans l'autre camp. J'accueillis donc favorablement ce changement de gouvernement en France. Les ministres français vinrent à Londres le 28 mars pour une réunion du Conseil suprême. M. Chamberlain ouvrit la séance en exposant clairement et complètement la situation telle qu'elle lui apparaissait. Il déclara que l'Allemagne avait deux points faibles : ses difficultés d'approvisionnement en minerai de fer et en pétrole. Les sources principales s'en trouvaient situées aux deux extrémités de l'Europe. Le minerai de fer provenait du Nord. M. Chamberlain expliqua dans le détail la possibilité d'intercepter les approvisionnements allemands de minerai de fer en provenance de Suède ; il souleva aussi la question de l'accès aux champs pétrolifères de Roumanie et de Bakou, qu'il faudrait interdire à l'Allemagne, par des moyens diplomatiques si possible. J'écoutai avec un plaisir croissant cette puissante argumentation ; je ne m'étais pas rendu compte à quel point M. Chamberlain et moi-même étions en accord sur ces questions.

M. Reynaud évoqua l'impact de la propagande allemande sur le moral des Français. Chaque nuit, la radio allemande braillait que le Reich n'avait pas de sujet de querelle avec la France ; qu'il fallait chercher l'origine de la guerre dans le chèque en blanc donné par la Grande-Bretagne à la Pologne ; que la France avait été entraînée dans la guerre à la suite de l'Angleterre, et même qu'elle n'était pas en état de soutenir la lutte. La politique de Goebbels vis-à-vis de la France semblait être de laisser la guerre se poursuivre à l'actuelle cadence ralentie, en misant sur le découragement grandissant des cinq millions de Français mobilisés, ainsi que sur l'apparition d'un gouvernement français prêt à s'entendre avec l'Allemagne aux dépens de la Grande-Bretagne.

En France, dit-il, on se posait beaucoup la question de savoir « comment les Alliés pouvaient gagner la guerre ». Le nombre des divisions s'accroissait plus vite du côté allemand que du nôtre, « malgré les efforts britanniques ». Quand donc pourrions-nous, dans ces conditions, espérer atteindre cette supériorité d'effectifs nécessaire à une offensive victorieuse sur le front occidental ? Nous n'avions pas d'indications sur ce qui se préparait en Allemagne dans le domaine de l'équipement matériel. Le sentiment général en France était que la guerre était dans l'impasse et que l'Allemagne n'avait qu'à attendre. Faute de mesures pour interrompre les approvisionnements de l'ennemi en pétrole et autres matières premières, « le sentiment pourrait se généraliser que le blocus ne constitue pas une arme suffisante pour assurer la victoire du camp allié ». M. Reynaud se montrait beaucoup plus favorable à l'idée de « couper la route du fer suédois », et il précisa qu'il existait un rapport étroit entre les livraisons de minerai de fer suédois à l'Allemagne et la production des industries allemandes du fer et de l'acier. Il en conclut que les Alliés devaient mouiller des mines dans les eaux territoriales bordant les côtes norvégiennes, et plus tard empêcher par un procédé similaire l'acheminement de minerai vers l'Allemagne à partir du port de Luleå. Il insista aussi sur la nécessité de faire obstacle au ravitaillement de l'ennemi en pétrole roumain.

Il fut finalement décidé qu'après avoir envoyé à la Norvège et à la Suède des notes conçues en termes généraux, nous mouillerions des mines dans les eaux territoriales norvégiennes à partir du 5 avril. Il fut également admis que si les armées ennemies envahissaient la Belgique, les Alliés pénétreraient immédiatement dans ce pays, sans attendre d'y être officiellement invités, et que, au cas où l'Allemagne envahirait la Hollande sans que la Belgique se portât au secours de cette dernière, les Alliés se considéreraient comme libres d'entrer en Belgique afin de prêter assistance à la Hollande.

Finalement, s'agissant d'une question évidente qui recueillait l'assentiment général, le communiqué spécifiait que les gouvernements français et britannique s'étaient accordés sur les termes de la déclaration solennelle suivante :

« Au cours de la présente guerre, les gouvernements français et britannique ne négocieront ou ne concluront aucun armistice ou traité de paix, excepté d'un commun accord. »

Ce pacte devait plus tard revêtir une grande importance.

*
* *

Le 3 avril, le Cabinet britannique ratifiait les décisions du Conseil suprême, et l'Amirauté fut autorisée à miner le « corridor » norvégien le 8 avril. Je baptisai l'opération de minage « Wilfred[1] », car prise isolément, elle était bien minime et bien inoffensive. Comme cette opération était susceptible de déclencher une riposte allemande, il fut également décidé d'un commun accord qu'une brigade britannique et un contingent français seraient envoyés à Narvik pour dégager le port et avancer vers la frontière suédoise. D'autres forces devaient être acheminées vers Stavanger, Bergen et Trondheim, afin d'empêcher l'ennemi de s'emparer de ces bases.

Des informations inquiétantes, plus ou moins crédibles, commençaient à nous parvenir. Lors de cette même réunion du cabinet de guerre le 3 avril, le ministre de la Guerre nous apprit que le *War Office* avait reçu un rapport selon lequel les Allemands avaient effectué d'importantes concentrations de troupes à Rostock dans l'intention de s'emparer de la Scandinavie. Le ministre des Affaires étrangères déclara que ses renseignements en provenance de Stockholm semblaient corroborer cette information. D'après la légation suédoise à Berlin, une flotte allemande de 200 000 tonnes se trouvait réunie à Stettin et Swinemünde, avec des effectifs embarqués que la rumeur esti-

---

1. Petit personnage naïf et inoffensif, apparaissant dans les caricatures de la presse anglaise.

mait à environ 400 000 hommes. On laissait entendre que ces contingents demeuraient en alerte pour contrer une éventuelle attaque de notre part sur Narvik ou d'autres ports norvégiens, que les Allemands étaient toujours censés redouter.

Le jeudi 4 avril 1940, M. Chamberlain fit une déclaration singulièrement optimiste. Hitler, affirma-t-il, « avait manqué le coche ». En sept mois, nous avions pu remédier à nos faiblesses et renforcer considérablement nos capacités de combat; l'Allemagne, elle, avait déjà tellement armé qu'il lui restait fort peu de marge de progression. Ces propos devaient s'avérer des plus imprudents; ils partaient pour l'essentiel du principe que la Grande-Bretagne et la France se trouvaient maintenant relativement plus fortes qu'au début des hostilités, ce qui n'était pas raisonnable. Ainsi qu'il a été exposé plus haut, l'Allemagne en était désormais à sa quatrième année de production de guerre menée à un rythme forcené, tandis que nous n'en étions encore qu'à un stade beaucoup moins avancé, équivalent probablement au rendement d'une deuxième année. En outre, chaque mois écoulé avait fait de la *Wehrmacht*, ressuscitée depuis quatre ans, une armée mûrie et perfectionnée, tandis que l'avantage initial de l'armée française du point de vue de l'entraînement et de la cohésion ne cessait de s'amenuiser. Tout demeurait en suspens. On avait fini par accepter les divers expédients mineurs que je proposais, mais d'un côté comme de l'autre, rien de décisif n'avait été accompli. Nos plans, tels qu'ils se présentaient, se bornaient à renforcer le blocus par le mouillage de mines dans le corridor norvégien au nord, et à entraver les importations allemandes de pétrole en provenance du sud-est. Derrière le front allemand régnaient un silence et une immobilité absolus. Soudain, la politique attentiste et limitée des Alliés se trouva balayée par un ouragan d'une violence insoupçonnée; nous ne devions pas tarder à apprendre ce qu'était la « guerre totale ».

Chapitre XXI

LA NORVÈGE

Avant de reprendre le fil de mon récit, je dois expliquer les changements survenus dans ma situation au cours du mois d'avril 1940.

Le poste de ministre de Coordination de la Défense occupé par lord Chatfield faisait désormais double emploi, et le 3 avril, M. Chamberlain accepta une démission spontanément proposée. Le lendemain, un communiqué du 10 Downing Street précisait qu'il n'était pas envisagé de lui donner un successeur, mais que l'on prenait des dispositions pour que le premier lord de l'Amirauté, en tant que chef du principal ministère des forces armées concerné, présidât désormais le « Conseil de Coordination des Opérations ». Je présidai donc les réunions quotidiennes, parfois biquotidiennes, du 8 au 15 avril. Je me trouvai ainsi chargé d'une responsabilité particulièrement lourde, sans disposer d'un réel pouvoir de direction. Parmi les autres ministres de la Défense nationale du Cabinet de guerre, j'étais le « primus inter pares », quoique sans pouvoir de prendre des décisions ou de les faire exécuter. Il me fallait obtenir l'assentiment des ministres des forces armées et de leurs responsables militaires. Ainsi, de nombreuses personnalités importantes et compétentes avaient le droit et le devoir de faire connaître leurs vues sur les rapides évolutions de la bataille qui s'engageait – car c'est bien de bataille qu'il s'agissait désormais.

Les chefs d'état-major se réunissaient chaque jour après avoir discuté de la situation générale avec leurs ministres respectifs. Ils prenaient ensuite leurs propres décisions, dont l'importance devenait naturellement essentielle. J'en étais informé, soit par le premier lord de la Mer, qui n'avait pour moi aucun secret, soit par les divers mémorandums ou aide-mémoire[1] communiqués par le Comité des chefs d'état-major. Si je souhaitais contester certaines de ces décisions, je pouvais naturellement les évoquer en premier lieu devant mon Comité de Coordination militaire, où siégeaient à titre individuel tous les chefs d'état-major, appuyés par leurs ministres respectifs qui les accompagnaient d'ordinaire. Il s'ensuivait de très longues conversations courtoises, à l'issue desquelles un compte rendu épuré était rédigé par le secrétaire de service et dûment révisé par les représentants des trois armes, afin de gommer tous les désaccords. Nous abordions ainsi ces heureuses et sereines altitudes où toutes questions sont réglées pour le plus grand bien du plus grand nombre, grâce au bon sens de la plupart et après consultation de tous. Mais dans une guerre telle que celle qui s'annonçait, les circonstances étaient différentes. Il me faut, hélas! me résoudre à l'écrire : ce conflit-là ressemblait davantage à une rixe entre deux truands qui se tapent sur la tête à coups de gourdin, de marteau ou de quelque autre outil plus approprié. Déplorable situation certes, et qui constitue l'une des nombreuses bonnes raisons d'éviter les guerres, pour leur substituer le règlement de toutes questions litigieuses par un accord amical, respectant pleinement les droits des minorités et enregistrant fidèlement les avis divergents.

Le Comité de Défense du cabinet de guerre siégeait presque quotidiennement pour discuter des rapports du Comité de Coordination militaire et de ceux des chefs d'état-major ; après quoi ses conclusions ou ses objections étaient à nouveau soumises à de nombreuses sessions du Cabinet, où tout devait être expliqué et réexpliqué. Une fois l'ensemble du processus achevé, il arrivait souvent que

---

1. En français dans le texte (NDT).

la situation ait changé du tout au tout. À l'Amirauté, qui, est inévitablement un quartier général d'opérations en temps de guerre, les décisions concernant la flotte étaient prises sur-le-champ. C'est seulement dans les cas les plus graves que l'on sollicitait l'avis du Premier ministre, qui nous appuyait invariablement. Lorsque l'action des autres armes se trouvait impliquée, cette procédure ne pouvait en aucun cas s'adapter au rythme des événements. Mais au début de la campagne de Norvège, l'Amirauté se trouvait par la force des choses concentrer dans ses mains les trois quarts de la tâche à accomplir.

Je me garderai de prétendre que, quels qu'aient été mes pouvoirs, j'aurais su prendre de meilleures décisions ou trouver des solutions adéquates aux problèmes qu'il nous fallait affronter. L'impact des événements qui vont être évoqués était d'une telle violence, et les mécanismes existants pour y faire face si chaotiques, que mon opinion fut bientôt faite : seule l'autorité du Premier ministre pouvait s'imposer au sein du Comité de Coordination militaire. Le 15 avril, je demandai donc à M. Chamberlain de le présider, ce qu'il fit ensuite à presque toutes les séances durant la campagne de Norvège. Nous continuâmes à travailler en étroit accord, et il appuya de son autorité suprême les vues que j'exprimai.

Bien qu'étant assurés de la loyauté et de la bonne volonté de tous les intéressés, le Premier ministre et moi-même étions pleinement conscients de l'inconsistance de notre système, particulièrement lorsqu'il se trouvait confronté au surprenant déroulement des événements. Bien que pendant cette phase, l'Amirauté fût par la force des choses le *primus motor*, on pouvait à l'évidence contester une organisation dans laquelle l'un des ministres des forces armées s'efforçait de coordonner les opérations des autres armes, tout en dirigeant entièrement les affaires de l'Amirauté et en exerçant une responsabilité particulière en matière de stratégie navale. Ces difficultés n'étaient pas aplanies du fait que le Premier ministre présidait et me soutenait. Mais lorsque les malheurs s'abattirent sur nous coup sur coup et presque quotidiennement, du fait d'un manque de moyens ou d'une médiocre gestion, je m'en conservai au moins ma position dans cette équipe quelque peu inconsistante, mais amicale.

En fin de compte, après bien des désastres en Scandinavie, je fus autorisé à réunir et à présider les réunions du Comité des chefs d'état-major, sans lequel rien ne pouvait se faire, et je fus officiellement chargé de lui donner « directives et instructions ». Le général Ismay, officier le plus haut gradé responsable du service central de l'état-major, fut mis à ma disposition en tant qu'officier d'état-major et représentant personnel, et à ce titre il fut nommé membre de plein droit du Comité des chefs d'état-major. Je connaissais Ismay depuis de longues années, mais c'était la première fois que nous allions travailler la main dans la main, et même bien davantage. C'est ainsi que les chefs d'état-major devenaient dans une large mesure responsables collectivement devant moi, et en tant qu'adjoint au Premier ministre, je pouvais en principe peser de toute mon autorité sur leurs décisions et leurs stratégies. D'un autre côté, il était bien naturel qu'ils restent fidèles avant tout à leurs ministres respectifs, et il était humain que ces derniers éprouvent quelque ressentiment en voyant déléguer une partie de leur autorité à l'un de leurs collègues. De plus, il était expressément stipulé que nos responsabilités s'exerceraient *au nom* du Comité de Coordination militaire. J'allais donc être chargé d'énormes responsabilités, sans avoir de pouvoirs effectifs pour les exercer. Je n'en avais pas moins l'impression de pouvoir faire fonctionner la nouvelle institution. En fait, elle ne devait durer qu'une semaine. Par contre, nos relations personnelles avec le général Ismay et les siennes avec le Comité des chefs d'état-major se poursuivirent sans s'interrompre ni s'affaiblir du 1er mai 1940 au 26 juillet 1945, date à laquelle je mis fin à mes fonctions.

Au soir du vendredi 5 avril, le ministre d'Allemagne à Oslo invita à la légation des hôtes de marque, parmi lesquels se trouvaient des membres du gouvernement, pour assister à la projection d'un film sur la conquête de la Pologne par les troupes hitlériennes. Il culminait en un crescendo de scènes d'horreur prises lors du bombardement de Varsovie par les escadrilles de la *Luftwaffe*. On pouvait y lire en sous-titre : « Pour tout cela, ils peuvent remercier leurs amis anglais et français. » L'assistance se dispersa dans le silence et la consternation. Mais le gouvernement norvégien était surtout préoccupé par les activités britanniques. Entre 4 h 30 et 5 heures au matin du 8 avril, quatre de nos destroyers posèrent un champ de mines au large de l'entrée du Vestfjord, qui donne accès au port de Narvik. À 5 heures, la radio de Londres diffusait la nouvelle, et à 5 h 30, une note du gouvernement de Sa Majesté était remise au ministre norvégien des Affaires étrangères. À Oslo, la matinée se passa à rédiger des notes de protestation à l'adresse de Londres. Mais plus tard dans l'après-midi du même jour, l'Amirauté informait la légation de Norvège à Londres que des navires de guerre allemands avaient été aperçus au large de la côte norvégienne, faisant route au nord, sans doute à destination de Narvik. À peu près au même moment, on apprenait dans la capitale norvégienne qu'un transport de troupes allemand, le *Rio de Janeiro*, avait été coulé en face de la côte méridionale de Norvège par le sous-marin polonais *Orzel*; un grand nombre de soldats allemands, recueillis par des pêcheurs locaux, avaient déclaré qu'ils devaient débarquer à Bergen, pour aider les Norvégiens à se défendre contre les Anglais et les Français. Mais les événements allaient se précipiter. Les troupes allemandes avaient franchi la frontière danoise, mais la nouvelle ne parvint en Norvège qu'après que celle-ci eut été envahie ; elle ne reçut donc aucun avertissement officiel. Le Danemark fut occupé sans difficulté après une résistance au cours de laquelle quelques fidèles soldats trouvèrent la mort.

Cette nuit-là, des navires de guerre allemands approchèrent d'Oslo. Les batteries avancées ouvrirent le feu. La force défensive des Norvégiens se composait d'un mouilleur de mines, le *Olav Tryggvason*, et de deux dragueurs de mines. Peu après l'aube, deux dragueurs de mines allemands pénétrèrent dans l'embouchure du fjord afin de débarquer des troupes près des batteries côtières. L'un d'eux fut coulé par le *Olav Tryggvason*, mais les unités de débarquement allemandes furent mises à terre et s'emparèrent des batteries. Le vaillant mouilleur de mines norvégien parvint cependant à tenir en respect deux destroyers allemands à l'embouchure du fjord, et à endommager le croiseur *Emden*. Un baleinier armé d'un seul canon entra également en action sans délai contre les assaillants, avant même d'en avoir reçu l'ordre. Son unique pièce fut mise hors d'usage, tandis que son capitaine avait les deux jambes emportées. Pour éviter de démoraliser ses hommes, il se laissa glisser par-dessus bord, et mourut noblement. Le gros de la force allemande, emmené par le croiseur lourd *Blücher*, pénétra alors dans le fjord et se dirigea vers les passes défendues par la forteresse d'Oscarsborg. Les batteries norvégiennes ouvrirent le feu et deux torpilles lancées de la côte à une portée de quelque 450 m portèrent un coup décisif. Le *Blücher* coula rapidement, entraînant avec lui les officiers supérieurs des services administratifs allemands et les détachements de la Gestapo. Les autres navires allemands, y compris le *Lützow*, se retirèrent. L'*Emden*, endommagé, ne prit plus aucune part au combat. La ville d'Oslo fut finalement conquise, non pas par mer, mais par des avions transporteurs de troupes et par des débarquements sur les rives du fjord.

Le plan d'Hitler fut mis en œuvre avec une rapidité fulgurante. Les unités allemandes occupèrent Kristiansand, Stavanger, ainsi que Bergen et Trondheim plus au nord.

L'attaque la plus audacieuse fut celle de Narvik. Depuis une semaine, des navires minéraliers allemands faisaient route vers le port de Narvik comme à l'accoutumée, en empruntant le corridor sous la protection de la neutralité norvégienne. Ils étaient censés revenir à vide, bien qu'en réalité ils fussent bourrés de matériel et de munitions. Quelques jours plus tôt, dix destroyers allemands, transportant chacun 200 hommes et escortés par le *Scharnhorst* et le *Gneisenau*, avaient quitté l'Allemagne pour atteindre Narvik au petit matin du 9 avril.

Deux navires de guerre norvégiens, le *Norge* et l'*Eidsvold*, mouillaient dans le fjord, prêts à se battre jusqu'au bout. À l'aube, des destroyers furent signalés, approchant du port à grande vitesse, mais la tempête de neige ne permit pas de les identifier d'emblée. Bientôt, un officier allemand apparut dans une chaloupe à moteur et exigea la reddition de l'*Eidsvold*. Il se retira après avoir reçu du commandant cette brève réponse : « J'attaque », mais presque aussitôt, le navire norvégien fut atteint par une volée de torpilles et coula avec la plus grande partie de son équipage. Pendant ce temps, le *Norge* avait ouvert le feu, mais après quelques minutes, il fut torpillé à son tour et sombra aussitôt. Dans cette résistance vaillante mais désespérée, 287 marins norvégiens trouvèrent la mort, et moins de 100 purent être sauvés. Après quoi la capture de Narvik fut facile. C'était là une position clé, qui nous échappait à jamais.

Au matin du 9 avril, l'amiral Forbes se trouvait avec le gros de la flotte par le travers de Bergen.

La situation à Narvik n'était pas claire. Espérant empêcher les Allemands de s'emparer du port, le commandant en chef ordonna à nos destroyers de pénétrer dans le fjord pour s'opposer à tout débarquement. Le capitaine de vaisseau Warburton-Lee entra donc dans le Vestfjord avec cinq destroyers de sa propre flottille, le *Hardy*, le *Hunter*, le *Havock*, le *Hotspur* et le *Hostile*. À Tranøy, des pilotes norvégiens lui apprirent que six navires plus importants que le sien et un sous-marin étaient déjà passés, et que l'entrée du port était minée. Il transmit ces renseignements en ajoutant : « J'ai l'intention d'attaquer à l'aube. » Le 10 avril, à travers le brouillard et les tempêtes de neige, les cinq destroyers britanniques remontèrent le fjord, pour parvenir devant Narvik au lever du jour. Cinq destroyers ennemis étaient à l'ancre dans le port. Lors de l'attaque initiale, le *Hardy* torpilla le navire arborant la marque du commodore allemand, qui fut tué. Un autre destroyer fut coulé par deux torpilles, et les trois derniers, accablés par notre feu, ne purent opposer aucune résistance efficace. Il y avait aussi dans le port vingt-trois navires marchands de diverses nationalités, parmi lesquels cinq battant pavillon britannique ; six bateaux allemands furent détruits. Jusque-là, trois seulement de nos cinq destroyers avaient pris part à l'attaque. Le *Hotspur* et le *Hostile* étaient demeurés en réserve pour contrer les batteries côtières en cas de besoin, ou s'opposer à l'approche d'autres bâtiments allemands. À présent, tous deux se joignirent à la seconde attaque, au cours de laquelle le *Hotspur* torpilla deux autres navires de commerce. Les unités du capitaine de vaisseau Warburton-Lee n'avaient subi aucun dommage, le feu adverse paraissait jugulé, et après une heure de combat, aucune unité ennemie n'avait débouché des fjords voisins pour attaquer les nôtres.

Mais voilà que la chance tourna. Comme il se repliait après une troisième attaque, le capitaine de vaisseau Warburton-Lee aperçut trois nouveaux navires à l'approche. Ils ne semblaient pas vouloir réduire la portée et l'engagement débuta à quelque 6 kilomètres de distance. Soudain surgirent du brouillard deux autres bâtiments de guerre. Ce n'étaient pas des renforts britanniques comme on l'avait initialement espéré, mais bien des destroyers ennemis encrés jusque-là dans un fjord voisin. Bientôt, les canons plus lourds des navires allemands firent sentir leur poids : la passerelle du *Hardy* fut dévastée, Warburton-Lee mortellement touché, et tous ses officiers tués ou blessés, à part son secrétaire, le lieutenant Stanning, qui prit la barre. Un obus explosa alors dans la chambre des machines, et le destroyer s'échoua sous un feu d'enfer. Le dernier message du capitaine du *Hardy* à sa flottille fut : « Continuez le combat. »

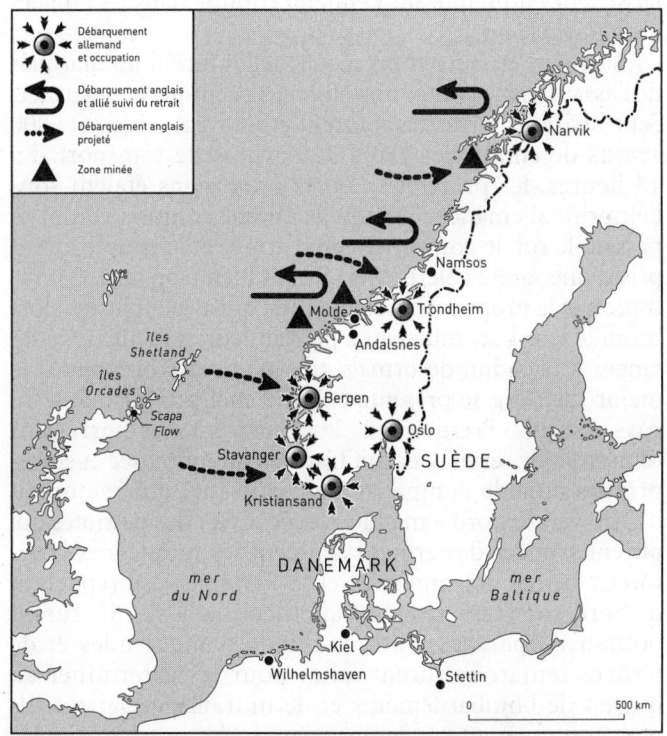

La campagne alliée en Norvège en 1940

Entre-temps, le *Hunter* avait été coulé, tandis que le *Hotspur* et le *Hostile*, tous deux endommagés, se dirigeaient vers la haute mer, accompagnés du *Havock*. À ce stade, l'ennemi qui leur avait barré le passage n'était plus en état de les arrêter. Une demi-heure plus tard, ils croisèrent un grand navire venant du large, qui se trouva être le *Rauenfels*, chargé des réserves de munitions allemandes. Pris sous le feu du *Havock*, il ne tarda pas à exploser. Les survivants du *Hardy* gagnèrent péniblement la côte à la nage en ramenant le corps de leur commandant, auquel fut décerné la Victoria Cross à titre posthume. Lui et ses hommes avaient laissé leur empreinte sur l'ennemi comme dans les annales de la *Royal Navy*.

Surprise, cruauté et précision : telles furent les marques de l'assaut mené contre une Norvège pacifique et désarmée. Sept divisions terrestres y furent employées, ainsi que 800 avions de combat et 250 à 300 avions de transport. En 48 heures, les principaux ports norvégiens étaient sous l'emprise allemande. Dès qu'ils eurent compris ce qui se passait, le roi, le gouvernement, l'armée et le peuple furent pris d'une sainte colère. Mais il était bien trop tard. L'infiltration et la propagande allemandes, qui avaient jusqu'alors brouillé leur vue, minaient à présent leur capacité de résistance. À la radio, désormais aux mains des occupants, le major Quisling se présenta comme chef pro-allemand du pays conquis. Presque tous les fonctionnaires norvégiens refusèrent de servir sous lui. L'armée fut mobilisée et entreprit aussitôt de combattre l'envahisseur, qui remontait d'Oslo vers le nord à marche forcée. Ceux des patriotes qui purent trouver des armes gagnèrent les montagnes et les forêts. Le roi, les ministres et le Parlement se replièrent d'abord sur Hamar, à 160 kilomètres d'Oslo. Ils furent poursuivis par des voitures blindées allemandes et de féroces tentatives furent faites pour les exterminer au moyen de bombardements et de mitraillages aériens. Ils n'en continuèrent pas moins à lancer des proclamations à tout le pays, pour l'exhorter à la plus farouche résistance. Le reste de la population, subjugué et terrorisé par des exécutions sanglantes, fut réduit à une soumission hébétée ou rétive. La péninsule norvégienne est longue d'environ 1 600 kilomètres. Les habitations y sont clairsemées, les routes et les chemins de fer rares, surtout vers le nord. La rapidité avec laquelle Hitler étendit sa domination sur ce pays constitue un exploit militaire et politique remarquable, ainsi qu'un vivant exemple de la minutie, de la perfidie et de la brutalité allemandes.

Le gouvernement norvégien, qui s'était montré jusqu'alors si froid à notre égard par crainte de l'Allemagne, nous adressait à présent de véhéments appels au secours. Dès le début, il nous parut évident que nous ne pourrions pas libérer la Norvège du Sud. Presque toutes nos troupes entraînées, et beaucoup d'autres qui ne l'étaient qu'à demi, se trouvaient en France. Notre aviation, encore modeste mais en cours de développement, était presque entièrement affectée au soutien du corps expéditionnaire britannique et à la défense métropolitaine, le reste étant soumis à un entraînement intensif. Tous nos canons antiaériens étaient nécessaires, et bien insuffisants, pour défendre des points vulnérables de la plus haute importance. Malgré tout, nous estimions devoir faire l'impossible pour venir en aide à la Norvège, même au plus grand détriment de nos préparatifs et de nos intérêts. Narvik semblait bien pouvoir être pris et défendu, dans l'intérêt de toute la cause alliée. Là, le roi de Norvège invaincu pourrait planter son drapeau. On pouvait aussi se battre pour Trondheim, ne serait-ce que pour retarder l'avance des envahisseurs vers le nord, jusqu'à ce que Narvik puisse être reconquis et converti en base militaire. Ravitaillée par mer, elle pourrait aisément conserver une puissance supérieure à tout ce que l'adversaire acheminerait par voie de terre, à travers 800 kilomètres de terrain montagneux. Le cabinet approuva chaleureusement toutes les mesures nécessaires à la délivrance et à la défense de Narvik et de Trondheim. Les troupes qui avaient été libérées après l'affaire de Finlande, ainsi qu'un petit noyau de forces tenues en réserve pour Narvik, pouvaient être rapidement prêtes à partir. Elles manquaient d'avions, de canons antiaériens, de canons antichars, de tanks, de moyens de transport et d'entraînement. Tout le nord de la Norvège était couvert d'une épaisseur de neige telle que nos soldats n'en avaient jamais vu, touché ou même imaginé. Il n'y avait ni raquettes ni skis, et encore moins de skieurs. Il nous fallait faire de notre mieux. Ainsi débuta cette malheureuse campagne.

Nous débarquâmes, ou tentâmes de débarquer, à Narvik, à Trondheim et en d'autres endroits. La supériorité des

Allemands en matière de planification, de gestion et de vitesse d'exécution ne faisait aucun doute. Ils appliquaient impitoyablement un plan soigneusement mûri. Ils étaient passés maîtres dans l'emploi de l'aviation sous toutes ses formes et sur une grande échelle. En outre, leur ascendant individuel était marqué, surtout en petits groupes. À Narvik, une force allemande hétéroclite et improvisée d'à peine 6 000 hommes tint en échec 20 000 soldats alliés pendant six semaines, et même si elle finit par être chassée de la ville, elle n'en assista pas moins au rembarquement de ses assaillants. L'assaut par la mer, brillamment mené par la *Royal Navy*, se trouva paralysé par le refus du commandant de l'armée de terre de couvrir ce qui était certes un risque suicidaire. Nous éparpillâmes nos ressources entre Narvik et Trondheim, au détriment de l'un comme de l'autre. À Namsos, on assista à un mouvement d'aller et retour dans la plus grande confusion. C'est seulement à Andalsnes que nous pûmes montrer les dents. Les Allemands, bien qu'étant obligés de franchir des centaines de kilomètres de terrain accidenté et enneigé, nous repoussèrent en dépit de vaillants efforts pour les contenir. En ayant la maîtrise des mers et la possibilité d'attaquer en tout points d'une côte non défendue, nous n'en fûmes pas moins pris de vitesse par un ennemi qui parcourait de longues distances sur terre en surmontant tous les obstacles.

Mus par l'appel du devoir, nous ne ménageâmes aucun effort pour nous implanter en Norvège. Il nous semblait que le sort s'était acharné contre nous, mais avec le recul, il apparaît que nous n'avions aucune chance. Au début de mai, nous dûmes nous rassurer tant bien que mal en apprenant la nouvelle d'une série d'évacuations réussies. Au vu du rôle important que j'avais joué dans ces événements et de l'impossibilité d'expliquer à l'opinion les difficultés qui nous avaient terrassés comme les défauts structurels, civils et militaires, de notre manière de conduire la guerre, ce fut un miracle si je pus survivre et garder l'estime du public, ainsi que la confiance du Parlement. La raison en était que durant six ou sept ans, j'avais exactement prédit le cours des événements et mis en garde mes compatriotes, qui n'en avaient pas tenu compte mais s'en souvenaient à présent.

La porte-avions *Glorious*, attaqué le 8 juin par les croiseurs de bataille *Scharnhorst* et *Gneisenau*, sombra en une heure et demie. Le naufrage de l'un de ses destroyers d'escorte, l'*Acasta*, raconté par son unique survivant, le premier matelot C. Carter, donne une image vivante et typique du combat naval :

« À bord régnait un silence de mort ; pratiquement pas un mot. Le navire fuyait l'ennemi à toute vitesse. Soudain, une série d'ordres : préparez tous les engins fumigènes, branchez toutes les conduites ; d'autres manœuvres étaient entamées. Nous nous dérobions toujours à l'ennemi, nous répandions toujours de la fumée, nos engins fumigènes avaient été déclenchés. Le capitaine a fait alors passer le message suivant à tous les postes : "Vous pensez peut-être que nous nous éloignons de l'ennemi. Il n'en est rien. Notre compagnon de route (l'*Ardent*) a été coulé. Le *Glorious* s'enfonce. Le moins que nous puissions faire, c'est de leur montrer ce que nous valons. Bonne chance à tous." » Nous avons changé de cap au milieu de notre propre écran de fumée. J'avais ordre de me tenir prêt à faire feu avec les tubes 6 et 7. Nous sommes sortis du rideau de fumée, et nous avons viré à tribord en lançant nos torpilles par bâbord. C'est alors que j'ai aperçu l'ennemi pour la première fois. Franchement, j'ai eu l'impression qu'il y avait un grand bâtiment et un autre plus petit ; nous étions très près. J'ai lancé deux torpilles de mes tubes arrière et les tubes avant ont envoyé les leurs. Nous observions tous les résultats ; jamais je n'oublierai le hourra qui s'est élevé. Nous avons vu sur l'un des bâtiments ennemis, par bâbord devant, un éclair jaune suivi d'une grande colonne de fumée et d'eau qui s'échappait. Nous savions que nous l'avions touché ; quant à moi, je ne voyais pas comment nous aurions pu le manquer à une si faible distance. L'ennemi n'avait pas tiré un seul coup de canon contre nous ; je pense qu'il avait dû être pris au dépourvu. Nos torpilles lancées, nous nous sommes réfugiés à nouveau derrière notre écran de fumée pour virer sur tribord ; "Parés à tirer le reste de torpilles." Mais cette fois, dès que nous avons émergé du rideau de fumée, l'ennemi nous a pris sous son feu. Un obus a touché la salle des machines, en tuant les servants de mes tubes et en me projetant vers l'arrière des tubes. J'ai dû rester évanoui un moment, parce que quand j'ai repris connaissance, mon bras me faisait mal ; le bateau était arrêté et donnait de la bande à bâbord. Ici, on aura peut-être du mal à me croire, mais je suis remonté au poste de commande, j'ai vu ces deux bateaux et j'ai tiré les dernières torpilles. Personne ne m'en avait donné l'ordre, j'étais sans doute devenu fou furieux. Dieu seul sait pourquoi j'ai lancé ces torpilles, mais c'est ce que j'ai fait. Les canons de l'*Acasta* tiraient sans interruption, alors même que le bateau prenait de la gîte. L'ennemi nous a ensuite atteints plusieurs fois, mais soudain il y a eu une formidable explosion sur tribord arrière. Je me suis souvent demandé si l'ennemi nous avait décoché une torpille, en tout cas, elle a paru soulever le navire hors de l'eau. Finalement, le capitaine a donné l'ordre d'abandonner le bateau. Je reverrai toujours ce lieutenant-médecin ; c'était son premier navire, son premier combat. Avant de sauter par-dessus bord, je l'ai vu qui continuait à soigner les blessés, une tâche désespérée, et une fois dans l'eau, j'ai vu le capitaine, appuyé au bastingage, tirer une cigarette de son étui et l'allumer. Nous lui avons crié de venir nous rejoindre sur le radeau, mais il nous a fait un simple signe de la main : "Au revoir et bonne chance !" La mort d'un brave. »

De toutes ces ruines et de tant de désordre émergea un fait d'une importance capitale, qui devait potentiellement affecter toute l'évolution ultérieure de la guerre. Dans leur lutte désespérée contre la marine britannique, les Allemands avaient sacrifié la leur, quelle qu'en fût la valeur, au moment où s'annonçait la lutte suprême. Les pertes alliées, dans tous ces engagements navals au large des côtes de la Norvège, s'élevaient à un porte-avions, deux croiseurs, une corvette et neuf destroyers. En outre, six croiseurs, deux corvettes et huit destroyers avaient été mis hors de combat mais pouvaient être réparés dans des délais acceptables, compte tenu de notre marge de supériorité navale. Par contre, la flotte allemande en état de prendre la mer ne comprenait plus, à la fin du mois de juin 1940 – une période fatidique – qu'un seul croiseur armé de canons de 8 pouces, deux croiseurs légers et quatre destroyers. Bien qu'un grand nombre de ces bâtiments endommagés aient pu être réparés, comme les nôtres, la marine allemande avait cessé de compter lors de l'épreuve suprême de l'invasion des îles Britanniques.

La drôle de guerre prit fin avec l'attaque d'Hitler contre la Norvège ; elle fit place à la plus effroyable explosion militaire jamais connue dans l'histoire de l'humanité. J'ai décrit l'état de catalepsie qui s'était emparé pendant huit mois de la France et de la Grande-Bretagne, à la stupéfaction du monde entier. Cette période se révéla de plus préjudiciable aux Alliés ; dès le moment où Staline conclut son accord avec Hitler, les communistes français prirent leurs mots d'ordre à Moscou et dénoncèrent avec violence la guerre comme un « crime impérialiste et capitaliste contre la démocratie ». Ils firent de leur mieux pour miner le moral de l'armée et entraver la production dans les ateliers. Le moral des Français, civils et militaires, était en mai nettement plus bas qu'au début de la guerre.

Il ne se passa rien de semblable en Angleterre, où le communisme d'inspiration soviétique, bien qu'actif, restait faible. Pourtant nous avions toujours un gouvernement de parti, dirigé par un Premier ministre auquel l'opposition était violemment hostile, tandis que la sympathie agissante des mouvements syndicaux lui faisait défaut. Une administration prudente et bien intentionnée, mais routinière, ne parvenait pas à susciter dans les milieux dirigeants, comme dans les usines d'armement, l'intense effort qui s'imposait absolument. Il fallait le choc de la catastrophe et l'aiguillon du péril pour éveiller les forces assoupies de la nation britannique. Le tocsin était sur le point de sonner.

Chapitre XXII

LA CHUTE DU GOUVERNEMENT

Les déceptions et les désastres de la brève campagne de Norvège avaient profondément bouleversé l'opinion publique en Grande-Bretagne, et des sursauts de colère agitaient même ceux qui avaient été les plus négligents et les plus aveugles au cours des années d'avant-guerre. L'opposition demanda un débat sur la conduite de la guerre, qui fut fixé au 7 mai. Ce jour-là, on vit à la Chambre des communes des députés fortement irrités et angoissés. Le discours d'ouverture de M. Chamberlain ne put endiguer ce courant d'hostilité ; des interruptions ironiques lui rappelaient son discours du 4 avril, au cours duquel il avait imprudemment déclaré à un tout autre propos : « Hitler a manqué le coche. » M. Chamberlain fit état de mes nouvelles fonctions et de mes rapports avec les chefs d'état-major, et en réponse à M. Herbert Morrison, il précisa que je n'avais pas eu de tels pouvoirs lors des opérations de Norvège. Les orateurs de la majorité comme de l'opposition se succédèrent pour attaquer le gouvernement, et particulièrement son chef, avec une âpreté et une véhémence inaccoutumées, et ils furent soutenus par les applaudissements de plus en plus nourris de toutes les factions de la Chambre. Sir Roger Keyes, qui brûlait de se distinguer dans cette nouvelle guerre, critiqua vertement l'état-major de la flotte pour n'avoir pas tenté de prendre Trondheim. « Quand je me suis aperçu, déclara-t-il, du tour désastreux que prenaient les choses, je n'ai cessé de presser l'Amirauté et le cabinet de guerre de me laisser l'entière responsabilité de l'attaque. » Revêtu de son grand uniforme d'amiral de la Flotte, il étayait les récriminations de l'opposition de détails techniques et les appuyait de toute son autorité professionnelle, sur un ton qui s'accordait parfaitement avec l'humeur de la Chambre[1]. Prenant la parole derrière les bancs du gouvernement, M. Amery, porté par des vivats retentissants, cita l'apostrophe de Cromwell au Parlement croupion[2] : « Vous avez siégé ici trop longtemps pour le peu de bien que vous y avez fait. Partez, vous dis-je, et qu'on ne vous revoie plus. Au nom du Seigneur, allez-vous-en ! » Venant d'un ami et d'un collègue de longue date, d'un autre député de Birmingham et d'un membre éminent du Conseil privé, c'étaient là des paroles terribles.

Le lendemain 8 mai, la séance, bien que portant toujours sur une motion d'ajournement, prit l'aspect d'un débat de censure, et M. Herbert Morrison, au nom de l'opposition, fit connaître son intention de demander un vote. Le Premier ministre se leva à nouveau, releva le défi et, en une phrase malheureuse, fit appel à la fidélité de ses amis. C'était son droit, car ces amis avaient soutenu son action – ou son inaction – et partagé ainsi ses responsabilités au cours des « années perdues » qui avaient précédé la guerre. Mais à présent, ces amis restaient là, honteux et muets, certains d'entre eux s'étant même associés aux manifestations d'hostilité. Cette journée vit la dernière intervention décisive de M. Lloyd George à la Chambre des communes. Dans un discours qui ne dura pas plus de vingt minutes, il porta au chef du gouvernement un coup particulièrement sensible, tout en s'efforçant de me disculper : « Je ne crois pas que le premier lord de l'Amirauté soit

---

1. « Une effrayante démonstration d'impéritie d'un bout à l'autre », avait tonné l'amiral Keyes, en ajoutant : « C'est la tragédie de Gallipoli qui s'est fidèlement répétée. »

2. Le Parlement croupion avait été dispersé d'autorité par Oliver Cromwell en 1653.

entièrement responsable de tout ce qui s'est passé en Norvège. » Je répliquai aussitôt : « J'assume l'entière responsabilité de toutes actions de l'Amirauté, et je prends toute ma part du fardeau. » M. Lloyd George m'ayant recommandé de ne pas me transformer en abri antiaérien pour empêcher les éclats d'atteindre mes collègues, il se tourna ensuite vers M. Chamberlain : « Il ne s'agit pas de savoir qui sont vos amis, mais d'une question bien plus grave. Le Premier ministre a fait appel à l'esprit de sacrifice. Or, le pays est prêt à tous les sacrifices, pourvu qu'il soit conduit, pourvu que le gouvernement énonce clairement ses buts, pourvu qu'il soit convaincu que ceux qui le dirigent ne ménagent aucun effort. » Il termina ainsi : « Je déclare solennellement que le Premier ministre doit donner l'exemple du sacrifice, car rien ne pourra contribuer davantage à la victoire que sa démission. »

En tant que ministres, nous étions tous solidaires. Les ministres de la Guerre et de l'Air avaient déjà pris la parole, et je m'étais proposé pour clore le débat. Ce n'était que mon devoir, non seulement par fidélité à celui qui était mon chef, mais aussi en raison du rôle particulièrement important que j'avais joué dans l'emploi de nos forces inadéquates tout au long de notre tentative désespérée de secourir la Norvège. Je fis de mon mieux pour permettre au gouvernement de reprendre son ascendant sur la Chambre, face à d'insistantes interruptions provenant principalement des bancs de l'opposition travailliste. Je parlai avec conviction, en songeant aux errements et au dangereux pacifisme des travaillistes au cours des dernières années, ainsi qu'au fait qu'ils avaient voté contre la conscription quatre mois seulement avant l'ouverture des hostilités. J'estimais être en droit, avec les quelques amis qui m'avaient soutenu, de formuler des accusations, mais ce droit, je le leur déniais absolument. Quand ils s'en prirent à moi, je répliquai et je les défiai ; à plusieurs reprises, le brouhaha fut tel que je ne pus me faire entendre. Pourtant, il était évident que leur colère n'était pas dirigée contre moi, mais contre un Premier ministre que je défendais de mon mieux, sans égard pour toute autre considération. Quand je me rassis à 11 heures, la Chambre passa au vote. Le gouvernement eut une majorité de 81 voix, mais plus de 30 conservateurs avaient voté avec l'opposition travailliste et libérale, tandis que 60 autres s'étaient abstenus. Il était indéniable que dans les faits, sinon dans la forme, le débat et le vote étaient la manifestation d'un manque de confiance envers M. Chamberlain et son gouvernement.

Après le débat, le Premier ministre me demanda de le rejoindre dans son bureau. Je vis d'emblée qu'il était très affecté par l'attitude de la Chambre à son égard ; il estimait ne plus pouvoir continuer. C'était un gouvernement d'union nationale qu'il fallait au pays ; un parti ne pouvait à lui seul porter tout le fardeau. Quelqu'un devait former un gouvernement où tous les partis seraient représentés, faute de quoi nous irions à l'échec. Echauffé par la controverse parlementaire et conscient d'être inattaquable sur toutes les questions soulevées en séance, j'étais fermement partisan de poursuivre la lutte. « Le débat a certes mal tourné, mais il vous reste une bonne majorité. Ne prenez pas cette affaire trop à cœur. En ce qui concerne la Norvège, notre position est meilleure que nous n'avons pu le dire à la Chambre. Renforcez votre gouvernement de toutes parts, et poursuivons notre tâche jusqu'à ce que notre majorité nous abandonne. » Ainsi parlai-je. Mais Chamberlain ne se montra ni convaincu ni réconforté par mes propos, et je le quittai vers minuit avec l'impression qu'il persisterait dans sa décision de se sacrifier s'il n'y avait pas d'autre moyen, plutôt que de tenter de poursuivre la guerre avec le gouvernement d'un seul parti.

Je ne me souviens pas exactement du déroulement des événements dans la matinée du 9 mai, mais je suis au moins sûr de ceci : sir Kingsley Wood, ministre de l'Air, était un proche collègue et ami du Premier ministre. Pendant longtemps, ils avaient travaillé ensemble en toute confiance. J'appris par lui que M. Chamberlain avait décidé de former un gouvernement d'union nationale et que, s'il ne pouvait en prendre la tête, il céderait la place à tout homme de confiance capable de le faire. C'est ainsi que dans l'après-midi, je me rendis compte que je pourrais bien être appelé à diriger. Pareille perspective ne m'enthousiasmait ni ne m'alarmait ; j'estimais que ce serait de loin la meilleure solution. Je me contentai donc de laisser les événements suivre leur cours. Le Premier ministre m'appela à Downing Street dans l'après-midi ; j'y retrouvai lord Halifax, et après avoir évoqué l'ensemble de la situation, nous fûmes informés que MM. Attlee et Greenwood viendraient dans quelques minutes s'entretenir avec nous.

À leur arrivée, les trois ministres, dont j'étais, prirent place d'un côté de la table et les chefs de l'opposition de l'autre côté. M. Chamberlain affirma la nécessité absolue de former un gouvernement d'union nationale, et il chercha à savoir si les travaillistes accepteraient de faire partie d'un tel gouvernement s'il en était le chef. La conférence du parti travailliste était à ce moment en session à Bournemouth. L'entretien fut des plus courtois, mais les chefs travaillistes ne voulaient manifestement pas s'engager sans avoir consulté leur base, et ils donnèrent nettement à entendre qu'ils s'attendaient à une réponse défavorable. Après quoi ils se retirèrent. L'après-midi était claire et ensoleillée ; lord Halifax et moi nous assîmes un moment sur un banc, dans le jardin du 10 Downing Street, pour parler de choses et d'autres. Je retournai ensuite à l'Amirauté, où toute la soirée et une grande partie de la nuit, je fus fortement sollicité.

L'aube du 10 mai apporta de terribles nouvelles ; les dépêches affluaient par boîtes entières de l'Amirauté, du *War Office* et du *Foreign Office*. Les Allemands venaient de porter le coup qu'on attendait depuis longtemps. La Hollande et la Belgique étaient toutes deux envahies. Leurs frontières avaient été franchies en maints endroits. La manœuvre de l'armée allemande pour envahir les Pays-Bas et la France était en train de se déployer dans toute son ampleur.

Vers 10 heures, je reçus la visite de sir Kingsley Wood, qui revenait de chez le Premier ministre. Il m'annonça que M. Chamberlain était enclin à penser que la grande bataille qui s'était déclenchée l'obligeait à demeurer en fonction. Kingsley Wood lui avait dit qu'au contraire, cette nouvelle crise rendait encore plus nécessaire la formation d'un gouvernement d'union nationale, seul capable d'y faire face. Il ajouta que M. Chamberlain s'était rallié à cet avis. À 11 heures, le Premier ministre me rappela à Downing Street, où je retrouvai lord Halifax. Nous prîmes place à la table en face de M. Chamberlain. Il avait acquis la conviction, nous dit-il, qu'il lui serait impossible de constituer un gouvernement d'union nationale. La réponse qu'il avait reçue des dirigeants du parti travailliste ne lui laissait aucun doute à cet égard. La question était donc de savoir à qui il devrait conseiller au roi de s'adresser, une fois sa propre démission acceptée. Il était calme, imperturbable, et paraissait entièrement détaché de toute préoccupation personnelle. Il nous regardait depuis l'extrémité opposée de la table.

Au cours de ma vie publique, j'ai pris part à maintes entrevues importantes, mais celle-ci fut certainement la plus importante de toutes. D'habitude, je parle d'abondance, mais cette fois, je gardai le silence[1]. Il était visible que M. Chamberlain avait encore en mémoire la séance tumultueuse de l'avant-veille à la Chambre des communes, où j'avais paru m'opposer violemment aux travaillistes. En fait, je n'étais intervenu que pour le soutenir et le défendre ; mais il n'en pensait pas moins qu'en l'occurrence, cela pouvait m'empêcher d'obtenir leur adhésion. Je ne me souviens pas de ses paroles exactes, mais tel en était

---

1. Sur les conseils d'Anthony Eden, et surtout de sir Kingsley Wood, qui avait prévu que Chamberlain « voudrait que Halifax lui succède, et demanderait à Churchill de donner son accord ». Et Kingsley Wood avait ajouté : « Ne le donnez pas ; d'ailleurs, ne dites rien ! »

le sens général. Son biographe, M. Feiling, affirme que M. Chamberlain préférait lord Halifax. Comme je demeurais muet, un très long silence s'ensuivit, qui me parut certainement plus long que les deux minutes de silence observées chaque année pour commémorer l'armistice. Enfin, Halifax prit la parole. Il déclara que ne pouvant, en tant que pair du royaume, siéger à la Chambre des communes, il lui serait très difficile de remplir les fonctions de Premier ministre au cours d'une guerre comme celle-là. On le rendrait responsable de tout, mais il n'aurait pas les moyens de guider une assemblée dont la confiance était essentielle à l'existence de tout gouvernement. Il poursuivit dans cette veine pendant quelques minutes, après quoi il apparut clairement que la tâche allait m'incomber – et qu'en fait, elle m'incombait déjà. Je pris alors la parole pour la première fois et déclarai que je n'entrerais en contact avec aucun des partis de l'opposition tant que le roi ne m'aurait pas chargé officiellement de constituer un gouvernement. Ainsi se termina cet entretien capital. Nous reprîmes ensuite nos relations habituelles, aisées et familières, qui étaient celles d'hommes ayant collaboré pendant des années et dont l'existence, à l'intérieur comme à l'extérieur du gouvernement, s'était écoulée dans l'atmosphère amicale de la politique britannique. Je revins alors à l'Amirauté où, comme on l'imagine, il y avait encore beaucoup à faire.

Les ministres néerlandais étaient dans mon bureau. Hagards et défaits, les yeux encore pleins d'images d'horreurs, ils arrivaient tout juste d'Amsterdam par avion. Leur pays avait été attaqué sans prétexte ni avertissement ; une avalanche de fer et de feu s'était déversée à travers les frontières, et lorsque la résistance s'était déclarée et que les gardes-frontières hollandais avaient ouvert le feu, une attaque aérienne massive s'était abattue sur eux. L'ensemble du pays était dans un état de confusion totale. Le plan de défense, établi depuis longtemps, avait été mis en œuvre, on avait ouvert les digues et les eaux s'étaient largement répandues. Mais les Allemands avaient déjà franchi les premières lignes de défense et fait irruption en masse le long des rives du Rhin et à travers les défenses intérieures de Gravelines ; ils menaçaient à présent la chaussée entourant le Zuiderzee. Pouvions-nous les arrêter ? Heureusement, nous avions une flottille à proximité. Elle reçut immédiatement l'ordre de balayer la chaussée de son feu, en causant le plus de pertes possible à la masse des envahisseurs. La reine était encore en Hollande, mais elle ne semblait pas pouvoir y rester longtemps.

À la suite de ces entretiens, l'Amirauté envoya de nombreux ordres à tous ceux de nos bateaux qui se trouvaient dans les parages, et une liaison étroite s'institua avec la marine royale néerlandaise. Même en gardant à l'esprit l'invasion récente de la Norvège et du Danemark, les ministres des Pays-Bas semblaient incapables de comprendre comment la grande nation germanique qui, jusqu'à la veille même, ne leur avait manifesté que des sentiments d'amitié, avait pu se livrer soudain à une attaque aussi effroyable et brutale. Une heure ou deux furent consacrées à cette affaire et à quelques autres. On recevait un flot de télégrammes en provenance de toutes les frontières affectées par la marche en avant des armées allemandes. Il semblait que l'ancien plan Schlieffen, mis à jour par une extension aux Pays-Bas, fût déjà en pleine exécution. En 1914, l'aile droite de l'invasion allemande s'était déployée sur toute la Belgique, mais s'était arrêtée à la frontière hollandaise. On savait très bien à cette époque que si la guerre n'avait éclaté que trois ou quatre ans plus tard, un groupe d'armées supplémentaire aurait été tenu prêt et les voies de communication et terminaux ferroviaires auraient été adaptés pour préparer l'invasion par la Hollande. À présent, ce fameux mouvement venait de se déclencher, favorisé par toutes ces installations, ainsi que par tous les avantages de la surprise et de la traîtrise. Mais le cours des événements allait se précipiter. La manœuvre décisive de l'ennemi ne devait pas être un mouvement tournant, mais une percée à travers la ligne principale. Personne, chez nous comme chez les Français qui avaient la responsabilité du commandement, n'avait prévu pareille éventualité. Au début de l'année, j'avais, lors d'une interview publiée, averti les pays neutres du sort qui les attendait, et qui ressortait à l'évidence du positionnement des troupes, du développement des routes et des voies ferrées, ainsi que des plans allemands qui avaient été saisis. On m'en avait voulu de mes paroles.

Dans l'épouvantable fracas de cette immense bataille, les propos tranquilles que nous avions tenus à Downing Street s'estompèrent ou passèrent à l'arrière-plan. Pourtant, je me souviens qu'on m'annonça que M. Chamberlain était allé voir le roi, ou qu'il allait le voir, ce qui était naturellement prévisible. À présent, un message arriva qui me convoquait au palais pour 18 heures. Pour y aller en voiture depuis l'Amirauté, il ne faut que deux minutes en passant par le Mall. Je suppose que les journaux devaient être remplis des effarantes nouvelles qui nous parvenaient du continent, car rien n'avait transpiré de la crise ministérielle. D'ailleurs, le public n'avait pas encore eu le temps de comprendre toute la signification des événements extérieurs et intérieurs, et il n'y avait aucun rassemblement aux portes du palais.

Je fus immédiatement introduit auprès de Sa Majesté, qui me reçut très gracieusement et me pria de m'asseoir. Pendant quelques instants, le roi me scruta d'un air railleur, puis il me dit : « Je suppose que vous ignorez pourquoi je vous ai fait appeler ? » Entrant dans son jeu, je répondis : « Sire, je n'en ai pas la moindre idée. » Il rit et me dit : « Je veux vous demander de former le gouvernement. » Je répondis que je n'y manquerais pas.

Le roi n'avait pas précisé que ce devait être un gouvernement d'union nationale, et je compris que la mission dont j'étais chargé ne comportait pas d'obligation formelle de ce genre. Toutefois, au vu de ce qui s'était produit et des circonstances qui avaient amené M. Chamberlain à démissionner, il était évident qu'un gouvernement d'union nationale était le seul convenable. Si je n'avais pas réussi à m'entendre avec les partis d'opposition, rien, du point de vue constitutionnel, ne m'aurait empêché de tenter de former un gouvernement aussi fort que possible, en faisant appel à tous ceux qui étaient décidés à servir le pays à l'heure du péril, pourvu qu'un tel gouvernement disposât d'une majorité à la Chambre des communes. Je dis au roi que j'allais immédiatement convoquer les chefs des partis travailliste et libéral, que je me proposais de constituer un cabinet de guerre de cinq ou six ministres, et que j'espérais être en mesure de lui remettre une liste d'au moins cinq noms avant minuit. Sur ce, je pris congé et revins à l'Amirauté.

Entre 19 et 20 heures, M. Attlee me rendit visite à ma demande. Il était accompagné de M. Greenwood. Je lui dis que j'étais chargé de former le gouvernement et lui demandai si le parti travailliste désirait en faire partie. Il me répondit par l'affirmative. Je proposai alors que les travaillistes aient un peu plus du tiers des portefeuilles, avec deux sièges dans un cabinet de guerre comprenant cinq ou six membres, et je le priai de me fournir une liste de noms qui nous permettrait de discuter des attributions particulières. Je citai MM. Bevin, Alexander, Morrison et Dalton comme étant immédiatement requis pour occuper de hautes fonctions. Naturellement, je connaissais de longue date Attlee et Greenwood, qui siégeaient comme moi à la Chambre des communes. Durant les onze années précédant la guerre, je m'étais trouvé, dans la situation plus ou moins indépendante qui était la mienne, beaucoup plus souvent en conflit avec les gouvernements conservateurs ou de coalition qu'avec l'opposition travailliste et libérale. Nous bavardâmes agréablement pendant un moment ; puis ils sortirent pour informer par téléphone leurs amis et partisans à Bournemouth, avec lesquels ils étaient naturellement restés en contact au cours des dernières quarante-huit heures.

J'invitai M. Chamberlain à présider la Chambre des communes en tant que lord président du Conseil, et il me fit connaître son acceptation par téléphone, ajoutant qu'il avait décidé de prononcer ce même soir à 9 heures une allocution radiodiffusée, pour annoncer sa démission et demander instamment à tous de soutenir et d'aider son successeur. C'est effectivement ce qu'il fit, en termes magnanimes. Je priai lord Halifax d'entrer dans le cabinet de guerre, tout en restant ministre des Affaires étrangères. Vers 22 heures, j'envoyai au roi la liste de cinq noms que je lui avais promise. La désignation des trois ministres des forces armées ne pouvait attendre. J'avais déjà fait mon choix à cet égard : M. Eden irait au *War Office*, M. Alexander à l'Amirauté, et sir Archibald Sinclair, chef du parti libéral, au ministère de l'Air. Je m'attribuai simultanément le poste de ministre de la Défense, sans chercher toutefois à en préciser les limites et les prérogatives.

C'est ainsi que, dans la soirée du 10 mai, au moment même où débutait une bataille formidable, j'ai assumé le pouvoir suprême de l'État, que je devais exercer sans cesse plus activement pendant cinq ans et trois mois de guerre mondiale ; après quoi, tous nos ennemis s'étant rendus sans conditions ou étant sur le point de le faire, j'ai été immédiatement congédié par les électeurs britanniques et écarté de la conduite de leurs affaires.

Au cours de ces dernières journées trépidantes de crise politique, mon pouls ne s'était pas accéléré un seul instant. J'avais pris tous les événements comme ils venaient. Mais je ne saurais cacher au lecteur de ce récit sincère que, lorsque j'allai me coucher vers 3 heures du matin, je ressentis un profond soulagement. J'avais enfin le pouvoir de donner des directives dans tous les domaines. J'avais l'impression de ne faire qu'un avec le destin, et il me semblait que toute ma vie passée n'avait été qu'une préparation à cette heure et à cette épreuve. Dix années de traversée du désert m'avaient tenu à l'écart des habituelles luttes partisanes. Les avertissements que j'avais donnés au cours des six dernières années avaient été si nombreux, si précis, et se trouvaient à présent si terriblement justifiés que personne n'était en mesure de me contredire. On ne pouvait me reprocher ni d'avoir déclenché la guerre, ni d'avoir négligé de la préparer. J'estimais n'être pas dépourvu d'expérience en la matière, et j'étais sûr de ne pas échouer. Quelle que fût donc mon impatience d'en arriver au lendemain matin, je dormis d'un profond sommeil et n'eus besoin d'aucun rêve pour me réconforter. La réalité vaut mieux que les rêves.

LIVRE DEUXIÈME

SEULS

10 mai 1940 – Février 1941

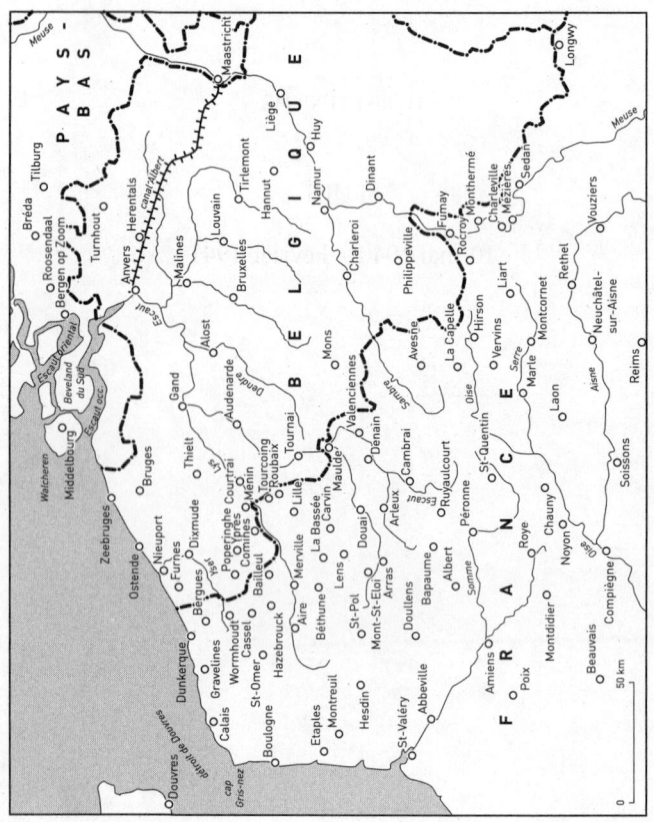

Zone des opérations en mai 1940

Chapitre premier

LE GOUVERNEMENT D'UNION NATIONALE

La fureur de l'orage lentement accumulé et longtemps contenu se déchaîna enfin sur nous ; quatre ou cinq millions d'hommes se heurtèrent dans le premier choc de la plus impitoyable de toutes les guerres connues dans l'histoire. En moins d'une semaine, le front de France, derrière lequel nous nous étions habitués à vivre au cours des dures années de la guerre précédente et dans la première phase de celle-ci, allait être irrémédiablement rompu. En trois semaines, l'armée française, si longtemps réputée, allait s'effondrer dans la déroute et dans la ruine, tandis que notre armée britannique serait rejetée à la mer, après avoir perdu tout son matériel. En l'espace de six semaines, nous allions nous retrouver seuls, presque désarmés, pris à la gorge par une Allemagne et une Italie triomphantes, avec toute l'Europe à la merci d'Hitler et le Japon menaçant de l'autre côté du globe. C'est dans ces circonstances et au milieu de ces inquiétantes perspectives que je pris mes fonctions de Premier ministre et de ministre de la Défense. Ma première tâche fut de former un gouvernement réunissant tous les partis, afin de diriger les affaires de Sa Majesté dans la métropole et à l'étranger, par tous les moyens jugées les plus conformes à l'intérêt national.

Cinq années plus tard, presque jour pour jour, nous pouvions considérer notre situation sous un angle plus favorable. L'Italie était conquise et Mussolini occis ; la puissante armée allemande s'était rendue sans condition et Hitler s'était donné la mort. En plus du nombre immense de prisonniers faits par le général Eisenhower, près de trois millions d'Allemands avaient été capturés en vingt-quatre heures par le maréchal Alexander en Italie et par le maréchal Montgomery en Allemagne. La France, libérée et ralliée, revenait à la vie. Main dans la main avec nos alliés, les deux plus puissants empires du monde, nous avancions vers l'écrasement rapide de la résistance japonaise.

Le contraste était certes remarquable. La traversée de ces cinq années fut longue, difficile et périlleuse ; mais ceux qui périrent en chemin ne se sacrifièrent pas en vain, et ceux qui marchèrent jusqu'au bout seront fiers à jamais de l'avoir fait dans l'honneur.

*
* *

En rendant compte de mon action et en racontant l'histoire du célèbre gouvernement d'union nationale, mon premier devoir est de préciser l'ampleur et l'importance de la contribution apportée par la Grande-Bretagne et son empire, plus étroitement unis par le danger, à ce qui devait devenir la cause commune de tant de nations et d'États. Je le fais sans la moindre intention d'établir des comparaisons désobligeantes ou de susciter de vaines controverses avec notre plus grand allié, les États-Unis, à qui nous devons une reconnaissance impérissable et incommensurable. Mais il est de l'intérêt commun du monde anglophone que l'ampleur de l'effort de guerre britannique soit connue et appréciée. J'ai donc fait dresser un tableau couvrant la totalité de la période de guerre, que l'on trouvera ci-contre. Il montre que, jusqu'au mois de juillet 1944, la Grande-Bretagne et son empire avaient un nombre de divisions nettement plus élevé que les États-Unis *au contact de l'ennemi*. Ces chiffres incluent non seulement les opérations en Europe et en Afrique, mais également toute la guerre en Asie contre le Japon. Jusqu'à l'arrivée en Normandie du gros de l'armée américaine en automne 1944, nous étions en droit de parler au moins à égalité, et le plus souvent comme partenaire majoritaire, sur tous les théâtres de guerre, à l'exception du Pacifique et de l'Australie. Et cela reste vrai, jusqu'à la date mentionnée plus haut, pour l'ensemble des divisions sur tous les fronts et à n'importe quel moment. À partir du mois de juillet 1944, le front de combat des États-Unis, représenté par les divisions en contact avec l'ennemi, domina de plus en plus et continua de croître triomphalement, jusqu'à la victoire finale dix mois plus tard.

Une autre comparaison montre également que les sacrifices consentis par l'Angleterre et l'empire ont même été plus importants que ceux de nos vaillants alliés. Le nombre de soldats britanniques tués, manquants ou portés disparus s'élève à 303 240, auxquels il faut ajouter 109 000 hommes des Dominions, des Indes et des colonies, pour un total de 412 240. Ce chiffre n'inclut pas les 60 500 civils tués au cours des raids aériens sur le Royaume-Uni, ni les pertes de notre marine marchande et de nos pêcheurs, qui atteignirent 30 000 hommes. En comparaison, les États-Unis déplorent la mort de 322 188 hommes pour l'armée, l'aviation, la marine et les gardes-côtes. Je donne ce tragique bilan avec la profonde conviction qu'une camaraderie réciproque, sanctifiée par tant de sang précieux, continuera de forcer le respect et d'inspirer la conduite du monde anglophone.

Sur mer, les États-Unis supportèrent évidemment tout le poids de la guerre dans le Pacifique. Les batailles décisives livrées près de l'île de Midway, à Guadalcanal et dans la mer de Corail en 1942 leur permirent de reprendre l'initiative dans ce vaste domaine maritime, et ouvrirent la voie à l'assaut de toutes les îles conquises par les Japonais, puis du Japon lui-même. La marine américaine ne pouvait porter simultanément le fardeau principal des opérations dans l'Atlantique et en Méditerranée. Là encore, il faut se faire un devoir de présenter les réalités. Sur 781 sous-marins allemands et 85 italiens coulés sur le théâtre européen, dans l'Atlantique et l'océan Indien, 594 l'ont été par les forces navales et aériennes britanniques, qui vinrent également à bout de tous les cuirassés, croiseurs et destroyers allemands, pour ne rien dire de la destruction ou de la capture de toute la flotte italienne.

FORCES TERRESTRES EN CONTACT DIRECT AVEC L'ENNEMI
(Les chiffres correspondent à des divisions)

	EMPIRE BRITANNIQUE			ÉTATS-UNIS		
	Théâtre occidental	Théâtre oriental	Total	Théâtre occidental	Théâtre oriental	Total
1er Janvier 1940	5 1/3		5 1/3 (a)			
1er Juillet 1940	6		6			
1er Janvier 1941	10 1/3		10 1/3 (b)			
1er Juillet 1941	13		13 (b)			
1er Janvier 1942	7 2/3	7	14 2/3		2 2/3	2 2/3 (c)
1er Juillet 1942	10	4 2/3	14 2/3		8 1/3	8 1/3
1er Janvier 1943	10 1/3	8 2/3	19	5	10	15
1er Juillet 1943	16 2/3	7 2/3	24 1/3	10	12 1/3	22 1/3
1er Janvier 1944	11 1/3	12 1/3	23 2/3	6 2/3	9 1/3	16
1er Juillet 1944	22 2/3	16	38 2/3	25	17	42
1er Janvier 1945	30 1/3	18 2/3	49	55 2/3	23 1/3	79

a) Corps expéditionnaire britannique en France; *b)* non compris les guérillas en Abyssinie; *c)* non compris les troupes des Philippines.

La ligne de démarcation entre les théâtres d'opérations oriental et occidental est une ligne nord-sud passant par Karachi. Les régions suivantes *ne sont pas* comptées comme théâtres d'opérations: frontière nord-ouest de l'Inde; Gibraltar; Afrique occidentale; Islande; Hawaï; Palestine; Irak; Syrie (sauf à la date du 1er juillet 1941). Le sont au contraire: Malte; et l'Alaska de janvier 1942 à juillet 1943. Les contingents étrangers – par exemple Forces françaises libres, Tchèques, Polonais – *ne sont pas* inclus.

Le tableau des sous-marins détruits se présente comme suit :

SOUS-MARINS COULÉS

Détruits par :	Allemands	Italiens	Japonais
Forces britanniques[1]	525	69	9 1/2
Forces américaines[1]	174	5	110 1/2
Autres forces et causes inconnues	82	11	10
Total	781	85	130
Total général des sous-marins coulés : 996			

Dans les airs, les États-Unis firent un effort magnifique pour participer aux combats, en particulier avec leurs bombardiers de jour, (les « Forteresses volantes »), dès les premiers jours après Pearl Harbor et sur la plus grande échelle. Leur puissance fut employée contre le Japon, ainsi que contre l'Allemagne à partir des îles Britanniques. Pourtant, lorsque nous arrivâmes à Casablanca en janvier 1943, pas un seul bombardier américain n'avait encore largué une bombe sur l'Allemagne en plein jour. Le résultat de l'immense effort accompli par les États-Unis allait se manifester très rapidement, mais jusqu'à la fin de 1943, le tonnage de bombes lancées sur l'Allemagne par les appareils anglais représentait plus de huit fois celui lâché de jour ou de nuit par l'aviation américaine. C'est seulement au printemps de 1944 que les États-Unis prirent l'avantage en termes de tonnage largué. Dans ce domaine, comme sur terre et sur mer, nous étions engagés à fond, et ce n'est qu'en 1944 que nous avons été rejoints et dépassés par le formidable effort de guerre des États-Unis.

---

1. Les termes « Forces britanniques » et « Forces américaines » comprennent les forces alliées qui opéraient sous le contrôle des deux premières. Les fractions indiquent que le « succès » a été partagé. Ce cas se présenta d'ailleurs souvent, mais dans le total des sous-marins allemands, l'addition des fractions donne des nombres entiers.

Il faut se souvenir du fait que dès le début du système du prêt-bail, en janvier 1941, notre effort d'armement augmenta de plus d'un cinquième grâce à la générosité des États-Unis. Avec les matériels et les armes qu'ils nous donnèrent alors, nous pûmes faire la guerre *comme si nous étions une nation de 58 millions d'habitants plutôt que de 48 millions.* Pour les transports par mer, la magnifique production de *Liberty Ships* permit de maintenir le flux des approvisionnements à travers l'Atlantique. D'un autre côté, il faut garder à l'esprit le décompte des pertes navales supportées par tous les pays au cours de la guerre, du fait de l'ennemi. Voici les chiffres :

Nationalité	Tonnage perdu	Pourcentage
Grande-Bretagne	11 357 000	54
États-Unis	3 334 000	16
Ensemble des autres nations (hors du contrôle de l'ennemi)	6 503 000	30
Total	21 194 000	100

De ces pertes, 80 % ont été coulées dans l'océan Atlantique, y compris les eaux territoriales britanniques et la mer du Nord ; 5 % seulement dans le Pacifique.

Tout cela n'est pas rapporté pour revendiquer un mérite injustifié, mais simplement pour établir une base propre à susciter le juste respect de ce que fut l'intensité de l'effort de guerre multiforme accompli par le peuple d'une petite île qui dût supporter, lors de cette crise de l'histoire du monde, l'essentiel du poids de la bataille[1].

*
* *

---

1. Churchill est coutumier de ces envolées vers l'avenir, mais elles sont généralement courtes. Cette longue digression, qui figurait au même endroit dans l'édition originale, aurait sans doute été plus à sa place en fin de volume...

Il est sans doute plus aisé de former un cabinet, surtout un cabinet d'union nationale, en pleine bataille que par temps calme. Le sens du devoir domine tout et les prétentions personnelles passent au second plan. Une fois réglées les principales dispositions avec les chefs des autres partis, dûment investis par leurs organisations, l'attitude de toutes les personnalités auxquelles je fis appel fut celle de soldats au feu qui gagnent leur poste sans délai et sans discussion. Une fois officiellement établie l'assise des partis, il me sembla qu'aucun sentiment égoïste ne venait à l'esprit d'une seule des très nombreuses personnes que je dus voir. Seules des considérations de service public amenèrent quelques-unes d'entre elles à hésiter. Cette noble attitude fut encore plus marquée chez nombre de ministres conservateurs et libéraux qui durent quitter leurs fonctions, interrompre leur carrière et sortir de la vie publique, souvent pour toujours, en ces heures extraordinairement passionnantes et exaltantes.

Les conservateurs disposaient à la Chambre des communes de plus de cent vingt voix de majorité sur tous les autres partis réunis. Ils avaient choisi M. Chamberlain pour chef. Je me rendis bien compte que le fait de me voir le remplacer devait paraître fort déplaisant à beaucoup d'entre eux, après mes longues années de critiques et de condamnations souvent sévères. En outre, la majorité des députés ne pouvait ignorer à quel point ma vie s'était passée en heurts et en conflits avec un Parti conservateur que j'avais quitté sur la question du libre-échange, pour le rejoindre plus tard comme chancelier de l'Échiquier. Par la suite, j'avais été durant de nombreuses années son principal adversaire au sujet de l'Inde, de la politique étrangère et du manque de préparation à la guerre. M'accepter comme Premier ministre leur fut donc très difficile, et chagrina bien des hommes honorables. De plus, la loyauté envers le chef désigné par le parti est un trait marquant chez les conservateurs. S'ils ne s'étaient pas acquittés de leurs devoirs envers la nation sur certaines questions durant les années d'avant-guerre, ce fut justement du fait de ce sentiment de loyauté envers leur chef. De telles considérations ne me troublèrent pas le moins du monde ; je savais que le fracas de la canonnade emporterait tout.

J'avais commencé par offrir à M. Chamberlain la direction de la Chambre des communes et le poste de lord-président, ce qu'il avait accepté. Rien n'avait encore été annoncé officiellement, et M. Attlee me fit savoir que le Parti travailliste aurait du mal à collaborer dans de telles conditions ; au sein d'un gouvernement de coalition, le chef de la Chambre des communes doit être acceptable par tous. Je fis part de ce point de vue à M. Chamberlain et, avec son accord immédiat, je pris moi-même la direction de la Chambre, pour la conserver jusqu'en février 1942. Durant ces deux années, M. Attlee m'y représenta et assura le travail quotidien, sa longue expérience de l'opposition étant fort précieuse. Je ne m'y rendis que dans les occasions les plus graves, mais elles furent fréquentes. De nombreux conservateurs trouvaient que leur chef avait été traité cavalièrement. Tout le monde admirait sa conduite personnelle. Lorsqu'il entra pour la première fois à la Chambre le 13 mai dans sa nouvelle capacité, le Parti conservateur tout entier – c'est-à-dire la grande majorité de la Chambre – se leva et le reçut avec d'ardentes démonstrations de sympathie et d'estime. Au cours des premières semaines, ce furent surtout les bancs travaillistes qui m'accueillirent favorablement lorsque j'arrivais à la Chambre. Mais la loyauté et le soutien de M. Chamberlain étaient solides ; et puis, j'étais sûr de moi.

Des éléments du Parti travailliste et certains des nombreux hommes capables et ardents qui n'avaient pas été nommés au nouveau gouvernement insistaient pour que soit menée une purge des « coupables » et des ministres responsables de Munich, ou des nombreuses défaillances de notre préparation à la guerre[1]. Mais ce n'était pas le

---

1. Les noms de lord Halifax, John Simon et Samuel Hoare figuraient à cet endroit dans l'édition originale. Leur disparition de la présente édition n'est pas entièrement fortuite.

moment de proscrire des hommes de talent et des patriotes qui avaient une longue expérience des hautes responsabilités. Si l'on avait écouté les censeurs, un tiers au moins des ministres conservateurs auraient été contraints de démissionner. M. Chamberlain étant le chef du Parti conservateur, il était manifeste qu'une telle initiative aurait détruit l'unité nationale. En outre, je n'avais nul besoin de me demander si les torts n'étaient que d'un côté ; si la responsabilité officielle reposait sur le gouvernement de l'époque, les responsabilités morales s'étendaient beaucoup plus loin. J'avais à l'esprit et sous la main une longue et redoutable liste d'extraits de discours et de motions émanant de ministres travaillistes et libéraux, que les événements avaient cruellement démentis. Personne plus que moi n'avait le droit d'effacer le passé ; aussi résistai-je à ces tentatives de division. « *Si le présent tente de juger le passé*, déclarai-je quelques semaines plus tard, *il perdra l'avenir.* » Cet argument et le poids terrible de l'heure réduisirent au silence les partisans de la chasse aux sorcières.

*
* *

Ces premiers jours furent pour moi assez singuliers. Il fallait vivre avec une bataille qui absorbait toutes nos pensées, mais échappait à notre contrôle. Et dans le même temps, il y avait un gouvernement à former, des gens à recevoir et l'équilibre des partis à établir. Je ne puis me rappeler comment s'écoulèrent toutes ces heures, et mes notes ne me sont d'aucun secours. À cette époque, un ministère anglais comprenait de soixante à soixante-dix ministres de la Couronne, qu'il fallait assembler comme les morceaux d'un puzzle, en tenant compte en l'occurrence des prétentions de trois partis. Il me fallait voir non seulement les personnalités principales, mais également, pour quelques minutes au moins, la multitude d'hommes de valeur à choisir pour occuper des fonctions importantes. Dans la formation d'un gouvernement d'union nationale, le Premier ministre doit tenir le plus grand compte de l'avis des chefs de parti concernant le choix de ceux, parmi leurs membres, qui occuperont les postes revenant au parti. Ce principe me guida dans la plupart des cas. Si certains hommes qui méritaient mieux furent écartés sur l'avis des autorités de leur parti, ou même en dépit de cet avis, je ne puis qu'en exprimer des regrets. Dans l'ensemble, pourtant, il y eut peu de difficultés.

J'avais en Clement Attlee un collègue ayant l'expérience de la guerre et depuis longtemps versé dans les affaires de la Chambre des communes. Nos seules divergences de vues portaient sur le socialisme, mais elles furent éclipsées par une guerre qui devait bientôt subordonner presque entièrement l'individu à l'État. Notre collaboration fut extrêmement aisée et confiante pendant toute la durée de ce gouvernement; quant à M. Arthur Greenwood, ce fut un conseiller très avisé et d'un grand courage, en même temps qu'un ami sûr et dévoué.

Chef officiel du Parti libéral, sir Archibald Sinclair éprouva quelque embarras en se voyant proposer le ministère de l'Air, car ses partisans estimaient qu'il aurait plutôt dû avoir un siège au Cabinet de guerre. Mais le principe d'un Cabinet de guerre restreint s'y opposait. Je lui proposai donc de se joindre aux autres membres du Cabinet de guerre, lorsque les débats concernaient des questions politiques fondamentales ou des convergences de partis. Nous étions amis et je l'avais eu comme second en 1916, à l'époque où je commandais le 6ᵉ *Royal Scots Fusiliers* à Plœgsteert [« *Plug Street*[1] »]. Je savais qu'il tenait personnellement à s'atteler à l'immense tâche que je lui avais réservée, et après maintes tractations, l'affaire se régla à l'amiable. M. Ernest Bevin, dont j'avais fait la connaissance

---

1. C'est ainsi que les soldats britanniques avaient baptisé en 1916 le petit hameau belge de Plœgsteert, sur la ligne de front des Flandres. « *Plug Street* » signifie : « Rue du bouchon de vidange ». Il est vrai que le hameau était bien souvent inondé.

au début de la guerre lorsque j'essayais de modérer les exigences de l'Amirauté en matière de chalutiers, dut consulter le *Transport and General Workers' Union*, syndicat dont il était secrétaire, avant d'occuper au sein de l'équipe gouvernementale le poste essentiel de ministre du Travail. Il y fallut deux ou trois jours, mais l'attente se justifiait : ce syndicat, le plus important de toute l'Angleterre, déclara en effet à l'unanimité qu'il devait accepter, et Bevin resta fidèle au poste pendant cinq ans, jusqu'à la victoire.

Les plus grandes difficultés s'élevèrent au sujet de lord Beaverbrook. Je pensais qu'il pouvait rendre d'éminents services. À la lumière de mes expériences de la guerre précédente, j'avais décidé d'enlever au ministère de l'Air la construction et la fourniture des avions, et je souhaitais voir Beaverbrook accepter le ministère de la Production aéronautique. Il parut d'abord réticent à assumer la charge, et naturellement, le ministère de l'Air n'appréciait pas de voir son service d'approvisionnement lui échapper. D'autres résistances à sa nomination se manifestèrent. Pourtant j'étais convaincu que notre survie dépendait de l'afflux d'avions nouveaux, j'avais besoin de son énergie vitale et vibrante, et je ne cédai pas [1].

Pour respecter l'opinion dominante exprimée au Parlement et dans la presse, le Cabinet de guerre devait être restreint. Je commençai donc par n'y nommer que cinq membres, dont un seul, le ministre des Affaires étrangères, était à la tête d'un ministère. Tous appartenaient naturellement aux partis politiques dominants de l'époque. Pour faciliter la conduite des affaires, le chancelier de l'Échiquier et le chef du Parti libéral devaient normalement y

---

1. C'est également pendant la Grande Guerre que Churchill a connu lord Beaverbrook. Il s'appelait à l'époque Max Aitken, et était observateur canadien sur le front des Flandres. Entre les deux guerres, les deux hommes ont entretenu des relations mouvementées, mais Churchill a eu l'occasion d'admirer la redoutable efficacité de Beaverbrook, devenu un puissant magnat de la presse.

être présents et avec le temps, le nombre des « participants réguliers » s'accrut. Mais toutes les responsabilités reposaient sur les cinq membres du Cabinet de guerre, qui seuls auraient eu le droit d'avoir la tête tranchée à Tower Hill[1] si nous avions perdu la guerre. Les autres pouvaient avoir à répondre des insuffisances constatées dans leurs services, mais non de la politique de la nation. En dehors des membres du Cabinet de guerre, chacun était en droit de dire : « *Je ne puis prendre la responsabilité de ceci ou de cela.* » Le fardeau de la politique nationale était porté à un niveau plus élevé, ce qui épargna bien des soucis à beaucoup des gens au cours de jours que nous allions vivre.

*
* *

Au cours de ma longue carrière politique, j'avais occupé la plupart des grandes charges de l'État, mais j'admets volontiers que le poste qui venait de m'échoir était celui que je préférais. Le pouvoir qui n'a pour but que d'exercer une autorité sur ses semblables ou d'ajouter à sa gloire personnelle est à bon droit jugé méprisable. Mais en temps de crise nationale, quand un homme croit savoir quels ordres il faut donner, le pouvoir est une bénédiction. Dans quelque domaine d'action que ce soit, aucune comparaison n'est possible entre la position de numéro un et celles des numéros deux, trois ou quatre. Les devoirs et les problèmes de toutes personnes autres que le numéro un sont très différents et à maints égards plus difficiles. C'est toujours une malchance pour le numéro deux ou trois de devoir prendre l'initiative d'un projet ou d'une politique d'importance ; il lui faut en effet tenir compte non seulement de la valeur de cette politique, mais aussi de l'état d'esprit de son chef ; non seulement de ce qu'il faut préconiser, mais aussi ce qu'il est convenable de recommander pour un homme de son rang ; et non seulement de ce qu'il

---

[1]. À la Tour de Londres.

faut faire, mais aussi du moyen de le rendre acceptable et de la façon de le mettre à exécution. En outre, le numéro deux devra compter avec les numéros quatre, cinq ou six, voire même avec quelque brillant *outsider* au numéro vingt. L'ambition brille dans tous les esprits, moins à des fins vulgaires que pour atteindre la renommée. Il y a toujours plusieurs points de vue qui peuvent s'avérer justes et beaucoup qui sont défendables. J'avais momentanément perdu tout crédit en 1915 au sujet des Dardanelles, et une entreprise capitale fut abandonnée parce que j'avais essayé de mener à bien une opération militaire majeure et essentielle depuis un poste subalterne. Les hommes sont mal inspirés de se lancer dans de telles aventures ; cette leçon s'était bien ancrée en moi.

Au sommet, tout devient beaucoup plus simple. Un chef reconnu comme tel doit seulement être sûr de ce qu'il y a de mieux à faire, ou tout au moins avoir pris sa décision à ce sujet. Les loyautés qui convergent vers lui sont immenses ; s'il trébuche, il doit être soutenu ; s'il fait des erreurs, elles doivent être dissimulées ; s'il dort, il ne doit pas être dérangé sans motif ; s'il n'est pas à la hauteur de sa tâche, il doit être abattu. Mais cette dernière méthode extrême ne peut être employée tous les jours – et certainement pas dans les jours qui suivent immédiatement sa nomination.

Les modifications fondamentales qui se produisirent dans le mécanisme de direction de la guerre furent plus réelles qu'apparentes. « *Une constitution doit être courte et obscure* », disait Napoléon. Les organismes existants restèrent intacts ; aucune personnalité officielle ne fut déplacée. Au début, le Cabinet de guerre et le Conseil des chefs d'état-major continuèrent à siéger chaque jour comme à l'ordinaire. En prenant le titre de ministre de la Défense avec l'approbation du roi, je n'avais d'ailleurs procédé à aucun changement légal ou constitutionnel. J'avais bien pris garde de ne définir ni mes droits ni mes fonctions. Je ne demandai de pouvoirs spéciaux ni à la Couronne ni au

Parlement. Il fut néanmoins entendu et admis que j'assumerais la direction générale de la guerre, sous réserve du soutien du Cabinet de guerre et de la Chambre des communes. Le changement capital que produisit mon arrivée fut évidemment que le Comité des chefs d'état-major était désormais supervisé et dirigé par un ministre de la Défense aux pouvoirs non définis. Comme ce ministre était aussi le Premier ministre, il possédait toutes les prérogatives attachées à ce poste, y compris le pouvoir quasiment discrétionnaire de nommer et de destituer tout le personnel politique et militaire. C'est ainsi que pour la première fois, le Comité des chefs d'état-major assuma l'exacte fonction qui lui revenait, en liaison directe et quotidienne avec le chef de l'exécutif, et exerça, en accord avec lui, le contrôle total de la conduite de la guerre et des forces armées.

La situation du Premier lord de l'Amirauté et des ministres de la Guerre et de l'Air fut radicalement transformée, en réalité sinon en apparence. Ils n'étaient pas membres du Cabinet de guerre et n'assistaient pas davantage aux séances du Comité des chefs d'état-major. Ils restaient totalement responsables de leurs ministères, mais rapidement et presque imperceptiblement, ils cessèrent d'être responsables de l'élaboration des plans stratégiques et de la conduite des opérations au jour le jour. Tout cela était désormais arrêté par le Comité des chefs d'état-major, agissant directement sous le contrôle du ministre de la Défense et Premier ministre, donc avec toute l'autorité du Cabinet de guerre. Les ministres des trois armes – des amis personnels, très capables et de toute confiance, que j'avais choisis tout exprès pour ces fonctions – ne s'arrêtaient pas à des questions de forme. Ils organisèrent et administrèrent nos forces armées sans cesse croissantes et firent de leur mieux pour nous aider, à la façon calme et pragmatique des Anglais. Ils disposaient des renseignements les plus complets en leur qualité de membres du Comité de la Défense nationale, et ils pouvaient me voir à tout moment. Leurs subordonnés militaires, les chefs d'état-major, discutaient avec eux de toutes les affaires et les traitaient avec le plus grand respect. Mais il existait une direction homogène de la guerre, à laquelle ils se soumettaient loyalement. Jamais leurs pouvoirs ne furent abrogés ou contestés, et chacun pouvait toujours exprimer son avis. Mais la véritable direction de la guerre fut bientôt concentrée entre quelques mains, de sorte que ce qui avait paru si difficile auparavant devint beaucoup plus simple – sauf, évidemment, pour ce qui venait d'Hitler. Malgré le tumulte des événements et les nombreux désastres que nous eûmes à subir, le mécanisme fonctionna presque automatiquement, ce qui nous permit d'entretenir un courant de réflexions cohérentes, susceptibles de se traduire très rapidement en actes.

*
* *

La redoutable bataille battait alors son plein au-delà de la Manche, et le lecteur est certainement impatient d'y arriver. Toutefois, il est peut-être bon à ce stade de décrire le mécanisme de direction des affaires militaires et autres que j'avais mis sur pied et utilisé dès les premiers jours de mon arrivée au pouvoir. Je suis un partisan convaincu du *texte écrit* pour tout ce qui concerne les questions officielles. Il est possible qu'avec le recul du temps, la plus grande partie de ce que l'on a écrit heure par heure sous l'impulsion des événements manque de proportion ou ne se vérifie pas. C'est un risque que j'accepte de courir. En dehors de la hiérarchie militaire, il est toujours préférable d'exprimer des opinions et des désirs que de donner des ordres. Et pourtant, bien que n'étant pas rédigées comme des ordres, les directives écrites émanant directement du chef légal du gouvernement et du ministre spécialement chargé de la Défense prirent une telle importance qu'elles se trouvèrent très souvent traduites en actes.

Pour être certain que mon nom ne serait pas employé à la légère, je rédigeai au cours de la crise de juillet la note suivante :

« Qu'il soit bien entendu que toutes mes instructions seront données par écrit, ou qu'une confirmation écrite suivra immédiatement. Je n'accepterai aucune responsabilité pour des décisions concernant la défense nationale que je serais censé avoir prises, à moins qu'elles ne soient enregistrées par écrit. »

En m'éveillant vers 8 heures, je lisais tous les télégrammes et dictais de mon lit un flot continu d'instructions et de directives à l'intention des ministères et du Comité des chefs d'état-major. Ces notes, aussitôt dactylographiées par des secrétaires qui se relayaient, étaient transmises sans délai au général Ismay, secrétaire adjoint du Cabinet de guerre (pour les affaires militaires), qui me représentait au Comité des chefs d'état-major et venait me voir de bonne heure chaque matin. Ainsi, il avait généralement une bonne épaisseur de papiers à déposer devant le Comité des chefs d'état-major lorsque celui-ci se réunissait à 10 h 30. Il examinait soigneusement mes observations et discutait de la situation générale, de sorte qu'entre 15 et 17 heures, sauf dans les cas où quelques désaccords entre nous exigeaient de nouvelles consultations, toute une série d'ordres et de télégrammes étaient prêts à partir. Ils étaient envoyés d'un commun accord, soit par moi, soit par les chefs d'état-major, faisant ainsi connaître toutes les décisions immédiatement requises.

Dans une guerre totale, il est absolument impossible de tracer une limite précise entre les affaires militaires et les autres. Si aucune friction professionnelle ne se produisit entre le personnel militaire et celui du Cabinet de guerre, ce fut dû en grande partie à la personnalité de sir Edward Bridges, secrétaire du Cabinet de guerre. Ce fils d'un ancien poète lauréat était non seulement un travailleur infatigable et hautement compétent, mais aussi un homme d'une vigueur, d'une habileté et d'un charme exceptionnels, ainsi que d'une nature ignorant toute jalousie. Pour lui, l'essentiel était que le secrétariat du Cabinet de guerre dans son entier servît le Premier ministre et le Cabinet de guerre au mieux de ses capacités. Pas une fois le souci de sa position personnelle n'effleura son esprit, et jamais dissension ne se fit jour entre les membres civils et militaires de ce secrétariat.

Pour les questions importantes ou lorsqu'apparaissaient des divergences de vues, je provoquais une réunion du Comité de Défense du Cabinet de guerre, qui comprenait à l'origine M. Chamberlain, M. Attlee et les trois ministres des forces armées, en présence des chefs d'état-major. Ces réunions officielles se firent moins nombreuses après 1941*. La machine fonctionnait bien, et j'en arrivai à la conclusion que la présence des chefs d'état-major aux réunions quotidiennes du Cabinet de guerre n'était plus nécessaire. Je finis donc par instituer ce que nous devions appeler par la suite « la parade de Cabinet du lundi » : chaque lundi voyait un rassemblement imposant de tous les membres du Cabinet de guerre, des ministres des trois armes, du ministre de l'Intérieur, du chancelier de l'Échiquier, des secrétaires d'État aux Dominions et aux Indes, du ministre de l'Information, des chefs d'état-major et du chef officiel du *Foreign Office*. Au cours de ces réunions, chaque chef d'état-major, à tour de rôle, faisait son rapport sur les événements des sept derniers jours, et le ministre des Affaires étrangères évoquait ensuite toute question importante en matière de politique extérieure. Les autres jours de la semaine, le Cabinet de guerre se réunissait seul, et toutes les questions urgentes nécessitant une solution immédiate lui étaient soumises. D'autres ministres y assistaient lorsqu'ils étaient concernés par les affaires évoquées. Les membres du Cabinet de guerre se voyaient communiquer tous les documents ayant trait à la guerre et tous les télégrammes importants envoyés par mes soins. À mesure

---

* Le Comité de la Défense nationale se réunit 40 fois en 1940, 76 fois en 1941, 20 fois en 1942, 14 fois en 1943, et 10 fois en 1944.

que les relations se faisaient plus confiantes, le Cabinet de guerre intervenait moins activement dans les questions opérationnelles, tout en les suivant avec une grande attention et en toute connaissance de cause. Ses membres me déchargeaient presque totalement du poids des affaires intérieures et des problèmes de partis, me permettant ainsi de me consacrer exclusivement à ma tâche principale. Je les consultais toujours en temps voulu pour les opérations futures de quelque importance, mais tout en examinant avec la plus grande attention les solutions proposées, ils me demandaient fréquemment de ne pas leur communiquer les dates et les détails ; plusieurs fois, ils m'arrêtèrent même alors que j'étais sur le point de les leur révéler.

Je n'avais jamais eu l'intention d'incorporer le poste de ministre de la Défense dans un ministère, car il aurait fallu faire voter une loi, donc passer au crible selon des procédures constitutionnelles intempestives les ajustements délicats dont j'ai déjà parlé et qui, en général, se réglaient d'eux-mêmes avec un peu de bonne volonté. Pourtant, sous la direction personnelle du Premier ministre, il existait et fonctionnait un bureau militaire du secrétariat du Cabinet de guerre, qui avait été avant la guerre le secrétariat du Comité de Défense impériale. À sa tête se trouvait le général Ismay, avec pour adjoints les colonels Hollis et Jacob, et tout un groupe de jeunes officiers spécialement choisis dans les trois armes. Ce secrétariat devint le service du cabinet du ministre de la Défense, et je dois à ses membres une reconnaissance infinie. Le général Ismay, les colonels Hollis et Jacob montèrent régulièrement en grade et leur réputation s'accrut au cours de la guerre. Aucun d'eux ne fut jamais muté. Des remaniements dans ce milieu si fermé, où se traitaient tant d'affaires secrètes, n'auraient pu être que préjudiciables à la conduite efficace et régulière des affaires.

Après quelques changements initiaux, un degré de stabilité analogue fut atteint au Comité des chefs d'état-major. À l'expiration de son commandement en tant que chef d'état-major de l'armée de l'air au mois de septembre 1940, le maréchal de l'air Newall fut nommé gouverneur général de la Nouvelle-Zélande et remplacé par le maréchal de l'air Portal, alors reconnu comme le plus brillant élément au sein de l'aviation. Portal resta à mes côtés durant toute la guerre ; sir John Dill, qui avait succédé au général Ironside en mai 1940, resta chef d'état-major impérial jusqu'au mois de décembre 1941, lorsqu'il m'accompagna à Washington. J'en fis alors mon représentant militaire personnel auprès du président Roosevelt, et le chef de notre mission auprès des états-majors combinés. Ses relations avec le général Marshall, chef d'état-major de l'armée américaine, en firent un agent de liaison inestimable pour toutes nos affaires ; et lorsque deux ans plus tard, il mourut à la tâche, on lui accorda l'honneur insigne d'être enterré au cimetière d'Arlington, ce Walhalla réservé jusqu'alors aux guerriers américains. Sir Alan Brooke lui succéda au poste de chef d'état-major impérial et m'accompagna jusqu'à la fin.

À partir de 1941 et pendant près de quatre années, dont les premières nous réservèrent tant d'infortunes et de déceptions, le seul changement qui se produisit dans la petite équipe des chefs d'état-major et du secrétariat de la Défense fut provoqué par la mort en service de l'amiral Pound. Une telle stabilité est peut-être un fait unique dans toute l'histoire militaire britannique. Le président Roosevelt devait obtenir le même degré de continuité dans son entourage immédiat ; lors de l'entrée en guerre de l'Amérique, les chefs d'état-major étaient le général Marshall, l'amiral King et le général Arnold, auxquels devait se joindre par la suite l'amiral Leahy, et ils ne furent jamais remplacés. Comme d'autre part, ces Anglais et ces Américains constituèrent le Comité des chefs d'état-major combinés, d'inestimables avantages en découlèrent pour tous. Jamais rien de tel ne s'était fait entre alliés auparavant.

Je n'irai pas jusqu'à dire qu'aucune divergence n'apparut jamais, même entre nous, mais une sorte d'entente tacite se développa entre les chefs d'état-major britanniques et moi-même, aux termes de laquelle nous essaierions de nous persuader mutuellement plutôt que d'imposer nos points de vue. Cela était évidemment facilité par le fait que nous parlions le même langage technique, et avions en commun une grande connaissance de la doctrine militaire et une longue expérience de la guerre. Sur cette scène toujours changeante, nous progressions de concert, tandis que le Cabinet de guerre nous couvrait avec une discrétion croissante et nous soutenait avec une infatigable constance. À la différence de ce qui s'était passé lors de la guerre précédente, aucun fossé ne se creusa entre les politiciens et les soldats, entre les « *Frocks* » et les « *Brass Hats* »[1], expressions odieuses qui avaient troublé l'atmosphère de maints conseils. Nous nous rapprochâmes vraiment beaucoup, et des amitiés se nouèrent auxquelles, je crois, on devait attacher un grand prix par la suite.

L'efficacité d'une administration de guerre dépend essentiellement de l'exécution rigoureuse, fidèle et ponctuelle des décisions émanant de la plus haute autorité. Nous y parvînmes en Grande-Bretagne pendant cette période de crise, grâce à la fidélité indéfectible, à la compréhension et à la détermination absolue du Cabinet de guerre à atteindre les buts essentiels que nous nous étions assignés. Suivant les ordres donnés, les navires, les troupes et les avions se déplaçaient et les usines tournaient. Grâce à tout cela et à la confiance, à l'indulgence et à la loyauté qui me soutenaient, je fus rapidement à même d'imprimer une direction précise à la guerre dans presque tous ses aspects. C'était vraiment nécessaire, car les épreuves que nous traversions étaient terribles. La méthode fut acceptée, car chacun mesurait combien nous étions proches de la mort et de la ruine. Cette mort ne menaçait pas seulement l'individu, pour qui elle est inéluctable, mais aussi quelque chose d'incomparablement plus éminent, à savoir l'exis-

---

[1]. Les « redingotes » et les « casques de cuivre », en d'autres termes les responsables civils et les officiers d'état-major.

tence même de la Grande-Bretagne, de sa mission et de sa gloire.

*
* *

Toute description des méthodes de gouvernement instituées sous ce régime de coalition nationale serait incomplète s'il n'était fait mention des messages personnels que j'ai adressés au président des États-Unis, aux chefs d'État de certains pays étrangers et aux gouvernements des Dominions. Il me faut décrire cette correspondance. Ayant obtenu du cabinet toute décision politique requise, je composai et dictai personnellement ces documents, en grande partie dans l'esprit d'une correspondance intime et officieuse, échangée entre amis et compagnons de travail. On exprime généralement mieux ses pensées en rédigeant soi-même, et ce n'est qu'à l'occasion que je donnais préalablement lecture de mon texte au Cabinet. Connaissant les points de vue de ses membres, j'usais de la facilité et de la liberté nécessaires à l'accomplissement de mon travail. J'agissais évidemment en étroite concertation avec le ministre des Affaires étrangères et ses services, et toutes les divergences d'opinions étaient réglées entre nous. Je communiquais le texte de ces télégrammes, parfois après les avoir envoyés, aux principaux membres du Cabinet de guerre, ainsi qu'au ministre des Dominions lorsque l'affaire le concernait. Naturellement, avant d'expédier ces messages, je faisais vérifier les assertions et les faits par les services compétents, et presque tous les messages traitant de sujets militaires étaient communiqués aux chefs d'état-major par l'intermédiaire d'Ismay. Cette correspondance n'allait nullement à l'encontre des échanges officiels ou du travail des ambassadeurs, mais elle devint, en pratique, un moyen de traiter bien des affaires essentielles, et elle joua dans ma façon de conduire la guerre un rôle non moins important – et parfois même plus important – que mes devoirs de ministre de la Défense.

Le très petit nombre de personnalités d'élite qui avait toute latitude pour s'exprimer était presque toujours satisfait de l'avant-projet des messages, et m'accordait une confiance grandissante. Ainsi, des différends avec les autorités américaines qui paraissaient insurmontables à un échelon inférieur furent souvent réglés en quelques heures grâce à un contact direct au niveau supérieur. Avec le temps, en fait, l'efficacité de ces transactions au sommet devint si évidente que je dus prendre garde de ne pas les laisser devenir la façon ordinaire de traiter les affaires courantes des ministères. Il me fallut rejeter bien des fois les requêtes de mes collègues tendant à ce que je m'adresse personnellement au Président pour régler d'importantes questions de détail. Si de telles affaires s'étaient abusivement introduites dans notre correspondance directe, elles auraient très rapidement mis fin à son caractère personnel, et donc à son efficacité.

Mes rapports avec le Président devinrent progressivement si étroits que les principales affaires intéressant nos deux pays furent pratiquement traitées par la voie de ces échanges personnels entre lui et moi. C'est ainsi que nous parvînmes à une parfaite compréhension. Chef de l'État et chef du gouvernement, Roosevelt avait l'autorité nécessaire pour parler et agir dans tous les domaines. De mon côté, ayant le Cabinet de guerre avec moi, j'étais pratiquement aussi habilité à représenter la Grande-Bretagne. Le temps gagné et la réduction du nombre des personnes informées constituaient deux avantages inestimables. J'envoyais mes câbles à l'ambassade des États-Unis à Londres, qui était en liaison directe avec le Président à la Maison-Blanche grâce à des téléscripteurs munis d'encodeurs. Le décalage horaire contribuait également à la rapidité des réponses et du règlement des affaires. C'est ainsi que tout message que je préparais dans la soirée, dans la nuit ou même à deux heures du matin était remis au Président avant qu'il aille se coucher, et très souvent, je trouvais sa réponse à mon réveil le lendemain matin. J'ai envoyé au Président neuf cent cinquante messages en tout, et reçu à peu près huit cents réponses. Je sentais que j'étais en rapport avec un très grand homme et avec un ami au cœur généreux, qui était le premier champion des nobles causes que nous servions.

*
* *

Le lundi 13 mai 1940, je demandai à la Chambre des communes, convoquée en réunion extraordinaire, un vote de confiance à l'égard du nouveau gouvernement. Ayant annoncé les nominations effectuées jusque-là aux différents ministères, je déclarai ensuite : « *Je n'ai rien d'autre à offrir que du sang, du labeur, des larmes et de la sueur.* » Durant toute notre longue histoire, jamais Premier ministre n'avait pu présenter au Parlement et à la nation un programme aussi bref et aussi populaire. Je conclus par ces mots :

> « Vous me demandez : "Quelle est votre politique ?" Je répondrai : Faire la guerre, sur mer, sur terre et dans les airs, avec toute la puissance et toute la force qu'il plaira à Dieu de nous donner ; faire la guerre contre une monstrueuse tyrannie, sans égale dans le sinistre et lamentable catalogue du crime humain. Voilà notre politique. Vous demandez ce qu'est notre but ? Je vous réponds d'un mot : la victoire, la victoire à tout prix, la victoire en dépit de toute terreur, aussi long et pénible que puisse en être le chemin ; car sans victoire, il n'est point de salut. Prenez-en conscience : point de salut pour l'Empire britannique, point de salut pour tout ce qu'il a représenté, point de salut pour l'élan et l'impulsion qui, à travers les âges, ont poussé l'humanité vers le progrès. Mais c'est plein d'espoir et d'enthousiasme que j'aborde ma tâche, car je suis certain que les hommes ne supporteront pas de voir échouer notre cause. En cet instant, je me sens en droit de réclamer l'aide de tous, et je vous dis : "Allons, réunissons nos forces et avançons tous ensemble." »

Sur ces questions simples et essentielles, le vote de la Chambre fut unanime, après quoi elle ajourna ses débats au 21 mai. C'est donc ainsi que nous nous attelâmes tous à notre tâche commune. Jamais un Premier ministre anglais n'avait reçu de ses collègues du Cabinet l'aide loyale et sincère que m'apportèrent pendant les cinq années suivantes ces hommes venus de tous les partis de l'État. Le Parlement, tout en conservant son droit de critique libre et active, apporta un soutien constant et massif à toutes les mesures proposées par le gouvernement, et la nation demeura plus unie et plus ardente qu'elle ne l'avait jamais été. En vérité, il était bon qu'il en fût ainsi, car les événements qui allaient fondre sur nous étaient plus terribles encore qu'aucun ne l'avait prévu.

Chapitre II

LA BATAILLE DE FRANCE

Au début de la guerre, en septembre 1939, l'essentiel des forces de la *Wehrmacht* et de la *Luftwaffe* avait été concentré en vue de l'invasion et de la conquête de la Pologne. Sur tout le front occidental, depuis Aix-la-Chapelle jusqu'à la frontière suisse, il y avait 42 divisions allemandes sans blindés. Après sa mobilisation, la France pouvait leur opposer l'équivalent de 70 divisions. Pour des raisons que j'ai exposées, il n'avait pas été jugé possible d'attaquer les Allemands à ce moment. La situation était très différente au 10 mai 1940 ; l'ennemi, profitant des huit mois de répit et de la destruction de la Pologne, avait armé, équipé et entraîné près de 155 divisions, dont dix étaient blindées [*Panzerdivisionen*]. L'accord d'Hitler avec Staline lui avait permis de réduire à leur plus simple expression les forces allemandes stationnées à l'Est. Selon le général Halder, chef d'état-major de l'armée allemande, il n'existait face à la Russie « rien de plus qu'une force de couverture, à peine suffisante pour percevoir les droits de douane ». Sans se douter de ce que l'avenir lui réservait, le gouvernement soviétique observait à l'Ouest la destruction de ce « deuxième front » qu'il devait bientôt réclamer avec tant de véhémence et attendre si longtemps avec tant d'angoisse. Hitler pouvait donc déclencher son attaque sur la France avec 126 divisions et la totalité de son immense armée cuirassée, forte de dix divisions de Panzer et comprenant près de 3 000 véhicules blindés, dont un millier au moins étaient des chars lourds.

Face à ce dispositif, dont nous ignorions naturellement la puissance et la répartition exactes, les Français alignaient l'équivalent total de 103 divisions, y compris les forces britanniques. Si les armées belge et hollandaise étaient amenées à prendre part au conflit, cela faisait 22 divisions belges et 10 divisions hollandaises supplémentaires. Comme ces deux pays furent attaqués d'emblée, l'ensemble des divisions alliées de tous types techniquement disponibles se montait ainsi à 135 le 10 mai, soit pratiquement l'équivalent de ce que possédait l'ennemi, comme nous le savons aujourd'hui. Convenablement organisée et équipée, bien entraînée et bien commandée, cette force aurait dû avoir de bonnes chances d'arrêter l'invasion, à en juger par les critères de la guerre précédente.

Mais les Allemands avaient toute latitude pour choisir le moment, la direction et la puissance de leur attaque. Plus de la moitié de l'armée française se trouvait dans les secteurs sud et est du pays, et les 51 divisions françaises et britanniques du groupe d'armées n° 1 commandé par le général Billotte, avec l'aide que pourraient fournir la Hollande et la Belgique, devaient affronter la ruée des plus de 70 divisions ennemies commandées par Bock et Rundstedt, entre Longwy et la mer. L'action combinée de blindés pratiquement invulnérables au canon antichar et de bombardiers en piqué, qui s'était avérée si efficace en Pologne sur une échelle plus réduite, allait de nouveau constituer le fer de lance de l'attaque principale, tandis qu'un groupe de cinq *Panzerdivisionen* et trois divisions d'infanterie motorisée, commandé par Kleist, était lancé à travers les Ardennes vers Sedan et Monthermé.

Pour contrer ces éléments de guerre modernes, les Français alignaient environ 2 300 chars, légers pour la plupart. Leurs formations blindées comptaient quelques modèles modernes et puissants, mais plus de la moitié était répartie en bataillons de chars légers, dispersés pour coopérer avec l'infanterie. Leurs six divisions blindées, qui auraient seules pu s'opposer à l'attaque massive des *Panzer*, étaient largement disséminées sur toute la longueur du front, et ne pouvaient être regroupées pour opérer de concert. La Grande-Bretagne, berceau du tank, venait à peine de former et d'entraîner sa première division blindée de 328 chars, qui était encore en Angleterre.

Les chasseurs allemands, désormais concentrés à l'Ouest, étaient très supérieurs aux appareils français, en nombre comme en qualité. Les forces aériennes britanniques en France comprenaient alors dix escadrilles de Hurricane prélevées sur la défense vitale du territoire, ainsi que 19 escadrilles d'autres modèles. Pas plus en France qu'en Grande-Bretagne, les responsables de l'aviation ne s'étaient équipés de ces bombardiers en piqué qui devaient dominer le champ de bataille tout comme en Pologne, et contribuer fortement à démoraliser l'infanterie française, notamment ses troupes de couleur.

*
* *

Au cours de la nuit du 9 au 10 mai, précédées de vastes attaques aériennes contre les terrains d'aviation, les voies de communication, les postes de commandement et les entrepôts, toutes les forces allemandes s'élancèrent vers la France en franchissant les frontières de la Belgique, de la Hollande et du Luxembourg. La surprise tactique fut totale dans presque tous les cas. On vit surgir brusquement de l'ombre d'innombrables détachements de troupes d'assaut, ardentes et bien armées, souvent accompagnées d'artillerie légère, et bien avant le lever du jour, plus de 240 kilomètres de front s'étaient embrasés. La Hollande[1] et la Belgique, attaquées sans aucun prétexte ni avertissement, appelaient au secours. Les Hollandais avaient mis toute leur confiance dans l'inondation du pays. Toutes les écluses qui n'avaient pas été saisies ou livrées par trahison furent ouvertes, et les gardes-frontières hollandais ouvrirent le feu sur l'envahisseur.

---

1. Churchill emploie couramment « Hollande » pour « Pays-Bas ».

Lorsqu'il m'avait rendu visite en 1937, M. Colijn, Premier ministre des Pays-Bas, m'avait expliqué la merveilleuse efficacité du système d'inondation de son pays. Il pouvait, me dit-il, sur un simple coup de téléphone donné de ma salle à manger de Chartwell, faire appuyer sur un bouton qui opposerait à l'envahisseur un mur d'eau infranchissable. Mais tout cela était absurde. Le pouvoir d'un grand État sur une petite nation est écrasant dans les conditions de la guerre moderne. Les Allemands percèrent partout, jetant des ponts sur les canaux ou s'emparant des écluses et du système de contrôle des eaux. En une seule journée, toute la première ligne de résistance hollandaise fut enlevée. Dans le même temps, la *Luftwaffe* se mit à employer sa puissance contre un pays sans défense ; Rotterdam fut réduite à l'état de ruines fumantes ; La Haye, Utrecht et Amsterdam furent menacées du même sort. Les Hollandais avaient espéré que l'aile droite allemande se bornerait à longer leur pays, comme lors de la dernière guerre. Vain espoir…

Dans la journée du 14, les mauvaises nouvelles commencèrent à affluer. Au début, tout était vague. À 19 heures, je lus au Cabinet un message reçu de M. Reynaud, déclarant que les Allemands avaient percé à Sedan, et que les Français étaient incapables de résister à l'action combinée des chars et des bombardiers en piqué ; il demandait dix nouvelles escadrilles de chasseurs pour rétablir le front. D'autres messages reçus par les chefs d'état-major donnaient des informations similaires, ajoutant que les généraux Gamelin et Georges jugeaient la situation alarmante, et que le général Gamelin était surpris par la rapidité de l'avance ennemie. Dans presque tous les secteurs où les armées étaient entrées en contact, l'intensité et l'impétuosité des attaques allemandes l'emportaient. Toutes les escadrilles anglaises étaient constamment en action, leur effort principal étant dirigé contre les ponts de bateaux du secteur de Sedan. Plusieurs de ces ponts furent détruits et d'autres endommagés par des attaques hardies, mais désespérées.

Ces destructions de ponts à faible altitude entraînaient des pertes cruelles du fait de l'artillerie antiaérienne allemande ; il y eut un cas où un seul appareil revint – mission accomplie. En cette seule journée, du 14 mai, nous perdîmes 67 appareils et, ayant surtout à faire à la DCA ennemie, nous n'abattîmes que 53 avions allemands. Cette nuit-là, sur 474 appareils de la RAF stationnés en territoire français, il n'en restait plus que 206 en service.

Ces renseignements détaillés ne nous parvenaient que progressivement, mais il était déjà clair que la poursuite des combats sur une telle échelle entraînerait bientôt la destruction complète de l'aviation anglaise, en dépit de sa suprématie individuelle. Une grave question s'imposait désormais à nous : combien d'appareils pouvions-nous envoyer de Grande-Bretagne sans courir le risque de nous retrouver sans défense et de perdre ainsi le moyen de poursuivre la guerre ? Notre penchant personnel et de nombreux arguments militaires très sérieux nous portaient à répondre aux appels incessants et véhéments des Français. D'un autre côté, il y avait une limite, et le fait de la dépasser nous coûterait la vie.

À l'époque, toutes ces questions étaient débattues par le Cabinet de guerre au complet, qui se réunissait plusieurs fois par jour. Le maréchal de l'air Dowding, qui était à la tête de l'aviation de chasse métropolitaine, m'avait déclaré qu'avec 25 escadrilles de chasse, il pourrait défendre notre île contre toute la puissance de la *Luftwaffe*, mais qu'avec moins, il serait terrassé. Une défaite aurait entraîné non seulement la destruction de tous nos terrains d'aviation et de notre puissance aérienne, mais aussi celle de nos usines d'aviation, dont dépendait tout notre avenir. Mes collègues et moi étions donc résolus à prendre tous les risques imposés par la bataille en cours jusqu'à cette limite – et ces risques étaient très grands –, mais non au-delà, quelles que pussent en être les conséquences.

Le 15 mai, vers 7 heures et demie du matin, on me réveilla pour m'avertir que M. Reynaud me demandait au téléphone. L'appareil était sur ma table de chevet. M. Reynaud s'exprimait en anglais, et il était manifestement sous le choc. « Nous avons été battus. » Comme je ne répondais pas immédiatement, il répéta : « Nous sommes battus ; nous avons perdu la bataille. » Je dis : « Cela n'a certainement pas pu arriver si vite. » Mais il répliqua : « Le front est percé près de Sedan ; ils affluent en masse avec des chars et des véhicules blindés » – ou quelque chose comme cela. Je déclarai alors : « Toute l'expérience montre que l'offensive s'arrêtera d'elle-même après un certain temps. Je me souviens du 21 mars 1918. Au bout de cinq ou six jours, ils sont obligés de s'arrêter pour attendre le ravitaillement, et c'est alors le moment de la contre-attaque. J'ai appris tout cela dans le temps, de la bouche même du maréchal Foch. »

Assurément, c'était bien cela que nous avions toujours vu dans le passé, et c'était ce que nous aurions dû voir à présent. Néanmoins, le président du Conseil français revint à la phrase par laquelle il avait commencé, et qui, certes, ne se révéla que trop fondée : « *Nous sommes battus, nous avons perdu la bataille.* » Je lui dis alors que j'étais prêt à aller m'entretenir avec lui.

Une brèche d'environ 80 kilomètres avait effectivement été ouverte dans la ligne française, par laquelle s'engouffrait l'énorme masse des blindés ennemis, et la 9e Armée française était dans un état de complète désagrégation. Au soir du 15 mai, des véhicules blindés allemands étaient signalés à 96 kilomètres du front initial. Ce même jour, la lutte prit fin en Hollande ; le haut commandement hollandais ayant capitulé à 11 heures, seules quelques rares troupes hollandaises purent être évacuées.

Ce tableau donnait évidemment une impression générale de défaite. Mais j'avais vu bon nombre d'événements semblables au cours de la guerre précédente, et l'idée d'une rupture du front, même sur une grande largeur, n'évoquait pas dans mon esprit les déplorables conséquences qui étaient en train d'en découler. N'ayant pas eu accès aux informations officielles depuis tant d'années, je ne me rendais pas compte de la violence de la révolution produite depuis la dernière guerre par l'incursion d'une masse rapide de blindés lourds. J'en avais entendu parler, mais mes convictions intimes n'en avaient pas été modifiées comme elles auraient dû l'être. Je n'aurais d'ailleurs rien pu faire, même si elles l'avaient été. J'appelai le général Georges, qui me semblait calme, impassible, et qui m'annonça que la brèche de Sedan était en train d'être colmatée. Un télégramme du général Gamelin rapportait également qu'en dépit du sérieux de la situation entre Namur et Sedan, il considérait les événements avec calme. À 11 heures, je communiquai le message de M. Reynaud et les autres nouvelles au Cabinet.

Le 16, toutefois, nous reçûmes confirmation d'une percée allemande de plus de 95 kilomètres depuis la frontière près de Sedan. Malgré la rareté des détails disponibles même au *War Office* et l'impossibilité de se faire une idée précise de ce qui se passait, la gravité de la crise était manifeste. Il me parut impératif d'aller à Paris l'après-midi même.

*
* *

Vers 15 heures, j'embarquai dans un « Flamingo », avion de ligne officiel dont nous possédions trois exemplaires. Le général Dill, vice-chef d'état-major impérial, m'accompagnait, ainsi qu'Ismay.

C'était un bon appareil, très confortable, qui volait à quelque 255 kilomètres à l'heure. Comme il n'était pas armé, on nous adjoignit une escorte, mais un nuage de pluie nous absorba bientôt et nous atteignîmes Le Bourget en un peu plus d'une heure. Dès que nous eûmes débarqué du « Flamingo », il devint évident que la situation était beaucoup plus grave que nous ne l'avions imaginé.

Les officiers venus à notre rencontre déclarèrent au général Ismay que les Allemands étaient attendus à Paris dans quelques jours au plus. Après avoir été mis au courant de la situation à l'ambassade, je me fis conduire au Quai d'Orsay, où j'arrivai à 17 h 30. On m'introduisit dans un de ses beaux salons. Reynaud s'y trouvait avec Daladier, ministre de la Défense nationale et de la Guerre, et le général Gamelin. Tout le monde était debout. À aucun moment nous ne nous assîmes autour d'une table. Tous les visages reflétaient l'abattement le plus complet. Devant Gamelin, sur un pupitre, se trouvait une carte d'environ deux mètres de côté, avec une ligne à l'encre noire destinée à représenter le tracé du front allié. Sur cette ligne, on avait tracé à la hauteur de Sedan un saillant réduit mais menaçant.

Le commandant en chef expliqua brièvement ce qui s'était produit. Au nord et au sud de Sedan, sur un front de 80 à 95 kilomètres, les Allemands avaient effectué une percée. L'armée française qui leur faisait face était détruite ou dispersée. Un flot de véhicules blindés avançait à une vitesse inouïe sur Amiens et Arras, avec l'intention apparente d'atteindre la mer à Abbeville ou dans ses environs ; mais ils pouvaient tout aussi bien se diriger vers Paris. Derrière les blindés, dit-il, huit ou dix divisions entièrement motorisées avançaient avec leurs propres flancs-gardes, entre les deux armées françaises disjointes et désorganisées. Le général parla pendant cinq minutes peut-être sans que personne ne dît un mot. Quand il s'arrêta, un très long silence se fit. Je demandai alors : « Où est la réserve stratégique ? » ; et passant au français, que j'employais indifféremment (à tous les sens du terme) : « Où est la masse de manœuvre ? » Le général Gamelin se tourna vers moi et, avec un hochement de tête et un haussement d'épaules, il répondit : « Aucune. »

Il y eut à nouveau un silence prolongé. Dehors, dans les jardins du Quai d'Orsay, des nuages de fumée s'élevaient de grands feux de joie, et je voyais par la fenêtre de vénérables fonctionnaires qui poussaient vers eux des brouettes d'archives. Ainsi, on préparait déjà l'évacuation de Paris.

L'expérience du passé, avec tous ses avantages, présente aussi l'inconvénient que les choses ne se passent jamais deux fois de la même façon. Je suppose qu'autrement, la vie serait trop facile. Après tout, nous avions souvent eu nos lignes enfoncées ; à chaque fois, nous étions parvenus à resserrer les rangs et à briser l'élan de l'assaillant. Mais il y avait ici deux facteurs nouveaux que je n'aurais jamais pensé devoir rencontrer : premièrement, l'incursion irrésistible de véhicules blindés, qui submergeait l'ensemble des lignes de communications et des campagnes ; deuxièmement, PAS DE RÉSERVE STRATÉGIQUE. « Aucune. » J'étais abasourdi. Que devions-nous penser de la grande armée française et de ses chefs suprêmes ? Il ne m'était jamais venu à l'esprit que des commandants chargés de défendre 800 kilomètres d'un front aussi exposé, pourraient ne pas se conserver une masse de manœuvre. Personne ne peut défendre à coup sûr un front aussi étendu ; mais lorsque l'ennemi s'est lancé dans une grande offensive qui perce le front, on peut toujours avoir – on *doit* toujours avoir – une masse de divisions pour mener une vigoureuse contre-attaque, au moment où l'élan initial de l'offensive s'est épuisé.

À quoi servait la ligne Maginot ? Elle aurait dû permettre d'économiser des troupes sur un vaste secteur de la frontière, non seulement en offrant de nombreuses poternes pour des contre-attaques locales, mais aussi en donnant la possibilité de garder en réserve des forces importantes. C'est d'ailleurs le seul moyen de s'y prendre. Mais voilà qu'à présent, il n'y avait pas de réserve. J'avoue que ce fut l'une des plus grandes surprises de mon existence. Pourquoi n'en avais-je pas su davantage, même si j'avais été si occupé à l'Amirauté ? Pourquoi le gouvernement anglais, et surtout le ministère de la Guerre, n'en avaient-ils pas su davantage ? Ce n'était pas une excuse que le haut commandement français n'ait pas voulu nous faire part de son dispositif, pas plus qu'à lord Gort, sinon d'une façon vague. Nous avions le droit de savoir. Nous aurions dû insister. Les deux armées se battaient côte à côte sur le front. Je retournai à la fenêtre et aux volutes de fumée des feux où brûlaient les documents d'État de la République française. Les vieux messieurs très dignes poussaient toujours leurs brouettes et en jetaient consciencieusement le contenu dans les flammes.

Le général Gamelin reprit bientôt la parole. La question était de savoir si des troupes devaient être immédiatement rassemblées pour attaquer les flancs de la pénétration ennemie, du « saillant », comme nous devions appeler plus tard ce genre de choses[1]. Huit ou neuf divisions étaient en train d'être retirées des secteurs calmes du front, de la ligne Maginot ; deux ou trois divisions blindées n'avaient pas encore été engagées ; en outre, huit ou neuf divisions supplémentaires, rappelées d'Afrique, devaient rejoindre la zone de combats dans quinze jours ou trois semaines. Les Allemands allaient avancer désormais le long d'un couloir entre deux fronts, ce qui permettrait d'utiliser les méthodes de la guerre de 1914-1918. Peut-être les Allemands ne parviendraient-ils pas à maintenir ce couloir, car il leur faudrait établir deux flancs-gardes de plus en plus étendus, tout en nourrissant l'avance de leurs blindés. Le général Gamelin paraissait dire quelque chose de ce genre, et tout cela était très sensé. Pourtant, je sentais bien que ses propos n'emportaient pas la conviction dans cette assemblée restreinte, mais jusqu'alors influente et responsable. Sur ce, je demandai au général où et quand il comptait attaquer les flancs du saillant. Sa réponse fut : « Infériorité numérique, infériorité d'équipement, infériorité de méthode » – suivie d'un haussement d'épaules découragé. Il n'y eut pas de discussion ; il n'y avait d'ailleurs rien à discuter. Et nous autres, les Anglais, où en étions-nous avec notre minuscule contribution : dix divisions après huit mois de guerre, et pas même une seule division blindée moderne en ligne ?

---

1. En anglais, « *the bulge* ». À la fin de 1944, par exemple, la bataille des Ardennes sera connue sous le nom de « *Battle of the Bulge* ».

Le général Gamelin, comme tout le haut commandement français du reste, ne cessait de souligner l'infériorité des Français en matière de forces aériennes, et il réclamait avec instance de nouvelles escadrilles de la *Royal Air Force*, des bombardiers et surtout des chasseurs. Cette demande d'un soutien de chasseurs devait se répéter à chaque rencontre ultérieure, jusqu'à la chute de la France. Dans son appel, le général Gamelin avait déclaré que des chasseurs étaient nécessaires non seulement pour protéger l'armée française, mais aussi pour arrêter les chars allemands. Je répondis à cela : « Non. C'est l'affaire de l'artillerie que d'arrêter les chars. Le rôle des chasseurs est de nettoyer le ciel au-dessus de la bataille[1]. » Il était vital pour nous que l'aviation de chasse métropolitaine ne fût retirée de Grande-Bretagne sous aucun prétexte ; notre existence même en dépendait. Pourtant, il s'agissait de trancher dans le vif. Au matin précédant mon départ, le Cabinet m'avait accordé la possibilité de faire passer en France quatre nouvelles escadrilles de chasse. De retour à l'ambassade et après avoir consulté Dill, je décidai de demander l'autorisation d'en envoyer six de plus. Cela ne nous laisserait dans l'île que les 25 escadrilles de chasse qui représentaient l'ultime limite de sûreté. C'était un cruel dilemme. Je dis au général Ismay de téléphoner à Londres pour prier les membres du Cabinet de se réunir immédiatement, afin de prendre connaissance d'un télégramme urgent qui leur serait adressé dans une heure environ.

La réponse arriva vers 22 h 30. Le Cabinet disait « Oui ». Je montai immédiatement en voiture avec Ismay pour aller

---

1. Ses paroles exactes étaient dans un français plus churchillien : « Mong général, on ne peut pas arrêter les chars avec des avions de chasse. Il faut des canons – Poof ! Mais si vous voulez nettoyer le ciel, je demanderai de mon cabinet ! »

à l'appartement de M. Reynaud. Tout y était presque éteint. Au bout d'un certain temps, M. Reynaud sortit de sa chambre à coucher en robe de chambre, et je lui fis part de la bonne nouvelle : dix escadrilles de chasseurs ! Après quoi je le persuadai d'envoyer quérir M. Daladier, qui fut effectivement convoqué et conduit à l'appartement, afin d'y entendre la décision du Cabinet britannique. J'espérais ainsi remonter le moral de nos amis français, pour autant que nos moyens limités le permettaient. Daladier ne dit pas un mot ; il se leva lentement de sa chaise et me serra vigoureusement la main. Je retournai à l'ambassade vers 2 heures du matin et je dormis tranquillement, bien que les tirs de DCA contre des raids aériens mineurs m'aient fait me retourner de temps à autre. Au matin, je pris l'avion pour rentrer et, en dépit de mes autres préoccupations, je passai sans délai à la seconde phase de la constitution du nouveau gouvernement.

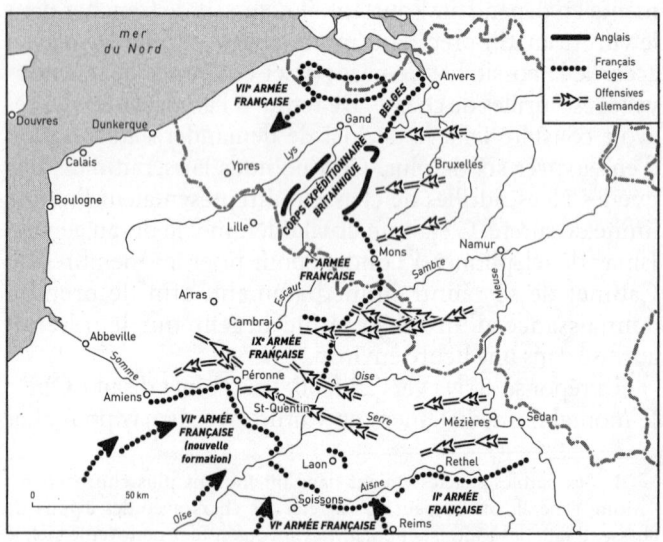

La situation le soir du 18 mai

Lorsque le Cabinet de guerre se réunit à 10 heures au matin du 17 mai, je lui fis un compte rendu de ma visite à Paris et de la situation telle qu'elle m'était apparue.

Je dis que j'avais déclaré aux Français qu'à moins d'un suprême effort de leur part, nous n'étions pas en droit de prendre le sérieux risque que représentait pour la sécurité de notre pays l'envoi en France des escadrilles de chasse supplémentaires. Il m'apparut que la question des renforts aériens était l'une des plus graves auxquelles un Cabinet anglais s'était jamais trouvé confronté. On prétendait que les pertes aériennes de l'Allemagne avaient été quatre ou cinq fois supérieures aux nôtres, mais j'avais appris que les Français n'avaient plus que le quart de leur aviation de chasse. Ce jour-là, Gamelin jugea la partie « perdue », et il aurait déclaré : « *Je ne garantis la sécurité de Paris que pour aujourd'hui, demain* [le 18] *et la nuit suivante.* » La bataille prenait d'heure en heure une tournure plus critique. Ce même après-midi, les Allemands entrèrent à Bruxelles. Le lendemain, ils atteignirent Cambrai, dépassèrent Saint-Quentin et chassèrent nos petits détachements de Péronne. Les armées belge, britannique et française concernées poursuivaient simultanément leur repli vers l'Escaut.

Dans la nuit du 18 au 19 mai, à minuit, lord Gort reçut à son quartier général la visite du général Billotte. Ni la personnalité ni les projets de ce général n'inspiraient confiance à ses alliés. Dès ce moment, le commandant en chef britannique se mit à envisager l'éventualité d'une retraite en direction de la côte. Dans sa dépêche publiée en mars 1941, il écrivit : « Le tableau n'était plus à présent [dans la nuit du 19] celui d'un fléchissement ou d'une rupture temporaire du front, mais celui d'une forteresse assiégée. »

*
* *

M. Reynaud procéda alors à des remaniements de grande ampleur au sein du Cabinet français et du haut commandement. Le 18 mai, le maréchal Pétain fut nommé vice-président du Conseil. Reynaud, faisant passer Daladier aux Affaires étrangères, prit lui-même le ministère de la Défense nationale et de la Guerre. Le 19 mai, à 19 heures, il désigna Weygand, à peine arrivé du Levant, pour remplacer le général Gamelin. J'avais fait la connaissance de Weygand lorsqu'il était le bras droit du maréchal Foch, et j'avais admiré son intervention magistrale dans la bataille de Varsovie, lors de l'invasion bolchevique de la Pologne en août 1920 – un événement décisif pour l'Europe à cette époque. Il avait maintenant soixante-treize ans, mais on le disait extrêmement actif et vigoureux. Dans son dernier ordre du jour (n° 12) daté du 19 mai à 9 h 45 du matin, le général Gamelin ordonna aux armées du Nord de ne pas se laisser encercler et de se frayer à tout prix un passage vers le sud et la Somme, en attaquant les divisions blindées qui avaient coupé leurs communications. Dans le même temps, la 2e armée et la 6e, qui était en train de se constituer, devaient attaquer en direction du nord vers Mézières. Ces décisions étaient judicieuses. En fait, c'est au moins quatre jours plus tôt qu'il eût fallu ordonner la retraite générale des armées du Nord vers le sud. Dès qu'apparut la gravité de la percée effectuée au centre de l'armée française à Sedan, le seul espoir pour les armées du Nord était de marcher immédiatement vers la Somme. Mais au lieu de cela, les armées commandées par le général Billotte n'avaient procédé qu'à des décrochages partiels et progressifs vers l'Escaut, tout en formant un front défensif sur leur aile droite. À ce stade, il aurait encore été possible de faire retraite vers le sud.

La confusion qui régnait dans le commandement des armées du Nord, la paralysie apparente de la 1re armée française et l'incertitude quant au déroulement des opérations avaient provoqué au Cabinet de guerre une inquiétude extrême. Si le calme et la retenue présidaient à toutes nos séances, l'unanimité résolue de nos décisions dissimulait une tension muette. Le 19 mai à 16 h 30, nous fûmes informés que lord Gort « étudiait la possibilité d'une retraite éventuelle en direction de Dunkerque, si cela lui était imposé ». Le chef de l'état-major impérial [Ironside] ne pouvait accepter un tel plan car, comme la plupart d'entre nous, il était partisan de la marche vers le sud. Nous l'envoyâmes donc porter à lord Gort l'ordre de diriger l'armée britannique vers le sud-ouest, en se frayant un passage à travers tous les obstacles, afin d'effectuer au sud sa jonction avec les Français. Les Belges devaient être invités de façon pressante à accompagner ce mouvement, l'autre solution étant que nous fassions évacuer le plus grand nombre possible de leurs troupes par les ports de la Manche. Ironside avait mission de dire à Gort que nous informerions nous-mêmes le gouvernement français des décisions qui avaient été prises. Au cours de la même réunion, le Cabinet envoya Dill au QG du général Georges, avec lequel nous étions reliés par une ligne directe. Il devait y rester quatre jours et nous communiquer tout ce qu'il apprendrait. Même avec lord Gort, nos liaisons étaient intermittentes et difficiles, mais nous savions qu'il n'avait plus que quatre jours de vivres et de munitions, de quoi livrer une seule bataille.

À la réunion du Cabinet de guerre le 20 mai au matin, la discussion porta de nouveau sur la situation de notre armée. Même en admettant le succès d'un combat de retraite vers la Somme, je pensais que des effectifs considérables seraient probablement cernés ou rejetés à la mer. Le procès-verbal de la réunion indique que :

> « le Premier ministre estime que par mesure de précaution, l'Amirauté devrait rassembler un grand nombre de petits bâtiments, prêts à rallier les ports et les criques de la côte française ».

L'Amirauté réagit instantanément, avec une énergie croissante à mesure que les jours passaient et s'assombrissaient. Le contrôle opérationnel avait été dévolu le 19 mai à l'amiral Ramsay, commandant naval de la marine à

Douvres. Dans l'après-midi du 20 mai, en réponse aux ordres émanant de Londres, toutes les personnes intéressées, y compris les représentants du ministère de la Marine marchande, tinrent leur première conférence à Douvres pour étudier « l'évacuation d'urgence, à travers la Manche, de forces très importantes ». On prévoyait en cas de nécessité une évacuation par Calais, Boulogne et Dunkerque, à raison de 10 000 hommes pour chaque port toutes les 24 heures. De Harwich jusqu'à Weymouth, des officiers de la marine marchande furent chargés d'établir la liste de tous les bâtiments utilisables jaugeant jusqu'à mille tonneaux, et l'on dressa un inventaire complet de tous les navires mouillés dans les ports anglais. Ces plans en vue de ce que l'on appela l'« Opération Dynamo » devaient permettre de sauver l'armée dix jours plus tard.

*
* *

La direction de la poussée allemande se précisait désormais de plus en plus. Les véhicules blindés et les divisions motorisées fonçaient toujours à travers la brèche en direction d'Amiens et d'Arras, virant vers l'ouest le long de la Somme pour gagner la mer. Dans la nuit du 20, ils entrèrent à Abbeville, après avoir traversé et coupé toutes les lignes de communication des armées du Nord. Ces hideux et mortels coups de faux rencontrèrent une résistance faible ou nulle une fois le front rompu. Les blindés ennemis – ces *chars allemands*[1] si redoutés – parcouraient la campagne sans entraves et, soutenus et ravitaillés par des véhicules motorisés, progressaient à la vitesse de 50 à 65 kilomètres par jour. Ils avaient traversé des dizaines de villes et des centaines de villages sans rencontrer la moindre opposition, leurs officiers dressés dans les tourelles ouvertes et saluant les habitants avec désinvolture. Des témoins oculaires ont rapporté que des foules

---

1. En français dans le texte.

de prisonniers français marchaient à leurs côtés, beaucoup portant encore leurs fusils, qu'on recueillait de temps à autre pour les briser sous les tanks. J'étais révolté de voir qu'aucune tentative n'était faite pour accrocher les blindés allemands qui, avec quelques milliers de véhicules, étaient en train d'anéantir entièrement de puissantes armées, ainsi que de constater l'effondrement si rapide de toute la résistance française une fois percée la ligne du front. Toutes les colonnes allemandes avançaient le long des grands axes et semblaient trouver partout la voie libre.

La première initiative de Weygand fut d'aller s'entretenir avec les officiers supérieurs. Il était normal qu'il souhaitât se rendre compte par lui-même de la situation dans le Nord. Il faut être indulgent envers un général qui prend le commandement au beau milieu d'une bataille déjà à moitié perdue. Mais le temps pressait. Weygand n'aurait pas dû abandonner les leviers de commande encore en place pour aller s'exposer aux lenteurs et aux fatigues d'un déplacement personnel. Nous sommes fondés à relater en détail ce qui s'ensuivit. Au matin du 20 mai, Weygand, installé à la place de Gamelin, prit des dispositions pour rendre visite aux armées du Nord dans la journée du 21. Ayant appris que les Allemands avaient coupé les routes du Nord, il décida de prendre l'avion. Son appareil fut attaqué et contraint d'atterrir à Calais. L'heure fixée pour sa conférence à Ypres dut être reportée au 21 à 15 heures. Il y rencontra le roi Léopold de Belgique et le général Billotte. Lord Gort, qui n'avait été informé ni de l'heure ni du lieu, n'assistait pas à la conférence et il n'y avait sur place aucun autre officier britannique. Le roi devait considérer cette conférence comme « quatre heures de bavardages confus ». La discussion porta sur la coordination entre les trois armées, sur la mise en œuvre du plan Weygand et, en cas d'échec de ce plan, sur le repli des Anglais et des Français vers la Lys et des Belges vers l'Yser. À 19 heures, le général Weygand dut partir, et lord Gort n'arriva pas avant 20 heures, pour être informé par le général Billotte de ce qui s'était dit. Weygand repartit en automobile pour Calais, embarqua pour Dieppe à bord d'un sous-marin, et de là regagna Paris ; quant à Billotte, il reprit sa voiture pour aller affronter la crise, et il trouva la mort moins d'une heure plus tard dans une collision d'automobiles. Tout était à nouveau en suspens.

Le 21 mai, Ironside revint et rapporta qu'en recevant les instructions du Cabinet, lord Gort avait paru opposé à une marche vers le sud, qui impliquerait un combat d'arrière-garde sur l'Escaut en même temps qu'une attaque contre un secteur déjà fortement tenu par des formations mobiles de blindés ennemis. Pendant un tel mouvement, les deux flancs devraient être protégés, et il était probable que ni la 1re armée française ni les Belges ne se prêteraient à une telle manœuvre – au cas où elle serait tentée. Ironside ajouta que la confusion régnait au sein du haut commandement français des armées du Nord ; que le général Billotte n'avait pas rempli sa mission de coordination au cours des huit derniers jours, et qu'il semblait n'avoir aucun plan ; en revanche, le corps expéditionnaire britannique avait bon moral, et jusque-là, ses pertes au combat ne se montaient qu'à quelque 500 hommes. Il nous brossa un tableau suggestif de l'état des routes, encombrées de réfugiés et ravagées par le feu des avions allemands. Lui-même avait connu des moments difficiles.

Le Cabinet de guerre devait faire face à une alternative terrifiante : ou bien l'armée anglaise, avec ou sans la coopération franco-belge, tentait de se frayer à tout prix un passage vers le sud et la Somme, tâche que lord Gort doutait de pouvoir accomplir ; ou bien elle se repliait sur Dunkerque et tentait une évacuation par mer sous le feu de l'aviation ennemie, avec la certitude de perdre la totalité de son artillerie et de son matériel, alors si rares et si précieux. Évidemment, il fallait courir de gros risques pour essayer de mener à bien la première opération, mais il n'y avait aucune raison de négliger de prendre toutes les précautions et de faire tous les préparatifs possibles en vue d'une évacuation par mer en cas d'échec du plan Sud. Je proposai à mes collègues de me rendre en France pour y rencontrer Reynaud et Weygand, et parvenir à une décision. Dill viendrait m'y rejoindre depuis le QG du général Georges.

*
* *

Lorsque j'arrivai à Paris le 22 mai, le décor avait changé. Gamelin était parti ; Daladier avait disparu de la scène militaire. Reynaud était à la fois président du Conseil et ministre de la Guerre. Comme la poussée allemande s'était nettement orientée vers la mer, Paris n'était pas immédiatement menacé. Le grand quartier général se trouvait toujours à Vincennes, et M. Reynaud m'y conduisit vers midi. Dans le parc, quelques-unes des silhouettes que j'avais aperçues autour de Gamelin – dont un officier de cavalerie de très haute taille – faisaient mélancoliquement les cent pas. « *C'est l'ancien régime* », commenta l'aide de camp. Reynaud et moi-même fûmes introduits dans le cabinet de Weygand, puis dans la salle où se trouvaient les grandes cartes du haut commandement. Weygand vint à notre rencontre. Malgré les efforts physiques qu'il avait fournis et sa nuit de voyage, il était alerte, plein d'entrain et de mordant, et il fit une excellente impression sur tout le monde. Il exposa son plan de campagne. Une marche ou une retraite des armées du Nord vers le sud ne le satisfaisait pas. Partant des environs de Cambrai et d'Arras, ces armées devraient frapper vers le sud-est en direction générale de Saint-Quentin, prenant ainsi de flanc les divisions blindées allemandes actuellement engagées dans ce qu'il appelait « la poche de Saint-Quentin-Amiens ». Il estimait que la protection de leurs arrières serait assurée par l'armée belge qui les couvrirait à l'est, et au nord si nécessaire. Pendant ce temps, une nouvelle armée française sous le commandement du général Frère, composée de 18 à 20 divisions retirées d'Alsace, de la ligne Maginot, d'Afrique et d'ailleurs, formerait un front le long de la Somme. Son aile gauche pousserait vers Arras par Amiens, puis, en un suprême effort, elle opérerait sa jonction avec les armées du Nord. Une pression constante devait être exercée sur les blindés ennemis. « Il ne faut pas permettre aux divisions blindées de conserver l'initiative », dit Weygand. Tous les ordres nécessaires avaient été donnés – pour autant qu'il était encore possible d'en donner. C'est à ce moment qu'on nous informa que le général Billotte, à qui Weygand avait confié tout son plan, venait d'être tué dans un accident d'automobile. Dill et moi convînmes que nous ne pouvions ni ne voulions faire autrement qu'accepter ce plan. Je soulignai qu'« il était indispensable de rétablir les communications entre les armées du Nord et du Sud par la charnière d'Arras ». J'expliquai que, tout en se dirigeant vers le sud-ouest, lord Gort devait également sauvegarder son accès à la côte. Pour être sûr qu'il n'y aurait pas de malentendus au sujet de ce qui avait été décidé, je dictai moi-même un *résumé* des décisions et le montrai à Weygand, qui l'approuva. J'adressai un compte rendu au Cabinet et fis informer lord Gort.

On verra que le nouveau plan de Weygand n'était guère différent, sinon dans son ampleur, de l'ordre du jour n° 12 du général Gamelin, annulé par ce même Weygand. Ce plan n'allait pas non plus contre l'opinion catégorique exprimée le 19 par le Cabinet de guerre. Les armées du Nord devraient prendre l'offensive, pour se frayer un passage vers le sud, en écrasant si possible les incursions de blindés, tandis que le nouveau groupe d'armées françaises placé sous le commandement du général Frère les soutiendrait en poussant vigoureusement sur Amiens. Tout cela pouvait revêtir une très grande importance, à condition de se réaliser. Au cours d'un entretien privé, je me plaignis à M. Reynaud du fait que Gort n'eût reçu absolument aucun ordre pendant quatre jours consécutifs. Et même depuis que Weygand avait pris le commandement, on avait perdu trois jours en tergiversations. Les changements apportés

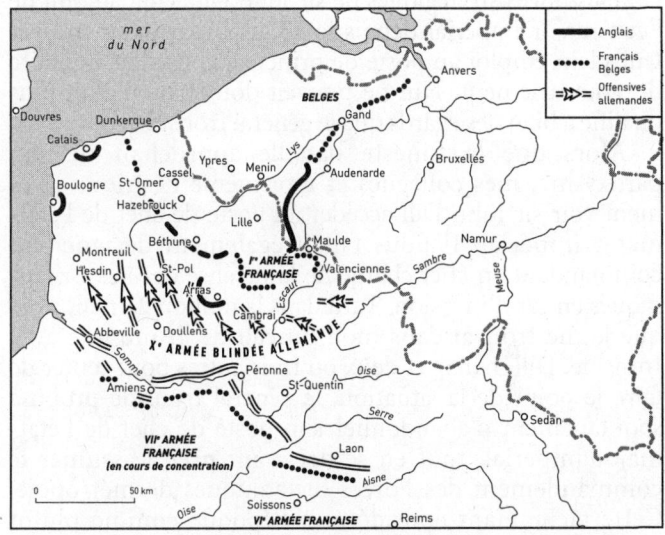

La situation le soir du 22 mai

dans le haut commandement étaient judicieux, mais les retards consécutifs à ces changements étaient calamiteux.

En l'absence de tout commandement suprême dans la conduite de la guerre, les événements et l'ennemi avaient pris le contrôle des opérations. Une petite bataille désespérée fut livrée par les Anglais autour d'Arras entre le 21 et le 23, mais les blindés ennemis, dont une partie se trouvait sous les ordres d'un certain général Rommel, étaient trop puissants. Jusqu'alors, le général Weygand avait compté sur l'avance de l'armée du général Frère vers le nord, en direction d'Amiens, d'Albert et de Péronne. Mais en fait, cette armée n'avait guère progressé : elle était toujours en cours de regroupement.

*
* *

Au sein du cabinet comme dans les hautes sphères militaires, l'opinion dominante était que les capacités et les connaissances stratégiques de sir John Dill, chef adjoint de l'état-major impérial depuis le 23 avril, devraient trouver leur plein emploi au poste de principal conseiller militaire du gouvernement. Nul ne pouvait douter qu'il était plus qualifié à bien des égards que le général Ironside.

Alors que la funeste bataille approchait de son paroxysme, mes collègues et moi-même désirions vivement voir sir John Dill accéder au poste de chef de l'état-major impérial. Il nous fallait également désigner un commandant en chef chargé de la défense des îles Britanniques en cas d'invasion. Tard dans la nuit du 25 mai, alors que je me trouvai dans mon bureau de l'Amirauté avec Ironside, Dill, Ismay et deux ou trois autres pour tenter de faire le point de la situation, le général Ironside proposa spontanément d'abandonner son poste de chef de l'état-major impérial, tout en se déclarant prêt à assumer le commandement des Forces britanniques de métropole. Cette tâche étant considérée à l'époque comme plutôt ingrate, c'était de la part du général Ironside une proposition courageuse et désintéressée. Je l'acceptai donc, et les hautes dignités comme les grands honneurs qui lui furent conférés par la suite découlèrent de l'admiration que m'inspira son attitude à ce stade de la guerre. Sir John Dill devint donc chef de l'état-major impérial le 27 mai. Dans l'ensemble, ces changements furent considérés comme appropriés pour le moment.

Chapitre III

LA MARCHE À LA MER

Nous pouvons maintenant récapituler le cours de cette mémorable bataille.

Hitler seul était prêt à violer la neutralité de la Belgique et de la Hollande. La Belgique refusant d'inviter les Alliés sur son sol tant qu'elle ne serait pas attaquée, l'initiative militaire reposait entre les mains d'Hitler ; le 10 mai, il frappa. Le premier groupe d'armées, avec les Anglais au centre, au lieu de rester derrière ses retranchements, se lança en Belgique conformément au « plan D » du général Gamelin. C'était une opération de secours vouée à l'échec, parce qu'elle arrivait trop tard. Les Français avaient laissé la trouée face aux Ardennes insuffisamment fortifiée et faiblement gardée. Une percée de chars d'une ampleur sans précédent dans aucune guerre brisa le centre des lignes françaises et, en l'espace de quarante-huit heures, menaça de couper toutes les armées du Nord de leurs communications avec le sud comme de l'accès à la mer. Le 14 mai au plus tard, le haut commandement français aurait dû donner à ces armées l'ordre formel d'opérer une retraite générale à toute vitesse, en acceptant non seulement les risques de cette manœuvre, mais aussi de lourdes pertes en *matériel*[1]. Le général Gamelin n'affronta pas la solution dans sa brutale réalité. Le commandant du groupe Nord, Billotte, était lui-même incapable de prendre sur lui les décisions

---

1. En français dans le texte.

qui s'imposaient. La confusion était générale dans les armées de l'aile gauche menacée.

Devant la supériorité de l'ennemi, ces armées reculèrent. Quand le mouvement tournant enveloppa leur aile droite, elles formèrent un flanc défensif. Si elles avaient amorcé un retrait dès le 14, elles auraient pu rejoindre leurs lignes de départ le 17, et auraient eu des chances de se désengager en combattant. Au moins trois journées fatidiques furent perdues. Dès le 17, le Cabinet de guerre britannique vit clairement que seule une offensive immédiate en direction du sud pouvait sauver son armée. Il était décidé à imposer sa façon de voir au gouvernement français et au général Gamelin, mais son propre commandant, lord Gort, doutait qu'il fût possible de se dégager des fronts de combat et, plus encore, d'effectuer une percée simultanément. Le 19, le général Gamelin fut relevé de son commandement et remplacé par Weygand. Son « instruction n° 12 » – le dernier ordre qu'il donna, mais cinq jours trop tard – était bonne dans son principe et rejoignait les conclusions générales du Cabinet de guerre et des chefs d'état-major britanniques. Les changements au sein du commandement suprême – ou de l'absence de commandement suprême – entraînèrent un retard supplémentaire de trois jours. Le plan résolu que proposa le général Weygand après avoir inspecté les armées du Nord ne fut jamais qu'un schéma théorique ; dans l'ensemble, c'était le plan Gamelin, que les nouveaux ajournements vouaient encore plus sûrement à l'échec. Face à ce cruel dilemme, nous acceptâmes le plan Weygand, et jusqu'au 25 mai, nous fîmes des efforts loyaux et persévérants, bien que désormais inefficaces. À ce moment, toutes les communications étant coupées, notre faible contre-attaque repoussée, Arras perdue, le front belge en train de céder et le roi Léopold sur le point de capituler, tout espoir de retraite vers le sud s'était évanoui. Il ne restait plus que la mer. Pouvions-nous l'atteindre, ou fallait-il nous laisser encercler et écraser en rase campagne ? Dans tous les cas, la totalité de l'artillerie et de l'équipement de notre armée, irremplaçables avant plusieurs mois, serait perdue. Mais qu'importait cela si nous sauvions l'armée, c'est-à-dire le noyau et l'armature sur lesquels la Grande-Bretagne pourrait bâtir ses armées à l'avenir ? Lord Gort, qui avait prévu depuis le 25 mai que l'évacuation par voie de mer était notre seule chance, entreprit dès lors de former une tête de pont autour de Dunkerque et de combattre pour y ramener ce qui lui restait de forces. Il allait y falloir toute la discipline des Britanniques et les qualités de leurs chefs, qui incluaient Brooke, Alexander et Montgomery. Il allait y falloir bien plus encore. Tout ce qui était humainement possible serait fait. Cela suffirait-il ?

*
* *

Il nous faut maintenant examiner un épisode très controversé. Le général Halder, chef de l'état-major général allemand, a déclaré que c'est à ce moment que se produisit la seule intervention personnelle directe d'Hitler dans cette bataille. D'après ce témoignage, Hitler aurait alors été « inquiet au sujet des formations blindées parce qu'elles couraient un danger considérable sur un terrain difficile, sillonné de canaux, sans pouvoir obtenir des résultats décisifs ». Il estimait ne pouvoir sacrifier inutilement ses formations blindées, alors qu'elles étaient d'une importance essentielle pour la seconde phase de la campagne. Il croyait certainement que sa supériorité dans les airs serait suffisante pour empêcher une évacuation par mer sur une grande échelle. C'est pourquoi, d'après Halder, il lui fit parvenir par l'intermédiaire de Brauchitsch l'ordre de « stopper les formations blindées, et même de ramener en arrière celles qui étaient en pointe ». C'est ainsi, poursuit Halder, que la voie de Dunkerque s'ouvrit devant l'armée anglaise. Quoi qu'il en soit, nous interceptâmes un message allemand envoyé en clair le 24 mai à 11 h 42, et ordonnant de suspendre pour le moment l'attaque sur la ligne de Dunkerque. Halder précise qu'il refusa, au nom de l'OKW, d'intervenir dans le mouvement du groupe d'armées Rundstedt, dont les ordres étaient sans ambiguïté d'empêcher l'ennemi d'atteindre la côte. Plus le succès serait rapide et complet sur ce point, expliquait-il, plus il serait facile par la suite de remédier à la perte de quelques chars.

Un ordre formel d'Hitler mit fin à la controverse. Celui-ci ajouta qu'il s'assurerait de l'exécution des ordres en envoyant des officiers de liaison personnels sur le front. « Je n'ai jamais pu comprendre, dit le général Halder, comment Hitler avait conçu cette idée des risques inutiles auxquels s'exposaient les formations blindées. Le plus probable est que les récits de Keitel, qui avait passé un temps considérable dans les Flandres lors de la Première Guerre mondiale, étaient à l'origine de ses craintes. »

D'autres généraux allemands ont donné une version très similaire des événements, et ont même laissé entendre que l'ordre d'Hitler avait un motif politique, qui était d'améliorer les chances d'une paix avec l'Angleterre une fois la France vaincue. Depuis lors, un document authentique est venu au jour sous la forme du journal du quartier général de Rundstedt, *écrit à l'époque*. Celui-ci raconte une autre histoire. Le 23, à minuit, des ordres arrivèrent de Brauchitsch et de l'OKW, confirmant que la IVe armée devait rester sous le commandement de Rundstedt pour « le dernier acte » de « la bataille d'encerclement ». Le lendemain matin, Hitler se rendit auprès de Rundstedt, qui lui exposa que ses blindés, ayant poussé si loin et si rapidement leur avance, étaient sévèrement éprouvés et avaient besoin d'un temps d'arrêt pour se réorganiser et se reformer, afin de porter des coups à un ennemi dont son journal d'état-major précise qu'il « se bat avec une ténacité extraordinaire ». Rundstedt prévoyait en outre la possibilité d'attaques venant du nord et du sud contre ses forces très dispersées ; c'était là le plan Weygand qui, s'il avait été réalisable, constituait l'évidente contre-offensive à attendre des Alliés. Hitler se déclara « entièrement d'accord ». Il insista également sur la nécessité absolue de conserver les forces blindées pour des opérations ultérieures. Toutefois, le 25 mai de très bonne heure, une nouvelle directive, émanant de Brauchitsch en tant que commandant en chef, ordonnait aux blindés de poursuivre leur avancée. Rundstedt, fort de l'accord verbal du Führer, ne voulut rien savoir ; il ne transmit pas l'ordre au commandant de la IVe armée, Kluge, qui reçut pour instruction de continuer à ménager les divisions blindées. Kluge protesta contre ce retard, mais c'est seulement le lendemain 26 mai que Rundstedt le libéra, tout en lui signifiant que Dunkerque même ne devait pas encore être attaqué directement. Le journal rapporte que la IVe armée protesta contre cette restriction, et que le 27 mai, son chef d'état-major communiqua par téléphone ce message :

> « Les ports de la Manche offrent l'aspect suivant : de grands vaisseaux s'avancent jusqu'aux quais, on abaisse des passerelles et les hommes se pressent pour embarquer. Tout le matériel est abandonné. Mais nous ne tenons pas vraiment à nous retrouver un jour face à ces mêmes hommes, équipés de neuf. »

Il est par conséquent certain que les unités blindées ont été arrêtées, et que cela s'est fait non à l'initiative d'Hitler, mais à celle de Rundstedt[1]. Ce dernier avait assurément ses

---

1. Comme c'est souvent le cas, Churchill juge hâtivement le processus de prise de décision allemand, en se basant sur une documentation très parcellaire. Ce n'est évidemment pas von Rundstedt qui a pris cette initiative stratégique majeure, et ce n'est même pas lui qui l'a inspirée à Hitler. Ce qui s'est réellement produit, c'est que le 23 mai dans l'après-midi, le maréchal Göring a téléphoné au Führer pour lui demander de laisser la Lufwaffe mener seule l'opération finale d'anéantissement des forces ennemies ; pour cela, il lui fallait avoir le champ libre c'est-à-dire que les Panzer devaient se retirer, afin d'éviter d'être bombardés par leur propre aviation. Pour diverses raisons, Hitler a accepté aussitôt. Ainsi, lorsqu'il rencontre von Rundstedt le 24 mai, Hitler a déjà pris sa décision et donné des ordres en conséquence. Dès

raisons, fondées sur l'état des blindés comme sur le cours général de la bataille, mais il aurait dû obéir aux ordres formels du haut commandement de l'armée, ou du moins lui communiquer les propos d'Hitler lors de leur entretien. Les chefs de l'armée allemande sont unanimes à penser qu'en l'occurrence, une grande occasion a été manquée.

*
* *

Il existait toutefois une cause distincte affectant les mouvements des blindés allemands dans cette phase décisive. Après avoir atteint la mer au-delà d'Abbeville dans la nuit du 20, les colonnes blindées et motorisées allemandes de tête avaient poursuivi leur avancée vers le nord le long de la côte, en direction de Boulogne, Calais et Dunkerque, dans l'intention évidente d'empêcher toute évacuation par mer. La topographie de cette région m'était restée à l'esprit depuis la guerre précédente, lorsque j'y avais maintenu la brigade marine mobile opérant depuis Dunkerque contre les flancs et les arrières de l'armée allemande marchant sur Paris. Je n'avais donc rien à apprendre sur le système d'inondation entre Calais et Dunkerque, ou sur la signification de la ligne d'eau de Gravelines. Les écluses avaient déjà été ouvertes, l'inondation gagnait de jour en jour et protégeait au sud notre ligne de retraite. La défense de Boulogne, et plus encore celle de Calais, se distinguaient au milieu de cette scène confuse, et des garnisons y furent immédiatement envoyées d'Angleterre. Boulogne, isolée et attaquée le 22 mai, fut défendue par deux bataillons des *Guards* et par l'une de nos rares batteries antichars, avec quelques troupes françaises. Après trente-six heures de résistance, on nous fit savoir que la position était intenable, et je consentis à faire évacuer par la mer ce qui restait de la garnison, y compris les Français. L'opération fut effectuée

---

lors, l'avis de von Rundstedt, quel qu'il soit, n'a plus guère d'importance : on ne discute pas les décisions du Führer.

par huit destroyers dans la nuit du 23 au 24 mai, avec une perte limitée à 200 hommes. J'ai regretté notre évacuation.

Quelques jours plus tôt, j'avais placé la défense des ports de la Manche directement sous les ordres du chef de l'état-major impérial, avec qui j'étais en contact permanent. Je décidai alors que Calais serait défendue jusqu'au dernier homme et qu'aucune évacuation par mer ne serait permise à la garnison, qui se composait d'un bataillon de la *Rifle Brigade*, d'un autre du 60ᵉ *Rifles*, du *Queen Victoria Rifles* et d'un bataillon du *Royal Tank Regiment* comprenant 21 chars légers et 27 chars lourds, ainsi d'un nombre équivalent de Français. Il était douloureux d'avoir à sacrifier ces troupes magnifiquement entraînées, dont nous avions un si petit nombre, pour l'avantage douteux de gagner deux ou peut-être trois jours, et sans savoir ce que l'on pourrait faire de ce répit. Mais le ministre de la Guerre et le chef d'état-major impérial approuvèrent cette cruelle résolution.

La décision finale de ne pas évacuer la garnison fut prise dans la soirée du 26 mai, les destroyers étant restés prêts à partir jusqu'à ce moment. Eden et Ironside se trouvaient avec moi à l'Amirauté. Nous allâmes dîner tous les trois et, à 9 heures, notre décision était prise. Elle concernait aussi le régiment d'Eden, dans lequel il avait longtemps servi et combattu lors de la guerre précédente. Il faut bien manger et boire, même en pleine guerre, mais je ne pus m'empêcher de me sentir nauséeux après coup, alors que nous restions assis en silence.

Calais était le point crucial. Bien d'autres causes auraient pu empêcher le sauvetage de Dunkerque, mais il est certain que les trois jours gagnés par la défense de Calais permirent de tenir la ligne d'eau de Gravelines, et que sans cela, même en dépit des hésitations d'Hitler et des ordres de Rundstedt, toute l'armée aurait été cernée et perdue.

*
* *

Sur tout cela s'abattit alors une catastrophe qui simplifia les choses. Les Allemands, qui n'avaient pas exercé jusque-là une pression sévère sur le front tenu par les Belges, percèrent le 24 mai leurs lignes de part et d'autre de Courtrai, qui n'est qu'à une cinquantaine de kilomètres d'Ostende et de Dunkerque. Le roi des Belges considéra bientôt la situation comme désespérée, et il s'apprêta à capituler.

Dans la soirée du 25 mai, lord Gort prit une décision capitale. Ses ordres étaient toujours d'exécuter le plan Weygand par une attaque au sud en direction de Cambrai, dans laquelle les 5e et 50e divisions devaient être engagées, en liaison avec les Français. Or, l'attaque promise des Français vers le nord à partir de la Somme tardait à se déclencher. Les derniers défenseurs de Boulogne avaient été évacués ; Calais tenait toujours. Gort abandonna alors le plan Weygand, car il considérait qu'il n'y avait plus le moindre espoir d'une marche vers le sud et vers la Somme. En outre, au même moment, l'écroulement de la défense belge et la brèche ouverte au nord créaient un nouveau péril d'importance majeure. Confiant dans ses qualités militaires et convaincu du complet effondrement de tout contrôle par les gouvernements anglais et français ou par le haut commandement français, Gort résolut d'abandonner l'attaque vers le Sud, de combler la brèche qu'allait ouvrir au nord la capitulation belge, et de marcher vers la mer. À ce moment, c'était l'unique chance de sauver quelque chose de la destruction ou de la reddition. À 18 heures, il donna l'ordre à la 5e et à la 50e division de rejoindre le IIème corps britannique pour combler la brèche imminente du front belge. Il informa de son action le général Blanchard, qui avait succédé au général Billotte à la tête du premier groupe d'armées ; cet officier, se rendant compte de la situation, donna à 23 h 30 l'ordre de repli pour le 26 mai, sur une ligne située derrière le canal de la Lys à l'ouest de Lille, en vue de constituer une tête de pont autour de Dunkerque.

Aux premières heures du 26 mai, Gort et Blanchard établirent leur plan de retraite vers la côte. Comme la 1re armée française avait un plus long parcours à accomplir, les premiers mouvements des forces britanniques dans la nuit du 26 au 27 devaient être uniquement préparatoires, et les arrière-gardes du Ier et du IIe corps britanniques devaient demeurer sur les défenses frontalières jusque dans la nuit du 27 au 28. Dans tout cela, lord Gort avait agi de sa propre initiative. Mais à ce stade, nous en étions arrivés aux mêmes conclusions, avec des sources d'information quelque peu différentes. Le 26 mai, un télégramme du *War Office* approuvait son initiative et l'autorisait « à faire mouvement en direction de la côte, en liaison avec les armées française et belge ». Le rassemblement d'urgence, sur une vaste échelle, d'embarcations de toutes catégories et de toutes tailles, battait déjà son plein.

Entre-temps, l'organisation des têtes de pont autour de Dunkerque se poursuivait. Les Français devaient tenir le secteur de Gravelines à Bergues, et les Britanniques celui qui longeait le canal depuis Bergues jusqu'à la mer, en passant par Furnes et Nieuport. Les différents groupes et débris de toutes les forces armées provenant de deux directions furent insérés dans cette ligne. En confirmation des ordres du 26, lord Gort reçut du *War Office* un télégramme expédié le 27 à 13 heures, lui indiquant que sa tâche était désormais « d'évacuer le maximum d'effectifs possible ». J'avais informé M. Reynaud la veille de notre décision d'évacuer le corps expéditionnaire britannique, l'invitant à donner des ordres en conséquence. Les transmissions étaient à ce point déficientes que le 27, à 14 heures, le commandant de la 1re armée française lançait à ses troupes l'ordre suivant : « La bataille sera livrée sans esprit de recul sur la position de la Lys[1]. »

---

1. En français dans le texte.

Quatre divisions britanniques et l'ensemble de la 1re Armée française étaient maintenant en grand danger de se retrouver cernées autour de Lille. Les deux pinces du mouvement d'encerclement allemand tentaient de se refermer sur elles. Pourtant, ce fut là un de ces moments, rares mais décisifs où les transports motorisés affirment leur efficacité. Quand Gort en donna l'ordre, ces quatre divisions se replièrent avec une surprenante rapidité, pratiquement en une nuit. Pendant ce temps, le reste de l'armée britannique luttait farouchement de part et d'autre du corridor, pour maintenir le passage libre vers la mer. Les mâchoires de la tenaille allemande, freinées par la 2e division et tenues en échec pendant trois jours par la 5e division, se refermèrent enfin dans la nuit du 29, tout comme la grande opération russe autour de Stalingrad en 1942. Le piège avait mis deux jours et demi à se refermer, et pendant ce temps, quatre divisions britanniques et une grande partie de la 1re armée française, à l'exception du 5e corps qui fut perdu, se replièrent en bon ordre par la brèche, bien que les Français n'eussent que des transports hippomobiles, que la route principale vers Dunkerque fût déjà coupée et les routes secondaires encombrées de troupes en retraite, de longs convois de transport et de milliers de réfugiés.

*
* *

La question de notre capacité de poursuivre seuls la lutte, que j'avais demandé à M. Chamberlain d'examiner avec d'autres ministres dix jours plus tôt, je la posai maintenant officiellement à nos conseillers militaires. Je rédigeai exprès cette demande en des termes qui, tout en donnant une orientation à la question, laissaient aux chefs d'état-major la liberté d'exprimer leurs vues, quelles qu'elles fussent. Je savais au préalable que leur détermination était entière ; mais il est prudent d'avoir des comptes rendus écrits s'agissant de telles décisions. Je souhaitais en

LA MARCHE À LA MER

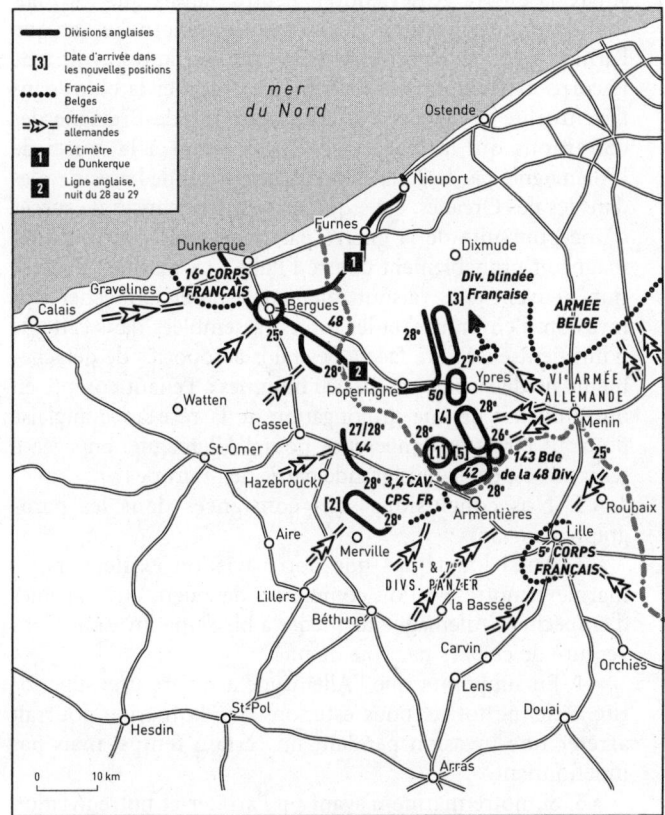

La situation le 28 mai

outre pouvoir affirmer au Parlement que notre résolution était étayée par l'avis des responsables militaires. On trouvera cet avis dans leur réponse, reproduite ci-dessous :

« 1. Nous avons reconsidéré notre rapport sur "la stratégie britannique dans une certaine éventualité", à la lumière de la requête suivante qui nous a été adressée par le Premier ministre :

« Dans l'éventualité où la France serait incapable de poursuivre la guerre et deviendrait neutre, tandis que les Allemands maintiendraient leurs positions actuelles et que l'armée belge serait contrainte de capituler après avoir aidé le corps expéditionnaire britannique à gagner la côte ; dans l'éventualité où seraient offertes à la Grande-Bretagne des conditions qui la placeraient entièrement à la merci de l'Allemagne, par le désarmement, la cession de bases navales dans les îles Orcades, etc. ; quelles sont les chances de succès d'une poursuite de la guerre par nous seuls contre l'Allemagne et probablement contre l'Italie ? La marine et l'aviation peuvent-elles raisonnablement espérer empêcher une invasion d'envergure, et les forces rassemblées dans cette île pourraient-elles faire face à des raids aéroportés de détachements ne dépassant pas 10 000 hommes ? Tenant compte en outre du fait qu'une prolongation de la résistance anglaise pourrait être très dangereuse pour l'Allemagne, engagée à tenir en respect la plus grande partie de l'Europe ? »

« 2. Nos conclusions sont consignées dans les paragraphes suivants :

« 3. Aussi longtemps que notre aviation existera, notre marine et notre aviation conjuguées devraient être capables d'empêcher l'Allemagne de mener à bien une invasion d'envergure de ce pays par voie de mer.

« 4. En supposant que l'Allemagne acquière une supériorité aérienne totale, nous estimons que la marine pourrait arrêter une invasion pendant un certain temps, mais pas indéfiniment.

« 5. Si, notre marine n'ayant pu l'arrêter et notre aviation étant perdue, l'Allemagne tentait une invasion, nos défenses côtières ne pourraient empêcher les chars et l'infanterie allemands de prendre pied solidement sur nos côtes. Dans les circonstances envisagées ci-dessus, nos forces terrestres seraient insuffisantes pour s'opposer à une invasion sérieuse.

« 6. Le nœud de l'affaire, c'est la supériorité aérienne. L'Allemagne l'ayant conquise, elle pourrait tenter de soumettre le pays uniquement par des attaques aériennes.

« 7. L'Allemagne ne pourrait acquérir une supériorité aérienne totale tant qu'elle n'aurait pas détruit notre aviation, ainsi que nos industries aéronautiques, dont certains éléments vitaux se trouvent concentrés à Coventry et à Birmingham.

« 8. Les attaques aériennes sur nos usines d'aviation s'effectueraient de jour ou de nuit. Nous estimons que nous pourrions, infliger à l'ennemi des pertes suffisantes de jour pour éviter des dégâts sérieux. Quelles que soient toutefois nos mesures défensives – que nous renforçons en toute hâte – nous ne pouvons être certains de protéger les grands centres industriels dont dépend notre industrie aéronautique contre de graves dégâts matériels par attaques nocturnes. L'ennemi n'aurait pas besoin d'effectuer des bombardements de précision pour obtenir un tel résultat.

« 9. Le succès des attaques visant à l'élimination de l'industrie aéronautique ne dépend pas seulement des dégâts matériels occasionnés par les bombes, mais aussi de l'effet moral sur les ouvriers et de leur résolution à poursuivre le travail en dépit de destructions et de ravages massifs.

« 10. Si, par conséquent, l'ennemi lance des attaques de nuit intensives sur notre industrie aéronautique, il a des chances de causer aux ressources matérielles et morales de la région industrielle intéressée suffisamment de dégâts pour paralyser toute action.

« 11. Il y a lieu de rappeler que les Allemands ont sur nous une supériorité numérique de quatre contre un. En outre, les usines d'aviation allemandes sont très dispersées et relativement inaccessibles.

« 12. D'un autre côté, tant que nous disposerons d'une aviation de bombardement capable d'une contre-offensive, nous pourrons lancer des attaques similaires sur les centres industriels allemands et, par leur action matérielle et morale, paralyser une partie d'entre eux.

« 13. En résumé, notre conclusion est qu'à première vue, l'Allemagne a presque tous les atouts en main. Mais la véritable question est de savoir si le moral de nos combattants et de notre population civile pourra compenser les avantages numériques et matériels dont dispose l'Allemagne. Nous pensons que ce sera le cas. »

Ce rapport écrit à l'heure la plus noire, avant le sauvetage de Dunkerque, était signé non seulement par les trois chefs d'état-major, Newall, Pound et Ironside, mais aussi par les trois chefs adjoints, Dill, Phillips et Peirse. Le relisant rétrospectivement, je dois avouer qu'il était grave et sombre. Mais le Cabinet de guerre et les quelques autres ministres qui en eurent connaissance étaient tous du même avis ; il n'y eut pas de discussion ; de cœur et d'âme, nous étions à l'unisson.

Je fis communiquer l'injonction suivante :

> 28 mai 1940.
>
> (Strictement confidentiel.)
>
> « Dans ces sombres journées, le Premier ministre serait reconnaissant à tous ses collègues du gouvernement, ainsi qu'aux hauts responsables, de bien vouloir entretenir un moral élevé dans leur entourage ; sans minimiser la gravité des événements, mais en se montrant confiants dans notre capacité et notre inflexible résolution à poursuivre la guerre jusqu'à ce que nous ayons brisé la volonté ennemie de soumettre l'Europe entière à sa domination.
>
> « Aucun crédit ne sera accordé à l'idée que la France puisse conclure une paix séparée ; mais quoi qu'il puisse advenir sur le continent, nous ne pouvons douter de notre devoir et nous emploierons certainement toutes nos forces pour défendre notre Île, notre Empire et notre Cause. »

*
* *

Aux premières heures du 28 mai, l'armée belge se rendit. Lord Gort n'en fut officiellement informé qu'une heure au préalable, mais l'effondrement avait été prévu trois jours plus tôt et, d'une façon ou d'une autre, la brèche fut colmatée. Pendant toute cette journée du 28, le sort de l'armée anglaise demeura en suspens. Sur le front, depuis Comines jusqu'à Ypres et au-delà jusqu'à la mer, le général Brooke et son IIe corps livrèrent un combat magnifique, en faisant face à l'est tout en s'efforçant de combler la brèche laissée par les Belges. Mais lorsque ceux-ci se replièrent vers le nord puis capitulèrent, la brèche s'élargit démesurément. Rien ne pouvait empêcher une offensive allemande entre les armées britannique et belge, mais sa conséquence fatale – un mouvement tournant vers l'intérieur en traversant l'Yser, qui aurait amené l'ennemi sur les plages derrière nos forces combattantes – avait été prévue et fut partout contenue.

Les Allemands furent repoussés avec de lourdes pertes. Pendant tout ce temps, à quelque six ou sept kilomètres seulement derrière le front péniblement tenu par Brooke, d'énormes masses de véhicules et de troupes se déversaient dans la tête de pont de Dunkerque en pleine expansion, avant d'être incorporées à sa ligne de défense au prix de prodiges d'improvisation. Le 29 mai, une bonne partie du corps expéditionnaire était parvenue à l'intérieur du périmètre, et à ce moment, les dispositions navales prises en vue de l'évacuation commençaient à donner leur plein rendement. Le 30 mai, le GQG annonçait que toutes les divisions britanniques, ou ce qui en restait, avaient gagné l'enceinte.

Plus de la moitié de la 1re armée française se fraya un chemin jusqu'à Dunkerque, où la grande majorité fut embarquée en toute sécurité. Toutefois, la retraite d'au moins cinq divisions fut coupée par le mouvement en tenaille des Allemands à l'ouest de Lille. Les Français de Lille combattirent sur des fronts qui se rétrécissaient peu à peu sous une pression croissante, jusqu'au soir du 31 mai où, à bout de vivres et de munitions, ils furent obligés de se rendre. Environ 50 000 hommes tombèrent ainsi aux mains des Allemands. Ces Français, sous le valeureux commandement du général Molinié, avaient contenu durant quatre jours décisifs sept divisions allemandes qui, autrement, auraient pu prendre part aux attaques contre le périmètre de Dunkerque. Ce fut une splendide contribution au succès de la retraite de leurs camarades et de celle du corps expéditionnaire britannique.

*
* *

Ce fut une dure épreuve pour moi, qui portais une si lourde responsabilité d'ensemble, que d'assister épisodiquement durant ces jours à un drame qui échappait à tout contrôle, et dans lequel toute intervention risquait de faire plus de mal que de bien. Il n'est pas douteux qu'en suivant loyalement et aussi longtemps le plan Weygand de retraite sur la Somme, nous avions couru des risques encore plus graves que ceux qui nous menaçaient déjà. La décision de Gort d'abandonner le plan Weygand et de marcher vers la mer, que nous avions promptement acceptée, fut exécutée par lui et par son état-major avec une habileté magistrale, et elle sera toujours considérée comme une page glorieuse dans les annales militaires britanniques.

Chapitre IV

LE SAUVETAGE DE DUNKERQUE

C'était le jeudi 28 mai, et je n'avais pas assisté aux séances de la Chambre des communes depuis le début de la semaine. Il était inutile de faire une nouvelle déclaration dans l'intervalle, et d'ailleurs, les membres de la Chambre n'en exprimaient pas le désir. Mais chacun se rendait bien compte du fait que le sort de notre armée – et peut-être bien davantage – pouvait se décider avant la fin de la semaine. « La Chambre, déclarai-je, doit s'attendre à des nouvelles pénibles et douloureuses. J'ajouterai simplement que rien de ce qui peut advenir dans cette bataille ne saurait nous affranchir de notre devoir de défendre la cause mondiale à laquelle nous nous sommes consacrés ; que rien non plus ne saurait détruire la confiance que nous avons dans notre capacité à poursuivre notre route, comme à d'autres moments de notre histoire, à travers les désastres et à travers les souffrances, jusqu'à la défaite finale de nos ennemis. » Je n'avais pas revu beaucoup de mes collègues en dehors du Cabinet de guerre depuis la formation du gouvernement, sauf à titre individuel, et je songeai qu'il serait bon de réunir dans mon bureau de la Chambre des communes tous ceux qui avaient rang de ministres, à l'exception des membres du Cabinet de guerre[1]. Nous étions

---

1. Churchill se garde bien de donner les raisons de cette exception. C'est que le Cabinet de guerre est réuni au même moment dans une autre salle, et qu'il débat de l'opportunité d'une approche indirecte, par l'intermédiaire de l'Italie, afin de s'enquérir des conditions de paix

peut-être vingt-cinq autour de la table. Je leur exposai le cours des événements, en leur expliquant franchement où nous en étions et en leur énonçant tout ce qui était en jeu. Puis j'ajoutai, tout à fait incidemment et sans insister outre mesure :

« Bien entendu, quoi qu'il arrive à Dunkerque, nous continuerons le combat. »

Il se produisit alors une manifestation qui me surprit, considérant la nature de cette assemblée, composée de vingt-cinq politiciens et parlementaires chevronnés qui représentaient avant la guerre toutes les nuances de l'opinion, bonnes ou mauvaises. Beaucoup d'entre eux parurent bondir de leur place pour accourir jusqu'à mon fauteuil, en poussant des exclamations et en me tapant dans le dos. De toute évidence, si, à cette heure critique, j'avais montré la moindre faiblesse dans la conduite de la nation, j'aurais été chassé de mon poste. J'étais certain que chacun des ministres était prêt à se faire tuer sur l'heure et à voir sa famille et ses biens anéantis, plutôt que de se rendre. En cela, ils représentaient bien la Chambre des communes et presque tout le peuple. Il me revint, dans les jours et les mois qui suivirent, d'exprimer leurs sentiments aux moments opportuns ; je pus le faire parce que je les partageais. Une lumière claire, irrésistible et sublime traversait notre île de part en part.

*
* *

D'excellents et consciencieux récits ont retracé l'évacuation de Dunkerque par les armées britannique et française. Depuis le 20 mai, le rassemblement de navires

---

proposées par l'Allemagne. Pour Churchill, le but de la réunion de l'ensemble du gouvernement est précisément d'encourager les membres du Cabinet de guerre à rejeter toute tentation défaitiste. Il y réussira d'ailleurs pleinement.

marchands et de petites embarcations s'était poursuivi sous le contrôle de l'amiral Ramsay, qui commandait à Douvres. Dans la soirée du 26 mai, un signal de l'Amirauté déclencha l'« Opération Dynamo », et les premières troupes furent embarquées cette même nuit. Après la chute de Boulogne et de Calais, nous ne tenions plus que les restes du port de Dunkerque et les plages proches de la frontière belge. À ce stade, on pensait pouvoir sauver au maximum quelque 45 000 hommes en deux jours. Tôt dans la matinée du lendemain 27 mai, des mesures d'urgence furent prises afin de trouver d'autres petites embarcations « pour un service spécial », qui n'était rien moins que l'évacuation totale du corps expéditionnaire britannique. Il était clair qu'un grand nombre de ces embarcations serait nécessaire pour opérer aux abords des plages, en plus des vaisseaux plus importants qui pouvaient charger dans le port de Dunkerque. Sur proposition de M. H. C. Riggs, du ministère de la Marine marchande, des officiers de l'Amirauté explorèrent tous les chantiers navals, depuis Teddington jusqu'à Brightlingsea, et purent en extraire plus de quarante canots automobiles et chaloupes en état de marche, qui furent rassemblés à Sheerness le lendemain. Dans le même temps, on réquisitionna les canots de sauvetage des paquebots au mouillage dans les docks de Londres, ainsi que des remorqueurs de la Tamise, des yachts, des bateaux de pêche, des chalands, des péniches et des bateaux de plaisance – tout ce qui pouvait être utilisé devant les plages. Dans la nuit du 27, une immense vague de petites embarcations prit la mer, pour gagner d'abord nos ports de la Manche, et de là, les plages de Dunkerque où attendait notre chère armée.

Une fois les consignes de secret levées, l'Amirauté n'hésita pas à laisser se développer le mouvement spontané qui avait entraîné toute la population de marins le long de nos côtes du Sud et du Sud-Est. Quiconque possédait un bateau à vapeur ou à voile partait pour Dunkerque, et les préparatifs, heureusement commencés une semaine plus tôt, se trouvaient à présent secondés à un degré stupéfiant par la brillante improvisation de ces volontaires. Ceux qui arrivèrent le 29 mai étaient peu nombreux, mais c'était l'avant-garde de près de 400 petites embarcations qui, à partir du 31 mai, allaient jouer un rôle crucial en transportant près de 100 000 hommes du rivage jusqu'aux vaisseaux ancrés au large. Pendant ces jours, je regrettai l'absence du chef de ma salle des cartes à l'Amirauté, le capitaine Pim, et celle d'un ou deux autres personnages familiers. Ils avaient déniché un *schuit* hollandais qui, en quatre jours, évacua 800 soldats. Sous le bombardement incessant de l'aviation ennemie, il vint en tout à la rescousse de l'armée quelque 860 bateaux, dont près de 700 étaient anglais et le reste alliés.

*
* *

Sur terre, pendant ce temps, l'occupation du périmètre de défense de Dunkerque s'effectuait avec précision. Les troupes qui émergeaient du chaos étaient disposées en bon ordre le long des défenses, qui s'étaient développées en deux jours seulement. Les hommes les plus valides remontèrent en ligne ; les divisions comme la 2e et la 5e, qui avaient le plus souffert, furent mises en réserve sur les plages, puis embarquées les premières. Il devait au départ y avoir trois corps d'armée sur le front, mais le 29 mai, les Français assumant une part plus large de la défense, deux suffirent à la tâche. L'ennemi avait suivi de près nos troupes en retraite, et des combats acharnés se poursuivaient sans répit, principalement sur les flancs, près de Nieuport et de Bergues. À mesure que l'évacuation progressait, la diminution continue des effectifs, tant britanniques que français, s'accompagnait d'une réduction correspondante du périmètre de défense. Sur les plages, parmi les dunes, pendant trois, quatre ou cinq jours, des dizaines et des dizaines de milliers de soldats attendaient, exposés à d'incessantes attaques aériennes. En croyant que l'aviation allemande rendrait l'évasion impossible, et qu'il lui fallait donc réserver les formations blindées pour la dernière phase de la campagne, Hitler se trompait – mais son erreur était compréhensible.

Trois facteurs devaient contrecarrer ses plans. Premièrement, le bombardement aérien ininterrompu des troupes massées le long de la grève fit très peu de dégâts dans leurs rangs. Les bombes s'enfonçaient dans le sable fin, qui amortissait leur explosion. Au début, après un raid aérien fracassant, les soldats étaient étonnés de s'apercevoir que presque personne n'avait été tué ou blessé ; il y avait eu des explosions partout, mais aucune ou presque n'avait fait de mal. Une côte rocheuse aurait entraîné beaucoup plus de pertes. Les soldats en vinrent bientôt à considérer les attaques aériennes avec mépris. Ils se terraient dans les dunes, avec tranquillité et un espoir grandissant. Sous leurs yeux s'étendait une mer grise, mais non point hostile ; au-delà, les vaisseaux salvateurs et… le pays natal.

Le deuxième facteur qu'Hitler n'avait pas prévu, c'était le massacre de ses aviateurs. La valeur des aviations anglaise et allemande fut mise alors directement à l'épreuve. Grâce à un effort intense, l'aviation de chasse maintint les patrouilles au-dessus du théâtre des opérations et engagea avec l'ennemi un combat inégal. Heure après heure, nos aviateurs se ruèrent sur les escadrilles de chasseurs et de bombardiers allemands, leur infligeant de lourdes pertes, les dispersant et les mettant en fuite. Cela se poursuivit jour après jour, jusqu'au moment où s'affirma la glorieuse victoire de la *Royal Air Force*. Partout où apparaissaient les avions allemands, parfois en groupes de quarante et de cinquante, ils étaient instantanément attaqués, souvent par une seule escadrille, ou même moins, et les appareils abattus se comptèrent bientôt par centaines. Toute l'aviation métropolitaine – notre ultime recours – fut jetée dans la bataille. Les pilotes de chasse effectuèrent jusqu'à quatre sorties dans la journée. Le résultat fut net ; l'ennemi, quoique supérieur en nombre, fut battu ou tué et, en dépit de sa bravoure, tenu en échec ou même dompté. Ce fut un choc décisif. Malheureusement, depuis les plages, les troupes ne voyaient pas grand-chose de cet épique tournoi aérien qui se déroulait parfois à des kilomètres de là ou au-dessus des nuages. Elles ne savaient rien des pertes infligées à l'ennemi ; tout ce qu'elles voyaient, c'étaient les bombes qui venaient cribler les plages, larguées par des adversaires qui avaient pu arriver jusque-là, mais qui, peut-être, n'en reviendraient pas. Il y eut même dans l'armée un amer ressentiment contre l'aviation, et des soldats, débarquant à Douvres ou dans les ports de la Tamise, insultèrent gratuitement des aviateurs en uniforme. Ils auraient dû leur serrer la main ; mais comment pouvaient-ils savoir ? Au Parlement, je m'efforçai de faire connaître la vérité.

Mais tous les avantages du sable et tous les exploits des aviateurs auraient été vains sans la mer. Les instructions données quelque dix ou douze jours auparavant avaient des résultats stupéfiants sous la pression des événements. Une discipline parfaite régnait à terre comme sur mer. La Manche était calme. Faisant la navette entre la rive et les navires, les petites embarcations recueillaient les hommes qui pataugeaient le long des plages ou les hissaient hors de l'eau, sans se soucier des bombardements aériens qui faisaient pourtant des victimes. Le nombre même de ces sauveteurs défiait les attaques aériennes, car cette armada de moustiques était impossible à couler. Au beau milieu de notre défaite, la gloire vint se poser sur notre peuple insulaire, uni et indomptable ; et l'épopée des plages de Dunkerque brillera à jamais dans toutes les annales de notre histoire qui pourront passer à la postérité.

Quel qu'eût été le vaillant travail des petites embarcations, il ne faut pas oublier que le fardeau le plus lourd pesait sur les navires opérant à partir du port de Dunkerque, où furent embarqués les deux tiers des soldats. Les destroyers jouèrent le rôle principal, comme le montre la liste des pertes ; mais on ne peut négliger non plus l'importante contribution des navires marchands et de leurs équipages.

Le déroulement de l'évacuation était suivi avec une anxiété certaine et un espoir grandissant. Dans la soirée du 27 mai, la position de lord Gort parut critique aux autorités navales et le capitaine de vaisseau Tennant, de l'Amirauté, qui exerçait les fonctions de commandant naval à Dunkerque, donna le signal à toutes les embarcations disponibles de se diriger immédiatement vers les plages, « l'évacuation demain soir étant aléatoire ». Le tableau était sombre, voire désespéré. Des efforts considérables furent faits pour répondre à l'appel; on envoya un croiseur, huit destroyers et vingt-six autres bâtiments. Le 28 fut une journée de tension, qui se relâcha à mesure que nos troupes consolidaient leurs positions avec l'aide puissante de la *Royal Air Force*. Les plans navals furent mis en œuvre, malgré les pertes sévères du 29 mai, jour où trois destroyers et vingt et un autres bâtiments furent coulés, tandis que beaucoup d'autres étaient endommagés.

Le 30 mai, je présidai une réunion des trois ministres de la Défense et des chefs d'état-major dans la salle des opérations de l'Amirauté, afin d'examiner les événements du jour sur la côte belge; le nombre total des effectifs évacués s'était élevé à 120 000, dont seulement 6 000 Français; 860 bateaux de toutes catégories étaient à l'œuvre. Un message de l'amiral Wake Walker à Dunkerque nous apprit qu'en dépit de bombardements et d'attaques aériennes intenses, 4 000 hommes avaient été embarqués dans l'heure précédente. L'amiral estimait aussi que Dunkerque même ne pourrait probablement plus tenir le lendemain. J'insistai sur l'urgente nécessité d'évacuer davantage de troupes françaises; ne pas le faire risquait de causer un préjudice irréparable à nos relations avec notre alliée. J'ajoutai qu'au moment où l'effectif des forces britanniques serait réduit à celui d'un corps d'armée, nous devions dire à Lord Gort d'embarquer pour rentrer en

Angleterre, en se faisant remplacer par un commandant de corps. L'armée anglaise aurait à tenir le plus longtemps possible, afin que l'évacuation des Français puisse se poursuivre.

Connaissant bien le caractère de lord Gort, je lui adressai de ma propre main l'ordre suivant, qui fut expédié officiellement par le *War Office* le 30 mai, à 14 heures :

« Continuez à défendre le périmètre actuel de toutes vos forces, afin de couvrir le maximum d'évacuation, qui se déroule actuellement de façon satisfaisante. Envoyez un rapport toutes les trois heures par La Panne. Si nous pouvons encore communiquer, nous vous enverrons l'ordre de rentrer en Angleterre, avec autant d'officiers que vous jugerez bon d'emmener, au moment où nous estimerons que vos effectifs sont suffisamment réduits pour être confiés à un commandant de corps. Vous voudrez bien le nommer dès maintenant. Si les communications sont coupées, vous aurez à passer votre commandement et à rentrer comme il a été spécifié, lorsque vos effectifs combattants n'excéderont pas l'équivalent de trois divisions. Cela est conforme à la procédure militaire normale, et vous n'avez pas de pouvoir discrétionnaire en la matière. D'un point de vue politique, ce serait permettre à l'ennemi de remporter un succès inutile que de vous laisser capturer à la tête d'une petite force résiduelle. Le commandant de corps désigné par vous recevra l'ordre de prolonger la défense conjointement avec les Français, et de poursuivre l'évacuation à partir de Dunkerque ou des plages, mais lorsqu'à son avis, il ne sera plus possible d'assurer une évacuation organisée et d'infliger à l'ennemi des pertes proportionnées aux nôtres, il sera autorisé, en accord avec le commandant des troupes françaises, à capituler dans les formes, afin d'éviter un massacre inutile. »

Il est possible que ce dernier message ait exercé une influence sur d'autres grands événements et sur le destin d'un autre chef de valeur. Alors que je me trouvais à la Maison-Blanche, à la fin de décembre 1941, je fus informé par le Président et par M. Stimson[1] du sort qui attendait le général MacArthur et la garnison américaine de Corregidor. Je jugeai bon de leur indiquer comment nous avions réglé la situation d'un commandant en chef dont les troupes étaient réduites à une petite fraction de leurs effectifs initiaux. Le Président et M. Stimson lurent tous deux mon télégramme avec une profonde attention et je fus frappé de l'impression qu'il parut faire sur eux. Un peu plus tard dans la journée, M. Stimson revint me trouver et m'en demanda une copie, que je lui remis aussitôt. Il est possible (mais je n'ai aucune certitude à cet égard) que cela ait influencé la décision judicieuse qu'ils prirent en ordonnant au général MacArthur de transmettre son commandement à l'un des généraux sous ses ordres. C'est ainsi que fut sauvé ce chef éminent qui, au lieu de trouver la mort ou de passer les années de guerre comme prisonnier des Japonais, allait rendre de si glorieux services à l'avenir. En tout cas, j'aime à penser que les choses se sont passées ainsi. Ce même jour du 30 mai 1940, des membres de l'état-major de Gort, réunis en conférence à Douvres avec l'amiral Ramsay, l'informèrent que l'aube du 1er juin était la date limite jusqu'à laquelle on pouvait espérer tenir le périmètre Est. L'évacuation fut donc accélérée de toute urgence, afin que dans toute la mesure du possible, il ne restât à terre qu'une arrière-garde britannique de 4 000 hommes au plus. On s'aperçut ensuite que ce nombre serait insuffisant pour défendre les dernières positions de couverture, et il fut décidé de tenir le secteur anglais jusqu'au 1er juin à minuit, l'évacuation se poursuivant entretemps sur la base d'une complète égalité entre forces françaises et britanniques.

Telle était la situation lorsqu'au soir du 31 mai, lord Gort, conformément aux ordres qu'il avait reçus, remit son commandement au général de division Alexander et rentra en Angleterre.

---

[1]. Le secrétaire d'État américain à la Guerre.

*
* *

Afin d'éviter des malentendus en gardant un contact personnel, j'estimai nécessaire de me rendre à Paris en avion le 31 mai, pour une réunion du Conseil suprême. M. Attlee et les généraux Dill et Ismay m'accompagnèrent. J'emmenai également le général Spears, qui était arrivé le 30 par avion avec les dernières nouvelles de Paris. Ce brillant officier et membre du Parlement était un de mes amis depuis la Grande Guerre. Officier de liaison entre l'aile gauche de l'armée française et l'aile droite de l'armée anglaise, il m'avait emmené sur la crête de Vimy en 1916. Parlant un français parfait et portant sur la manche cinq chevrons témoignant de ses blessures, il était la personne tout indiquée pour s'occuper de nos relations délicates avec la France. Quand Français et Anglais ont quelque controverse et se querellent, le Français est souvent volubile et véhément, tandis que l'Anglais se montre froid ou même grossier. Mais Spears pouvait dire leur fait aux hautes autorités françaises avec une aisance et une force que je n'ai jamais vu égaler.

Cette fois, nous n'allâmes pas au Quai d'Orsay, mais au bureau qu'occupait M. Reynaud au ministère de la Guerre, rue Saint-Dominique. Nous nous trouvâmes, Attlee et moi, en face de Reynaud et du maréchal Pétain, seuls ministres français présents. C'était la première apparition de Pétain, alors vice-président du Conseil, à l'une de nos réunions. Il était en civil. Notre ambassadeur, Dill, Ismay et Spears étaient avec nous, tandis que Weygand, Darlan, le capitaine de Margerie, chef du cabinet particulier de Reynaud, et M. Baudoin, secrétaire du ministère de la Guerre, représentaient la France.

Les Français ne semblaient pas en savoir plus sur ce qui arrivait aux armées du Nord que nous n'en savions sur le principal front français. Quand je leur dis que 165 000 hommes, dont 15 000 Français, avaient été évacués, ils s'en montrèrent étonnés. Ils attirèrent naturellement notre attention sur la prépondérance marquée des Britanniques. Je leur expliquai que c'était largement dû au fait que beaucoup d'unités administratives anglaises de l'arrière avaient embarqué avant que l'on puisse permettre de ramener du front des troupes combattantes. De plus, les Français, n'avaient reçu jusqu'alors aucun ordre d'évacuation. L'une des raisons majeures pour lesquelles j'étais venu à Paris était de m'assurer qu'on avait donné aux troupes françaises les mêmes ordres qu'aux britanniques. Le gouvernement de Sa Majesté avait jugé nécessaire, dans ces cruelles circonstances, d'ordonner à lord Gort d'emmener les hommes en état de combattre et de laisser les blessés à terre. Si les espoirs actuels se confirmaient, 200 000 soldats valides pourraient être embarqués ; ce serait presque un miracle. Quatre jours plus tôt, je n'aurais pas parié sur plus de 50 000 hommes au maximum. J'insistai sur nos terribles pertes en équipement. Reynaud rendit un bel hommage au travail de la marine anglaise et de la RAF, et je l'en remerciai. Nous parlâmes ensuite assez longuement de ce que l'on pourrait faire pour reconstituer les forces britanniques en France.

Entre-temps, l'amiral Darlan avait rédigé un télégramme destiné à l'amiral Abrial, à Dunkerque :

(I) Une tête de pont sera maintenue autour de Dunkerque avec les divisions sous vos ordres et celles sous commandement anglais.

(II) Dès que vous serez convaincu qu'aucune troupe en dehors de la tête de pont ne peut se frayer un passage jusqu'aux points d'embarquement, les troupes tenant la tête de pont se replieront et embarqueront, les forces britanniques embarquant les premières.

J'intervins aussitôt pour déclarer que les soldats anglais ne seraient pas embarqués les premiers, mais que l'évacuation devait s'effectuer à égalité entre Anglais et Français – « *bras dessus, bras dessous*[1] ». Les Britanniques formeraient l'arrière-garde. Cela fut accepté.

La conversation porta ensuite sur l'Italie. J'exprimai le point de vue anglais, à savoir que si l'Italie entrait en guerre, il nous faudrait frapper immédiatement et de la manière la plus efficace. Beaucoup d'Italiens étaient opposés à la guerre, et rien ne devait être négligé pour leur en faire comprendre la gravité. Je proposai des frappes aériennes contre le triangle industriel du Nord-Ouest défini par les trois villes de Milan, Turin et Gênes. Reynaud se déclara d'accord sur le fait que les Alliés devaient frapper immédiatement ; et l'amiral Darlan ajouta qu'il avait préparé un plan pour le bombardement naval et aérien des stocks italiens de carburant, majoritairement répartis le long de la côte, entre Naples et la frontière. On fixa des dates pour les discussions techniques nécessaires.

Après quelques propos au sujet de l'importance de tenir l'Espagne à l'écart de la guerre, je parlai des perspectives générales. Les Alliés, dis-je, devaient maintenir un front inflexible contre tous leurs ennemis. Les États-Unis avaient été indignés par les récents événements, et même s'ils n'entraient pas en guerre, ils seraient bientôt prêts à nous fournir une aide puissante. Une invasion de l'Angleterre, si elle se produisait, aurait un effet encore plus marqué sur les États-Unis. L'Angleterre n'avait pas peur de l'invasion et elle y résisterait avec le plus grand acharnement, dans chaque village, dans chaque hameau. Ce n'était qu'après avoir pourvu à ses besoins essentiels en troupes qu'elle pourrait mettre le surplus de ses forces armées à la disposition de son allié français. J'étais absolument convaincu que nous n'avions qu'à poursuivre la lutte pour triompher. Même si l'un de nous devait être terrassé, l'autre ne devrait pas abandonner le combat. Le gouvernement anglais était prêt à faire la guerre depuis le Nouveau Monde si, par quelque désastre, l'Angleterre elle-même était dévastée. Si

---

1. En français dans le texte.

l'Allemagne venait à vaincre l'un ou l'autre des Alliés ou les deux, elle ne ferait pas de quartier ; nous serions pour toujours réduits au statut de vassaux et d'esclaves. Il vaudrait infiniment mieux que la civilisation de l'Europe occidentale, avec toutes ses œuvres, s'achevât dans un tragique mais splendide anéantissement, plutôt que de voir les deux grandes démocraties survivre en étant dépouillées de tout ce qui rendait la vie digne d'être vécue.

M. Attlee déclara ensuite qu'il était entièrement d'accord avec moi. « Le peuple anglais comprend maintenant le danger qui le menace et il sait que, dans le cas d'une victoire de l'Allemagne, tout ce qu'il a édifié serait détruit. Les Allemands ne tuent pas seulement les hommes, mais aussi les idées. Notre peuple est déterminé comme jamais auparavant dans son histoire. » Reynaud nous remercia de nos paroles ; il était sûr que le moral du peuple allemand n'était pas à la hauteur du triomphe momentané de ses armées. Si la France pouvait tenir sur la Somme avec l'aide des Britanniques et si l'industrie américaine intervenait pour remédier à l'inégalité des armements, alors nous pouvions être sûrs de la victoire. Il m'était très reconnaissant, dit-il, d'avoir renouvelé l'assurance que si l'un des deux pays tombait, l'autre n'abandonnerait pas la lutte.

Là-dessus s'acheva la réunion officielle.

Lorsque nous eûmes quitté la table, quelques-uns des membres du conseil s'entretinrent devant la baie vitrée, dans une atmosphère quelque peu différente. Le principal d'entre eux était le maréchal Pétain. Spears était avec moi, venant au secours de mon français et s'exprimant pour son compte. Le jeune capitaine de Margerie avait déjà fait allusion à une poursuite de la guerre en Afrique. Mais l'attitude du maréchal Pétain, sombre et réservée, me donna l'impression qu'il envisageait la possibilité d'une paix séparée. Le poids de sa personnalité, sa réputation, son acceptation sereine du cours défavorable des événements, sans parler des propos mêmes qu'il tenait, étaient presque irrésistibles pour ceux qui subissaient son emprise. L'un des

Français – je ne puis me rappeler lequel – dit en termes choisis qu'une prolongation des revers militaires pourrait, dans certaines éventualités, imposer à la France une modification de sa politique étrangère. Spears saisit l'occasion et, s'adressant particulièrement au maréchal Pétain, lui demanda dans un français irréprochable : « Je suppose, monsieur le maréchal, que vous comprenez que cela signifierait le blocus ? » Quelqu'un d'autre dit : « Ce serait peut-être inévitable. » Mais alors Spears, dit sans ambages à Pétain : « Il ne s'agirait pas seulement du blocus, mais du bombardement de tous les ports français aux mains des Allemands. » J'étais satisfait que cela eût été dit, et j'y allai ensuite de mon couplet habituel : « Nous poursuivrons la lutte, quoi qu'il arrive et quel que soit celui qui abandonne. » Nous eûmes à nouveau une nuit de raids mineurs et je repartis au matin.

*
* *

Le 31 mai et le 1ᵉʳ juin marquèrent le point culminant, mais non la fin des opérations de Dunkerque. Durant ces deux jours, plus de 132 000 hommes parvinrent en Angleterre sains et saufs, près d'un tiers d'entre eux ayant été embarqués le long des grèves par de petits bâtiments, sous le feu nourri de l'aviation et de l'artillerie. Le 1ᵉʳ juin, dès l'aube, les bombardiers ennemis fournirent le maximum de leur effort, en profitant souvent des intervalles pendant lesquels nos chasseurs se retiraient pour aller se réapprovisionner en carburant. Ces attaques firent des ravages parmi les embarcations remplies d'hommes, qui subirent presque autant de pertes que pendant toute la semaine précédente. Pour cette seule journée, celles dues aux attaques aériennes, aux mines, aux vedettes rapides ou à des causes diverses s'élevèrent à 31 bateaux coulés et 11 endommagés. Sur terre, l'ennemi accentuait sa pression tout le long de la tête de pont, en faisant l'impossible pour percer. Il fut tenu en échec par la résistance acharnée des arrière-gardes alliées.

La phase finale des opérations fut menée avec beaucoup d'habileté et de rigueur. Pour la première fois, on put établir des plans à l'avance, au lieu d'être contraint d'improviser d'heure en heure. À l'aube du 2 juin, environ 4 000 Anglais avec sept canons de DCA et douze canons antichars tenaient encore la périphérie de Dunkerque, tandis que des forces françaises encore considérables défendaient un périmètre qui ne cessait de rétrécir. L'évacuation n'était désormais possible que dans l'obscurité, et l'amiral Ramsay dut opérer la nuit même une incursion massive dans le port, avec toutes les ressources dont il disposait. Outre des remorqueurs et de petites embarcations, 44 vaisseaux furent envoyés ce soir-là d'Angleterre, dont 11 destroyers et 14 dragueurs de mines. 40 bâtiments français et belges participèrent également à l'opération. Avant minuit, l'arrière-garde britannique était évacuée.

Pourtant, ce n'était pas la fin de l'histoire de Dunkerque. Nous avions pris des dispositions pour évacuer cette nuit-là bien plus de Français qu'il ne s'en présenta. Le résultat fut que lorsque nos vaisseaux, dont beaucoup étaient encore vides, durent se retirer à l'aube, un grand nombre de soldats français – dont beaucoup étaient encore au contact de l'ennemi – resta à terre. Un ultime effort s'imposait. Malgré l'épuisement des équipages après tant de jours passés sans repos ni répit, l'appel fut entendu. Le 4 juin, 26 175 Français débarquèrent en Angleterre, dont plus de 21 000 sur des navires britanniques. Malheureusement, il en restait des milliers qui poursuivirent le combat jusqu'au matin du 4 mai dans la tête de pont qui s'amenuisait. À ce stade, l'ennemi était dans les faubourgs de la ville, et les défenseurs étaient à bout de forces. Ils avaient vaillamment combattu pour couvrir l'évacuation de leurs camarades anglais et français, et devaient passer les années suivantes en captivité. Souvenons-nous que sans l'endurance des arrière-gardes de Dunkerque, la reconstitution d'une armée capable d'assurer la défense de la Grande-Bretagne et de remporter la victoire finale aurait été gravement compromise.

Finalement, le 4 juin à 14 h 23, l'Amirauté annonça en accord avec les Français que l'« Opération Dynamo » était achevée. Plus de 338 000 soldats anglais et alliés avaient été transportés en Angleterre.

*
* *

Le Parlement se réunit le 4 juin, et il était de mon devoir de lui faire l'exposé complet des événements, d'abord en séance publique, puis en session secrète. Le présent récit ne requiert que quelques extraits de mon discours. Il était impératif d'expliquer, non seulement à notre peuple, mais aussi au monde entier, que notre détermination à poursuivre la lutte reposait sur des bases sérieuses et n'était pas uniquement un réflexe de désespéré. Il convenait également que je fisse connaître mes propres raisons de garder confiance :

> « Nous devons bien nous abstenir de donner à ce sauvetage les attributs d'une victoire. Les guerres ne se gagnent pas par des évacuations. Mais cette délivrance a comporté une victoire qui mérite d'être relevée. Elle a été remportée par nos forces aériennes. Beaucoup de nos soldats revenus de là-bas n'ont pas vu la RAF à l'œuvre ; ils n'ont vu que les bombardiers qui avaient réussi à échapper à ses assauts protecteurs. Ils sous-estiment ses exploits. J'ai entendu dire bien des choses à ce sujet ; c'est pourquoi je fais une digression pour vous dire cela ; je vais vous en parler.
>
> Dunkerque a été le théâtre d'une grande épreuve de force entre les aviations anglaise et allemande. Peut-on concevoir pour les aviateurs allemands un plus grand objectif que d'interdire l'évacuation depuis ces plages, que de couler tous ces vaisseaux déployés presque par milliers ? Pouvait-il y avoir un objectif militairement plus important et plus lourd de conséquences sur tout le cours de la guerre que celui-ci ? Ils ont fait de leur mieux, mais ils ont été battus, leur mission a échoué. Nous avons évacué l'armée, et ils ont payé au qua-

druple chacune des pertes qu'ils nous ont infligées… Tous nos modèles d'avions et tous nos pilotes se sont montrés supérieurs à ceux qu'ils devaient affronter.

Si l'on considère combien il serait plus avantageux pour nous de défendre le ciel de notre île contre une attaque venue de l'extérieur, je dois dire que je trouve dans ces faits une raison solide de nourrir des pensées à la fois réalistes et rassurantes. Je rendrai hommage à ces jeunes aviateurs. Pour l'heure, la grande armée française a été en grande partie repoussée et désorganisée par la ruée de quelques milliers de véhicules blindés. Ne pourrait-il également se faire que la cause de la civilisation elle-même soit bientôt sauvegardée par l'adresse et le dévouement de quelques milliers d'aviateurs ?

On nous dit que Herr Hitler a un plan d'invasion des îles Britanniques. L'idée n'est pas nouvelle. Lorsque Napoléon campa une année entière à Boulogne avec ses bateaux à fond plat et sa Grande Armée, quelqu'un l'avertit : "Il y a des herbes sauvages et amères en Angleterre." Il y en a certainement beaucoup plus depuis le retour du corps expéditionnaire britannique.

Bien entendu, toute la question de la défense du pays contre l'invasion est considérablement influencée par le fait que nous possédons actuellement dans notre île des forces militaires incomparablement plus puissantes qu'à aucun moment de cette guerre ou de la précédente. Mais cela ne durera pas. Nous ne nous contenterons pas d'une guerre défensive. Nous avons des devoirs envers notre allié. Nous devons reconstituer et rééquiper une fois de plus le corps expéditionnaire britannique, sous l'autorité de son vaillant commandant en chef, lord Gort. Tout cela est en cours ; mais dans l'intervalle, nous devons porter nos défenses sur cette île à un tel niveau d'organisation que des effectifs aussi réduits que possible soient suffisants pour en assurer efficacement la sécurité, et que le plus grand potentiel offensif possible puisse être mis sur pied ; c'est à cela que nous travaillons actuellement. »

Je terminai par quelques phrases destinées, comme on le verra, à exercer sur les décisions américaines une influence aussi importante qu'opportune :

« Bien que de vastes étendues de l'Europe et de nombreuses nations illustres et vénérables soient tombées ou puissent encore tomber aux mains de la Gestapo et de tout l'odieux appareil du régime nazi, nous ne faiblirons ni ne faillirons. Nous irons jusqu'au bout, nous nous battrons en France, nous nous battrons sur les mers et sur les océans, nous nous battrons dans les airs avec une assurance et une force toujours croissantes, nous défendrons notre île, quel qu'en soit le coût, nous nous battrons sur les plages, nous nous battrons sur les terrains d'aviation, nous nous battrons dans les champs et dans les rues, nous nous battrons dans les collines ; jamais nous ne nous rendrons. Et même s'il devait arriver – ce que je ne crois pas un seul instant – que notre île entière ou une grande partie de celle-ci fût conquise et affamée, alors notre Empire au-delà des mers, armé et protégé par la flotte britannique, poursuivrait le combat jusqu'à ce qu'il plaise à Dieu que le Nouveau Monde, avec toute sa puissance et toute sa force, s'avance pour secourir et libérer l'Ancien. »

Chapitre V

LA COURSE AUX DÉPOUILLES

L'amitié entre les peuples anglais et italien remontait au temps de Garibaldi et de Cavour. Chaque étape franchie par l'Italie du Nord pour se libérer du joug autrichien, chaque pas vers l'unité et l'indépendance italiennes avaient conquis la sympathie du libéralisme victorien. L'influence britannique avait puissamment contribué à gagner l'Italie à la cause alliée lors de la Première Guerre mondiale. L'ascension de Mussolini et l'instauration du fascisme comme rempart contre le bolchevisme avaient initialement divisé l'opinion britannique en fonction de ses affinités politiques, mais n'avaient pas entamé l'ample réserve de sympathie qui unissait les deux peuples. Nous avons vu que, jusqu'à ce que les visées de Mussolini sur l'Abyssinie aient provoqué de graves complications, il s'était rangé aux côtés de la Grande-Bretagne contre l'hitlérisme et les ambitions de l'Allemagne. J'ai déjà raconté la triste histoire de cette politique Baldwin-Chamberlain dans l'affaire d'Abyssinie, qui nous avait fait perdre sur les deux tableaux, du fait que nous nous étions aliéné le dictateur italien sans pour autant briser sa puissance, et que la Société des Nations avait été mise en branle sans que l'Abyssinie fût sauvée. Nous avons également vu les efforts ardents mais futiles déployés par M. Chamberlain, sir Samuel Hoare et lord Halifax pour rentrer dans les bonnes grâces de Mussolini durant la période d'apaisement. Enfin, Mussolini s'était peu à peu convaincu que le soleil de la Grande-Bretagne était à son déclin, et que l'Italie pouvait, avec l'aide de l'Allemagne, fonder son avenir sur les ruines de l'Empire britannique. Cela avait été suivi par la création de l'axe Rome-Berlin, en vertu duquel l'Italie aurait très bien pu entrer en guerre contre la Grande-Bretagne et la France dès le premier jour.

Mû certainement par une prudence élémentaire, Mussolini avait attendu de voir comment la guerre tournerait avant de s'engager et d'engager irrévocablement son pays. Cette attitude d'expectative ne manquait pas d'avantages ; courtisée par les deux camps, l'Italie avait gagné une grande considération pour ses intérêts, bien des contrats rentables et du temps pour améliorer ses armements. Ainsi s'étaient écoulés les mois de la drôle de guerre. Rétrospectivement, il est intéressant de supputer ce qu'aurait été le sort de l'Italie si cette politique avait été poursuivie. Les États-Unis, avec leur forte proportion d'électeurs italiens, auraient très bien pu signifier à Hitler qu'une tentative de rallier l'Italie à sa cause par la force des armes serait grosse de conséquences. La paix, la prospérité et un accroissement de puissance auraient été les fruits du maintien de la neutralité. Une fois Hitler embarqué en Russie, cette heureuse situation aurait pu se prolonger presque indéfiniment, avec des avantages de plus en plus considérables, et Mussolini serait apparu, lors du retour à la paix ou dans la dernière année de guerre, comme le plus avisé des hommes d'État qu'ait jamais connus cette péninsule ensoleillée, avec son peuple aussi industrieux que prolifique[1]. C'eût été un sort plus enviable que celui qui l'attendait en réalité.

Les deux fois où j'avais rencontré Mussolini, en 1927, nos relations personnelles avaient été amicales et détendues. Je n'aurais jamais incité la Grande-Bretagne à rompre avec lui au sujet de l'Abyssinie, ni dressé contre lui la Société des Nations, à moins que nous n'ayons été disposés

---

1. Ces suppositions ne sont pas sans fondement. L'exemple du général Franco en Espagne donne une idée de ce qui était faisable à cet égard.

à faire la guerre en dernier ressort. Mussolini, comme Hitler, comprenait et respectait d'une certaine façon ma campagne en faveur du réarmement de la Grande-Bretagne – tout en se félicitant du fait que l'opinion publique anglaise ne me soutienne pas à cet égard.

Au point de crise que nous avions atteint dans la désastreuse bataille de France, il était manifestement de mon devoir, en tant que Premier ministre, de mettre tout en œuvre pour tenir l'Italie à l'écart du conflit et, sans me bercer de vains espoirs, je mobilisai sans délai toutes les ressources et toute l'influence dont je pouvais disposer. Six jours après mon accession au pouvoir, sur la demande du Cabinet, j'adressai à Mussolini l'appel suivant, qui fut publié deux ans plus tard, avec la réponse, dans des circonstances bien différentes. Il était daté du 16 mai 1940.

> « À présent que j'ai assumé les fonctions de Premier ministre et de ministre de la Défense, je me remémore nos rencontres à Rome et j'éprouve le désir de vous adresser des paroles de bonne volonté à vous, le Chef de la nation italienne, par-dessus un abîme qui semble s'élargir rapidement. Est-il trop tard pour empêcher un fleuve de sang de couler entre les peuples britannique et italien ? Nous pouvons assurément nous infliger de graves blessures, nous meurtrir cruellement et assombrir la Méditerranée de notre querelle. Si vous en décidez ainsi, il faudra en arriver là. Mais je déclare que je n'ai jamais été l'ennemi de la grandeur italienne, ni, au fond de mon cœur, l'adversaire du législateur italien. Il est vain de vouloir prédire le sort des grandes batailles qui font rage maintenant en Europe, mais je suis certain, quoi qu'il puisse arriver sur le Continent, que l'Angleterre ira jusqu'au bout, même toute seule, comme nous l'avons fait jadis, et j'ai de bonnes raisons de croire que nous serons de plus en plus aidés par les États-Unis, et même par toutes les Amériques.
>
> Je vous prie de croire que ce n'est nullement dans un esprit de faiblesse ou de crainte que je vous adresse cet appel solennel, qui restera dans les archives de l'Histoire. À travers les âges s'élève une voix, dominant toutes les autres, qui pro-

clame que les héritiers conjoints de la civilisation latine et chrétienne ne doivent pas s'affronter dans une lutte mortelle. Entendez-la, je vous l'adjure en tout honneur et respect, avant que le funeste signal ne soit donné. Il ne sera jamais donné par nous. »

La réponse fut dure. Elle avait au moins le mérite de la franchise.

« Je réponds au message que vous m'avez adressé afin de vous dire que vous n'ignorez certainement pas les graves raisons de caractère historique et fortuit qui ont rangé nos deux pays dans des camps opposés. Sans remonter très loin dans le passé, je vous rappelle l'initiative prise en 1935 par votre gouvernement d'organiser à Genève des sanctions contre l'Italie, qui cherchait à s'assurer une petite place au soleil africain, sans causer le moindre préjudice à vos intérêts et territoires, ni à ceux des autres. Je vous rappelle aussi l'état de servitude réelle et effective où se trouve l'Italie dans sa propre mer. Si c'était pour honorer votre signature que votre gouvernement a déclaré la guerre à l'Allemagne, vous comprendrez que le même sentiment de l'honneur et du respect des engagements contractés dans le traité italo-allemand guide la politique italienne d'aujourd'hui et de demain, quelles que soient les circonstances. »

À partir de ce moment, nous ne pouvions plus avoir aucun doute sur l'intention qu'avait Mussolini d'entrer dans la guerre au moment qui lui serait le plus favorable. En fait, sa résolution avait été prise dès que la défaite des armées françaises était devenue évidente. Le 13 mai, il avait dit à Ciano qu'il déclarerait la guerre à la France et à la Grande-Bretagne avant un mois. Sa décision officielle de déclarer la guerre à n'importe quelle date convenable après le 5 juin fut communiquée aux chefs d'état-major italiens le 29 mai. À la demande d'Hitler, cette date fut reportée au 10 juin.

*

* *

Le 26 mai, tandis que se jouait le sort des armées du Nord et que nul ne pouvait être certain qu'une seule d'entre elles en réchapperait, Reynaud prit l'avion pour l'Angleterre, afin de venir s'entretenir avec nous de cette affaire, que nous n'avions pas perdue de vue. La déclaration de guerre de l'Italie devait être attendue d'un moment à l'autre. Ainsi, la France allait s'enflammer sur un autre front, et un nouvel ennemi se jeter avidement sur elle dans le Sud. Y avait-il quelque chose à faire pour acheter la neutralité de Mussolini? C'est en ces termes que se posait la question. Je n'en voyais pas la moindre chance, et chacun des faits que le chef du gouvernement français invoqua comme argument en faveur d'une tentative me convainquit davantage qu'il n'y avait aucun espoir. Cependant, Reynaud subissait de fortes pressions dans son pays, et de notre côté, nous désirions prendre pleinement en compte les intérêts de notre alliée, dont l'unique arme essentielle, son armée, était en train de se briser entre ses mains. Bien qu'il n'y eût nul besoin de revenir sur ces graves événements, M. Reynaud insista sans détour sur la possibilité que la France se retirât de la guerre. Lui-même poursuivrait la lutte, mais il y avait toujours le risque qu'il se voie bientôt remplacé par d'autres, animés de dispositions différentes.

Le 25 mai, à la demande du gouvernement français, nous avions déjà présenté au président Roosevelt une requête conjointe d'intervention. Dans ce message, la Grande-Bretagne et la France l'autorisaient à déclarer que nous comprenions que l'Italie avait en Méditerranée des griefs territoriaux contre nous; que nous étions disposés à prendre immédiatement en considération toute revendication raisonnable; que les Alliés admettraient l'Italie à la Conférence de la paix sur un pied d'égalité avec n'importe quel belligérant; et que nous inviterions le Président à veiller à ce que tout accord conclu à présent fût exécuté. Le Président agit en conséquence; mais ses démarches furent repoussées par le dictateur italien de la manière la plus abrupte. Lors de notre rencontre avec Reynaud, nous avions déjà sous les yeux le texte de cette réponse. Le président du Conseil français présenta alors des propositions plus précises. Il était manifeste que pour remédier à « l'état de servitude de l'Italie dans sa propre mer », elles devaient concerner le statut de Gibraltar et celui de Suez. La France était prête à faire des concessions similaires portant sur Tunis.

Il nous était impossible d'encourager ces idées. Non qu'il fût malséant de les examiner ou qu'il parût sans intérêt à ce stade de payer très cher pour maintenir l'Italie à l'écart de la guerre. Mon propre sentiment était qu'au point où en étaient nos affaires, nous n'avions rien à offrir que Mussolini ne pût prendre lui-même ou se faire donner par Hitler si nous étions vaincus. Il n'est pas très facile de conclure un marché quand on est à l'agonie. Une fois des négociations pour obtenir la bienveillante médiation du Duce entamées, nous aurions brisé notre capacité de poursuivre le combat. Je trouvai mes collègues très raides et intransigeants à cet égard. Nous songions tous plutôt à bombarder Milan et Turin dès l'instant où Mussolini déclarerait la guerre, et à voir s'il apprécierait. Reynaud qui, au fond, n'était pas en désaccord avec nous, parut convaincu, ou tout au moins satisfait. Cela n'empêcha pas le gouvernement français de faire à l'Italie quelques jours plus tard une offre directe de concessions territoriales, que Mussolini traita avec dédain. Ciano déclara à l'ambassadeur de France le 3 juin que « recouvrer des territoires français par négociation pacifique ne l'intéressait pas. Il avait décidé de faire la guerre à la France ». C'était bien ce que nous avions prévu.

En dépit d'efforts véhéments de la part des États-Unis, rien ne put détourner Mussolini de son destin. Le 10 juin, à 16 h 45, le ministre des Affaires étrangères d'Italie informa l'ambassadeur de Grande-Bretagne que l'Italie se considérerait en état de guerre avec le Royaume-Uni à partir de minuit. Une communication similaire fut faite au gouvernement français. Lorsque Ciano remit sa note à l'ambassadeur de France, M. François-Poncet, celui-ci lui fit observer au moment de partir : « Vous aussi, vous verrez que les Allemands sont des maîtres durs. » Du haut de son balcon à Rome, Mussolini annonça à des foules dûment rassemblées que l'Italie était en guerre avec la France et la Grande-Bretagne. C'était, selon l'expression que Ciano aurait utilisée plus tard en guise d'excuse, « une chance qui ne se présente qu'une fois tous les cinq mille ans ». De telles chances, même exceptionnelles, ne sont pas nécessairement bonnes.

Les Italiens attaquèrent sans délai les troupes françaises sur le front des Alpes, et la Grande-Bretagne déclara à son tour la guerre à l'Italie. Cinq navires italiens retenus à Gibraltar furent saisis, et la marine reçut l'ordre d'intercepter et de ramener dans des ports sûrs tous les navires italiens rencontrés en mer. Dans la nuit du 12 juin, nos escadrilles de bombardement, faiblement chargées en raison de l'éloignement des objectifs, lâchèrent leurs premières bombes sur Turin et Milan ; nous envisagions des largages beaucoup plus copieux dès que nous pourrions utiliser les aérodromes français de la région de Marseille.

Les Français ne purent rassembler que trois divisions, avec l'équivalent de trois autres en troupes de forteresse, pour faire face à l'invasion du groupe d'armées occidental que les Italiens avaient lancé à travers les cols alpins et le long de la Côte d'Azur. Ce groupe comprenait trente-deux divisions, sous le commandement du prince Umberto. En outre, une forte colonne blindée allemande, descendant rapidement la vallée du Rhône, commença bientôt à prendre les Français à revers. Mais les Italiens ne se heurtèrent pas moins à des unités alpines françaises qui les arrêtèrent sur tous les secteurs du nouveau front, même après la chute de Paris et la prise de Lyon par les Allemands. Lorsque le 18 juin, Hitler et Mussolini se rencontrèrent à Munich, le Duce n'avait guère lieu de se vanter. Une nouvelle offensive italienne fut déclenchée le 21 juin, mais les positions françaises des Alpes s'avérèrent inexpugnables, et l'effort principal des Italiens en direction de Nice fut arrêté à la périphérie de Menton. Toutefois, bien que l'armée française eût sauvé l'honneur sur les frontières du sud-est, l'avance allemande vers le sud, sur leurs arrières, rendit impossible toute poursuite du combat, et la conclusion de l'armistice avec l'Allemagne fut subordonnée à une demande de la France à l'Italie en vue de la cessation des hostilités.

Un discours du président Roosevelt avait été annoncé pour la nuit du 10 juin. Vers minuit, je l'écoutai avec un groupe d'officiers dans la salle des opérations de l'Amirauté, où je travaillais toujours[1]. Lorsqu'il prononça au sujet de l'Italie ces paroles cinglantes : « En ce jour du 10 juin 1940, la main qui tenait le poignard l'a plongé dans le dos de son voisin », il y eut un fort grondement de satisfaction. Je me demandai comment voteraient les électeurs italiens lors de l'élection présidentielle toute proche ; mais je savais que Roosevelt était un politicien consommé, bien qu'il n'eût jamais peur de courir des risques pour l'amour de ses convictions. Ce fut un discours magnifique, tout frémissant de passion et chargé pour nous d'un message d'espérance. Encore sous le coup de cette impression, je lui exprimai ma gratitude avant d'aller me coucher.

*
* *

La course aux dépouilles avait commencé. Mais Mussolini n'était pas le seul animal vorace en quête d'une proie. Au Chacal vint se joindre l'Ours.

---

1. Par courtoisie, Churchill s'est abstenu d'emménager immédiatement à Downing Street, afin de laisser à Chamberlain tout le temps de prendre de nouvelles dispositions.

J'ai déjà fait état de l'évolution des relations anglo-soviétiques jusqu'au déclenchement de la guerre, et de l'hostilité qui se manifesta du fait de l'invasion de la Finlande par les Russes, en débouchant presque sur une rupture avec la Grande-Bretagne et la France. L'Allemagne et la Russie opéraient désormais de concert, aussi étroitement que le permettaient leurs profondes divergences d'intérêts. En tant que dirigeants totalitaires, Hitler et Staline avaient beaucoup de traits communs, et leurs systèmes de gouvernement étaient apparentés. Dans les occasions importantes, M. Molotov était tout sourire pour l'ambassadeur d'Allemagne, le comte Schulenburg, et il montrait beaucoup d'empressement à approuver la politique allemande comme à louer les mesures militaires prises par Hitler. Lors de l'agression allemande contre la Norvège, il avait déclaré que le gouvernement soviétique comprenait les mesures que l'Allemagne avait été obligée de prendre. Les Anglais étaient certainement allés beaucoup trop loin. Ils avaient totalement méconnu les droits des nations neutres. « *Nous souhaitons à l'Allemagne un succès complet dans ses mesures défensives.* » Hitler avait pris la peine d'informer Staline au matin du 10 mai de l'assaut qu'il avait déclenché contre la France et les Pays-Bas neutres. « Je rendis visite à Molotov, écrivit Schulenburg. Il apprécia la nouvelle, et ajouta qu'il comprenait que l'Allemagne devait se protéger contre l'attaque anglo-française. Il ne doutait pas de notre succès. »

Bien que nous n'ayons pris connaissance de ces déclarations qu'après la guerre, nous ne nous faisions aucune illusion sur l'attitude soviétique. Nous n'en poursuivîmes pas moins une patiente politique pour essayer de rétablir entre la Russie et nous des relations de confiance, en comptant sur la marche des événements et sur l'antagonisme foncier entre la Russie et l'Allemagne. Il fut jugé opportun d'utiliser les talents de sir Stafford Cripps comme ambassadeur à Moscou. Il accepta volontiers cette tâche morne et peu engageante. Nous ne nous rendions pas suffisamment compte à l'époque du fait que les communistes soviétiques haïssent les politiciens d'extrême gauche plus encore que les conservateurs ou les libéraux. Plus on est près du communisme par le sentiment, plus on est mal vu des Soviétiques, à moins d'entrer au Parti. Le gouvernement soviétique donna son agrément à la nomination de Cripps, et expliqua son attitude à ses associés nazis. « L'Union soviétique, écrivait Schulenburg à Berlin le 29 mai, désire obtenir de l'Angleterre du caoutchouc et de l'étain, en échange de bois de charpente. Il n'y a aucune raison de s'inquiéter de la mission de Cripps, étant donné qu'il n'y a pas lieu de mettre en doute la loyauté de l'Union soviétique à notre égard, et que l'orientation constante de sa politique envers l'Angleterre exclut toute mesure portant atteinte à l'Allemagne ou à ses intérêts vitaux. On ne décèle ici aucun indice pouvant laisser croire que les derniers succès allemands inspirent au gouvernement soviétique un sentiment d'alarme ou de crainte de l'Allemagne. »

L'effondrement de la France, avec la destruction des armées françaises et de tout contrepoids à l'Ouest, aurait dû susciter quelque réaction dans l'esprit de Staline, mais rien ne parut avertir les dirigeants soviétiques de la gravité du péril qui les menaçait. Le 18 juin, lorsque la défaite de la France fut consommée, Schulenburg nota dans son rapport : « Molotov m'a convoqué ce soir à son bureau et m'a exprimé les félicitations les plus chaleureuses du gouvernement soviétique pour le *splendide succès* des forces armées allemandes. » Presque exactement un an plus tard, ces mêmes forces armées, prenant le gouvernement soviétique complètement par surprise, déversaient sur la Russie des cataractes de feu et d'acier. Nous savons aujourd'hui que quatre mois plus tard seulement, durant cette même année 1940, Hitler prit la décision définitive de mener une guerre d'extermination contre les Soviétiques, et entama le long, vaste et furtif mouvement vers l'est de ces armées allemandes si chaleureusement félicitées par les Russes. Aucun souvenir de leur erreur de calcul et de leur attitude passée n'empêcha jamais le gouvernement soviétique, ainsi que ses agents et associés communistes dans le monde entier, de réclamer à grands cris la création d'un « second front », dans lequel la Grande-Bretagne, qu'ils avaient vouée à la ruine et à la servitude, devait jouer le premier rôle. Cependant, nous percevions mieux l'avenir que ces froids calculateurs, et nous comprenions leurs intérêts et les dangers qu'ils couraient mieux qu'ils ne le faisaient eux-mêmes.

Le 14 juin, jour de la chute de Paris, Moscou avait adressé un ultimatum à la Lituanie, l'accusant, ainsi que les autres États baltes, de conspiration militaire contre l'URSS, et exigeant des changements de gouvernement radicaux, ainsi que des concessions militaires. Le 15 juin, l'Armée rouge envahit le pays. Lettonie et Estonie subirent le même traitement. Des gouvernements prosoviétiques durent être constitués séance tenante, et des garnisons soviétiques furent installées dans ces petits pays; toute résistance était exclue. Le président de la Lettonie fut déporté en Russie, et M. Vychinsky arriva pour désigner un gouvernement provisoire, chargé d'organiser de nouvelles élections. En Estonie, la procédure fut identique: le 19 juin, Jdanov arriva pour installer un régime similaire. Puis, entre le 3 et le 6 août, le faux-semblant de gouvernements démocratiques et prosoviétiques fut balayé, et le Kremlin annexa les États baltes à l'Union soviétique.

L'ultimatum russe à la Roumanie fut remis au ministre de ce pays à Moscou le 26 juin à 22 heures, la cession de la Bessarabie et de la Bukovine septentrionale était exigée, et une réponse immédiate réclamée pour le lendemain. L'Allemagne, bien que contrariée par cette action russe précipitée qui menaçait ses intérêts économiques en Roumanie, était liée par les termes du pacte Ribbentrop-Molotov d'août 1939, qui reconnaissait à la Russie des intérêts politiques exclusifs dans ces régions du Sud-Est européen. Le gouvernement allemand conseilla donc à la Roumanie de céder. Le 27 juin, les troupes roumaines furent retirées des deux provinces en question, et les territoires passèrent aux mains des Russes. Les forces armées de l'Union soviétique étaient désormais solidement implantées sur les rivages de la Baltique et à l'embouchure du Danube.

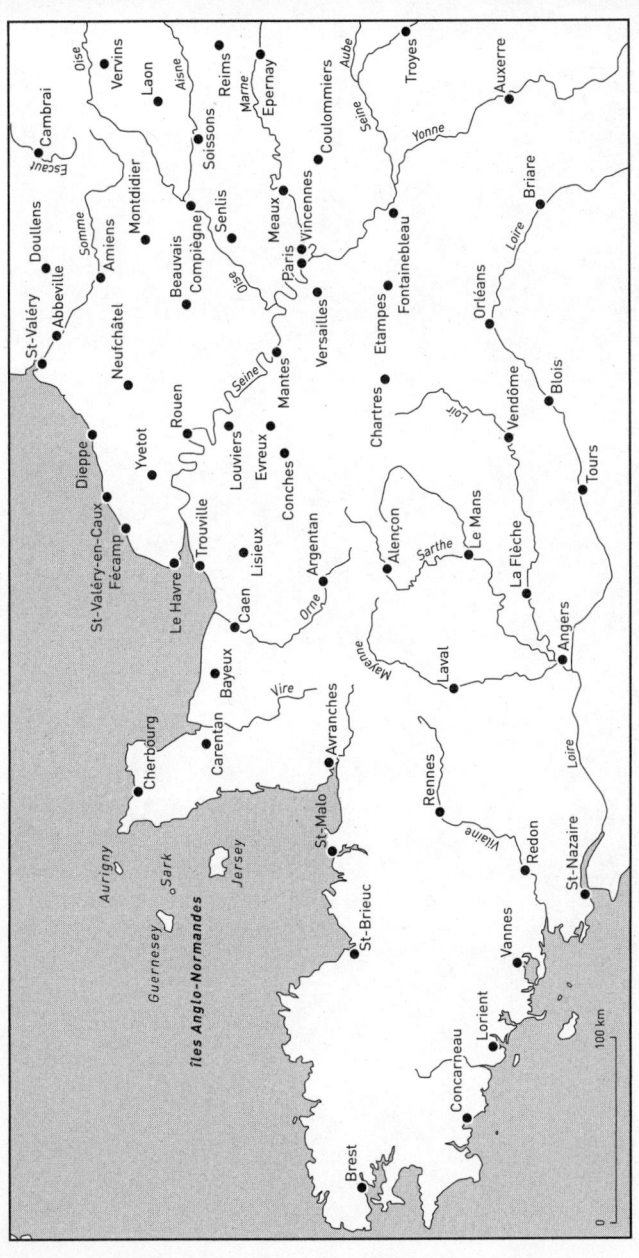

Carte générale du Nord-Ouest de la France

Chapitre VI

RETOUR EN FRANCE

(4 juin – 12 juin 1940)

Lorsque l'on connut le nombre d'hommes sauvés à Dunkerque, un sentiment de libération balaya les îles Britanniques et l'empire tout entier. L'impression de soulagement était si intense qu'elle tourna presque au triomphe. Que près de 250 000 hommes, la fleur de notre armée, aient pu revenir sains et saufs, voilà qui marquait d'une pierre blanche notre périple à travers des années de défaites. Les rescapés, qui n'avaient plus rien que leurs fusils, leurs baïonnettes et quelques centaines de mitrailleuses, furent immédiatement renvoyés dans leurs foyers pour une permission de sept jours. La joie de se retrouver dans leurs familles n'éclipsa pas chez eux le farouche désir d'affronter l'ennemi au plus tôt. Ceux qui l'avaient déjà combattu sur le terrain étaient persuadés qu'à armes égales, ils pouvaient le battre ; ils avaient bon moral, et c'est avec empressement qu'ils rejoignirent leurs régiments et leurs batteries[1].

Il restait naturellement un côté sombre dans l'affaire de Dunkerque. Nous avions perdu tout l'équipement de notre armée, qui avait reçu jusque-là tous les premiers produits de nos usines. Plusieurs mois devraient s'écouler avant que ces pertes ne fussent compensées, même si les programmes en cours étaient exécutés sans interruption due à l'action ennemie.

---

1. Churchill prête naturellement à chaque soldat britannique des qualités purement winstoniennes de patriotisme exacerbé et de bravoure illimitée.

Mais de l'autre côté de l'Atlantique, une forte émotion étreignait le cœur des dirigeants américains. On comprit immédiatement à Washington que le gros de l'armée anglaise n'avait pu s'échapper qu'en abandonnant tout son équipement. Dès le 1er juin, le président avait ordonné aux ministères de la Guerre et de la Marine de lui faire un rapport sur les armes dont ils pourraient se dessaisir en faveur de la Grande-Bretagne et de la France. Le chef d'état-major de l'armée américaine était le général Marshall, un soldat de valeur, mais aussi un homme d'une grande hauteur de vue. Il dépêcha immédiatement son directeur d'intendance et son chef d'état-major adjoint pour répertorier l'ensemble du matériel de réserve et des stocks d'armement américains. Les réponses arrivèrent dans les quarante-huit heures, et le 3 juin, Marshall approuva les listes. La première comprenait un demi-million de fusils de calibre 30 pris sur le stock de deux millions d'armes fabriquées en 1917 et en 1918, et conservées dans la graisse depuis plus de vingt ans. Pour chaque fusil, il y avait environ 250 cartouches. Étaient également disponibles 900 *soixante-quinze*[1] de campagne avec un million d'obus, 80 000 mitrailleuses et divers autres articles. Le général de brigade Wesson, directeur de l'armement, fut chargé de prendre cette affaire en main, et dès le 3 juin, tous les dépôts et arsenaux de l'armée américaine commencèrent à emballer le matériel pour l'expédier. À la fin de la semaine, plus de six cents wagons lourdement chargés roulaient vers les docks de l'armée à Raritan (New Jersey), sur le fleuve en amont de Gravesend-Bay. Le 11 juin, une douzaine de navires marchands anglais vint mouiller dans la baie, et le chargement commença aussitôt à l'aide d'allèges.

Ayant pris ces mesures extraordinaires, les États-Unis se retrouvaient avec juste assez de matériel pour équiper 1 800 000 hommes, effectif minimum prévu par le plan de mobilisation de l'armée américaine. Tout cela paraît facile

---

1. En français dans le texte.

actuellement, mais à l'époque, ce fut de la part des États-Unis une manifestation suprême de foi et d'autorité que de se priver de cette énorme quantité d'armes, pour secourir un pays que beaucoup considéraient déjà comme battu. Ils n'eurent jamais à le regretter. Comme on le verra, nous transportâmes sans encombre les armes précieuses à travers l'Atlantique pendant le mois de juillet, et elles constituèrent non seulement un appréciable effort matériel, mais aussi un facteur important dans tous les calculs que faisaient nos amis et nos ennemis sur les chances d'une invasion.

*
* *

Le mois de juin fut particulièrement éprouvant pour nous tous, du fait des pressions contradictoires qui s'exerçaient sur nous dans notre dénuement. Nous avions des devoirs envers la France, mais aussi l'obligation de constituer sur notre sol une armée solide, tout en fortifiant notre île. La double tension résultant de ces nécessités essentielles et antagonistes étaient des plus sévères. Nous n'en suivîmes pas moins une politique ferme et constante, sans perdre indûment notre sang-froid. La priorité absolue continuait d'être accordée à l'envoi de toutes les troupes équipées et entraînées que nous possédions, afin de reconstituer le corps expéditionnaire en France. Après cela, tous nos efforts portaient sur la défense de notre île : il s'agissait d'abord de reconstituer une armée régulière ; ensuite, de fortifier les sites de débarquement les plus probables ; enfin, d'armer et d'organiser la population autant que nous le pouvions ; et bien sûr d'amener dans la métropole toutes les forces qu'il était possible de rassembler dans l'empire. Nous ne manquions pas d'hommes, mais d'armes. Plus de 80 000 fusils furent récupérés des dépôts et des bases que nous avions établis au sud de la Seine et, vers la mi-juin, chaque combattant de l'armée régulière était au moins doté d'une arme individuelle. En revanche, nous possédions très peu d'artillerie de campagne, même pour l'armée régulière, car presque tous les nouveaux canons de 25 avaient été perdus en France. Il nous restait à peu près cinq cents canons de tous calibres et seulement 103 chars lourds, 114 chars d'accompagnement d'infanterie et 252 chars légers. Jamais une grande nation ne s'était trouvée dans un tel état de dénuement face à ses ennemis.

Mis à part nos vingt-cinq dernières escadrilles de chasse, sur lesquelles nous étions intraitables, nous considérions que notre devoir d'aider l'armée française devait passer avant tout. Le transfert en France de la 52ᵉ *Lowland Division* était prévu pour le 7 juin, et l'ordre fut confirmé. En plein accord avec le gouvernement du Dominion, la division de tête de l'armée canadienne, concentrée en Angleterre au début de l'année et bien armée, fut dirigée sur Brest, où elle commença d'arriver le 11 juin pour ce qui apparaissait déjà à l'époque comme une entreprise désespérée. Notre envoi des deux seules divisions encore constituées, la 52ᵉ *Lowland Division* et la 1ʳᵉ division canadienne, à notre allié français chancelant dans cette crise mortelle, alors même que toute la fureur de l'Allemagne allait bientôt s'abattre sur nous, peut être porté à notre crédit – en compensation des forces excessivement limitées que nous avions été capables d'aligner en France au cours des huit premiers mois de la guerre. Rétrospectivement, je me demande comment, alors que nous étions résolument engagés dans une lutte à mort, que nous nous trouvions menacés d'invasion et que la France était évidemment en voie de perdition, nous avons eu le courage de nous dépouiller du peu d'unités militaires effectives que nous possédions encore. En fait, cela ne fut possible que parce que nous comprenions bien toutes les difficultés que présentait une traversée de la Manche sans la maîtrise de la mer ou des engins de débarquement nécessaires.

*
* *

Nous avions encore en France, derrière la Somme, la 51ᵉ *Highland Division*, retirée de la ligne Maginot, et qui était en bon état. Il y avait aussi notre 1re et unique division blindée, moins le bataillon de chars et le groupe de soutien, qui avaient été envoyés à Calais. Elle avait toutefois essuyé de lourdes pertes en tentant de franchir la Somme, dans le cadre du plan Weygand. Le 1er juin, réduite à un tiers de ses effectifs, elle fut repliée derrière la Seine pour se reformer. Simultanément, neuf bataillons d'infanterie, principalement armés de fusils, furent rassemblés à grand-peine depuis les bases et les lignes de communication en France. Ils n'avaient que très peu d'armes antichars, et aucun moyen de transport ou de communication.

Le 5 juin commençait l'ultime épisode de la « bataille de France ». On a vu comment les blindés allemands avaient été freinés et retenus dans la bataille de Dunkerque, afin de les préserver pour la phase finale des opérations en France. Tous ces blindés se ruaient maintenant sur le front français faible, improvisé ou chancelant entre Paris et la mer. Je ne puis rapporter ici que la bataille sur l'aile côtière, où nous avons joué un rôle. La 10e armée française s'efforçait de tenir la ligne de la Somme. Le 7 juin, deux divisions blindées allemandes percèrent en direction de Rouen. L'aile gauche française, incluant la 51e *Highland Division*, fut alors séparée du reste du front et, avec les vestiges du IXe Corps français, elle se retrouva isolée dans le *cul-de-sac*[1] entre Rouen et Dieppe.

Nous craignions fort de voir cette division repoussée vers la péninsule du Havre et séparée ainsi du gros des armées. Son commandant, le général Fortune, avait reçu l'ordre de se replier en direction de Rouen si nécessaire. Ce mouvement fut interdit par un commandement français déjà en pleine déliquescence. Nous fîmes à plusieurs reprises des représentations pressantes, mais ce fut en vain. Il y avait là une négligence de taille dans la conduite des opérations, car ce danger était déjà manifeste trois jours plus tôt.

---

1. En français dans le texte.

Le 10 juin, après de durs combats, la division se replia avec le IXe Corps français sur le périmètre de Saint-Valery-en-Caux, espérant être évacuée par mer. Dans la nuit du 11 au 12, le brouillard empêcha les navires d'embarquer les troupes. Dans la matinée du 12, les Allemands avaient atteint les falaises au sud et tenaient la plage sous leur feu. Des drapeaux blancs apparurent alors dans la ville. Le corps français capitula à 8 heures, et les restes de la *Highland Division* furent contraints d'en faire autant à 10 h 30. 8 000 Anglais et 4 000 britanniques tombèrent ainsi entre les mains de la 7e *Panzer Division*, commandée par le général Rommel. J'étais fâché que les Français n'aient pas permis à notre division de se replier à temps sur Rouen, en l'obligeant à attendre jusqu'au moment où elle ne pouvait plus ni atteindre Le Havre, ni se retirer vers le sud. Le sort des hommes de la *Highland Division* fut rude, mais au cours des années suivantes, ils furent vengés par les Écossais qui prirent leur place, reformèrent la division en l'incorporant à la *9th Scottish*, et parurent sur tous les champs de bataille, depuis El-Alamein jusqu'à la victoire finale au-delà du Rhin.

*
* *

Le 11 juin, vers onze heures du matin, je reçus un télégramme de Paul Reynaud, qui avait également câblé au président. La tragédie en France avait évolué et se précipitait vers sa fin. Depuis plusieurs jours déjà, j'avais insisté pour que le Conseil suprême se réunît. Nous ne pouvions plus nous rencontrer à Paris, et nous n'étions pas tenus au courant de ce qui s'y passait. Les avant-gardes allemandes devaient certainement être très près. J'avais eu quelques difficultés pour obtenir un rendez-vous, mais l'heure n'était pas aux formalités. Nous devions savoir ce que les Français allaient faire. Reynaud m'informait à présent qu'il pouvait nous recevoir à Briare, près d'Orléans. Le gouvernement quittait Paris pour Tours, et le grand quartier général était établi près de Briare. Toutes affaires cessantes, je donnai des ordres pour que le *Flamingo* gouvernemental se tînt prêt à Hendon après le déjeuner, et, ayant obtenu l'approbation de mes collègues lors du Conseil de cabinet du matin, nous partîmes vers 14 heures.

C'était la quatrième fois que je me rendais en France; et comme la situation militaire dominait manifestement tout le reste, je demandai au nouveau ministre de la Guerre, M. Eden, de m'accompagner, ainsi que le général Dill, chef de l'état-major impérial, et Ismay, bien entendu. L'aviation allemande s'aventurait à présent beaucoup plus loin au-dessus de la Manche, et nous dûmes faire un détour encore plus large que d'habitude. Comme pour les précédentes traversées, le *Flamingo* était escorté par douze Spitfires. Quelques heures plus tard, nous mettions pied à terre sur un petit terrain d'aviation. Il y avait là quelques Français, et un colonel arriva bientôt avec une voiture. J'arborai l'air confiant et la mine souriante jugés de rigueur lorsque les choses vont très mal, mais le Français paraissait froid et obtus. Je compris immédiatement à quel point la situation s'était aggravée depuis notre dernier séjour à Paris la semaine précédente. Peu après, on nous conduisit au château, où nous trouvâmes Reynaud, le maréchal Pétain, le général Weygand, le général d'aviation Vuillemin et quelques autres, parmi lesquels le général de Gaulle, un homme relativement jeune qui venait d'être nommé sous-secrétaire d'État à la Défense nationale. Tout près de là était stationné le train du quartier général, où furent logés quelques membres de notre délégation. Le château ne possédait qu'un seul téléphone, dans les toilettes; il fonctionna sans arrêt, avec de longues attentes et des répétitions interminables, qu'il fallait crier à tue-tête.

À sept heures, nous entrâmes en conférence. Il n'y eut ni reproches ni récriminations; nous faisions tous face à des faits bruts. En fait, la discussion roula sur les points suivants: j'exhortai le gouvernement français à défendre Paris, en insistant sur l'énorme pouvoir d'absorption d'effectifs que représentait, pour une armée d'invasion, la défense d'une grande ville maison par maison. Je rappelai au maréchal Pétain les nuits que nous avions passées dans son train à Beauvais après le désastre de la 5ᵉ Armée britannique en 1918, et comment – je le dis sans mentionner le maréchal Foch – il avait rétabli la situation. Je lui rappelai également que Clemenceau avait dit : « Je me battrai devant Paris, dans Paris, et derrière Paris. » Le maréchal répondit très calmement et avec dignité qu'en ce temps-là, il possédait une masse de manœuvre d'au moins soixante divisions, et qu'à présent, il n'en avait aucune. Il ajouta qu'à cette époque, il y avait en ligne soixante divisions anglaises. Réduire Paris en ruines ne changerait rien au résultat final.

Puis le général Weygand exposa la situation militaire, pour autant qu'il pût saisir la bataille mouvante qui se déroulait à 80 ou 100 kilomètres de là, et il rendit un vibrant hommage à la vaillance de l'armée française. Il demanda l'envoi de tous les renforts possibles, et surtout que la totalité des escadrilles de chasse anglaises fût immédiatement jetée dans la bataille. « Voilà le point décisif, dit-il. Nous sommes au moment décisif. C'est donc une erreur de conserver en Grande-Bretagne une seule escadrille. » Mais, conformément à la décision du cabinet prise en présence du maréchal de l'Air Dowding, que j'avais convoqué spécialement pour assister à la réunion, je répondis : « Ce n'est pas le point décisif et ce n'est pas le moment décisif. Celui-là arrivera lorsque Hitler lancera sa *Luftwaffe* contre la Grande-Bretagne. Si nous pouvons alors conserver la maîtrise du ciel et maintenir ouvertes les routes maritimes, ce que nous ne manquerons pas de faire, nous regagnerons pour vous tout ce qui a été perdu. » Vingt-cinq escadrilles de chasse devaient être conservées à tout prix pour la défense de l'Angleterre et de la Manche, et rien ne pourrait nous y faire renoncer. Nous étions décidés à continuer la guerre quoi qu'il arrivât, et nous pensions pouvoir le faire pendant un temps indéterminé, mais l'abandon de ces escadrilles détruirait notre seule chance de survie.

Le général Georges, commandant en chef sur le front du Nord-Ouest, arriva sur ces entrefaites. Après avoir été mis au courant de la teneur des décisions, il confirma l'exposé fait par Weygand de la situation sur le front. J'insistai à nouveau sur mon plan de guérilla. L'armée allemande n'était pas aussi forte qu'elle paraissait l'être à ses points d'attaque. Si toutes les armées françaises, chaque division et chaque brigade, combattaient les troupes qu'elles avaient en face d'elles avec la dernière vigueur, on pouvait très bien provoquer un arrêt général. On me répondit en me parlant des conditions effroyables qui régnaient sur les routes, encombrées de réfugiés sans défense, harcelés par les mitrailleuses des avions allemands, de l'exode massif d'un très grand nombre d'habitants, et de la dislocation croissante de la machine gouvernementale comme de l'autorité militaire. À un moment, le général Weygand mentionna que les Français pourraient être amenés à demander un armistice, sur quoi Reynaud lui lança immédiatement d'un ton sec : « C'est une affaire politique. » D'après Ismay, je dis alors : « Si vous jugez préférable pour la France agonisante que son armée capitule, n'ayez aucune hésitation par égard pour nous, car, quoi que vous puissiez faire, nous continuerons à nous battre encore et toujours. » Lorsque je dis que l'armée française pouvait contenir ou user une centaine de divisions allemandes en continuant le combat partout où ce serait possible, le général Weygand me répliqua : « Et même si c'était le cas, ils en auraient encore une autre centaine pour vous envahir et vous vaincre ! Que feriez-vous alors ? » Je répondis que je n'étais pas un expert militaire, mais que, d'après mes conseillers techniques, la meilleure méthode à employer en cas d'invasion de la Grande-Bretagne était de noyer le plus possible d'Allemands pendant la traversée et d'assommer les autres lorsqu'ils se traîneraient à terre. Weygand répondit avec un sourire triste : « En tout cas, je dois admettre que vous possédez un très bon fossé antichars. » Ce furent ses dernières paroles notables dont j'ai conservé le souvenir. Il ne faut pas oublier que, tout au long de cette lamentable discussion, j'étais hanté et miné de chagrin par la pensée que la Grande-Bretagne, avec ses 48 millions d'habitants, avait été incapable d'apporter une plus grande contribution à la guerre terrestre contre l'Allemagne, et que jusqu'alors, les neuf dixièmes du massacre et quatre-vingt-dix-neuf pour cent des souffrances avaient été subis par la France et par la France seule.

Une heure plus tard environ, nous nous levâmes pour aller nous laver les mains, pendant qu'un repas était servi à la table de conférence. Dans l'intervalle, je m'entretins en privé avec le général Georges et lui suggérai tout d'abord de poursuivre partout le combat sur le front et en métropole, tout en menant une guérilla prolongée dans les régions montagneuses ; en second lieu, je lui parlai d'un départ pour l'Afrique, une solution que je considérais encore comme « défaitiste » la semaine précédente. Cet estimable ami, qui n'avait jamais eu les mains libres pour diriger les armées françaises, bien qu'il eût assumé beaucoup de responsabilités directes, ne parut pas très convaincu des mérites de ces deux solutions.

J'ai décrit sur une veine légère les événements qui se déroulaient alors, mais pour nous tous qui les vivions, ces jours furent un véritable calvaire moral.

*
* *

Vers dix heures du soir, chacun prit place pour le dîner. J'étais assis à la droite de M. Reynaud, avec le général de Gaulle pour autre voisin. On servit du potage, une omelette ou quelque chose d'approchant, du café et un vin léger. Même au point où nous en étions de nos affreuses tribulations sous le fléau allemand, nos rapports demeuraient tout à fait amicaux. Mais il y eut alors un intermède discordant. Le lecteur se souviendra de l'importance que j'attachais à frapper durement l'Italie au moment même où elle entrerait en guerre. Des dispositions avaient été prises, en plein accord avec les Français, pour envoyer une force de bombardiers lourds britanniques sur les aérodromes proches de Marseille, afin d'attaquer Turin et Milan. Tout était maintenant prêt pour frapper. À peine avions-nous pris place autour de la table que le vice-maréchal de l'Air Barratt, commandant l'aviation anglaise en France, appela Ismay au téléphone pour l'informer que les autorités locales s'opposaient au décollage des bombardiers, au motif qu'une attaque sur l'Italie ne ferait que provoquer sur le sud de la France des représailles que les Britanniques n'étaient pas en mesure de contrer ou de prévenir. Reynaud, Weygand, Eden, Dill et moi-même quittâmes la table et, après quelques pourparlers, Reynaud accepta de faire donner des ordres aux autorités françaises concernées pour que l'action des bombardiers ne fût pas entravée. Mais un peu plus tard dans la soirée, le vice-maréchal de l'Air Barratt fit savoir que les Français habitant près de l'aérodrome avaient traîné sur le terrain toutes sortes de charrettes et de camions, et qu'il avait été impossible aux bombardiers de décoller pour accomplir leur mission.

Au moment où nous quittions la table pour prendre le café et les liqueurs, M. Reynaud me dit que le maréchal Pétain l'avait prévenu que la France serait dans l'obligation de solliciter un armistice, et qu'il avait déjà rédigé à son intention une note sur ce sujet. « Il ne me l'a pas encore remise, ajouta M. Reynaud. Il a encore honte de le faire. » Il aurait dû également avoir honte de soutenir, même tacitement, la demande de Weygand au sujet de nos vingt-cinq dernières escadrilles de chasse, alors qu'il avait déjà décidé que tout était perdu et que la France devait capituler. Sur ce, nous allâmes tous nous coucher tristement dans ce château en désordre ou dans le train militaire stationné à quelques kilomètres de là. Les Allemands entrèrent à Paris le 14 juin.

Nous reprîmes notre conférence tôt dans la matinée. Le vice-maréchal de l'Air Barratt était présent. Reynaud demanda une nouvelle fois que cinq escadrilles supplémentaires de chasseurs fussent basées en France, et le général Weygand déclara qu'il avait un besoin urgent de bombardiers de jour pour pallier son manque de troupes. Je leur donnai l'assurance que toute la question d'un accroissement du soutien aérien à la France serait examinée avec beaucoup de soin et de sympathie par le cabinet de guerre dès mon retour à Londres ; mais j'insistai à nouveau sur le fait que ce serait une erreur fatale de dépouiller le Royaume-Uni des moyens de défense essentiels de son territoire.

Après quelques vaines discussions au sujet d'une contre-attaque sur la basse vallée de la Seine, j'exprimai de la manière la plus formelle l'espoir de voir le gouvernement français prévenir immédiatement le gouvernement britannique, s'il y avait le moindre changement dans la situation ; nous pourrions alors venir nous en entretenir avec lui en tout lieu susceptible de convenir, avant qu'il ne prenne une décision définitive concernant son action dans la deuxième phase de la guerre.

Nous prîmes ensuite congé de Pétain, de Weygand et de l'état-major du GQG, et ce fut la dernière fois que je les vis. À la fin, j'attirai l'amiral Darlan à part et lui parlai seul à seul : « Darlan, il ne faudra jamais les laisser s'emparer de la flotte française. » Il me le promit solennellement.

*
* *

Le manque de carburant approprié empêchait nos douze Spitfires de nous escorter. Nous dûmes choisir entre attendre qu'il fût livré ou tenter notre chance avec le *Flamingo*. On nous assura qu'il y aurait des nuages sur tout le trajet, et il était urgent de rentrer. Nous partîmes donc seuls, en demandant qu'une escorte vînt à notre rencontre, si possible au-dessus de la Manche. Comme nous approchions de la côte française, le ciel s'éclaircit et les nuages disparurent. Huit mille pieds au-dessous de nous, à notre droite, Le Havre était en flammes. La fumée dérivait vers l'est. Aucune escorte n'était en vue. À ce moment, je remarquai des conciliabules avec le capitaine, après quoi nous plongeâmes aussitôt jusqu'à cent pieds environ au-dessus d'une mer calme, où les avions sont souvent invisibles. Que s'était-il passé ? J'appris plus tard que l'équipage avait aperçu au-dessous de nous deux avions allemands en train de mitrailler des bateaux de pêche. Heureusement pour nous, leurs pilotes n'avaient pas regardé vers le haut. La nouvelle escorte se présenta alors que nous approchions des côtes anglaises, et le fidèle *Flamingo* atterrit sain et sauf à Hendon.

À cinq heures de l'après-midi, je fis part au cabinet de guerre des résultats de ma mission. Je décrivis la situation des armées françaises, telle que l'avait exposée le général Weygand au cours de la conférence. Depuis six jours, elles se battaient nuit et jour et étaient à présent presque complètement épuisées. L'attaque ennemie, menée par cent vingt divisions soutenues par des blindés, s'était abattue sur quarante divisions françaises. Les armées françaises occupaient maintenant la dernière ligne sur laquelle elles pouvaient encore tenter d'offrir une résistance organisée. Cette ligne avait d'ailleurs été percée en deux ou trois endroits. Le général Weygand ne voyait manifestement aucune possibilité pour les Français de poursuivre le combat, et le maréchal Pétain était tout à fait décidé à faire la paix. Il était persuadé que les Allemands étaient en train de détruire systématiquement la France et qu'il avait le devoir de préserver le reste du pays d'un tel sort. Je parlai de la note qu'il avait rédigée à cet effet et qu'il avait montrée à Reynaud sans la lui laisser. « Il n'y a aucun doute, ajoutai-je, qu'à l'heure actuelle, Pétain est un homme dangereux : il a toujours été défaitiste, même pendant la dernière guerre. » D'un autre côté, M. Reynaud avait paru tout à fait décidé à continuer la lutte, et le général de Gaulle, qui avait assisté à la conférence à ses côtés, était partisan de mener des opérations de guérilla. Il était jeune, énergique, et m'avait fait une impression très favorable. Il m'apparaissait probable que, si la ligne actuelle s'effondrait, Reynaud lui demanderait de prendre le commandement. L'amiral Darlan m'avait également déclaré qu'il ne livrerait jamais la marine française à l'ennemi ; en dernier ressort, avait-il dit, il l'enverrait au Canada, mais sur ce dernier point, sa décision pouvait être annulée par les politiciens français.

Il était clair que la France était près de la fin de toute résistance organisée, et qu'un épisode de cette guerre était en train de s'achever. Les Français pouvaient trouver un moyen de continuer la lutte ; il pouvait même y avoir deux gouvernements français, l'un qui signerait la paix et l'autre qui organiserait la résistance depuis les colonies françaises, en menant la guerre sur mer grâce à la flotte française et en France par des guérillas. Mais il était encore trop tôt pour en parler. Bien que, pour un certain temps encore, nous dussions soutenir la France, il nous fallait désormais concentrer nos efforts principaux sur la défense de notre île.

CHAPITRE VII

LA DÉFENSE DU TERRITOIRE ET LES PRÉPARATIFS
DE LA CONTRE-OFFENSIVE

Celui qui lira ces pages à l'avenir devra comprendre combien est dense et déroutant le voile de l'Inconnu. Aujourd'hui, dans la pleine lumière des lendemains, il est facile de voir où nous avons été ignorants ou exagérément inquiets, où nous avons été négligents ou maladroits. Par deux fois en deux mois, nous avions été pris entièrement par surprise. L'invasion de la Norvège et la percée de Sedan, avec tout ce qui s'était ensuivi, démontraient la puissance meurtrière des initiatives allemandes. Tenaient-ils autre chose en réserve, préparée et organisée jusqu'au moindre détail ? Allaient-ils fondre à l'improviste et de nulle part, avec des armes nouvelles, un entraînement parfait et une force irrésistible, sur l'un des quinze ou vingt points de débarquement possibles de notre île à peu près complètement démunie et désarmée ? Ou bien iraient-ils en Irlande ? Bien fou celui qui dans ses calculs, si précis et apparemment infaillibles qu'ils puissent être, se serait avisé d'écarter une éventualité à laquelle il pouvait parer.

« Soyez-en assuré, disait le Dr Johnson, la certitude d'être pendu dans quinze jours provoque chez l'homme une merveilleuse concentration de l'esprit. » Je n'avais jamais douté de la victoire, mais les événements m'avaient encore galvanisé, et je me félicitai d'être en mesure de faire appliquer mes conceptions.

Mes collègues avaient déjà jugé bon de solliciter du Parlement les pouvoirs extraordinaires pour lesquels une loi avait été préparée les jours précédents. Cette mesure devait donner au gouvernement une autorité pratiquement illimitée sur la vie, la liberté et la propriété de tous les sujets de Sa Majesté en Grande-Bretagne. En termes juridiques généraux, les pouvoirs accordés par le Parlement seraient absolus. La loi devait « inclure le pouvoir d'édicter par décret toute réglementation de Défense requérant le citoyen de mettre sa personne, ses services et ses biens à la disposition de Sa Majesté, selon qu'ils leur apparaîtraient nécessaire ou expédient aux fins d'assurer la sûreté publique, la défense du Royaume, la sauvegarde de l'ordre public, ou la poursuite effective de toute guerre dans laquelle Sa Majesté pourrait être engagée, ou pour maintenir les approvisionnements ou les services essentiels à la vie de la communauté ».

Concernant les personnes, le ministre du Travail avait le pouvoir d'ordonner à quiconque d'effectuer tout service requis. La réglementation lui donnant ce pouvoir comportait une clause de « juste salaire », insérée dans la loi pour ajuster les conditions salariales. Des comités d'approvisionnement en main-d'œuvre devaient être établis dans les centres importants. La disposition des biens au sens le plus large fut imposée équitablement. Le contrôle de tous les établissements, y compris les banques, était assuré sous l'autorité du gouvernement. Les employeurs pouvaient être requis de produire leurs livres, et les bénéfices exceptionnels seraient taxés à cent pour cent. Un Conseil de la production serait établi, présidé par M. Greenwood, et un directeur de la main-d'œuvre devait être nommé.

Cette loi avait été présentée au Parlement dans l'après-midi du 22 mai par MM. Chamberlain et Attlee, ce dernier introduisant lui-même la seconde lecture. La Chambre des communes et celle des lords, avec leurs immenses majorités conservatrices, la votèrent à l'unanimité, passant toutes les étapes en une seule après-midi, et elle reçut la sanction royale le soir même.

« Car les Romains, dans les crises de Rome,
N'épargnaient ni la terre ni l'or,

Ni le fils ni l'épouse, ni les membres ni la vie,
Dans les vaillants jours du passé. »

Telle était l'ambiance du moment.

C'était une époque où toute l'Angleterre travaillait et se dépensait jusqu'à l'extrême limite du possible, unie comme elle ne l'avait jamais été. Dans les usines, des hommes et des femmes s'échinaient aux tours et aux machines-outils, au point d'en tomber d'épuisement ; il fallait alors les évacuer de l'atelier et leur ordonner de rentrer chez eux, tandis que leurs postes étaient immédiatement occupés par de nouveaux arrivants. L'unique désir de tous les hommes et de bien des femmes était d'avoir une arme. Le cabinet et le gouvernement étaient étroitement unis par des liens dont le souvenir est encore chéri de tous. Le peuple ne semblait pas éprouver la moindre crainte, et ses représentants au Parlement reflétaient dignement son état d'esprit[1]. Nous n'avions pas souffert comme la France sous le fléau allemand. Mais rien n'émeut un Anglais comme la menace d'une invasion, qui ne s'était pas matérialisée depuis mille ans. Innombrables étaient ceux qui étaient résolus à vaincre ou mourir. Il n'était nul besoin d'enflammer leurs cœurs par de grands discours ; les gens étaient heureux de m'entendre exprimer leurs sentiments et justifier par de bonnes raisons ce qu'ils avaient l'intention de faire, ou de tenter de faire. La seule divergence possible venait de ceux qui voulaient faire plus encore qu'il n'était possible, et pensaient que la frénésie pourrait donner plus de vigueur à l'action.

*
* *

Notre décision de renvoyer en France les deux seules divisions bien équipées dont nous disposions rendait

---

[1]. C'est évidemment une version romantique et très idéalisée de l'attitude du peuple britannique à cette époque, sans doute rendue plus idyllique encore dans l'esprit de l'auteur par le passage des années.

d'autant plus impérieuse la nécessité de prendre toutes mesures possibles pour défendre l'île contre une attaque directe. Le sort expéditif réservé à la Hollande était dans tous les esprits. M. Eden avait déjà proposé au cabinet de guerre la formation de « Volontaires de la défense locale » ou *Home Guards*, et ce plan fut activé avec énergie. À travers tout le pays, dans chaque ville et dans chaque village, des groupes d'hommes déterminés se réunirent, armés de fusils de chasse et de sport, de gourdins et d'épieux. De là devait bientôt naître une vaste organisation comptant un million et demi d'hommes, qui acquirent progressivement de bonnes armes.

Mon principal sujet de crainte était de voir débarquer des chars ennemis. Comme l'idée d'envoyer des chars sur leurs propres côtes me séduisait, je pensais naturellement que les Allemands pouvaient avoir la même idée. Nous n'avions pratiquement pas de canons ni de munitions antichars, ni même d'artillerie de campagne ordinaire. On mesurera la situation désespérée à laquelle nous étions réduits face à ce danger d'après l'incident suivant. Je visitais un jour nos plages de la baie de Saint Margaret, près de Douvres. Le général m'informa qu'il n'avait dans sa brigade que trois canons antichars pour couvrir les six à huit kilomètres de cette côte extrêmement menacée. Il déclara qu'il ne possédait que six obus par pièce, et il me demanda avec un petit air de défi s'il pouvait légitimement laisser ses hommes tirer une seule fois à titre d'exercice, afin de les familiariser avec le fonctionnement de la pièce. Je répondis que nous ne pouvions pas nous payer le luxe de faire des tirs d'exercice, et que le tir réel devait être réservé pour la dernière minute, à bout portant.

Ce n'était donc pas le moment d'emprunter les voies normales pour trouver des expédients. Afin d'assurer une action rapide, exempte des procédures administratives, pour la mise en œuvre de toute idée ou trouvaille géniale, je décidai de conserver moi-même – en tant que ministre de la Défense – la haute main sur le centre d'essais créé à

Whitchurch par le major Jefferis. Depuis 1939, j'avais eu d'utiles contacts avec ce brillant officier, dont l'esprit ingénieux et inventif se montra fécond tout au long de la guerre, ainsi qu'on le verra par la suite. Lindemann était en rapports étroits avec lui comme avec moi ; j'utilisai leur cerveau et mon pouvoir. Le major Jefferis et ses collaborateurs travaillaient à la mise au point d'une bombe qui pourrait être lancée, d'une fenêtre par exemple, sur un char auquel elle adhérerait. L'impact d'un explosif très détonant entrant directement en contact avec une plaque d'acier est remarquablement efficace. Nous envisagions la possibilité, pour des soldats et des civils dévoués, de courir jusqu'au char ennemi pour lui lancer leur bombe ou même la plaquer sur lui, l'explosion dût-elle leur coûter la vie. Beaucoup l'auraient certainement fait. Je pensais aussi qu'une telle bombe, fixée au bout d'une tige, pourrait être lancée avec un fusil au moyen d'une charge réduite. À la fin, la bombe « collante » fut adoptée et constitua l'une de nos meilleures armes de fortune. Nous n'eûmes jamais à l'employer en métropole ; mais en Syrie, où les conditions étaient également rudimentaires, elle montra sa valeur.

*
* *

Pour la première fois depuis cent vingt-cinq ans, un puissant ennemi était maintenant installé sur la rive opposée de l'étroit bras de mer de la Manche. Il fallait organiser et déployer notre armée régulière reconstituée et les formations territoriales, plus nombreuses mais moins bien instruites, afin de créer un système de défense perfectionné, et de nous tenir prêts à détruire l'envahisseur s'il se montrait. Car il ne pouvait y avoir aucune échappatoire ; de part et d'autre, c'était « la victoire ou la mort ». Déjà, la *Home Guard* pouvait être incluse dans l'armature générale de la défense. Le 25 juin, le général Ironside, commandant en chef des forces de métropole, exposa ses plans aux chefs d'état-major. Les experts les scrutèrent naturellement avec un soin méticuleux et je les examinai moi-même avec une égale attention. Dans l'ensemble, ils furent approuvés. Il y avait trois éléments principaux dans cet avant-projet d'un plan de grande envergure : en première ligne, une « carapace » retranchée sur les plages d'invasion probables de notre littoral, dont les défenseurs devraient résister sur place, soutenus par des réserves mobiles destinées à la contre-attaque immédiate ; en second lieu, une ligne d'obstacles antichars, tenue par des éléments de la *Home Guard*, tout le long du centre-est de l'Angleterre, protégeant Londres et les grands centres industriels des incursions de véhicules blindés ; enfin, derrière cette ligne, les réserves principales massées en vue de contre-offensives de grande envergure.

Au fil des semaines et des mois, ce plan initial fit l'objet d'ajouts et de perfectionnements incessants ; mais la conception d'ensemble restait inchangée. Toute formation attaquée devait tenir bon, non pas en ligne, mais en *hérisson*, tandis que d'autres unités feraient rapidement mouvement pour détruire les assaillants venus de la mer ou du ciel. Les hommes coupés de tout secours immédiat ne devaient pas se contenter de tenir sur place ; des mesures actives étaient prévues afin de harceler l'ennemi sur ses arrières, de désorganiser ses communications et de détruire son matériel – ainsi que les Russes devaient le faire avec d'excellents résultats, un an plus tard, lorsque la marée allemande déferla sur leur pays. Bien des gens durent être effarés du tourbillon d'activité déchaîné tout autour d'eux. Ils pouvaient comprendre la nécessité de barder les plages de mines et de fils de fer barbelés, de couper les voies de pénétration par des obstacles antichars, de construire des casemates en béton aux carrefours, de pénétrer dans leurs propres maisons pour remplir un grenier de sacs de sable, ou sur leurs terrains de golf – voire dans leurs meilleurs champs ou leurs jardins – pour y creuser de larges fossés antichars. Tous ces désagréments, et bien d'autres encore, ils les acceptèrent de bon cœur. Mais ils durent parfois se demander si tout cela faisait partie d'un plan d'ensemble, ou si ce n'était que le fait de personnages subalternes, en proie à une agitation frénétique dans l'exercice des nouveaux pouvoirs qui leur permettaient d'user et d'abuser des biens du citoyen.

Or, il y avait bien un plan central, soigneusement élaboré et parfaitement coordonné, auquel rien n'échappait. À mesure qu'il se mettait en place, son organisation se précisait : le commandement suprême demeurait entre les mains du grand quartier général, à Londres ; tout le territoire de la Grande-Bretagne et de l'Irlande du Nord était divisé en sept régions militaires, celles-ci l'étant elles-mêmes en zones de corps d'armée et en secteurs de divisions. Régions, zones et secteurs étaient tous tenus de maintenir une certaine proportion de leurs effectifs en réserve mobile, et seul un minimum de personnel devait être détaché pour occuper les ouvrages défensifs de leur ressort. Peu à peu, des zones de défense en arrière des plages furent mises en place dans chaque secteur divisionnaire, avec derrière celles-ci des « zones de corps d'armée » et des « zones de commandement régionales », le tout formant un réseau de plus de cent soixante kilomètres de profondeur. Et encore en arrière de ce dispositif, on avait établi le principal barrage antichars, qui traversait l'Angleterre méridionale et remontait vers le Nord, jusque dans le Nottinghamshire. Tout cela était couronné par l'ultime réserve, placée directement sous les ordres du commandant en chef des forces de métropole ; notre plan consistait à la rendre aussi forte et mobile que possible.

Dans le cadre de cette structure générale, il y avait de nombreuses variantes. Chacun de nos ports des côtes Est et Sud faisait l'objet d'une étude particulière. Une attaque frontale directe contre un port défendu apparaissant comme une éventualité peu probable, chacun d'eux fut transformé en une forteresse capable de se défendre contre des attaques venant de la mer comme de l'intérieur du pays. Des obstacles furent dressés sur des milliers de kilomètres de sol britannique, afin d'empêcher l'atterrissage de troupes aéroportées. Tous nos aérodromes, stations de radar et dépôts de carburant qui, dès l'été de 1940, étaient au nombre de trois cent soixante-quinze, devaient être défendus par des garnisons spéciales et par leur propre personnel d'aviation. Plusieurs milliers de « points vulnérables », ponts, centrales thermiques, dépôts, usines d'importance vitale, etc., devaient être gardés nuit et jour en prévision de sabotages ou d'attaques brusquées. Des plans avaient été préparés en vue de la destruction immédiate de ressources pouvant être utiles à l'ennemi en cas de capture. Dans l'hypothèse d'un repli de notre part, la destruction des installations portuaires et des routes d'importance stratégique, ainsi que la paralysie des transports automobiles, du téléphone, des stations télégraphiques, du matériel roulant et des installations ferroviaires étaient planifiées jusque dans les moindres détails. Pourtant, en dépit de ces précautions aussi sages que nécessaires, pour lesquelles les services civils assistaient les militaires sans restriction, il n'était pas question d'une « politique de la terre brûlée ». L'Angleterre devait être défendue par son peuple et non détruite.

*
* *

De tout cela, il y avait un autre aspect. Ma première réaction au « miracle de Dunkerque » avait été de le faire tourner à notre avantage en montant une contre-offensive. Lorsque tant de choses étaient incertaines, la nécessité de reprendre l'initiative s'imposait pleinement. La journée du 4 juin fut pour moi très remplie, car j'eus à préparer et à prononcer à la Chambre des communes le long et grave discours dont l'essentiel a été donné ; mais dès que j'en eus fini, je me hâtai de donner le ton qui devait selon moi régir nos esprits et inspirer nos actes en un tel moment. J'envoyai donc la note suivante au général Ismay :

> « Nous sommes fortement préoccupés – et à juste titre – par les dangers d'un débarquement allemand en Angleterre,

bien que nous possédions la suprématie navale et une très forte défense aérienne grâce à nos chasseurs. Chaque crique, chaque plage, chaque port est devenu pour nous une source de préoccupation. Outre cela, les parachutistes peuvent fondre sur Liverpool ou sur l'Irlande, etc. Toute cette ambiance est excellente si elle est génératrice d'énergie. Mais s'il est si facile aux Allemands de nous envahir en dépit de notre puissance maritime, d'aucuns pourraient être induits à se demander pourquoi il serait considéré comme impossible d'en faire autant chez eux ? Nous ne devons pas permettre que l'état d'esprit exclusivement défensif qui a causé la perte des Français compromette également toutes nos initiatives. Il est de la plus haute importance de fixer la plus grande partie des forces allemandes tout le long des côtes des pays qu'elles ont conquis, et de se mettre immédiatement en devoir d'organiser des raids sur les côtes dont la population nous est acquise. Ces raids pourraient être effectués par des unités autonomes parfaitement équipées, comprenant environ mille hommes et au maximum 10 000 lorsqu'il s'agirait d'opérations combinées. L'effet de surprise serait assuré du fait que leur destination resterait secrète jusqu'au dernier moment. Ce que nous avons vu à Dunkerque nous montre avec quelle rapidité on peut évacuer (et débarquer, j'imagine) des troupes en certains endroits déterminés, si nécessaire. Comme ce serait merveilleux si nous pouvions amener les Allemands à se demander où ils subiront le prochain assaut, au lieu d'être nous-mêmes contraints de murer notre île et de la couvrir d'un toit ! Nous devons nous efforcer de nous débarrasser de notre sujétion mentale et morale à la volonté et à l'initiative de l'ennemi. »

Ismay communiqua cette note aux chefs d'état-major ; elle reçut dans son principe leur chaleureuse approbation, et se refléta dans beaucoup des décisions que nous devions prendre par la suite[1]. Il s'en dégagea peu à peu

---

1. L'expression « dans son principe » est plus éloquente qu'il n'y paraît. C'est qu'à la différence de Churchill, aucun des chefs d'état-

toute une politique. Mes pensées étaient accaparées à l'époque par la guerre des chars, non seulement défensive, mais aussi offensive. Cela exigeait la construction d'un grand nombre de navires pour le débarquement des blindés, ce qui devint désormais l'une de mes préoccupations permanentes. Comme tout cela était destiné à prendre une importance majeure à l'avenir, il me faut revenir ici sur un sujet qui m'avait occupé l'esprit longtemps auparavant, et qui remontait maintenant à la surface.

*
* *

J'avais toujours été fasciné par la guerre amphibie, et je gardais longtemps en tête l'idée de débarquer des chars au moyen de bateaux spécialement conçus à cet effet, sur des plages où on ne les attendrait pas. Dix jours avant d'entrer dans le gouvernement de M. Lloyd George en qualité de ministre de l'Armement, le 17 juillet 1917, j'avais préparé, sans l'aide de spécialistes, un plan pour la capture de deux îles de la Frise, Borkum et Sylt. Il contenait les deux paragraphes suivants, qui n'ont jamais été divulgués jusqu'à présent :

> « Le débarquement des troupes sur l'île [de Borkum ou de Sylt] sous la protection des canons de la flotte [devrait être] facilité par des gaz et de la fumée lancés par des vaisseaux à l'épreuve des torpilles, et se ferait au moyen d'allèges à l'épreuve des balles. Il faudrait en prévoir environ une centaine pour débarquer une division. À cela s'ajouteraient un certain nombre – disons une cinquantaine – de *barges pour le débarquement de chars, portant chacune un ou plusieurs chars* [et] équipées à la proue pour couper les barbelés. Grâce à un pont-levis ou à une proue rabattable, [les chars] débarqueraient par leurs propres moyens et éviteraient à l'infanterie

---

major ne songeait sérieusement à une quelconque opération offensive sur le continent à l'été 1940…

d'être arrêtée par les barbelés, quand elle attaquerait les fossés des forts et des batteries. C'est là une innovation qui supprime l'une des plus grandes difficultés rencontrées jusqu'ici, c'est-à-dire le débarquement rapide de l'artillerie de campagne pour couper les barbelés. »

Et plus loin :

« Il est toujours à craindre que l'ennemi n'ait vent de nos intentions et ne renforce à l'avance ses garnisons avec de bonnes troupes, du moins dans le cas de l'île de Borkum, qui doit le préoccuper tout particulièrement. D'autre part, *le débarquement pourrait s'effectuer sous la protection de barges à l'épreuve des balles de mitrailleuses*, et trop nombreuses pour être sérieusement affectées par le feu de l'artillerie lourde. *Les chars utilisés, éventuellement en plus grand nombre qu'il n'est proposé ici, en particulier des chars à déplacement rapide et des modèles plus légers*, opéreraient dans une région où aucun préparatif n'aurait pu être fait pour les recevoir. Il est permis de penser que ce sont là des réflexions nouvelles et importantes. »

Dans ce document, je proposais aussi un plan de rechange pour la création d'une île artificielle dans les eaux peu profondes du Horn Reef (vers le Nord).

« Une des méthodes proposées dont je suggère la mise à l'étude est la suivante : *un certain nombre de chalands à fond plat ou de caissons, non pas en acier mais en béton*, devraient être construits dans la Humber, à Harwich, ainsi que dans le Wash, la Medway et la Tamise. Ces structures seraient adaptées aux profondeurs où l'on envisagerait de les couler en fonction d'un plan d'ensemble. Capables de flotter tant qu'elles seraient vides d'eau, elles pourraient donc être remorquées jusqu'à l'emplacement de l'île artificielle. Une fois devant les bouées jalonnant cet emplacement, on ouvrirait les prises d'eau et elles se poseraient sur le fond. Par la suite, en cas de besoin, elles pourraient être remplies progressivement de sable à l'aide de dragues à succion. Ces constructions seraient d'un format allant de 50 x 40 x 20 pieds à

120 x 80 x 40 pieds. *Ainsi serait créé en pleine mer un port qui rappellerait un atoll, à l'épreuve des torpilles et des tempêtes, avec des quais d'accostage normaux pour destroyers et sous-marins, ainsi que des plates-formes d'atterrissage pour avions.*

Un tel projet, s'il est réalisable, peut donner lieu à de grands perfectionnements et être appliqué en divers lieux. Des blocs de béton peuvent être conçus, par exemple, pour transporter la tourelle complète d'un canon lourd et, comme pour les forts de Solent, on les assoirait sur le fond, aux endroits voulus, après admission d'eau dans leurs ballasts extérieurs. D'autres structures submersibles pourraient être aménagées de manière à servir de magasins, de réservoirs à mazout ou de logements. Sans études d'experts, on ne peut faire davantage que d'indiquer ces possibilités, qui ne comprennent rien de moins que la création, le transport par morceaux séparés, l'assemblage et l'installation d'une île artificielle et d'une base de destroyers.

Si un pareil plan apparaissait techniquement réalisable, il permettrait d'éviter l'emploi des troupes et tous les risques que comporte l'assaut de vive force d'une île fortifiée. Il pourrait être mis en œuvre par surprise, car même dans le cas probable où les Allemands auraient vent de la construction de ces bâtiments de béton, ils concluraient tout naturellement qu'ils sont destinés à une tentative de blocage des estuaires, idée qui n'est d'ailleurs pas à écarter. Ainsi, jusqu'à ce que l'île ou le système de brise-lames ait réellement commencé à prendre corps, l'ennemi ne pourrait pénétrer nos intentions. »

Pendant près d'un quart de siècle, ce document avait sommeillé dans les archives du Comité de défense impériale. Je ne l'avais pas reproduit dans *The World Crisis*, dont il devait former un chapitre, faute de place et parce que ces projets n'avaient jamais vu le jour. Et ce fut une chance, car les idées exprimées dans ce texte se trouvèrent être plus vitales que jamais dans cette nouvelle guerre ; et les Allemands lisaient sans nul doute mes livres de guerre avec attention. Les conceptions fondamentales que recelaient ces vieux documents étaient profondément gravées dans mon esprit, et face aux nouvelles menaces, elles furent à l'origine d'une entreprise qui, après un long délai, trouva son expression mémorable dans l'immense flotte de débarquement de chars en 1943 et dans les ports « Mulberry » de 1944.

À partir de ce moment, on mit une énergie intense à élaborer tous les types de navires de débarquement, et un service spécial fut créé à l'Amirauté pour s'occuper de ces questions. En octobre 1940, les essais du premier modèle de barge de débarquement pour chars *(L.C.T.)*[1] étaient déjà en cours. On n'en construisit qu'une trentaine de ce type, car ils se révélèrent trop petits. Un meilleur modèle fut ensuite créé, dont on construisit un grand nombre en sections préfabriquées pour faciliter leur transport par mer jusqu'au Proche-Orient, où les premières unités arrivèrent au cours de l'été de 1941. Ils y firent leurs preuves et, à mesure que notre expérience grandissait, les capacités des derniers modèles de ces étranges bâtiments s'améliorèrent régulièrement. L'Amirauté se préoccupait fort des prélèvements possibles que cette nouvelle forme de production spécialisée pouvait opérer sur les ressources mises à la disposition des chantiers navals. Fort heureusement, il s'avéra que la construction des *L.C.T.* pouvait être confiée à des entreprises de construction mécanique non engagées dans la production de navires, de sorte que l'outillage et la main-d'œuvre des plus grands chantiers n'en étaient pas affectés. Cela permettait d'appliquer le programme à grande échelle que nous avions envisagé, tout en imposant une limite aux dimensions des embarcations.

Le *L.C.T.* se prêtait à des raids à travers la Manche ou à des opérations de plus grande envergure en Méditerranée, mais non à de longs trajets en pleine mer. La nécessité s'imposa donc d'un bateau plus grand et tenant mieux la mer, qui, tout en transportant des chars et autres véhicules

---

1. *Landing Craft Tank.*

sur l'océan, pourrait également les débarquer sur les grèves comme le *L.C.T.* Je donnai des instructions pour que fût dressé le plan d'un tel bâtiment, que l'on appela *Landing Ship Tank (L.S.T.)* – « navire de débarquement pour chars ». Il finit par être emmené aux États-Unis, où il fit l'objet d'études techniques conjointes. La production en Amérique fut massive, et ces bateaux figurèrent en bonne place dans toutes nos opérations ultérieures. Ce fut peut-être la plus grande contribution apportée au problème ardu des débarquements de véhicules lourds à même les plages. On finit par en construire plus d'un millier.

À la fin de 1940, nous avions déjà une conception bien ancrée de l'aspect matériel de la guerre amphibie. La production des embarcations spéciales et des équipements de toutes sortes progressait rapidement, et les équipages nécessaires au maniement de ces nouveaux matériels furent formés sous l'égide de la Direction des opérations combinées. Des centres spéciaux d'entraînement furent créés à cet effet, chez nous et au Proche-Orient. À mesure que toutes ces idées et leur réalisation pratique prenaient corps, nous les présentions à nos amis américains. Les résultats ne cessèrent de s'amplifier au cours des années de lutte, et ils finirent par constituer l'instrument qui joua un rôle essentiel dans l'exécution des plus grands de nos plans et de nos entreprises. En 1940 et 1941, nos efforts dans ce domaine furent limités par les exigences de la lutte anti-sous-marine ; on ne put affecter plus de sept mille hommes à la production de navires de débarquement jusqu'à la fin de 1940 – un chiffre qui ne fut guère dépassé l'année suivante. Mais en 1944, pas moins de soixante-dix mille hommes se consacraient à cette tâche prodigieuse pour la seule Grande-Bretagne – et bien davantage aux États-Unis.

Étant donné le nombre des récits qui ont paru, et continuent de paraître, sur ma prétendue aversion pour toute sorte de débarquement à grande échelle sur un rivage ennemi, tel celui de Normandie en 1944, il est peut-être opportun que je dise clairement ceci : depuis le tout début de la guerre, j'ai apporté une bonne partie de l'impulsion et de l'autorité nécessaires à la création de l'énorme équipement et de l'armada destinés au débarquement de blindés sur les plages, sans lesquels il est aujourd'hui universellement admis que toutes opérations majeures de ce genre auraient été impossibles.

Chapitre VIII

L'AGONIE DE LA FRANCE

Les générations futures trouveront peut-être remarquable que la question suprême de savoir si nous devions poursuivre seuls la lutte n'ait jamais figuré à l'ordre du jour du Cabinet de guerre. C'est que cela allait de soi pour ces hommes qui représentaient tous les partis d'Angleterre, et nous étions bien trop occupés pour perdre du temps à discuter de questions aussi abstraites que chimériques[1]. Nous étions également unanimes à envisager cette nouvelle phase avec une grande confiance.

Le 13 juin, je fis ma dernière visite en France – pour quatre ans, presque jour pour jour. Le gouvernement français s'était alors réfugié à Tours et la tension n'avait cessé de grandir. J'emmenai avec moi Edward Halifax et le général Ismay, et Max Beaverbrook s'offrit spontanément à nous accompagner. Il est toujours énergique dans les diffi-

---

1. C'est ce que l'on appelle en anglais « *to be economical with the truth* » (être économe de la vérité). S'il est exact que la question d'une négociation avec Hitler n'a jamais figuré en toutes lettres à l'ordre du jour du Cabinet de guerre, il n'en demeure pas moins qu'elle a fait l'objet de discussions animées durant cinq séances du Cabinet entre le 26 et le 28 mai. En usant de multiples circonlocutions, lord Halifax s'était même prononcé à l'époque pour un contact indirect avec les Allemands, Mussolini pouvant servir d'intermédiaire. Si Churchill choisit d'effacer cet épisode, c'est que Halifax est resté très influent au sein du parti conservateur en 1948, et qu'il importe de le ménager. Un exemple parmi bien d'autres de la difficulté de faire l'histoire et de l'écrire en même temps…

cultés. Cette fois, le temps était dégagé et nous nous envolâmes au milieu de notre escadrille de Spitfire, en faisant toutefois un détour vers le sud sensiblement plus large que la fois précédente. Arrivés au-dessus de Tours, nous constatâmes que l'aérodrome avait subi la nuit précédente un violent bombardement, mais notre appareil et toute l'escorte atterrirent sans encombre en dépit des cratères de bombes. La dégradation de la situation était immédiatement perceptible. Personne ne vint nous accueillir, personne ne semblait nous attendre. Nous avons emprunté une voiture de service au commandant de l'aérodrome et nous avons gagné la ville, à la recherche de la préfecture où l'on disait que le gouvernement français avait pris ses quartiers. Aucun personnage d'importance ne s'y trouvait, mais on nous fit savoir que Reynaud arrivait en voiture de la campagne.

Comme il était déjà presque deux heures de l'après-midi, j'insistai pour aller déjeuner et, après quelques conciliabules, nous parcourûmes en automobile les rues encombrées de voitures de réfugiés, la plupart d'entre elles surmontées d'un matelas et bourrées de bagages. Nous trouvâmes un café qui était fermé ; mais après quelques explications, nous obtînmes d'être servis. Au cours du déjeuner, je reçus la visite de M. Baudouin, dont l'influence s'était accrue depuis quelques jours. Il se mit aussitôt à parler, à sa manière suave et doucereuse, du caractère désespéré de la résistance française. Si les États-Unis déclaraient la guerre à l'Allemagne, la France pourrait peut-être continuer la lutte. Quel était mon avis là-dessus ? Je ne m'engageai pas plus avant, sauf pour dire mon espoir que l'Amérique entrerait dans la guerre et notre ferme intention de continuer le combat. Ultérieurement, me dit-on, Baudouin était allé colporter que j'avais approuvé la capitulation de la France, à moins d'une entrée des États-Unis dans la guerre.

Nous regagnâmes alors la préfecture où nous attendait Mandel, le ministre de l'Intérieur. Cet ancien et fidèle secrétaire de Clemenceau, qui était son véritable héritier spirituel, semblait être dans les meilleures dispositions. C'était l'énergie et le défi personnifiés. Son repas – un poulet appétissant – était resté intact sur le plateau posé devant lui. Mandel était un rayon de soleil; un téléphone dans chaque main, il ne cessait de donner des ordres, de prendre des décisions. Ses plans étaient simples : combattre jusqu'au bout en France, pour couvrir le plus ample repli possible vers l'Afrique. Je voyais pour la dernière fois ce valeureux Français. C'est justice si la République française restaurée a fusillé les hommes de main qui l'ont assassiné; ses compatriotes et leurs alliés honorent sa mémoire.

Reynaud arriva peu après. Au premier abord, il semblait déprimé. Le général Weygand l'avait informé que les armées françaises étaient épuisées. Le front était enfoncé en de nombreux points; le flot des réfugiés déferlait sur toutes les routes du pays, et le désordre régnait dans un grand nombre d'unités. Le général en chef pensait qu'il était nécessaire de demander un armistice pendant que les troupes françaises étaient encore assez nombreuses pour maintenir l'ordre, en attendant la conclusion de la paix. Tel était l'avis des militaires. Lui-même allait adresser le jour même un nouveau message à M. Roosevelt, pour lui annoncer que la dernière heure était venue et que le destin de la cause alliée était à présent entre les mains de l'Amérique. C'est ainsi que fut envisagée la perspective de l'armistice et de la paix.

M. Reynaud poursuivit en disant que le Conseil des ministres l'avait chargé la veille de se renseigner sur ce que serait l'attitude de la Grande-Bretagne, si le pire devait arriver. Lui-même se rendait bien compte que chacun des deux alliés avait pris l'engagement solennel de ne signer aucune paix séparée. Le général Weygand et d'autres faisaient observer que la France avait déjà tout sacrifié à la cause commune; il ne lui restait plus rien, mais elle avait réussi à affaiblir considérablement l'ennemi. Dans ces conditions, il serait choquant que la Grande-Bretagne refusât de reconnaître que la France était matériellement incapable de tenir plus longtemps, et qu'elle s'attendît à voir la France continuer la lutte; car elle livrerait ainsi inéluctablement son peuple à la corruption et à la gangrène, sous la férule d'individus impitoyables, passés maîtres dans l'art de mater les peuples conquis. La question que Reynaud se devait de poser était donc celle-ci : la Grande-Bretagne comprendrait-elle les dures réalités que devait affronter la France ?

Je jugeai alors la question si grave que je demandai à consulter mes collègues avant d'y répondre. Avec lord Halifax, lord Beaverbrook et les autres membres de notre délégation, nous passâmes donc dans un jardin humide mais ensoleillé, et nous discutâmes la question pendant une demi-heure. À notre retour, je réaffirmai notre position : nous ne pouvions accepter une paix séparée, quelle qu'en fût la forme. Notre objectif de guerre restait la défaite totale d'Hitler, et nous pensions être encore en mesure d'y parvenir. Il ne nous était donc pas possible de libérer la France de ses obligations. Quoi qu'il arrivât, nous ne ferions aucun reproche à la France ; mais c'était une autre affaire de consentir à la délier de ses engagements. J'exhortai les Français à envoyer au président Roosevelt un dernier appel, que nous appuierions depuis Londres. M. Reynaud accepta cette proposition et promit que les Français tiendraient bon jusqu'à réception de la réponse.

À la fin de notre entretien, il nous fit passer dans la pièce attenante, où se trouvaient MM. Herriot et Jeanneney, respectivement présidents de la Chambre et du Sénat. Ces deux patriotes parlèrent tous deux avec une émotion passionnée de poursuivre le combat jusqu'à la mort. Puis, alors que nous traversions le couloir plein de monde qui menait à la cour, je vis le général de Gaulle qui se tenait près de l'entrée, immobile et flegmatique. En le saluant, je lui dis à mi-voix, en français : « *L'homme du destin.* » Il resta impassible. Dans la cour se trouvaient sans doute rassemblés plus d'une centaine de Français, tous personnages de premier plan, visiblement accablés de souffrance. On me présenta le fils de Clemenceau et je lui serrai la main. Les Spitfire avaient déjà pris l'air et je dormis profondément pendant notre voyage de retour, qui fut bref et sans histoire. Sage précaution, car l'heure du coucher était fort éloignée.

*
* *

À 22 h 15, je fis mon rapport au Cabinet, et mon exposé des faits fut confirmé par mes deux compagnons. Alors que nous étions encore en séance, l'ambassadeur Kennedy se présenta avec la réponse du président Roosevelt à un appel antérieur de Reynaud, en date du 10 juin.

« Votre message, câblait-il, m'a très profondément ému. Comme je vous l'ai déjà dit, ainsi qu'à M. Churchill, mon gouvernement fait actuellement tout ce qui est en son pouvoir pour mettre à la disposition des gouvernements alliés le matériel dont ils ont un si urgent besoin, et nous redoublons d'efforts pour faire encore davantage. Notre attitude nous est dictée par notre foi et notre soutien indéfectible aux idéaux pour lesquels les Alliés sont en train de combattre.

La magnifique résistance des armées française et britannique a profondément impressionné le peuple américain.

Pour ma part, je suis particulièrement touché par votre déclaration selon laquelle la France continuera à lutter pour la démocratie, même si cela implique un lent repli, au besoin jusqu'en Afrique du Nord et sur l'Atlantique. Il est très important de ne pas oublier que les flottes française et britannique continuent d'être maîtresses de l'Atlantique et des autres océans ; et de rappeler aussi que des approvisionnements vitaux venus du monde extérieur sont absolument indispensables à l'entretien de toutes les armées.

Je suis également très réconforté par les paroles que le Premier ministre Churchill a prononcées voici quelques jours sur la poursuite de la résistance de l'Empire britannique, et par le fait que cette détermination semble s'appliquer également au grand Empire français partout dans le monde. Dans les affaires mondiales, c'est toujours la puissance navale qui décide du cours de l'histoire, comme l'amiral Darlan le sait bien. »

Nous pensions tous que le Président avait fait un grand pas en avant. Il avait autorisé Reynaud à publier son message du 10 juin, avec tout ce que cela impliquait, et il venait d'envoyer cette formidable réponse. Dès lors, si la France décidait de continuer à subir les horreurs de la guerre, les États-Unis se seraient fortement engagés à intervenir. Dans tous les cas, cette réponse contenait deux points qui revenaient à un engagement de belligérance : d'abord, une promesse d'apporter toute l'aide matérielle possible, ce qui impliquait un soutien actif ; ensuite, une exhortation à continuer la lutte, même si le gouvernement devait être chassé de France. J'adressai sur l'heure nos remerciements au Président, et je m'efforçai de trouver les termes les plus favorables pour présenter à Reynaud le message présidentiel. Peut-être ces points étaient-ils soulignés à l'excès, mais il fallait tirer le meilleur parti possible de tout ce que nous avions ou pouvions obtenir.

Le lendemain arriva un télégramme du Président expliquant qu'il ne pouvait pas autoriser la publication de son message à Reynaud. Selon M. Kennedy, le Président en avait eu l'intention, mais le Département d'État, tout en partageant entièrement ses vues, y voyait les plus graves dangers. Le Président félicitait les gouvernements britannique et français pour le courage de leurs troupes. Il renouvelait ses assurances concernant la fourniture de tout le matériel et de tous les approvisionnements possibles. Mais il ajoutait que son message n'était nullement destiné à engager le gouvernement des États-Unis dans une intervention militaire, et que, de fait, il ne l'engageait pas. Aux termes de la Constitution américaine, aucune autre autorité que le Congrès ne pouvait prendre un tel engagement. La question de la flotte française le préoccupait particulièrement. Sur sa demande, le Congrès avait voté un crédit de cinquante millions de dollars pour fournir des denrées alimentaires et des vêtements aux réfugiés civils en France.

Ce télégramme était décevant.

Autour de notre table, nous comprenions tous parfaitement que le Président courait le risque d'être accusé d'outrepasser ses pouvoirs constitutionnels, et par suite d'être battu sur cette question lors de l'élection toute proche, dont dépendaient notre sort et bien davantage. J'étais convaincu qu'il sacrifierait sa propre vie, sans parler de ses fonctions officielles, pour la cause de cette liberté du monde qui était alors si terriblement menacée. Mais à quoi cela aurait-il servi ? Par-delà l'Atlantique, j'imaginais aisément sa souffrance. À la Maison Blanche, l'angoisse n'était pas de même nature qu'à Bordeaux ou à Londres, mais la tension d'esprit n'y était pas moindre.

Dans ma réponse, j'essayai de fournir au Président des arguments qu'il pourrait faire valoir auprès d'autres personnes, concernant le danger qu'entraîneraient pour les États-Unis l'effondrement de l'Europe et la défaillance de l'Angleterre. Ce n'était pas une affaire de sentiment, mais une question de vie ou de mort. « Le sort de la flotte britannique, comme je vous l'ai déjà dit, serait décisif pour l'avenir des États-Unis, car si elle s'ajoutait aux flottes du Japon, de la France et de l'Italie, ainsi qu'aux vastes ressources de l'industrie allemande, une puissance navale d'une supériorité écrasante se trouverait concentrée entre les mains d'Hitler. Celui-ci pourrait naturellement en user avec une modération miséricordieuse ; mais il pourrait tout aussi bien en user autrement. Ce bouleversement dans l'équilibre des puissances navales pourrait se produire très rapidement, et certainement bien avant que les États-Unis ne puissent s'en prémunir. Si nous sombrons, vous risquez d'avoir des États-Unis d'Europe sous contrôle nazi, beaucoup plus peuplés, beaucoup plus puissants et beaucoup mieux armés que le Nouveau Monde. »

*
* *

Pendant ce temps, la situation sur le front français allait de mal en pis. Les opérations allemandes au nord-ouest de Paris, au cours desquelles nous avions perdu notre 51ᵉ division, avaient porté l'ennemi jusqu'à la basse Seine et l'Oise. Sur leurs rives méridionales, les débris épars des 10ᵉ et 7ᵉ armées françaises organisaient précipitamment une défense ; elles s'étaient disloquées, et pour combler la brèche, on avait amené la garnison de la capitale – l'« armée de Paris ».

Plus à l'est, le long de l'Aisne, les 6ᵉ, 4ᵉ et 2ᵉ armées se trouvaient en bien meilleure posture. Elles avaient eu trois semaines pour se retrancher et intégrer les renforts qui leur avaient été envoyés. Pendant toute la période de Dunkerque et de la course vers Rouen, elles avaient été relativement peu inquiétées, mais leurs effectifs étaient bien faibles pour les cent cinquante kilomètres de front qu'elles avaient à tenir, et l'ennemi avait eu tout loisir de concentrer en face d'elles une grande masse de divisions, en prévision du coup de grâce. Il fut porté le 9 juin. En dépit d'une résistance acharnée – car les Français combattaient désormais avec une grande détermination –, des têtes de pont furent établies au sud du fleuve, entre Soissons et Rethel, et au cours des deux jours suivants, elles s'étendirent jusqu'à la Marne. Les divisions blindées allemandes, qui avaient joué un rôle si décisif dans la course à la mer, furent amenées sur le théâtre de la nouvelle bataille. Huit d'entre elles, en deux grandes ruées, transformèrent la défaite française en déroute. Les armées françaises, décimées et désorganisées, furent absolument incapables de résister à la puissante conjugaison de supériorités numérique, matérielle et technique. Le 16 juin, au bout de quatre jours, l'ennemi avait atteint Orléans et la Loire, tandis qu'à l'est, l'autre percée, ayant traversé Dijon et Besançon, avait presque touché la frontière suisse.

À l'ouest de Paris, les débris de la 10e armée – qui ne représentaient pas plus de deux divisions – avaient été refoulés de la Seine vers le sud-ouest, en direction d'Alençon. La capitale tomba le 14 ; la 7e armée et l'« armée de Paris », qui la couvraient, furent mises en déroute ; une brèche béante était maintenant ouverte entre les maigres forces franco-britanniques de l'ouest et les vestiges de ce qui avait été l'orgueilleuse armée de la France.

Mais qu'était-il advenu de la ligne Maginot – le bouclier de la France – et de ses défenseurs ? Jusqu'au 14 juin, elle ne fit l'objet d'aucune attaque directe, et quelques-unes des formations mobiles, laissant derrière elles les unités de forteresse, avaient déjà commencé à rallier, dans la mesure du possible, les armées du centre qui battaient rapidement en retraite. Mais il était trop tard. Le même jour, la ligne Maginot fut percée devant Sarrebruck, puis près de Colmar, de l'autre côté du Rhin ; les Français qui se retiraient furent pris dans la bataille et incapables de se dégager. Deux jours plus tard, la pénétration allemande vers Besançon leur avait coupé la retraite. Plus de 400 000 hommes étaient cernés sans espoir de salut. Un grand nombre de garnisons encerclées opposèrent une résistance désespérée, et ne consentirent à se rendre qu'après l'armistice, lorsque des officiers français leur furent dépêchés pour en apporter l'ordre. Les derniers forts n'obéirent que le 30 juin, non sans protestations de la part de leur commandant, qui affirmait que leurs défenses étaient encore en tout point intactes.

Ainsi, cette grande bataille désordonnée approchait de son dénouement sur toute l'étendue du front français. Il ne reste maintenant qu'à décrire le modeste rôle que les Britanniques purent jouer dans l'affaire.

*
* *

Le général Brooke s'était distingué pendant la retraite vers Dunkerque, particulièrement lors de son combat dans la brèche ouverte par la capitulation belge. Nous l'avions donc choisi pour commander les troupes britanniques restées en France ainsi que tous leurs renforts, en attendant que les effectifs fussent suffisamment importants pour justifier la présence de lord Gort en tant que général d'armée. Brooke était maintenant arrivé en France, et le 14 juin, il rencontra les généraux Weygand et Georges. Weygand déclara que les forces françaises n'étaient plus capables d'une résistance organisée ou d'une action concertée. L'armée française était tronçonnée en quatre groupes, la 10e armée se trouvant la plus à l'ouest. Weygand lui dit également que les gouvernements alliés avaient décidé qu'une tête de pont serait établie dans la péninsule armoricaine et tenue conjointement par les forces françaises et britanniques, sur une ligne approximativement nord-sud passant par Rennes. Le général en chef lui ordonna de déployer ses forces le long d'une ligne défensive traversant cette ville. Brooke fit observer que cette ligne de défense avait 150 kilomètres de long et qu'elle requérait au moins quinze divisions. On lui répondit que les instructions qu'il recevait devaient être considérées comme des ordres.

Il est exact que le 11 juin à Briare, Reynaud et moi-même avions convenu d'établir une sorte de « ligne de Torres Vedras »[1] à la base de la péninsule armoricaine. Mais tout se désagrégeait en même temps, et ce plan, pour ce qu'il valait, n'en vint jamais au stade de la réalisation. L'idée en soi était bonne, mais rien ne permettait de la concrétiser. Une fois les principales armées françaises défaites ou anéanties, cette tête de pont, si précieuse fût-elle, n'aurait pu résister bien longtemps à des attaques allemandes concentrées. Pourtant, une résistance sur ce point, même de quelques semaines, aurait permis de garder le contact avec

---

1. Allusion aux deux lignes de fortifications s'étendant de l'Atlantique jusqu'au Tage, que Wellington avait fait construire en 1810 pour barrer la route de Lisbonne aux troupes de Masséna. Ce fut certes un succès, mais Masséna n'avait pas de divisions blindées...

l'Angleterre et donné aux Français la possibilité d'un vaste repli vers l'Afrique à partir d'autres secteurs d'un immense front désormais en lambeaux. Si la bataille devait continuer en France, ce ne pouvait être que dans la péninsule de Brest et dans des régions boisées ou montagneuses comme les Vosges. La seule autre solution pour les Français était la capitulation. Que personne n'aille donc se moquer de l'idée d'établir une tête de pont en Bretagne : sous le commandement d'Eisenhower – qui n'était encore à cette époque qu'un obscur colonel américain – les armées alliées devaient la reconquérir plus tard, au prix de lourds sacrifices.

Après s'être entretenu avec les commandants français et avoir évalué depuis son propre quartier général une situation qui s'aggravait d'heure en heure, le général Brooke rendit compte au *War Office* et informa M. Eden par téléphone que la situation était désespérée. Il fallait arrêter tout nouvel envoi de renforts, et faire rembarquer sur l'heure tout ce qui restait du corps expéditionnaire britannique – environ cent cinquante mille hommes. Dans la nuit du 14 juin, Brooke, pensant que je m'y opposais, m'appela au téléphone sur une ligne maintenue en service par maints efforts. Il m'exposa avec insistance sa façon de voir ; j'entendais très bien et, au bout de dix minutes, je fus convaincu qu'il avait raison et que nous devions partir[1]. Des ordres furent donnés en conséquence. Brooke fut libéré de sa subordination envers le commandement français. Le rembarquement de grandes quantités d'approvisionne-

---

1. Il y a là plusieurs inexactitudes : d'une part, ce n'est pas le général Brooke qui a téléphoné à Churchill, mais l'inverse ; d'autre part, la conversation n'a pas duré dix minutes, mais près d'une demi-heure ; enfin et surtout, Churchill a tenté par tous les moyens de persuader Brooke de livrer un baroud d'honneur en compagnie d'une armée française en pleine déroute, mais le général, considérant que les gestes symboliques ne justifiaient pas les sacrifices militaires, a campé obstinément sur ses positions. Churchill, de guerre lasse, a donc dû accepter la retraite – grâce à quoi 197 000 soldats britanniques et alliés ont été sauvés *in extremis*.

ment, de matériel et d'hommes commença. Les éléments de tête de la division canadienne, qui venaient d'être débarqués, réintégrèrent leurs navires, et la 52ᵉ division des Lowlands, dont la majeure partie n'avait pas encore été engagée, se replia sur Brest. Le 15 juin, nos troupes furent soustraites au commandement de la 10ᵉ armée française et se dirigèrent le lendemain vers Cherbourg. Le 17 juin, on apprit que le gouvernement Pétain avait demandé un armistice et ordonné à toutes les forces françaises de cesser le combat, sans même communiquer cette information à nos troupes. En conséquence, le général Brooke reçut l'ordre de rentrer avec tous les effectifs qu'il pourrait embarquer et tout le matériel qu'il pourrait sauver.

Nous recommençâmes alors à très grande échelle, mais avec de plus grands navires, l'évacuation de Dunkerque. Plus de vingt mille officiers et soldats polonais qui avaient refusé de capituler se frayèrent un chemin jusqu'à la mer et gagnèrent l'Angleterre à bord de nos navires. Pourtant, les Allemands poursuivaient nos troupes. Dans le Cotentin, au matin du 18, ils avaient rejoint notre arrière-garde, à 17 kilomètres au sud de Cherbourg. Le dernier bâtiment leva l'ancre à 16 heures, alors que l'ennemi, avec à sa tête la 7ᵉ division blindée de Rommel, était à moins de 5 kilomètres du port. Très peu de nos hommes furent faits prisonniers. Au total, 136 000 soldats britanniques et 310 canons furent évacués de tous les ports français ; soit, avec les Polonais, un total de 156 000 hommes [1].

Les attaques aériennes allemandes sur les convois étaient très violentes. Un épisode effroyable se déroula le 17, à Saint-Nazaire. Le *Lancastria*, paquebot de 20 000 tonneaux, fut bombardé et incendié avec 5 000 hommes à son bord, juste au moment d'appareiller. Plus de 3 000 hommes périrent. Les autres furent sauvés grâce au dévouement des petites unités, sous le feu continu de l'aviation ennemie.

---

1. En réalité 150 000 Britanniques et 47 000 soldats alliés, en majorité polonais.

Lorsque ces nouvelles me parvinrent au cours de l'après-midi dans la paisible salle du Conseil, j'en interdis la publication, au motif que «les journaux ont bien assez de désastres à se mettre sous la dent, au moins pour aujourd'hui». J'avais l'intention de laisser publier la nouvelle quelques jours plus tard, mais des événements lourds de menaces s'amoncelèrent si rapidement au-dessus de nos têtes que j'en oubliai de lever l'interdiction, et il s'écoula un certain temps avant que la nouvelle de cette effroyable catastrophe ne devînt publique.

*
* *

Il nous faut maintenant passer du désastre militaire aux bouleversements dans le gouvernement français et aux personnages qui l'entouraient à Bordeaux.

Dans l'après-midi du 16, M. Monnet et le général de Gaulle vinrent me voir dans la salle du Conseil. Le général, en sa qualité de sous-secrétaire d'État à la Défense nationale, venait d'ordonner au navire français *Pasteur,* qui apportait à Bordeaux des armes venant d'Amérique, de changer de destination et de gagner un port britannique. Monnet travaillait très activement à un plan destiné à transférer à la Grande-Bretagne tous les contrats d'armement passés par la France aux États-Unis, pour le cas où le gouvernement français signerait une paix séparée. Il s'y attendait manifestement et désirait sauver tout ce qui pouvait l'être de ce qui lui apparaissait comme le naufrage du monde. Son attitude à cet égard était des plus utiles. Il en vint ensuite à la question de l'envoi en France de toutes les escadrilles de combat qui nous restaient pour participer à la bataille finale – qui bien sûr était déjà terminée. Je lui répondis qu'il ne pouvait en être question. Même à ce stade, il reprit les arguments habituels : « la bataille décisive », « maintenant ou jamais », « si la France s'effondre, tout s'effondre », et ainsi de suite. Mais je ne pouvais rien faire pour lui donner satisfaction sur ce point. Mes deux visiteurs français se levèrent alors et se dirigèrent vers la porte, Monnet marchant devant. Lorsqu'ils arrivèrent au seuil, de Gaulle, qui jusque-là n'avait pratiquement rien dit, se retourna, fit deux ou trois pas vers moi et me dit en anglais : « Je pense que vous avez tout à fait raison. » Sous son attitude impassible et imperturbable, il me parut avoir une surprenante sensibilité à la douleur. C'est une impression que j'ai conservée depuis, au contact de cet homme très grand et flegmatique : « Voici le connétable de France. » Il repartit ce même après-midi pour Bordeaux, dans un avion britannique que j'avais mis à sa disposition. Mais il ne devait pas y rester longtemps.

Ce soir-là, le Cabinet de guerre siégea jusqu'à 18 heures. Il était dans un état d'agitation inhabituel. L'effondrement et le sort ultérieur de la France dominaient les pensées. Nos propres épreuves, et celles que nous allions devoir affronter seuls à l'avenir, semblaient passer au second rang. La douleur de voir notre allié à l'agonie et le désir de faire tout ce qui était humainement possible pour l'aider étaient les sentiments dominants. Il était aussi d'une importance primordiale de s'assurer de la flotte française. Quelques jours plus tôt, nous avions mis au point une déclaration d'Union franco-britannique, prévoyant citoyenneté commune, institutions communes pour la défense, les affaires étrangères, la politique économique et financière, etc. En dehors de ses mérites propres, l'objectif du projet était de donner à M. Reynaud des éléments nouveaux et stimulants, pour décider une majorité de ses ministres à accepter un repli vers l'Afrique et la poursuite de la guerre. Armé de ce document et accompagné des chefs du Parti travailliste et du Parti libéral, des trois chefs d'état-major et d'un certain nombre d'officiers et de fonctionnaires de haut rang, je partis pour une nouvelle mission en France. Un train spécial attendait en gare de Waterloo. Nous pouvions atteindre Southampton en deux heures, et une nuit de navigation à 30 nœuds sur un croiseur pouvait nous amener à notre rendez-vous le 17 vers midi. Nous avions déjà pris place dans le train. Ma femme était venue me dire au revoir. Mais curieusement, le départ tardait. À l'évidence, un accroc avait dû se produire. C'est alors que mon secrétaire privé arriva de Downing Street hors d'haleine, avec le message suivant expédié par sir Ronald Campbell, notre ambassadeur à Bordeaux :

> « Crise ministérielle ouverte... Espère avoir nouvelles vers minuit. En attendant rencontre prévue pour demain impossible. »

Là-dessus, je rentrai à Downing Street le cœur lourd.

*
* *

Voici comment avait fini le cabinet Reynaud.
Les espoirs que M. Reynaud avait fondés sur la déclaration d'Union s'étaient rapidement dissipés. Rarement proposition si généreuse reçut un accueil aussi hostile. Le président du Conseil lut deux fois le texte à ses collègues. Il s'y déclara entièrement favorable, et ajouta qu'il prenait les dispositions nécessaires pour me rencontrer le lendemain et en discuter les détails. Mais les ministres, célèbres ou obscurs, très agités, déchirés par leurs divisions et encore sous le coup terrible de la défaite, restaient abasourdis. La plupart d'entre eux n'étaient absolument pas préparés à recevoir un projet d'une telle portée. Le sentiment dominant du Conseil fut de rejeter l'ensemble du plan. La surprise et la méfiance l'emportaient dans la majorité, et les plus amicaux comme les plus résolus étaient eux-mêmes décontenancés. Le Conseil s'était attendu à recevoir la réponse à la demande unanimement adressée à la Grande-Bretagne de libérer la France de ses obligations, afin qu'elle pût s'enquérir auprès des Allemands de leurs conditions d'armistice. Il est possible, et même probable, que si notre réponse officielle lui avait été communiquée, la majorité aurait accepté notre condition principale, à savoir le transfert de la flotte en Grande-Bretagne, ou du moins, qu'elle aurait fait quelque

contre-proposition convenable, qui l'aurait laissée libre d'ouvrir des négociations avec l'ennemi, tout en se réservant la possibilité de se replier sur l'Afrique en dernier ressort, si les conditions allemandes s'avéraient trop dures. Mais voilà qu'on allait assister à un cas typique d'« ordre, contrordre, désordre ».

Paul Reynaud fut absolument impuissant à corriger l'impression défavorable créée par le projet d'Union franco-anglaise. La faction défaitiste, conduite par le maréchal Pétain, refusa même de l'examiner. De violentes accusations furent lancées : c'était « un plan improvisé », « un guet-apens », « une manœuvre pour mettre la France en tutelle ou pour lui arracher son empire colonial ». Il reléguait, selon eux, la France au rang de *Dominion*. D'autres se plaignirent qu'on n'offrait même pas aux Français une égalité de statut, puisqu'ils devaient recevoir seulement la citoyenneté de l'Empire britannique et non celle de la Grande-Bretagne, tandis que les Britanniques deviendraient citoyens français. Cette affirmation est contredite par le texte.

Enfin, d'autres arguments furent avancés : Weygand avait convaincu Pétain, sans grande difficulté, que l'Angleterre était perdue ; de hautes autorités militaires françaises[1] avaient prédit : « En trois semaines, l'Angleterre se fera tordre le cou comme un poulet » ; s'unir à la Grande-Bretagne, c'était d'après Pétain, « se lier à un cadavre » ; Ybarnegaray, qui avait été si intrépide dans la guerre précédente, s'écriait : « Plutôt devenir une province nazie. Au moins nous savons ce que cela signifie » ; le sénateur Reibel, ami personnel du général Weygand, déclarait qu'un tel projet entraînerait la destruction complète de la France, et en tout cas sa subordination définitive à l'Angleterre. En vain Reynaud répliqua-t-il : « J'aime mieux collaborer avec

---

1. Dans la version originale, Churchill avait ajouté prudemment : « peut-être Weygand lui-même », mais cette formulation conditionnelle ayant également déplu à l'irascible général, il a été jugé plus diplomatique de taire son nom en 1959...

mes alliés qu'avec mes ennemis. » Et Mandel d'ajouter : « Préférez-vous être une province allemande qu'un *Dominion* britannique ? » Tout fut vain.

On nous dit que l'exposé de Reynaud sur notre projet d'Union ne fut même pas soumis au vote du Conseil ; il s'effondra de lui-même. C'était un échec personnel et fatal pour ce président du Conseil en lutte, et il marquait la fin de son influence comme de son autorité sur le cabinet. Tout le reste de la séance fut consacré à l'armistice et aux démarches à effectuer auprès des Allemands pour s'enquérir de leurs conditions, ce en quoi M. Chautemps se montra froidement déterminé. Les deux télégrammes que nous avions envoyés à propos de la flotte ne furent jamais communiqués au Conseil des ministres. Notre exigence de lui faire rallier les ports britanniques avant toute négociation avec les Allemands ne fut jamais examinée par le cabinet Reynaud, qui était alors dans un état de complète décomposition. Vers huit heures du soir, Reynaud, complètement épuisé par la tension physique et morale à laquelle il était soumis depuis tant de jours, remit sa démission au président de la République et lui conseilla de faire appel au maréchal Pétain. Cette démarche doit être considérée comme précipitée. Reynaud semblait avoir encore caressé l'espoir de me rencontrer le lendemain et il en parla au général Spears, qui lui répondit : « Demain, il y aura un autre gouvernement, et vous ne parlerez plus au nom de qui que ce soit. »

Le maréchal Pétain constitua sans délai un gouvernement dont le but principal était d'obtenir immédiatement un armistice de l'Allemagne. Tard dans la nuit du 16 juin, le groupe défaitiste dont le maréchal avait pris la tête était déjà si bien formé et soudé que l'affaire fut rondement menée. M. Chautemps (« demander les conditions d'armistice, ce n'est pas nécessairement les accepter ») était vice-président du Conseil ; le général Weygand, qui pensait que tout était perdu, obtint le ministère de la Défense ; l'amiral Darlan était ministre de la marine et M. Baudouin ministre des Affaires étrangères.

Il n'y eut apparemment qu'un seul accrochage, à propos de M. Laval. Le maréchal avait prévu au départ de lui offrir le ministère de la Justice, ce que Laval rejeta avec dédain. Il exigeait le ministère des Affaires étrangères, escomptant que seul ce poste lui permettrait de réaliser son dessein : renverser les alliances de la France, en finir avec l'Angleterre et devenir un partenaire mineur au sein de la nouvelle Europe nazie. Le maréchal Pétain céda immédiatement à la véhémence de cette personnalité redoutable. M. Baudouin, qui avait déjà pris possession d'un ministère pour lequel il se savait parfaitement incompétent, était tout disposé à le lui céder. Mais quand il s'en ouvrit à M. Charles-Roux, sous-secrétaire au ministère des Affaires étrangères, celui-ci fut indigné. Il s'assura l'appui de Weygand, et quand le général entra dans la salle et donna son avis à l'illustre maréchal, Laval se mit dans une telle colère que les deux chefs militaires en furent accablés. Mais le sous-secrétaire, lui, refusa catégoriquement de servir sous l'autorité de Laval. Face à cette situation, le maréchal s'inclina de nouveau, et après une scène violente, Laval quitta les lieux dans un accès de fureur.

Le moment était critique. Lorsque quatre mois plus tard, le 28 octobre, Laval finit par devenir ministre des Affaires étrangères, le barème des valeurs militaires avait changé. La résistance britannique à l'Allemagne était devenue un élément du problème. Il apparaissait que notre île ne pouvait être passée par pertes et profits ; en tout cas, on ne lui avait pas « tordu le cou comme à un poulet en trois semaines ». C'était là un fait nouveau, dont se réjouissait la nation française tout entière.

*
* *

À la demande du cabinet, j'avais déclaré à la radio au soir du 17 juin :

> « Les nouvelles de France sont très mauvaises et je souffre pour le vaillant peuple français qui est tombé dans ce terrible

malheur. Rien ne modifiera nos sentiments à son égard, pas plus que notre foi dans une future résurrection du génie de la France. Ce qui est arrivé en France n'altère en rien notre action et nos desseins. Nous sommes à présent le seul champion encore en armes pour défendre la cause du monde. Nous ferons de notre mieux pour nous montrer dignes de cet insigne honneur. Nous défendrons notre patrie insulaire et, avec l'aide de l'Empire, nous combattrons sans relâche jusqu'à ce que soit levée la malédiction qu'Hitler fait peser sur l'humanité. Nous sommes certains que tout se terminera bien.[1] »

Ce matin-là, je rapportai à mes collègues du Cabinet une conversation téléphonique que j'avais eue au cours de la nuit avec le général Spears, qui ne croyait plus pouvoir se rendre utile dans le cadre du nouveau régime de Bordeaux. Il m'avait parlé avec quelque inquiétude de la sécurité du général de Gaulle. Spears avait apparemment été prévenu qu'au vu des circonstances, il était peut-être bon que le général de Gaulle quittât la France. J'avais approuvé sans hésiter tout ce qui pourrait être entrepris à cet effet. C'est ainsi qu'au petit matin du 17 juin, de Gaulle se rendit à son bureau de Bordeaux, prit un certain nombre de rendez-vous pour l'après-midi afin de donner le change, et se rendit à l'aérodrome pour prendre congé de son ami Spears. Ils se serrèrent la main, se dirent au revoir, mais dès que l'appareil commença à rouler, de Gaulle sauta dedans et claqua la porte[2]. L'avion prit son envol, tandis que policiers et fonctionnaires français restaient bouche bée. Dans ce petit avion, de Gaulle emportait avec lui l'honneur de la France.

---

1. Cette dernière phrase, souvent employée par Churchill, est un souvenir de la guerre des Boers ; c'est en effet la traduction littérale de l'afrikaans « *Alles sal reg kom* », le célèbre mot d'ordre du président de la république du Transvaal Paul Kruger.
2. Cette version sportive des circonstances du départ de Bordeaux a toujours été démentie par le général de Gaulle comme par son aide de camp Geoffroy de Courcel. Le général écrira simplement dans ses *Mémoires de guerre* : « Le départ eut lieu sans romantisme et sans difficulté. »

Chapitre IX

L'AMIRAL DARLAN ET LA FLOTTE FRANÇAISE. ORAN

Après l'effondrement de la France, tous nos amis et nos ennemis se demandaient : « L'Angleterre va-t-elle capituler aussi ? » Pour autant que des déclarations publiques puissent compter au feu des évènements, j'avais proclamé à maintes reprises, au nom du gouvernement de Sa Majesté, notre résolution à poursuivre seuls le combat. Après Dunkerque, le 4 juin, j'avais employé l'expression : « S'il le faut pendant des années, et *seuls s'il le faut.* » Cette phrase n'avait pas été prononcée par hasard. Dès le jour suivant, l'ambassadeur de France à Londres avait été chargé de s'enquérir de ce que j'avais voulu dire du juste. Il lui fut répondu : « Exactement ce qui a été dit. » Je pus rappeler ces propos à la Chambre lorsque j'y pris la parole le 18 juin, immédiatement après l'effondrement de Bordeaux. Je donnai alors « quelques indications sur les solides fondements matériels de notre inflexible détermination à poursuivre la guerre. » Je fus en mesure d'assurer le Parlement que nos conseillers des trois Armes etaient raisonnablement confiants dans la victoire finale. J'annonçai que j'avais reçu de la part des premiers ministres des quatre *Dominions* des messages par lesquels ils soutenaient notre décision de combattre et se déclaraient prêts à partager notre sort. « En dressant ce terrible bilan, dis-je, et en contemplant sans illusions les dangers qui nous menacent, je vois d'excellents motifs de vigilance et d'efforts, mais aucun de panique ou de crainte. » Et j'ajoutai : « Pendant les quatre premières années de la guerre précédente, les Alliés n'ont connu que désastres et déceptions... Nous nous demandions sans cesse comment faire pour vaincre. Personne ne pouvait répondre convenablement à cette question, jusqu'à ce qu'en fin de compte, d'une manière aussi soudaine qu'inattendue, notre redoutable ennemi se soit effondré sous nos yeux, et nous avons été tellement saturés de victoire que nous avons eu la folie de la gaspiller. »

Et je conclus :

« Ce que le général Weygand a appelé la "bataille de France" est terminé ; je pense que la "bataille d'Angleterre" est sur le point de commencer. De cette bataille dépendent la survie de la civilisation chrétienne, notre propre vie et la pérennité de nos institutions comme de notre Empire. Toute la fureur et toute la puissance de l'ennemi vont très bientôt se déchaîner contre nous. Hitler sait qu'il lui faudra nous vaincre dans notre île ou perdre la guerre. Si nous parvenons à lui résister, toute l'Europe sera libre et le monde pourra avancer vers de vastes sommets ensoleillés. Mais si nous échouons, alors le monde entier, y compris les États-Unis, y compris tout ce que nous avons connu et aimé, sombrera dans l'abîme d'un nouvel âge obscur, rendu plus sinistre et peut-être plus durable par les progrès d'une science pervertie. Armons-nous donc de courage pour faire notre devoir, et comportons-nous de façon telle que si l'Empire britannique et son *Commonwealth* durent mille ans encore, les hommes puissent toujours dire : "Ce fut leur plus belle heure". »

Toutes ces paroles, si souvent citées, ont reçu depuis la consécration de la victoire. Mais ce n'étaient alors que des mots. Les étrangers, qui ignorent ce dont est capable la race britannique de par le monde une fois son sang échauffé, pouvaient n'y voir qu'une rodomontade destinée à former un bon prélude à des négociations de paix. Il était évident qu'Hitler avait besoin d'en finir avec la guerre à l'Ouest. Il était en mesure d'offrir les conditions les plus tentantes. À ceux qui, comme moi, avaient observé toutes ses initiatives, il ne paraissait pas impossible qu'il consentît à laisser intacts l'Angleterre, son Empire et sa flotte, pour conclure une paix qui lui aurait laissé cette liberté d'action à l'Est dont Ribbentrop m'avait parlé en 1937, et qui était son plus cher désir ; jusque-là, nous ne lui avions pas fait beaucoup de mal. En vérité, nous n'aurions fait qu'ajouter notre propre défaite à son triomphe sur la France. Peut-on s'étonner si, dans de nombreux pays, d'astucieux calculateurs – ignorant pour la plupart les problèmes que posait une invasion par mer comme la qualité de notre aviation, et obnubilés de surcroît par la terrifiante puissance allemande – ne donnaient pas cher de notre survie ? Peu de gouvernements, nés de la démocratie ou du despotisme, peu de nations, seules et apparemment abandonnées, eussent risqué de subir les horreurs d'une invasion et méprisé une bonne chance de paix, pour laquelle bien des excuses plausibles pouvaient être invoquées. La rhétorique n'était pas une garantie. Un autre gouvernement pouvait nous remplacer, en alléguant que « les bellicistes ont eu leur chance et ils ont échoué ». L'Amérique était restée à l'écart. Personne n'avait la moindre obligation envers la Russie soviétique. Pourquoi la Grande Bretagne n'aurait-elle pas rejoint les spectateurs qui, au Japon, aux États-Unis, en Suède et en Espagne, pouvaient contempler avec détachement, voire avec satisfaction, le combat destructeur entre l'empire nazi et l'empire communiste ? Les générations futures auront du mal à croire qu'aucune des considérations ici évoquées n'ait jamais été jugée digne de figurer à l'ordre du jour du Cabinet, et n'ait même jamais été discutée dans nos réunions les moins officielles[1]. Les doutes ne pouvaient être balayés que par des actes. Les actes allaient venir.

---

1. Le scepticisme des générations futures aurait été parfaitement fondé.

*
* *

Lors des derniers jours de tractations à Bordeaux, l'amiral Darlan était devenu un personnage très important. Mes contacts avec lui avaient été rares et professionels. Je le respectais pour l'œuvre qu'il avait accomplie en recréant la marine française : après les dix ans de sa direction, elle était plus performante qu'à aucun moment depuis la Révolution française. Lorsqu'en décembre 1939, il était venu en Angleterre, nous l'avions convié à un dîner officiel à l'Amirauté. En répondant au toast, il commença par nous rappeler que son arrière-grand-père avait été tué à la bataille de Trafalgar. J'en conclus que c'était un de ces bons Français qui haïssent l'Angleterre. Les discussions navales anglo-françaises de janvier avaient également montré combien l'amiral était jaloux de ses prérogatives professionnelles vis-à-vis du ministre de la marine, quel qu'il fût. C'était devenu chez lui une véritable obsession qui, je pense, joua un rôle certain dans son action.

Pour le reste, Darlan avait assisté à la plupart des conférences dont j'ai parlé et, quand la fin de la résistance de la France approcha, il m'assura à maintes reprises qu'en aucun cas la flotte française ne tomberait aux mains des Allemands. Mais à Bordeaux allait survenir le tournant fatal dans la carrière de cet amiral ambitieux, égoïste et compétent. Son autorité sur la flotte était pratiquement absolue. Il n'avait qu'un ordre à donner pour que les navires gagnent les ports anglais ou américains, ou ceux des colonies françaises – certains bâtiments ayant déjà appareillé ; dans la matinée du 17 juin, après la chute du cabinet de M. Reynaud, il déclara au général Georges qu'il était résolu à donner cet ordre. Dans l'après-midi du lendemain, Georges le rencontra et lui demanda ce qui s'était passé. Darlan répondit qu'il avait changé d'avis. Comme son interlocuteur lui en demandait la raison, il répondit simplement : « Maintenant, je suis ministre de la Marine. »

Cela ne voulait pas dire qu'il avait changé d'avis pour devenir ministre de la Marine, mais qu'étant devenu ministre de la marine, il avait desormais un point de vue différent.

Quelle vanité dans les calculs de l'égoïsme humain ! Il y en eut rarement exemple plus probant. L'amiral Darlan n'avait qu'à monter à bord de n'importe lequel de ses navires et gagner n'importe quel port hors de France pour devenir le maître de tous les intérêts français hors d'atteinte des Allemands. Il ne serait pas arrivé, comme le général de Gaulle, avec seulement une âme indomptable et quelques compagnons. Il aurait soustrait à l'emprise allemande la quatrième marine du monde, dont les officiers et les marins lui étaient personnellement dévoués. En agissant ainsi, Darlan serait devenu le chef de la Résistance française, avec une puissante arme en mains. Les chantiers et les arsenaux britanniques et américains auraient été à sa disposition pour l'entretien de sa flotte. Une fois reconnu, la réserve d'or de la France aux États-Unis lui aurait assuré de vastes ressources. L'Empire français tout entier se serait rallié à lui. Rien n'aurait pu l'empêcher de devenir le Libérateur de la France. La gloire et la puissance qu'il désirait si ardemment étaient à portée de main. Au lieu de quoi, il s'engagea dans deux années d'angoisse et d'ignominie, pour trouver une mort violente et une tombe sans honneur, en laissant un nom qui restera longtemps exécré par la marine française et par la nation qu'il avait si bien servies jusqu'alors.

Il faut d'ajouter ici un dernier élement. Dans une lettre qu'il m'écrivit le 4 décembre 1942, trois semaines seulement avant son assassinat, Darlan a affirmé avec véhémence qu'il avait tenu parole. Cette lettre est un plaidoyer et je l'ai fait imprimer ailleurs*. Il est incontestable qu'aucun navire français ne fut armé par les Allemands et utilisé contre nous au cours de la guerre. Ce ne fut pas entièrement grâce aux mesures prises par l'amiral Darlan, mais celui-ci avait certai-

---

* *Their Finest Hour*, chapitre XI.

nement ancré dans l'esprit des officiers et des hommes de la marine française que les navires devaient être détruits à tout prix avant d'être saisis par les Allemands – qu'il détestait autant que les Anglais.

Il reste qu'en juin 1940, l'adjonction de la flotte française aux flottes italienne et allemande, avec l'immense menace japonaise à l'horizon, exposait la Grande-Bretagne à des dangers mortels et affectait gravement la sécurité des États-Unis. L'article 8 des accords d'armistice stipulait qu'en dehors de la partie affectée à la défense des intérêts de l'empire colonial, la flotte française « serait rassemblée dans des ports à désigner, pour y être démobilisée et désarmée sous contrôle allemand ou italien. » Il était donc évident que les navires français passeraient sous ce contrôle alors qu'ils étaient encore armés. Il est vrai que, dans le même article, le gouvernement allemand déclarait solennellement qu'il n'avait nulle intention de les utiliser à ses propres fins au cours des hostilités. Mais quel homme sensé aurait ajouté foi à la parole d'Hitler après toutes les infamies commises et dans la conjoncture du moment ? De plus, l'article excluait de cette garantie « les unités nécessaires à la surveillance côtière et aux dragages ». L'interprétation de cette clause était à la discrétion des Allemands. Enfin, l'armistice pouvait être dénoncé à tout moment sous n'importe quel prétexte de violation des engagements. De fait, il ne nous offrait pas la moindre garantie. Nous devions à tout prix, d'une façon ou d'une autre et quels que fussent les risques, faire en sorte que la marine de la France ne tombât pas entre des mains criminelles, pour provoquer ensuite notre ruine et celle d'autres nations.

*
* *

Le Cabinet de guerre n'hésita pas un seul instant. Ces mêmes ministres qui, la semaine précédente, avaient été de tout cœur avec la France et lui avaient proposé de constituer une nation commune, résolurent de prendre toutes les mesures nécessaires. Ce fut une décision odieuse, la plus inhumaine, la plus pénible de toutes celles auxquelles j'ai été associé. Elle rappelait la capture de la flotte danoise par Nelson à Copenhague en 1807 ; mais les Français étaient la veille encore nos alliés très chers, et nous éprouvions une sincère commisération pour leur pays dans la détresse. D'un autre côté, notre existence nationale et le salut de notre cause étaient en jeu. C'était une tragédie grecque. Pourtant, jamais aucun acte ne fut plus nécessaire à la survie de l'Angleterre et de tous ceux qui comptaient sur elle. Je pensais aux paroles prononcées par Danton en 1793 : « Les rois coalisés nous menacent, jetons-leur en défi une tête de roi. » L'évènement tout entier se situait dans cette perspective-là.

La flotte française se présentait ainsi : deux cuirassés, quatre croiseurs légers (ou *contre-torpilleurs*)[1], quelques sous-marins dont un très gros, le *Surcouf,* huit destroyers et environ 200 bâtiments plus petits mais très utiles (dragueurs de mines et unités anti-sous-marines) se trouvaient à Portsmouth et à Plymouth. Ceux-là étaient en notre pouvoir. À Alexandrie, il y avait un cuirassé, quatre croiseurs dont trois modernes, armés de canons de 20 pouces, et un certain nombre de navires moins importants. Ils s'y trouvaient sous la garde d'une puissante escadre britannique. À Oran, à l'autre extrémité de la Méditerranée, et dans le port militaire voisin de Mers el-Kébir, étaient ancrés deux des plus belles unités de la flotte française, le *Dunkerque* et le *Strasbourg,* des cuirassés de bataille modernes, très supérieurs au *Scharnhorst* et au *Gneisenau*, et d'ailleurs construits expressément pour les dominer. Utilisés par les Allemands contre nos routes commerciales, ces vaisseaux auraient pu être des plus nuisibles. Ils étaient accompagnés de deux croiseurs cuirassés, de plusieurs croiseurs légers et d'un certain nombre de destroyers, de sous-marins et d'autres unités. À Alger se trouvaient sept

---

1. En français dans le texte.

croiseurs, dont quatre armés de pièces de 8 pouces ; à la Martinique, un porte-avions et deux croiseurs légers. Le *Jean-Bart*, récemment arrivé de Saint-Nazaire sans son artillerie, était à Casablanca. Il constituait l'un des principaux éléments dans le calcul des flottes mondiales, mais il n'était pas achevé et ne pouvait l'être à Casablanca ; il ne devait pas quitter ce port. Le *Richelieu,* dont les travaux étaient beaucoup plus avancés, avait atteint Dakar. Il pouvait naviguer et ses canons de 15 pouces étaient en état de fonctionnement. Beaucoup d'autres bateaux de moindre importance étaient répartis entre divers ports. Finalement, un certain nombre de navires de guerre se trouvaient à Toulon, hors de notre portée. L'opération « Catapult » prévoyait la saisie simultanée, la prise de contrôle, la mise hors de combat ou la destruction de tous les bâtiments français accessibles.

Au petit matin du 3 juillet, tous les navires français de Portsmouth et de Plymouth passèrent sous contrôle britannique. L'opération fut déclenchée soudainement et nécessairement par surprise. Des forces très supérieures furent mises en œuvre, – et toute l'affaire démontra avec quelle facilité les Allemands auraient pu s'emparer de navires ancrés dans des ports qu'ils contrôlaient. En Angleterre, le changement d'autorité se fit à l'amiable et les équipages descendirent à terre de leur propre gré. Mais à bord du *Surcouf,* deux valeureux officiers et un quartier-maître britanniques furent tués*, et un autre marin blessé. Un marin français perdit aussi la vie, mais plusieurs centaines d'autres rejoignirent volontairement nos rangs. Le *Surcouf,* ayant glorieusement servi par la suite, devait sombrer le 19 février 1942, avec tout son valeureux équipage français.

C'est dans la méditerranée occidentale qui fut porté le coup mortel. Le vice-amiral Somerville se trouvait à Gibraltar avec la « Force H » comprenant le croiseur de

---

* Capitaine de frégate D. V. Sprague, R.N., lieutenant de vaisseau P. M. K. Griffith, R.N., et quartier-maître A. Webb, R.N.

bataille *Hood,* les cuirassés *Valiant* et *Resolution,* le porte-avions *Ark Royal,* deux croiseurs et onze destroyers. Il reçut l'ordre suivant, envoyé par l'Amirauté le 1er juillet à 2 h 25 du matin :

> « Préparez-vous pour « Catapult », 3 juillet. »

Dans l'entourage de Somerville se trouvait le capitaine de vaisseau Holland, un officier vaillant et distingué, naguère attaché naval à Paris, animé de fortes sympathies pour la France et qui jouissait d'une certaine influence. Au début de l'après-midi du 1er juillet, le vice-amiral télégraphia :

> « Après en avoir conféré avec Holland et quelques autres, le vice-amiral de la « Force H » est impressionné par leur opinion selon laquelle le recours à la force devrait être évité à tout prix. Holland estime qu'une action offensive de notre part nous aliénerait tous les Français, où qu'ils se trouvent. »

L'Amirauté répondit à 18 h 20 :

> « La ferme intention du gouvernement de Sa Majesté est que si les Français n'acceptent aucune de vos propositions, ils doivent être détruits. »

Peu après minuit (à 1 h 08, le 2 juillet), on envoya à Somerville le texte – rédigé avec le plus grand soin – de la communication qu'il devait faire à l'amiral français. Le passage essentiel était ainsi libellé :

> *(a)* Venir avec nous et poursuivre le combat jusqu'à la victoire contre les Allemands et les Italiens ;
>
> *(b)* Appareiller avec des équipages réduits sous notre contrôle, pour gagner un port britannique. Ces équipages seront rapatriés au plus tôt.
>
> Si vous choisissez l'une ou l'autre de ces conditions, nous rendrons vos navires à la France dès la fin des hostilités, ou nous paierons intégralement toutes indemnités pour les dommages éventuellement subis dans l'intervalle.
>
> *(c)* Autre solution : si vous vous croyez dans l'obligation de stipuler que vos navires ne devront pas être employés contre

les Allemands et les Italiens, sauf en cas de violation par ceux-ci de l'armistice, alors appareiller en notre compagnie, avec des équipages réduits, vers quelque port français des Antilles – à la Martinique, par exemple – où vos bâtiments pourront être désarmés avec notre agrément, voire être confiés aux États-Unis et y rester en sécurité jusqu'à la fin de la guerre, les équipages étant rapatriés.

Si vous refusez ces offres raisonnables, je dois, à mon profond regret, vous sommer de saborder vos navires dans les six heures.

Enfin, si aucune des propositions ci-dessus n'était acceptée, j'ai reçu du gouvernement de Sa Majesté l'ordre d'employer tous les moyens de force nécessaires pour empêcher vos navires de tomber entre des mains allemandes ou italiennes. »

L'amiral appareilla avant l'aube et arriva au large d'Oran vers 9 h 30. Il envoya le capitaine de vaisseau Holland en personne, à bord d'un destroyer, pour rendre visite à l'amiral français Gensoul. Celui-ci ayant refusé de le recevoir, Holland lui fit parvenir par des messagers le document précité. L'amiral Gensoul répondit par écrit qu'en aucun cas les navires de guerre français ne tomberaient intacts aux mains des Allemands et des Italiens, et que la force répondrait à la force.

Les négociations se poursuivirent toute la journée. À 16 h 15, on permit enfin au capitaine Holland de monter à bord du *Dunkerque*, mais l'entrevue qui suivit avec l'amiral français fut glaciale. L'amiral Gensoul avait expédié entre temps deux messages au ministère français de la marine, et le conseil des ministres s'était réuni à 15 heures pour examiner les conditions britanniques. Le général Weygand était présent à cette réunion, et son biographe nous a transmis depuis ce qui en était ressorti. Il semble d'après son récit que la troisième solution – le départ de la flotte française vers les Antilles – n'ait jamais été mentionnée. Il écrit : « Il semblerait que l'amiral Darlan, volontairement ou non, ou bien par défaut de reinsegnements, je ne sais pas, *ne nous ait pas informés de tous les détails de l'affaire à l'époque*. Il apparaît aujourd'hui que les termes de l'ultimatum britannique étaient moins brutaux que ce que nous avons été amenés à croire, et qu'ils suggéraient une troisième solution beaucoup plus acceptable : le départ de la flotte pour les Antilles*. » Aucune explication de cette omission – si c'en était bien une – n'a été donnée à ce jour[1].

La détresse de l'amiral britannique et de ses principaux officiers nous apparaissait clairement au vu des signaux. Il ne fallut rien de moins que les ordres les plus péremptoires pour les contraindre à ouvrir le feu sur ceux qui avaient été si récemment leurs camarades ; l'émotion était également manifeste à l'Amirauté. Mais la résolution du Cabinet de guerre ne faiblit pas. Je demeurai tout l'après-midi dans la salle du Conseil, en fréquent contact avec mes principaux collègues, ainsi qu'avec le Premier lord et le Premier lord de la Mer. Un dernier message fut envoyé à 18 h 26 :

« Les navires français doivent accepter nos conditions ou se saborder, ou bien être coulés par vous avant la nuit. »

Mais l'action avait déjà commencé. À 17 h 54, l'amiral Somerville ouvrit le feu sur la puissante escadre française que défendaient également des batteries côtières. Il signala à 18 heures qu'il était chaudement engagé. Le bombardement dura quelque dix minutes. Le cuirassé *Bretagne* sauta ; le *Dunkerque* s'échoua, le cuirassé *Provence* coula à pic. Le *Strasbourg* s'échappa et, en dépit des attaques de nos avions-torpilleurs venus de l'*Ark Royal*, parvint à gagner Toulon, de même que les croiseurs d'Alger.

À Alexandrie, après de longues négociations avec l'amiral Cunningham, l'amiral français Godfroy accepta de vider le mazout des soutes de ses navires, de démonter

---

* *Le rôle du général Weygand*, par Jacques Weygand.
1. Écrit en 1950.

certaines pièces importantes de leurs canons et de rapatrier une partie de leurs équipages. Le 8 juillet, à Dakar, le cuirassé *Richelieu* subit les assauts des appareils du porte-avions *Hermes,* tandis qu'une vedette l'attaquait très courageusement. Il fut atteint par une torpille d'avion et gravement avarié. Le porte-avions et les deux croiseurs légers des Antilles françaises se trouvèrent immobilisés après de très longues discussions, aux termes d'un accord conclu avec les États-Unis.

*
* *

Le 4 juillet, j'exposai en détail à la Chambre des Communes ce que nous avions fait. Bien que le cuirassé *Strasbourg* se fût échappé d'Oran et qu'on n'eût pas signalé la mise hors de combat du *Richelieu*, les mesures que nous avions prises empêchaient la flotte française de compter dans les plans allemands. Je parlai cet après-midi-là pendant une heure ou plus, faisant un compte rendu détaillé de ces sombres événements tels qu'ils étaient parvenus à ma connaissance. Je n'ai rien à ajouter à ce que j'annonçai alors au Parlement et au monde. Je jugeai convenable, afin de conserver le sens des proportions, de terminer sur une note qui replaçait ce douloureux épisode dans le contexte de la triste situation où nous nous trouvions. Je lus donc à la Chambre l'avertissement que j'avais fait circuler la veille, avec l'approbation du Cabinet, dans les cercles restreints de l'appareil gouvernemental.

« Alors que nous sommes peut-être à la veille d'une tentative d'invasion ou d'une bataille pour la survie de notre patrie, le Premier ministre tient à rappeler très fermement à tous ceux qui occupent des postes de direction au gouvernement, dans les forces armées et dans les services ministériels, que leur devoir consiste à entretenir partout un esprit de confiance et vigilante énergie. Bien qu'il soit nécessaire de prendre toutes les précautions compatibles avec le temps et les moyens disponibles, il n'existe aucune raison de supposer que les Allemands soient capables de débarquer dans notre pays, par air ou par mer, des effectifs supérieurs à ceux que peuvent détruire ou faire prisonniers nos puissantes forces actuellement sous les armes. La *Royal Air Force* est en excellente condition et plus forte qu'elle ne l'a jamais été ; la flotte allemande n'a jamais été aussi faible, ni l'armée britannique de métropole plus nombreuse que maintenant. Le Premier ministre attend de tous les hauts fonctionnaires de Sa Majesté qu'ils donnent l'exemple de la fermeté et de la résolution. Ils devront contrôler et réprimer, autour d'eux et chez leurs subordonnés, tout propos sans fondement ni raison. Ils n'hésiteront pas à signaler, ou a congédier si nécessaire, toute personne, officier ou fonctionnaire, qui exercerait ouvertement et consciemment une influence déprimante et perturbante, et dont les propos tendraient à répandre l'inquiétude et le découragement. C'est ainsi seulement qu'ils se rendront dignes de nos combattants qui, dans les airs, sur mer et sur terre, ont déjà affronté l'ennemi sans éprouver la moindre impression de lui être inférieur en qualités martiales. »

La Chambre écouta cette lecture dans le plus profond silence, mais il se produisit à la fin une scène telle que je n'en avais jamais connue. L'ensemble de l'assistance se leva de toutes parts, en poussant des acclamations qui me parurent se prolonger fort longtemps. Jusqu'alors, le Parti conservateur m'avait traité avec quelque réserve, et c'était depuis les bancs du Parti travailliste que j'avais reçu le plus chaleureux accueil lorsque j'entrais à la Chambre ou prenais la parole en des graves occasions. Mais cette fois, tous manifestèrent unanimement leur accord de façon solennelle et retentissante.

L'élimination brutale et presque instantanée de la flotte française en tant que facteur stratégique produisit une profonde impression dans tous les pays. Voilà que cette Angleterre, que tant de gens avaient déjà passée aux pertes et profits, que les étrangers avaient imaginée tremblante et sur le point de capituler devant la formidable puissance dressée contre elle, frappait impitoyablement ses plus chers amis d'hier et s'assurait pour un moment la maîtrise incontestée des mers ! C'était montrer clairement que le Cabinet de guerre britannique ne redoutait rien et ne reculerait devant rien ; et c'était la vérité.

Le génie de la France permit à son peuple de bien comprendre toute la signification de Mersel-Kébir et, au sein même de son agonie, de trouver dans ce surcroît d'épreuve et d'amertume un renouveau d'espoir et de force. Le général de Gaulle, que je n'avais pas consulté au préalable, eut une attitude magnifique, ratifiée depuis lors par une France libérée et souveraine. Je tiens de M. Teitgen, membre important de la Résistance et ultérieurement ministre de la Défense nationale, une histoire qui vaut d'être rapportée. Deux familles de paysans d'un village situé près de Toulon avaient perdu chacune un fils dans le bombardement anglais de Mersel-Kébir. Tous les voisins tinrent à assister au service funèbre. Les deux familles demandèrent que l'Union Jack fût placé sur les cercueils à côté du pavillon tricolore, et leur désir fut scrupuleusement respecté. On mesure par là combien l'esprit de compréhension des gens simples peut toucher au sublime.

CHAPITRE X

AUX ABOIS

En ces jours de l'été 1940 qui ont suivi la chute de la France, nous étions absolument seuls. Ni les *Dominions* britanniques, ni l'Inde, ni les colonies ne pouvaient nous envoyer une aide décisive, ou même nous faire parvenir à temps ce dont ils disposaient. Énormes et victorieuses, les armées allemandes parfaitement équipées, avec derrière elles les vastes réserves d'armes et d'équipements dont elles s'étaient emparées, se concentraient pour porter le coup final. L'Italie, avec des forces nombreuses et imposantes, nous avait déclaré la guerre et cherchait obstinément à nous anéantir en Méditerranée comme en Égypte. En Extrême-Orient, le Japon observait la scène d'un œil impénétrable et réclamait avec insistance la fermeture de la route de la Birmanie, qui permettait de ravitailler la Chine. La Russie soviétique se trouvait liée par son pacte à l'Allemagne nazie, et apportait à Hitler une aide importante en matières premières. L'Espagne, qui avait déjà occupé la zone internationale de Tanger, pouvait à tout moment se retourner contre nous et exiger Gibraltar, ou demander l'aide de l'Allemagne pour l'attaquer, ou encore installer des batteries pour entraver le passage à travers le détroit. La France de Pétain et de Bordeaux, bientôt transférée à Vichy, pouvait à n'importe quel moment être contrainte de nous déclarer la guerre. Ce qui restait de la flotte française à Toulon semblait bien être au pouvoir de l'Allemagne. Assurément, nous ne manquions pas d'ennemis.

Après l'affaire de Mers el-Kébir, il apparut clairement à

tous les pays que le gouvernement et la nation britanniques étaient résolus à se battre jusqu'au bout. Mais même s'il n'existait pas de faiblesse dans le moral britannique, comment surmonter des difficultés matérielles épouvantables ? On savait que nos armées métropolitaines n'avaient rien d'autre que des fusils. Il faudrait des mois avant que nos usines puissent seulement compenser les armements perdus à Dunkerque. Quoi d'étonnant à ce que l'ensemble du monde ait été persuadé que notre dernière heure avait sonné ?

Une profonde inquiétude gagna les États-Unis, et même tous les pays qui étaient restés libres. Les Américains se demandaient sérieusement s'il était sage de gaspiller leurs propres ressources – strictement limitées – pour satisfaire une impulsion généreuse mais désespérée. Ne valait-il pas mieux au contraire concentrer leurs forces morales et conserver toutes leurs armes pour remédier à leur propre manque de préparation ? Il fallait un jugement très sûr pour s'élever au-dessus de ces arguments à la fois logiques et réalistes. La gratitude de la nation britannique doit aller au noble président des États-Unis comme à ses officiers supérieurs et hauts conseillers, car jamais, même au moment des élections pour le troisième mandat présidentiel, ils ne perdirent confiance en notre destin ou en notre volonté.

Ce tempérament britannique à la fois indomptable et imperturbable, tel que j'ai eu l'honneur de l'exprimer, fit peut-être pencher la balance. Ce même peuple qui, au cours des années précédant la guerre, avait atteint les bornes extrêmes du pacifisme et de l'imprévoyance, avait cédé aux jeux de la politique des partis, et s'était aventuré faiblement armé et d'un cœur léger au centre des affaires européennes, devait à présent payer la générosité de ses impulsions comme la négligence de ses préparatifs. Il n'en fut même pas découragé, et il défia les conquérants de l'Europe. Il semblait préférer voir son île réduite en cendres plutôt que de céder. Voilà qui ferait une belle page de l'histoire. Mais n'y avait-il pas eu des précédents ? Athènes avait été conquise par Sparte ; les Carthaginois avaient opposé à Rome une résistance désespérée. Il n'est pas rare dans les annales du passé – et plus souvent dans les tragédies ignorées ou depuis longtemps oubliées – que des États courageux, fiers et insouciants, voire des races entières, aient été balayés à tel point que leur nom seul est resté, sauf à être lui-même tombé dans l'oubli.

Peu de Britanniques et très peu d'étrangers comprenaient les avantages techniques particuliers qu'offrait notre situation insulaire. On ignorait aussi généralement que, dans les années d'indécision qui précédèrent la guerre, l'essentiel de la défense navale, et dernièrement de la défense aérienne, avait été maintenu. Près de mille ans s'étaient écoulés depuis que la Grande-Bretagne avait vu des feux de bivouac étrangers sur son sol. Au plus fort de la résistance britannique, chacun garda son calme, acceptant de mettre en jeu sa propre existence. Peu à peu, dans le monde entier, nos amis comme nos ennemis se rendirent compte de notre état d'esprit. Mais résisterait-il à l'épreuve ? Cela, seule la force brutale pouvait en décider.

Il y avait aussi un autre aspect. L'un des plus grands dangers qui nous menaça pendant le mois de juin fut la perte de nos dernières réserves, envoyées en France pour offrir une résistance inutile et épuisante, ainsi que l'usure progressive de nos forces aériennes du fait de la fréquence de leurs missions ou de leurs transferts sur le continent. Si Hitler avait été doué de sagesse surnaturelle, il aurait ralenti l'attaque sur le front français, en faisant une pause de quelque trois ou quatre semaines après Dunkerque sur la ligne de la Seine, et pendant ce temps, il aurait activé ses préparatifs d'invasion de l'Angleterre. Il nous aurait ainsi placés devant un dilemme mortel et nous aurait mis à la torture, en nous forçant soit à abandonner la France dans son agonie, soit à gaspiller les dernières ressources nécessaires à notre survie. Plus nous pressions les Français de continuer la lutte, plus nos obligations à leur égard augmentaient, et plus il nous devenait difficile de préparer la défense de l'Angleterre, gardant surtout en réserve les vingt-cinq escadrilles de chasse dont tout dépendait. Sur ce dernier point, nous n'aurions jamais cédé, mais notre refus aurait amèrement déçu notre alliée en pleine bataille et aurait empoisonné toutes nos relations. Ce fut même avec un sentiment de soulagement que certains membres de notre haut commandement envisagèrent ce nouveau problème terriblement simplifié qui se posait à eux. Comme le disait le gérant d'un des clubs de Londres à un membre assez abattu : « En tout cas, sir, nous sommes en finale, et elle va se jouer sur notre terrain. »

*
* *

Même à cette époque, la force de notre position n'était pas sous-estimée par le haut commandement allemand. Ciano raconte comment, lorsqu'il rendit visite à Hitler le 7 juillet 1940 à Berlin, il eut une longue conversation avec le général von Keitel[1]. Keitel, tout comme Hitler, lui parla de l'attaque contre l'Angleterre. Il lui répéta que jusque-là, rien de précis n'avait été décidé. Il considérait le débarquement comme possible, mais y voyait néanmoins « une opération extrêmement difficile, qui doit être abordée avec le maximum de précautions, en raison de la maigreur et du manque de fiabilité des renseignements recueillis sur les préparatifs militaires de l'île et sur ses défenses côtières »*. Ce qui paraissait à la fois facile et essentiel, c'était de diriger une attaque aérienne massive contre les champs d'aviation, les usines et les principaux nœuds de communication de la Grande-Bretagne ; mais il fallait garder à l'esprit que l'aviation britannique était extrêmement efficace. Keitel

---

1. Comme beaucoup d'Anglais, Churchill a tendance à anoblir tous les généraux allemands. Mais Keitel était connu pour ses origines paysannes.

* CIANO, *Diplomatic Papers*, p. 378

estimait que les Anglais avaient environ mille cinq cents appareils disponibles pour la défense et la contre-attaque. Il reconnaissait que, dans les derniers temps, les actions offensives de l'aviation britannique s'étaient considérablement intensifiées. Des missions de bombardement avaient été accomplies avec une remarquable précision, et les groupes utilisés comptaient quatre-vingts appareils à la fois. L'Angleterre souffrait toutefois d'une grande pénurie de pilotes, et ceux qui attaquaient actuellement les villes allemandes ne pouvaient être remplacés, les nouveaux pilotes manquant totalement d'entraînement. Keitel insistait aussi sur la nécessité de frapper Gibraltar, afin de désorganiser le système impérial britannique. Ni Keitel ni Hitler ne firent une allusion quelconque à la durée de la guerre. Seul Himmler déclara incidemment que la guerre devrait être terminée au début d'octobre.

Tel est le récit de Ciano. Selon « le vœu ardent du Duce », il offrit aussi à Hitler une armée de dix divisions et une force aérienne de trente escadrilles pour prendre part à l'invasion. L'offre d'une armée fut poliment déclinée. Quelques-unes des escadrilles arrivèrent, mais on verra que mal leur en prit.

*
* *

Le 19 juillet, Hitler prononça un discours triomphal au Reichstag : ayant prédit que j'irais prochainement chercher refuge au Canada, il fit ce que l'on a appelé sa « proposition de paix ». Ce geste fut accompagné les jours suivants de démarches diplomatiques effectuées par l'intermédiaire de la Suède, des États-Unis et du Vatican. Hitler aurait naturellement été très heureux, après avoir réduit l'Europe à sa merci, de mettre un terme à la guerre en obtenant des Britanniques l'acceptation de ce qu'il avait fait. En réalité, il n'offrait pas la paix, mais se déclarait disposé à accepter l'abandon par la Grande-Bretagne de tout ce qu'elle avait voulu défendre en entrant dans la guerre.

Je pensais d'abord organiser un débat formel et solennel devant les deux Chambres du Parlement, mais mes collègues estimèrent que c'eût été faire trop de cas d'une affaire sur laquelle nous étions tous d'accord. On décida donc plutôt que le ministre des Affaires étrangères rejetterait la proposition d'Hitler au cours d'une allocution radiophonique. Dans la nuit du 22, il « balaya d'un revers de la main » la sommation faite par Hitler « de se plier à sa volonté ». Il opposa le tableau de l'Europe selon Hitler à celui de l'Europe pour laquelle nous nous battions, et déclara : « Nous ne cesserons de lutter que lorsque la liberté sera sauvegardée. » Mais en fait, la presse britannique et la BBC avaient déjà repoussé toute idée de pourparlers, sans aucune instruction du gouvernement de Sa Majesté, dès que le discours d'Hitler avait été entendu à la radio.

Ciano rapporte aussi dans son journal que, « tard dans la soirée du 19, quand arrivèrent les premières réactions glaciales des Britanniques au discours d'Hitler, un sentiment mal dissimulé de déception se répandit chez les Allemands ». Hitler « voudrait s'entendre avec la Grande-Bretagne. Il sait que la guerre avec les Britanniques sera dure et sanglante, et il sait aussi que les peuples répugnent partout aux effusions de sang ». Mussolini, en revanche, « craint que les Anglais ne puissent trouver dans le discours d'Hitler un prétexte à entamer des négociations ». « Ce serait triste pour Mussolini, fait observer Ciano, car maintenant plus que jamais, il veut la guerre. » Il n'avait pas à s'inquiéter ; en fait de guerre, rien ne lui serait refusé.

*
* *

À la fin de juin, les chefs d'état-major, par l'intermédiaire du général Ismay, m'avaient suggéré lors d'une séance de Cabinet de rendre visite aux secteurs menacés des côtes est et sud. Je consacrai donc un jour ou deux chaque semaine à cette agréable tâche, en dormant au besoin dans mon train où je trouvais toute facilité pour continuer mon travail habituel, et restai en contact permanent avec Whitehall. J'inspectai les estuaires de la Tyne, de la Humber, et beaucoup d'autres sites de débarquement possibles. Dans le Kent, la division canadienne fit un exercice en ma présence. J'examinai les défenses terrestres de Harwich et de Douvres, et l'une de mes premières visites fut pour la 3e division, commandée par le général Montgomery – un officier que je n'avais encore jamais rencontré. Ma femme m'accompagnait. La 3e division était cantonnée près de Brighton. On l'avait rééquipée en priorité absolue, et elle était sur le point d'embarquer pour la France, lorsque la résistance française prit fin. Le quartier général de Montgomery se trouvait près de Steyning, et il me fit assister à une petite manœuvre dont le thème essentiel était un mouvement tournant par des véhicules porteurs de fusils-mitrailleurs Bren, dont il ne pouvait réunir à l'époque que sept ou huit exemplaires. Après cela, en prenant ensemble la route de la côte par Shoreham et Hove, nous parvînmes au front de mer familier de Brighton, auquel me reliaient tant de souvenirs d'écolier[1]. Nous dînâmes à l'hôtel *Royal Albion*, face à l'extrémité de la jetée. L'hôtel était entièrement vide, la ville ayant déjà été en grande partie évacuée. Il restait cependant bon nombre de personnes qui prenaient l'air sur la plage ou sur l'esplanade. J'observai avec amusement une section des *Grenadier Guards* qui transformait en poste de mitrailleuse à l'aide de sacs de sable un des kiosques de la jetée, semblable à celui où, dans mon enfance, j'avais souvent admiré les numéros de puces savantes. Il faisait un temps magnifique. J'eus d'excellentes conversations avec le général et je profitai pleinement de ma tournée.

---

1. Entre dix et treize ans, le petit Winston avait été pensionnaire dans l'internat des sœurs Thomson à Brighton. Ses professeurs de l'époque le soupçonnaient de passer davantage de temps sur le front de mer qu'à l'école.

À la mi-juillet, le ministre de la Guerre proposa de remplacer le général Ironside par le général Brooke à la tête de nos forces de métropole. Le 19 juillet, dans le cadre de mes inspections régulières des secteurs d'invasion, je visitai la zone sud. On me présenta une sorte d'exercice tactique, pour lequel on avait pu rassembler pas moins de douze chars. Pendant tout l'après-midi, je circulai en voiture avec le général Brooke, qui commandait le secteur. Ses états de service étaient brillants; non seulement il avait mené l'attaque de flanc décisive près d'Ypres pendant la retraite sur Dunkerque, mais encore, à la tête des troupes fraîches que nous avions envoyées en France pendant les trois premières semaines de juin, il s'était comporté avec une fermeté et une habileté remarquables, dans des circonstances d'une difficulté et d'une confusion inimaginables. Enfin, un lien personnel m'unissait à Alan Brooke : ses deux valeureux frères avaient été mes amis lors des campagnes militaires de ma jeunesse[1].

Ces relations et ces souvenirs furent sans influence sur mon choix, mais ils n'en constituèrent pas moins un élément personnel sur lequel se fonda et se fortifia ma collaboration ininterrompue avec Alan Brooke pendant toute la durée de la guerre. Cet après-midi de juillet 1940, nous parcourûmes le terrain en voiture pendant quatre heures, et il me sembla que nous étions d'accord sur les méthodes à employer pour défendre le pays. Après avoir procédé aux consultations nécessaires, j'approuvai donc la proposition faite par le ministre de la Guerre de placer Brooke à la tête des forces de métropole, en remplacement du général Ironside. Ce dernier accepta de prendre sa retraite avec la dignité de soldat si caractéristique de son attitude.

Pendant un an et demi, tant que dura la menace d'invasion, Brooke organisa et commanda les forces de métro-

---

1. Victor et Ronnie Brooke, deux des frères aînés d'Alan Brooke, avaient combattu aux côtés de Winston Churchill, respectivement en Inde et en Afrique du Sud. Tous deux devaient décéder prématurément avant la Seconde Guerre mondiale.

pole ; ensuite, lorsqu'il eut été nommé chef d'état-major impérial, nous devions poursuivre notre collaboration pendant trois ans et demi, jusqu'à la victoire. Je raconterai bientôt tout le profit que j'ai tiré de ses conseils au cours du mois d'août 1942, quand il fallut opérer des mutations décisives dans le commandement en Égypte et au Proche-Orient ; mais je dirai aussi quelle cruelle déception j'ai dû lui infliger en 1944, à propos du commandement de l'opération de débarquement à travers la Manche – « Overlord ». Ses fonctions de président du comité des chefs d'état-major pendant la plus grande partie de la guerre, ainsi que son travail de chef d'état-major impérial, lui ont permis de rendre les plus grands services, non seulement à l'Empire britannique, mais aussi à la cause alliée. Ce récit fera état de divergences d'opinion occasionnelles entre nous, mais beaucoup plus souvent de notre parfait accord, et il portera témoignage d'une amitié qui m'est restée chère.

*
* *

Pendant ce même mois de juillet, des armements américains en quantités considérables furent transportés sans incident à travers l'Atlantique. Quand les bateaux approchaient de nos rivages avec leurs précieuses cargaisons d'armes, des trains spéciaux les attendaient dans tous les ports. La *Home Guard* dans chaque comté, chaque ville et chaque village, veillait des nuits entières pour réceptionner les armes ; hommes et femmes travaillaient nuit et jour à les mettre en état. À la fin de juillet, nous étions une nation armée, au moins contre des troupes parachutées ou aéroportées. Nous étions devenus un « nid de frelons ». En tout cas, si nous devions combattre jusqu'à la mort (ce que je n'envisageais pas), beaucoup d'hommes et quelques femmes avaient désormais des armes entre les mains. L'arrivée de la première livraison des 500 000 fusils calibre 300 destinés à la *Home Guard* (avec seulement cinquante cartouches par fusil, dont nous n'osions distribuer que dix, car nous n'avions pas encore une seule usine en activité), nous permit de transférer 300 000 fusils britanniques de calibre 303 aux formations de l'armée régulière, qui se développaient rapidement.

Des experts vétilleux firent la fine bouche devant les canons de soixante-quinze livrés avec mille coups chacun. Les avant-trains manquaient, et nous n'avions aucun moyen immédiat de nous procurer davantage de munitions. Le mélange des calibres complique toujours les opérations, mais je ne voulus rien entendre, et tout au long des années 1940 et 1941, ces 900 canons de soixante-quinze constituèrent un appoint sérieux à notre capacité de défense du territoire. On trouva des systèmes, et on entraîna des hommes pour rendre les canons plus mobiles en les chargeant sur des camions à l'aide de plans inclinés. Quand on lutte pour sa vie, n'importe quel canon vaut mieux que pas de canon du tout, et le « soixante-quinze » français – quoique déjà surclassé par la pièce de 25 britannique et l'obusier de campagne allemand – restait une arme splendide.

Les mois de juillet et d'août s'étant écoulés sans désastre, nous nous confortâmes dans notre assurance de pouvoir soutenir une lutte longue et dure. L'accroissement de nos forces nous apparaissait plus évident de jour en jour. Toute la population travaillait jusqu'à l'extrême limite de ses forces, et elle s'en considérait comme récompensée quand, au moment de s'endormir après des heures de labeur ou de veille, elle sentait croître en elle le sentiment que le temps travaillait pour nous et que nous finirions par vaincre. Les plages étaient maintenant hérissées de toutes sortes de défenses ; le pays tout entier était organisé en secteurs défensifs ; les usines déversaient leurs armes. À la fin d'août, nous avions plus de 250 nouveaux tanks ! Nous récoltions les fruits de l'« Acte de foi » américain. Les soldats de l'armée de métier britannique et leurs camarades de la territoriale faisaient l'exercice et s'entraînaient du matin au soir, et il leur tardait de se mesurer à l'ennemi. La *Home*

Guard comptait déjà plus d'un million d'hommes, et lorsque les fusils manquaient, on empoignait allègrement le fusil de chasse, la carabine de sport, le pistolet personnel ou bien, faute d'arme à feu, la pique et la massue. Il n'existait pas de cinquième colonne en Grande-Bretagne, bien que quelques espions eussent été soigneusement débusqués et interrogés ; les quelques communistes que nous avions se tenaient cois ; tous les autres se donnaient à fond.

Quand Ribbentrop se rendit à Rome en septembre, il dit à Ciano : « La défense territoriale de l'Angleterre est inexistante. Une seule division allemande suffira à provoquer un effondrement total. » Cela témoigne tout bonnement de son ignorance. Pourtant, je me suis souvent demandé ce qui se serait passé si 200 000 hommes des troupes d'assaut allemandes avaient réussi à prendre pied sur nos côtes. De part et d'autre, le massacre aurait été atroce et gigantesque ; il n'y aurait eu ni merci ni quartier ; ils auraient employé la terreur, et nous étions prêts à tout. J'avais l'intention de lancer le slogan : « Chacun son homme ! » J'escomptais même alors que les horreurs d'une telle situation feraient, en dernier ressort, pencher la balance en notre faveur aux États-Unis. Mais rien de tout cela ne fut mis à l'épreuve. Au loin, sur les eaux grises de la mer du Nord et de la Manche, nos flottilles fidèles et zélées rôdaient et patrouillaient en scrutant les ténèbres ; les pilotes de chasse s'élevaient dans le ciel ou attendaient avec sérénité auprès de leurs excellents appareils, prêts à décoller au premier signal. C'était un temps où il faisait également bon vivre ou mourir.

*
* *

La puissance maritime, quand elle est bien comprise, est une chose merveilleuse. Le franchissement d'un bras de mer par une armée face à des flottes et à des flottilles ennemies supérieures en nombre est un exploit pratiquement impossible. La vapeur a considérablement augmenté la capacité de la marine à défendre la Grande-Bretagne. Au temps de Napoléon, le même vent qui aurait permis à ses barges de franchir la Manche depuis Boulogne aurait repoussé nos escadres de blocus. Mais tout ce qui s'était produit depuis lors avait renforcé la possibilité pour une marine supérieure de détruire en chemin une armée d'invasion. Toutes les complications dont la technique moderne avait alourdi les armées, rendaient aujourd'hui leur traversée plus difficile et plus périlleuse, et sans doute insurmontables les difficultés de leur maintenance. Lors de la crise précédente où le destin de notre île avait été en jeu, nous possédions une puissance maritime supérieure qui nous laissait une grande marge; l'ennemi s'était avéré incapable de gagner contre nous une bataille navale d'envergure; il n'était pas en mesure d'affronter nos croiseurs; nos flottilles et nos petites unités étaient dix fois plus nombreuses que les siennes. Tout cela pouvait être remis en question par les aléas météorologiques, le brouillard en particulier. Mais même si celui-ci avait été contre nous et si un débarquement avait été effectué en un ou plusieurs points de la côte, le problème que posaient le maintien d'une ligne de communication et le ravitaillement des têtes de pont éventuelles restait insoluble. Telle était la situation lors de la Première Guerre mondiale.

Mais à présent, il y avait l'aviation. Quelle incidence cette nouveauté capitale avait-elle eue sur le problème de l'invasion? À l'évidence, si l'ennemi pouvait dominer la Manche grâce à une puissance aérienne supérieure, les pertes subies par nos flottilles seraient très lourdes et pourraient finalement s'avérer fatales. Nul ne songerait – sauf en dernier ressort – à engager de lourds cuirassés ou de grands croiseurs dans des eaux contrôlées par les bombardiers allemands. De fait, nous n'avions posté aucun vaisseau de ligne au sud du Forth ou à l'est de Plymouth. Mais des unités de faible tonnage, dont le nombre allait sans cesse croissant, patrouillaient inlassablement au large de nos bases de Harwich, The Nore, Douvres, Portsmouth et

Portland, pour monter une garde vigilante. En septembre, elles étaient plus de 800, qui ne succomberaient que face à une puissante aviation ennemie, et encore ce processus ne pouvait-il être que progressif.

Mais qui détenait la maîtrise de l'air ? Pendant la bataille de France, nous avions combattu les Allemands à un contre deux ou trois, et nous leur avions infligé des pertes dans la même proportion. Au-dessus de Dunkerque, où nous étions contraints de maintenir des patrouilles constantes pour couvrir le rembarquement de l'armée, nous avions combattu à un contre quatre ou cinq, avec succès et profit. Au-dessus de nos propres eaux territoriales ainsi que des côtes et comtés les plus exposés, l'*Air Chief Marshal* Dowding envisageait de combattre victorieusement à un contre sept ou huit. À notre connaissance – et nous étions bien informés – la puissance des forces aériennes allemandes à cette époque, mis à part les cas de concentrations particulières, était d'environ trois contre un. Bien que ce fût là un lourd handicap pour affronter un ennemi allemand vaillant et efficace, je m'en tins à la conclusion que dans notre propre ciel, au-dessus de notre propre territoire et de ses eaux, nous pouvions battre l'aviation allemande. Et si cela se vérifiait, notre puissance navale continuerait à régner sur les mers et les océans, et détruirait tout ennemi qui chercherait à nous atteindre.

Il y avait bien sûr un troisième facteur potentiel. Avec leur diligence et leur prévoyance bien connues, les Allemands avaient-ils préparé en secret une vaste armada de péniches de débarquement adaptées, qui n'auraient besoin ni de ports ni de quais, mais qui pourraient débarquer des chars, des canons et des camions sur n'importe quelle plage, et ravitailler ensuite les troupes débarquées ? Des idées de ce genre m'étaient venues à l'esprit longtemps auparavant, en 1917[1], et elles étaient à présent en voie de

---

1. C'est exact. En juillet 1917, Churchill avait présenté au Premier ministre Lloyd George les plans d'un « chaland avec proue rabattable pour le transport et le débarquement des chars ».

réalisation, conformément à mes directives. Nous n'avions pourtant aucune raison de soupçonner l'existence de telles embarcations en Allemagne, mais en supputant le prix à payer, il vaut toujours mieux prévoir le pire. Il allait nous falloir quatre ans d'efforts et d'expérimentations intensifs, ainsi qu'une aide matérielle considérable de la part des États-Unis, pour fournir un équipement à la mesure du débarquement de Normandie. Les Allemands pouvaient se contenter de beaucoup moins au moment dont je parle. Mais en l'occurrence, ils ne disposaient que d'un petit nombre de bacs.

Ainsi, l'invasion de l'Angleterre durant l'été et l'automne de 1940 exigeait des Allemands la suprématie navale et la supériorité aérienne sur le théâtre des opérations, ainsi que d'immenses flottes et d'engins de débarquement spécialisés. Mais la supériorité navale, c'est nous qui l'avions ; la maîtrise de l'air, nous l'avions conquise ; enfin, nous pensions – à juste titre, comme nous le savons aujourd'hui – que les Allemands n'avaient ni construit, ni même conçu, de matériel de débarquement spécialisé. Telles étaient les bases de ma réflexion au sujet de l'invasion en 1940. En juillet, celle-ci suscitait des discussions et une inquiétude croissante au sein du gouvernement britannique et du public en général. D'incessantes reconnaissances et tous les avantages de la photographie aérienne ne nous avaient encore livré aucun indice de vastes rassemblements de moyens de transport dans la Baltique ou dans les ports du Rhin ou de l'Escaut, et nous étions certains qu'aucun mouvement de barques remorquées ou automotrices ne s'était effectué à travers le Pas-de-Calais en direction de la Manche. Les préparatifs contre l'invasion restaient néanmoins pour nous la tâche suprême, et faisaient l'objet d'intenses réflexions au sein du Cabinet de guerre comme du commandement des forces de métropole.

Comme on le verra, le plan allemand prévoyait en fait la traversée de la Manche avec des navires de moyen tonnage (4 000 à 5 000 tonneaux) et de petites embarcations. Nous savons à présent que les Allemands n'avaient jamais eu l'espoir ou l'intention de transporter une armée par de grands convois depuis les ports de la Baltique et de la mer du Nord, et encore moins depuis ceux de la baie de Biscaye. Cela ne veut pas dire qu'en choisissant pour objectif la côte sud de l'Angleterre, ils avaient raison et nous tort. L'invasion par la côte est aurait été de loin la plus redoutable, si l'ennemi avait eu les moyens de la tenter. Il ne pouvait, bien entendu, être question d'invasion par la côte sud tant que l'armada nécessaire n'aurait pas franchi le Pas-de-Calais et ne se serait pas rassemblée dans les ports français de la Manche. De cela, durant le mois de juillet, il n'y avait aucun indice.

Nous devions néanmoins nous tenir prêts à toute éventualité, en évitant la dispersion de nos forces mobiles et en constituant des réserves. Ce problème complexe et ardu ne pouvait être résolu qu'en fonction des nouvelles et des événements, de semaine en semaine. La côte britannique, échancrée d'innombrables baies, a plus de 3 200 kilomètres de pourtour, sans compter l'Irlande. La seule façon de défendre un aussi vaste périmètre, susceptible d'être attaqué simultanément ou successivement en un ou plusieurs points, est d'établir des lignes d'observation et de résistance le long de la côte ou des frontières, afin de retarder l'ennemi ; et dans le même temps, de créer des réserves aussi importantes que possible de troupes mobiles hautement entraînées, disposées de manière à pouvoir atteindre dans le plus bref délai n'importe quel point attaqué, afin de procéder à une vigoureuse contre-attaque. Lorsqu'au cours des dernières phases de la guerre, Hitler se trouva encerclé et confronté à un problème analogue, il commit, nous le verrons, les plus graves erreurs de jugement. Il avait créé un réseau de communication en toile d'araignée, *mais il oublia l'araignée*. Instruit par l'exemple du malencontreux dispositif français et de ses funestes conséquences, nous n'avions pas oublié la « masse de manœuvre » ; et je n'ai cessé de réaffirmer cette politique, dans la mesure où nos ressources croissantes le permettaient.

Dans l'ensemble, mes vues allaient de pair avec celles de l'Amirauté, et le 12 juillet, l'amiral Pound m'adressa un rapport complet et minutieux, qu'il avait établi en collaboration avec l'état-major naval. Bien entendu, les dangers auxquels nous devions faire face étaient soulignés avec force. Mais l'amiral Pound écrivait en conclusion : « *Il semble probable qu'un total de quelque cent mille hommes pourrait atteindre nos côtes sans être intercepté par les forces navales...* mais la sauvegarde de leur ligne d'approvisionnement paraît pratiquement impossible, sauf si les forces aériennes allemandes avaient triomphé au préalable de notre aviation comme de notre marine... Si l'ennemi entreprenait cette opération, il le ferait dans l'espoir de percer rapidement jusqu'à Londres, en vivant sur le pays dans son avance, et de forcer le gouvernement à capituler. » Cette analyse me suffisait.

C'est en août que la situation commença à évoluer de façon décisive. Nos excellents services de renseignements confirmèrent que l'opération « *Seelöwe* » avait été définitivement ordonnée par Hitler, et qu'elle se préparait activement. Il paraissait certain que l'homme allait la tenter. En outre, le point d'attaque était différent *ou complémentaire* de celui de la côte est, auquel les chefs d'état-major, l'Amirauté et moi-même accordions toujours le plus d'importance. Un grand nombre de barges automotrices et d'embarcations à moteur commençait à franchir nuitamment le Pas-de-Calais, pour se faufiler le long des côtes françaises et se rassembler progressivement dans tous les ports français de la Manche, de Calais jusqu'à Brest. Nos photographies aériennes montraient quotidiennement ces mouvements avec précision. Il n'avait pas été possible de redéployer notre champ de mines au plus près des côtes françaises. Nous commençâmes immédiatement à faire attaquer les embarcations en transit par nos petites unités, et l'activité du *Bomber Command* fut concentrée sur ce nouvel ensemble de ports d'invasion qui s'offrait à nous. Dans le même temps, une masse d'informations nous parvenait sur le rassemblement d'une ou plusieurs armées d'invasion allemandes le long de cette bande côtière, sur des mouvements de trains et sur de fortes concentrations de troupes dans le Pas-de-Calais et en Normandie. Un grand nombre de puissantes batteries à longue portée apparut tout le long des côtes de la Manche.

En réponse à cette nouvelle menace, nous commençâmes à modifier notre dispositif et à améliorer tous nos moyens de déplacer des réserves mobiles vers le front sud. À ce moment-là, nos forces étaient en constante expansion, tant par les effectifs que par leur efficacité, leur mobilité et leur équipement. Dans la seconde moitié de septembre, nous étions en mesure de déployer sur la côte sud seize divisions d'excellente qualité, dont trois blindées ou leur équivalent en brigades. Elles s'ajoutaient aux défenses côtières locales et pouvaient entrer en action très rapidement contre toute tentative de débarquement. Cela nous permettait de prévoir une attaque ou une série d'attaques, que le général Brooke se tenait prêt à lancer autant que de besoin – et nul n'en était plus capable.

*
* *

Il reste que nous n'étions nullement assurés que toutes les baies et tous les estuaires de rivières, de Calais à Terschelling et Helgoland – avec tout ce fourmillement d'îles au large des côtes hollandaises et allemandes, « l'énigme des sables » de la guerre précédente –, ne recélaient pas d'autres forces ennemies importantes, avec des navires de faible ou de moyen tonnage. Une attaque menée depuis Harwich jusqu'à Portsmouth, Portland ou même Plymouth, et centrée sur le promontoire du Kent, semblait imminente. Enfin, nous n'avions que des indices négatifs concernant une troisième vague d'invasion, synchronisée avec les deux autres, qui aurait été lancée depuis la Baltique à travers le Skagerrak au moyen de grands navires. En fait, une telle manœuvre était indispensable au succès allemand, car il n'y avait pas d'autre moyen de faire parvenir des armes lourdes aux armées débarquées, ou d'installer d'importants dépôts d'approvisionnement.

Nous entrâmes alors dans une période de tension et de vigilance extrêmes. Pendant tout ce temps, il nous fallait bien sûr maintenir des forces considérables au nord du Wash, jusqu'à Cromarty ; et l'on prit des dispositions pour prélever des troupes dans ce secteur, au cas où l'assaut se déclencherait manifestement au sud. Le dense réseau ferré de l'île, joint à la maîtrise que nous conservions de notre espace aérien, nous auraient permis de déplacer aisément quatre ou cinq divisions supplémentaires pour renforcer la défense au sud en cas de nécessité, quatre, cinq ou six jours après que l'ennemi aurait engagé le gros de ses forces.

Les phases de la lune et les marées firent l'objet d'une étude très attentive. Nous pensions que l'ennemi préférerait traverser de nuit et débarquer à l'aube, et nous savons aujourd'hui que tel était bien l'avis du commandement militaire allemand. Il n'aurait pas été fâché non plus d'avoir un demi-clair de lune pour la traversée, de manière à garder ses forces en bon ordre et à débarquer au bon endroit. En évaluant avec précision toutes ces données, l'Amirauté estima que les conditions les plus favorables pour l'ennemi interviendraient entre le 15 et le 30 septembre. Là encore, nous constatons après coup que nous étions en accord avec nos ennemis. À vrai dire, nous n'avions guère de doutes quant à nos capacités de détruire tout ce qui débarquerait sur le promontoire de Douvres ou dans le secteur côtier s'étendant de Douvres à Portsmouth, ou même à Portland. Comme au sommet toutes nos pensées s'accordaient harmonieusement et jusque dans le détail, nous ne pouvions qu'apprécier le tableau qui se dessinait de plus en plus nettement sous nos yeux. C'était peut-être l'occasion de porter à notre puissant ennemi un coup qui retentirait dans le monde entier. On ne pouvait qu'être intimement exalté à la fois par cette atmosphère et par la clarté des intentions d'Hitler telles que nous les percevions. En fait, certains d'entre nous ne voyaient que des avantages à ce qu'il tentât l'aventure, pour des raisons purement techniques, mais aussi pour l'effet qu'auraient sur le cours général de la guerre l'échec total et la destruction de son expédition.

En juillet et en août, nous avions conquis la maîtrise du ciel de la Grande-Bretagne, et notre suprématie était particulièrement marquée au-dessus des comtés du sud-est de l'île. De vastes et complexes systèmes de fortifications, de points d'appui, d'obstacles antichars, de blockhaus, de casemates, etc. couvraient toute la région. Le littoral était hérissé d'ouvrages défensifs et de batteries, et au prix de pertes plus lourdes dans l'Atlantique par suite de la réduction des escortes, mais aussi grâce à l'armement de nouvelles unités, les flottilles augmentaient substantiellement en nombre et en qualité. Nous avions conduit à Plymouth le cuirassé *Revenge,* un croiseur et le cuirassé factice *Centurion,* transformé en cible flottante. La *Home Fleet* disposait de son potentiel maximal et pouvait opérer sans grand risque jusqu'à la Humber et même jusqu'au Wash. Ainsi, nous étions fin prêts à tous égards.

Nous n'étions pas très loin non plus des tempêtes d'équinoxe, habituelles en octobre. À l'évidence, septembre était le mois qu'Hitler choisirait pour frapper s'il l'osait, car les marées et les phases de la lune seraient propices au milieu de ce mois.

Il est temps de passer dans le camp d'en face pour exposer les préparatifs et les plans de l'ennemi, tels que nous les connaissons aujourd'hui.

Chapitre XI

L'OPÉRATION « *SEELÖWE* »

Peu après l'avènement de la guerre le 3 septembre 1939, l'état-major de la marine allemande – ainsi que nous l'avons appris lorsque ses archives sont tombées entre nos mains – avait entamé l'étude d'un plan d'invasion de la Grande-Bretagne. Contrairement à nous, les Allemands étaient convaincus que la seule solution était de traverser l'étroit bras de mer de la Manche. Ils n'envisagèrent jamais d'autre option. Si nous l'avions su, cela nous aurait grandement soulagés. Une invasion par la Manche tombait sur notre côte la mieux défendue – le vieux front de mer face à la France – où tous les ports étaient fortifiés et où avaient été établis nos principales bases navales puis, par la suite, la plupart de nos aérodromes et de nos stations de contrôle aérien pour la protection de Londres. Il n'existait aucun autre point de l'île où nous pouvions déclencher plus rapidement et plus puissamment l'action combinée des trois armes. L'amiral Raeder désirait vivement ne pas être pris au dépourvu, dans l'éventualité où la marine allemande recevrait l'ordre d'envahir l'Angleterre. Toutefois, il posait un certain nombre de conditions, dont la première était le contrôle total des côtes, ports et embouchures de France, de Belgique et des Pays-Bas. Aussi le projet resta-t-il en sommeil pendant la drôle de guerre.

Soudain, à la surprise générale, toutes ces conditions se trouvèrent réalisées. Ce dut être avec quelque appréhension, mais non sans satisfaction, qu'au lendemain de Dunkerque et de la capitulation française, Raeder put

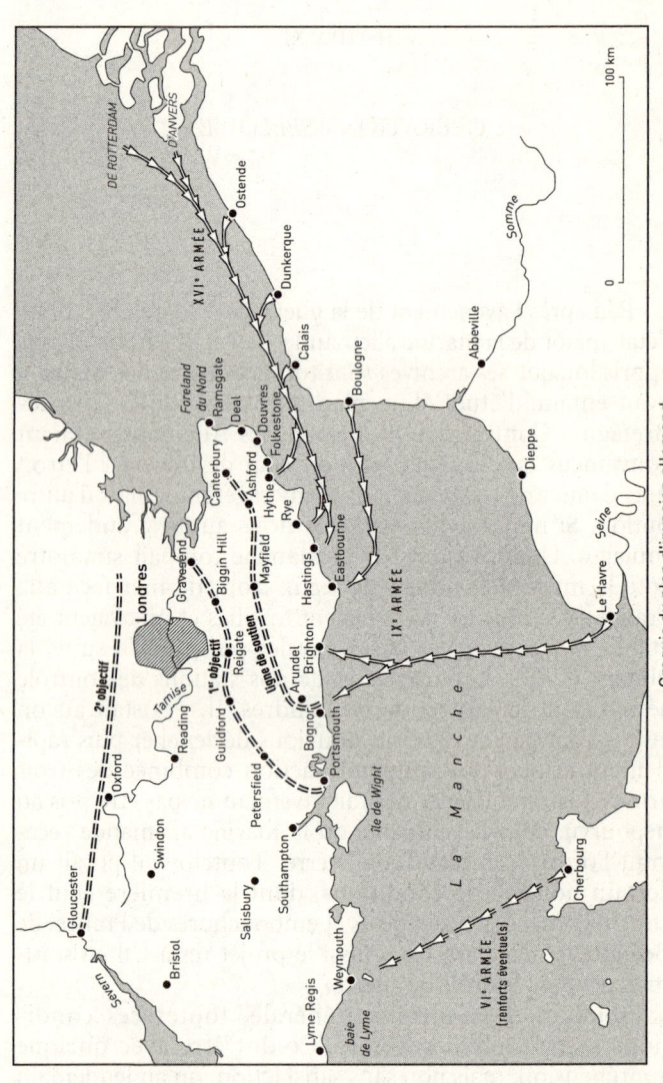

Croquis du plan d'invasion allemand

présenter un plan au Führer. Le 21 mai, puis le 20 juin, il s'en entretint avec Hitler, non pour lui soumettre un projet d'invasion, mais afin d'être sûr que, si celle-ci était ordonnée, l'organisation ne serait pas bâclée. Hitler, sceptique, déclara qu'« il se rendait parfaitement compte des difficultés exceptionnelles d'une telle entreprise ». Il nourrissait aussi l'espoir que l'Angleterre demanderait la paix. Le GQG attendit la dernière semaine de juin pour reprendre cette idée, et ce fut seulement le 2 juillet que fut donnée la première « directive » en vue de préparer l'invasion de l'Angleterre comme une opération possible. « Le Führer a décidé que sous certaines conditions – la plus importante étant d'obtenir la supériorité aérienne – un débarquement en Angleterre pourrait avoir lieu. » Le 16 juillet, Hitler émit la directive suivante : « Puisque l'Angleterre, malgré sa situation désespérée, ne manifeste aucune velléité de venir à composition, j'ai décidé de préparer contre elle une opération de débarquement et, si nécessaire, de la mettre à exécution... Les préparatifs de toute l'opération doivent être achevés à la mi-août. » Des mesures actives étaient déjà prises dans tous les domaines.

*
* *

Le plan de la marine allemande était essentiellement mécanique. Sous la protection de batteries d'artillerie lourde tirant du cap Gris-Nez en direction de Douvres et d'une très forte présence d'artillerie tout au long de la côte française du Pas-de-Calais, les Allemands se proposaient d'établir un étroit couloir à travers la Manche, sur le plus court trajet possible, et de le garantir de chaque côté avec des champs de mines, en le protégeant de l'extérieur par des sous-marins. L'armée devait être transportée d'une rive à l'autre par ce couloir et approvisionnée par un grand nombre de vagues successives. La marine s'en tint là, laissant aux chefs de l'armée allemande le soin de s'occuper du problème.

Étant donné que notre écrasante supériorité navale nous permettait d'éliminer ces champs de mines à l'aide de petites unités opérant sous une couverture aérienne prépondérante, ainsi que de détruire la douzaine ou la vingtaine de sous-marins concentrés pour les protéger, ce projet se présentait d'emblée assez mal. Néanmoins, après l'effondrement de la France, il apparaissait à tous que le seul espoir d'éviter une guerre longue, avec toutes les conséquences pouvant en découler, était de mettre l'Angleterre à genoux. La marine allemande elle-même, comme nous l'avons relaté, avait été sérieusement malmenée dans les combats au large de la Norvège, et elle ne pouvait apporter qu'un soutien mineur à l'armée. Malgré tout, la marine avait son plan, et personne ne pouvait dire que la bonne fortune l'avait prise au dépourvu.

Le haut commandement de l'armée allemande avait d'emblée envisagé l'invasion de l'Angleterre avec beaucoup d'appréhension. Il n'avait fait ni plans ni préparatifs à cet effet, et il n'y avait pas eu non plus d'entraînement spécial. Mais comme se succédaient des semaines de victoires prodigieuses, délirantes même, le haut commandement s'enhardit. Il n'avait aucune responsabilité dans la sécurité de la traversée, et une fois le débarquement en force effectué, il estimait que la tâche ne serait pas au-dessus de ses moyens. En fait, dès le mois d'août, l'amiral Raeder estima nécessaire d'attirer son attention sur les dangers de la traversée, au cours de laquelle la totalité des forces terrestres engagées pouvait être perdue. Une fois la responsabilité du transport de l'armée définitivement dévolue à la marine, l'Amirauté fut constamment pessimiste.

Le 21 juillet, les chefs des trois armes se réunirent chez le Führer. Celui-ci les informa que le stade décisif de la guerre avait déjà été atteint, mais que l'Angleterre se refusait encore à l'admettre, espérant toujours que la chance tournerait. Il parla de l'aide américaine à l'Angleterre et de l'éventualité d'un changement dans les relations politiques de l'Allemagne avec la Russie soviétique. L'exécution de l'opération « *Seelöwe*[1] », dit-il, devait être considérée comme le moyen le plus efficace d'aboutir à une conclusion rapide de la guerre. À la suite de ses longs entretiens avec l'amiral Raeder, Hitler avait commencé à comprendre ce que signifiait la traversée de la Manche, avec ses marées, ses courants et tous les mystères de la mer. Il décrivit « *Seelöwe* » comme une « entreprise exceptionnellement hardie et audacieuse ». « Même si le trajet est court, il ne s'agit pas de traverser une simple rivière, mais bien de traverser une mer dominée par l'ennemi. Il ne s'agit pas d'une traversée unique, comme en Norvège ; on ne peut espérer bénéficier de l'effet de surprise ; un ennemi prêt à la défensive *et farouchement résolu* nous fait face et contrôle la zone maritime qu'il nous faut traverser. Quarante divisions seront nécessaires aux opérations de l'armée. Ce sont les renforts matériels et les approvisionnements qui poseront le plus de problèmes ; on ne saurait compter sur une quelconque disponibilité de ressources en Angleterre. » Les conditions préalables du succès étaient une suprématie aérienne absolue, la mise en œuvre d'une puissante artillerie dans le Pas-de-Calais, et une protection par des champs de mines. « La saison, ajouta-t-il, constitue un facteur important, car le temps est très mauvais en mer du Nord et dans la Manche pendant la seconde moitié de septembre, et les brouillards commencent à la mi-octobre. L'opération principale devra donc être achevée le 15 septembre, car après cette date, la coopération entre la *Luftwaffe* et l'artillerie lourde deviendra trop hasardeuse. Toutefois, comme le soutien de l'aviation est décisif, elle doit être considérée comme le facteur essentiel pour la détermination de la date. »

---

1. Le nom de code initial de l'opération était « *Löwe* » (Lion), devenu par la suite « *Seelöwe* » (Otarie). Des observateurs attentifs et facétieux avaient remarqué qu'il s'agissait là d'un animal nettement moins agressif, et s'étaient demandé s'il n'y avait pas quelques conclusions à en tirer.

Une controverse véhémente, menée avec quelque âpreté, s'engagea au sein des états-majors allemands au sujet de l'étendue du front d'attaque et du nombre des points de débarquement. L'armée exigeait une série de débarquements tout le long de la côte sud de l'Angleterre, depuis Douvres jusqu'à Lyme Regis, à l'ouest de Portland. Elle désirait également un débarquement de diversion à Ramsgate, au nord de Douvres. L'état-major de la marine affirma que le secteur qui se prêtait le mieux à une traversée de la Manche en toute sécurité se trouvait entre le North Foreland et la pointe ouest de l'île de Wight. Là-dessus, l'état-major de l'armée élabora un plan pour le débarquement de 100 000 hommes, presque aussitôt suivis de 160 000 autres sur divers points, de l'ouest de Douvres à Lyme Bay. Le général Halder, chef d'état-major de l'armée, déclara qu'il fallait débarquer au moins quatre divisions dans le secteur de Brighton, et demanda des débarquements dans le secteur Deal-Ramsgate ; il fallait déployer au moins treize divisions – autant que possible simultanément – en divers points répartis sur l'ensemble du front. En outre, la *Luftwaffe* réclamait des navires pour transférer 52 batteries de DCA avec la première vague.

Le chef d'état-major de la marine expliqua toutefois qu'aucun mouvement aussi vaste et aussi rapide n'était possible. Il ne pouvait matériellement entreprendre d'escorter une flotte de débarquement sur toute la largeur du secteur mentionné. Tout ce qu'il avait voulu dire, c'était que l'armée devait choisir l'endroit le plus favorable dans les limites dudit secteur. La marine n'était pas assez puissante, même avec la suprématie aérienne, pour protéger plus d'un passage à la fois, et elle estimait que la partie la plus étroite du Pas-de-Calais était la moins difficile à franchir. Pour transférer l'ensemble des 160 000 hommes de la seconde vague et leur matériel en une seule opération, il aurait fallu une flotte de deux millions de tonneaux. Même au cas où cette exigence fantastique aurait pu être satisfaite, une telle quantité de navires n'aurait pu être concentrée dans le secteur d'embarquement. Seuls les premiers échelons pouvaient être jetés sur la côte anglaise, en vue d'établir d'étroites têtes de pont ; et deux jours au moins seraient nécessaires pour débarquer les unités du deuxième échelon de ces divisions – pour ne rien dire du second contingent de six divisions qui étaient jugées indispensables. Il souligna en outre qu'en cas de débarquement sur un large front, l'heure de la marée haute varierait de trois à cinq heures et demie entre les divers points choisis. Il fallait donc accepter des conditions de marée défavorables en quelques endroits, ou bien renoncer à des débarquements simultanés. Il dut être fort difficile de répondre à cette objection.

*
* *

Ces échanges de mémorandums avaient fait perdre un temps précieux. C'est seulement le 7 août qu'eut lieu la première conférence entre le général Halder et le chef d'état-major de la marine. Au cours de cette réunion, Halder déclara : « Je rejette catégoriquement les propositions de la marine. Du point de vue de l'armée, je les considère comme un suicide pur et simple. Je pourrais tout aussi bien mener les troupes débarquées directement au hachoir à saucisses. » Le chef d'état-major de la marine répliqua qu'il se voyait à son tour obligé de repousser le projet de débarquement sur un large front, car cela ne pouvait aboutir qu'à sacrifier les troupes au cours de la traversée. Finalement, Hitler prit une décision de compromis qui ne donna satisfaction ni à l'armée ni à la marine. Une directive du commandement suprême en date du 27 août disposait que « les opérations de l'armée doivent tenir compte du tonnage disponible comme de la sécurité de la traversée et du débarquement ». On renonçait à tout débarquement dans le secteur Deal-Ramsgate, mais le front était élargi de Folkestone à Bognor. Ainsi, il avait fallu attendre pratiquement la fin du mois d'août pour parvenir à ce simple accord de principe ; et naturellement, tout était suspendu à l'issue victorieuse de la bataille aérienne qui faisait rage depuis déjà six semaines.

C'est en fonction du tracé du front enfin adopté que fut établi le plan définitif. Le commandement militaire était confié à Rundstedt, mais par suite du manque de tonnage, ses effectifs furent réduits à treize divisions, avec douze divisions de réserve. La 16ᵉ armée, partant des ports échelonnés entre Rotterdam et Boulogne, devait débarquer à proximité de Hythe, Rye, Hastings et Eastbourne; la 9ᵉ armée, partie de ports situés entre Boulogne et Le Havre, attaquerait entre Brighton et Worthing. Douvres devait être prise à revers par une attaque terrestre; après quoi les deux armées avanceraient jusqu'à la ligne de couverture Canterbury-Ashford-Mayfield-Arundel. Onze divisions au total devaient constituer les premières vagues de débarquement. Une semaine après le débarquement, on espérait – avec optimisme – pousser encore plus loin, jusqu'à Gravesend, Reigate, Petersfield et Portsmouth. La 6ᵉ armée était tenue en réserve avec des divisions prêtes à venir en renfort ou, si les circonstances le permettaient, à étendre le front d'attaque jusqu'à Weymouth. Ce n'étaient certes pas les troupes résolues et bien armées qui manquaient, mais il leur fallait des navires et la sécurité du transport.

C'est donc à l'état-major de la marine qu'incombait initialement la tâche la plus lourde. L'Allemagne disposait d'environ 1 200 000 tonneaux de capacité de transport de haute mer pour faire face à tous ses besoins. L'acheminement des forces d'invasion exigerait plus de la moitié de ce tonnage et provoquerait de sérieuses perturbations économiques. Au début du mois de septembre, l'état-major de la marine était en mesure d'annoncer qu'il avait réquisitionné :

168 cargos (700 000 tonneaux);
1 910 barges;
419 remorqueurs et chalutiers;
1 600 vedettes.

Toute cette armada devait être dotée d'équipages et rassemblée dans les ports d'embarquement, par la mer et par les canaux. Lorsqu'au 1er septembre, la flotte destinée à l'invasion se mit à affluer vers le sud, elle fut surveillée, repérée et violemment attaquée par la *Royal Air Force* sur toute la longueur du front, depuis Anvers jusqu'au Havre. Les rapports de l'état-major de la marine allemande mentionnent que : « Les continuelles opérations défensives de l'ennemi au large de la côte, ses concentrations de bombardiers contre les ports d'embarquement prévus pour l'opération *"Seelöwe"* et ses activités de reconnaissance côtière indiquent qu'il s'attend maintenant à un débarquement immédiat. »

Et encore : « Cependant, les bombardiers anglais et les mouilleurs de mines de l'aviation britannique sont toujours au maximum de leur force opérationnelle, et il faut reconnaître que l'activité des forces britanniques a indéniablement été couronnée de succès, même si aucune gêne décisive n'a été jusqu'ici apportée aux opérations de transport allemandes. »

Malgré tout, en dépit des retards et des dommages, la marine allemande remplit la première partie de sa mission. La marge de 10 % prévue pour les accidents et les pertes était entièrement épuisée. Mais ce qui subsistait n'était pas inférieur au minimum que l'ennemi s'était fixé pour réussir la première phase de l'opération.

*
* *

La marine et l'armée se déchargèrent alors de leur responsabilité sur l'armée de l'air allemande. Étant donné le plan même du couloir à ouvrir, avec ses garde-corps de champs de mines à mouiller et à protéger sous la couverture de l'aviation allemande contre la supériorité écrasante des flottilles et des unités légères britanniques, tout reposait sur la défaite de l'aviation britannique et sur la suprématie absolue de l'Allemagne dans le ciel de la Manche et du sud-ouest de l'Angleterre, non seulement dans la zone de la traversée, mais aussi au-dessus des points de débarquement. Les chefs des deux armes traditionnelles transmirent donc le problème au Reichsmarschall Göring.

Göring était tout disposé à endosser cette responsabilité, car il pensait que la *Luftwaffe*, avec sa grande supériorité numérique, pourrait, au prix de quelques semaines de durs combats, briser la défense aérienne britannique, détruire les aérodromes du Kent et du Sussex, et dominer entièrement le secteur de la Manche. En outre, il ne doutait pas que les bombardements de l'Angleterre, et particulièrement de Londres, réduiraient les Anglais décadents et pacifistes à une telle extrémité qu'ils imploreraient la paix, d'autant plus sûrement qu'ils verraient grandir toujours davantage la menace de l'invasion. L'état-major de la *Kriegsmarine* n'en était nullement convaincu ; en fait, il nourrissait de profondes inquiétudes. Pour lui, l'opération « *Seelöwe* » ne devrait être tentée qu'en dernier recours, et en juillet, il avait recommandé le report de l'opération au printemps de 1941, à moins que *les attaques aériennes massives et la guerre sous-marine totale* « contraignent l'ennemi à négocier sur la base des conditions du Führer ». Mais le feld-maréchal Keitel et le général Jodl étaient satisfaits de voir le chef suprême de la *Luftwaffe* se montrer si confiant.

L'Allemagne nazie vivait des jours grandioses. Hitler avait trépigné de joie avant d'imposer à la France l'humiliation de l'armistice de Compiègne. La *Wehrmacht* défilait triomphalement sous l'Arc de triomphe et descendait les Champs-Élysées. De quoi n'était-elle pas capable ? Pourquoi hésiter à abattre un jeu gagnant ? Aussi, chacune des trois armes impliquées dans l'opération « *Seelöwe* » s'attachait aux facteurs de succès de son propre plan, en laissant à ses partenaires les mauvais côtés de l'affaire.

À mesure que s'écoulaient les jours, incertitudes et retards apparaissaient et se multipliaient. La directive d'Hitler en date du 16 juillet avait stipulé que tous les préparatifs devraient être achevés à la mi-août. Les trois armes se rendirent compte que c'était impossible. À la fin de juillet, Hitler accepta de reporter le jour J au 15 septembre, tout en réservant sa décision ultime jusqu'à ce que fussent connus les résultats de l'intensification de la bataille aérienne.

Le 30 août, l'état-major de la marine fit savoir qu'en raison des attaques britanniques contre la flotte d'invasion, les préparatifs ne pourraient pas être achevés pour le 15 septembre. Sur sa demande, le jour J fut reporté au 21 septembre, sous condition d'un préavis de dix jours. Cela signifiait que l'ordre préliminaire devait être donné le 11 septembre. Le 10 septembre, l'état-major de la marine fit à nouveau connaître les diverses difficultés dues au temps, toujours défavorable, et aux contre-bombardements britanniques. Il fit valoir que si les préparatifs navals nécessaires pouvaient effectivement être achevés le 21, la condition tactique d'une suprématie aérienne incontestée au-dessus de la Manche n'avait pas été remplie. Le 11, Hitler différa donc de trois jours l'ordre préliminaire, repoussant ainsi le jour J au 24 ; le 14, nouveau report de sa part. Le 17, l'ajournement devint *sine die*, et ce pour de bonnes raisons, aux yeux des Allemands comme aux nôtres.

Le 7 septembre, les renseignements en notre possession indiquaient que les barges et les petits bâtiments faisaient mouvement vers l'ouest et le sud pour rejoindre des ports entre Ostende et Le Havre ; mais comme ces ports de regroupement subissaient de violentes attaques aériennes britanniques, il était peu probable que les navires y fussent rassemblés très longtemps avant la véritable tentative. La puissance offensive de la *Luftwaffe* entre Amsterdam et Brest avait été renforcée par le transfert de 160 bombardiers venus de Norvège ; en même temps, des escadrilles de bombardiers en piqué à faible rayon d'action étaient repérées sur les aérodromes avancés, dans le secteur du Pas-de-Calais. Quatre Allemands, capturés quelques jours plus tôt après avoir débarqué d'un canot sur la côte sud-est de l'Angleterre, avaient avoué être des espions et déclaré qu'ils avaient reçu l'ordre de se tenir constamment prêts au cours de la quinzaine suivante, pour signaler les mouvements des formations de réserve britanniques dans le secteur Ipswich-Londres-Reading-Oxford. Entre le 8 et le 10 septembre, la lune et la marée étaient favorables à une invasion sur la côte sud-est. Les chefs d'état-major britanniques en conclurent que le risque d'invasion était devenu imminent et que les forces de défense devaient être prêtes à intervenir au premier signal.

Pourtant, le quartier général des Forces de métropole ne disposait à cette époque d'aucune procédure par laquelle l'état d'alerte avec préavis de huit heures en vigueur pouvait passer par étapes à l'« état d'alerte pour action immédiate ». Le mot de code « Cromwell », qui signifiait « invasion imminente », fut donc lancé par les Forces de métropole le 7 septembre à 20 heures aux régions militaires Est et Sud, ce qui impliquait le branle-bas de combat pour les divisions côtières avancées. « Cromwell » fut également transmis à toutes les formations de la région de Londres, ainsi qu'aux IVe et VIIe corps de la réserve générale. Il fut en outre diffusé pour information à toutes les autres régions militaires du Royaume-Uni. Sur ce, dans quelques localités, les chefs de la *Home Guard*, agissant de leur propre initiative, firent sonner les cloches pour rassembler leurs hommes. Ni moi, ni les chefs d'état-major ne savions que le nom de code fatidique de « Cromwell » avait été utilisé, et le lendemain matin, des instructions furent données en vue d'élaborer des échelons intermédiaires permettant à l'avenir de renforcer la vigilance sans proclamer l'imminence d'une invasion. On imagine aisément que cet incident fit sensation, mais il n'en fut question ni dans les journaux, ni au Parlement. Il eut en revanche un effet stimulant sur tous les intéressés et leur servit de répétition générale.

*
* *

En suivant l'évolution des préparatifs d'invasion allemands qui ne cesse de s'amplifier, nous avons constaté que l'assurance triomphale du début se mua progressivement en incertitude, pour aboutir finalement à un manque total de confiance dans le succès de l'entreprise. Au cours des mois fatidiques de juillet et d'août, nous voyons l'amiral Raeder, chef suprême de la marine, s'efforcer d'avertir ses collègues de l'armée et de l'aviation des sérieuses difficultés d'une guerre amphibie de grande envergure. Se rendant compte de sa propre faiblesse et du peu de temps dont il disposait pour effectuer les préparatifs adéquats, il tenta d'imposer des limites aux plans grandioses avancés par Halder en vue du débarquement simultané de forces considérables sur un large front. Entre-temps, Göring, en proie à une ambition croissante, était résolu à remporter une victoire spectaculaire avec sa seule aviation, et il n'était guère disposé à jouer un rôle plus modeste dans le cadre d'un plan combiné destiné à réduire systématiquement les forces navales et aériennes ennemies dans la zone d'invasion.

Il ressort des documents d'archives que le haut commandement allemand était très loin de former une équipe homogène, collaborant en vue d'un objectif commun et ayant une juste appréciation des capacités comme des limites de ses composantes. Chacune d'entre elles voulait être la plus brillante étoile au firmament. Des frictions se manifestèrent dès le début, et aussi longtemps qu'il put faire endosser ses responsabilités à Raeder, Halder ne se soucia guère d'adapter ses propres plans aux possibilités matérielles. L'intervention du Führer était nécessaire, mais elle semble avoir peu fait pour améliorer les relations entre les diverses armes. En Allemagne, le prestige de l'armée était sans égal, et les chefs militaires considéraient leurs collègues de la marine avec quelque condescendance. On ne peut qu'en conclure que la *Wehrmacht* répugnait à se mettre sous la coupe de la *Kriegsmarine* dans une opération de grande envergure. Interrogé après la guerre au sujet de ces plans, le général Jodl répondit avec quelque humeur : « Nos dispositions étaient sensiblement les mêmes que celles de Jules César. » C'est la réflexion typique d'un soldat allemand traditionnel, abordant les questions navales sans bien se rendre compte des problèmes posés par le débarquement et le déploiement d'importantes forces militaires sur une côte défendue et exposée à tous les aléas de la mer.

En Grande-Bretagne, quelles que fussent nos faiblesses, nous connaissions intimement les choses de la mer. Nous les avions dans le sang depuis des siècles, et les traditions maritimes inspiraient non seulement nos marins, mais notre race tout entière. C'est cela par-dessus tout qui nous permettait d'envisager sereinement la menace d'invasion. Notre système de contrôle des opérations par le regroupement des trois chefs d'état-major sous l'autorité du ministre de la Défense a produit un travail d'équipe, une compréhension mutuelle et une coopération spontanée sans précédents dans l'histoire. Lorsque vint le temps où nous eûmes l'occasion de tenter de grandes invasions par mer, ce fut sur la base d'une solide préparation à cette tâche, et avec la pleine compréhension des impératifs techniques d'entreprises aussi vastes et aussi périlleuses. Si les Allemands avaient disposé en 1940 de forces amphibies bien entraînées et dotées de tout le matériel indispensable aux opérations amphibies modernes, leur entreprise n'en aurait pas moins été désespérée, face à notre puissance navale et aérienne. Mais en l'occurrence, ils n'avaient ni les outils ni l'entraînement nécessaires.

Plus le haut commandement allemand et le Führer réfléchissaient à l'aventure, moins elle les séduisait. Bien entendu, chacun des adversaires ne pouvait connaître l'état d'esprit et les calculs de l'autre; mais de semaine en semaine, depuis la mi-juillet jusqu'à la mi-septembre, les marines allemande et britannique, le haut commandement allemand et les chefs d'état-major britanniques, le Führer et l'auteur de ce livre eurent sans le savoir une convergence de vues sur cette affaire qui s'affirma toujours davantage[1].

---

1. En ce qui concerne Hitler, Churchill omet un élément essentiel : dès la mi-juillet 1940, le Führer songeait à une attaque de l'URSS, et

Si nous avions pu nous entendre aussi bien sur d'autres questions, il n'y aurait pas eu besoin de faire la guerre ! Bien entendu, nous nous accordions également sur le fait que tout dépendait de la bataille aérienne. La question était de savoir ce qu'en serait l'issue. En outre, les Allemands se demandaient si le peuple anglais résisterait aux bombardements aériens, dont les effets étaient fortement exagérés à l'époque, ou bien s'il s'effondrerait et forcerait le gouvernement de Sa Majesté à capituler. Le Reichsmarschall Göring avait de grands espoirs à cet égard, mais nous n'avions aucune crainte.

était donc réticent à risquer trop d'effectifs dans une opération d'envergure contre la Grande-Bretagne. Göring, Jodl, Keitel et Halder en avaient été informés, à la différence de Raeder. Hitler avait sans doute estimé que cela réduirait encore l'enthousiasme de l'amiral à l'égard de « *Seelöwe* ».

Si nous avions pu nous entendre, mon cher ami d'autres
questions, il n'y aurait pas de besoin. Ce livre, in general,
bien entendu, nous n'avons toujours également su. Je sais
que nous dépendions de la bataille acceptée. À que pouvaient
me servir ce qu'en serait lassité. Contre les Allemands, un
commandement, le peuple anglais restent tels aux bombardes
ments aériens, dont les cités étaient toutes au saccagées à
l'époque où bien subie. Étant de nouveau et de nouveau à l'éventualité de M. Mussert à cet effet de la Reichsministre Göring
avait de grands rapports à cet effet, mais nous avions
aucune crainte.

Chapitre XII

LA BATAILLE D'ANGLETERRE

Notre destin dépendait à présent de la victoire aérienne. Les dirigeants allemands avaient compris que tous leurs plans d'invasion de l'Angleterre dépendaient de la conquête de la suprématie aérienne au-dessus de la Manche et des points de débarquement choisis sur notre côte méridionale. La préparation des ports d'embarquement, la concentration des navires, le déminage des voies d'accès et la pose de nouveaux champs de mines étaient impossibles sans protection contre les attaques aériennes britanniques. Pour la traversée et les débarquements eux-mêmes, la maîtrise absolue des airs au-dessus des convois et des plages était une condition impérative. Le résultat final dépendait donc de la destruction de la *Royal Air Force* et du réseau d'aérodromes entre Londres et la mer. Nous savons aujourd'hui qu'Hitler déclara à l'amiral Raeder le 31 juillet : « Si, au bout de huit jours de guerre aérienne intensive, la *Luftwaffe* n'a pas réussi à infliger des destructions considérables à l'aviation, aux ports et aux forces navales de l'ennemi, l'opération devra être reportée au mois de mai 1941. » Telle était la bataille qu'il s'agissait maintenant de livrer.

La perspective de l'épreuve de force imminente n'affectait nullement mon moral. J'avais déclaré au Parlement le 4 juin : « La grande armée française a été, pour le moment, largement refoulée et désorganisée par la ruée brutale de quelques milliers de véhicules blindés. Pourquoi la cause de la civilisation elle-même ne serait-elle pas défendue par l'habileté et le dévouement de quelques milliers d'aviateurs ? » Et j'écrivis à Smuts le 9 juin : « Je ne vois maintenant qu'une seule voie de salut : que Hitler attaque notre pays et brise son arme aérienne dans l'entreprise. » Voilà que l'occasion s'en présentait.

D'admirables récits ont été écrits sur cette lutte entre la *Royal Air Force* et la *Luftwaffe* qui constitue la « bataille d'Angleterre ». Nous avons connaissance aujourd'hui des vues du haut commandement allemand et de ses réactions secrètes au cours des diverses phases de la bataille. Il s'avère que les pertes allemandes au cours de quelques-uns des principaux combats furent sensiblement inférieures à ce que nous croyions à l'époque, et que les chiffres ont été matériellement exagérés de part et d'autre. Toutefois, les traits essentiels et les grandes lignes de ce conflit célèbre, dont dépendaient l'existence de l'Angleterre et la liberté du monde, ne sont pas remis en question.

La *Luftwaffe* avait été engagée au maximum dans la bataille de France, et tout comme la *Kriegsmarine* après la campagne de Norvège, elle avait besoin d'une période de quelques semaines ou de quelques mois pour se refaire. Ce temps d'arrêt faisait aussi notre affaire, étant donné que toutes nos escadrilles de chasse sauf trois avaient été engagées, à un moment ou à un autre, dans les opérations sur le continent. Hitler ne pouvait pas concevoir que l'Angleterre n'accepterait pas une offre de paix après l'effondrement de la France. Comme le maréchal Pétain, comme Weygand et bien d'autres généraux et politiciens français, il ne mesurait pas les ressources toutes particulières d'un État insulaire et, comme lesdits Français, il sous-estimait notre ténacité. Nous avions fait du chemin et beaucoup appris depuis Munich. Pendant le mois de juin, Hitler s'était mis à étudier la nouvelle situation telle qu'elle lui apparaissait progressivement, et pendant ce temps, l'aviation allemande récupérait et redéployait ses forces en vue de sa prochaine tâche. Quant à celle-ci, il ne pouvait y avoir aucun doute. Hitler devait envahir et conquérir l'Angleterre, ou bien envisager un prolongement indéfini de la guerre, avec tous ses périls et ses complications imprévisibles. Il était toujours possible qu'une victoire aérienne sur l'Angleterre amenât la fin de la résistance britannique et que l'invasion effective, même si elle devenait réalisable, s'avérât du même coup superflue, sauf pour l'occupation d'un pays vaincu.

Dans le courant du mois de juin et au début de juillet, l'aviation allemande reconstitua et regroupa ses formations, et elle s'installa sur tous les aérodromes de France et de Belgique d'où l'assaut devait être lancé. Par des reconnaissances et des incursions exploratoires, elle chercha aussi à mesurer le caractère et l'ampleur de la résistance à laquelle elle se heurterait. Le premier assaut violent ne se produisit que le 10 juillet, et cette date est habituellement considérée comme marquant le début de la bataille. Deux autres dates d'une importance capitale ressortent encore, celles du 15 août et du 15 septembre. Il y eut également dans l'attaque allemande trois phases successives, mais qui se chevauchèrent. Tout d'abord, du 10 juillet au 18 août, les convois britanniques dans la Manche et nos ports de la côte sud entre Douvres et Plymouth furent continuellement harcelés ; notre aviation devait ainsi être mise à l'épreuve, provoquée au combat et décimée, tandis que l'on infligerait des destructions aux villes du littoral désignées comme objectifs de l'invasion prochaine. Au cours de la deuxième phase, du 24 août au 27 septembre, l'ennemi devait chercher à forcer la route de Londres en éliminant la *Royal Air Force* et ses installations, ce qui entraînerait un bombardement violent et continu de la capitale, tout en coupant les communications avec les côtes menacées d'invasion. Mais dans l'esprit de Göring, il y avait de bonnes raisons de penser qu'un résultat beaucoup plus important était en vue – rien de moins que la confusion et la paralysie de la plus grande ville du monde, ainsi que l'intimidation du gouvernement et de la population, qui entraîneraient leur soumission aux volontés de l'Allemagne. Les états-majors de la marine et de l'armée caressaient avec ferveur l'espoir que Göring ne se trompait pas. Mais à mesure que la situation évoluait, ils virent que la RAF n'était nullement éliminée et qu'entre-temps, leurs préparatifs urgents pour l'opération « *Seelöwe* » étaient négligés au profit des destructions infligées à Londres. Alors, au moment où tout le monde était déçu et où la date de l'invasion était indéfiniment ajournée faute qu'en fût réalisée la condition primordiale, à savoir la suprématie aérienne, intervint la troisième et dernière phase. L'espoir d'une victoire aérienne de jour s'était évanoui, la *Royal Air Force* continuait à manifester une vigueur insolente, et au mois d'octobre, Göring se résigna à bombarder en aveugle Londres et les centres de production industrielle.

*
* *

Du point de vue de la qualité, les deux aviations de chasse se valaient sensiblement. Celle des Allemands était plus rapide, avec une meilleure vitesse ascensionnelle ; la nôtre était plus maniable et mieux armée. Leurs aviateurs, parfaitement conscients de leur supériorité numérique, étaient aussi les fiers vainqueurs de la Pologne, de la Norvège, des Pays-Bas et de la France ; les nôtres avaient la plus grande confiance dans leurs qualités individuelles et étaient animés de cette suprême détermination dont la race anglaise sait faire preuve dans la pire adversité. Les Allemands bénéficiaient d'un avantage stratégique important, qu'ils exploitaient très habilement : leurs forces étaient réparties sur des bases nombreuses et largement disséminées, d'où ils pouvaient opérer de puissantes concentrations au-dessus de l'Angleterre et se livrer à des feintes pour nous dérouter quant à leurs véritables objectifs. En août, la *Luftwaffe* avait rassemblé 2 669 appareils opérationnels, comprenant 1 015 bombardiers, 346 bombardiers en piqué, 933 chasseurs et 375 chasseurs lourds[1]. Le 5 août,

---

1. Les chasseurs lourds étaient des Messerschmitt Me110 « *Zerstörer* », bimoteurs plus lents et moins maniables que les Me109, mais ayant un plus grand rayon d'action.

la « directive numéro 17 » du Führer autorisa l'intensification de la guerre aérienne contre l'Angleterre. Göring n'avait jamais fait grand cas de l'opération « *Seelöwe* » ; son cœur penchait pour la guerre aérienne « totale ». La modification consécutive des mesures arrêtées perturba l'état-major de la *Kriegsmarine*. La destruction de la *Royal Air Force* et de notre industrie aéronautique n'était pour l'Amirauté qu'un moyen d'arriver au but ; une fois ce but atteint, les attaques aériennes devraient être dirigées contre les navires de guerre et de transport ennemis. La marine déplorait la moindre priorité assignée par Göring aux objectifs navals, et les retards l'irritaient. Le 6 août, elle informa le commandement suprême que les préparatifs allemands en vue du mouillage de mines dans la Manche ne pouvaient être effectués, du fait de la menace aérienne constante des Britanniques.

Les durs et incessants combats aériens de juillet et du début d'août s'étaient concentrés sur le promontoire du Kent et la côte de la Manche. Göring et ses experts estimèrent qu'ils devaient avoir attiré presque toutes nos escadrilles de chasse dans cette bataille du sud de l'Angleterre. Aussi décidèrent-ils d'effectuer un raid de jour sur les villes industrielles au nord du Wash. La distance était bien trop grande pour leurs meilleurs chasseurs, les Messerschmitt Me109. Il leur fallait donc risquer leurs bombardiers avec des escortes de simples Me110 qui, s'ils avaient un plus grand rayon d'action, étaient loin d'avoir la même qualité, ce qui était à présent l'essentiel. L'entreprise n'en était pas moins raisonnable, et le risque valait d'être couru.

Le 15 août, une centaine de bombardiers, escortés par quarante Me110, furent donc lancés contre le Tyneside. Dans le même temps, un raid de plus de 800 appareils fut organisé pour retenir nos forces dans le sud, où l'on supposait qu'elles étaient déjà toutes concentrées. C'est alors que les dispositions prises par Dowding pour le *Fighter Command* se justifièrent d'une manière éclatante. Le danger avait été prévu : sept escadrilles de Hurricane ou de Spitfire avaient été retirées des combats intensifs qui se livraient dans le sud, pour être mises au repos et assurer en même temps la protection du nord. Bien qu'ayant durement souffert, elles étaient navrées d'abandonner la lutte, et leurs pilotes avaient fait respectueusement observer qu'ils n'étaient nullement fatigués. Et voici que survenait une consolation inattendue ; ces escadrilles furent en mesure d'accueillir les assaillants au moment où ils franchissaient la côte. Trente avions allemands furent abattus, pour la plupart des bombardiers lourds (des Heinkel He111, comprenant chacun un équipage de quatre hommes[1]), les pertes britanniques s'élevant seulement à deux pilotes blessés. La prévoyance manifestée par le maréchal de l'Air Dowding dans l'organisation du *Fighter Command* mérite de grands éloges, mais plus remarquables encore avaient été la retenue et la juste appréciation du redoutable défi, grâce auxquelles on avait pu tenir en réserve des groupes de chasse dans le nord durant toutes ces longues semaines de bataille mortelle dans le sud. On peut considérer la tactique employée ici par le commandement comme un trait de génie dans l'art de la guerre. Dès lors, tous les objectifs situés au nord du Wash furent à l'abri des attaques de jour.

Le 15 août vit la plus grande bataille aérienne de cette période de la guerre : cinq combats de grande envergure furent livrés sur un front de huit cents kilomètres ; ce fut vraiment une journée décisive. Dans le sud, nos vingt-deux escadrilles furent engagées, dont beaucoup deux fois, quelques-unes trois fois, et les pertes de l'ennemi, ajoutées à celles qu'il subit dans le nord, s'élevèrent à 73 appareils contre 34 des nôtres. Ce fut sans conteste un désastre pour l'aviation allemande.

---

1. Ils ont dû sembler lourds à Churchill, mais les Heinkel He111 étaient en fait des bombardiers moyens bimoteurs. De toute la guerre, la *Luftwaffe* n'aura pas de bombardiers lourds quadrimoteurs, comparables aux Halifax et aux Lancaster britanniques, ou aux B-17 et B-24 américains. Ce sera même une des causes de sa défaite.

Ce dut être avec quelque angoisse que les chefs de la *Luftwaffe* mesurèrent les conséquences de cette défaite, qui ne présageait rien de bon pour l'avenir. Mais l'aviation allemande avait toujours comme objectif le port de Londres, cet immense alignement de docks avec leurs masses de navires, et la plus grande ville du monde, que l'on pouvait frapper même sans grande précision.

*
* *

Au cours de ces semaines de lutte intense et d'angoisse permanente, lord Beaverbrook rendit d'immenses services. Les escadrilles de chasse devaient à tout prix être regarnies avec des appareils fiables. Ce n'était pas le moment de s'embarrasser des paperasses et des circonlocutions qui sont de rigueur dans un système paisible et bien ordonné. Toutes les remarquables qualités de Beaverbrook étaient adaptées aux circonstances ; son énergie et son ressort personnels agissaient comme des stimulants. Je fus heureux de pouvoir m'appuyer sur lui à l'occasion. Il ne flanchait pas ; c'était son heure de gloire. Son énergie et son génie naturels, alliés à de grands talents de persuasion et d'improvisation, balayèrent quantité d'obstacles. Tout ce qui sortait des usines était acheminé sans délai jusqu'au front. Les appareils, neufs ou réparés, affluaient vers les escadrilles ravies, en quantités inconnues jusqu'alors. Tous les services d'entretien et de réparation étaient poussés à leur maximum de rendement. J'appréciais tant la valeur de Beaverbrook que le 2 août, avec l'approbation du roi, je l'invitai à entrer au Cabinet de guerre. C'est à cette même époque que son fils aîné, Max Aitken, se distingua en remportant au moins six victoires comme pilote de chasse.

Un autre ministre avec lequel je collaborais à l'époque était Ernest Bevin, ministre du Travail et du Service national, chargé de gérer et de stimuler toute la main-d'œuvre du pays. Tous les ouvriers des usines d'armement étaient prêts à lui obéir. En septembre, il entra lui aussi au Cabinet de guerre. Les syndicalistes sacrifièrent leurs principes et leurs prérogatives, lentement acquis et jalousement gardés, sur l'autel où richesse, rang, privilèges et propriété avaient déjà été déposés. Je m'entendis fort bien avec Beaverbrook et Bevin au cours de ces semaines infernales. Par la suite, ils se brouillèrent, un fait regrettable qui provoqua bien des frictions. Mais à ce stade suprême de la lutte, nous étions tous unis. Je ne saurais trop louer la loyauté de M. Chamberlain, ou la résolution et l'efficacité de tous mes collègues du Cabinet. Qu'il me soit permis ici de leur rendre hommage.

*
* *

Jusqu'à la fin du mois d'août, Göring observait la guerre aérienne sans déplaisir. Lui et son entourage croyaient que les installations au sol et l'industrie aéronautique anglaises, de même que la force de combat de la RAF, avaient déjà été sévèrement atteintes. Il y eut une période de beau temps en septembre, qui fit espérer à la *Luftwaffe* des résultats décisifs. De violentes attaques furent portées contre nos bases tout autour de Londres et, dans la nuit du 6 septembre, 68 appareils attaquèrent Londres, suivis le 7 par une première offensive de grande envergure d'environ 300 appareils. Ce même jour et les jours suivants, au cours desquels le nombre de nos canons antiaériens fut doublé, de très durs combats se déroulèrent sans trêve au-dessus de la capitale, et la *Luftwaffe*, surestimant nos pertes, gardait toute son assurance.

De fait, les combats livrés du 24 août au 6 septembre avaient tourné au désavantage du *Fighter Command*. Durant ces journées d'une importance capitale, les Allemands avaient lancé sans interruption de puissantes formations contre les aérodromes du sud et du sud-est de l'Angleterre. Ils cherchaient à détruire la chasse de jour chargée de la défense de la capitale, qu'ils brûlaient d'attaquer. Le fonctionnement et la coordination de ces aérodromes et de leurs escadrilles étaient beaucoup plus importants à nos yeux que la protection de Londres contre les bombardements de terreur. Dans la lutte à mort que se livraient les deux aviations, ce fut une phase décisive. Jamais nous n'avons envisagé la lutte sous l'angle de la défense de Londres ou de toute autre ville ; il s'agissait seulement de savoir qui vaincrait dans les airs. Une grande angoisse régnait au quartier général de l'aviation de chasse à Stanmore, et particulièrement au QG du 11e groupe de chasse basé à Uxbridge. Cinq des aérodromes avancés de ce groupe et six stations de secteur avaient subi des dégâts considérables. La station du secteur de Biggin Hill, au sud de Londres, était si sérieusement touchée qu'une semaine durant, une seule escadrille de chasse put y être basée. Si l'ennemi avait continué à lancer de violentes attaques contre les secteurs voisins et à endommager leurs salles d'opérations ou leurs lignes téléphoniques, toute l'organisation complexe du *Fighter Command* aurait pu être démantelée. Cela aurait entraîné de très rudes épreuves pour Londres, mais nous aurait aussi fait perdre le contrôle absolu de notre espace aérien dans le secteur décisif. Je fus amené à inspecter plusieurs de ces stations, en particulier Manston (le 28 août) et Biggin Hill, qui est tout près de chez moi[1]. Elles commençaient à être terriblement malmenées et les cratères de bombes rendaient leurs pistes d'envol inutilisables. Ce fut donc avec soulagement que le 7 septembre, le *Fighter Command* vit l'offensive allemande se déplacer vers Londres ; il en conclut que l'ennemi avait modifié son plan. Göring aurait certainement dû persévérer dans ses attaques contre les aérodromes, car c'est de leur organisation et de leur coordination que dépendait alors toute la force de combat de notre aviation. En s'écartant des principes classiques de la guerre et des impératifs

---

1. Chartwell.

humanitaires reconnus jusque-là, Göring commit une faute insensée.

Cette même période (du 24 août au 6 septembre) avait sérieusement entamé les effectifs de l'aviation de chasse dans son ensemble. Le *Fighter Command* avait compté durant cette quinzaine 103 pilotes tués et 128 grièvement blessés, tandis que 466 Spitfire et Hurricane avaient été détruits ou sérieusement endommagés. Sur un effectif total d'environ mille pilotes, près d'un quart avait été perdu. Les vides ne purent être comblés que par 260 jeunes pilotes, ardents mais inexpérimentés, prélevés sur des unités en cours d'instruction et qui, dans bien des cas, n'avaient pas entièrement terminé leurs classes. Les attaques de nuit lancées contre Londres à partir du 7 septembre, pendant dix jours consécutifs, visèrent les docks et les centres ferroviaires, tuant et blessant de nombreux civils, mais elles nous permirent de reprendre notre souffle, ce dont nous avions le plus grand besoin.

Le 15 septembre doit être considéré comme la date cruciale. Après avoir effectué deux violentes attaques le 14, la *Luftwaffe* fit ce jour-là son effort de concentration le plus intense, en procédant à une nouvelle attaque de jour sur Londres.

Ce fut l'une des batailles décisives de la guerre et, comme celle de Waterloo, elle eut lieu un dimanche. J'étais aux Chequers. J'avais déjà rendu visite plusieurs fois au quartier général du 11e groupe de chasse, afin d'assister à la conduite d'une bataille aérienne, mais il ne s'était pas passé grand-chose. Toutefois, le temps paraissant ce jour-là favorable à l'ennemi, je partis en voiture pour Uxbridge et arrivai au quartier général du groupe. Le 11e groupe ne comprenait pas moins de vingt-cinq escadrilles couvrant l'ensemble de l'Essex, du Kent, du Sussex et du Hampshire, et toutes les voies d'accès à Londres à travers ces comtés. Le vice-maréchal de l'Air Park commandait depuis six mois ce groupe, dont dépendait en grande partie notre sort. Depuis le début des opérations de Dunkerque, il avait dirigé toutes les actions de jour dans le sud de l'Angleterre, et l'ensemble de ses mesures comme de son dispositif avait été porté au plus haut point de perfection. On nous fit descendre, ma femme et moi, à plus de quinze mètres sous terre, dans la salle d'opérations à l'épreuve des bombes. Toute la supériorité des Hurricane et des Spitfire aurait été vaine sans ce réseau souterrain de centres de commandement et de câbles téléphoniques, conçu et réalisé avant la guerre par le ministère de l'Air sur les conseils et sous l'impulsion de Dowding. Le commandement suprême se trouvait au quartier général de l'aviation de chasse à Stanmore, mais la direction effective des escadrilles était judicieusement laissée au 11e groupe, qui contrôlait les unités par l'intermédiaire des PC de chasse de chaque comté.

La salle d'opérations du groupe ressemblait à un petit théâtre d'environ dix-huit mètres de large sur deux étages. Nous prîmes place aux fauteuils de balcon. À nos pieds s'étendait l'immense table des cartes, autour de laquelle se tenaient une vingtaine de jeunes hommes et de jeunes femmes hautement entraînés, assistés de leurs téléphonistes. En face de nous et couvrant tout le mur, à l'endroit où se serait trouvé le rideau de scène, il y avait un gigantesque tableau noir divisé en six colonnes équipées d'ampoules électriques et correspondant aux six PC de chasse, chacune des escadrilles de leur ressort occupant une subdivision particulière ; des lignes horizontales partageaient aussi le tableau. Ainsi, la dernière rangée d'ampoules en bas indiquait, lorsqu'elle était allumée, les escadrilles « mises en alerte » avec un préavis de deux minutes ; la rangée au-dessus, les escadrilles « prêtes » en cinq minutes ; ensuite venaient les escadrilles « disponibles » en vingt minutes, puis celles qui avaient décollé ; la rangée suivante indiquait les escadrilles qui avaient signalé un contact visuel avec l'ennemi ; la rangée au-dessus – avec des lumières rouges – celles qui étaient engagées ; et la rangée supérieure celles qui regagnaient leur base. À gauche, dans une sorte de loge d'avant-scène vitrée, se trouvaient les quatre ou cinq officiers chargés d'exploiter les renseignements reçus de notre corps d'observateurs, comptant à cette époque plus de 50 000 hommes, femmes et jeunes gens. Le radar en était encore à ses débuts, mais il signalait les raids qui approchaient de notre côte, et les observateurs, munis de jumelles et de téléphones portatifs, constituaient notre principale source d'information sur les appareils ennemis survolant le territoire. On recevait donc des milliers de messages au cours d'une action. Une foule de gens expérimentés, remplissant plusieurs salles situées dans d'autres parties du quartier général souterrain, les passaient au crible avec une grande célérité et transmettaient de minute en minute les résultats de leur examen directement aux opérateurs installés tout autour de la table du parterre et à l'officier qui supervisait les opérations depuis la loge d'avant-scène vitrée.

À droite, il y avait une autre loge du même genre, où se trouvaient des officiers de l'armée de terre qui rendaient compte de l'action de nos batteries antiaériennes, dont 200 étaient à cette époque affectées au *Fighter Command*. Pendant la nuit, il était essentiel d'arrêter le tir de ces batteries dans certains secteurs où nos chasseurs allaient être aux prises avec l'ennemi. Je connaissais les grandes lignes de ce dispositif, qui m'avait été expliqué un an avant la guerre par Dowding, lors d'une de mes visites à Stanmore. On l'avait mis au point et perfectionné grâce à un fonctionnement ininterrompu, et tous ses éléments étaient maintenant intimement soudés pour former un instrument de combat hautement élaboré, qui n'avait son pareil nulle part au monde.

« J'ignore, me dit Park, au moment où nous descendions, s'il va se passer quelque chose aujourd'hui. Pour l'instant, tout est calme. » Mais au bout d'un quart d'heure, les opérateurs commencèrent à s'activer. Une attaque de « 40 plus » était signalée en provenance des bases allemandes du secteur de Dieppe. Les ampoules des rangées inférieures du tableau de contrôle commençaient à s'allumer, au fur et à mesure que les escadrilles transmettaient le signal de « mise en alerte ». Puis, en succession rapide, arrivèrent d'autres signaux annonçant « 20 plus » et « 40 plus » ; dix minutes encore, et il devint évident qu'une sévère bataille se préparait. Le ciel commençait à se remplir d'appareils des deux camps.

Des signaux se succédaient, annonçant « 40 plus », « 60 plus » et même une fois « 80 plus ». Sur la table du parterre au-dessous de nous, on indiquait la progression de toutes les vagues d'assaut, en déplaçant toutes les minutes des disques le long des différentes voies d'accès, tandis que sur le tableau noir en face de nous, les lumières ascendantes indiquaient que nos escadrilles de chasse étaient en phase de décollage ; bientôt, il ne resta plus que quatre ou cinq escadrilles signalées « prêtes ». Ces combats aériens, dont dépendaient tant de choses, ne duraient guère plus d'une heure après l'engagement initial. L'ennemi disposait d'effectifs suffisamment nombreux pour lancer de nouvelles vagues d'assaut, et nos escadrilles, qui avaient toutes décollé pour gagner de la hauteur, étaient obligées de refaire leur plein d'essence au bout de soixante-dix ou quatre-vingts minutes, ou d'atterrir pour se réapprovisionner en munitions au bout d'un engagement de cinq minutes. Si, à ce moment, l'ennemi était en mesure de se présenter avec des escadrilles fraîches qui n'avaient pas été interceptées, certains de nos chasseurs pouvaient être détruits au sol. C'est pourquoi nous tenions essentiellement à engager nos escadrilles de façon à eviter qu'il y ait trop d'appareils en train de se réapprovisionner simultanément en essence ou en munitions pendant les combats de jour.

Bientôt, les ampoules rouges indiquèrent que la majorité de nos escadrilles étaient engagées. Un bourdonnement sourd s'élevait du parterre, où les opérateurs affairés déplaçaient leurs disques çà et là, en fonction des fluctuations rapides de la situation. Le vice-maréchal de l'Air Park donnait pour l'engagement de ses formations de chasseurs des directives générales qui étaient transmises à chaque PC de chasse sous forme d'instructions détaillées par un officier d'allure juvénile, installé au centre des fauteuils de balcon, juste à côté de moi. Quelques années plus tard, je demandai son nom; c'était lord Willoughby de Broke. (Je le rencontrai à nouveau en 1947, à l'époque où le Jockey Club – dont il était l'un des commissaires – m'invita à assister au Derby. Il fut surpris que j'aie gardé cette scène en mémoire.) Pour l'heure, il transmettait aux diverses escadrilles l'ordre de prendre de la hauteur et de patrouiller en fonction des derniers renseignements apparus sur la table des cartes. Quant au maréchal de l'Air, il faisait les cent pas derrière lui, suivant chaque coup de la partie d'un œil vigilant, surveillant son jeune agent d'exécution et n'intervenant que de temps à autre pour donner quelque ordre décisif, en général pour renforcer un secteur menacé. En peu de temps, toutes nos escadrilles étaient engagées, et quelques-unes rentraient déjà pour refaire leur plein d'essence. Elles étaient toutes en l'air. La rangée inférieure d'ampoules était complètement éteinte; nous n'avions plus une seule escadrille en réserve. À ce moment, Park appela Dowding à Stanmore, pour lui demander de mettre à sa disposition trois escadrilles du 12e groupe de chasse, pour le cas où une nouvelle attaque d'envergure se produirait pendant que ses escadrilles étaient en train de refaire le plein de munitions et de carburant. Ainsi fut fait. Elles étaient particulièrement nécessaires pour protéger Londres et nos aérodromes de chasse, car le 11e groupe était déjà à bout de ressources.

Le jeune officier, pour qui cela semblait être une question de routine, continuait à donner ses ordres, conformément aux directives générales de son commandant de groupe, sur un ton monotone, calme et grave, et les trois escadrilles de renfort furent bientôt intégrées. Je pris conscience de l'angoisse du commandant, qui se tenait à présent immobile derrière le siège de son subordonné.

Jusque-là, j'avais observé en silence, mais je demandai alors : « Quelles autres réserves nous reste-t-il ? » « Aucune », me répondit le vice-maréchal de l'Air Park. Dans un récit qu'il fit par la suite de cet événement, il mentionna qu'à ces mots, je « pris un air grave ». Il y avait de quoi. Quelles n'auraient pas été nos pertes, si nos avions en train de refaire leur plein avaient été surpris au sol par de nouveaux raids de « 40 plus » ou « 50 plus » ! Les aléas étaient grands ; nos marges, réduites ; l'enjeu, infini.

Cinq autres minutes s'écoulèrent et la plupart de nos escadrilles étaient maintenant redescendues pour faire le plein d'essence. Dans bien des cas, nous n'avions pas les moyens de leur donner une couverture aérienne. Soudain, il apparut que l'ennemi regagnait ses bases ; le déplacement des disques sur la table des cartes indiquait un mouvement continu de bombardiers et de chasseurs allemands en direction de l'est. Aucune nouvelle attaque n'était signalée. Dix minutes plus tard, l'action avait pris fin. Nous gravîmes les escaliers conduisant à la surface, et presque au moment où nous sortions, le signal de « fin d'alerte » retentit.

« Nous sommes très heureux, sir, que vous ayez vu cela, dit Park. Évidemment, pendant les vingt dernières minutes, nous avons reçu une telle avalanche de renseignements que nous ne pouvions les exploiter. Cela vous montre les limites de nos ressources actuelles. Aujourd'hui, elles ont été largement dépassées. » Je demandai si quelques résultats étaient déjà parvenus, et fis observer que l'attaque paraissait avoir été repoussée de façon satisfaisante. Park répondit qu'il n'était pas certain que nous ayons intercepté autant d'assaillants qu'il l'avait espéré. À l'évidence, l'ennemi avait partout percé nos défenses. Des vingtaines de bombardiers allemands, escortés de chasseurs, avaient été signalés au-dessus de Londres. Une douzaine d'entre eux environ avaient été abattus pendant que j'étais sous terre, mais on ne pouvait se faire aucune idée des résultats de la bataille, pas plus que des dégâts causés ou des pertes subies.

Il était 16 h 30 lorsque je rentrai aux Chequers; je me couchai aussitôt pour faire ma sieste de l'après-midi. Le drame du 11ᵉ groupe avait dû me fatiguer, car je ne m'éveillai pas avant 20 heures. À mon coup de sonnette, John Martin, mon premier secrétaire particulier, entra avec la moisson des nouvelles du soir en provenance du monde entier. Elle était décourageante. Ici, telle chose avait marché de travers; là, telle autre avait été retardée. Une réponse insatisfaisante avait été reçue de tel ou tel; beaucoup de navires avaient été coulés dans l'Atlantique. « Malgré tout, dit Martin en terminant son compte-rendu, les nouvelles de l'aviation rachètent tout. Nous avons descendu 183 appareils, pour une perte de moins de 40. »

*
* *

Même si les renseignements obtenus après la guerre ont montré que les pertes de l'ennemi n'avaient été que de 56 appareils pour cette journée, le 15 septembre n'en marqua pas moins l'apogée de la bataille d'Angleterre. La même nuit, notre *Bomber Command* lança des attaques massives contre les navires mouillés dans les ports, depuis Boulogne jusqu'à Anvers. Dans ce dernier port, des pertes particulièrement lourdes furent infligées à l'ennemi. Le 17 septembre, comme nous le savons aujourd'hui, le Führer décida d'ajourner *sine die* l'opération « Seelöwe ». Mais ce n'est que le 12 octobre que l'invasion fut officiellement annulée et reportée au printemps suivant. Au mois de juillet 1941, elle fut de nouveau ajournée par Hitler jusqu'au printemps de 1942, « époque à laquelle, disait-il, la campagne de Russie sera achevée ». C'était là une vaine mais importante illusion. Le 13 février 1942, l'amiral Raeder fut reçu en dernière audience au sujet de l'opération « Seelöwe », et il amena Hitler à accepter de la mettre définitivement « au point mort ». Ainsi périt l'opération « Seelöwe »; et le 15 septembre peut être considéré comme la véritable date de son décès.

Il n'est pas douteux que nous avons toujours été trop optimistes dans nos estimations des pertes ennemies. Il s'avère que nous avons abattu les assaillants allemands dans la proportion de deux contre un, au lieu de trois contre un comme nous l'avions cru et proclamé à l'époque. Mais c'était suffisant. La *Royal Air Force*, loin d'être détruite, triomphait. Un puissant afflux de nouveaux pilotes arriva, les usines aéronautiques, dont dépendaient non seulement nos besoins immédiats, mais encore notre capacité de soutenir une guerre prolongée, furent endommagées mais non paralysées. Les travailleurs, ouvriers spécialisés ou manœuvres, hommes ou femmes, restaient à leurs machines et, même sous les bombardements, demeuraient en fonction dans leurs ateliers, comme si ceux-ci avaient été des batteries de DCA en action – ce qu'ils étaient en vérité. Au ministère de l'Approvisionnement, Herbert Morrison aiguillonnait tous les travailleurs de son vaste domaine. « À l'ouvrage ! » lançait-il, et ils s'y mettaient. Le commandement de la DCA, sous les ordres du général Pile, apporta à la lutte aérienne un soutien adroit et permanent. Sa principale contribution, il devait la fournir ultérieurement. Les personnels du corps des observateurs, dévoués et inlassables, restaient sans relâche à leurs postes. L'organisation du *Fighter Command*, soigneusement mise au point et sans laquelle tout aurait pu être inutile, résista à des mois de tension permanente. Tous jouèrent leur rôle.

Par-dessus tout, l'endurance et la valeur de nos pilotes de chasse devaient rester inaltérables et inégalées. C'est ainsi que la Grande-Bretagne fut sauvée. Je pouvais à bon droit déclarer à la Chambre des communes : « Jamais, dans l'histoire des conflits humains, tant d'hommes n'ont dû tant de choses à un si petit nombre de leurs semblables. »

Chapitre XIII

« LONDRES PEUT ENCAISSER »

L'histoire de l'attaque aérienne allemande contre l'Angleterre est une affaire d'avis partagés, de projets contradictoires et de plans abandonnés en cours d'exécution. À trois ou quatre reprises, au cours de ces quelques mois, l'ennemi renonça à une méthode d'attaque qui nous posait de graves problèmes, de sorte qu'elles purent être précisément délimitées. Chacune se fondait dans la suivante. Les opérations initiales cherchaient à engager nos forces aériennes au-dessus de la Manche et de la côte sud ; puis la lutte se poursuivit au-dessus des comtés du sud, principalement le Kent et le Sussex, l'ennemi cherchant à détruire notre réseau de contrôle aérien ; plus tard, il se rapprocha de Londres et la survola ; puis Londres devint l'objectif numéro 1 ; enfin, lorsque Londres triompha, l'attaque se dispersa à nouveau vers les villes de province et l'artère de l'Atlantique, unique et vitale, qui passait par la Mersey et la Clyde.

Nous avons vu que les Allemands nous avaient mis à rude épreuve par leur attaque contre les bases aériennes de la côte sud, au cours de la dernière semaine d'août et de la première semaine de septembre. Mais le 7 septembre, Göring prit officiellement la direction de la bataille aérienne et changea de tactique, passant des attaques de jour aux attaques de nuit, et des bases de la chasse dans le Kent et le Sussex aux vastes zones bâties de Londres. Des raids diurnes de moindre envergure demeuraient fréquents, voire continuels, et une grande attaque de jour allait encore venir. Mais dans l'ensemble, le caractère de l'offensive allemande avait changé. Pendant cinquante-sept nuits consécutives, Londres ne connut aucun répit. Cela constituait, pour la plus grande ville du monde, une épreuve dont nul ne pouvait par avance mesurer les effets. Jamais auparavant une telle concentration de bâtiments n'avait été soumise à pareil bombardement; jamais autant de familles n'avaient dû en supporter les conséquences et les terreurs.

Les raids sporadiques sur Londres, vers la fin d'août, attirèrent une prompte riposte sous la forme d'un raid de représailles sur Berlin. En raison même de la distance que nous avions à franchir, cela ne pouvait se faire qu'à une très petite échelle, en comparaison des raids sur Londres lancés depuis des aérodromes belges et français tout proches. Le Cabinet de guerre était fort enclin à répliquer, à faire monter les enchères et à défier l'ennemi. J'étais convaincu qu'il avait raison, et je pensais que rien ne pourrait impressionner ou déranger davantage Hitler que de mesurer la fureur et la force de caractère des Anglais. Au fond de lui-même, c'était un de nos admirateurs[1]. Bien entendu, il tira tout le parti possible de nos représailles sur Berlin, et annonça publiquement le plan allemand – arrêté d'avance – de dévaster Londres et les autres villes britanniques. « S'ils attaquent nos villes, déclara-t-il le 4 septembre, nous raserons tout simplement les leurs. » Il fit de son mieux.

Du 7 septembre au 3 novembre, 200 bombardiers allemands en moyenne attaquèrent Londres chaque nuit. Les divers raids préliminaires menés contre nos villes de province au cours des trois semaines précédentes avaient entraîné une très grande dispersion de notre artillerie anti-aérienne, et lorsque Londres devint pour la première fois l'objectif principal, il n'y avait là que 92 canons en batterie. On jugea préférable de laisser le ciel libre pour nos chas-

---

1. Affirmation apparemment paradoxale, mais parfaitement justifiée : le respect et l'admiration d'Hitler pour la Grande-Bretagne et son empire ne cesseront jamais d'ébahir ses interlocuteurs.

seurs de nuit qui opéraient au sein du groupe n° 11. Nous disposions de six escadrilles de Blenheim et de Defiant. La chasse de nuit en était encore à ses balbutiements, et les pertes infligées à l'ennemi furent insignifiantes. Pendant trois nuits de suite, nos batteries demeurèrent donc silencieuses, leur efficacité étant elle aussi lamentablement déficiente à l'époque. Néanmoins, considérant l'insuffisance de nos chasseurs de nuit et les problèmes irrésolus qu'ils posaient, on décida bientôt de laisser les servants de la DCA tirer à volonté sur des objectifs invisibles, en utilisant toute méthode d'acquisition et de pointage qui leur convenait. Dans les quarante-huit heures, le général Pile, commandant l'artillerie antiaérienne, avait plus que doublé le nombre des canons dans la capitale, en prélevant sur ceux des villes de province. Notre propre aviation fut retirée du secteur, et la DCA eut le champ libre.

Pendant trois nuits, les Londoniens étaient restés dans leurs maisons ou dans des abris inadaptés, en supportant une attaque qui ne semblait rencontrer aucune opposition. Soudain, le 10 septembre, le barrage se déclencha, guidé par tout l'éclat des projecteurs. Le tonnerre de cette canonnade ne fit pas grand mal à l'ennemi, mais fit un immense plaisir à la population. Tout le monde fut réconforté en constatant que nous ripostions. Désormais, les batteries tirèrent régulièrement, et bien entendu, l'expérience, l'ingéniosité et la dure nécessité améliorèrent constamment leur précision. Pour les assaillants allemands, le prix à payer s'élevait lentement. Quelquefois, les batteries se taisaient, laissant entrer en scène les chasseurs de nuit – dont les méthodes se perfectionnaient également. Les raids de nuit s'accompagnaient d'attaques de jour plus ou moins continuelles, menées par de petites formations ennemies ou même par des appareils isolés, et souvent les sirènes retentissaient à de brefs intervalles tout au long des vingt-quatre heures d'une journée. Les sept millions d'habitants de Londres finirent par s'accoutumer à cette étrange existence.

*
* *

Dans l'espoir de tempérer la rudesse de ce récit, je rapporterai ici quelques notes personnelles au sujet du « *Blitz* » – tout en sachant que des milliers d'autres citoyens ont des histoires bien plus intéressantes à raconter.

Lorsque le bombardement commença, on eut tendance à le traiter par le dédain. Dans le West End, tout le monde vaquait à ses affaires et à ses plaisirs, dînait et dormait comme à l'habitude. Les salles de spectacle étaient bondées, et les rues obscurcies encombrées de la circulation habituelle. Tout cela était peut-être une saine réaction aux criailleries que les défaitistes de Paris avaient poussées en mai lors du premier raid sérieux sur leur ville. Je me souviens d'un souper en petit comité, alors que se poursuivaient des raids multiples et très mouvementés. Les grandes fenêtres de Stornoway House s'ouvraient sur Green Park, qui scintillait aux éclairs des canons et s'illuminait parfois de l'explosion d'une bombe. J'eus alors l'impression que nous prenions des risques inutiles. Après le souper, nous allâmes jusqu'à l'immeuble des « Imperial Chemicals », dominant les quais. Depuis ses hauts balcons de pierre, on avait une vue magnifique sur le fleuve. Douze incendies au moins embrasaient la rive sud, et pendant que nous étions là, plusieurs grosses bombes tombèrent, l'une d'elles assez près pour que je fusse tiré précipitamment par mes amis derrière un solide pilier de pierre. Ce spectacle me confirma assurément dans l'impression qu'il allait falloir admettre bien des restrictions aux commodités ordinaires de l'existence.

Le groupe des bâtiments du gouvernement, autour de Whitehall, fut touché à plusieurs reprises. Downing Street est bordée de maisons vieilles de deux siècles et demi, branlantes et bâties à l'économie par l'entrepreneur sans scrupule dont elles portent le nom[1]. À l'époque de l'alerte

---

1. Celui de sir George Downing, financier, diplomate et espion de Cromwell, puis de Charles II. Lors de la restauration de 1660, il avait

de Munich, des abris avaient été construits pour les occupants des numéros 10 et 11, et les pièces de plain-pied sur le jardin avaient eu leur plafond renforcé au moyen d'un faux plafond en bois et de forts étançons. On pensait que ce dispositif soutiendrait les ruines au cas où le bâtiment viendrait à être soufflé ou ébranlé ; mais bien entendu, ni ces pièces ni les abris n'étaient à l'épreuve d'un coup au but. Durant la dernière quinzaine de septembre, des dispositions furent prises pour transférer mes services ministériels dans un bâtiment officiel plus moderne et plus solide dominant Saint James's Park, près de Storey's Gate. Nous appelâmes cette installation « l'Annexe ». C'est là que ma femme et moi devions vivre confortablement pendant le reste de la guerre. Ce solide bâtiment de pierre nous inspirait confiance, et nous ne descendîmes aux abris qu'en de rares occasions. Ma femme jugea même bon d'accrocher quelques-uns de nos tableaux dans la salle de séjour, dont j'avais estimé préférable de laisser les murs nus. Son point de vue prévalut, et il se trouva justifié par les événements. Depuis le toit, tout près de la coupole de « l'Annexe », on avait une vue magnifique sur Londres par nuit claire. On m'y aménagea un emplacement avec un abri léger contre les éclats de bombes, où l'on pouvait déambuler au clair de lune et observer les feux d'artifice. Au sous-sol se trouvaient la « salle de guerre » et plusieurs locaux où l'on pouvait dormir à l'abri des bombes. Les bombes de l'époque étaient naturellement plus petites que celles qui furent utilisées plus tard. Néanmoins, jusqu'à ce que les nouveaux locaux fussent prêts, la vie à Downing Street ne manqua pas de piquant. On aurait pu se croire au QG d'un bataillon, sur la ligne de front.

Une soirée – celle du 17 octobre – se détache dans mes souvenirs. Nous étions en train de dîner au 10,

---

reçu en récompense une terre aux abords de Saint James's Park, et avait missionné le grand architecte Christopher Wren pour y faire bâtir des maisons – à l'économie...

Downing Street, dans la pièce donnant sur le jardin, lorsque commença le raid de nuit habituel. Mes compagnons de table étaient Archie Sinclair, Oliver Lyttelton et Moore-Brabazon. Les persiennes métalliques avaient été fermées. Plusieurs fortes explosions se produisirent assez près de nous, et bientôt une bombe tomba à une centaine de mètres peut-être, sur la *Horse Guard Parade*, en faisant un terrible vacarme. J'eus soudain une impulsion providentielle. La cuisine du 10, Downing Street, haute et spacieuse, donne sur l'extérieur par une grande baie vitrée de près de huit mètres de hauteur. Le maître d'hôtel et la femme de service continuaient à servir avec un flegme parfait, mais subitement, je ne vis plus que cette grande fenêtre, derrière laquelle la cuisinière, Mme Landemare, et son aide travaillaient imperturbablement. Je me levai brusquement et j'allai à la cuisine dire au maître d'hôtel de mettre le dîner sur le chauffe-plat de la salle à manger, après quoi j'ordonnai à la cuisinière et aux autres domestiques de gagner l'abri, si médiocre fût-il. Je n'avais pas repris ma place à la table depuis plus de trois minutes qu'un fracas véritablement assourdissant tout près de nous, accompagné d'un choc violent, indiqua que le bâtiment avait été touché. Mon garde du corps entra et me dit qu'il y avait de sérieux dégâts. La cuisine, l'office et les bureaux du côté de la Trésorerie étaient démolis.

Nous allâmes à la cuisine pour inspecter les dégâts. La dévastation était totale ; la bombe était tombée à cinquante mètres de là, sur la Trésorerie, et le souffle avait frappé la vaste cuisine bien tenue, avec toutes ses casseroles et sa vaisselle étincelantes, transformée en un tas de décombres et de poussière noire. La grande baie avait été projetée en mille morceaux à travers la pièce et en aurait certainement déchiqueté les occupants – s'il y en avait eu. Mais mon heureux pressentiment, que j'aurais pu si facilement négliger, m'était venu à point nommé. L'abri souterrain de la Trésorerie, de l'autre côté de la cour, avait été pulvérisé par un coup direct, et les quatre fonctionnaires qui y servaient de nuit au titre de la *Home Guard* avaient été tués. Mais tous étaient ensevelis sous des tonnes de débris de briques, et nous ne savions pas qui manquait à l'appel.

Comme le raid se poursuivait et semblait s'intensifier, nous mîmes nos casques et sortîmes pour voir le spectacle du haut des bâtiments de l'Annexe. Mais auparavant, je ne pus m'empêcher de faire sortir Mme Landmare et les autres de l'abri, pour leur montrer leur cuisine. Ils furent bouleversés par la vision du désastre, mais surtout par le désordre et la saleté des lieux !

Archie et moi montâmes jusqu'à la coupole de l'Annexe. La nuit était claire et on avait une vue bien dégagée sur Londres. La plus grande partie de Pall Mall semblait être en flammes. Cinq violents incendies au moins y faisaient rage, ainsi que d'autres dans Saint James's Street et à Piccadilly. Plus loin, au-delà de la Tamise, dans la direction opposée, il y avait de nombreuses explosions. Mais Pall Mall était la vivante image de l'enfer. L'attaque ralentit peu à peu, et le signal de fin d'alerte retentit bientôt, ne laissant après lui que l'illumination des incendies. Nous descendîmes à mes nouveaux appartements au premier étage de l'Annexe, et nous y trouvâmes le capitaine David Margesson, « *Chief Whip* » qui demeurait au Carlton Club. Il nous dit que le club avait été pulvérisé, et de fait, nous avions bien pensé en voyant les incendies qu'il avait dû être touché. Margesson se trouvait au club avec environ deux cent cinquante membres et employés. L'immeuble avait été atteint par une grosse bombe. Toute la façade, avec son massif couronnement du côté de Pall Mall, s'était effondrée dans la rue, écrasant la voiture du capitaine qui était garée près de la porte d'entrée. Le fumoir était plein de monde, et tout le plafond s'était abattu sur eux. Lorsque j'inspectai les ruines le lendemain, il me parut incroyable que la plupart des membres présents n'aient pas été tués. Cependant, ils avaient tous réussi comme par miracle à s'extraire en rampant de la poussière, de la fumée et des gravats, et si beaucoup furent blessés, aucun ne fut tué.

Lorsque ces faits parvinrent à la connaissance du Cabinet, nos collègues travaillistes firent ce commentaire malicieux : « Le diable protège les siens. » M. Quintin Hogg avait sorti des décombres son père, un ancien lord chancelier, en le portant sur son dos, comme Énée avait porté son père Anchise hors des ruines de Troie. Margesson n'ayant plus où dormir, nous lui trouvâmes un lit et des couvertures au sous-sol de l'Annexe. Dans l'ensemble, ce fut une soirée tragique, et considérant les dégâts matériels, il était remarquable qu'il n'y eût pas plus de cinq cents tués et environ deux mille blessés.

Une autre fois, je visitais Ramsgate. Survint un raid aérien, et l'on me conduisit dans un grand tunnel où un nombre considérable de personnes vivait en permanence. Lorsque nous en sortîmes au bout d'un quart d'heure, nous contemplâmes les décombres encore fumants. Un petit hôtel avait été touché. Personne n'avait été blessé, mais le lieu était devenu un amoncellement de vaisselle, d'ustensiles et de débris de meubles. Le propriétaire, sa femme et le personnel étaient en larmes. Où était leur maison ? Où était leur moyen de subsistance ? Voilà une prérogative du pouvoir ; je pris une résolution immédiate, et dans le train du retour, je dictai une lettre au chancelier de l'Échiquier Kingsley Wood, pour poser le principe que tout dommage imputable aux bombardements ennemis serait à la charge de l'État, avec remboursement intégral et immédiat. Ainsi, le fardeau ne pèserait pas sur ceux-là seuls qui avaient perdu leur maison ou leurs locaux professionnels, mais serait supporté équitablement par toute la nation. Kingsley Wood fut évidemment préoccupé par le caractère illimité de cette obligation, mais j'insistai fortement, et un plan d'assurance fut élaboré en quinze jours, qui devait jouer par la suite un rôle important dans nos affaires. Ce plan d'assurance suscita des émotions diverses au ministère des Finances, qui crut d'abord que ce serait sa ruine ; mais lorsqu'après mai 1941, les raids aériens cessèrent pour plus de trois ans, il commença à encaisser beaucoup d'argent et trouva le plan aussi avisé que hautement politique. Pourtant, lorsqu'apparurent les V1 et les V2, la balance pencha à nouveau en sens inverse, et 890 millions de livres furent bientôt payés. Je suis très heureux qu'il en ait été ainsi.

*
* *

Dans cette nouvelle phase de la guerre, il devenait important d'obtenir le maximum de rendement, non seulement des usines, mais plus encore des services fonctionnant à Londres sous de fréquents bombardements, de jour comme de nuit. Au début, chaque fois que les sirènes donnaient l'alerte, tous les occupants d'une vingtaine de ministères étaient promptement rassemblés et emmenés dans les caves, quelle que fût leur valeur d'abri. On s'enorgueillissait même de la précision et de la perfection avec lesquelles ce mouvement était exécuté. Dans bien des cas, c'était seulement une demi-douzaine d'avions qui approchait – parfois un seulement. Souvent même, ils n'arrivaient pas. Un raid insignifiant pouvait ainsi bloquer pendant plus d'une heure toute la structure exécutive et administrative de Londres.

Je proposai donc une étape d'« Alarme » fonctionnant avec le signal des sirènes, à distinguer de l'étape d'« Alerte », qui ne serait déclenchée que lorsque les guetteurs des toits – les *Jim Crows*, comme on en vint à les appeler – signaleraient l'état de « Danger imminent », indiquant que l'ennemi était au-dessus de nous ou tout près. Des procédures furent élaborées en conséquence. Le Parlement avait besoin lui aussi de directives pour la conduite de son travail durant ces temps périlleux. Ses membres sentaient bien qu'ils avaient le devoir de donner l'exemple ; ils avaient raison, mais risquaient d'aller trop loin en ce sens. Je dus argumenter avec les députés pour leur faire observer la simple prudence et les inviter à se conformer aux exigences particulières du moment. Lors d'une session secrète, je les persuadai de la nécessité de prendre les précautions nécessaires et raisonnables ; ils acceptèrent que leurs jours et heures de séance ne soient pas annoncés à l'avance, et que leurs débats soient suspendus dès que le *Jim Crow* signalerait au président l'état de « Danger imminent ». Tous descendraient alors docilement dans les abris surpeuplés et inefficaces qui leur avaient été réservés. Le fait que ses membres aient continué à siéger et à faire leur devoir tout au long de cette période sera toujours pour le Parlement un titre de gloire supplémentaire. La Chambre des communes est très susceptible sur ces questions, et il aurait été facile de mal interpréter son humeur. Lorsqu'une des Chambres fut endommagée, l'assemblée se transporta dans une autre, et je fis de mon mieux pour la persuader de suivre de bonne grâce les conseils de la sagesse. En bref, chacun se conduisit avec bon sens et dignité. Ce fut aussi une chance, lorsque la Chambre fut pulvérisée quelques mois plus tard, que cela se produisit de nuit, alors qu'elle était vide. Notre contrôle des raids de jour finit par apporter un soulagement considérable dans la vie quotidienne ; mais pendant les premiers mois du « Blitz », je m'inquiétais perpétuellement de la sécurité des membres du Parlement. Après tout, l'existence d'un Parlement libre et souverain, régulièrement élu au suffrage universel, capable de renverser le gouvernement à tout moment mais fier de le soutenir dans les jours les plus sombres, était l'un des objets du conflit avec l'ennemi. Ce fut le Parlement qui gagna.

Je doute qu'aucun dictateur ait jamais eu autant de pouvoir effectif dans son pays que le Cabinet de guerre britannique. Lorsque nous exprimions nos volontés, nous étions soutenus par les représentants du peuple et joyeusement obéis par tous. Et cependant, jamais le droit de critique ne fut mis en cause. Les critiques respectèrent presque toujours l'intérêt national. Lorsqu'à l'occasion, ils se dressèrent contre nous, les Chambres les désavouèrent à une écrasante majorité ; et cela, contrairement aux méthodes en vigueur dans les régimes totalitaires, sans la moindre coercition, intimidation ou recours à la police et aux services secrets. On peut légitimement être fier du fait que la démocratie parlementaire – ou quel que soit le nom que l'on donne à notre système politique britannique – ait pu supporter toutes les épreuves, les surmonter et leur survivre. Nos parlementaires ne furent même pas intimidés par la menace de l'anéantissement – qui, fort heureusement, ne se concrétisa jamais.

*
* *

À la mi-septembre, nous fûmes soumis à une nouvelle forme d'attaque destructrice ; des bombes à retardement en grand nombre commencèrent à pleuvoir sur nous, provoquant un embarras certain. De longues sections de voies ferrées, des nœuds ferroviaires importants, les abords des usines essentielles, des aérodromes et des artères essentielles durent être bloqués et rendus inutilisables à de nombreuses reprises. Il fallait déterrer les bombes, les faire exploser ou les désamorcer. Ce fut une tâche des plus périlleuses, surtout au début, lorsqu'il fallut apprendre les moyens et les techniques au prix d'une série d'expériences cruciales. J'ai déjà relaté le drame du désamorçage d'une mine magnétique, mais cette forme de dévouement devint désormais courante, tout en restant sublime. Je m'étais toujours intéressé aux détonateurs à retardement, qui avaient attiré pour la première fois mon attention en 1918, lorsque les Allemands les avaient employés en grande quantité, afin de nous interdire l'usage des lignes de chemin de fer que nous comptions utiliser pour entrer en Allemagne. J'avais insisté pour qu'on en fît usage en Norvège, contre le canal de Kiel et sur le Rhin. C'est sans aucun doute un engin de guerre très efficace, du fait de l'incertitude prolongée qu'il occasionne. Nous allions à présent y goûter nous-mêmes. On mit sur pied une organisation spéciale pour y faire face. Des équipes spéciales furent constituées dans chaque grande ville, dans chaque bourgade et dans chaque quartier. Les volontaires se présentaient nombreux pour participer à ce jeu mortel. On forma des équipes qui connurent des fortunes diverses. Certaines survécurent à cette période d'épreuve. D'autres accomplirent vingt, trente ou même quarante missions avant de succomber. Lors de mes tournées d'inspection, les équipes de volontaires du déminage se présentèrent à moi; leurs visages semblaient étrangement différents de ceux d'hommes ordinaires, si braves et dévoués fussent-ils. Émaciés, les traits tirés, ils avaient un teint bleuâtre, avec des yeux étincelants et les lèvres extrêmement serrées; au demeurant, une tenue impeccable. En écrivant l'histoire de nos épreuves, on a tendance à abuser du mot « inflexible » : il aurait dû être réservé aux *UXB Disposal Squads*[1].

Je me souviens d'une de ces équipes, qui pourrait en symboliser bien d'autres. Elle se composait de trois personnes : le comte de Suffolk, sa secrétaire particulière et son vieux chauffeur. Ils s'étaient baptisés « la Sainte Trinité ». Leur vaillance et leur longévité les avaient rendus légendaires parmi les initiés. Ils vinrent à bout de trente-quatre bombes non explosées avec une efficacité courtoise et souriante. Mais à la trente-cinquième, la mort réclama son dû. Le comte de Suffolk sauta avec sa Sainte Trinité. Mais soyons assurés que, comme pour *Mr. Valiant-for-truth*[2], « toutes les trompettes sonnèrent en leur honneur dans l'au-delà ».

À très brève échéanche, mais au prix du lourd sacrifice des plus nobles parmi les nôtres, le dévouement des équipes de déminage allait juguler le péril.

*
* *

Il est difficile de comparer les épreuves subies par les Londoniens durant l'hiver 1940-1941 avec celles que

---

1. « Équipes d'enlèvement des bombes non explosées ».
2. Le pèlerin combattant qui se rendait à la cité céleste dans *The Pilgrim's Progress* de John Bunyan.

connurent les Allemands pendant les trois dernières années de la guerre. Au cours de cette dernière phase, les bombes étaient bien plus puissantes et les raids beaucoup plus intenses. En revanche, une longue préparation et l'habituelle minutie allemande avaient permis de construire un système très complet d'abris à l'épreuve des explosions, dans lesquels tous étaient contraints de se réfugier par un règlement draconien. Une fois parvenus en Allemagne, nous devions trouver des villes complètement dévastées, mais aussi de solides constructions qui tenaient encore debout, et de vastes galeries souterraines où les habitants venaient dormir toutes les nuits, tandis que leurs maisons et leurs biens étaient anéantis au-dessus de leurs têtes. Dans bien des cas, les bombes ne remuaient plus que des débris. Mais à Londres, si les attaques étaient moins violentes, les dispositifs de sécurité étaient bien moins développés. À part le métro, il n'y avait pas d'abris réellement sûrs. Très peu de sous-sols ou de caves étaient à l'épreuve d'un coup au but. Pratiquement tous les Londoniens devaient vivre et dormir dans leurs maisons ou leurs abris Anderson, sous le feu de l'ennemi. Et chacun tentait sa chance avec un flegme tout britannique après une dure journée de travail. Pas un habitant sur mille qui n'eût de véritable protection, sauf contre le souffle des bombes et les éclats. Et pourtant, on vit aussi peu de dépression morale que d'épidémies. Bien sûr, si les bombes de 1943 avaient été lancées sur le Londres de 1940, toute organisation humaine aurait pu s'en trouver anéantie. Mais chaque chose vient en son temps et dans son contexte, si bien que nul n'a le droit de dire que Londres, qui fut à coup sûr invaincue, n'était pas également invincible.

Avant la guerre et pendant la période d'attente, rien n'avait été fait pour aménager des abris à l'épreuve des bombes, qui permettraient au gouvernement de continuer à fonctionner. Des plans détaillés avaient été établis en vue de transférer le siège du gouvernement hors de Londres. Des sections entières de maints départements ministériels avaient déjà été déménagées à Harrowgate, à Bath, à Cheltenham et ailleurs. Des logements avaient été réquisitionnés un peu partout, afin de pourvoir aux besoins de tous les ministres et fonctionnaires importants en cas d'évacuation de Londres. Mais à présent, dans la capitale bombardée, le gouvernement et le Parlement étaient fermement résolus à rester sur place, et je partageais entièrement cette détermination. Tout comme les autres, je m'étais souvent imaginé que les destructions deviendraient si effroyables qu'il faudrait en venir à un déménagement et à une dispersion générale. Mais à l'épreuve des événements, toutes nos réactions allèrent en sens contraire.

Pendant ces mois-là, le Cabinet de guerre tenait ses réunions du soir dans la salle des opérations, au sous-sol de l'Annexe. Pour s'y rendre depuis Downing Street, il fallait traverser le quadrilatère du *Foreign Office*, puis se faufiler à travers les équipes qui coulaient le béton pour sécuriser la salle des opérations et les bureaux du sous-sol. Je ne me rendais pas compte de l'épreuve que cela représentait pour M. Chamberlain, qui était encore sous le coup de sa lourde opération[1]. Rien ne l'effrayait, et il ne fut jamais plus impeccable, plus impassible et plus résolu que lors des dernières séances du Cabinet auxquelles il participa.

Un soir, à la fin de septembre 1940, en regardant par la porte qui ouvrait sur Downing Street, je vis de l'autre côté de la rue des ouvriers en train d'empiler des sacs de sable devant les fenêtres au sous-sol du *Foreign Office*. Je demandai ce qu'ils étaient en train de faire ; on me répondit qu'après son opération, M. Neville Chamberlain devait subir un traitement périodique, et qu'il était gênant de l'administrer dans l'abri du numéro 11, où se trouvaient entassées au moins une vingtaine de personnes pendant les raids incessants ; on lui préparait donc en face un petit local privé. Il s'acquittait chaque jour de toutes ses obligations, modeste, efficace et impeccablement vêtu. Mais au vu des

---

1. Il venait d'être opéré d'un cancer de l'estomac.

circonstances, c'était trop, et je décidai d'user de mon autorité ; traversant le passage qui reliait le numéro 10 au numéro 11, je trouvai Mme Chamberlain et lui dis : « Il ne devrait pas rester ici dans cet état. Vous devez l'emmener jusqu'à ce qu'il aille mieux. Je lui enverrai quotidiennement tous les télégrammes. » Elle alla trouver son époux, et une heure plus tard, elle me fit transmettre ce message : « Il va faire ce que vous souhaitez. Nous partons ce soir. » Je ne devais plus jamais le revoir. Je suis sûr qu'il voulait mourir à son poste ; le sort en décida autrement.

*
* *

Le départ de M. Chamberlain provoqua d'importants changements ministériels. M. Herbert Morrisson avait été un ministre de l'Approvisionnement efficace et vigoureux, et sir John Anderson avait affronté le *Blitz* sur Londres avec autant de compétence que de fermeté. Dans les premiers jours d'octobre, les attaques aériennes incessantes contre la plus grande cité du monde devinrent si violentes, et posèrent tant de problèmes sociaux et politiques au sein de sa vaste population harassée, que j'estimai utile d'avoir un parlementaire chevronné au ministère de l'Intérieur, devenu également le ministère de la Sécurité nationale. Londres se trouvait en première ligne ; Herbert Morrisson était un Londonien, rompu à tous les rouages de l'administration municipale. Il avait une expérience unique de la gestion de Londres, ayant présidé le conseil du comté et exercé à bien des égards une influence dominante dans la conduite de ses affaires. Dans le même temps, j'avais besoin de John Anderson, qui avait fait un excellent travail au ministère de l'Intérieur, au poste de président du Conseil privé pour le plus vaste domaine du Comité des Affaires intérieures, auquel était soumise une grande quantité d'affaires – ce qui soulageait d'autant le Cabinet. Mon propre fardeau s'en trouvait également allégé, ce qui me permettait de me concentrer sur la conduite militaire de la guerre, un domaine dans lequel mes collègues semblaient de plus en plus disposés à me laisser les coudées franches.

Je priai donc ces deux grands ministres d'État de changer de portefeuille. Ce n'était pas une sinécure que j'offrais à Herbert Morrison. Ces pages ne sauraient même tenter de décrire les problèmes de l'administration de Londres, alors que souvent, nuit après nuit, dix ou vingt mille personnes perdaient leur foyer ; que seule la garde incessante des pompiers volontaires montés sur les toits évitait des incendies incontrôlables ; que des hôpitaux remplis d'hommes et de femmes mutilés étaient eux-mêmes frappés par les bombes ennemies ; que des centaines de milliers de gens recrus de fatigue se pressaient dans des abris précaires et insalubres ; que les communications routières et ferroviaires étaient perpétuellement interrompues ; que des conduites d'égouts étaient détruites, tandis que l'électricité, l'énergie et le gaz se trouvaient coupés ; et que néanmoins la vie de labeur et de combat de la capitale devait continuer, avec presque un million de personnes se rendant à leur travail et en revenant, matin et soir. Nous ne savions pas combien de temps cela allait durer ; nous n'avions aucune raison de douter que cela allait empirer. Lorque j'appris sa nomination à M. Morrisson, il savait trop à quoi s'en tenir pour l'accepter à la légère. Il demanda quelques heures de réflexion, mais revint bientôt me dire qu'il serait fier d'assumer cette tâche. J'approuvai hautement sa décision virile.

Très peu de temps après ce remaniement ministériel, un changement dans la tactique de l'ennemi affecta notre politique générale. Jusque-là, il s'était contenté d'employer des bombes de forte puissance ; mais avec la pleine lune du 15 octobre, pendant laquelle se déchaîna la plus violente attaque du mois, l'aviation allemande déversa en outre 70 000 bombes incendiaires. Jusque-là, nous avions encouragé les Londoniens à descendre dans les abris, et tous les efforts avaient été faits pour améliorer leur protection. Mais à présent, « Tout le monde au sous-sol ! »

devait être remplacé par « Tout le monde sur le toit ! ». Il incombait au nouveau ministre de la Sécurité nationale d'instituer cette politique. On mit rapidement sur pied une gigantesque organisation de guetteurs et de services d'incendie, couvrant la totalité de Londres (sans parler des mesures prises dans les villes de province). Au début, les guetteurs furent des volontaires ; mais il en fallait un si grand nombre, et le sentiment que tout homme devait prendre son tour de garde était si fort, que le service d'incendie devint bientôt obligatoire. Cela eut un effet stimulant dans toutes les classes de la société ; des femmes s'empressèrent d'y prendre part ; on développa de vastes programmes de formation pour enseigner aux guetteurs la façon de faire face aux différents types de matières incendiaires utilisées contre nous. Beaucoup y apportèrent une habileté consommée, et des milliers d'incendies furent éteints avant d'avoir pu se propager. Le fait de rester sur le toit nuit après nuit, sous les bombes, sans autre protection qu'un casque en étain, devint bientôt une simple routine.

M. Morrison décida alors de réunir les quatorze cents brigades de pompiers locales en un seul *National Fire Service* et de le compléter par une grande *Fire Guard*, composée de civils spécialement entraînés et exerçant leur service après les heures de travail. La *Fire Guard*, tout comme les guetteurs des toits, fit d'abord appel à des volontaires, pour devenir bientôt obligatoire avec le consentement général. De son côté, le *National Fire Service* nous donna l'avantage d'une plus grande mobilité, d'une standardisation de la formation et des matériels, et d'une hiérarchie formellement reconnue. Les autres organismes de la Défense civile fournissaient des sections régionales prêtes à se rendre dans l'instant à n'importe quel endroit. L'intitulé de *Civil Defence Service* (*CDS*) remplaça celui d'avant guerre, *Air Raid Precautions* (*ARP*). On fournit de bons uniformes au plus grand nombre, et ils eurent bientôt conscience d'être la quatrième arme de la Couronne.

Si l'une de nos villes devait être attaquée, je préférais

que l'orage tombât sur Londres. La Cité était comme un gigantesque animal préhistorique, capable de recevoir des coups terribles et de continuer, même mutilé, saignant par mille blessures, à bouger et à vivre. Les abris Anderson étaient largement répandus dans les quartiers ouvriers composés de maisons à deux étages : on fit tout pour les rendre habitables, et pour les drainer par temps humide. On développa plus tard l'« abri Morrisson », qui n'était qu'une lourde table de cuisine en acier munie de parois en solide treillage métallique, capable de supporter les décombres d'une petite maison et d'assurer ainsi une certaine protection. Beaucoup lui ont dû la vie. Pour le reste, « Londres pouvait encaisser ». Ses habitants encaissèrent tous les coups, et ils auraient pu en supporter encore davantage. À cette époque, en fait, nous nous attendions à la destruction complète de la capitale. Pourtant, comme je l'indiquai alors à la Chambre des communes, la loi du rendement décroissant joue en cas de destruction des grandes villes. Beaucoup de bombes ne tomberaient bientôt plus que sur des maisons déjà en ruine, pour ne faire sauter que des gravats. Sur de vastes surfaces, il n'y aurait plus rien à brûler ou à détruire, et cependant, des êtres humains y auraient encore çà et là leurs foyers, et continueraient à y travailler avec une ingéniosité et une force d'âme illimitées.

*
* *

Dans la nuit du 3 novembre, pour la première fois depuis près de deux mois, aucune sirène ne se fit entendre dans Londres. Le silence parut très étrange à beaucoup de gens ; ils se demandaient ce qui n'allait pas. La nuit suivante, les attaques ennemies se dispersèrent dans toute l'île, et cela continua pendant un certain temps. Il y avait eu un nouveau changement dans la stratégie de l'offensive allemande. Bien que Londres fût toujours considérée comme l'objectif principal, un effort considérable était fait à présent pour paralyser les centres industriels de l'Angleterre. Des escadrilles spéciales avaient été entraînées et munies de nouveaux instruments de navigation, pour attaquer certains secteurs clés. Ainsi, une formation avait été exclusivement entraînée en vue de la destruction des usines de moteurs d'avion Rolls-Royce de Hillington, à Glasgow. Tout cela n'était d'ailleurs qu'un plan improvisé et provisoire ; on avait abandonné pour un temps l'invasion de la Grande-Bretagne, l'attaque contre la Russie n'avait pas encore été organisée, et on ne s'y attendait pas en dehors de l'entourage immédiat d'Hitler. Les derniers mois d'hiver allaient donc être pour l'aviation allemande une période d'expérimentation, à la fois pour les procédures techniques de bombardement nocturne et pour les attaques contre notre commerce maritime, jointe à une tentative de briser notre production militaire et civile. Les Allemands auraient bien mieux fait de poursuivre un seul objectif à la fois et de le mener à bonne fin. Mais à cette époque, ils étaient déjà déroutés et peu sûrs d'eux-mêmes.

Leur nouvelle tactique de bombardement commença par le blitz sur Coventry, dans la nuit du 14 novembre. Londres était apparue comme cible trop grande et trop floue pour que l'on puisse obtenir des résultats décisifs, mais Göring espérait que les villes de province et les centres de production d'armement pourraient être effectivement rasés. Le raid débuta de bonne heure dans la nuit du 14, et à l'aube, près de cinq cents avions allemands avaient déversé six cents tonnes d'explosifs à haute puissance et des milliers de bombes incendiaires. Ce fut dans l'ensemble le raid le plus meurtrier que nous eûmes à subir. Le centre de Coventry fut rasé, et la vie de la cité, pour un temps complètement désorganisée. Il y eut quatre cents tués et bien davantage de blessés graves. La radio allemande proclama que nos autres villes seraient « coventrysées » de la même façon. Pourtant, les usines d'aviation et de machines-outils, d'importance vitale, ne furent pas mises hors service, et la population, qui n'avait pas encore subi l'épreuve d'un bombardement, ne fut pas mise hors de combat. En moins d'une semaine, un comité de reconstruction d'urgence accomplit un travail admirable en redonnant vie à la cité.

Le 15 novembre, l'ennemi revint sur Londres, avec un raid massif exécuté par pleine lune. Il provoqua de grands dégâts, surtout aux églises et autres monuments. L'objectif suivant fut Birmingham, où trois raids successifs entre le 19 et le 22 novembre provoquèrent de grandes destructions et de nombreuses victimes. Il y eut près de huit cents morts et plus de deux mille blessés ; mais la vie et l'esprit de Birmingham survécurent à cette épreuve, et son million d'habitants, extrêmement organisés, conscients et intelligents, surmontèrent vaillamment leurs souffrances physiques. Durant la dernière semaine de novembre et le début de décembre, le poids de l'attaque porta sur nos ports ; Bristol, Southampton et surtout Liverpool furent violemment bombardés. Par la suite, Plymouth, Sheffield, Manchester, Leeds, Glasgow et d'autres centres de production d'armement subirent l'épreuve du feu sans fléchir. Quel que soit l'endroit où le coup était porté, la nation restait aussi solide que la mer est salée.

Le raid le plus violent de ces semaines fut mené une fois de plus contre Londres, le dimanche 29 décembre. À cette occasion, les Allemands mirent en œuvre toute l'expérience péniblement acquise. Ce fut une attaque classique aux bombes incendiaires, concentrée sur la City, à une heure coïncidant avec la marée basse. Des mines parachutées à très forte charge explosive réussirent à crever les conduites d'eau dès le début de l'attaque, et il fallut maîtriser près de quinze cents incendies. Les dégâts furent sérieux dans les gares et dans les docks. Huit églises de Wren furent détruites ou endommagées. Le Guildhall fut ravagé par l'incendie et par le souffle des bombes, et la cathédrale Saint Paul ne fut sauvée que grâce à des efforts héroïques. Un désert de ruines s'offrait à nos regards, en plein cœur du monde britannique, mais quand le roi et la reine visitèrent les lieux, ils y furent accueillis avec un enthousiasme dépassant de beaucoup celui des cérémonies royales.

Pendant cette épreuve prolongée qui devait durer encore plusieurs mois, le roi resta constamment à Buckingham Palace. Des abris efficaces furent mis en chantier dans les sous-sols du palais, mais tout cela prenait du temps. À plusieurs reprises, Sa Majesté arriva de Windsor en plein raid aérien. Un jour, lui et la reine passèrent à deux doigts de la mort. Le roi avait fait aménager un stand de tir dans le jardin de Buckingham Palace, où lui, d'autres membres de sa famille et leurs aides de camp s'entraînaient régulièrement à tirer au pistolet et à la mitraillette. J'apportai bientôt au roi une carabine américaine à courte portée, choisie parmi plusieurs qui m'avaient été offertes : c'était une arme excellente.

Vers cette époque, le roi changea son habitude de me recevoir vers 17 heures en audience officielle hebdomadaire, ainsi qu'il l'avait fait durant les deux premiers mois de ma charge. Il fut convenu que je déjeunerais désormais avec lui chaque mardi. C'était assurément une façon très agréable de traiter les affaires de l'État, et la reine était parfois présente. En plusieurs occasions, il nous fallut prendre nos assiettes et nos verres et descendre dans l'abri, dont les travaux avançaient, pour y finir notre repas. Ce déjeuner hebdomadaire devint une institution régulière. Après quelques mois, Sa Majesté décida d'exclure tout domestique : nous nous servirions nous-mêmes. Pendant les quatre ans et demi que durèrent ces réunions, je mesurai le soin extrême avec lequel le roi lisait tous les télégrammes et tous les documents officiels qui lui étaient soumis. Aux termes de la Constitution britannique, le souverain a le droit d'être informé de tout ce dont ses ministres sont responsables, et il peut sans aucune restriction donner des conseils aux membres de son gouvernement. Je veillais soigneusement à ce que tout lui fût communiqué, et lors de nos rendez-vous hebdomadaires, je constatais souvent qu'il connaissait à fond des documents que je n'avais pas encore étudiés. Ce fut une grande chance pour l'Angleterre que d'avoir un aussi bon roi et une aussi bonne reine durant ces années fatidiques. Partisan convaincu de la monarchie constitutionnelle, je considérais comme un grand honneur la gracieuse intimité dont je bénéficiais en ma qualité de Premier ministre – une intimité sans précédent, je suppose, depuis l'époque de la reine Anne et de Marlborough, lors des années que celui-ci passa au pouvoir.

*
* *

Voilà qui nous mène à la fin de l'année 1940 et, pour la continuité du récit, j'ai dû reporter l'exposé de l'ensemble des opérations de guerre. Le lecteur comprendra que tout le fracas et toute la tempête des explosions n'étaient qu'un contrepoint au processus froidement mené qui permettait d'entretenir notre effort de guerre et de conduire notre politique comme notre diplomatie. En fait, il me faut reconnaître qu'au sommet de l'État, ces coups, faute d'être mortels, nous poussèrent à clarifier nos conceptions, à renforcer notre unité et à agir plus judicieusement. Il serait toutefois imprudent d'en déduire que si l'assaut avait été dix ou vingt fois plus violent – ou même seulement deux ou trois fois plus sévère –, les réactions salutaires que j'ai décrites auraient été amplifiées dans la même proportion.

Chapitre XIV

LE PRÊT-BAIL

Par-delà le tonnerre et le fracas des armes, voici que se profilait à nos yeux un événement d'un autre ordre, propre à changer la face du monde ; l'élection présidentielle se tenait aux États-Unis le 5 novembre. En dépit de la vigueur et de l'acharnement mis dans ces joutes quadriennales et des sévères divergences séparant à cette époque les deux grands partis en matière de politique intérieure, les chefs responsables, tant républicains que démocrates, s'inclinèrent devant les intérêts supérieurs de la cause suprême. À Cleveland, le 2 novembre, M. Roosevelt déclara : « Notre politique consiste à donner toute l'aide matérielle possible aux nations qui résistent encore à l'agression au-delà des océans Atlantique et Pacifique. » Son concurrent, M. Wendell Wilkie, déclara le même jour, au Madison Square Garden : « Tous sans exception, républicains, démocrates et indépendants, nous sommes partisans d'apporter notre aide à l'héroïque peuple britannique. Nous devons mettre les produits de notre industrie à sa disposition. »

Ce patriotisme éclairé sauvegarda à la fois la sécurité des États-Unis et notre existence. Malgré tout, c'est avec une profonde angoisse que j'attendis les résultats du vote. Aucun nouveau venu accédant au pouvoir ne pouvait détenir ou acquérir rapidement les connaissances et l'expérience de Franklin Roosevelt ; nul ne pouvait égaler ses talents éminents. J'avais cultivé nos relations personnelles avec un soin extrême, et elles semblaient avoir atteint un degré de confiance et d'amitié qui constituait un facteur essentiel dans toutes mes conceptions. C'est avec répugnance que j'aurais envisagé la perspective de mettre fin à cette camaraderie lentement mûrie et de rompre la trame de toutes nos discussions, pour tout recommencer avec un homme d'une tournure d'esprit et d'un tempérament différents. Depuis Dunkerque, je n'avais pas eu l'impression d'être soumis à pareille tension, et ce fut donc avec un soulagement ineffable que j'appris la réélection du président Roosevelt.

Jusqu'à cette époque, nous avions passé nos commandes d'armements aux États-Unis indépendamment des services de l'armée, de la marine et de l'aviation américaines, quoi qu'en liaison avec eux. Le volume croissant de nos divers besoins avait conduit à des chevauchements en de nombreux points, ce qui aurait pu faire naître des frictions aux échelons inférieurs, en dépit de la bonne volonté générale. « Seule une politique gouvernementale uniforme et coordonnée en matière de fournitures destinées à la défense nationale, écrit M. Stettinius*, pouvait permettre d'accomplir l'énorme tâche qui nous était fixée. » Cela signifiait que le gouvernement des États-Unis aurait à effectuer lui-même toutes les commandes d'armes en Amérique. Trois jours après sa réélection, le Président annonça publiquement l'adoption d'une « règle empirique » pour la répartition de la production d'armes américaines. Dès que les armes sortaient de la chaîne de production, elles devaient être réparties par moitié environ entre les forces des États-Unis d'une part et celles de la Grande-Bretagne et du Canada d'autre part. Ce même jour, la commission de priorité approuva une demande britannique relative à une commande supplémentaire de 12 000 avions, en sus des 11 000 déjà commandés. Mais comment allait-on payer tout cela ?

À la mi-novembre, lord Lothian, récemment revenu de Washington en avion, passa deux jours avec moi à Dit-

---

* STETTINIUS, *Lend-Lease*, p. 62.

chley. On m'avait déconseillé de passer régulièrement tous les week-ends aux Chequers, surtout en période de pleine lune, de peur que l'ennemi s'intéresse spécialement à mon cas. M. Ronald Tree et sa femme m'accueillirent maintes fois avec mes collaborateurs dans leur vaste et charmante maison des environs d'Oxford. Ditchley n'est qu'à sept ou huit kilomètres de Blenheim. C'est dans ce cadre agréable que je reçus l'ambassadeur. Il était au courant de tous les aspects et de toutes les nuances de l'attitude américaine. Il n'avait rencontré à Washington que bienveillance et confiance. Ses étroits contacts avec le Président, auquel l'unissait une chaleureuse amitié personnelle, étaient encore tout récents. Son esprit était maintenant absorbé par le problème du dollar, qui était fort délicat en vérité.

La Grande-Bretagne était entrée dans la guerre avec environ 4 500 millions de dollars, en devises, en or ou en investissements aux États-Unis susceptibles d'être convertis en dollars. Le seul moyen d'accroître ces ressources était d'augmenter la production d'or dans l'Empire britannique, surtout en Afrique du Sud naturellement, et d'accomplir de vigoureux efforts pour exporter des marchandises aux États-Unis, notamment des produits de luxe tels que whisky, lainages et céramiques de qualité. Nous nous procurâmes ainsi deux milliards de dollars supplémentaires au cours des seize premiers mois de la guerre. Pendant la période de la « drôle de guerre », nous fûmes déchirés entre l'ardent désir de passer des commandes d'armements en Amérique et la crainte obsédante de voir s'épuiser nos ressources en dollars. Alors que M. Chamberlain était encore au pouvoir, sir John Simon, chancelier de l'Échiquier, ne manquait jamais de nous rappeler la situation lamentable de nos réserves en dollars et de souligner la nécessité de les préserver. On s'était plus ou moins habitué à l'idée qu'il faudrait envisager de restreindre sérieusement nos achats aux États-Unis. « Nous agissions, déclara un jour à Stettinius M. Purvis – chef de notre Commission d'achat et homme extrêmement capable –, comme si nous étions dans une île déserte, avec de maigres rations qu'il fallait faire durer le plus longtemps possible*. » Cela avait entraîné de savantes combinaisons pour faire durer notre argent. En temps de paix, nous importions librement et procédions aux règlements à notre guise. Lorsque vint la guerre, il nous fallut créer une organisation pour mobiliser l'or, les dollars et les capitaux privés, interdire aux détenteurs indélicats de déposer leurs fonds dans des pays où la situation leur semblait plus sûre, et supprimer les importations ruineuses et autres dépenses. Mais en plus d'éviter de gaspiller notre argent, il nous fallait veiller à ce que d'autres continuassent à l'accepter. Les pays de la zone sterling étaient avec nous : ils adoptèrent la même politique de contrôle des changes que nous, et acceptèrent volontiers de prendre et de détenir des livres sterling. Avec d'autres pays, nous conclûmes des arrangements spéciaux, aux termes desquels nous les payions en livres sterling qui pouvaient être utilisées partout dans la zone sterling, tandis qu'eux s'engageaient à conserver les avoirs en livres sterling dont ils n'avaient pas un besoin immédiat, et à traiter leurs affaires au cours officiel du change. De tels arrangements furent initialement conclus avec l'Argentine et la Suède, puis étendus à plusieurs autres pays d'Europe et d'Amérique du Sud. Ces accords furent complétés à la fin du printemps 1940, et ce fut pour nous un sujet de satisfaction – ainsi qu'un hommage rendu à la livre sterling – que d'avoir pu les conclure et les maintenir dans des circonstances aussi difficiles. C'est ainsi que nous pûmes continuer à traiter nos affaires en livres sterling dans la plupart des régions du globe, tout en gardant la majeure partie de nos précieuses réserves en or et en dollars pour nos achats essentiels aux États-Unis.

Lorsqu'en mai 1940, la guerre devint soudain une horrible réalité, nous prîmes conscience du fait que les relations anglo-américaines entraient dans une nouvelle phase.

---

* STETTINIUS, *Lend-Lease*, p. 60.

À partir du moment où j'eus formé le nouveau gouvernement, avec sir Kingsley Wood au poste de chancelier de l'Échiquier, nous suivîmes une méthode plus simple, consistant à commander tout ce que nous pouvions et à remettre aux soins de la Providence les problèmes financiers à venir. Alors que nous combattions pour notre survie, seuls, sous un bombardement incessant et avec la menace d'une invasion, c'eût été d'une mauvaise économie et d'une prudence injustifiée que de se soucier par trop de ce qui arriverait une fois nos dollars épuisés. Nous étions conscients des changements vertigineux qui se produisaient dans l'opinion des Américains, et de leur conviction croissante – non seulement à Washington mais dans tout le pays – que leur destin était lié au nôtre. À l'époque, en outre, une puissante vague de sympathie et d'admiration pour l'Angleterre se levait à travers toute la nation américaine. De grandes marques d'amitié nous parvenaient directement de Washington et par le relais du Canada, encourageant notre hardiesse et laissant entendre que le problème serait résolu. La cause alliée avait en M. Morgenthau, secrétaire d'État au Trésor, un champion infatigable. La reprise des contrats français en juin avait presque doublé le volume de nos dépenses à régler par *clearing*. En outre, nous passions un peu partout de nouvelles commandes d'avions, de chars et de navires marchands, et nous encouragions la construction de grandes usines nouvelles, aux États-Unis comme au Canada.

*
* *

Jusqu'en novembre 1940, nous avions payé pour tous les biens reçus. 335 millions de dollars d'actions américaines, réquisitionnées à des particuliers britanniques en échange de livres sterling, avaient déjà été vendues. Nous avions déboursé plus de 4 500 millions de dollars en espèces. Il ne nous restait plus que 2 000 millions de dollars, la plus grande partie sous forme d'investissements dont beaucoup n'étaient pas immédiatement réalisables. À l'évidence, nous ne pouvions poursuivre plus longtemps dans cette voie. Même en nous défaisant de tout notre or et de tous nos avoirs étrangers, nous n'aurions pas pu payer la moitié de ce que nous avions commandé, et l'extension prise par la guerre nous obligeait à en avoir dix fois plus. Il nous fallait garder quelques disponibilités pour régler nos affaires courantes.

Lothian était convaincu que le Président et ses conseillers cherchaient sérieusement le meilleur moyen de nous aider. Maintenant que l'élection était passée, le moment d'agir était venu. D'interminables discussions étaient en cours à Washington pour le compte du Trésor, entre son représentant, sir Frederik Philipps, et M. Morgenthau. L'ambassadeur Lothian me pria instamment d'envoyer au Président un rapport complet sur notre situation. En conséquence, le dimanche à Ditchley, je rédigeai une lettre personnelle, en concertation avec lui. Comme ce document devait être vérifié et revérifié par les chefs d'état-major et le Trésor, puis approuvé par le Cabinet de guerre, il ne fut pas prêt avant le retour de Lothian à Washington. Dans sa version définitive, il fut daté du 8 décembre et immédiatement expédié à M. Roosevelt. Cette lettre, l'une des plus importantes que j'aie jamais écrites, parvint à notre grand ami au moment où il était en croisière à bord d'un navire de guerre américain, le *Tuscaloosa*, sous le soleil de la mer des Caraïbes. Il n'était accompagné que de ses familiers. Harry Hopkins, que je ne connaissais pas à cette époque, me dit plus tard que M. Roosevelt avait lu et relu cette lettre, assis à l'écart dans son transatlantique, et que deux jours s'étaient écoulés sans qu'il parût avoir pris une décision ferme. Il était profondément absorbé dans ses pensées et méditait en silence.

De tout cela jaillit une prodigieuse décision. Ce n'était nullement que le Président ne savait pas ce qu'il voulait faire ; son problème était de trouver un moyen d'entraîner le pays et de persuader les membres du Congrès de le suivre. Selon Stettinius, le Président avait suggéré dès la fin de l'été, lors d'une réunion du Comité consultatif de la défense pour les ressources navales, qu' « il ne devrait pas être nécessaire pour les Anglais de tirer sur leurs fonds pour faire construire des navires aux États-Unis, ni pour nous de leur prêter de l'argent à cet effet. Il n'y a aucune raison de ne pas prendre un navire achevé pour le leur donner à bail pendant la durée de la période critique ». Il s'avéra qu'une loi de 1892 autorisait le secrétaire d'État à la Guerre, « lorsque celui-ci jugeait que ce serait d'utilité publique », à céder à bail tout équipement militaire pour une période ne pouvant excéder cinq ans – à condition qu'il ne fût pas requis par l'État. Des précédents à l'application de cette loi, portant sur la *cession à bail* de diverses fournitures militaires, avaient été enregistrés à diverses époques.

Ainsi, le terme de « bail » et l'idée d'en appliquer le principe pour répondre aux besoins britanniques occupaient l'esprit du président Roosevelt depuis quelque temps déjà. Il y voyait une solution de rechange à la politique de prêts indéfinis qui ne tarderait pas à dépasser toutes possibilités de remboursement. Et voici que soudain, tout cela se concrétisait de façon décisive, avec la proclamation de la glorieuse conception du prêt-bail.

Le Président revint le 16 décembre des Caraïbes et évoqua son plan lors de sa conférence de presse du lendemain. Il prit un exemple très simple : « Supposez que la maison de mon voisin prenne feu et que j'aie un bout de tuyau d'arrosage à cent ou cent cinquante mètres de là. S'il peut prendre mon tuyau d'arrosage et le raccorder à sa prise d'eau, je pourrai l'aider à éteindre le feu. Alors, que vais-je faire ? Je ne vais pas lui dire avant l'opération : "Voisin, mon tuyau d'arrosage me coûte quinze dollars ; c'est donc quinze dollars que vous me devez." Non ! Quelle est la nature de la transaction ? Je ne veux pas des quinze dollars – je veux récupérer mon tuyau d'arrosage une fois le feu éteint. » Puis il ajouta : « Il ne fait absolument aucun doute dans l'esprit d'une écrasante majorité d'Américains que la meilleure défense des États-Unis dans l'immédiat repose sur le succès de la Grande-Bretagne dans sa propre défense ; et que par conséquent, tout à fait indépendamment de notre intérêt traditionnel et actuel à la survie de la démocratie dans le monde entier, il est tout aussi important, du point de vue égoïste de la défense des États-Unis, que nous fassions tout notre possible pour aider l'Empire britannique à se défendre. » Et enfin : « J'essaye d'éliminer le signe du dollar. »

C'est sur ces bases que le projet à jamais célèbre de « loi prêt-bail » fut aussitôt préparé pour être soumis au Congrès. Par la suite, j'ai décrit cela devant le Parlement comme étant « l'acte le plus désintéressé dans l'histoire de toutes les nations ». Une fois adoptée par le Congrès, cette loi modifia immédiatement l'ensemble de la situation. Elle nous permit d'élaborer par accord mutuel des plans à long terme de grande envergure, permettant de satisfaire à tous nos besoins. Il n'y avait aucune clause de remboursement. Il n'était même pas question d'ouvrir un compte en dollars ou en livres sterling. Ce que nous avions nous était prêté ou donné à bail parce que la poursuite de notre résistance à la tyrannie hitlérienne était considérée comme étant d'un intérêt vital pour la grande République. Selon le président Roosevelt, la direction qu'allaient prendre désormais les armes américaines ne serait plus déterminée par des questions de dollars, mais bien par le souci d'assurer la défense des États-Unis.

*
* *

C'est à ce moment-là, le plus important de sa carrière publique, que Philip Lothian nous fut enlevé. Peu après son retour à Washington, il tomba soudain gravement malade. Il travailla sans relâche jusqu'à la fin et mourut le 12 décembre, à l'apogée du succès. Sa mort fut une grande perte pour la nation et pour la Cause. De larges cercles d'amis le pleurèrent de part et d'autre de l'Océan. M'étant trouvé en contact si étroit avec lui quinze jours plus tôt, je fus tout particulièrement affecté par sa disparition. Je lui rendis hommage devant une Chambre des communes unie dans un profond respect pour son œuvre et pour sa mémoire.

Je dus m'occuper immédiatement du choix de son successeur. Eu égard à la nature des relations que nous entretenions alors avec les États-Unis, il semblait que le choix d'un ambassadeur dût se porter sur une personnalité de premier plan et sur un homme d'État rompu à toutes les questions de politique internationale. M'étant assuré auprès du Président que ma proposition serait acceptable, j'invitai M. Lloyd George à occuper ce poste. Il n'avait pas cru pouvoir entrer dans le Cabinet de guerre au mois de juillet, et se trouvait dans une situation quelque peu délicate au regard de la politique britannique. Ses vues sur la guerre et sur les événements qui l'avaient provoquée émanaient d'une perspective très différente de la mienne. Toutefois, il ne pouvait y avoir aucun doute sur le fait qu'il était le plus en vue de nos compatriotes et qu'il consacrerait ses dons comme son expérience incomparables au succès de sa mission. J'eus un long entretien avec lui dans la salle du Conseil, puis un deuxième lors d'un déjeuner. Il manifesta un plaisir sincère d'avoir été pressenti. « Je dis à mes amis, dit-il, que des offres flatteuses m'ont été faites par le Premier ministre. » Mais il était convaincu qu'à l'âge de soixante-dix-sept ans, il ne devait pas entreprendre une tâche aussi épuisante. Mes longs entretiens avec lui me permirent de constater qu'il avait encore vieilli durant les mois écoulés depuis que je lui avais demandé d'entrer dans le Cabinet de guerre, et c'est avec autant de regret que de conviction que je renonçai à mon projet.

Je m'adressai ensuite à lord Halifax, qui jouissait au sein du Parti conservateur d'un grand prestige, encore rehaussé par sa présence au *Foreign Office*. Le fait qu'un ministre des Affaires étrangères devienne ambassadeur marque assez l'importance exceptionnelle de sa mission. La noblesse de son caractère était universellement respectée, mais en même temps, son attitude au cours des années d'avant-guerre et la tournure des événements lui valaient beaucoup de désapprobation et même d'hostilité de la part de la faction travailliste de notre gouvernement de coalition. Je savais qu'il en avait lui-même conscience.

Lorsque je lui fis cette proposition, qui ne représentait certainement pas un avancement personnel, il se contenta de dire avec simplicité et dignité qu'il servirait là où son rôle serait jugé le plus utile. Pour souligner plus encore l'importance de sa mission, je décidai qu'il reprendrait ses fonctions au sein du Cabinet de guerre chaque fois qu'il reviendrait en congé. Cette disposition fonctionna sans le moindre accroc, du fait des qualités et de l'expérience des personnalités concernées, et pendant les six années suivantes, tant sous le gouvernement de coalition que sous le gouvernement travailliste, Halifax exerça les fonctions d'ambassadeur aux États-Unis avec une autorité et un succès remarquables, qui allèrent sans cesse croissants.

Le président Roosevelt, M. Hull et d'autres hautes personnalités de Washington étaient extrêmement satisfaits du choix de lord Halifax. En fait, il m'apparut aussitôt que le Président préférait de beaucoup cette solution à ma première proposition. La nomination du nouvel ambassadeur fut accueillie avec une faveur marquée en Amérique comme en Angleterre, et elle fut jugée aussi opportune qu'adaptée à la mesure des événements.

*
* *

Je n'avais aucun doute quant au choix de la personne à appeler au poste vacant du *Foreign Office*. Dans toutes les grandes questions des quatre dernières années, ainsi que ces pages l'ont montré, je m'étais toujours trouvé étroitement en accord avec Anthony Eden. J'ai décrit les angoisses et les émotions que j'avais éprouvées lorsqu'il s'était séparé de M. Chamberlain au printemps de 1938. Nous nous étions tous deux abstenus lors du vote sur Munich. Nous avions tous deux résisté aux pressions exercées par le parti dans nos circonscriptions, durant l'hiver de cette année morose. Nous avions partagé les mêmes idées et les mêmes sentiments à l'ouverture des hostilités, puis en tant que collègues lors de leur évolution. La plus grande partie de la vie publique d'Eden avait été consacrée à l'étude des problèmes de politique étrangère. Il avait occupé avec distinction le magnifique poste de ministre des Affaires étrangères et l'avait quitté alors qu'il n'était âgé que de quarante-deux ans, pour des motifs qui, considérés avec le recul du temps, sont approuvés par tous les partis du pays. Il s'était fort bien acquitté de ses fonctions de ministre de la Guerre pendant cette année terrible, et sa conduite des affaires militaires nous avait beaucoup rapprochés. Sans même nous concerter, nous portions le même jugement sur nombre de questions d'ordre pratique qui se posaient jour après jour. J'envisageai une agréable et harmonieuse camaraderie entre le Premier ministre et le ministre des Affaires étrangères, et cet espoir fut certes exaucé au cours des quatre ans et demi de guerre et de politique qui nous attendaient[1]. Absorbé par les tâches ardues et exaltantes du *War Office*, Eden était désolé de quitter ce ministère, mais il revint au *Foreign Office* comme un homme qui regagne son domicile.

---

1. Churchill se laisse quelque peu emporter par son lyrisme. En réalité, les relations d'avant-guerre avaient été quelque peu distantes, et les relations de guerre, quoique confiantes, seront rarement harmonieuses.

Chapitre XV

LA VICTOIRE DU DÉSERT

Malgré l'armistice, l'affaire d'Oran et la rupture de nos relations diplomatiques avec Vichy, où le nouveau gouvernement français s'était installé sous l'autorité du maréchal Pétain, je n'ai jamais cessé de me sentir lié à la France. Ceux qui n'ont pas subi les épreuves personnelles que connurent d'éminents Français dans l'épouvantable effondrement de leur pays devraient rester prudents dans leur jugement sur ces hommes. Ce serait sortir du cadre de ce récit que de pénétrer dans le labyrinthe de la politique française. Mais j'étais certain que la nation française ferait de son mieux pour la cause commune, en fonction des événements qu'elle devrait affronter. Lorsqu'on lui dit que son unique planche de salut était de suivre les conseils de l'illustre maréchal et que l'Angleterre – qui l'avait si peu aidée – allait être bientôt conquise ou capituler, la population n'eut guère le choix. Mais j'étais sûr qu'elle souhaitait notre victoire et que rien ne lui donnerait plus de joie que de nous voir poursuivre vigoureusement la lutte. Notre premier devoir était de soutenir loyalement le général de Gaulle dans sa vaillante fermeté. Le 7 août, je signai avec lui un accord concernant les besoins militaires. Ses vibrantes allocutions furent diffusées à la France et au monde par la radio britannique. La sentence de mort que le gouvernement Pétain prononça contre lui devait consacrer sa renommée. Nous fîmes tout ce qui était en notre pouvoir pour l'appuyer et pour amplifier son mouvement.

Dans le même temps, il était nécessaire de rester en

contact non seulement avec la France, mais encore avec Vichy. J'essayai donc toujours d'en tirer le meilleur parti, et je fus très satisfait lorsqu'à la fin de 1940, les États-Unis envoyèrent à Vichy un ambassadeur ayant autant d'influence et de caractère que l'amiral Leahy, qui était si proche du Président. Je ne cessai d'inciter M. Mackenzie King à maintenir à Vichy son représentant, M. Dupuy, diplomate chevronné et fort habile. Au moins disposions-nous d'une fenêtre sur une cour à laquelle nous n'avions pas d'autre accès. Le 25 juillet, j'adressai au ministre des Affaires étrangères une note libellée en ces termes : « Je souhaite susciter à Vichy une sorte de conspiration, par laquelle certains membres de ce gouvernement – peut-être avec la complicité de ceux qui resteraient – passeraient en Afrique du Nord pour mieux servir la France depuis ces rives, dans une position d'indépendance. Je suis prêt à proposer à cet effet des facilités de ravitaillement et d'autres incitations, en plus des arguments évidents. » Notre politique constante était de donner à entendre au gouvernement de Vichy et à ses membres que de notre point de vue, il n'était jamais trop tard pour s'amender. Quels qu'aient été les événements passés, la France restait notre compagne dans l'épreuve et rien, hormis une guerre déclarée entre nos deux pays, ne devait l'empêcher de devenir notre partenaire dans la victoire.

De telles dispositions d'esprit étaient désagréables pour de Gaulle, qui avait tout risqué et maintenait haut le drapeau, mais dont la poignée de fidèles hors de France ne pouvait prétendre constituer réellement un gouvernement français de substitution. Nous fîmes néanmoins de notre mieux pour accroître son influence, son autorité et son pouvoir. De son côté, il prenait naturellement fort mal toute relation de notre part avec les gens de Vichy, et considérait que nous lui devions une loyauté exclusive. Il jugeait également essentiel à sa position aux yeux du peuple français de conserver une attitude fière et hautaine envers la

« perfide Albion », bien qu'il fût en exil, qu'il vécût parmi nous et dépendît de notre protection. Pour prouver aux Français qu'il n'était pas une marionnette entre les mains des Britanniques, il lui fallait se montrer arrogant envers eux. Cette politique, il la pratiqua certes avec beaucoup de persévérance. Il m'expliqua même un jour cette tactique, et je compris parfaitement les extraordinaires difficultés de son problème. J'ai toujours admiré sa force inébranlable. Quoi que Vichy pût faire en bien ou en mal, nous étions résolus à ne pas abandonner de Gaulle et à ne pas décourager les ralliements à son domaine colonial qui ne cessait de s'étendre. Par-dessus tout, nous ne laisserions aucune partie de la flotte française, alors immobilisée dans les ports d'outre-mer, retourner en France. À certains moments, l'Amirauté redouta vivement de voir la France nous déclarer la guerre, ajoutant ainsi à nos soucis déjà nombreux. J'ai toujours pensé que, la preuve étant faite de notre résolution et de notre capacité à poursuivre indéfiniment la lutte, l'opinion publique française ne permettrait jamais au gouvernement de Vichy de prendre une initiative aussi anormale. De fait, il y avait maintenant un fort sentiment d'enthousiasme et de camaraderie à l'égard de la Grande-Bretagne, et les espérances françaises grandissaient à mesure que les mois passaient. M. Laval le reconnut lui-même lorsqu'il devint ministre des Affaires étrangères du maréchal Pétain.

*
* *

Il en allait autrement de l'Italie. Alors que la France avait abandonné la lutte et que la Grande-Bretagne combattait pour sa survie en métropole, Mussolini pouvait aisément penser que son rêve de domination de la Méditerranée et de restauration de l'ancien Empire romain allait devenir réalité. Débarrassé du souci de se protéger des Français de Tunisie, il pouvait renforcer encore la nombreuse armée qu'il avait rassemblée pour envahir l'Égypte. Mais le Cabinet de guerre était décidé à la défendre contre tout agresseur, avec toutes les ressources qu'il pourrait distraire de la lutte décisive en Grande-Bretagne. C'était d'autant plus difficile que l'Amirauté se déclarait même incapable de faire passer des convois militaires par la Méditerranée, en raison du danger aérien. Tout devait faire le tour par Le Cap. Ainsi, nous risquions fort de compromettre la bataille d'Angleterre, sans aucun bénéfice pour celle d'Égypte. Il est singulier de constater que, tandis qu'à l'époque tous les intéressés se montraient parfaitement calmes et sereins, le fait de relater ces événements aujourd'hui fait froid dans le dos.

Lorsque l'Italie nous déclara la guerre le 10 juin 1940, l'Intelligence Service estima – à bon droit, nous le savons maintenant – qu'outre les garnisons d'Abyssinie, d'Érythrée et de Somalie, les effectifs italiens dans les provinces côtières de l'Afrique du Nord[1] étaient d'environ 215 000 hommes. Les forces britanniques en Égypte se montaient en tout à quelque 50 000 hommes. Avec cela, il fallait assurer à la fois la défense de la frontière occidentale et la sécurité intérieure de l'Égypte. Nous étions donc lourdement désavantagés sur le terrain, d'autant que les Italiens avaient aussi beaucoup plus de forces aériennes.

En juillet et en août, les Italiens s'activèrent en de nombreux points. Une première menace vint de Kassala, vers l'ouest, en direction de Khartoum. Le Kenya fut mis en émoi par la crainte d'une expédition italienne partie de 700 kilomètres au sud de l'Abyssinie, qui se dirigeait vers la rivière Tana et Nairobi. Des forces italiennes considérables s'avançaient en Somaliland britannique. Mais toutes ces inquiétudes étaient peu de chose comparées à l'invasion italienne de l'Égypte, qui faisait manifestement l'objet de préparatifs d'envergure. Dès avant la guerre, une magnifique route avait été construite le long de la côte, depuis la

---

1. Par « Afrique du Nord », Churchill entend ici la Cyrénaïque et la Tripolitaine.

base principale de Tripoli, à travers la Tripolitaine et la Cyrénaïque, et jusqu'à la frontière égyptienne. Sur cette route, il y avait depuis des mois un trafic militaire de plus en plus intense. De vastes entrepôts étaient progressivement construits et remplis à Benghazi, Derna, Tobrouk, Bardia et Solloum. Ce ruban de route se déroulait sur plus de 1 600 kilomètres, et toutes les garnisons italiennes grouillantes de monde et tous les dépôts d'approvisionnement s'y égrenaient comme les perles d'un collier.

Au bout de la route et près de la frontière égyptienne, une armée italienne de 70 000 à 80 000 hommes, largement pourvue en équipements modernes, avait été patiemment rassemblée et organisée. Devant cette armée miroitait la proie de l'Égypte ; derrière elle s'étendait la longue route jusqu'à Tripoli ; et après, la mer ! Si cette armée, constituée homme par homme, semaine après semaine, des années durant, pouvait avancer continuellement vers l'est, en triomphant de tout ce qui prétendrait lui barrer le passage, sa destinée serait éclatante. Si elle pouvait gagner les fertiles régions du Delta, elle n'aurait plus à se soucier de la longue route du retour. En revanche, s'il lui arrivait malheur, bien peu d'hommes pourraient rentrer chez eux. Dans l'armée de campagne et dans la succession des grands entrepôts d'approvisionnement qui jalonnaient la côte, il y avait à l'automne au moins 300 000 Italiens qui, même sans être inquiétés, ne pouvaient faire retraite vers l'ouest par la route que progressivement ou par petits groupes. Il leur faudrait pour cela de nombreux mois. Et si la bataille venait à être perdue sur la frontière égyptienne, si le front était enfoncé et si leur armée ne connaissait pas de répit, tous étaient voués à la capture ou à la mort. Mais en juillet 1940, nul ne pouvait savoir qui allait l'emporter.

Notre position défensive la plus avancée à cette époque était la tête de ligne ferroviaire à Marsa-Matrouh. Il y avait une bonne route vers l'ouest jusqu'à Sidi Barrani, mais de là jusqu'à la frontière, à Solloum, il n'y avait pas une seule route en état d'assurer longtemps le ravitaillement d'une formation de quelque importance à proximité de la frontière. Une petite force de couverture motorisée avait été formée à l'aide de quelques-unes de nos meilleures unités régulières, et elle avait reçu l'ordre d'attaquer les postes frontières italiens dès l'ouverture des hostilités. Elle franchit donc la frontière dans les vingt-quatre heures, prit par surprise les Italiens qui n'avaient pas été informés de la déclaration de guerre, et fit des prisonniers. La nuit suivante, le 12 juin, elle eut le même succès et le 14, elle s'empara des forts frontaliers de Capuzzo et Maddalena, faisant 220 prisonniers. Le 16, elle poussa plus loin son incursion, détruisit douze chars, intercepta un convoi sur la route Tobrouk-Bardia, et captura un général.

Dans cette petite guerre vivement menée, nos troupes sentaient qu'elles avaient l'avantage, et elles se crurent bientôt maîtresses du désert. Tant qu'elles ne se heurtaient pas à de grandes unités ou à des postes fortifiés, elles pouvaient aller où elles voulaient, moissonnant les trophées à l'issue de durs engagements. Lorsque deux armées ennemies vont engager le combat, il est essentiel de distinguer entre celle qui ne possède que le sol sur lequel elle marche ou campe, et celle qui contrôle tout le reste. J'avais observé cela pendant la guerre des Boers, où nous ne possédions que nos feux de camp et nos bivouacs, tandis que les Boers pouvaient courir le pays à leur guise. Le chiffre officiel des pertes italiennes pour les trois premiers mois s'éleva à près de 3 500 hommes, dont 700 prisonniers. Nos propres pertes dépassaient à peine 150. Ainsi, la première phase de la guerre que l'Italie avait déclarée à l'Empire britannique s'ouvrait favorablement pour nous.

*
* *

J'éprouvai le besoin urgent de m'entretenir avec le général Wavell en personne des événements graves et imminents dans le désert de Libye. Je n'avais pas encore rencontré cet éminent officier qui assumait tant de responsabilités, et je demandai au ministre de la Guerre de l'inviter à se rendre en Angleterre pour une semaine de consultation, dès que l'occasion s'en présenterait. Wavell arriva le 8 août. Il travailla avec les états-majors et eut plusieurs longues conversations avec moi et M. Eden. À cette époque, le commandement au Moyen-Orient se trouvait confronté à un invraissemblable tissu de problèmes militaires, politiques, diplomatiques et administratifs d'une extrême complexité. Il nous fallut, à mes collègues et à moi, près d'un an de succès et de revers pour comprendre la nécessité de partager les responsabilités au Moyen-Orient entre un commandant en chef, un ministre d'État et un intendant général chargé des questions d'approvisionnement. Tout en n'étant pas entièrement d'accord avec le général Wavell sur l'emploi des ressources dont il disposait, je crus préférable de lui laisser son commandement. J'admirais ses belles qualités, et j'étais impressionné par la confiance que lui faisaient tant de gens.

Suite aux discussions d'état-major, Dill[1], chaleureusement approuvé par Eden, m'écrivit que le *War Office* prenait des dispositions pour envoyer immédiatement en Égypte plus de 150 chars et de nombreux canons. La seule question demeurant en suspens était de savoir s'il fallait passer par Le Cap ou tenter sa chance à travers la Méditerranée. Je pressai énergiquement l'Amirauté d'adopter la route directe par la Méditerranée. Cette question donna lieu à beaucoup de discussions. Dans l'intervalle, le Cabinet approuva l'embarquement et le départ de la force blindée, tout en réservant la décision définitive quant à son itinéraire jusqu'à ce que le convoi approche de Gibraltar. Cette option nous restait ouverte jusqu'au 26 août, date à laquelle nous en saurions beaucoup plus sur l'imminence d'une attaque italienne.

Il n'y eut pas de temps perdu. La décision d'accorder cette transfusion de sang, à l'heure même où nous rassem-

---

1. Le général sir John Dill, chef de l'état-major général impérial.

blions nos forces pour faire face à un péril mortel, était à la fois redoutable et justifiée. Personne ne flancha.

*
* *

Jusqu'à l'effondrement de la France, les flottes anglaise et française s'étaient partagé le contrôle de la Méditerranée. À présent, la France était sortie de la guerre et l'Italie y était entrée. Celle-ci alignait contre nous une flotte numériquement supérieure et une puissante aviation. La situation apparut si menaçante que l'Amirauté envisagea d'abord d'abandonner la Méditerranée orientale et de concentrer la flotte à Gibraltar. Je m'opposai à cette stratégie qui, bien que justifiée sur le papier par la puissance de la flotte italienne, ne répondait pas à l'idée que je me faisais du véritable rapport de forces, et semblait en outre sceller le destin de Malte. Il fut donc décidé d'en découdre des deux côtés de la Méditerranée. Toutefois, le fardeau qui pesait sur l'Amirauté à cette époque était extrêmement lourd. Le risque d'invasion exigeait une forte concentration de flottilles et d'unités légères dans la Manche et la mer du Nord. Les sous-marins allemands, qui avaient commencé vers le mois d'août à opérer à partir des ports de la baie de Biscaye, prélevaient un lourd tribut sur nos convois océaniques sans subir eux-mêmes beaucoup de pertes. Jusqu'alors, la flotte italienne n'avait jamais été mise à l'épreuve. Nous avions constamment à l'esprit l'éventualité d'une déclaration de guerre du Japon, avec toutes ses conséquences pour notre empire oriental. Il n'est donc pas étonnant que l'Amirauté n'ait envisagé qu'avec la plus grande inquiétude toute perspective d'aventurer des navires de guerre en Méditerranée, et qu'elle ait été extrêmement tentée de se cantonner à la plus stricte défensive, à Gibraltar comme à Alexandrie. Mais quant à moi, je ne voyais pas pourquoi les nombreux navires stationnés en Méditerranée ne joueraient pas un rôle actif dès le début. Il fallait amener en renfort à Malte des escadrilles comme des troupes.

Bien que tout trafic commercial fût à juste titre suspendu et que tous les grands convois de troupes pour l'Égypte dussent faire le tour par Le Cap, je ne pouvais me résoudre à admettre que l'accès à cette mer intérieure nous fût entièrement interdit. En fait, j'espérais qu'en y engageant quelques convois spéciaux, nous pourrions faire en sorte de provoquer une épreuve de force avec la flotte italienne. J'espérais que cela pourrait se produire, et que Malte recevrait suffisamment de renforts en troupes, en avions et en canons antiaériens avant l'apparition des Allemands sur ce théâtre d'opérations, ce que je redoutais déjà. Tout au long des mois d'été et d'automne, je poursuivis avec l'Amirauté une discussion amicale mais serrée sur cet aspect de notre effort de guerre.

Pourtant, je ne réussis pas à persuader l'Amirauté de faire passer la brigade blindée, ou au moins ses véhicules, par la Méditerranée, et l'ensemble du convoi poursuivit sa route en passant par Le Cap.

J'en conçus à la fois du chagrin et de l'amertume. Finalement, aucun véritable désastre ne se produisit en Égypte. Partout, en dépit de la puissance aérienne de l'Italie, nous conservions l'initiative, et Malte resta en première ligne, comme base avancée pour des opérations offensives contre les lignes de communication des Italiens avec leurs forces en Afrique.

*
* *

Il s'avère aujourd'hui que nos inquiétudes au sujet d'une invasion de l'Égypte par l'Italie étaient très inférieures à celles de son commandant, le maréchal Graziani. Quelques jours avant la date prévue pour son déclenchement, il réclama un report d'un mois. Mussolini lui répondit que s'il n'attaquait pas le lundi, il serait remplacé, sur quoi le maréchal câbla qu'il obéirait. « Jamais, écrit Ciano, opération militaire n'a été entreprise à ce point contre la volonté de ses commandants. »

Le 13 septembre, la principale armée italienne entama son avance, prévue de longue date, au-delà de la frontière égyptienne. Ses effectifs se montaient à six divisions d'infanterie et huit bataillons de chars. Nos troupes de couverture comprenaient trois bataillons d'infanterie, un bataillon de chars, trois batteries et deux escadrons de véhicules blindés. Elles reçurent l'ordre de livrer un combat d'arrière-garde, opération qui leur convenait fort bien, eu égard à leur valeur comme à leur habitude du désert.

L'attaque italienne débuta par un violent pilonnage d'artillerie sur nos positions situées à proximité de la ville frontière de Solloum. Quand la fumée et la poussière se dissipèrent, on aperçut les forces italiennes alignées en ordre impeccable. En avant se trouvaient des motocyclistes, en formation serrée d'une aile à l'autre et de l'avant à l'arrière. Derrière eux venaient des chars légers et de nombreuse processions de véhicules automobiles. Selon le mot d'un colonel anglais, on se serait cru « à une fête d'anniversaire dans Long Valley, à Aldershot ». Le 3ᵉ Coldstream Guards, qui se trouvait en face de cet imposant cortège, se replia lentement, et notre artillerie préleva son tribut sur les cibles qui lui étaient si généreusement offertes.

Plus au sud, deux importantes colonnes ennemies avançaient à travers le désert, au sud de la longue crête qui court parallèlement à la côte et ne peut être franchie qu'à Halfaya – la « Passe du feu d'enfer » –, qui allait jouer un rôle dans toutes nos batailles ultérieures. Chaque colonne comprenait plusieurs centaines de véhicules, avec en tête des chars, des canons antichars et de l'artillerie, et au centre, de l'infanterie motorisée. Nous appelions « hérisson » ce dispositif adopté à plusieurs reprises. Nos forces se replièrent devant ces puissants effectifs, en profitant de toute occasion pour harceler un ennemi dont les mouvements semblaient erratiques et indécis. Graziani a expliqué par la suite qu'il avait décidé au dernier moment de changer son plan, qui prévoyait un mouvement d'enveloppement par le désert, afin de « concentrer toutes [ses] forces à l'aile gauche et lancer une attaque éclair le long de la côte jusqu'à Sidi Barrani ». La masse des troupes italiennes avança donc lentement le long de la côte par deux pistes parallèles. Elle attaqua par vagues d'infanterie portée, lancées en avant par groupes de cinquante. Les Coldstream Guards se dégagèrent posément de Solloum, et en quatre jours, ils gagnèrent des positions de repli successives, tout en infligeant des pertes sévères à l'adversaire.

L'armée italienne atteignit Sidi Barrani le 17 septembre. Nos pertes s'élevaient à 40 tués ou blessés ; celles de l'ennemi à environ dix fois plus, outre 150 véhicules détruits. À Sidi Barrani, où leurs lignes de communication se trouvaient allongées de 90 kilomètres, les Italiens s'installèrent pour passer les trois mois suivants. Ils furent harcelés sans relâche par nos petites colonnes mobiles et eurent de graves difficultés d'approvisionnement. Au début, Mussolini était « rayonnant ». Mais à mesure que les semaines devenaient des mois, sa satisfaction s'estompa. À Londres, pourtant, il nous semblait certain qu'après deux ou trois mois, une armée italienne bien supérieure à toutes celles que nous pourrions rassembler reprendrait son avance pour s'emparer du Delta. Et puis, les Allemands pouvaient toujours surgir ! Bien entendu, nous n'avions pas prévu le long arrêt qui suivit l'avance de Graziani. Il était raisonnable de penser qu'une grande bataille se livrerait à Marsa-Matrouh. Les semaines déjà écoulées avaient permis à nos précieux blindés d'arriver en doublant Le Cap, sans que ce retard fût préjudiciable jusque-là.

Me souvenant à présent de tous ces soucis, je repense à l'histoire du vieil homme qui constatait sur son lit de mort qu'il avait eu bien des ennuis dans sa vie, dont la plupart ne s'étaient jamais produits. C'est certainement vrai de ma vie en ce mois de septembre 1940. Les Allemands étaient vaincus dans la bataille aérienne d'Angleterre. L'invasion de la Grande-Bretagne par mer ne fut jamais tentée. En fait, à cette date, Hitler avait déjà tourné ses regards vers l'est. Les Italiens ne poussèrent pas leur attaque contre l'Égypte. La brigade blindée, lancée sur le périple du Cap, arriva en temps utile – non pas, en fait, pour une bataille défensive à Marsa-Matrouh en septembre, mais pour une opération ultérieure incomparablement plus avantageuse. Nous trouvâmes des moyens de renforcer Malte avant qu'elle ait eu à subir une attaque aérienne sérieuse, et personne n'osa jamais entreprendre un débarquement sur cette île forteresse. Ainsi passa septembre.

*
* *

Sur le théâtre méditerranéen, Mussolini commit alors un crime suplémentaire, sinon entièrement inattendu, dont devaient résulter des problèmes déroutants et de lourdes conséquences pour nous, qui étions déjà harcelés de toutes parts.

Le 15 octobre 1940, le Duce prit la décision définitive d'attaquer la Grèce. Le 28 octobre, avant l'aube, le ministre d'Italie en Grèce remit un ultimatum au général Metaxás, président du Conseil : Mussolini exigeait que la Grèce tout entière fût ouverte aux troupes italiennes. Simultanément, l'armée italienne d'Albanie pénétra en Grèce par divers axes. Le gouvernement grec, dont les forces étaient en état d'alerte à la frontière, repoussa l'ultimatum. Il invoqua également la garantie donnée par M. Chamberlain le 13 avril 1939. Nous étions tenus de l'honorer. Sa Majesté répondit au roi des Hellènes : « Votre cause est la nôtre ; nous allons lutter contre l'ennemi commun. » De mon côté, j'envoyai la réponse suivante au général Metaxás : « Nous vous accorderons toute l'aide possible. Nous lutterons contre l'ennemi commun et nous vaincrons ensemble. » Cet engagement fut tenu à l'issue d'un long parcours.

À part quelques escadrilles, une mission militaire et quelques troupes symboliques, nous n'avions rien à donner; et encore ces broutilles représentaient-elles un prélèvement sensible sur les forces que nous projetions d'engager sur le théâtre libyen. Un élément stratégique nous sauta immédiatement aux yeux – la Crète ! Les Italiens ne devaient pas s'en emparer. Nous devions l'avoir les premiers – et tout de suite. Par chance, M. Eden se trouvait alors au Moyen-Orient et j'avais donc sur place un de mes collègues du Cabinet pour traiter l'affaire. Je lui télégraphiai et quelques jours plus tard, à l'invitation du gouvernement grec, la base de Suda Bay, le meilleur port de Crète, était occupée par nos troupes.

C'est une triste histoire que celle de Suda Bay; la tragédie ne devait intervenir qu'en 1941. Je crois avoir eu autant de contrôle direct sur la conduite de la guerre qu'aucun homme public en aucun pays à cette époque. Mes connaissances, la fidélité et le soutien actif du Cabinet de guerre, la collaboration loyale de tous mes collègues, l'efficacité toujours croissante de notre machine de guerre – tout cela permettait une forte concentration de l'autorité constitutionnelle. Et pourtant, combien les mesures prises par le commandement au Moyen-Orient furent en retrait par rapport aux ordres donnés et à ce que nous désirions tous ! Pour mesurer les limites des actions humaines, il ne faut jamais perdre de vue tout ce qui se passait simultanément partout ailleurs. Pourtant, je persiste à trouver étonnant que nous n'ayons pas réussi à transformer Suda Bay en un donjon amphibie, dont la Crète tout entière eût été la forteresse.

*
* *

L'invasion de la Grèce par les Italiens partis d'Albanie fut un nouvel échec cuisant pour Mussolini. L'armée grecque, sous les ordres du général Papagos, se montra plus adaptée à la guerre de montagne, en déjouant toutes les manœuvres de l'ennemi et en le débordant. À la fin de l'année, les vaillantes forces grecques avaient repoussé les

Italiens à 50 kilomètres au-delà de la frontière albanaise, sur toute la longueur du front. Pendant plusieurs mois, 27 divisions italiennes furent immobilisées en Albanie par 16 divisions grecques. La remarquable résistance hellénique contribua grandement à encourager les autres nations balkaniques, et le prestige de Mussolini tomba très bas.

D'autres événements allaient suivre. Rentré en Angleterre le 8 novembre, M. Eden vint me voir le soir même, après le début du raid aérien habituel. Il m'apportait un secret soigneusement gardé; j'aurais souhaité le connaître plus tôt, mais c'était sans conséquence. Eden exposa dans ses moindres détails devant un auditoire choisi, comprenant le chef d'état-major impérial et le général Ismay, le plan d'offensive conçu et mis au point par les généraux Wavell et Wilson. Nous n'allions plus attendre derrière nos lignes fortifiées de Marsa-Matrouh un assaut italien contre lequel nous avions si longuement et habilement préparé une bataille défensive. Au contraire, nous allions nous-mêmes passer à l'offensive dans un mois environ.

Nous étions tous ravis. J'étais au septième ciel. Voilà quelque chose qui valait la peine d'être entrepris. Il fut décidé d'emblée de donner une approbation immédiate et tout l'appui possible à ce magnifique projet, sous réserve de l'accord des chefs d'état-major et du Cabinet de guerre. Le moment venu, ces propositions furent donc soumises au Cabinet de guerre. J'étais prêt à les défendre ou à les faire défendre; mais en apprenant que les généraux responsables sur place et les chefs d'état-major étaient pleinement en accord avec M. Eden et moi-même, mes collègues déclarèrent ne pas souhaiter connaître les détails du plan, car moins il y aurait de gens dans le secret, mieux cela vaudrait, et ils approuvèrent pleinement les dispositions générales prises pour l'offensive. Le Cabinet de guerre devait adopter cette même attitude en plusieurs circonstances importantes, et je cite ce fait en modèle pour le cas où surgiraient à l'avenir des dangers et des difficultés similaires.

*
* *

Malgré notre sévère infériorité numérique par rapport à la flotte italienne, des améliorations notables avaient été apportées à nos forces navales en Méditerranée. En septembre, le *Valiant*, le porte-avions cuirassé *Illustrious* et deux croiseurs antiaériens avaient franchi sans encombre la Méditerranée pour rallier l'amiral Cunningham à Alexandrie. Jusqu'alors, les navires de l'amiral avaient toujours été surveillés et régulièrement bombardés par une aviation italienne nettement supérieure. En abattant les patrouilles et les assaillants ennemis grâce à ses chasseurs modernes et à ses équipements radars ultramodernes, l'*Illustrious* assura désormais le secret de nos déplacements. Cet avantage venait à point.

L'amiral Cunningham avait toujours souhaité porter un coup à la flotte italienne ancrée dans sa grande base de Tarente. L'attaque fut exécutée le 11 novembre, en point d'orgue d'une série d'opérations soigneusement concertées. Tarente se trouve dans le talon de la Botte, à 525 km de Malte. Son magnifique mouillage était puissamment défendu contre toutes sortes d'attaques modernes. L'arrivée à Malte de quelques avions de reconnaissance rapides nous permit de mieux repérer notre proie. Peu après la tombée de la nuit, les avions décollèrent de l'*Illustrious*, qui croisait à quelque 280 kilomètres de Tarente. La bataille fit rage pendant une heure, semant le feu et la destruction parmi les navires italiens. En dépit des violents tirs de DCA, seuls deux de nos appareils furent abattus; les autres rentrèrent sains et saufs.

Cette seule action modifia de façon décisive l'équilibre des forces navales en Méditerranée. Les photographies aériennes montrèrent que trois cuirassés, dont le nouveau *Littorio*, avaient été torpillés, en sus de quoi un croiseur était signalé comme touché et l'arsenal avait subi de gros dégâts. La moitié de la flotte de bataille italienne était hors de combat pour au moins six mois, et notre aviation embarquée pouvait se réjouir d'avoir saisi, par ce vaillant exploit, une des rares occasions qui lui étaient offertes.

Il ne manquait même pas à l'événement une note ironique, puisque le même jour, et à la demande expresse de Mussolini, l'aviation italienne avait pris part à l'attaque aérienne contre la Grande-Bretagne. Des bombardiers, escortés d'environ soixante chasseurs, avaient tenté d'attaquer des convois alliés dans le Medway[1]. Interceptés par nos appareils de chasse, huit bombardiers et cinq chasseurs ennemis avaient été abattus. Ce devait être la première et la dernière intervention de l'aviation italienne dans nos affaires intérieures. Elle aurait pu être employée plus utilement à défendre sa flotte à Tarente.

Pendant un mois ou plus, toutes les troupes destinées à participer à notre offensive dans le désert répétèrent les rôles précis qui leur avaient été assignés dans le cadre d'un plan d'attaque extrêmement complexe. Seul un petit cercle d'officiers supérieurs connaissait la totalité du plan et pratiquement rien ne fut mis par écrit. Le 6 décembre, l'armée entièrement mécanisée de quelque 25 000 hommes sveltes, bronzés et durcis par le désert, avança de plus de 65 kilomètres, puis se tapit le lendemain dans les sables du désert, sans être repérée par l'aviation italienne. Elle reprit sa marche en avant le 8 décembre, et ce soir-là, on annonça aux troupes pour la première fois qu'elles n'étaient pas à l'exercice, mais que c'était « pour de vrai ». La bataille de Sidi Barrani commença à l'aube du 9 décembre.

Il n'est pas dans mes intentions de décrire les opérations complexes et dispersées qui occupèrent les quatre jours suivants, dans une région aussi grande que le Yorkshire. Tout se déroula sans accroc. Les combats se poursuivirent pendant toute la journée du 10 décembre, et à 22 heures, le QG du bataillon des Coldstream Guards signala qu'il était

---

1. À l'embouchure de la Tamise.

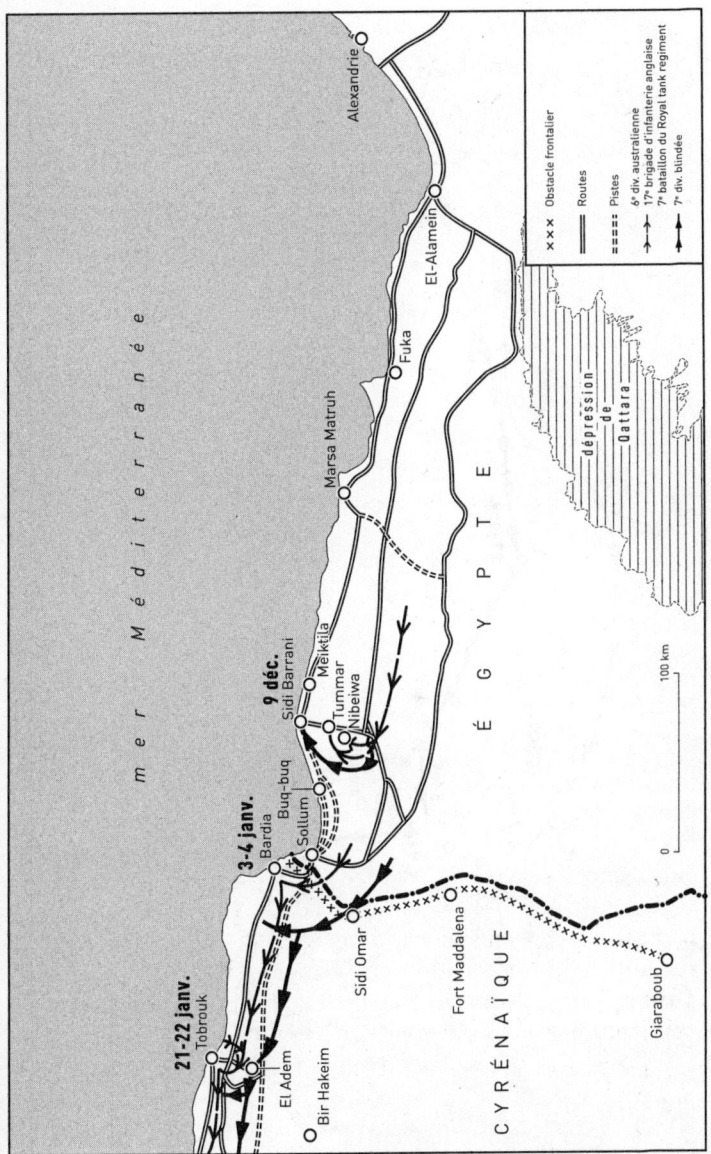

Victoire du désert, décembre 1940-janvier 1941

L'offensive depuis Tobrouk

impossible de compter les prisonniers en raison de leur nombre, mais qu'il y avait « environ deux hectares et demi d'officiers et cent hectares d'hommes du rang ». On m'apportait à Downing Street des nouvelles du champ de bataille heure par heure. Il était difficile de comprendre exactement ce qui se passait, mais l'impression d'ensemble était favorable, et je me souviens avoir été frappé par le message d'un jeune officier de char appartenant à la 7e division blindée : « Sommes arrivés au second B de Buq Buq. » Sidi Barrani fut pris dans l'après-midi du 10, et le 15 décembre, toutes les troupes ennemies avaient été chassées d'Égypte.

Bardia était notre objectif suivant. Dans un périmètre de 28 kilomètres se trouvait concentrée la majeure partie de quatre autres divisions italiennes. Les défenses comprenaient un fossé antichar continu et des réseaux de barbelés reliant des casemates bétonnées, avec une seconde ligne de fortifications plus en arrière. La prise de ce puissant bastion exigeait de sérieux préparatifs, et pour compléter cet épisode de la victoire du désert, il me faut empiéter sur la nouvelle année. L'assaut commença au petit matin du 3 janvier 1941. Un bataillon australien, couvert par une forte concentration d'artillerie, prit et tint une position dans le périmètre ouest. Derrière lui, le Génie remblaya le fossé antichar. Deux brigades australiennes poursuivirent l'attaque et progressèrent à l'est et au sud-est. Ce faisant, elles chantaient une chanson d'un film américain devenu rapidement populaire en Angleterre :

> We're off to see the Wizard,
> The wonderful Wizard of Oz.
> We hear he is a Whiz of a Wiz,
> If ever a Wiz there was.[1]

---

1. « Nous sommes partis voir le sorcier / Le fabuleux sorcier d'Oz / Il paraît que c'est le sorcier des sorciers / Si jamais sorcier il y eut »

Un air qui me rappelle encore ces jours pleins d'allégresse. Dans l'après-midi du 4 janvier, les tanks anglais – les « Mathildas », comme on les appelait – soutenus par l'infanterie, s'emparèrent de Bardia ; le 5, tous les défenseurs s'étaient rendus. 45 000 Italiens furent capturés, ainsi que 462 canons.

Le lendemain, Tobrouk avait été isolé à son tour, mais il fut impossible de lancer l'assaut avant le 21 janvier. Au petit matin du 22, toute résistance y avait cessé. On dénombra environ 30 000 prisonniers et 236 canons capturés. En six semaines, l'armée du désert avait avancé de plus de 325 kilomètres, sur un terrain sans eau ni vivres, et pris d'assaut deux ports puissamment fortifiés, défendus en permanence par mer et dans les airs ; elle avait fait 113 000 prisonniers et pris plus de 700 canons. La grande armée italienne qui avait envahi l'Égypte en espérant la conquérir n'existait pratiquement plus en tant que force militaire, et seules les difficultés impérieuses que posaient la distance et les approvisionnements retardèrent la poursuite de l'avance anglaise vers l'ouest.

Alors qu'approchait la fin de l'année, ses lumières et ses ombres se détachaient nettement sur le tableau : nous étions vivants ; nous avions battu l'aviation allemande ; l'Île n'avait pas été envahie ; l'armée de métropole était désormais très puissante ; Londres avait résisté victorieusement à toutes ses épreuves ; notre maîtrise de l'espace aérien au-dessus du pays se renforçait rapidement. Les communistes aux ordres de Moscou bredouillaient certes leurs insanités au sujet de la guerre de « l'impérialisme capitaliste », mais les usines bourdonnaient comme des ruches et toute la nation travaillait nuit et jour, galvanisée par un sursaut de soulagement et d'orgueil. La victoire étincelait dans le désert libyen, et de l'autre côté de l'Atlantique, la grande République se rapprochait toujours davantage du moment où elle allait faire son devoir et nous venir en aide.

Nous pouvons, j'en suis sûr, compter cette année terrible comme la plus magnifique et la plus mortelle de notre longue histoire anglaise et britannique ; une grande Angleterre, curieusement organisée, avait détruit jadis l'Armada espagnole ; la puissante flamme de la conviction et de la résolution nous avait portés à travers les vingt-cinq ans du conflit engagé par Guillaume III et Marlborough contre Louis XIV ; nous avions connu une période glorieuse avec Chatham ; il y avait eu une longue lutte contre Napoléon, au cours de laquelle notre survie avait été assurée parce que la flotte anglaise dominait les mers, sous la direction de Nelson et de ses lieutenants. Un million de Britanniques étaient morts durant la Première Guerre mondiale. Mais rien ne peut surpasser 1940. À la fin de l'année, cette petite île ancienne, avec l'aide dévouée de son *Commonwealth*, de ses *Dominions* et des territoires rattachés à la Couronne sous toutes les latitudes, s'était montrée capable de supporter tout le poids et l'impact des destinées du monde. Nous n'avions ni flanché ni vacillé. Nous n'avions pas faibli. L'âme du peuple et de la race britanniques s'était révélée invincible. La citadelle du *Commonwealth* et de l'Empire était inexpugnable. Seuls, mais portés par les généreux et ardents espoirs de l'humanité, nous avions défié le tyran à l'apogée de son triomphe.

Toutes nos forces latentes étaient à présent mobilisées. La terreur aérienne avait été mesurée à sa juste valeur. Notre île était intangible, inviolée. Désormais, nous allions nous aussi avoir des armes pour combattre. Nous serions dorénavant, nous aussi, une machine de guerre hautement organisée. Nous avions montré au monde que nous pouvions tenir bon. La question de la domination du monde par Hitler n'était pas tranchée. L'Angleterre, que beaucoup avaient mise hors jeu, était toujours en lice, bien plus forte qu'elle ne l'avait jamais été, et se renforçant encore de jour en jour. Une fois encore, le temps travaillait pour nous, et pas uniquement pour notre nation. Les États-Unis s'armaient rapidement et se rapprochaient constamment de l'entrée en guerre ; la Russie soviétique qui, froidement mais imprudemment, nous avait considérés comme quantité négligeable au début de la guerre, et avait acheté à l'Allemagne une immunité éphémère ainsi qu'une part du butin, s'était elle aussi beaucoup renforcée, tout en s'assurant des positions avancées pour sa propre défense. Le Japon semblait pour l'heure intimidé par la perspective évidente d'une guerre prolongée, et tout en observant avec inquiétude la Russie et les États-Unis, il méditait profondément sur ce qu'il avait de plus sage et de plus avantageux à faire.

Et voilà que cette Angleterre, avec sa constellation d'États et de dépendances associés, qui avait paru au bord de la ruine, dont le cœur même avait failli être transpercé, s'était donnée tout entière pendant quinze mois au problème de la guerre, en entraînant ses hommes et en consacrant à la lutte l'infinie variété de ses forces vitales. C'est avec étonnement et soulagement que les petits pays neutres et les États asservis découvraient que les étoiles brillaient toujours dans le ciel. La flamme de l'espoir et de la passion embrasait à nouveau les cœurs de centaines de millions d'hommes. La juste cause allait triompher ; le droit ne serait plus foulé aux pieds, et l'étendard de la Liberté, qui se confondait avec l'*Union Jack* en cette heure fatidique, continuerait de flotter à tous les vents de la terre.

Pourtant, mes fidèles collègues et moi-même, qui devions méditer au sommet sur des renseignements précis[1], ne manquions pas de soucis. L'ombre glaciale du blocus sous-marin nous donnait des sueurs froides, et tous nos plans dépendaient de la disparition de cette menace. La bataille de France était perdue ; la bataille d'Angleterre était gagnée ; il restait à livrer la bataille de l'Atlantique.

---

1. Une allusion furtive aux interceptions des communications allemandes par le dispositif « Ultra », que l'*Official Secrets Act* empêche encore Churchill de révéler à la fin des années 1940.

Chapitre XVI

L'EXTENSION DE LA GUERRE

Avec l'année nouvelle, des rapports plus étroits se nouèrent avec le président Roosevelt. Je lui avais déjà envoyé mes vœux de Nouvel An lorsque le 10 janvier 1941, un homme vint me voir à Downing Street, précédé des plus hautes recommandations. C'est que des télégrammes reçus de Washington avaient annoncé qu'il était le plus proche confident et le représentant personnel du Président. Je fis donc le nécessaire pour qu'il fût accueilli par M. Brendan Bracken dès son arrivée à l'aérodrome de Poole, et pour que nous déjeunions en tête à tête le lendemain. C'est ainsi que je fis la connaissance de Harry Hopkins, cet homme extraordinaire qui jouait, et allait continuer de jouer, un rôle parfois décisif durant toute la guerre. Son âme flamboyait dans un corps frêle et défaillant ; c'était un phare qui menaçait ruine, mais d'où jaillissaient les rayons qui guidaient de grandes flottes jusqu'au port. Il avait aussi le don de l'humour caustique. Sa compagnie m'était toujours agréable, surtout quand les choses allaient mal. Il pouvait aussi être très désagréable et dire des choses dures et amères ; mes expériences m'apprenaient à être capable d'en faire autant, en cas de besoin.

Notre première entrevue dura environ trois heures, et je pris rapidement la mesure de son dynamisme comme de l'importance extraordinaire de sa mission. Les bombardements de Londres étaient alors à leur apogée et nous avions de lourdes préoccupations internes, mais il m'apparaissait clairement que cet envoyé du Président était d'une suprême importance pour notre survie. Les yeux brillants, avec une passion contenue sous des dehors calmes, il me dit : « Le Président est résolu à ce que nous gagnions la guerre ensemble. Ne vous y trompez pas. Il m'a envoyé ici pour vous dire qu'il vous soutiendra jusqu'au bout, à n'importe quel prix et par tous les moyens, quoi qu'il puisse lui arriver – il n'y a rien qu'il ne soit décidé à faire, jusqu'à l'extrême limite de ses possibilités. »

Tous ceux qui ont approché Harry Hopkins au cours de cette longue lutte confirmeront ce que je viens de dire au sujet de sa remarquable personnalité ; et dès ce moment naquit entre nous une amitié qui traversa sereinement tous les séismes et toutes les convulsions. Il fut le plus fidèle et le plus parfait des messagers pour les communications entre le Président et moi-même ; mais il fut avant tout le principal soutien et stimulant de Roosevelt lui-même. Ensemble, ces deux hommes – l'un étant un subordonné sans titre officiel, l'autre le chef de la puissante République – surent prendre des décisions de la plus haute importance pour l'ensemble du monde anglophone. Hopkins était naturellement soucieux de préserver l'influence personnelle qu'il exerçait sur son chef, et tenait à distance ses rivaux américains. Il illustrait donc dans une certaine mesure cette pensée du poète Gray : « Un favori n'a pas d'amis ». Mais ce n'était pas mon affaire. Il était assis là, mince, frêle, malade, mais tout rayonnant d'une compréhension épurée de la Cause. Cette Cause, c'était la défaite, la chute et l'anéantissement d'Hitler, à l'exclusion de tout autre but, attachement ou engagement. Dans l'histoire des États-Unis, peu de flammes ont brillé d'un éclat plus vif.

Harry Hopkins allait toujours jusqu'au fond des choses. J'ai assisté à plusieurs grandes conférences auxquelles prenaient part une vingtaine au moins des plus hautes personnalités du gouvernement ; quand la discussion s'éternisait et que tous semblaient déroutés, Hopkins ne manquait jamais de poser cette question terrible : « Monsieur le Président, voici à l'évidence le problème qu'il s'agit de régler. Allons-nous l'aborder, oui ou non ? » Et le problème essentiel était toujours abordé, pour être finalement surmonté. Harry Hopkins était un vrai meneur d'hommes, et son ardeur comme sa sagesse dans l'épreuve étaient hors norme. Son attachement à la cause des humbles et des faibles n'avait d'égale que sa haine de la tyrannie, surtout lorsque celle-ci l'avait momentanément emporté.

*
* *

Pendant ce temps, le Blitz se poursuivait, mais avec une différence. À la fin de 1940, Hitler avait compris que la Grande-Bretagne ne pourrait pas être détruite par un assaut aérien direct. La bataille d'Angleterre avait été sa première défaite et le bombardement criminel des villes n'avait fait plier ni la nation ni son gouvernement. Les préparatifs d'invasion de la Russie, une opération prévue pour l'été de 1941, absorbaient une bonne partie de l'aviation allemande. Les nombreux raids très sévères qu'il nous fallut endurer jusqu'à la fin de mai ne mobilisaient plus toute la force de l'ennemi. S'ils furent très cruels pour nous, ils ne constituaient plus la préoccupation première du haut commandement allemand et du Führer. Pour Hitler, la continuation des bombardements sur la Grande-Bretagne était une couverture nécessaire et commode pour la concentration en cours face à la Russie. Son calendrier optimiste partait du principe que les Soviétiques, comme les Français, seraient abattus par une campagne de six semaines, rendant ainsi toutes les forces allemandes disponibles pour l'assaut final contre la Grande-Bretagne à l'automne de 1941. En attendant, cette nation entêtée devait être usée, d'abord par la combinaison du blocus sous-marin et des avions à long rayon d'action, ensuite par les attaques aériennes contre ses villes et particulièrement ses ports. Pour la *Wehrmacht*, l'opération « *Seelöwe* » (contre la Grande-Bretagne) était remplacée par l'opération « *Barbarossa* » (contre la Russie). La *Kriegsmarine* avait l'ordre de concentrer ses efforts sur notre trafic transatlantique, et la *Luftwaffe* sur nos ports et leurs approches. C'était là un plan beaucoup plus mortel que les bombardements à l'aveuglette de Londres et de la population civile, et il est heureux pour nous qu'il n'ait pas été mis à exécution avec la totalité des forces disponibles et avec une plus grande ténacité.

En janvier et en février 1941, l'ennemi fut considérablement gêné par le mauvais temps, et mis à part les attaques sur Cardiff, Portsmouth et Swansea, nos services de la Défense civile connurent un répit bien mérité, dont ils ne manquèrent pas de tirer profit. Mais avec le retour du beau temps, le Blitz reprit de plus belle. Ce que l'on a parfois appelé « la tournée des ports de la *Luftwaffe* » commença au début de mars ; elle consista en attaques simples ou redoublées qui, quoique sévères, ne parvinrent pas à paralyser nos ports. Le 8 mars et pendant trois nuits successives, Portsmouth fut soumis à une attaque massive qui détruisit une partie des chantiers navals ; Manchester et Salford furent attaqués le 11. Au cours des nuits suivantes, ce fut le tour de la Mersey, le 13 et le 14, la *Luftwaffe* frappa durement la Clyde pour la première fois, tuant ou blessant plus de 2 000 personnes et mettant certains chantiers navals hors service jusqu'en juin, d'autres jusqu'en novembre. Les coups les plus durs ne s'abattirent qu'en avril. Le 8, la concentration s'opéra sur Coventry et dans le reste du pays, Portsmouth fut la plus éprouvée. Londres subit de lourdes attaques le 16 et le 17 ; plus de 2 300 personnes furent tuées, plus de 3 000 grièvement blessées. L'ennemi essaya de détruire la plupart de nos principaux ports par des attaques qui se prolongèrent dans certains cas pendant toute une semaine. Plymouth fut assaillie du 21 au 29 avril, et si de faux incendies aidèrent à sauver l'arsenal, cela ne put se faire qu'aux dépens de la ville. Le point culminant arriva le 1er mai, lorsque Liverpool et la Mersey furent attaqués pendant sept nuits consécutives. 73 000 personnes se retrouvèrent sans abri et 3 000 furent tuées ou blessées. 69 des 144 postes d'amarrage furent mis hors service et le tonnage débarqué fut réduit des trois quarts pendant un certain temps. Si l'ennemi avait poursuivi son effort, l'issue de la bataille de l'Atlantique aurait été encore plus incertaine qu'elle ne le fut. Mais comme toujours, il ne persévéra pas. Pendant deux nuits, il s'acharna sur Hull, où 40 000 personnes furent sinistrées, les stocks de vivres détruits et les ateliers du génie maritime paralysés pendant près de deux mois. Ce même mois, il frappa de nouveau Belfast, déjà attaquée à deux reprises.

La pire attaque fut la dernière. Le 10 mai, l'ennemi revint sur Londres avec des bombes incendiaires. Il provoqua plus de 2 000 incendies et, en coupant près de 150 conduites d'eau alors que c'était marée basse dans la Tamise, il nous empêcha de les éteindre. Le lendemain matin à six heures, on signalait des centaines d'incendies qui n'avaient pu être maîtrisés, et quatre d'entre eux duraient encore dans la nuit du 13. Ce fut l'attaque la plus destructrice de tout le Blitz nocturne. 5 docks et 71 objectifs clés, dont la moitié étaient des usines, avaient été atteints. Toutes les gares principales sauf une restèrent bloquées pendant des semaines, et les voies directes ne furent toutes rendues à la circulation qu'au début de juin ; plus de 3 000 personnes furent tuées ou blessées. À d'autres égards aussi, ce raid eut une importance historique : il détruisit la Chambre des communes ; une seule bombe la dévasta pour plusieurs années. Mais par chance, elle était vide. Par ailleurs, nos batteries de DCA et nos chasseurs de nuit détruisirent seize appareils ennemis, le plus grand nombre jamais atteint lors d'une attaque nocturne.

Nous l'ignorions à l'époque, mais ce devait être le baroud d'honneur de l'aviation ennemie. Le 22 mai, Kesselring transporta à Poznan le quartier général de sa flotte aérienne, et au début de juin, toutes ses forces furent transférées vers l'est. Trois années devaient s'écouler avant que nos organisations de la Défense civile de Londres aient à s'occuper du « baby Blitz » de février 1944, puis du dernier assaut des V1 et des bombes volantes. Pendant les douze mois de juin 1940 à juin 1941, les pertes de notre population civile s'élevèrent à 43 381 tués et 50 856 blessés graves, soit un total de 94 237 victimes.

*
* *

Lors d'un conflit majeur, il est impossible de séparer les affaires militaires des affaires politiques. Au sommet, elles se confondent. Il est normal que les soldats considèrent l'aspect militaire comme le seul essentiel, et qu'ils évoquent même les considérations politiques avec un certain dédain. De plus, le mot « politique » a été confondu, voire terni, par son association avec la politique de parti. C'est ainsi qu'une bonne part de ce qui s'est écrit au cours de ce siècle tragique a été biaisée par l'idée qu'en temps de guerre, seules comptent les considérations d'ordre militaire, et que la vision lucide et purement professionnelle des soldats est troublée par l'intrusion des politiciens, qui font pencher la balance redoutable des combats pour leur intérêt personnel ou pour celui de leur parti. Mais en l'occurrence, les rapports extrêmement étroits et cordiaux qui existaient entre le Cabinet de guerre, les chefs d'état-major et moi-même, ainsi que l'absence totale d'esprit partisan dans l'Angleterre de cette époque, réduisirent ces dissensions à un minimum[1].

Tandis que la guerre menée contre les Italiens dans l'Afrique du Nord-Est suivait son cours favorable et que les Grecs combattaient vaillamment en Albanie, toutes les nouvelles au sujet des intentions et des mouvements allemands que nous recevions montraient chaque jour plus nettement qu'Hitler était sur le point d'intervenir à grande échelle dans les Balkans et en Méditerranée. Depuis le début de

---

[1]. Ce minimum sera déjà considérable, mais il est bien exact que, de tous les belligérants, la Grande-Bretagne a eu le système de commandement le plus efficace, du fait des relations de confiance régnant entre ses membres.

janvier, j'avais appréhendé l'arrivée d'une force aérienne allemande en Sicile, avec comme conséquences les menaces sur Malte et sur tous nos espoirs de reprendre le trafic par la Méditerranée. Je craignais aussi de voir un mouvement de troupes allemandes, sans doute blindées, sur Tripoli. Nous ne pouvions douter qu'ils projetaient d'établir une ligne de communication nord-sud d'Italie en Afrique, interrompant ainsi tous nos mouvements à l'est comme à l'ouest de la Méditerranée.

À tout cela venait s'ajouter pour les États balkaniques, y compris la Grèce et la Turquie, la menace d'être entraînés de gré ou de force dans l'orbite hitlérienne, ou d'être conquis en cas de refus. Le même hideux procédé que nous avions vu à l'œuvre en Norvège, au Danemark, en Hollande, en Belgique et en France allait-il se reproduire dans l'Europe du Sud-Est ? Tous les États balkaniques, y compris l'héroïque peuple grec, allaient-ils être asservis un par un, et la Turquie, une fois isolée, serait-elle contrainte d'ouvrir aux légions germaniques la route de la Palestine, de l'Égypte, de l'Irak et de la Perse ? N'était-il pas possible de créer une union et un front des Balkans qui rendraient cette nouvelle agression allemande trop coûteuse pour être entreprise ? La résistance opposée par les Balkans à l'Allemagne ne pourrait-elle provoquer des réactions profondes et favorables en Russie soviétique ? C'était certainement un domaine où entraient directement en jeu les intérêts des États balkaniques, et même leurs sentiments, pour autant qu'ils en tinssent compte dans leurs calculs. Pouvions-nous puiser dans nos ressources, mises à rude épreuve mais toujours grandissantes, une contribution extérieure supplémentaire qui pourrait galvaniser tous ces États, dont les intérêts étaient en grande partie identiques, et les pousser à agir pour une cause commune ? Ou bien devions-nous plutôt nous occuper de nos propres affaires et mener à bien notre campagne en Afrique du Nord-Est, en laissant la Grèce, les Balkans et peut-être la Turquie et tout le reste du Moyen-Orient aller à la ruine ?

Une décision aussi radicale aurait apaisé bien des inquiétudes; elle a trouvé depuis des partisans en la personne de certains officiers subalternes qui ont exposé leur point de vue. Ces auteurs avaient certes l'avantage de pouvoir faire état des revers que nous avions subis, mais ils n'avaient pas les connaissances requises pour évaluer correctement les résultats de la stratégie opposée[1]. Si Hitler avait été capable, presque sans coup férir, de mettre la Grèce à genoux et d'intégrer la totalité des Balkans dans son système, puis de forcer la Turquie à autoriser le passage de ses armées vers le sud et vers l'est, n'aurait-il pu s'entendre avec les Soviets au sujet de la conquête et du partage de ces vastes régions, en reportant l'ultime et inévitable conflit à une date ultérieure de son plan général? Ou, comme c'est plus vraisemblable, n'aurait-il pas été en mesure d'attaquer la Russie plus tôt et avec des forces plus puissantes? La question principale, que je me propose d'examiner et d'exposer dans les chapitres suivants, est celle-ci: le gouvernement de Sa Majesté a-t-il, par son action, exercé une influence décisive, ou même simplement appréciable, sur les mouvements d'Hitler dans l'Europe du Sud-Est? Enfin, cette action n'a-t-elle pas eu des conséquences sur l'attitude de la Russie, puis sur son destin?

*
* *

En janvier et février, de bonnes nouvelles continuèrent à nous parvenir du Moyen-Orient. Malte avait été renforcée, et elle avait repoussé de justesse le premier assaut violent de la *Luftwaffe* opérant depuis la Sicile. La conquête de l'Empire italien en Érythrée, en Somalie et en Abyssinie était en voie d'achèvement. L'armée du Désert avait progressé de 820 kilomètres en deux mois, détruit une armée

---

1. Cela a été écrit pour la première fois en 1949, alors qu'une controverse faisait rage parmi les historiens et les militaires quant à l'opportunité de l'aide à la Grèce au printemps de 1941.

italienne de plus de neuf divisions, pris Benghazi et toute la Cyrénaïque. Mais en dépit de ces victoires, les enjeux diplomatiques et militaires étaient si graves et si complexes, et le général Wavell avait tant de responsabilités à assumer, que l'on résolut à la réunion du Conseil de Défense, du 11 février d'envoyer le ministre des Affaires étrangères et le général Dill, chef de l'état-major impérial, le rejoindre au Caire. De là, Eden, Wavell, Dill et d'autres officiers s'envolèrent pour Athènes, afin de conférer avec le roi de Grèce et avec son gouvernement. À la réunion, le Premier ministre, M. Korysis, leur lut le document qui résumait les délibérations des membres de son Cabinet au cours des vingt-quatre ou quarante-huit heures précédentes. Comme ce document devait-être la base de notre action ultérieure, je le reproduis *in extenso*. « Je désire répéter de la façon la plus catégorique que la Grèce, en fidèle alliée, est résolue à poursuivre le combat avec toutes ses forces jusqu'à la victoire finale. Cette détermination ne se limite pas au cas de l'Italie, mais concernera également toute agression allemande [...] Quelle que soit l'issue du combat, que la Grèce ait ou non l'espoir de repousser l'ennemi en Macédoine, elle défendra son territoire national, dût-elle ne compter que sur ses propres forces » Le gouvernement grec signifiait ainsi que sa décision avait été prise avant même de savoir si nous étions en mesure de l'aider. M. Eden expliqua ensuite qu'à Londres, en plein accord avec les commandants en chef au Moyen-Orient, nous étions résolus à donner à la Grèce le plus d'aide possible. Des conférences militaires et des réunions d'états-majors se tinrent toute la nuit, et le 24, Eden nous envoya les télégrammes suivants, qui étaient de la plus haute importance :

> « Nous avons tous été impressionnés par la franchise et la loyauté des représentants grecs sur tous les sujets en discussion. Je suis tout à fait sûr de leur détermination à résister jusqu'à l'extrême limite de leurs forces, et tout aussi sûr que le gouvernement de Sa Majesté n'a pas d'autre solution que

de les soutenir, quelles qu'en puissent être les ultimes conséquences. […]Nous sommes tous convaincus d'avoir pris la bonne décision et, comme la onzième heure a déjà sonné, nous avons présumé que vous ne souhaitiez pas nous voir prendre le temps d'établir un rapport détaillé à l'intention de Londres. Les risques sont grands, mais il y a une chance de succès. […] »

Au vu de ces télégrammes, qui avaient l'assentiment de Dill et de Wavell, il fut décidé au Cabinet d'approuver pleinement ces propositions.

M. Eden partit ensuite pour Angora [Ankara], où il eut de longues discussions avec les Turcs. Son rapport ne fut guère encourageant. Les Turcs comprenaient aussi bien que nous les dangers qu'ils encouraient, mais ils étaient convaincus que les forces que nous pourrions leur offrir ne seraient pas suffisantes pour faire la différence dans une bataille en règle. Comme ils n'avaient pas de puissance offensive, ils considéraient que notre cause commune serait mieux défendue si la Turquie restait hors de la guerre, jusqu'à ce qu'il ait été remédié à ses faiblesses; elle pourrait alors être engagée avec le maximum d'efficacité. Si elle était attaquée, elle se joindrait naturellement à nous. Je comprenais parfaitement combien la situation de la Turquie était devenue périlleuse. Il était manifestement impossible de considérer que le traité passé avec elle avant la guerre l'engageait toujours dans des circonstances aussi différentes. Lors du déclenchement de la guerre, en 1939, les Turcs avaient mobilisé leur bonne, solide et vaillante armée. Mais tout cela reposait sur les conditions de la Première Guerre mondiale. Leur infanterie était aussi forte qu'elle l'avait toujours été, et leur artillerie de campagne était présentable. Mais ils n'avaient aucune des armes modernes qui s'étaient révélées décisives depuis mai 1940; leur aviation était lamentablement faible et primitive; ils n'avaient ni chars ni véhicules blindés, pas plus que les usines pour les produire ou les équipages entraînés pour les manœuvrer; ils n'avaient pas d'artillerie antiaérienne ou antichar; leurs services de transmission étaient rudimentaires; le radar leur était inconnu. Enfin, l'aptitude à maîtriser tous ces développements modernes ne faisait pas partie de leurs qualités guerrières.

En revanche, la Bulgarie avait été en grande partie armée et approvisionnée par l'Allemagne, grâce aux immenses quantités d'équipements de toute sorte saisies en France et aux Pays-Bas à l'issue des batailles de 1940. Les Allemands avaient alors des masses d'armes modernes pour équiper leurs alliés. Pour notre part, ayant perdu tant de choses à Dunkerque, devant équiper notre armée de métropole contre l'invasion, faire face aux pressions permanentes du Blitz sur nos villes et mener une guerre au Moyen-Orient, nous ne pouvions donner qu'avec parcimonie et au détriment d'autres nécessités criantes. Dans ces conditions, l'armée turque en Thrace était gravement et presque désespérément inférieure à l'armée bulgare. Si quelques détachements, même modestes, d'avions et de blindés allemands venaient aggraver le danger, le poids sur la Turquie risquait bien de se révéler insoutenable.

La seule politique – ou le seul espoir – tout au long de cette phase d'extension croissante de la guerre résidait dans un plan d'unification des forces de la Yougoslavie, de la Grèce et de la Turquie : c'était ce à quoi nous travaillions à ce stade. Notre aide à la Grèce s'était d'abord limitée aux quelques escadrilles envoyées depuis l'Égypte lors de l'attaque initiale de Mussolini. L'étape suivante avait été une offre d'unités techniques, déclinée par la Grèce pour des motifs qui n'étaient nullement déraisonnables. Nous atteignions à présent la troisième phase, pendant laquelle il paraissait possible de constituer un flanc sûr du côté du désert, à Benghazi et au-delà, tout en concentrant la plus grande armée de manœuvre ou réserve stratégique possible en Égypte.

Les mesures que nous avions prises jusque-là se bornaient à constituer une réserve stratégique aussi forte que possible dans le delta, ainsi qu'à faire des plans et des préparatifs pour transporter une armée en Grèce. Si la situation devait évoluer du fait d'un revirement de la politique grecque ou de tout autre événement, nous nous trouverions dans la meilleure position possible pour y faire face. Il était satisfaisant, après avoir été tant éreintés, de pouvoir mettre un terme victorieux aux campagnes d'Abyssinie, de Somalie et d'Érythrée, et d'apporter des renforts substantiels à notre « masse de manœuvre » en Égypte. Alors même que les intentions de l'ennemi comme les réactions des pays amis et neutres restaient imprévisibles, plusieurs importantes possibilités de choix semblaient s'offrir à nous. L'avenir demeurait insondable, mais aucune division n'avait encore été engagée, et dans l'intervalle, nous ne perdions pas un seul jour pour nous préparer.

INDEX

A

ABRIAL (Jean-Marie), amiral, 455
AITKEN (Max), 393, 583
ALEXANDER (sir Harold), maréchal, 384, 431
ALEXANDRE Ier, roi de Yougoslavie, 114
AMERY (Leopold Stennett), 123, 285, 370
ANDERSON (sir John), 607, 609, 612
ARNOLD (Henry), général, 401
ATTLEE (Clement), 18, 120, 152, 156, 182, 271, 373, 378, 390, 392, 399, 454, 457, 492

B

BALDWIN (Stanley), 15, 48, 54, 56-58, 61-62, 81, 85, 94, 98, 103, 119-120, 124-128, 136, 152, 155, 157-162, 164, 171-172, 182, 184-188, 191-192, 195, 295, 311, 463
BALSAN (Mme), 283
BARTHOU (Louis), 113-114, 134
BAUDOUIN (Paul), 508, 523-524
BEATTY (lord David), amiral, 222, 305
BEAVERBROOK (lord William), 393, 507, 510, 583-584
BECK (Joszef), colonel, 253
BELL, capitaine, 319
BENEŠ (Edvard), 229-231, 234, 238, 241, 277
BEVIN (Ernest), 18, 152, 155, 378, 392-393, 583-584

BILLOTTE (Gaston), général, 408, 419, 423-424, 426, 429, 436
BLANCHARD, général, 436-437
BLOMBERG (Werner von), maréchal, 106, 210-211
BLUM (Léon), 132, 179, 225
BOCK (Fedor von), général, 408
BONNET (Georges), 235-236
BOOTHBY (lord Robert), 18, 123, 188
BRACKEN (Brendan), 18, 651
BRAUCHITSCH (Heinrich), général, 431, 433
BRIDGES (sir Edward), 18, 398
BROOKE (sir Alan), maréchal, 18, 401, 431, 442-443, 515-518, 548, 557

C

CADOGAN (sir Alexandre), 18, 202, 219
CAMPBELL (sir Ronald), 521
CARTER (C.), premier matelot, 365
CHAMBERLAIN (Joseph), 191
CHAMBERLAIN (Mme), 219, 609
CHAMBERLAIN (Neville), 15, 21, 81, 181, 184, 191-192, 196-198, 200-206, 219-221, 226, 230, 232-233, 238, 240-245, 251-256, 260, 265, 267, 271, 274-275, 282, 285-286, 288, 294, 301, 330, 347-348, 351, 353, 355, 369, 371-375, 377, 379, 389-391, 399, 438, 463, 470, 492, 584, 608-609, 619, 627, 640
CHAMBERLAIN (sir Austen), 55, 160-161, 169-170, 182

INDEX

CHARLES-ROUX (François), 524
CHATFIELD (lord Alfred), premier lord de la Mer, 199, 223, 290, 295, 330, 353
CHAUTEMPS (Camille), 523
CHERWELL (lord Frederick Lindemann), 18, 89, 161, 274, 291, 495
CHURCHILL (lord Randolph), 15, 93, 172, 233
CITRINE (sir Walter), 187
CLEMENCEAU (Georges), 37, 172, 484, 509, 511
COLIJN (Hendrik), 410
COLLINS (Michael), 222
COLVILLE (Jock), 18
COLVIN (Ian), 90
COOPER (sir Alfred Duff), 18, 148, 243
COT (Pierre), 179
CRIPPS (sir Stafford), 262, 471-472
CUNNINGHAM (sir Andrew), amiral, 18, 537, 643

D

D'ABERNON (lord Edgar), 278
DALADIER (Édouard), 231, 240, 330, 346-348, 414, 418, 420, 425
DALTON (Hugh), 378
DARLAN (François), amiral, 293, 454-456, 488, 490, 512, 523, 530-531, 536
DAVIS (Norman), 78
DE VALERA (Eamon), 223
DOUMENC (Aimé), général, 278
DOUMERGUE (Gaston), 113
DOWDING (lord Hugh), maréchal de l'Air, 411, 484, 553, 581-582, 587-588, 590
DRAX (sir Reginald), amiral, 278
DUPUY (Pierre), 630

E

EBERT (Friedrich), 49
EDEN (Anthony), 18, 99, 105, 125, 131, 136, 148-149, 160-161, 167, 169, 196-200, 202-203, 205-207, 254, 262, 271, 277, 295, 374, 379, 435, 483, 487, 494, 517, 626-627, 635, 641-642, 659-660

EISENHOWER (Dwight), général, 18, 383, 517
ERNST (Karl), 108-109
EWE (Loch), 303, 311

F

FALKENHORST (Nikolaus von), général, 345
FEY (Emil), major, 102
FISHER (lord John), amiral, 289, 305
FLANDIN (Pierre-Étienne), 167, 169-172
FOCH (Ferdinand), maréchal, 32-33, 36-37, 40, 412, 420, 484
FORBES (sir Charles), amiral, 303, 359
FORTUNE (sir Victor), major-general, 481
FRANCO (Francisco), général, 177-178, 220, 464
FRANÇOIS-PONCET (André), 469
FRASER (sir Bruce), amiral, 18
FRÈRE (Aubert), général, 425-426
FREYBERG (sir Bernard), général, 18
FRITSCH (Werner von), général, 210-211, 218

G

GAMELIN (Maurice), général, 272, 328, 410, 413-414, 416-417, 419-420, 423, 425-426, 429-430
GANDHI (Mohandas Karamchand), 57
GAULLE (Charles de), général, 16-18, 21-22, 172, 325, 483, 486, 489, 510, 519-520, 525, 531, 540, 629-631
GENSOUL (Marcel), amiral, 536
GEORGES, général, 114, 272, 283, 410, 413, 421, 425, 485-486, 516, 530
GIRAUD (Henri), général, 326
GOEBBELS (Joseph), 83, 108, 331, 348
GÖRING (Hermann), 68, 83, 108-109, 124, 135, 215-216, 261, 333, 433, 570, 573, 575, 579-581, 584, 586, 595, 613
GORT (lord John), maréchal, 415, 419, 421, 423-424, 426, 430-431, 436-438, 442, 444, 451-453, 455, 461, 516
GRAZIANI (Rodolfo), maréchal, 637-639

INDEX

GREENWOOD (Arthur), 285, 373, 378, 392, 492
GRIFFITH (P. M. K.), lieutenant, 534

H

HAGELIN (M.), 337
HALIFAX (comte Edward), 18, 57, 169, 182, 196-197, 206, 221, 232-235, 239-240, 242, 252, 295, 303, 330, 373-375, 379, 390, 463, 507, 510, 625-626
HANFSTAENGL (Ernst), 92-93
HANKEY (lord Maurice), 295, 302
HARWOOD (sir Henry), amiral, 317-320, 322
HENDERSON (sir Reginald), amiral, 290, 295
HENLEIN (Konrad), 227, 232, 234, 236
HERRIOT (Édouard), 78, 86, 510
HESS (Rudolf), 68
HESSE (prince Philippe de), 216-217
HIMMLER (Heinrich), 107, 112, 545
HINDENBURG (Paul), maréchal, 36, 50, 71-73, 76-77, 79, 82-83, 111
HITLER (Adolf), 36, 41, 63, 65, 67-70, 72-74, 76-77, 82-86, 91-94, 101, 103-112, 118-119, 121, 123, 125, 128, 131-132, 137-139, 141, 145, 147-148, 155, 164-170, 173-176, 193-194, 198, 209-214, 216-219, 221-222, 225-231, 234-236, 238-242, 244, 247, 250, 253-256, 261, 265-268, 276-277, 279-280, 282, 284, 298, 301, 310, 327, 333, 336-337, 341, 345, 347, 351, 362, 367, 369, 383, 397, 407, 429, 431-435, 449, 461, 464-466, 468, 470-472, 484, 507, 510, 513, 525, 528, 532, 541, 543-546, 555-556, 559, 563, 565, 567, 570-571, 574, 577-578, 592, 596, 613, 640, 649, 652-653, 656, 658
HOARE (sir Samuel), 136, 148-149, 151, 157-158, 160, 163, 295, 390, 463
HOGG (lord Quintin), 602
HOLLAND (C. S.), capitaine, 535-536
HOLLIS (sir Leslie), colonel, 18, 400
HOPKINS (Harry), 651-653
HORE-BELISHA (sir Leslie), 261, 295

HORNE (sir Robert), 123
HULL (Cordel), 203

I

INSKIP (sir Thomas), 182, 184-185
IRONSIDE (lord William), maréchal, 284, 401, 421, 424, 428, 435, 442, 495, 548
ISMAY (sir Hastings), général, 16-17, 356, 398, 400, 403, 413, 417, 428, 454, 483, 485, 487, 498-499, 507, 546, 642

J

JACOB (sir Ian), 18, 400
JEANNENEY (Jules), 510
JEFFERIS (sir Millis), major-général, 495
JELLICOE (John), amiral, 304-305
JODL (Alfred), général, 570, 573, 575

K

KEITEL (Wilhelm), général, 232, 345, 432, 544-545, 570, 575
KENNEDY, capitaine, 313
KENNEDY (Joseph), ambassadeur américain, 511-512
KESSELRING (Albert), maréchal, 655
KEYES (sir Roger), amiral, 369
KING (Ernest), amiral, 401
KING (Mackenzie), 630
KLEIST (Paul von), général, 408
KLUGE (Guenther von), général, 433
KORYSIS (M.), 659

L

LANDEMARE (Mme), 600
LANSBURY (Georges), 81, 118, 152
LAVAL (Pierre), 114-115, 134-135, 152, 158, 160, 163, 165, 524, 631
LEAHY (William), amiral, 401, 630
LEATHERS (lord Frederick), 18
LEEPER (sir Reginald), 238
LÉOPOLD III, roi des Belges, 423, 430

INDEX

Lewis (John), capitaine de corvette, 310-311
Lindemann (Frederick) voir Cherwell., 89, 161, 274, 291, 495
Lindsay (sir Ronald), 202
Lloyd George (David), 37-38, 47, 50, 61, 99, 161, 168, 196, 271, 302, 370-371, 500, 553, 625
Lloyd (lord George), 148
Ludendorff (Erich von), général, 68
Lyttelton (Oliver), 18, 600

M

MacDonald (Ramsay), 48, 56, 60-62, 78, 81, 85-86, 90, 94, 103, 119, 121, 125, 131, 135, 334
Macmillan (Harold), 18
Maisky (M.), 233-234, 277
Mandel (Georges), 348, 508-509, 523
Marshall (George), général, 401, 478
Martin (John), 18, 592
Marx (Wilhelm), 50
Menzies (L. R. G.), 18
Metaxás (Ioánnis), général, 640
Miklas (Wilhelm), 111, 216
Molinié (Jean-Baptiste), général, 443
Molotov (Vyacheslav), 134, 268-271, 279, 338, 341, 471-473
Monnet (Jean), 519-520
Montgomery (sir Bernard), maréchal, 18, 273, 384, 431, 547
Moore-Brabazon (lord John), 600
Morgenthau (Henry Jr.), 621-622
Morrison (Herbert), 369, 378, 593, 610-611
Morton (sir Desmond), major, 18, 89
Mountbatten (lord Louis), vice-amiral, 18
Mussolini (Benito), 41, 82, 101-104, 111-112, 132-133, 139, 145-148, 151, 154-155, 158-159, 162-163, 175, 197-198, 212-215, 217, 226-227, 232, 240, 252, 255, 261, 275-276, 282, 292, 347, 383, 463-470, 507, 546, 631, 637, 639-642, 644, 661

N

Nelson (Donald), 533, 649
Neurath (Konstantin von), 165, 167, 210

O

Ouvry (David), capitaine de corvette, 310

P

Paasikivi (Juho), 337, 347
Paget (sir Bernard), général, 18
Papagos (Alexandros), général, 641
Papen (Franz von), 82-83, 109, 111, 212, 214
Park (sir K. R.), vice-maréchal de l'Air, 586, 588-591
Peirse (sir Richard), maréchal de l'Air, 442
Perth (lord), 252
Pétain (Philippe), maréchal, 325, 420, 454, 457-458, 483-484, 487, 489, 518, 522-524, 541, 578, 629, 631
Phillips (sir Frederick), 442
Pile (sir Frederick), général, 593, 597
Pilsudski (Józef), maréchal, 135, 277-278
Pim (Richard), capitaine, 448
Poincaré (Raymond), 37-38, 172
Portal (sir Charles), maréchal de l'Air, 18, 401
Pound (Dudley), amiral, 289-290, 296, 310, 344, 401, 442, 556
Prien (Günther), capitaine, 309
Purvis (Arthur), 619

Q

Quisling (Vidkun), major, 337, 362

R

Raeder (Erich), amiral, 138, 239, 320, 336-337, 561, 564-565, 573, 575, 577, 592
Ramsay (Bertram), amiral, 421, 447, 453, 459

INDEX

REIBEL (Charles), 522
REYNAUD (Paul), 18, 278, 347-349, 410-414, 418-420, 425-426, 437, 454, 456-457, 467-468, 482-483, 485-487, 489-490, 508-510, 512, 516, 520-523, 530
RIBBENTROP (Joachim von), 193-194, 214, 219, 232, 252, 259, 279, 341, 529, 551
RIBBENTROP (Mme von), 220
RIGGS (H. C.), 447
RINTELEN (Anton von), 111
ROMMEL (Erwin), maréchal, 427, 482, 518
ROOSEVELT (Franklin D.), 24, 172, 201-202, 204-205, 257, 261, 271, 275, 307, 401, 404, 467, 470, 509-510, 512, 617-618, 622-623, 652
ROSENBERG (Alfred), 68, 336
ROTHERMERE (lord Harold), 161
ROWAN (sir Leslie), 18
RUNCIMAN (lord Walter), 232
RUNDSTEDT (Karl von), maréchal, 408, 432-433, 435, 568

S

SALISBURY (lord Robert), 57, 182
SAMUEL (sir Herbert), 120
SARRAUT (Albert), 167, 179
SCHLEICHER (Kurt von), général, 74, 78-79, 81-83, 107, 109
SCHMIDT (Guido), 213-214
SCHULENBURG (Friedrich-Werner von), 471-472
SCHUSCHNIGG (Kurt von), 111, 205, 213-217
SEYSS-INQUART (Arthur), 205, 214-216
SIMON (sir John), 61, 81, 131, 136, 295, 390, 619
SINCLAIR (sir Archibald), 18, 182, 187, 271, 379, 392, 600
SMUTS (Jan), maréchal, 18, 51, 578
SOMERVILLE (sir James), amiral, 18, 534-535, 537
SOTELO (Calvo), 177
SPEARS (sir Edward), major-general, 272, 454, 458, 523, 525
STALINE (Joseph), 134, 201, 229-231, 238, 267-270, 277, 279-281, 337, 367, 407, 471-472
STANLEY (Oliver), 262
STANNING, lieutenant, 360
STETTINIUS (Edward), 618-619, 623
STIMSON (Henry L.), 78, 453
STRANG (sir William), 277-279
STRASSER (Gregor), 75, 104, 107, 109
STRESEMANN (Gustav),, 54-55, 71, 75
SUFFOLK (lord Charles Howard de), 606

T

TARDIEU (André), 78
TEITGEN (Pierre), 540
TENNANT (sir William), capitaine de vaisseau, 451
THOMPSON (M.), 284
THOREZ (Maurice), 132
TIRPITZ (Alfred von), amiral, 50
TISO (Jozef), 253
TREE (Ronald), 619

U

UMBERTO (prince), 469

V

VANSITTART (Robert), 148, 158-159, 199
VIAN (sir Philip), amiral, 18, 343-344
VUILLEMIN (Joseph), général, 483

W

WAKE WALKER (sir William), amiral, 451
WARBURTON-LEE (Bernard), capitaine, 359-360
WAVELL (sir Archibald), maréchal, 18, 635, 642, 659
WEBB (A.), quartier-maître, 534
WELLES (Sumner), 201, 203
WESSON (Charles M.), major-general, 478
WEYGAND (Maxime), général, 277-278, 420, 423-427, 430, 432, 436, 444, 454,

481, 483-484, 488-489, 509, 516, 522, 524, 528, 578
WIGRAM (Ralph), 90, 169-173
WILLOUGHBY DE BROKE (lord John), 590
WILSON (sir Henry Maitland), général, 642
WILSON (Woodrow), 21, 29, 36-37, 39, 305
WINTERTON (comte de), 123
WOOD (sir Kingsley), 274, 295, 330, 372, 374, 602, 621

Y

YBARNEGARAY (Jean), 522

Z

ZINOVIEV (Grigoriy), M., 230

DANS LA MÊME COLLECTION

Louis ALTHUSSER, *Machiavel et nous*
Éric ANCEAU, *Napoléon III*
François-Jean ARMORIN, *Terre Promise, terre interdite*
Colette ARNOULD, *Histoire de la sorcellerie*
Raymond ARON, *Essais sur la condition juive contemporaine*
Frédérique AUDOIN-ROUZEAU, *Les Chemins de la peste : le rat, la puce et l'homme*
Elisabeth BADINTER, *Les Remontrances de Malesherbes*
Jacques BAINVILLE, *Histoire de France*
Jacques BAINVILLE, *Napoléon*
Malcom BARBER, *Le Procès des Templiers*
Alessandro BARBERO, *Barbares. Immigrés, réfugiés et déportés dans l'Empire romain*
Jean-Jacques BECKER et Gerd KRUMEICH, *La Grande Guerre. Une histoire franco-allemande*
Giovanni BELZONI, *Voyages en Égypte et en Nubie*
Jean BÉRENGER, *Histoire de l'empire des Habsbourg. Tome 1 : 1273-1665*
Jean BÉRENGER, *Histoire de l'empire des Habsbourg. Tome 2 : 1665-1918*
David BERLINSKI, *Une brève histoire des maths*
Anne BERNET, *Les Chrétiens dans l'empire romain*
Célia BERTIN, *La Femme à Vienne au temps de Freud*
Georges BORDONOVE, *La Tragédie des Templiers*
Georges BORDONOVE, *La Tragédie cathare*
Marcel BRION, *Frédéric II de Hohenstaufen*
Marcel BRION, *Les Borgia*
Louise BROOKS, *Loulou à Hollywood*
Christopher R. BROWNING, *Des hommes ordinaires. Le 101ᵉ bataillon de réserve de la police allemande et la Solution finale en Pologne*
Christopher R. BROWNING, *Politique nazie, travailleurs juifs, bourreaux allemands*
Riccardo CALIMANI, *Histoire du ghetto de Venise*
Piero CAMPORESI, *Le Goût du chocolat*

Paul Carell, *Ils arrivent ! Le Débarquement vécu du côté allemand*
Michel Carmona, *Richelieu*
Boni de Castellane, *L'Art d'être pauvre*, précédé de *Comment j'ai découvert l'Amérique*
Curtis Cate, *La Campagne de Russie*
Matei Cazacu, *Dracula*
Matei Cazacu, *Gilles de Rais*
Rémy Cazals et André Loez, *14-18. Vivre et mourir dans les tranchées*
Pierre Chaine, *Mémoires d'un rat*
Eddie Chapman, *Ma Fantastique Histoire*
Pierre Chaunu & Michèle Escamilla, *Charles Quint*
Guy Chaussinand-Nogaret, *Les Femmes du roi, d'Agnès Sorel à Marie-Antoinette*
Guy Chaussinand-Nogaret, *Les Français sous Louis XV*
Kellow Chesney, *Les Bas-Fonds de Londres. Crime et prostitution sous le règne de Victoria*
Winston Churchill, *Discours de guerre*. Édition bilingue
Winston Churchill, *Journal politique, 1936-1939*
Winston Churchill, *Mes jeunes années*
Winston Churchill, *Mon voyage en Afrique*
Winston Churchill, *Réflexions et Aventures*
Ivan Cloulas, *César Borgia*
Marthe Cohn, *Derrière les lignes ennemies*
Philippe de La Cotardière, *Histoire des sciences*
Bernard Cottret, *Histoire de l'Angleterre*
Roger Dachez, *Histoire de la médecine*
Pierre Daix, *Aragon avant Elsa*
Franck Daninos, *CIA. Une histoire politique, 1947-2007*
Pascal Dayez-Burgeon, *Les Coréens*
Amable De Fournoux, *La Venise des Doges*
Philippe Delorme, *Aliénor d'Aquitaine*
Arthur Demarest, *Les Mayas. Grandeur et chute d'une civilisation*
Sophie Deroisin, *Le Prince de Ligne*
Roger Duchêne, *Madame de Sévigné*
Michel Duchein, *Histoire de l'Écosse*
John K. Fairbank & Merle Goldman, *Histoire de la Chine*
Jean Favier, *Louis XI*

Jean Favier, *Charlemagne*
Jean Favier, *Philippe Le Bel*
Marc Ferro, *La Vérité sur la tragédie des Romanov*
Moses I. Finley, *L'Héritage de la Grèce antique*
Janet Flanner, *Chroniques d'une Américaine à Paris*
Robert Fleury, *Marie de Régnier*
Michael R.D. Foot & J.-L. Cremieux-Brilhac, *Des Anglais dans la Résistance. Le SOE en France, 1940-1944*
Philippe Franchini, *Les Guerres d'Indochine. De la conquête française à 1949*
Philippe Franchini, *Les Guerres d'Indochine. De 1949 à la chute de Saïgon*
Isabelle Franco, *Dictionnaire de mythologie égyptienne*
Max Gallo, *Garibaldi*
Max Gallo, *Rosa Luxemburg*
Max Gallo, *La Nuit des longs couteaux*
Max Gallo, *L'Italie de Mussolini*
Pierre Gaxotte, *Le Siècle de Louis XV*
Murray Gordon, *L'Esclavage dans le monde arabe*
Sylvain Gouguenheim, *Le Moyen Âge en questions*
Sylvain Gouguenheim, *Les Chevaliers teutoniques*
Zalmen Gradowski, *Au cœur de l'enfer*
Michael Grant et John Hazel, *Dictionnaire de la mythologie*
Jesse Glenn Gray, *Au combat*
Peter Green, *Les Guerres médiques*
Pierre Grimal, *Cicéron*
Mogens Herman Hansen, *La Démocratie athénienne*
Victor Hanson, *Le Modèle occidental de la guerre*
Gilles Henry, *Petit dictionnaire des mots qui ont une histoire*
John Hersey, *Hiroshima*
Richard Hillary, *Le Dernier Ennemi. Bataille d'Angleterre, juin 1940-mai 1941*
Adam Hochschild, *Les Fantômes du roi Léopold. La terreur coloniale au Congo belge, 1884-1908*
Alistair Horne, *Comment perdre une bataille*
John Horne et Alan Kramer, *1914, Les Atrocités allemandes. La vérité sur les crimes de guerre en France et en Belgique*
Richard Hough, *La Mutinerie du cuirassé Potemkine*

Aldous HUXLEY, *Les Diables de Loudun*
Christian JACQ, *Le Monde magique de l'Égypte ancienne*
Jean-Noël JEANNENEY, *Georges Mandel. L'homme qu'on attendait*
Lucien JERPHAGNON, *Julien dit l'Apostat*
Lucien JERPHAGNON, *C'était mieux avant...* suivi du *Petit Livre des citations latines*
Alexandre JEVAKHOFF, *Les Russes blancs*
Pierre JOURNOUD et Hugues TERTRAIS, *Paroles de Dien Bien Phu*
Camille JULLIAN, *Vercingétorix*
Donald KAGAN, *Périclès*
André KASPI et Hélène HARTER, *Les Présidents américains*
François KERSAUDY, *Churchill contre Hitler*
Joseph KESSEL, *Jugements derniers. Les procès Pétain, de Nuremberg et Eichmann*
Joseph KESSEL, *L'Heure des châtiments*
Joseph KESSEL, *La Nouvelle Saison*
Joseph KESSEL, *Le Jeu du roi*
Joseph KESSEL, *Le Temps de l'espérance*
Joseph KESSEL, *Les Instants de vérité*
Joseph KESSEL, *Les Jours de l'aventure*
Anja KLABUNDE, *Magda Goebbels*
Arthur KOESTLER, *La Treizième Tribu*
Arnaud de LA CROIX, *L'Érotisme au Moyen Âge*
Paul LAFARGUE, *Paresse et Révolution, 1880-1911*
Olivier LALIEU, *La Résistance française à Buchenwald*
Hermann LANGBEIN, *Hommes et femmes à Auschwitz*
LA RECHERCHE, *Histoire des nombres*
Henry LAURENS, *Français et Arabes depuis deux siècles*
Richard LEBEAU, *Une histoire des Hébreux*
G. LENÔTRE, *Vieilles maisons, vieux papiers*, tome 1
G. LENÔTRE, *Vieilles maisons, vieux papiers*, tome 2
G. LENÔTRE, *Vieilles maisons, vieux papiers*, tome 3
Evelyne LEVER, *Marie-Antoinette, journal d'une reine*
Claude LÉVY et Paul TILLARD, *La Grande Rafle du Vel d'Hiv*
Bernard LEWIS, *Istanbul et la civilisation ottomane*
Louis XIV, *Mémoires* suivis de *Manière de montrer les jardins de Versailles*. Textes présentés par Joël Cornette
Pierre MENDÈS FRANCE, *Dire la vérité*

Jean MEYER, *La Révolution mexicaine*
André MIQUEL, *Ousâma. Un prince syrien face aux croisés*
Pierre MIQUEL, *Mourir à Verdun*
Nancy MITFORD, *Madame de Pompadour*
Horst MÖLLER, *La République de Weimar*
Philippe MONNIER, *Venise au XVIIIe siècle*
Pierre MONTAGNON, *Histoire de la Légion*
Daniel MORNET, *Les Origines intellectuelles de la Révolution française*
Dominique de la MOTTE, *De l'autre côté de l'eau. Indochine, 1950-1952*
Donald M. NICOL, *Les Derniers Siècles de Byzance*
George D. PAINTER, *Marcel Proust*
Jacques-Henry PARADIS, *Le Journal du siège de Paris*. Texte annoté et présenté par Alain Fillion
Joseph PÉREZ, *Brève histoire de l'Inquisition en Espagne*
Michel PERNOT, *La Fronde*
Régine PERNOUD, *Les Hommes de la Croisade*
Jean-Christian PETITFILS, *Le Véritable d'Artagnan*
Henri PIGAILLEM, *Anne de Bretagne*
Jean-Robert PITTE, *Histoire du paysage français*
Karyn POUPÉE, *Les Japonais*
Christophe PROCHASSON, *14-18. Retours d'expérience*
Claude QUÉTEL, *Histoire de la folie*
Claude QUÉTEL, *L'Histoire véritable de la Bastille*
Salomon REINACH, *Sidonie ou Le Français sans peine*
Yves RENOUARD, *Les Hommes d'affaires italiens au Moyen Âge*
Jean-François REVEL, *Un festin en paroles. Histoire littéraire de la sensibilité gastronomique de l'Antiquité à nos jours*
Jean-Pierre RIOUX, *La France de 1900*
Jacqueline DE ROMILLY, *Alcibiade*
Steven RUNCIMAN, *Histoire des croisades, 1095-1188*
Steven RUNCIMAN, *Histoire des croisades, 1188-1464*
Steven RUNCIMAN, *La Chute de Constantinople : 1453*
Cornelius RYAN, *La Dernière Bataille : 2 mai 1945*
Cornelius RYAN, *Le Jour le plus long*
Frédéric SALAT-BAROUX, *De Gaulle-Pétain*
Heinrich SCHLIEMANN, *La Fabuleuse Découverte des ruines de Troie*

Comte Philippe de SÉGUR, *Un aide de camp de Napoléon. De 1800 à 1812*
Comte Philippe de SÉGUR, *La Campagne de Russie, 1812*
Comte Philippe de SÉGUR, *Du Rhin à Fontainebleau, 1812-1815*
Gitta SERENY, *Au fond des ténèbres*
William L. SHIRER, *Les Années du cauchemar, 1934-1945*
La Baronne STAFFE, *Usages du monde. Règles du savoir-vivre dans la société moderne*
Robert VAN GULIK, *Affaires résolues à l'ombre du poirier. Un manuel chinois de jurisprudence et d'investigation policière du XIIIe siècle*
Fey VON HASSEL, *Les Jours sombres*
Paul VEYNE, *Sénèque. Une introduction*
Alexander WERTH, *Leningrad, 1943*
Alexander WERTH, *La Russie en guerre. La patrie en danger, 1941-1942*
Alexander WERTH, *La Russie en guerre. De Stalingrad à Berlin, 1943-1945*
Edith WHARTON, *Villas et jardins d'Italie*
Arthur YOUNG, *Voyages en France*
Natalie ZEMON DAVIS, *Le Retour de Martin Guerre*

    De cette plume qui lui valut le prix Nobel de littérature en 1953, Winston Churchill (1874-1965) se livre à une reconstitution de la Seconde guerre mondiale sur tous les fronts. Une grande leçon d'histoire par celui qui en fut l'un des témoins et des acteurs principaux. Ses « Mémoires de guerre », chef-d'œuvre du « Vieux Lion », rappellent qu'il fut un grand historien et un merveilleux styliste.

976 pages – 12,90 €

Futur Nobel de littérature, le Premier ministre britannique prenait un soin de styliste à l'écriture de ses discours de guerre. Au plus noir de la bataille d'Angleterre, dans un Londres harcelé par les bombardements allemands, chaque mot devait porter, frapper. Du sang, du labeur, de la sueur, des larmes. Mais le génie de Churchill, c'est beaucoup plus qu'un sens permanent de la formule. C'est une métrique incomparable, une musique et aussi cette voix, qu'on croit entendre, rocailleuse, emmêlée, essoufflée ; six ans durant, elle a incarné la résistance des Alliés contre l'Axe.

Le lecteur trouvera rassemblé ici le meilleur des discours de guerre de Churchill. Indisponibles en français depuis la fin des années cinquante, ils ont été entièrement retraduits, commentés et sont présentés en regard de leur version originale.

432 pages – 12 €

Homme d'État exceptionnel, Winston Churchill fut également un écrivain prolixe, puisant dans sa propre vie une source inégalable d'inspiration. Né en 1874, petit-fils du vice-roi d'Irlande, il sera l'un des témoins privilégiés, et plus tard l'acteur des principaux événements des XIXe et XXe siècles. Élève plus que médiocre, il entre au 4e hussards, poursuit une carrière d'officier et de journaliste à Cuba, en Inde, en Égypte et en Afrique du Sud puis quitte finalement l'armée pour entrer en politique. Il n'a pas encore 30 ans.

Apprentissage difficile du latin, charges au sabre clair contre les armées du Mahdi, évasion mouvementée des geôles boers, *Mes jeunes années* regorge de morceaux de bravoure et d'anecdotes savoureuses. C'est au son des balles, au fil des dépêches que s'est forgé le plus fort caractère du XXe siècle et le plus glorieux enfant de l'Empire britannique.

480 pages – 10 €

Homme d'État d'exception, Winston Churchill fut également un orateur prolixe puisant dans sa propre vie une source inépuisable d'inspiration. Né en 1874, petit-fils du VIIe duc de Marlborough, il fut l'un des témoins privilégiés et quasi sûr l'acteur des principaux événements du XXe siècle. Deux plus que politique, il sut, au fil de ses écrits, pour sait une carrière de militaire et de journaliste à Cuba, aux Indes, en Égypte et en Afrique du Sud puis s'orienter vers l'un se présenter en politique. Il fut à peine sorti de Sand-hurst lorsqu'il diffusa ses récits d'épopée à travers l'Inde, pour les tribus du Malakand, ou son mouvement à ces épisodes, bien sûr. Mais aussi à ceux insignes de notre côte, Winston Churchill est l'auteur de célèbres ballots, quel est des derniers qui s'est forgé depuis bien longtemps du XXe siècle, le plus éclatant orateur de l'Empire britannique.

480 pages - 13 €

ISBN : 979-10-210-0258-6
N° d'édition : 3618
Dépôt légal : septembre 2013
Imprimé en France